현대사회와 범죄

조 철 옥 著

21세기사

머리말

현대사회에 다양한 신종범죄가 출현하고 특히 범죄원인을 정확하게 분석하기 어려운 범죄행위가 다발하는 것이 현대사회의 현실이다. 따라서 누구나 오늘날의 범죄현상을 이해하고 인간다운 생활을 하는데 도움이 될 수 있는 교양수준이든 학문수준이든 길잡이가 필요하다고 생각된다. 본서는 그러한 사회적 필요성을 충족시키기 위해 저술되었다.

본서는 제1편 범죄에 대한 이해, 제2편 범죄유형론, 제3편 범죄대책론으로 구성되었다. 범죄생물학과 범죄심리학, 그리고 범죄사회학의 이론에 의해 다양한 현대사회의 범죄를 설명하는데 심혈을 기울였다. 또한 포스트모더니즘 범죄이론과 페미니즘, 그리고 평화주의 범죄이론을 통하여 현대사회의 범죄관의 변화를 읽을 수 있게 하였다. 아울러 환경개선에 의한 범죄기회제거를 강조하는 상황적 범죄예방이론, 다양한 범죄학 이론의 통합을 시도하는 발달범죄이론 등을 중요하게 다루었다.

제2편 범죄유형론에서는 현대사회의 이슈가 되고 있는 가정폭력, 스토킹, 아동성폭력, 사이버범죄, 증오범죄, 포르노그래피, 동성애, 성매매 등을 심층적으로 분석하였다. 제3편 범죄대책론에서는 화학적 거세제도, DNA 데이터베이스 시스템, 정신이상 항변, 범죄자 프로파일링 그리고 양형정책과 교정정책에 관련된 유죄협상이나 재판전 갈등해결 등에 관한 소개에 많은 분량을 할애하였다. 범죄행동은 인간의 심리적 특성이나 생물학적 특성, 또는 사회구조나 환경 등 어느 하나만으로는 설명이 불가능하다는 측면에서 종합적으로 설명하려고 시도하였다. 따라서 본서가 독자들의 범죄나 범죄학 연구나 이해에 조금이나마 도움이 되기를 기대한다.

항상 같이 고생을 한 신선희 권사, 아들 수현과 딸 수정, 그리고 큰 기쁨을 준 며늘아기 경화에게 이 책이 좋은 선물이 되었으면 한다. 끝으로 어려운 여건 속에서도 흔쾌히 본서의 출판을 맡아주신 21세기사 이범만 사장님께도 진심으로 감사의 말씀을 드린다.

마라도가 내려다 보이는 연구실에서

2112. 2　조 철옥 씀

차 례

PART 01 범죄에 대한 이해

CHAPTER 01 현대사회의 범죄 _ 17

Section 01 범죄의 지평 ······ 17

1. 들어가며 ······ 17
2. 범죄개념의 다양성 ······ 18
3. 범죄개념에 대한 평가 ······ 21
4. 일탈행동과 범죄 ······ 22
5. 범죄와 범죄자 ······ 23
6. 암수범죄 ······ 24

Section 02 범죄학의 성격과 개념 ······ 27

1. 범죄학의 성격 ······ 27
2. 범죄학의 개념 ······ 28

Section 03 범죄학의 발전 ······ 29

1. 고대와 중세의 귀신론적 범죄관 ······ 29
2. 고전주의 범죄학 ······ 30
3. 실증주의 범죄학 ······ 36
4. 현대범죄학 ······ 41

CHAPTER 02 범죄생물학 _ 43

Section 01 초기의 범죄생물학 ······ 43

1. 롬브로조의 범죄인류학 ······ 43
2. 고링의 생물학적 열등범죄자 ······ 45
3. 인간의 체형과 범죄 ······ 45
4. 초기 생물학적 범죄이론에 대한 평가 ······ 48

Section 02 현대생물학적 범죄이론 ········ 50
1. 이론적 배경 ········ 50
2. 생화학적 요인 ········ 51
3. 신경생리학적 요인 ········ 60
4. 유전과 범죄성 ········ 69
5. 지능과 범죄 ········ 78
6. 현대 생물학적 범죄이론에 대한 평가 ········ 87

CHAPTER 03 범죄심리학 _ 89

Section 01 정신분석학적 접근 ········ 89
1. 프로이드의 정신분석학 ········ 89
2. 아이생크의 성격모형과 범죄 ········ 95

Section 02 아들러와 융의 이론 ········ 96
1. 특징 ········ 96
2. 아들러의 열등감 ········ 96
3. 융의 집단무의식과 범죄 ········ 98

Section 03 정신장애와 범죄 ········ 102
1. 들어가며 ········ 102
2. 정신장애와 범죄 ········ 103
3. 반사회적 성격장애와 범죄 ········ 115
4. 해리성 정체성장애와 범죄 ········ 117
5. 외상후 스트레스 장애 ········ 120

Section 04 사이코패스와 범죄 ········ 123
1. 새로운 연구영역 ········ 123
2. 사이코패스의 개념 ········ 124
3. 특징 ········ 127
4. 범죄와의 관계 ········ 128
5. 여성 사이코패스 ········ 129
6. 청소년 사이코패시 ········ 130
7. 생물학적 요인과 사이코패스 ········ 132
8. 사이코패스의 심리적 척도 ········ 134

Section 05 인간의 공격성과 범죄 ········ 139
1. 인간의 공격성 ········ 139
2. 인간의 공격성에 대한 이론적 관점 ········ 143

CHAPTER 04 사회구조 이론 _ 157

Section 01 들어가며 ······ 157

Section 02 사회구조이론의 유형 ······ 158
1. 사회해체 이론 ······ 158
2. 쇼와 맥케이의 사회해체이론 ······ 159
3. 아노미와 사회긴장 이론 ······ 164
4. 현대적 아노미 긴장이론 ······ 169
5. 하위문화이론 ······ 177

CHAPTER 05 사회과정 이론 _ 187

Section 01 사회학습 이론 ······ 184
1. 들어가며 ······ 187
2. 서덜랜드의 차별교제이론 ······ 188
3. 에이커스의 차별적 강화이론 ······ 191

Section 02 사회통제이론 ······ 196
1. 개념 ······ 196
2. 초기 통제이론 ······ 196
3. 허쉬의 사회유대이론 ······ 202

Section 03 사회반응 이론 ······ 205
1. 상징적 상호작용과 낙인 ······ 205
2. 범죄와 낙인이론 ······ 206

CHAPTER 06 범죄와 갈등이론 _ 212

Section 01 들어가며 ······ 212

Section 02 사회경제적 계층과 갈등 ······ 213
1. 마르크스의 계급투쟁과 범죄 ······ 213
2. 봉거의 자본주의 탈도덕화와 범죄 ······ 214
3. 다렌도르프의 현대적 갈등이론 ······ 215
4. 볼드의 집단갈등 이론 ······ 216
5. 챔블리스와 사이드먼의 차별적 범죄화 ······ 217
6. 퀴니의 범죄에 대한 사회적 현실이론 ······ 219
7. 터크의 범죄화의 요소 ······ 220

CHAPTER 07 신 범죄학 _ 223

Section 01 들어가며 ········ 223

Section 02 마르크스주의적 급진적 범죄이론 ········ 225

1. 출현배경 ········ 225
2. 이론의 본질 ········ 226
3. 도구적 마르크스주의와 구조적 마르크스주의 ········ 227
4. 좌파현실주의 ········ 230

Section 03 포스트모더니즘 범죄이론 ········ 233

1. 범죄학이론의 새로운 패러다임 ········ 233
2. 비판범죄학과 포스트모더니즘 범죄이론 ········ 235
3. 구성주의 범죄이론과 포스트모더니즘 범죄이론 ········ 237
4. 평화주의 범죄학 ········ 239

Section 04 페미니스트 범죄학 ········ 242

1. 페미니스트 범죄이론 출현 이전의 연구 ········ 242
2. 페미니스트 범죄이론의 유형 ········ 242
3. 페미니스트 이론의 경험적 타당성 ········ 249

CHAPTER 08 상황적 범죄예방이론 _ 253

Section 01 이론적 배경 ········ 253

1. 들어가며 ········ 253
2. 방어공간 이론과 환경범죄학 ········ 254

Section 02 방어공간이론 ········ 255

1. 제이콥스의 견해 ········ 255
2. 뉴먼의 지키기 쉬운 주거공간 ········ 256
3. 제퍼리의 CPTED ········ 257

Section 03 일상활동과 생활양식이론 ········ 259

1. 일상활동 이론 ········ 259
2. 생활양식이론(lifestyle theory) ········ 262
3. 구조적 선택이론 ········ 264

Section 04 깨어진 유리창 이론 ········ 265

CHAPTER 09 통합적 범죄이론 _ 267

Section 01 들어가며 ··· 267
1. 범죄이론의 통합적 연구 경향 ··· 267
2. 발달적 범죄이론의 성격 ··· 268

Section 02 잠재적 특질 이론 ··· 269
1. 들어가며 ··· 269
2. 범죄와 인간성 이론 ··· 271
3. 범죄에 대한 일반이론 ··· 271
4. 차별적 강압이론 ··· 275
5. 통제균형 이론 ··· 277

Section 03 생애과정 이론 ··· 279
1. 생애과정 관점 ··· 279
2. 문제행동 증후군 관점 ··· 281
3. 범죄경로의 다양성 관점 ··· 283
4. 이원적 범죄경로 이론 ··· 284
5. 사회적 발달모형 ··· 286
6. 비행자 발달이론 ··· 288

PART 02 현대사회의 범죄유형과 대책

CHAPTER 01 폭력관련 범죄 _ 293

Section 01 폭력의 개념 ··· 293

Section 02 연쇄살인 ··· 294
1. 연쇄살인의 개념 ··· 294
2. 연쇄살인의 동기 ··· 297
3. 연쇄살인범의 유형 ··· 299
4. 여성 연쇄살인범 ··· 300
5. 연쇄살인범 통제 ··· 301

Section 03 가정폭력 범죄 ···· 302
1. 들어가며 ···· 302
2. 가정폭력의 개념 ···· 303
3. 법적 근거 ···· 304
4. 가정폭력범죄의 처벌 등에 관한 특례법 ···· 304
5. 가정폭력범죄에 대한 수사 ···· 305
6. 가정보호사건의 처리 ···· 310

Section 04 아동학대 ···· 312
1. 들어가며 ···· 312
2. 아동학대의 개념 및 유형 ···· 313
3. 피학대아동의 증상 ···· 316
4. 아동학대의 실태 ···· 317
5. 아동학대 행위에 대한 처벌 ···· 320

Section 05 성폭력 범죄 ···· 321
1. 성폭력범죄의 특성 ···· 321
2. 강간범의 특징 ···· 324
3. 강간범죄의 원인 ···· 326
4. 연쇄강간범 ···· 328
5. 강간범의 유형 ···· 329

Section 06 아동 성폭력 범죄 ···· 332
1. 들어가며 ···· 332
2. 소아성애자의 범죄 ···· 334
3. 소아성애 범죄자의 특징 ···· 337
4. 소아성애자의 유형 ···· 340
5. 청소년 성범죄자 ···· 343
6. 여성 청소년 성범죄자 ···· 344
7. 재범률 ···· 344
8. 소아성애의 잠재적인 원인 ···· 346

CHAPTER 02 복수 및 증오관련 범죄 _ 348

Section 01 방화범 ···· 348
1. 개념 ···· 348
2. 특징 ···· 349
3. 방화의 발달단계 ···· 350
4. 방화의 동기 ···· 352

Section 02 증오범죄 ········· 357
1. 들어가며 ········· 357
2. 이론적 배경 ········· 358
3. 증오범죄에 대한 대책 ········· 367

Section 03 스토킹 ········· 375
1. 들어가며 ········· 375
2. 개념적 정의 ········· 376
3. 스토킹의 특징 ········· 377
4. 스토킹의 유형 ········· 379
5. 스토커의 특성 ········· 382
6. 스토킹 피해자의 특징 ········· 384
7. 스토킹 방지를 위한 외국의 입법례 ········· 386
8. 한국의 처벌장치 ········· 390

CHAPTER 03 사이버범죄 _ 393

Section 01 사이버범죄의 출현과 범람 ········· 393
1. 컴퓨터 네트워크의 확산과 사이버 범죄의 증가 ········· 393
2. 사이버 범죄의 개념 ········· 394
3. 사이버 범죄의 특징 ········· 394

Section 02 사이버 범죄의 유형 ········· 396
1. 유형의 다양성 ········· 396
2. 유형 ········· 397

CHAPTER 04 피해자 없는 범죄 _ 404

Section 01 공공질서 범죄와 피해자 없는 범죄 ········· 404
1. 개념적 정의 ········· 404
2. 비도덕성과 사회적 해악 ········· 405

Section 02 프로노그래피 ········· 407
1. 포르노그래피와 음란물 ········· 407
2. 인터넷 포르노그래피 ········· 411
3. 음란물의 규제에 대한 논쟁 ········· 412
4. 포르노그래피에 대한 규제 ········· 414

Section 03 성매매 ········· 416
1. 성매매의 역사 ········· 416

2. 성매매의 개념과 원인 ······ 421
3. 사회적 변화와 성매매에 대한 통제 ······ 424

Section 04 병적인 성적 일탈행동 ······ 432
1. 노출증 ······ 432
2. 관음증과 페티시즘 ······ 434

Section 05 동성애 ······ 435
1. 들어가며 ······ 435
2. 동성애의 개념 ······ 437
3. 동성애 관련 용어 ······ 439
4. 동성애의 역사 ······ 444
5. 동성애의 비범죄화와 합법화 ······ 451

Section 06 마약류 범죄 ······ 457
1. 마약류와 관련된 논쟁 ······ 457
2. 마약류의 의의 ······ 459
3. 관련 용어 ······ 460
4. 마약류의 특징 ······ 462
5. 마약류의 종류 ······ 463
6. 마약류에 대한 과학수사 기법 ······ 476

Section 07 약물남용과 범죄 ······ 483
1. 일반적인 논의 ······ 483
2. 약물과 범죄의 관계 ······ 484
3. 마약의 합법화에 대한 논쟁 ······ 486

CHAPTER 05 범죄대책론 _ 488

Section 01 화학적 거세제도 ······ 488
1. 서론 ······ 488
2. 거세에 대한 개념적 논의 ······ 489
3. 성충동 약물치료법의 주요내용 ······ 491
4. 성충동 약물치료법과 관련된 문제점 ······ 494
5. 정책적 제언 ······ 502

Section 02 범죄자 DNA데이터베이스 제도 ······ 508
1. 서론 ······ 508
2. 이론적 배경 ······ 509
3. DNA 데이터베이스 시스템 ······ 511

4. 우리나라의 DNA 데이터베이스 시스템 ······ 514
5. DNA데이터베이스 구축과 관련된 문제점 ······ 519
6. 정책적 제언 ······ 524

Section 03 강력범죄자의 정신이상 항변 검증 ······ 528
1. 서론 ······ 528
2. 이론적 배경 ······ 529
3. 정신이상 항변관련 정신감정에 대한 논의 ······ 535
4. 강력범죄 문제점과 해결방안 ······ 537

Section 04 범죄자 프로파일링 ······ 549
1. 개념 ······ 549
2. 범죄자 프로파일링의 목적 ······ 550
3. 프로파일링의 종류 ······ 550
4. 프로파일링 접근방법 ······ 554
5. 범죄자 프로파일 작성 ······ 559

CHAPTER 06 형사사법 제도에 의한 범죄억제 _ 560

Section 01 재판 전 갈등해결 제도 ······ 560
1. 보석제도 ······ 560
2. 플리 바게닝 ······ 577

Section 02 양형구조 ······ 581
1. 들어가며 ······ 581
2. 부정기형 제도 ······ 582
3. 정기형 제도 ······ 584
4. 구조화된 양형체계 ······ 585
5. 의무적인 양형제도 ······ 589
6. 한국의 양형구조 개혁 ······ 591

Section 03 현대 형벌체계의 대안적 수단 ······ 594
1. 보호관찰 ······ 594
2. 치료감호제도 ······ 605
3. 전자감시 장치 ······ 613

참고문헌(Reference) _ 619

찾아보기 (index) _ 633

PART 01 범죄에 대한 이해

01 현대사회의 범죄

02 범죄생물학

03 범죄심리학

04 사회구조 이론

05 사회과정 이론

06 범죄와 갈등이론

07 신 범죄학

08 상황적 범죄예방이론

09 통합적 범죄이론

CHAPTER

01 현대사회의 범죄

Section 1 범죄의 지평

1. 들어가며

범죄는 일반적으로 살인, 강도, 강간, 절도, 폭행, 방화, 약취유인, 조직폭력이나 마약거래 등을 떠오르게 만든다. 범죄자는 아주 나쁜 사람 또는 완전 악인을 떠올리게 하고, 우리가 일반적으로 생각하는 인간이 아니라 미지의 무서운 괴물과 같은 존재로 공포와 두려움의 대상이 되고 있다. 따라서 경찰을 비롯한 사법기관은 다양한 수단을 개발하여 범죄를 예방하고, 형사사법 제도에 의해 범죄자를 처벌함으로써 범죄를 억제하기 위한 노력을 기울여 왔다. 그럼에도 불구하고, 현대사회에 있어서 범죄는 감소하지 않고 신종범죄라고 할 수 있는 사이버공간에서 자행되는 사이버범죄의 출현, SNS(Social Networking Service)의 싸이월드나 트위터에서 벌어지는 명예훼손, 증오나 편견으로 인한 증오범죄, 아동학대나 아동성폭력범죄, 포르노그래피나 가정폭력범죄 등은 현대사회의 범죄유형의 다양화를 초래하고 있다.

이러한 범죄유형의 다양화는 다양한 범죄이론의 출현과 함께 화학적 거세제도나 DNA 데이터베이스 제도, 범죄자 프로파일링, 전자발찌 등 전자감시 체제와 같은 범죄억제제도의 도입을 가져왔다. 따라서 범죄학에 대한 연구는 더욱 그 지평이 넓어지고 어느 하나의 시각으로는 범죄의 원인을 설명할 수 없고, 어느 하나의 제도만으로는 범죄를 억제할 수 없게 되는 세상이 되었다.

출처 : 세계일보

2. 범죄개념의 다양성

범죄는 보통 법에서 금지한 사항을 위반하여 행동하거나 법에서 명령하는 사항대로 행동하지 못한 것으로 정의할 수 있다. 말하자면, 형법에서 규정한 사항을 위반한 경우에 범죄가 성립한다. 그러나 범죄가 성립한다고 해서 모두가 형사처벌을 받는 것은 아니고 그 행위가 위법하고 유책한 행위이어야 한다. 살인을 한 경우에도 정당방위의 경우 형법의 구성요건에는 해당하나 위법성이 부정되어 처벌을 받지 않는다. 또는 만 14세 미만의 형사미성년자나 심신상실자와 같은 책임무능력자의 행위일 경우에는 구성요건에 해당하고 위법하지만 책임성이 부정되어 처벌이 면제된다.

따라서 결국 범죄는 형법상의 구성요건 해당성, 위법성, 책임성을 모두 갖춘 경우에 처벌가능한 범죄가 되는 것이다. 그러나 범죄학자들은 형법상의 범죄개념에 매달리지 않고 그들의 관점에 따라서 접근하기 때문에 범죄개념은 다양하다. 어떤 학자들은 범죄를 인간의 생물학적·심리학적 특질에 의해서 설명을 하는가 하면, 다른 사람들은 사회 환경적 요인과 연결시켜서 설명을 시도한다. 어떤 학자들은 생물학적 특질과 사회환경적 요인의 상호작용에 의해서 범죄를 설명한다.

(1) 형식적 범죄 개념

형식적 범죄개념은 범죄를 형벌법규에 의하여 처벌의 대상이 되는 행위를 말한다. 처벌되어야 하는 할 행위란 형법학에서 말하는 범죄성립의 세 가지 요건인 구성요건 해당성, 위법성, 유책성을 완전하게 구비한 행위를 말하는 것은 아니다. 따라서 형사책임 무능력자의 살인이나 강도는 형법상의 범죄에는 해당하지 않지만 범죄학에서는 연구대상인 범죄가 된다.

형식적 범죄개념은 합의론적 범죄관에서 주장하는 개념과 유사하다. 범죄학자들은 일반 시민 대다수와 입법자들이 동의한 반사회적인 행동을 합의론적 범죄관에 의한 범죄로 정의한다. 형법에서 정의하고 있는 범죄와 처벌에 대한 정의는 사회일반의 가치와 신념 그리고 여론을 반영해야 한다는 것이다. 따라서 범죄의 구성요건과 처벌을 규정하고 있는 형법 규정을 위반하는 고의적인 행동이 바로 범죄이다.[1]

---

1) Curt R. Bartol & Anne M. Bartol, Criminal Behavior, A Psychosocial Approach, Pearson Education, Inc., 2008, p.10.

합의론적 범죄관을 주장한 대표적인 범죄학자는 서덜랜드(Edwin Sutherand)와 크레시(Donald Cressy)이다. 그들은 형법과 범죄를 연결시켜 범죄를 다음과 같이 정의했다.

> "범죄행동은 형법을 위반한 행동이다. 인간행동에 관한 구체적인 법체계로서 전통적으로 정의된 형법에 의해서 금지되지 않는 한 어떤 행동도 범죄가 아니다. 형법은 정치권력에 의해 제정되고 모든 계층의 사람들에게 동일하게 적용되며, 범죄행동은 국가의 법 집행기관에 의해서 처벌된다."[2]

(2) 실질적 범죄개념

실질적 범죄개념은 범죄란 법규정과 관계없이 범죄의 실질을 가지는 사회적 유해성 내지 법익을 침해하는 반사회적 행위를 의미한다. 사회적 유해성이란 사회공동생활의 존립과 기능을 현저히 침해하는 것을 말한다. 자살, 약물남용, 알코올 중독, 스와핑, 동성애 등은 사회에 유해한 행위로서 형벌의 대상이 되지 않지만, 범죄학의 연구 대상이 된다.

(3) 갈등론적 범죄 개념

갈등론적 범죄 개념은 범죄를 다양한 세력 간의 갈등의 산물로 보는 급진적인 전제에 입각하고 있다. 사회는 다양한 집단의 집합체로서, 그들 사이에는 계속해서 일정한 갈등상태가 존재할 수밖에 없으며, 정치적 권력을 배경으로 하는 집단들은 그들의 사회적·경제적 지위를 향상시키기 위해 형사법체계를 이용한다. 그러므로 형법은 가진 자를 못 가진 자로부터 보호하기 위해 범죄를 규정한 규범이라는 것이다.[3]

갈등주의 범죄 개념은 부와 권력, 그리고 지위를 소유한 사람들에 의해 모든 범죄가 정의된다고 본다. 말하자면, 범죄는 모든 사람들의 욕구를 반영하는 합의의 산물이 아니라 지배계층의 가치와 그들의 이익을 위해 결정된다는 것이다. 심지어 무장 강도, 강간, 그리고 살인 같은 범죄들도 정치적으로 규정될 수 있으며, 폭력행위에 대한 강력한 통제는 자본가들의 착취에 저항하려는 빈곤층과 최소수혜자들의 분노를 억압하는 안전장치 역할을 한다.

---

2) Edward Sutherland and Donald Cressy, *Criminology*, 8th ed.(Philadelphia: J.B. Lippincott, 1960), p.8.

3) Michael Lynch, Raymond Michalowski, and W. Byron Gloves, *The new primer in radical criminology: Critical perspectives on crime, power and identity*, 3rd ed.(Monsey, N.Y.: Criminal Justice Press, 2000), p.59.

출처 : 밴드연합 카페 PRISM

갈등주의 범죄학자들은 다음과 같은 행위들을 범죄에 포함시킨다. 즉, 인종차별, 성차별, 그리고 제국주의에 의한 인권침해, 불안전한 노동조건, 부적절한 어린이 보호, 고용과 교육 및 주거와 의료보호에 대한 부적절한 기회, 정치적 · 경제적 지배세력의 범죄, 환경오염, 가격독점, 경찰폭력, 암살과 전쟁, 인권 침해, 물리적 욕구와 필수품에 대한 접근 거절, 그리고 민족자결권 침해, 적절한 식량과 정치적 의사결정에 대한 참여 기회 차단 등이다. 그들이 내세우는 범죄 행위는 비합리적인 것 같기도 하지만 한편으로는 기존의 형사법체계에 대한 도전이다.

그러나 갈등주의 범죄 개념은 모호하다는 비판을 받는다. 이에 대해 갈등주의자들은 합의주의 범죄 개념도 모호하기는 마찬가지라고 반박한다. 즉, 합의주의자들이 말하는 약물오용을 검토해 보면, 마약과 그 유사약물은 불법적이라고 규정하면서 더 해악이 될 수 있는 음주행위는 문제삼지 않는다고 비판한다. 같은 맥락에서 친구 사이의 도박도 금지하면서 로또 복권과 마권은 허용하고 있으며, 퇴폐물질의 판매는 금지하면서 도색 잡지와 나체 잡지는 허용되는 측면을 비판한다.

(4) 상호작용론적 범죄개념

상호작용론적 범죄 개념은 상징적 상호작용 학파의 사상에 뿌리를 두고 있다. 상징적 상호작용 주의가 강조하는 전제는 다음과 같다.[4] ① 사람은 현실에 대한 자신의 해석에 따라서 행동한다. ② 사람은 자신의 행동에 대해 다른 사람들이 어떻게 행동하는가를 관찰한다. ③ 그들은 타인의 행동으로부터 학습한 상징과 의미에 의해 자신의 행동을 재평가하고 해석한다.

따라서 상호작용주의자들은 범죄란 특별한 법적 영역에서 사회적 권력을 유지하고 있는 사람들의 선호와 의견을 반영하는 것이라고 정의한다. 범죄는 범죄자들이 본래

4) Herbert Blumer, Symbolic interactionism (Englewood Cliffs, N.J.:Prentice Hall, 1969), p.35.

적으로 악하거나 비도덕적이기 때문이 아니라 사회적 권력계층이 범죄라고 정의했기 때문에 법 위반 행동으로 인정된다고 보는 것이다.

상호작용론적 범죄 개념은 사회적·경제적·정치적 권력을 소유한 사람들에 의해 범죄가 규정된다고 보는 점에서 갈등주의 범죄 관점과 유사하다. 그러나 범죄 개념이 경제적·정치적 지배계층인 자본가에 의해 결정되기 보다는 형사법 제정과정에 영향력을 행사하는 도덕적 개혁가들의 신념에 동조한다는 점에서 갈등주의와는 다르다. 즉, 포르노 영화. 성매매, 그리고 마약금지법은 자본가들의 관점에 의한 것이 아니라 도덕적 개혁가들의 가치에 의해 제정된 것이라고 보는 것이다. 결과적으로 상호작용주의자들은 도덕적·법적 기준을 강조한다.

3. 범죄개념에 대한 평가

합의론적 범죄 개념은 1960년대 말까지 범죄사상을 지배했다. 범죄학자들은 범죄자들이 왜 사회규칙을 위반하는가 하는 이유를 연구하려고 했다. 범죄자는 바람직한 사회적 행동 규칙을 위반하는 범법자들로 간주되었다. 그러나 1960년대에 이르러 많은 범죄학자들은 갈등론적 이데올로기에 따라 범죄를 보게 되었으며, 범죄의 사회적 해악에 대한 견해를 달리하기 시작했다.

따라서 범죄학에서 다루는 범죄개념은 형식적 범죄개념과 실질적 범죄개념 모두를 포함해야 한다. 범죄개념은 시간적, 공간적 상대성과 가변성이 있고, 사회의 이념이나 사상의 변화에 따라서 신종범죄가 출현하기도 한다. 갈등론이나 급진주의 범죄학은 실질적인 범죄개념에 입각하고 있다고 볼 수 있다. 이러한 다양한 견해는 지금까지 범죄로 규정하지 않았던 신종범죄의 등장을 가져오고, 지금까지 범죄로 규정하였던 행위가 더 이상 형벌로 다스릴 필요가 없게 되는 결과를 가져 올 수 있다. 범죄학 연구는 현행법상 가벌화 되지 않는 반사회적 행위를 신종범죄화 하고, 사회의 변화에 따라 이제는 더 이상 가벌화할 필요가 없는 행위에 대하여 비범죄화, 비형벌화 하는 것이 중요한 과제이다. 따라서 범죄학 연구에 있어서 범죄의 개념은 다양한 관점에서 접근해야 한다.

오늘날 범죄학파들은 각각 많은 추종자들을 가지고 있다. 범죄 개념에 따른 학자들의 분파는 범죄원인 연구 및 범죄 통제 대책의 다양화라는 측면에서 바람직한 현상이다. 그들은 범죄개념에 따라서 범죄 원인에 대한 설명과 조사기법, 그리고 접근 방법을 달리한다.

4. 일탈행동과 범죄

(1) 일탈행동의 개념

미성년자가 담배를 피우거나 술을 마시는 현장을 흔히 발견할 수 있다. 또는 나체로 거리를 질주하는 스트리킹(streaking), 아동들의 따돌림, 미성년자의 동거생활이나 사람의 자살, 스와핑, 알코올 중독 등도 발생한다. 이러한 행위들은 분명히 사회규범을 벗어난 행위이지만 범죄로 규정되지 않는다. 이러한 행위들은 흔히 사회의 보편적인 규범에서 벗어난 행위로서 일탈행동(deviance)이라고 한다. 물론 범죄행위도 사회적 규범에 벗어나는 행위라는 점에서 일탈행동에 포함된다. 일탈행동은 특정 시대에 특정사회의 규범에서 벗어난 행위라고 정의되기도 한다. 청소년들의 일탈행동은 비행이라고 표현되기도 한다.

(2) 일탈행동과 범죄의 관계

형법을 포함한 실정법은 모두 사회규범에 해당한다. 따라서 일탈행동은 광의로는 범죄행위를 포함하는 모든 반사회적 행위를 의미한다. 따라서 사회의 규범을 위반하는 행위를 의미하는 일탈행동은 범죄행위를 포괄하는 개념이다. 말하자면, 형법을 위반한 범죄행위도 일탈행동에 포함되며 도덕규범이나 윤리규범을 위반한 행위도 일탈행동에 포함된다. 특히 청소년들의 통행금지 시간이나 통행장소 위반, 가출, 무단결석, 음주와 흡연, 약물남용 등과 같은 청소년들의 비행(delingquency)은 일탈행동의 전형으로 이해되기도 한다.

(3) 일탈행동에 대한 심리학적 접근

일탈행동이나 비행은 대체로 사회학적인 접근에 의해 정의된다. 그러나 일탈행동은 품행장애(conduct disorder)와 반사회적 행위 등과 같이 심리학적으로 접근하여 정의함으로써 그 지평은 더 넓어진다.

1) 품행장애

품행장애란 훔치기, 불지르기, 가출하기, 결석하기, 물건파괴하기, 싸움질, 사람과 동물에게 잔인하게 대하기, 빈번한 거짓말하기 등과 같은 습관성 일탈행동을 말한다. 사회적 일탈행동과 마찬가지로 심리학적 일탈행동 역시 그 행동으로 인해 형사처벌을 받을 수도 있으나 심리학적 일탈행동은 대체로 형법 위반과는 무관하므로 경찰의 체포 대상이 되는 경우는 아주 드물다.

품행장애라는 용어는 미국의 "정신의학협회의 진단과 통계지침서인 DSM-Ⅳ"에 구체적으로 기술되어 있다. 또한 2000년도에 발행된 DSM-Ⅳ 개정판은 품행장애를 범행연령을 기준으로 10세 이전의 아동기 초범형(childhood-onset type)과 10세 이후의 청소년기 초범형(adolescent-onset type)으로 구분하고 있다.[5)]

2) 반사회적 행동

반사회적 행동이란 타인에 대하여 직접적인 해로운 행위를 포함하는 행동유형과 같은 보다 심각한 습관적인 일탈행동을 말한다. 그러나 반사회적 성격장애(antisocial personality disorder)라는 용어와는 구별되어야 한다. 반사회적 성격장애는 아동이나 청소년으로서 품행장애를 경험하고 성인이 된 후에도 계속 심각한 범법행위를 하는 성인을 대상으로 사용된다.[6)]

5. 범죄와 범죄자

법적으로 범죄는 형법을 위반하여 수사기관의 수사대상이 되는 행위를 말한다. 따라서 범죄자는 형법을 위반한 범죄행위로 인하여 수사대상이 되어 체포되고 기소된 사람을 말

---

5) Ibid., p.28.
6) Ibid., p.28.

한다.

그러나 심리학적인 관점에서 보면, 법적인 정의는 법적으로 규정된 범죄자 또는 법적으로 규정된 범죄행동만을 연구대상으로 한다는 점에서 다음과 같은 문제에 직면한다. ① 법적인 범죄개념은 사회적으로 해악이 되는 범죄행동이 시대상황에 따라서 변한다는 점이다. 예를 들자면, 국가에 따라서 혼인빙자간음죄가 형법에서 제외된다든지, 간음죄가 법적으로 범죄가 되지 않는다든지 하는 경우이다. ② 형법위반행위로 체포와 구속, 그리고 기소되는 사람들은 범죄자로 인정되고, 불법행위를 했으나 수사, 기소 또는 처벌을 면하는 사람들은 범죄자에서 제외된다. ③ 많은 범죄자들이 수사되지 않거나 처벌을 받지 않기 때문에 재판과정에서 유죄판결을 받은 사람들이 범죄자 인구를 대표하는 것은 아니다. 또한 DNA지문이 과학적인 증거로 인정됨에 따라 유죄판결을 받은 사람들이 무죄로 입증되는 사례가 증가하고 있다. 그러나 거의 예외없이 범죄자 마음(criminal mind)에 대한 연구자들은 교정시설의 수형자들을 연구대상으로 하고 있다. 따라서 법적으로 정의된 범죄자들만을 범죄자로 인정한다면, 실제로 형법을 위반한 상당수의 사람들이 제외되는 결과를 초래한다. ④ 법적인 정의에 따라 범죄를 받아들이는 경우에 상당한 행동영역이 범죄연구에서 배제된다는 문제가 발생한다. 사실 범죄심리학적 연구는 공격성, 반사회적 행동, 도덕성 발달 등과 같은 주제를 연구대상으로 하고 있다. 이러한 요인들이 결국 법적인 범죄로 발전할 개연성을 갖고 있기 때문이다. ⑤ 범죄심리학은 범죄자가 형사사법체계에 의한 수사대상이 되거나 대상이 되지 않는 것과는 관계없이 지속적이고 반복적인 상습범죄자 또는 지속적이고 반복적인 반사회적 행동에 관심을 집중한다. 그러나 법적인 범죄정의에 따르면 범죄심리학의 연구범위는 제한적일 수밖에 없다.[7)]

6. 암수범죄

(1) 들어가며

범죄현상에 관한 연구 자료는 주로 법 집행기관의 공식적인 통계자료에 의존한다. 간단한 수치 하나가 사회현상을 쉽게 요약하여 설명해준다는 측면에서 공식적인 통계수치는 아주 효과적인 지표이다. 우리 주변에서 무슨 범죄가 몇 건 발생했다거나 과

7) Ibid., pp33-35.

거에 비해서 얼마나 증가했다는 수치들은 이러한 정부의 공식적인 통계자료를 활용한 것들이다. 공식적인 통계자료는 매년 정기적으로 일정한 양식과 기준에 의해 작성된 것이기 때문에 사회적인 공신력이 인정되고, 또한 자료에 대한 접근이 용이하고 아울러 장기적인 범죄추세를 계량적으로 분석가능 하게 해준다는 이점이 있다.

공식통계는 반드시 실제 일어난 범죄통계를 말하는 것이 아니다. 엄밀하게 말한다면, 경찰이나 검찰의 통계자료는 모든 범죄사건 또는 범죄자에 대한 것이 아니다. 범죄는 발생, 인지·접수, 처리라는 일련의 과정을 거치면서 국가기관에 의해서 통계로 집계된다. 따라서 범죄통계는 일반 시민의 범죄에 대한 인식을 비롯하여 경찰, 검찰, 법원의 사건 처리 절차와 업무관행에 의해서 영향을 받을 수밖에 없다. 실제 범죄가 발생해도 피해자나 시민들이 신고를 하지 않거나 고소·고발을 하지 않으면 범죄가 되지 않는다. 또한 법 집행기관이 범죄인지 이후에 접수나 통계 처리과정에서 누락하는 경우도 배제할 수 없다.[8] 이처럼 공식적인 범죄통계에 잡히지 않은 범죄를 암수범죄라 한다.

그러나 실제로 범죄는 발생하였으나 공식통계에 포함되지 않는 범죄가 존재한다면, 공식통계자료에 근거한 범죄발생 사실은 진실을 그대로 보여주지 못한다는 문제가 있다. 암수범죄의 심각성은 다음과 같은 범죄학자들의 주장에서도 찾아 볼 수 있다. 서덜랜드(Sutherland)는 범죄와 비행에 대한 통계는 암수가 존재하며, 암수는 가변적이므로 모든 사회통계 중 가장 신빙성이 없고 난해한 것이라고 주장하였고, 존스(Jones)는 암수라고 하는 성질은 그 규모를 바르게 알기란 불가능하지만, 경찰에서 알고 있는 범죄의 약 4배 정도 될 것이라고 추정하였다. 또 다른 학자는 경찰에 알려지지 않은 범죄의 수는 전체 범죄의 85%에 달하고 그 중에서도 성범죄의 암수는 90%에 달한다고 주장하였다.

따라서 범죄학이라는 학문은 일반적으로 범죄통계를 기초로 하여 범죄현상의 실태를 파악하고 범죄예방대책을 수립한다. 그러나 암수범죄가 존재하는 것이 사실이라면, 연구자들이나 정책담당자들은 암수범죄의 존재 사실을 충분히 파악하고 범죄대책을

8) 신뢰성 있는 범죄통계의 산출과 활용, 搜査研究, 2001년 2월호(제208호) 15-19면.

수립해야 할 당위성이 인정된다.

(2) 개념

암수범죄란 ① 본래의 의미에서의 암수범죄, 즉, 발생된 모든 범죄가 법집행기관에 의해 인지되지 못함으로 인해 생기는 암수범죄, ② 법집행기관의 재량에 의한 암수범죄, 즉 인지된 범죄가 법집행기관의 자의적인 재량에 의해 만들어지는 암수범죄로 구분할 수 있다. 본래의 의미에서의 암수범죄는 범죄가 행하여진 것은 확실하지만 경찰이 인지하지 못함으로써 범죄통계에 포함되지 못하는 경우와 경찰이 인지하였으나 아직 범인을 체포하지 못하여 공식통계에 기록되지 못하는 경우 등으로 분류할 수 있다.

(3) 암수범죄 조사방법

공식적 범죄통계상에 나타나지 않는 암수범죄는 설문조사방법에 의해 파악될 수 있다. 이 설문조사 방법은 조사대상을 기준으로 자기보고식 조사, 정보제공자 조사, 피해자 조사로 나누어진다.

1) 자기보고식 조사

자기보고식 조사는 1940년대 미국에서 암수범죄를 파악하기 위해 사용된 조사방법이다. 이 조사방법은 범죄인 스스로 자신의 범죄행위를 보고하게 하는 방법이다. 실제로 발생한 범죄의 수를 파악하고 범죄의 원인을 파악할 수 있다는 장점이 있다. 그러나 조사대상자가 거짓말을 할 경우에 조사결과의 타당성을 인정할 수 없으며, 조사대상이 될 수 있는 범죄가 경미범죄에 한정되어 강력범죄는 제외된다는 점에서 대표성이 없다는 지적을 받는다.

2) 정보제공자 조사

정보제공자 조사는 범죄자나 피해자 외에 범죄사실에 관한 정보를 갖고 있는 제3자로부터 범죄에 관한 정보나 자료를 제공받는 방법이다. 이 방법은 자기보고식 조사나 피해자 조사로는 발견할 수 없는 암수범죄를 확인하기 위한 보조수단으로 이용되지만, 인지되지 않은 강력범죄에 관한 정보를 수집할 수 있다는 장점이 있다. 그러나 정보제공자를 확보하기가 쉽지 않다는 문제가 있다.

3) 피해자 조사

자기보고식 조사는 주로 가해자를 중심으로 한 통계분석 방법임에 반하여 피해자 조사는 피해자를 통한 범죄사실을 파악하는 방법이다. 이 방법은 피해자를 중심으로 각종범죄의 피해를 입은 경험이 있는 지 여부, 그 피해는 어느 정도이며, 피해의 통보 여부 등에 관하여 조사하는 방법이다. 이 조사방법은 1960년대 중반이후 특히 피해자학 연구의 발전에 호응하여 발달하였다.

이 조사의 장점은 ① 피해자 중심의 통계를 이용하여 범죄현상을 파악할 수 있으며, ② 범죄문제에 관하여 보다 믿을만한 자료를 제공할 수 있으며, 공식통계나 자기보고식 조사에 비해 대표성이 있는 자료를 수집할 수 있다는 점이다. 그러나 문제점으로 ① 피해자 자신이 범죄피해를 입었다고 주장할 뿐 실제로 범죄가 발생하였는 지 확인하기 어렵고, ② 마약범죄나 성매매 같은 피해자 없는 범죄나 화이트칼라 범죄 등은 조사하는데 한계가 있으며, ③ 공식통계와 직접 비교하기가 곤란하다는 점, ④ 조사가 복잡하고 시간, 경비가 많이 든다는 점, ⑤ 과소보고와 과대보고의 문제가 있다는 점 등이 지적된다. 이와 같은 문제점에도 불구하고 피해자 조사는 통계상의 암수를 제거하고, 경찰에 대한 시민의 태도를 밝혀낼 수 있다는 효용성이 있다. 아울러 범죄발생에 있어서 피해자의 역할을 분석할 수 있으며 범죄예방 대책을 수립하기 위한 자료를 제공할 수 있다.

Section 2 범죄학의 성격과 개념

1. 범죄학의 성격

범죄학은 범죄라는 사회문제 해결을 위한 학문이다. 이러한 문제해결은 범좌의 원인규명과 예방대책의 제시 및 범죄수사를 위한 지식체계를 포함한다. 즉, 범죄학은 심리학, 사회학, 정신의학, 인류학, 생물학, 신경생리학, 정치학, 그리고 경제학을 포함하는 범죄행위를 설명하기 위한 지식체계이다.[9] 따라서 범죄학은 필연적으로 종합학문적일 수밖에 없다. 어느 특정 학문의 이론이나 지식체계만으로는 다양한 범죄의 원인을 설명할 수가 없고, 또한 그 통제대책이나 범죄수사를 위한 지식을 제공하기 어렵기 때문이다. 범죄학은 때때로 형사법 및 일탈행동과 관련된 영역과 혼동되기도 하지만, 이들과는 구분되는 독립된 학문연구 분야의 정체성을 유지하고 있다.

2. 범죄학의 개념

범죄학은 범죄행동을 연구하기 위한 과학적 접근을 의미한다. 범죄학에 대한 개념은 서덜랜드와 크레시(Edwin Sutherland & Donald Cressy)의 고전적 개념이 가장 대표적이다.

> "범죄학이란 사회현상으로서의 범죄에 관한 지식의 체계이다. 그것은 그 범위 안에 법제정과정, 법 위반 과정, 그리고 법 위반에 반응하는 과정을 포함한다. 범죄학은 법, 범죄, 그리고 처리과정에 대한 일반적이고 검증된 원칙 및 기타 지식의 유형을 개발하는 것을 목적으로 한다".[10)]

이러한 개념 정의는 범죄학자들의 가장 중요한 관심영역을 포함하고 있다. ① 형사법의 개발과 형사법에 의한 범죄정의, ② 범죄행동의 원인, ③ 범죄행동 통제를 위한 처방책들을 포함하고 있다. 이 정의는 또한 검증된 원칙이라는 용어를 강조한다. 즉, 범죄학 연구에 과학적인 방법이 사용되어야 한다는 것을 의미한다.

---

9) Curt R. Bartol & Anne M. Bartol, Criminal Behavior, A Psychosocial Approach, Pearson Education, Inc., 2008, p.5.

10) Edwin Sutherland and Donald Cressy, Principles of Criminology, 6th ed.(Philadelphia: J.B. Lippincott, 1960), p.3.

Section 3 범죄학의 발전

1. 고대와 중세의 귀신론적 범죄관

범죄와 범죄학에 대한 연구는 비교적 최근에 관심을 받기 시작한 분야이다. 성문 형사법전은 수천 년의 역사를 자랑할지라도, 그 내용은 주로 범죄와 형벌의 규정에 한정되었다. 범법자들이 왜 범죄를 범하는가 하는 문제는 추측의 수준에 머물렀다.

고대의 원시사회에서는 동서양을 막론하고 범죄자나 정신장애자는 귀신이 씌웠거나 신의 저주를 받은 것으로 보았다. 동양의 무속신앙의 입장에서는 죽은 사람의 영혼에 사로잡혀 범죄를 범하거나 정신이상자가 된다고 보았다. 따라서 집안에 범죄자가 생기는 등 좋지 않은 일이 생기면 귀신을 쫓아내는 의례를 하거나 신이나 귀신을 달래는 의식을 치르기도 했다. 중남미 지역에서는 트레핀(trephine)이라는 방법에 의해 해골에 구멍이 뚫린 유골이 다수 발견되었는데, 이는 머릿속에 들어와 나가지 못한 채 사람을 미치게 만드는 귀신을 쫓아내기 위한 고대의 정신병 치료방법으로 추측되고 있다.

중세기에도 미신과 귀신 홀림에 대한 두려움이 인간 사고를 지배했다. 중세에는 그리스와 로마 시대에 발전한 정신장애에 대한 의학적 이해가 억압되고 고대의 귀신론적 정신장애관으로 회귀하였다. 종교적 입장에 근거하여 인간의 삶을 사탄과 악령에 대항하는 영적인 전쟁으로 보았으며, 정신병자는 사탄과 악령에 사로잡힌 것으로 규정되었다. 따라서 사람이 사회적 규범이나 종교적 교리를 위반하면, 그는 틀림없이 마녀이거나 악마가 붙은 것이라고 믿어졌다. 마녀나 악마가 붙은 사람으로 낙인찍힌 사람들은 화형에 처해졌으며, 화형제도는 17세기까지 남아있었다.

1575년과 1590년 사이에 프랑스 로렝 교구의 종교재판장이었던 레미(Nicolas Remy)는 900명의 마법사와 마녀를 화형에 처했으며, 마찬가지 이유로 같은 시기에 독일의 종교재판 교구장인 빈스필드(Peter Binsfield)는 6,500명을 사형에 처하였다.[11] 유럽 전체를 통하여 16세기에서 17세기에 걸쳐 마녀재판으로 십만 여명이 처형되었다. 또한 범죄형 피가 흐르는 가계가 있다는 믿음이 사회를 지배했으며,[12] 자백을 받아내기 위하여 가혹한 고문이 가해졌고, 폭력과 절도죄로 유죄판결을 받은 사람들은 태형, 소인(인두 등으로 지지기:branding), 불구형(maiming) 그리고 사형과 같은 극형에 처해졌다.

2. 고전주의 범죄학

(1) 사상적 배경

중세부터 근세초기인 18세기 초기까지 범죄와 형벌은 그 내용이 처음부터 명확히 규정되어 있지 않아 재판관에게 과다한 재량권이 주어져 있었다. 범죄자의 죄질에 따라 형벌이 주어지는 것이 아니라 범죄자의 신분에 따라 불평등하게 과해지고, 형벌은 사형이나 신체형을 중심으로 일반시민들에게 처벌에 대한 두려움을 안겨주기 위해 사용되었다. 그 시대에는 자백을 강요하기 위하여 고문을 행하고 태형, 공개교수형, 사지절단을 포함한 잔인한 형벌을 가하기 일쑤였다.

이러한 시대적 상황속에서 18세기 중엽에 이르러 사회철학자들은 법과 범죄에 대한 지배적인 개념에 대해 심사숙고하기 시작했다. 그들은 범죄와 형벌 사이의 관계가 균형되고 공정해야 한다는 점에 초점을 두는 합리적인 형벌체계에 대한 접근의 필요성을 강조했다. 프랑스 혁명 이후 합리주의를 표방하는 계몽주의는 고전주의 범죄이론의 사상적 배경이

11) Larry J. Siegel, *Criminology*, Wadsworth, A Division of Thomson Learning, Inc. 2003, pp.4-5.

12) Eugene Weber, *A Modern History of Europe* (New York: W. W. Norton, 1971), p.398.

되었다. 인간은 이성적인 존재로서 자유의지에 따라 행동할 수 있다. 자신의 행위에는 자신이 책임을 져야 한다는 원칙을 신봉하므로 신중심의 사고방식에서 인간중심의 사고로 전환되었으며, 엄격한 교회법 체계와 중세의 규문주의적 형사절차에 대한 반동으로 죄형법정주의가 확립되기 시작하였다.

또한 당시에 세상을 지배하고 있던 공리주의 철학은 형벌체계의 개혁에도 영향을 미쳤다. 인간은 쾌락을 추구하고 고통을 회피하는 존재라고 보는 베카리아(Cesare Beccaria)의 공리주의 사상은 고전주의 범죄학의 형성에 결정적인 영향을 미쳤다. 베카리아를 중심으로 한 공리주의 학자들은 범죄행동으로 얻는 쾌락보다 형벌로 받는 고통이 조금 더 큰 정도로 형벌체계가 운영되는 것이 합리적이라고 주장했다. 특히 베카리아를 비롯한 개혁주의자들은 사람들이 범죄를 범하지 못하도록 하기 위해서 채택하고 있는 극형(capital punishment)을 보다 적정하고 정당한 처벌로의 변화를 요구했다.

이러한 고전주의 사상은 18세기말부터 19세기를 통해서 형사사법제도에 영향을 미치는 지배적인 철학이었다. 결과적으로 교도소라는 범죄자 처벌시설이 나타나기 시작했으며, 형벌은 범죄의 심각성의 정도에 비례하여 부과되기 시작했다. 고전주의 범죄학의 캐치프레이즈는 처벌을 범죄의 경·중에 적합하게 하라는 것이었다.

(2) 고전주의 범죄학자

1) 베카리아

베카리아(Cesare Beccaria)는 18세기 이탈리아의 대표적인 공리주의 철학자이자 형법학자이다. 1764년 26세인 베카리아는 「범죄와 형벌」이라는 논문을 통하여 비인간적인 형벌의 폐지, 사형 및 고문제도의 폐지, 형벌의 일반예방주의, 죄형법정주의를 강조하였다. 인간은 누구나 자유의지를 가지고 있으며 이 자유의지에 의해 행동하는 것이므로 그 결과에 대한 책임은 스스로 부담해야 하며, 형벌은 법에 의한 것이므로 모든 사람에게 평등하게 적용되어야 한다.

베카리아는 사회를 형성하기 위한 기본이 되는 법을 위반하면 누구든 반드시 처벌되어야 하며, 입법부는 재판관이 자의적으로 형벌을 과하지 못하도록 형법을 성문법으로 제정하여야 한다고 주장하였다. 또한 범죄와 형벌 사이에는 적정한 비례관계가 있어야 하는데 형벌이 그 목적을 달성하기 위해서는 형벌이 부과하는 고통이 범죄로부터 얻는 이익보다 조금 커야 한다는 공리주의적 형벌관을 제시하였다. 베카리아는 형벌의 효과성과 공정성 및 유용성을 위해서는 처벌의 신속성이 요구되고, 반드시 체포되고 처벌된다는 형벌의 확실성은 가혹한 처벌보다 범죄예방에 가장 확실한 방법이라고 확신하였다.

2) 하워드

영국의 하워드(John Howard)는 계몽주의 사상을 신봉하는 교도소개량운동의 선구자이다. 하워드는 1755년 포르투갈 리스본에서 발생한 대지진 피해자 구제를 위해 구호품을 실은 배에 승선해 있다 프랑스 군함에 나포되어 감옥에 구금되었다. 그 후 하워드는 영국의 여러 교도소를 돌아보고 그러한 체험 속에서 불결함과 처참한 모습을 보게 되었다. 이것이 감옥개량운동을 하게 된 동기가 되었다.

하워드는 1777년 「영국의 감옥상태」라는 저서에서 교도소는 안전하고 위생적이어야 하며, 감옥 내 질병치료를 적극적으로 강조하였다. 또한 교도소는 징벌이나 가혹한 형의 집행장소가 아니라 교화의 장소가 되어야 하며, 이를 위해서는 혼거수용이나 과밀수용을 금지하고 연령과 성별에 따라 분리수용의 필요성을 역설하였다. 독방수감을 위한 독방설치도 필요하다고 주장하였다. 특히 수형성적이 좋은 경우 형기를 단축시켜 준다든가 출소후에 정상적인 사회생활이 가능하도록 배려하여야 한다고 강조하였다. 또한 병자나 노약자를 제외하고는 건강한 자는 노역을 통한 교정 및 노역결과인 생산품을 활용하여 자치적으로 교도소를 운영할 것을 주장하였다.

하워드의 노력으로 1799년 근대적인 교도소법이 제정되었으며, 합법적이고 인간적인 교도소 개혁이 이루어졌다. 죄수도 인간다운 대우를 받게 되는 교도소 환경의 개선에 각국의 제도적인 관심을 불러일으켰다.

3) 벤담

벤담(Jeremy Bentham)은 최대다수의 최대행복으로 유명한 공리주의 사상가이다. 인간은 쾌락을 추구하고 고통을 회피한다는 공리주의 사상에 따라 벤담은 범죄와 형벌의 균형, 즉, 범죄로 얻는 이익과 형벌로 얻는 불이익이 균형을 이루어야 한다는 점을 강조하였다. 말하자면, 형벌이 범죄로 얻는 이익을 약간 상회하는 정도이면 균형상태라고 보는 것이다. 형벌의 계량화는 당시에 법관의 자의적이고 잔인한 형벌을 개선하기 위한 개선책이었지만, 오늘날의 양형지침과 그 맥락을 같이 한다는 점에서 벤담의 높은 식견을 평가하지 않을 수 없다.

그는 형벌을 필요악이라고 보고, 일반예방목적에 효과적이며 형벌과 범죄의 균형을 확실히 하기 위해서는 형벌의 계량화의 필요성을 강조하였다. 벤담은 교도소건물 계획으로 파놉티콘(Panopticon: 부채형 교도소)을 제안한 것으로 유명하다. 이것은 최소의 비용으로 최대의 감시효과를 거둘 수 있는 새로운 감옥형태이다.

파놉티콘은 원형탑에서 주변의 모두를 보는 형태로서 교도소 중앙에 감시하는 원탑 형태의 시설이 있고, 그 바깥쪽에 빙 둘러 수형자들의 방을 두는 형태이다. 중앙의 감시공간은 항상 어둡게 유지하고 수형자의 방은 항상 밝게 유지함으로써 수형자는 보이지 않는 곳에서 자신을 감시한다는 사실을 알기 때문에 규율을 위반하는 행동을 못하게 된다는 것이다. 벤담의 파놉티콘은 근대 이후 각국의 교도소의 주요 모델로 활용되고 있다.

(3) 고전주의 범죄이론의 특징

1) 가정

고전주의 범죄이론은 모든 인간이 자신의 행동결과를 합리적으로 고려하여 자유의지에 의해 행동을 선택하는 존재라고 가정한다. 인간은 합법적 행위를 하든 불법적 행위를 하든 그 행위로부터 얻을 수 있는 잠재적 쾌락과 고통을 합리적으로 계산하여 자신의 자유의지에 의해 행위를 선택한다. 행위의 결과에 대한 합리적 계산과 행동선택은 개인의 자유의지의 결과이다.

자유의지(free will)는 행동에 대한 개인의 책임을 표상한다. 이것은 인간이 항상 자신의 행동에 대한 책임을 수용한다는 것을 의미하는 것이 아니라 개인의 행동이 의식적이고 계산된 결과라고 인정되기 때문에 사회가 개인으로 하여금 책임을 지게 한다는 의미이다.[13)]

합리적 선택(rational choice)은 행동하기 위한 결정에 도달하는 방법을 말하는 것으로서, 인간이 계산과 심사숙고된 계획의 논리적인 집합에 의해 행동하는 것을 의미한다. 이러한 선택은 행동이 초래할 것으로 예상되는 긍정적이거나 부정적인 행동결과의 자각을 기초로 하여 이루어진다.[14)]

고전주의 범죄이론에 기반을 둔 범죄억제 모델에 의하면, 인간은 체포될 가능성과 법적 처벌의 정도를 고려하여 범죄계획을 수립한다는 것이다. 만일 개인이 범죄로부터 얻을 수

---

13) Shoemaker, op.cit., p.13.
14) Ibid., p.13.

있는 이득보다 법적 처벌로부터 더 많은 고통을 받는다는 계산이 나온다면, 범죄계획을 포기하게 된다는 것이다. 그들의 합리적 계산과정에는 자신의 형사처벌 경험, 법에 의해 규정된 형벌, 과거 위반자들에게 부과되었던 처벌 등이 모두 고려요인이 된다.

2) 범죄억제의 요소

베카리아는 형사정책에 반영되어야 할 범죄억제요소를 범죄와 형벌의 균형, 일반예방주의, 처벌의 신속성, 형벌의 확실성과 형벌의 엄격성 등을 지적했다. 여기에서는 처벌의 엄격성, 처벌의 신속성, 처벌의 확실성 등에 대해 살펴보기로 한다.[15)]

① 처벌의 엄격성

억제이론의 전제는 범죄의 유형이 동일하다면, 그것으로부터 얻는 이득이나 쾌락의 량은 모든 사람에게 거의 동일하다는 것이다. 따라서 범죄에 상응하는 처벌은 그가 누구인가와는 아무런 관계가 없다. 범죄억제이론은 일반적으로 처벌이 엄격할수록 범죄율이 감소할 것이라고 가정한다.[16)] 처벌 수준을 높이면 범죄율은 감소한다고 보는 것이다. 그러나 처벌의 엄격성은 범죄의 해악의 크기에 따라서 처벌도 그 만큼 엄격해야 하며, 형사법에 근거하여 이루어져야 한다는 것을 의미한다.

처벌수준의 증가가 일반적으로 범죄행동을 억제한다는 실증적인 증거를 놓고 볼 때, 처벌수준과 범죄감소의 관계에 대한 가설은 지지되는 것으로 보인다. 예컨대, 1997년 미국의 국가정책분석 연구소의 경험적인 연구의 결과, 특정범죄에 대한 수감확률의 증가와 그에 따른 범죄율의 감소 사이에는 직접적인 상관관계가 있다는 증거를 발견했으며, 1993년과 1997년 사이에 살인죄로 감옥에 갈 확률이 17% 증가하는 동안 살인률은 23% 감소하고, 강도는 수감률이 14% 증가하면서 범죄율은 21% 감소했다.[17)] 이 경험적 연구의 결과는 상당히 설득력이 있지만, 형벌의 엄격성만이 범죄율의 감소를 가져왔다는 증거가 없다는 점이 하나의 약점이다. 특별한 범죄에 대한 처벌수준의 증가만이 범죄발생을 감소시킬 수 있다는 증거는 없다.[18)]

15) 조철옥, 앞의 책, pp.353-356.
16) Siegel, op.cit., p.122.
17) Ibid., p.122.
18) Ibid., p.122.

② 처벌의 신속성

범죄 억제이론은 범죄자에 대한 처벌이 신속하고 확실하게 이루어져야 억제효과가 있다는 가정을 한다. 처벌의 신속성은 범행 후에 범죄자가 얼마나 빨리 처벌되는 가를 의미한다.

> "범행후에 범죄자가 즉각적으로 처벌을 받을수록 처벌은 정당하고 유용할 것이다. 범행과 처벌사이의 시간적 간격이 짧을수록 범죄와 처벌이라는 두 관념의 결합은 더 긴밀하고 지속적인 것이 될 것이다."[19]

③ 처벌의 확실성

처벌의 확실성 개념은 범죄자가 확실하게 체포되고 처벌을 받을 가능성을 의미한다. 범죄자를 확실하게 처벌한다는 구체적인 의미는 범죄자의 체포, 유죄판결, 그리고 제재까지 포함하며, 그리고 체포, 유죄판결, 그리고 제재의 확률이 클수록 범죄율이 틀림없이 감소할 것이라는 의미까지 내포하고 있는 것이다.[20] 처벌의 확실성은 엄격성보다 범죄 억제에 더 효과적이라는 것이 일반적인 견해이다.

출처 : 포토뉴스

처벌의 확실성 개념은 범죄자가 확실하게 체포된다는 의미를 가장 우선 시 한다. 사실 범죄자가 체포되지 않는다면, 그들을 법정에서 유죄판결을 하고 교도소에 수감하는 등의 형벌을 가할 수가 없다. 그러므로 처벌의 개념은 경찰에게 범죄자가 체포되는 행위부터 포괄하는 넓은 의미로 받아들여져야 한다.

범죄행위가 지속되는 이유는 체포의 확실성과 깊은 관계가 있다. 즉, 범죄자들이 ① 특별한 범죄로 체포될 가능성이 거의 없고, ② 경찰관이 그들의 범죄행위를 인지하고도 수사하기를 싫어하거나, ③ 체포될지라도 관대한 처벌을 받을 가능성이 크다고 생각할 경우에 범죄행위는 억제되지 않고 지속된다.[21]

19) 민수홍 외 공역, p.46.
20) Siegel, op.cit., p.121.
21) Robert Bursik, Harold Grasmick, and Mitchell Chamlin, The Effect of Longitudinal Arrest Patterns on the Development of robbery Trends at the Neighborhood Level, *Criminology 28*, 1990, pp.431-450.

경험적 연구에 의하면, 일반적으로 암수범죄를 제외한 공식적으로 접수된 범죄의 검거율이 적어도 30%수준에만 도달하면 범죄율이 유의할 정도로 감소된 것으로 인정되어야 한다는 주장도 있다.[22)]

3. 실증주의 범죄학

(1) 들어가며

고전주의 범죄학은 약 100년 동안 범죄와 형사사법 체계의 지침으로서 작용했다. 그러나 19세기 말에 접어들면서 학문적 이론형성의 연구 방법이 실증주의로 변화하면서 고전주의 범죄학 이론에 대한 도전이 도처에서 일어나게 되었다. 실증주의는 학문적 이론 창출에 있어서 과학적인 방법을 강조한다. 세상에 대한 단순한 관념과 추론에 의존하는 지식과 이론은 더 이상 학문성과 과학성이 인정될 수 없다는 것이었다. 사회 현상에 대한 면밀한 관찰과 실험 등 경험적인 자료와 사실에 입각한 분석을 거쳐서 창출된 이론만이 학문성을 인정받을 수 있다는 것이 실증주의의 관점이다.

실증주의적 연구는 생물학, 천문학, 그리고 화학 등 자연과학의 발전에 크게 이바지하였다. 사회과학자들은 자연과학에서 실증주의적 방법이 성공할 수 있다면, 사회과학 영역에서도 실증주의의 적용이 가능하다고 생각하기 시작했다. 사회학의 창시자인 콩트(Auguste Comte)는 사람의 세계에 대한 이해방법에 따라 연구 방법 또한 몇 개의 진행단계로 나누어지며, 세상을 합리적, 과학적으로 보는 관점이 지배적인 사회에서는 실증주의적 방법을 추구하는 단계에 들어서게 된다고 주장하였다. 원시인은 원시적인 관점에 의해서 세상을 이해하기 때문에 과학적일 수 없으며, 현대인은 세상을 과학적으로 보는 최종적인 단계이며, 바로 그것이 실증주의라고 보았다.

우리가 잘 알고 있는 바와 같이 실증주의는 다음과 같은 요소들을 본질로 한다. 첫째, 인간행동은 내부적 요인과 외부적 요인의 함수이다. 내부적 요인은 개인의 생물학적 특질 또는 정신능력과 같은 개인적·심리적 요인을 말하고, 외부적 요인은 부와 계층과 같은 사회적요인 그리고 전쟁과 기근같은 정치적·역사적 요인을 의미한다. 두 번째 요인은 문제해결을 위한 과학적인 방법과 관련된 것이다. 실증주의자들은 가설검증을 위한 과학

---

22) Chrles Tittle and Alan Rowe, Certainty of Arrest and Crime Rates: A Further Test of the Detterrence Hypothesis, Social Forces 52, 1974, pp.455-462.

적인 방법의 엄격한 적용을 중요시 한다. 즉, 사실적이고 직접적인 관찰과 실험, 그리고 검증대상에 대한 엄격한 측정기법의 적용을 이론 성립의 기본으로 본다. 실증주의자들은 지능과 같은 추상적인 개념은 지능지수 같은 계량적 수치에 의해 측정될 수 있다는 점에서 사회과학의 개념들이 계량적인 기법에 의해 검증될 수 있다는 관점을 확실히 한다. 그들은 과학적인 방법에 의해 검증될 수 없는 영혼같은 개념에도 도전할 수 있다고 믿었다.

군포 여대생 살해 용의자가 밝힌 사건당일 전모

출처 : 뉴스한국

(2) 생물학적 결정주의

1) 초기의 연구동향

인간행동에 관한 초기의 과학적 연구는 생물학적 지향이었다. 그 대표적인 학자는 인상학자(physiognomist)인 라바터(J.K Lavater)이다. 그는 범죄형 인간을 인간의 귀, 코, 그리고 눈의 특징에서 찾으려 했다. 또한 범죄형 인간은 자신의 얼굴속에서 눈과 코 그리고 귀 사이의 거리가 특이할 것이라고 믿었다. 골(Joshep Gall)과 같은 골상학자(phrenologist)들은 범죄행동의 원인을 두개골의 모양에 초점을 맞추었다. 그들은 외관상의 두개골의 특징이 인간의 행동을 통제하는 뇌의 영역을 결정한다고 믿었다. 그들의 연구는 범죄연구에 과학적인 방법을 적용하려는 초기의 시도였다는 점에서 평가를 받을만 하다.

19세기 초에는 이상 성격과 범죄행동 유형과의 관계를 밝히는 연구가 관심을 받았다. 프랑스 정신병리학의 시조라고 할 수 있는 피넬(Philippe Pinel)은 정신질환을 앓고 있지 않은 사람들도 비적상적으로 행동한다고 주장했다. 그의 주장은 궁극적으로 정신병적 성격의 소유자가 있으며, 그들은 비정상적으로 행동한다는 것이다. 미국의 러쉬(Benjamin Rush)는 환자들 중에 선천적으로 초자연적인 도덕적 타락 성격을 가지고 태어나는 사람들이 있다고 주장했다. 또한 초기 범죄학의 개척자중의 한 사람인 영국의 모드슬리(Henry Maudsley)는 정신이상과 범죄행동과는 밀접한 상관성이 있다고 믿었다. 범죄란 불건전한 경향이 외부로 표출되는 일종의 폭발형태이다. 불건전한 경향을 가진 사람들이 범죄자가 아니라면 아마 곧바로 미칠 것이다. 그들이 미치지 않는 것은 범죄자이기 때문이다. 이러한 초기의 연구 노력은 범죄행동에 대한 연구의 관심을 뇌의 기능과 성격에 이동하게 만들었다.

생물학적 범죄이론 중에 실증주의에 입각한 과학적인 이론은 범죄학의 아버지라고 하는 롬브로조(Cesare Rombroso)의 생래적 범죄이론이 대표적이다. 이탈리아의 육군 병원에서 내과의사로 근무하면서 병사들의 시체를 대상으로 연구한 결과 격세유전적인 원인의 신체를 가진 사람이 범죄자로 결정되어 태어난다는 결과를 발표하였다. 롬브로조의 범죄인류학적 관점은 미국의 많은 범죄학자들에게 영향을 미침으로써 생물학적 결정주의를 추종하는 학파의 출현을 이끌어 냈다. 그는 유럽보다 미국에서 더 인정을 받았으며, 세기가 바뀌면서 미국 학자들 사이에 과학적인 범죄학이론의 개발을 위한 토론을 활성화하는 공헌을 하였다.

2) 현대의 생물학적 결정주의

현대의 생물학적 이론가들은 1975년 범죄란 생물학적 요인과 사회환경적 요인의 상호작용의 결과라는 윌슨(Edmund O. Wilson)의 「사회생물학」(Socialbiology)의 영향에 의해 롬부로조식의 단순한 생물학적 결정주의를 대부분 부정하고 범죄는 생물학적 요인과 환경적 요인의 결합현상으로 본다.

아주 최근의 생물학적 이론은 유전학, 뇌의 기능, 신경학, 생화학에서 진보된 기술과 새로운 발견에 바탕을 두고 있다. 현대 생물학 이론의 연구 주제는 ① 생화학적 접근, 즉, 영양·남성 및 여성 호르몬 균형·신진대사, ② 유전학적 접근, 즉, 유전자와 지능·진화, ③ 신경생리학적 요소, 즉, 뇌·중추 및 자율신경계·신경전달물질로 이동하였다. 현대 범죄생물학은 이러한 생물학적 요인들을 중심으로 연구를 하지만, 이러한 생물학적 특질들만이 범죄유발 요인이 되는 것이 아니라 사회환경적 요인과 상호작용에 의해 범죄가 발생한다는 견해를 견지한다.

3) 특징

① 결정론적 인간관과 특별예방

실증주의에 의한 생물학적 범죄이론에 의하면, 기본적으로 범죄자는 생물학적으로 범죄자가 될 수밖에 없는 특질을 가지고 태어난다고 보고 있다. 범죄자는 정상인과 다른 어떤 특성을 지니고 있다는 것이 이 이론의 핵심이다. 따라서 범죄행위 보다는 범죄자의 속성을 중시하며, 결정론적 인간관에 입각한 특별예방효과에 중점을 둔다.

② 사회의 책임

생물학적 결정주의는 범죄자란 내재적인 결함이 있는 인간이기 때문에 처벌받아야 하는 것이 아니라 치료받아야 한다고 주장한다. 따라서 범죄행위보다는 범죄자에 관심을 집중하여 범죄자의 속성에 대한 연구에 집중한다. 억제이론과는 달리 실증주의 범죄이론은 범죄를 개인의 책임이 아니라 사회의 책임으로 인식하고 있으며, 사회가 범죄문제를 적극적으로 해결하여야 한다는 점을 강조한다. 범죄예방 프로그램이 중요시되고 그 내용은 병리현상의 치료와 도덕교육, 직업교육 등 사회에 적응할 수 있게 하는 치료와 갱생교육 등이 제시되었다.

(3) 사회학적 실증주의(social positivism)

1) 퀘텔레와 드크하임의 실증주의

사회학적 범죄학의 기초는 사회학의 개척자인 퀘텔레와 드크하임(Adolphe Quetelet and Emile Durkheim)의 이론에서 찾을 수 있다. 퀘텔레는 범죄학 연구에 있어서 자료와 통계학의 사용을 촉구하였다. 사회학의 창시자의 한 사람으로 알려진 드크하임은 범죄를 정상적이고 필요한 사회 사건으로 정의했다. 이 두 사람의 연구는 현대 범죄학의 발전에 엄청난 영향을 미쳤다.

퀘텔레는 범죄학의 지도제작 학파(cartographic school)로 알려진 벨기에의 수학자였다. 이 접근은 19세기 초에 유럽에서 개발된 사회통계학을 이용했다. 통계적 자료는 인구밀도, 성, 가입종교, 그리고 부 등에 대한 중요한 인구학적 정보를 제공했다. 그는 범죄경향에 대한 사회적 요인의 영향을 조사하기 위해서 프랑스에서 수집된 자료를 분석했다. 그 결과 범죄에 대한 나이와 성의 강력한 영향을 발견한 것은 물론이고 이에 추가하여 계절, 기후, 인구구성, 그리고 빈곤이 범죄성에 관계가 있다는 증거를 발견하였다. 범죄율은 여름, 남부지역, 이질적인 인구구조, 그리고 빈곤층과 저 교육층에서 높고, 또한 범죄율은 음주습관에 의해서 영향을 받는 다는 것이다. 퀘텔레는 오늘날 범죄학의 기초로 작용할 수 있는 범죄와 사회현상과의 많은 관계를 확인했다.

드크하임의 사회적 실증주의는 범죄란 빈곤과 풍요의 모든 시기에 존재하기 때문에 인간 본성의 부분이라는 전제에서 출발한다. 사실상 범죄없는 사회를 생각조차 할 수 없기 때문에 범죄는 아주 정상적인 인간 행동이다. 범죄는 사회의 이질성 때문에 불가피하다. 인간은 정확하게 똑같이 존재하고 행동할 수 없기 때문에 항상 사회에는 이질성이 존재하기마련이다. 사람들은 각 개인의 욕구도 다르고 그것을 충족하는 방법도 다르다. 그러므로 어떤 사람은 범죄에 의해 욕구충족을 시도할 수 있다. 인간사이의 차이가 존재하는 한, 범죄는 불가피하며, 범죄는 사회생활의 기본적인 조건들 중의 하나이다.

드크하임은 범죄가 유용하고 때때로 사회의 건강을 위해 필요하다고 주장했다. 범죄는 사회변화를 위한 방향을 제시하고, 사회구조적인 문제를 노출시킨다는 점에서 필요하고 긍정적이라는 것이다. 모든 사람들이 동일한 방법으로 행동하고 옳고 그름에 대한 동의도 동일하다면, 그러한 사회는 창조성이 질식되고, 독립적인 사고는 사라질 것이다. 드크하임은 소크라테스의 사형에 대한 사례를 인간 사회가 전체적으로 동질적인 것이 아니라는 증거로 제시했다. 즉, 소크라테스는 그 당시에 다른 사람들, 특히 대부분의 소피스들이 믿었던 것과는 다른 철학논리를 가지고 젊은이들과 많은 대화를 통해 엄청난 영향을 미쳤기 때문에 젊은 사람들의 도덕을 타락시켰다는 이유로 사형에 처해졌다. 또한 범죄는 사회의 병폐에 대한 관심을 불러일으킨다는 이점이 있다는 것이다. 범죄율의 증가는 사회변동의 필요성에 대한 신호일 수 있으며, 범죄로 인한 인간의 고통을 제거하기 위한 다양한 프로그램의 설계를 요구한다. 예컨대, 1970년 대 이래 엄청난 수의 십대들이 약물오용을 하고 있다는 조사결과는 학교 시스템으로 하여금 십대들의 마약사용을 통제하기 위한 학교수준의 반 마약 프로그램을 개발하게 만들었다.

2) 시카고 학파

사회적 실증주의에 의한 탁월한 연구는 20세기 초에 시카고 대학의 사회학과 교수들에 의해 이루어졌다. 파크와 버제스(Robert Ezra Park and Ernest W. Burgess) 그리고 워드(Louis Wirth)와 그들의 동료들이 구성한 시카고 학파가 사회적 실증주의의 대표적인 학자들이다.

그들은 도시의 사회생태학에 대한 개척적인 연구를 했다. 사회생태학은 도시지역에 존재하는 사회적인 요인들이 범죄를 유발한다는 가설에 입각하고 있다. 다시 말해, 범죄행동은 개인적 소질이나 특질에 의해서 발생하는 것이 아니라 적절한 인간관계의 형성을 불가능하게 하는 사회환경적 요인의 영향의 결과이다. 시카고학파는 도심지역의 청소년 비행에 대한 연구를 하면서 청소년들이 살고 있는 환경적 특성, 즉, 지역의 빈곤수준과 가족과 학교 같은 사회제도의 기능 등이 청소년들의 일탈행동에 영향을 미치는 정도를 경험적으로 연구하였다.

시카고 학파의 범죄학 연구에 대한 공헌은 사회학적 범죄학 연구에 있어서 실증주의적 연구의 지평을 열었다는 점이다. 그들은 도심지역 청소년들의 비행을 연구하면서 소년법원에 이송된 청소년들을 표본으로 추출하여 그들의 가설을 검증하려고 시도하였다. 사실 그들의 동심원 지대이론이나 사회해체이론 등은 어떻게 보면 아주 상식적인 언명에 지나지 않는다. 빈곤층이 많이 몰려 살고 가정과 학교에 애착과 관심이 없는 지역의 청소년들이 비행에 빠지기 쉽다는 것은 당연한 현상이다. 또한 공동체를 구성하고 있는 사람들간의 유대관계도 없고 주민들의 전・출입이 빈번한 지역에서 비행이나 범죄율이 높을 것이라고 누구나 가정할 수 있다.

범죄생태학의 동심원 모형은 미국 특유의 도시구조 속에서 형성된 생태지도이므로 한국같은 사회에 적용가능성이 있는지는 의심스럽지만, 동심원 모델이 경험적 연구의 결과라는 사실에 학문적인 의미를 부여할 수 있다. 결론적으로 시카고 학파는 도시지역 청소년들의 비행에 대한 모델을 실증적인 연구에 의해 개발함으로써 이후의 사회학적 범죄학 연구에 실증주의를 일반화하였다는 점에서 평가를 받을 만하다.

4. 현대범죄학

다양한 범죄학 학파들은 200년 이상의 역사를 가지고 나름대로 발전의 길을 걸어왔다. 각 학파들은 다른 방향으로 진화하기도 했지만, 범죄학 연구와 관련된 개별적인 영역에 계속해서 영향을 미치고 있다.[23)]

고전적 범죄이론은 합리적 선택이론으로 진화한 결과, 범죄자들이 범죄로 인해 얻는 이익이 처벌로 인한 고통보다 더 클 경우에 범죄행위를 선택하는 합리적인 행위자라는 점을 강조한다. 생물학적 이론 역시 비슷한 변천을 거쳐 태동하고 발전해 왔다. 범죄학자들은 생물학적인 단일의 특질이나 내재적인 특징으로는 범죄행위를 설명할 수 없다는 사실을 인정하고, 생물학적・심리학적 특질들이 환경적 요인들과 상호작용하여 범죄를 포함하는 모든 인간행동에 영향을 미친다는 방향으로 연구를 전개하고 있다.

---

23) Siegel, op.cit., p.10.

퀘텔레와 드크하임(Qutelet & Durkheim)을 추종하는 사회학적 범죄이론들은 개인의 생활양식과 생활조건들이 직접 그들의 범죄행동을 통제한다는 입장을 취한다. 사회적 구조의 밑바닥에 있는 사람들은 사회에서 성공할 수 없고, 따라서 아노미, 긴장, 실패, 그리고 좌절에 빠진 결과 범죄를 범하게 된다는 것이다. 어떤 사회학자들은 범죄원인에 대한 그들의 관점에 사회심리학적인 개념을 추가하여 범죄를 설명하고자 하였다.

마르크스(Karl Marx)의 사상을 추종하는 범죄학자들은 사회적·정치적 갈등을 범죄의 원인으로 보고, 미국과 기타 자본주의 발전 국가들의 경제적 구조는 범죄발생의 주된 원이라고 주장하는 가하면,[24] 마르크스의 주장이나 여성해방주의에 심취한 학자들은 여성이 가부장제도의 피해자라는 입장을 견지하고 있다. 또한 남성위주의 기존의 범죄이론에서 해방되어 여성위주의 범죄이론의 정립을 추구한다. 아울러 어떤 범죄학자들은 지금까지 논의된 범죄개념을 더욱 복잡한 발달이론(developmental theory)속에 개념적 통합을 시도하고 있다.

24) Michael Lynch and W. Byron Gloves, *A Primer in Radical Criminology*(New york: Harrow and Heston, 1986), pp.6-26.

CHAPTER

02 범죄생물학

Section 1 초기의 범죄생물학

1. 롬브로조의 범죄인류학

이탈리아의 범죄인류학파를 대표하는 롬브로조(Cesare Lombroso)는 현대 범죄학의 아버지라고 불릴 정도로 자연과학적인 실증주의 범죄학 연구의 기틀을 마련한 학자로 유명하다. 1876년에 「범죄인(Criminal Man)」이라는 저서를 출판한 롬브로조는 범죄의 요인을 범죄자의 신체적 특징에서 찾음으로써 범죄연구의 초점을 범죄행위에서 범죄인으로 옮긴 최초의 학자이다. 또한 당시 범죄학 연구의 지배적인 접근방법이 되고 있던 추상적・종교적 또는 철학적 연구 정향을 경험적인 증거와 객관적인 분석을 요구하는 보다 과학적인 접근방법으로 대체하는 선구자적 기여를 한 학자이다.[1)]

롬브로조가 말하는 범죄자의 신체적 특징은 이른바 격세유전이라고 하는 생물학적인 퇴행성을 말한다. 생물학적 퇴행성, 즉, 격세유전은 인간의 진화과정에서 이미 없어진 고대 인류의 원시성이나 야만성과 관련된 신체적 특징이 근대인류에 나타난다는 것이다. 현대인류에서 나타나지 말아야 한다고 다윈이 말한 격세유전적 특징에 대한 원인은 알 수 없지만, 롬브로조는 진화가 진행된 이후에도 고대인류의 특징을 가진 사람이 출생할 수 있다고 주장했다. 즉, 범죄형 인간은 ① 좌우 불균형 두개골, ② 머리의 크기 및 형태, ③ 긴 턱과 돌출된 광대뼈, ④ 날카로운 송곳니, ⑤ 긴 팔, ⑥ 매부리코, ⑦ 돌출된 입술, ⑧ 치열의 불균형, ⑨ 듬성듬성난 턱수염, ⑩ 술잔 손잡이 모양의 귀, ⑪ 곱슬머리, ⑫ 기형의 손가락, 체모의 부족 등의 신체적 특징을 가지고 태어난다는 것이다.

---

1) Katherine S. Williams, Criminology, 5th edition, Published in the United States by Oxford University Press Inc., New York, 2004. p.129.

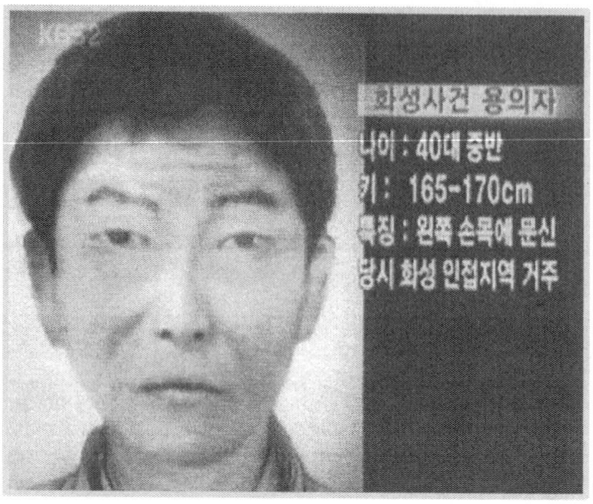

출처 : Sky 언제나의 블로그

롬브로조의 생래적 범죄인 이론(born criminal theory)은 그가 이탈리아의 육군병원의 내과의사로 오랫동안 근무하면서 유죄판결을 받아 처형된 병사들의 시신을 해부한 결과에 의해 발견한 실증적인 이론이라는 점에서 범죄생물학의 출현과 발전에 결정적인 기여를 했다.[2] 롬브로조는 당시 이탈리아 감옥에 수용된 죄수들을 육군에 근무하고 있는 군인들의 신체특징과 비교 연구한 결과 이들 중 43%는 5가지 이상 생물학적 퇴행성의 특징을 가진 것으로 밝혀냈다. 따라서 그는 이들을 생래적 범죄자로 지칭하고. 이들이 범죄자가 된 것은 태어날 때부터 생물학적으로 원시적인 신체특징을 가지고 있었기 때문이라는 것이다.[3] 이러한 해부학적 특징은 1870년대에 시작하여 지문에 의해 대체되는 시기인 1920년대 까지 경찰과 교정기관에 의해 범죄자 확인을 위한 공통적인 척도로 사용되었다.[4]

롬브로조의 연구는 과학적인 관찰과 분석에 기초하고 있다는 점에서 높은 평가를 받지만, 방법론적인 결점과 분석의 전제가 된 가정의 모호성 때문에 과학성을 인정받지 못한다. 우선 재소자들을 대상으로 한 실험집단과 비교가능한 인종적 · 사회적 배경을 가진 통제집단을 설정하지 않았기 때문에 방법론적인 신뢰를 받지 못한다. 또한 범죄인이 될 수밖에 없는 생물학적 특질의 존재에 대한 가정은 모호하여 과학적인 근거로 인정받지 못한다.[5]

그러나 롬브로조의 생래적 범죄자 이론은 범죄생물학 연구에 많은 영향을 미친 것이 사실이다. 범죄의 원인으로서 어떤 인종이나 집단에 내재된 특질, 신체적 비정상성, 생물학적 열등성, 신체유형, 저능성, 생화학적 불균형, 생물학적 결점과 역기능성을 다루는 이론들은 생래적 범죄이론의 가설에 근거한 것이라고 볼 수 있다.[6]

---

2) Siegel, op.cit., p.139.
3) Donald J. Shoemaker, Theories of Delinquency, *An Explanation of Explanations of Delinquent Behavior*, Fifth Edition, New York, Oxford University Press, 2005, p.23
4) Ronald L. Akers and Christine S. Sellin, Criminological Theories, Introduction, Evaluation, and Application(4th editin), Roxbury Publishing Company, 2004, pp.46-47.
5) Williams, op.cit., p.130.
6) Akers and Sellers, op.cit., p.47.

2. 고링의 생물학적 열등범죄자

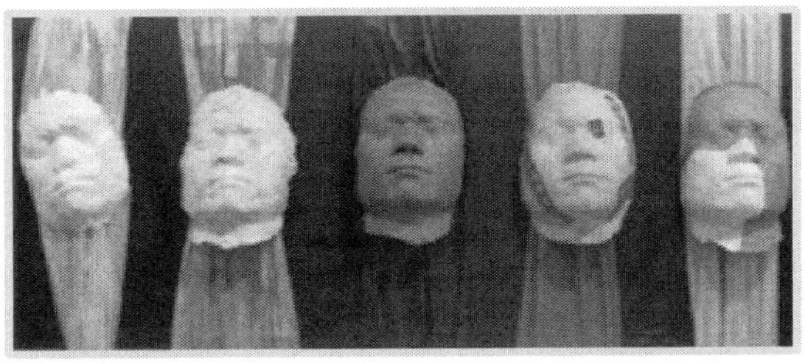

출처 : Daum

영국 교도소에서 의사로 근무한 고링(Charles B. Goring)은 수년에 걸친 연구를 통해 1913년 「영국의 죄수(The English Convict)」라는 저서를 출판했다. 고링은 직접 롬브로조가 주장한 생래적 범죄인론의 타당성을 약 10년에 걸친 영국 각지의 교도소 수형자 3,000명과 일반시민(주로 대학생) 3,000명을 대상으로 그 당시 가장 정교한 신체측정 방법과 통계적 기법을 동원하여 분석한 결과, 신체적 특징과 범죄행위 사이에는 통계적으로 유의미한 관계가 없다는 사실을 발견했다. 고링은 신체적 특징에 따른 범죄자 유형은 존재하지 않는다고 결론을 내림으로써 롬부로조의 이론을 부정했다. 재소자를 대학생, 군인, 교수, 병원환자 등과 비교하여 연구한 결과, 머리 크기, 눈 색깔, 얼굴모양 등을 포함한 37개의 신체적 특징과 행위 사이에는 통계학적으로 유의한 관계가 없다는 것이다.[7)]

그러나 고링은 격세유전적인 퇴행성 특징을 가진 사람이 범죄자 유형이라는 입장에는 부정적이었지만, 범죄자 집단에서 신체적으로 신장과 체중에서 열등하다는 사실을 발견하였다. 다시 말해, 재소자들은 신장과 체중에서 일반시민들보다는 열등하다는 것이며, 이러한 신체적 열등은 생존경쟁에서 뒤 처지게 하고 이로 인해 범죄를 쉽게 받아들이게 된다는 것이다. 또한 범죄자들은 지능수준이 낮다는 것이다.

3. 인간의 체형과 범죄

(1) 크레취머와 셀던의 체형론

독일의 정신병리학자인 크레취머(E. Kretschmer)는 「신체구조와 성격」이라는 저서를 통하여 롬브로조와는 다른 의미에서 신체적인 특징이 범죄자의 인격을 결정한다고 주장했다.[8)] 그는 체형을 비만형, 세장형, 근골형으로 구분하고, 일정한 체형은 그에

7) Ibid., pp.47-48.
8) 크레치머는 독일 뷔슈텐로트 출생으로 1926년에 마르부르크대학의 교수가 되었으며, 1946년에 튀빙겐대학의 교수 겸 산업체질심리학 연구소 소장이 되었다. 1918년에 《민감관계망상(敏感關係

상응하는 정신병질과 정신병이 존재하고, 범죄와 관련이 있다는 것이다.

비만형은 외향적, 활동적, 사교적, 협조적이며 여러 가지 취미와 함께 매우 겸손한 태도를 가지고 있지만, 조울증에 걸리기 쉽고 사기범이 많은 특징을 갖고 있다는 것이다. 세장형은 내성적이고 부끄러움을 잘 타지만, 책임전가를 잘 하고 잔인한 반사회적 성격의 소유자가 많고, 정신분열증에 잘 걸리고 사기적 절도범이 많다는 것이다. 근골형은 근육발달이 좋은 체형으로서 간질병에 잘 걸릴 수 있으며, 의리가 강하고 신뢰성이 있지만, 고집이 세고, 폭력범죄자가 많다는 것이다.

체형과 범죄의 유관성에 관한 연구는 셀던(William Sheldon)에 의해 체계적으로 연구되었다. 체형학파(somatotype school)를 출현케 한 그는 기본적인 체형을 세 가지로 분류하고, 그에 상응하는 기질적 특징을 제시했다.

셀던의 세 가지 체형은 첫째, 비만형이라고도 하는 내배엽형(Endomorphs), 둘째, 근육형이라고 불리는 중배엽형(Mesomorphs) 셋째, 세장형이라고도 하는 외배엽형(Ectomorphs) 으로 나누어진다. 인간의 체형은 생래적이며, 체형의 중요성은 그것과 인간의 기질 또는 성격 사이에 강력한 상관성이 있기 때문이다. 즉, 내배엽형은 부드럽고 둥글고 느긋하며 외향적이어서 폭력범죄보다는 장물범죄나 사기죄를 범할 가능성이 높고, 중배엽형은 건장하고 근육형으로서 공격적이고 폭력적이어서 폭력 범죄자가 될 가능성이 높다. 외배엽형은 마르고 예민하고 수줍어하며 내향적인 성격의 소유자로서 다른 체형에 비해 지적인 소유자가 많지만 반사회적 이상성격자나 사기죄를 범하는 경우가 많다고 주장했다.[9)]

정도의 차이는 있지만 모든 사람은 이상의 세 가지 체형 중의 어느 하나에 속한다. 셀던은 미국 보스톤의 청소년 갱생원에 수용된 200명의 남자 원생들을 대상으로 조사한 결과, 중배엽형의 소년들이 가장 많았고, 외배엽형의 소년들의 숫자가 제일 적다는 것을 발견했다. 따라서 전반적으로 중배엽형의 범죄자가 제일 많고 외배엽이 가장 적다는 것이다.[10)]

妄想)》 과 1921년에 《체격과 성격 Korperbau und Charakter》 을 각각 저술하여, 유럽의 정신의학 및 심리학 분야에서 지도적 역할을 하게 되었다. 특히 독일 정신의학에 환경요인에 입각한 역학적(力學的) 사고를 도입하여, 성격의 체질학적(體質學的) 기초를 밝힌 점은 현재까지도 높이 평가되고 있다.

9) Siegel, op.cit., p.139.

10) Shoemaker, op.cit., pp.23-24.

(2) 글룩 부부의 연구

체형과 범죄에 관한 연구는 1950년에 글룩 부부(Sheldon Glueck and Eleanor Gluek)에 의해 계승되었다. 그들은 500명의 상습적인 비행청소년들과 역시 500명의 일반 청소년들을 대상으로 비교 조사를 수행했다. 비행청소년들은 60%가 근육형으로 나타났고, 일반 청소년들은 31%가 근육형이었다. 한편, 비행청소년들의 14%가 외배엽에 해당했으며, 일반 청소년들의 경우에는 거의 40%가 외배엽이었다.[11] 또한 근육형은 고도의 부적응, 주의력 결여, 그리고 정서적 불안증세 같은 특징을 지니고 있을 뿐만 아니라 신체적으로 강인하여 공격적인 성향을 지니고 있으며, 비행을 단념시키는 각종 권위에 대한 복종심은 상대적으로 낮았다는 것이다.

그러나 글룩 부부는 인간의 체형과 행동성향의 관계에 대한 심층적인 연구를 통해 체형이 인간의 성격이나 행동에 영향을 미치는 유일한 결정적인 요인은 아니라고 주장했다. 다시 말해, 글룩 부부는 일탈행동이란 환경적 요인과 생물학적 요인, 그리고 심리학적 요인들의 결합에 의해서 유발된다는 것이다. 그들은 근육형 체형이나 어떤 특정 체형의 소유자가 일탈적 성격의 소유자라고 단언할만한 근거는 없다고 주장했다. 근육형의 일탈행동은 비우호적인 사회문화적 상황의 압력 하에서 신체적으로 강인하고 성격적으로 공격적인 특질을 소유하고 있기 때문에 그들이 그 압력에 즉각적으로 반응하기 때문이라는 것이다.[12] 다시 말해, 사회문화적인 압력이 없다면 근육형의 일탈행동도 없을 것이라는 관점이다.

(3) 코르테스와 가티의 연구

체형과 범죄의 관계에 대한 코르테스와 가티(Juan B. Cortes & Florence M. Gatti)의 연구는 셀던과 글룩 부부의 약점을 보완하려 했다는 점에서 주목을 받을 만하다. 그들은 셀던과 글룩부부가 대상들의 사진을 관찰하여 체형을 판단한 것과는 달리 얼

11) Siegel, op.cit., p.25.
12) Shoemaker., op.cit., p.25.

굴주름, 골격구조, 근육발달, 그리고 체중과 키 등에 대한 실질적인 비교 측정에 기초하고 있다는 점에서 더 정확한 실증적인 연구라고 볼 수 있다. 아울러 개인의 기질에 대한 평가는 관찰자의 주관적인 관찰에 의존한 것이 아니라 자기 보고식 응답항목을 기초로 했다.[13] 그러나 그들의 일탈행동에 대한 정의는 제도적인 공식통계나 법정 출두 기록을 기초로 하고 있다는 점에서 그들의 연구결과의 적용에는 한계가 있다.

그들은 이러한 일탈행위에 대한 정의와 측정방법에 의해 100명을 대상으로 하여 체형과 일탈행위와의 관계를 연구한 결과, 그 중 50% 이상이 근육형 체형을 소유하고 있었다는 것을 발견했으며, 이와는 대조적으로 100명의 준법 청소년들은 19%만이 근육형이었다. 한편, 일탈자들의 14%가 내배엽형 체형이었으며, 준법 청소년들은 37%가 내배엽형에 해당했다.

그들은 일탈행위자들 중에 근육형이 많은 이유를 다음과 같이 밝히고 있다. 즉, 중배엽 체형의 소유자들이 통계적으로 높은 성취동기를 가지고 있으며, 같은 중배엽 체형이지만 하나의 집단으로서 일탈행위자들은 일반 행위자들보다 더 높은 성취동기를 가지고 있다. 그러나 성취동기와 중배엽 체형과의 결합관계는 일탈자들 보다 비 일탈자들에게서 더 강하게 나타난다. 이는 체형과 다른 생물학적 요인 및 환경적 요인이 일탈행위에 관련된 성취동기에 영향을 미친다는 증거이다. 그러므로 체형이 일탈행위의 원인이라는 인과관계는 분명하지 않다.[14]

4. 초기 생물학적 범죄이론에 대한 평가

개인의 생물학적인 신체적 특징이 범죄성을 결정한다는 롬브로조의 주장을 오늘날 받아들이는 사람은 찾아보기 힘들다. 그러나 객관적인 관찰과 증거의 발견에 의해 범죄원인을 규명하려고 시도한 롬브로조의 실증적인 연구방법은 이후 범죄학 연구의 새로운 지평을 열었다.

범죄에 대한 생물학적 결정주의는 20세기 중반에 미국의 사회학자들로부터 배척을 받았으며, 오늘날도 사회학적 접근이 지배적이다. 제퍼리(C. Ray Jeffery) 등 생물학적 범죄이론을 옹호하는 학자들은 사회학자들의 학문적 편협성에 의해 생물학적 이론이 무시당하고 억압되었다고 주장한다. 그러나 초기의 생물학적 이론들을 거부하는 실제

13) Ibid., p.25.
14) Ibid., p.25.

적인 이유는 학문영역이나 정책상의 쟁점과는 관련이 없다. 그것은 단지 생물학적 이론들이 논리성을 결여하고 경험적으로 검증이 불가능한 것으로 밝혀졌기 때문이다. 현대생물학적 범죄학자들조차 롬브로조의 실증주의가 실패한 이유는 방법론적 결함과 논리적 부적절성, 그리고 사회학적 요인을 고려하지 못했기 때문이라는 점을 인정한다.[15)]

또한 체형과 범죄와의 관계에 대한 연구도 논리적 부적절성과 경험적 타당성의 결여, 그리고 사회적 요인의 결합작용을 무시했다는 비판을 받는다. 즉, 비행청소년들을 대상으로 한 체형과 범죄의 연구는 건장한 청소년들이 동년배 중에서 선택되어 비행을 범하는 경우가 많고, 건장한 청소년들은 근육노동이나 보디빌딩과 같은 체계적 단련의 결과인 경우가 많아 이는 사회문화적인 요인의 영향으로서 선천적으로 건장한 체형을 말하는 생물학적인 요인의 결과는 아니라는 것이다.

체형과 범죄와의 관계는 생물사회적인 관점에서 접근될 필요가 있다. 또한 청소년의 비행을 범죄의 개념과 동일시 하다는 것 자체도 설득력이 없다. 사춘기의 근육형 청소년들의 일탈행동이 많다고 해서 때로는 아무런 죄의식 없이 힘 자랑 비슷하게 저질러지는 이들의 비행을 범죄와 동일시하는 것도 타당성이 결여된다. 아울러 근육형이 범죄를 많이 범한다는 주장은 살인이나 강도, 강간 또는 조직폭력과 같은 폭력성을 가진 범죄를 대상으로 한다고 볼 수 있으나 현대 사회의 범죄는 사기범죄와 같은 다양한 지능범죄가 범람한다. 실제로 사기범은 내배엽형이 많고, 지능범은 오히려 외배엽형이 많다는 사실을 놓고 볼 때, 중배엽형, 즉, 근육형에 범죄형이 많다는 것은 객관성이 결여되어 있다.

15) Akers and Sellers, op.cit., pp.50-51.

Section 2 현대생물학적 범죄이론

1. 이론적 배경

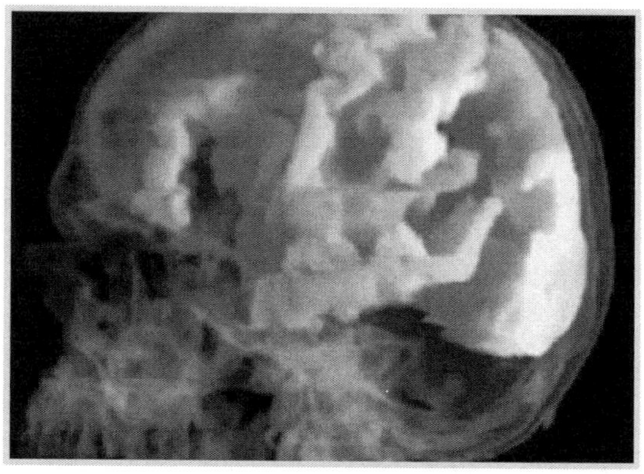

현대의 생물학적 이론가들은 롬부로조 식의 단순한 생물학적 결정주의를 대부분 부정한다. 아주 최근의 생물학적 이론은 유전학, 뇌의 기능, 신경학, 생화학에서 진보된 기술과 새로운 발견에 바탕을 두고 있다. 따라서 현대생물학 이론의 연구 주제는 생화학적 접근, 즉, 영양, 남성 및 여성 호르몬 균형, 신진대사, 유전자와 지능 그리고 진화를 포함하는 유전학, 뇌와 중추신경계 및 신경전달물질을 요소로 하는 신경생리학으로 이동했다.

20세기 초기에 사회학적 범죄이론가들로부터 생물학적 범죄이론은 방법론적으로 완전하지 못하고 범죄원인을 제대로 설명해주지도 못하는 무용한 이론이라는 비판을 받아 그 당시 생물학적 범죄이론은 학자들로부터 별로 관심을 받지 못했다. 이 기간 동안 범죄학자들은 범죄에 대한 사회학적 영향요인들에만 관심을 기울였다. 심지어 인간성을 이해하려고 할 때 생물학적 요인에 대한 고려는 일부러 회피하는 생물학 혐오증(biophobia)이 팽배했다.[16)]

그러나 1975년 윌슨(Edmund O. Wilson)이 「사회생물학」(Socialbiology)이라는 저서를 출판하면서 다시 범죄생물학이 주목을 받기 시작했다. 사회생물학은 초기의 생물학적 기초와는 달리 생물학적·유전학적 조건들이 인간의 행동학습과 인지에 어떻게 영향을 미치는가에 초점을 두었다. 따라서 이러한 시각은 생물학적 요인과 환경적 요인을 연결시켜 범죄현상을 설명하는 연구의 계기가 되었다.[17)]

사회생물학자들은 범죄의 원인을 유전자 등 생물학적 요인과 환경적 요인의 결합으로 파악하면서도, 그들의 주요 전제는 대부분의 행위가 인간의 생물학적 특질, 특히

---
16) Siegel, op.cit., pp139-140.
17) Ibid.,

유전자의 영향의 결과라는 가정에 입각하고 있었다.[18] 그러나 인간의 행동이 유전자에 의해 결정된다는 사회생물학의 주장은 많은 비판에 직면했다. 핵심적인 비판은 반사회적 행동을 예방하기 위해서는 그러한 행동을 유발하는 유전적 소질을 가지고 있는 사람들을 사회에서 도태시켜야 한다는 점이었다. 더욱이 사회생물학은 과거의 각종 유전자 결정론, 20세기 초기 미국의 단종법이나 이민제한법, 나아가 나치스의 유태인 대학살 등과 결부시켜 비인간적이라는 비판을 받았다.

그러나 사회생물학은 인간 행동이 유전자의 영향의 가능성, 즉, 유전자가 원인일 수 있다는 점을 강조하는 하나의 관점이며, 유전자가 유일한 원인이라고 하는 결정론적 시각은 아니다. 인간의 유전자는 친사회적 행동은 물론이고 반사회적 행동에 영향을 미치는 요인이다. 따라서 사회생물학은 인간의 반사회적 행위에 대한 유전자 결정론이라고 볼 수는 없고 유전자와 같은 생물학적 특질(유전적 특질)이 인간행동에 영향을 미칠 수 있다는 시각을 강조한 것으로 봐야 할 것이다.

사회생물학의 영향을 받은 현대 생물학적 범죄이론가들은 대부분 인간의 행동이 인간 유기체의 생물학적인 구성요인과 물리적이고 사회적인 환경과의 상호작용의 결과라는 관점을 받아들인다. 따라서 특정한 범죄가 유전되거나 생물학적으로 결정되는 일은 없고, 범죄행위를 유발하는 유일한 유전자도 없다고 보는 것이다. 그러므로 우리는 생물학적 이론이 범죄 발생에 영향을 미치는 하나의 부분적인 요인에 불과하다는 인식아래 접근해야 할 것이다.

2. 생화학적 요인

범죄에 대한 생화학적 접근은 인체 내의 화학적 결핍이나 불균형이 사람들의 사고형태와 동작을 통제하고, 이러한 불균형이 직접적으로 비행 또는 범죄와 연결되기도 하며, 간접적으로는 사회규율을 지키고 학습하는 것에 영향을 미친다는 가정을 기초로 연구하는 접근방법이다. 생화학적 불균형은 비타민과 미네랄 같은 영양소의 결핍, 남성호르몬과 같은 내분비 장애, 또는 환경오염에 의한 장애 등에 의해 발생하는 것으로 알려져 있다.[19]

인간의 공격성이나 반사회적 행동이 호르몬이나 영양소 같은 생화학적 요인에 의한

---

18) Ibid.,
19) 조철옥, 현대범죄학, 대영문화사, 2008, 55-58면.

영향을 받을 것이라는 가정은 많은 생물학적 범죄학자들의 관심을 불러일으켰다. 특히 1890년에 호르몬이 발견되면서 호르몬과 범죄와의 관계에 대한 연구에 관심이 집중되었다. 인체 내의 호르몬이나 영양소 등과 같은 생화학적 요소의 결핍이나 불균형으로 인한 정서적 장애에 의해 반사회적 행동이 발생한다는 주장은 소위 신 범죄학에서 강조하는 이론이다.

(1) 호르몬과 범죄

1) 남성호르몬과 범죄의 관계

호르몬은 범죄율에 있어서 성 차이를 설명하는데 도움이 되는 요인이다. 남성은 여성보다 생물학적으로, 자연적으로 더 공격적이지만, 여성은 아이들을 양육하기에 더 적합하고 종의 생존을 위해 더 중요한 존재이다. 실증적 연구에 의하면, 인간의 공격성은 성별을 불문하고 보편적인 특성이지만, 단지 그 유형과 표현형태가 다를 뿐이다. 즉, 남성은 직접적이고 주로 신체적인 공격을 하지만, 여성은 간접적이고 언어적인 공격형태를 취한다는 점에 차이가 있다. 남성호로몬인 테스토스테론(testosterone)은 강간과 살인같은 가장 공격적이고 반사회적인 범죄를 촉진하는 요인으로 알려져 있다.[20] 그것은 공격적인 행동을 유발하는 중추신경계에 해로운 작용을 한다는 것이다.

윌슨(Wilson)은 그의 저서 「도덕감(The More Sense)」에서 호르몬과 효소 그리고 신경전달물질이 인간행동을 이해하기 위한 주요한 요인이라고 결론을 내리고, 이러한 요인들이 범죄율의 성 차이를 설명하는데 도움이 된다고 주장했다.[21] 즉, 남성은 호르몬과 생화학적 요인의 작용으로 생물학적으로 여성보다 공격적이고 따라서 범죄율도 높다. 주요한 남성 스테로이드 호르몬인 테스토스테론 수치는 나이가 들면서 떨어지고 점점 폭력범죄율이 감소하는 이유를 설명할 수 있다.[22]

호르몬과 폭력행동 사이의 관계에 대한 연구는 많은 생물사회학자들에 의해 이루어졌으며 그 연구로 발견한 결과는 남성 성호르몬인 앤드로전(androgens)의 이상수치가 사실상 폭력행동을 유발한다는 것이다. 기타 앤드로전과 관련된 남성특징은 스릴 추

20) Williams, op.cit., p.148.
21) James Q. Wilson, *The Moral Sense*, New York:Free Press, 1993, pp.25-35
22) Walter Gove, "The Effect of Age and Gender on Deviant Behavior:A Bipopsycosocial Perspectives", in *Gender and Life Course*, ed., A.S. Rossi(New York:Aldine, 1985), pp.115-144.

구, 충동성, 힘의 과시, 그리고 언어기술의 부족 등으로서 대체로 이러한 특징들이 남성의 반사회적 행동과 깊은 관련이 있다는 것이다.23) 남성의 공격성과 관련있는 성호르몬인 앤드로전을 가장 많이 포함하고 있는 남성호르몬 테스토스테론 수준은 성적으로 최고로 각성되어 있는 대략 15-25세 사이에 가장 높다. 이 시기는 남성의 일생에서 가장 공격적인 시기와 일치하며, 이때는 특히 같은 또래에게 공격적인 행동을 보이는 것이 특징이다. 실제로 호르몬과 반사회적 행동 사이의 결합은 남성호르몬의 절정기인 청소년기에 가장 밀접한 관계를 보여준다.24)

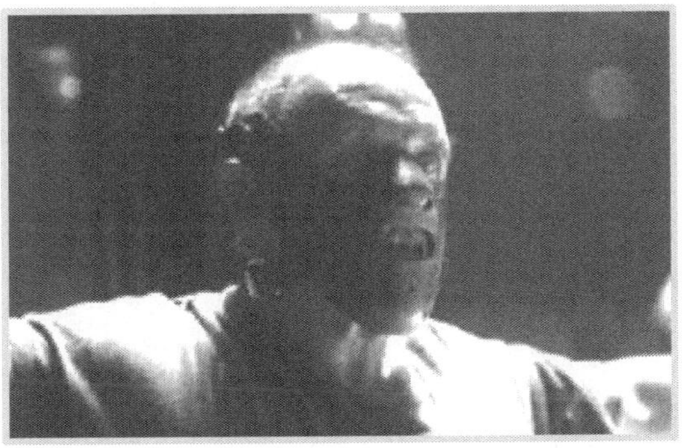

출처 : 한니발[싸이코패스 살인마 이야기]의 한장면

그러나 호르몬과 범죄행동과의 상관성에 대해서 부정적인 견해를 밝히는 학자들도 적지 않다. 우디(Richard J. Udry)는 남성호르몬이 성적 활동의 증가에는 영향을 미치지만, 다른 행위 유형에는 큰 영향을 미치지 않는다고 주장하였으며,25) 왈쉬(Anthony Walsh)는 그러한 관계는 테스토스테론 수치와는 무관한 폭력하위문화와의 접촉과 같은 사회환경적 요소들의 영향에 의한 결과일 수 있다는 견해를 밝혔다.26)

아직 남성 호르몬에 근거하여 일반 범죄이론을 제시한 학자는 없다. 호르몬은 인간행동에 단지 간접적으로만 영향을 미치기 때문에 호르몬과 범죄행동 사이의 인과관계는 발견되기 어렵다는 것이 대부분의 연구자들의 공통된 견해이다. 왈시는 훌륭한 연구자라면 테스토스테론의 높은 수치가 공격적 또는 성적 행동을 야기한다고 주장하기보다는 단지 그러한 행동을 촉진시킬 뿐이라고 주장해야 한다는 말로 호르몬과 범죄행동의 상관성에 대해 부정적인 견해를 분명히 했다. 남성호르몬인 테스토스테론의 높은 수치는 남성의 인내수준을 저하시키고, 쉽게 자극을 받아 공격적으로 반응하게 만든다. 어떤 연구도 테스토스테론과 공격성 사이에 직접적인 관계가 있다고 주장하

---

23) Alan Booth and D. Wayne Osgood, "The influence of Testosterone on Deviance in Adulthood:Assessing and Explaining the Relationship", Criminology 31, 1993, pp.93-118.
24) 조철옥, 앞의 책, p.59.
25) Richard J. Udry, "Biological predisposition and social control in adolescent sexual behavior", American Sociological Review 53, 1988, pp.709-722.
26) Anthony Walsh, "Bisocial Criminology: Introduction and Integration, Cincinatti, OH: Anderson, Publishing, 2002, p.192.

지는 않지만, 자극적인 상황하에서 다량의 테스토스테론이 분비되는 남성들은 폭력이나 공격에 의존하기 쉽다는 것이다.[27] 실제로 남성호르몬에 대한 초기의 연구결과에서 성인 일탈에 대한 설명력은 매우 약한 것으로 밝혀졌다. 하지만 수용중인 재소자 가운데 폭력범죄자가 기타 범죄자에 비해서 남성 호르몬 수치가 매우 높은 것으로 밝혀진 경우도 있고, 남성 범죄자들을 관리하기 위해 남성 호르몬의 수치를 낮추는 약물을 이용하는 사례가 발견되었으며,[28] 여성호르몬인 에스트로전(estrogen)과 프로제스테론(progesteron)을 성범죄자의 성욕을 감소시키기 위해 사용되었다는 사실을 고려할 때, 남성 호르몬과 범죄가 전혀 무관하지만은 않은 것 같다.[29]

2) 여성호르몬과 범죄

호르몬에 관한 연구는 남성 범죄자들에게만 한정된 것이 아니다. 여성은 생리 시에 여성호르몬인 에스트로전(estrogen)의 과도한 분비로 인해 반사회적 행동이나 공격적 행동을 하게 된다는 견해가 오래 동안 제기되어 왔다. 이러한 현상은 생리 전 증후군(premenstrual syndrome 또는 PMS)과 관련이 있다.[30] PMS 상태에 있는 여성은 통제할 수 없는 내부요인의 작용으로 백화점이나 가게의 물건 훔치기, 자살이나 공격적 행동같은 범법행위를 저지르게 된다는 것이다.

생리 전 증후군과 여성의 일탈행위의 관련성에 대한 연구는 달톤(Katharina Dalton)에 의해 최초로 수행되었다. 그녀는 영국 여성들을 대상으로 연구한 결과, 영국 여성들은 생리기간 또는 생리 바로 직전에 자살이나 공격적 행위 그리고 기타 반사회적 행위를 하는 경향이 있다고 주장했다.[31] 달톤의 연구는 PMS와 범죄와의 관계를 입증하는 증거로서 인용되기도 하나 방법론적 결함으로 인해 결과 그 자체를 액면 그대로 받아들이기는 어렵다. 어떤 사람들은 PMS와 범죄의 관계는 우연적이거나 공격행위에 대한 심리적, 생리적 스트레스가 생리를 초래하고, 생리가 범죄를 초래하는 것은 아니

27) Williams, op.cit., p.149.

28) Robert Rubin, "The Neuroendocrinology and Neuro-Chemistry of Antisocial Behavior", in The Causes of Crime, New Biological Approaches, ed., Sarnoff Mednick, Terri Moffitt, and Susan Stack(Cambridge: Cambridge University Press, 1987), pp.239-262.

29) J. Mooney, "Influence of Hormones on Psychosexual Differentiation", *Medical Aspects of Nutrition 30*, 1976, p.165.

30) Anne E. Figert, "The three faces of PMS: The Professional, Gendered, and Scientific Structuring of a Psychiatric Disorder", Social Problems 42, 1995, pp.56-72.

31) Khatarina Dalton, *The Premenstrual Syndrome*(Springfield, Ill.: Chares C. Thomas, 1971, pp.12-150.

라는 주장을 펴기도 한다.

한편, 저명한 생물사회학자인 피쉬바인(Diana Fishbein)은 사실상 여성 생리와 공격성 사이에 관련성이 있다는 입장을 취했다. 조사 결과에 의하면, ① 범죄행위로 구속되는 여성 상당수가 PMS 기간 동안에 범행을 했다는 것이며, ② 적어도 일부의 여성들이 호르몬의 주기적 변화시기에 분노와 적의와 같은 감정에 쉽게 빠지는 것 같다는 응답을 했다는 것이다.[32] 그러나 PMS의 타당성에 대한 논쟁은 계속되고 있다. 중요한 것은 대다수의 여성들이 PMS기간 동안에 비록 반사회적 행동으로 발전하지는 않을지라도 불안감에 휩싸인다는 사실이다. 따라서 PMS와 범죄와의 관계는 그렇게 밀접한 것 같지는 않다.

(2) 미네랄과 범죄

최저수준의 미네랄과 화학물질은 특히 어릴 때 성장과 정상적인 뇌의 기능을 위해 필요하다. 따라서 미네랄 결핍이나 과잉으로 인한 중독효과는 범죄의 원인이 된다. 범죄와 관련이 있다고 의심되는 미네랄은 대체로 납, 코발트, 수은, 카드뮴 등이다.

일반적으로 납 함량수준이 학습수준을 저하시키는 것으로 인정되고 있다. 또한 인체 내의 높은 납수치는 독립성, 인내성, 그리고 집중도의 저하를 가져오고, 충동성, 공상과 좌절의 늪에 쉽게 빠지게 한다는 것이다.[33] 최근 들어 납의 체내 함유량과 범죄성의 관련성이 지적되고 있는 가운데, 납 중독증은 거시와 미시수준 모두에 걸쳐서 인간의 공격적 행동을 유발하는 요인이 되고 있다는 실증적 연구가 있다. 미국의 여러 주에 걸친 공기의 납 오염과 관련된 거시수준의 연구 결과, 공기의 납 오염 정도가 가장 높은 지역은 살인범죄율이 가장 높다는 것이다.[34] 개인의 범죄행동과 관련된 미시수준의 연구에서 데노(Deborah Denno)는 900명 이상의 흑인 청년들을 대상으로 조사한 결과, 납중독 수준이 남성 일탈행동과 성인들의 상습적 범행의 아주 유의미한 예측치라는 증거를 제시했다.[35] 또한 과다한 납 섭취는 지능지수를 떨어뜨리고 공격적

---

32) Diana Fishbein, "Selected Studies on the Biology of Antisocial Behavior", in *New Perspectives in Criminology*, ed. John Conklin(Needham Heights, Mass.:Allyn and Bacon, 1996), pp.26-38.

33) D. Bryce-Smith, Nutrition and Health, vol.1, 1983, p.179.

34) Paul Stretesky and Michael Lynch, "The Relationship between Lead Exposure and Homicide", *Archives of Pediatric Adolescent Medicine 155*, 2001, PP.579-582,

35) Deborah Denno, "Considering Lead Poisoning as a Criminal Defense", *Fondham Urban Law Journal 20*, 1993, PP.377-400.

행동의 요인이라는 연구결과도 있다.[36)]

코발트의 부족이 난폭한 행동을 유발하게 된다는 연구 결과도 있다. 필(Pihl)은 코발트 수치가 낮을수록 폭력적 행동 유형이 나타난다고 주장했다.[37)] 그러나 코발트가 인체 내에서 어떠한 역할을 하는지 또한 행위의 폭력성에 어느 정도 작용하는지에 대해서는 충분히 검증된 것은 아니다. 마그네슘 부족도 사람의 폭력성을 유발한다는 주장이 제기되고 있으며, 특히 인체내의 인산이 마그네슘의 농도를 저하시키므로 인산이 포함된 탄산음료의 과다섭취는 결국 마그네슘 농도를 저하시켜 사람을 난폭하게 만들 수 있다는 것이다. 또한 체내의 구리와 아연의 비율이 무너지면, 즉, 구리가 과잉되고 아연이 적어져 균형이 무너지면 결국 뇌 기능이 저하되고 공격성이 고조된다고 한다. 또는 공격성이 높은 사람의 체내에서는 카드뮴, 알미늄, 수은 등이 많이 검출된다고 주장하는 연구도 있다.

그러나 인체내의 미네랄 농도는 음식물 섭취에 의해서만 영향을 받는 것뿐만 아니라 환경오염에 의해 영향을 받는다는 연구결과도 있다. 즉, 환경오염에 의해 다양한 유해 중금속들이 농작물과 음료수, 공기와 물에 포함되어 인체 속으로 들어오게 됨으로써 환경오염이 간접적으로 인간의 범죄행위의 원인이 된다는 것이다.[38)] 쇼스(Alexander Schauss)는 20세기 초에 이루어진 음식물과 인간행동과의 관계에 대한 연구에서 음식물 섭취와 정서적 혼란, 학습의 어려움, 역기능적 행동간에 연관이 있다고 주장했다.[39)] 한 경찰관은 음식물 섭취가 행동에 미치는 영향에 대하여 문제의식을 가지고 다른 기관의 동료들과 협력하여 조사한 결과 청소년 비행이 정크식품의 섭취와 관련이 있다는 조사결과를 제시하였다.

36) Uric Neisser et al., "Intelligence: Knows and Unknowns", *American Psychologist 51*, 1996, PP.77-101.

37) R. O. Phil, Hair element levels of violent criminals, Canadian Journal of Psychiatry, vol.27, p.533.

38) C. Hawley and R.E. Buckley, "Food Dyes and Hyperkinetic Children", Academy Therapy 10, 1974, pp27-32.

39) Alexander Schauss, *Diet, Crime and Delinquency*(Berkeley, Calif.: Parker House, 1980, pp.150-170.

(3) 비타민과 범죄

비타민과 범죄의 관계에 대한 연구는 비타민의 결핍이 범죄의 원인이라는 관점에 입각하고 있다. 비타민의 결핍이 범죄와 아동의 주의력 결핍 과잉행동장애의 원인이라는 주장은 비타민B와 관련이 있다. 사회생물학자들에 의해 수행된 비타민 결핍 및 의존과 범죄의 관계에 대한 연구에 의하면, 비타민 B(B3와 B6)와 C의 결핍이 반사회적 행동의 요인이라는 것이다. 나아가 정신분열증 환자 및 학습과 행동장애를 겪고 있는 어린이들의 대부분이 비타민 B3와 B6의 결핍상태에 있다는 것이다.[40)]

그런데 이러한 영양소 결핍의 원인은 대체로 크게 두 가지로 나누어진다. 첫째는 필요한 영양소를 함유한 음식물을 충분히 소비하지 못하는 경우로서 이를 비타민 결핍(deficiency)이라고 하고, 둘째는 유전적 조건으로 인하여 정상적인 최소 요구치 이상으로 이들 영양소를 필요로 하는 경우로서 이를 비타민 의존(dependency)이라고 한다. 이들 비타민결핍이나 비타민 의존과 범죄와의 관계는 주로 비타민 B(B3와 B6)와 C 그리고 반사회적 행위와의 밀접한 관련성에서 찾아 볼 수 있다.

또한 학습 장애나 행동장애가 있는 어린이들은 대개 비타민 B(B3와 B6)에 지나치게 의존한다는 데 주목하고 있다. 쉔텔러(Stephen Schoenthaler)는 뉴욕의 803개의 공립학교를 대상으로 비타민과 미네랄을 많이 함유하고 있는 식사개선을 통한 연구 결과, 학생들의 성적이 16% 향상된 결과를 얻었으며, 교정기관의 수형자들을 대상으로 한 유사한 실험에서 식사개선 이후 폭력행동이 48% 감소했다.[41)] 또한 1,753명의 어린이들을 대상으로 한 식사와 지능지수와의 관계에 대한 연구는 식사개선이후 지능지수가 16점 향상되었다는 것이다. 결국 이들 연구 결과는 우리 사회의 반사회적 행위가 사람들의 부적절한 음식섭취나 미네랄, 비타민 흡수에 어느 정도 그 책임이 있다는 사실을 강조한다.

화학적 불균형의 원인은 유전적일 수도 있고 음식물 섭취일 수도 있다. 따라서 범죄가 영양소의 결핍이나 과잉이 직접적인 증거라고 볼 수는 없다. 영양소나 음식물에 의한 생화학적 불균형이 범죄나 비행에 직접적인 영향을 미치기보다는 학업장애나 대인관계 장애 등으로 인하여 비행이나 범죄로 발전할 수 있는 다른 요인과 결합될 수 있다는 것으로 이해하는 것이 타당할 것으로 보인다.

---

40) Siegel, op.cit., p.142.

41) Stephen Schenthaler, Intelligence, Academic Performance, and Brain Function(California State University, Stanislaus, 2000), pp.170-188.

(4) 저혈당과 범죄

혈당 수치가 반사회적 행동과 범죄행동에 관련이 있다는 주장이 꾸준히 제기되어 왔다. 특히 설탕이나 탄수화물을 과잉섭취함으로써 혈당수치가 200이상으로 아주 높거나 50이하로 떨어지는 저혈당이 반사회적 행동을 유발한다는 것이다. 우선 저혈당과 반사회적 행동과의 관계를 연구하기 전에 저 혈당과 깊은 관계가 있는 설탕과 범죄성 유발 관계를 검토할 필요가 있다. 저 혈당의 원인은 과잉 섭취된 포도당과 설탕이라는 지적이 많다. 또한 설탕과 탄수화물의 과잉 섭취는 폭력과 공격성에 관계가 있다는 연구 결과가 있다. 즉, 실험에 의하면, 설탕이 포함된 음료수를 비롯한 모든 음식에서 설탕을 빼고 설탕대체물을 넣었을 경우에 어린이의 공격성이 감소되었다는 것이다.[42] 그러나 설탕 과잉 섭취와 공격성의 상관성은 아직 확실하게 경험적인 검증 과정을 거쳐 입증된 것은 아니다. 일부의 연구에서는 설탕의 공격성 촉진관계는 그 상관성이 부정되었기 때문이다.[43] 어떤 특별한 영양상태가 반사회적 행동을 유발하는 것이 아니라 개인의 전반적인 영양상태가 불균형적이거나 적절한 영양분을 공급하지 못함으로써 반사회적 행동을 유발한다는 주장도 있다.

한편, 저혈당증(hypoglycemia)은 혈당치가 기준치 이하로 저하하는 병으로써 당분의 과잉섭취나 비타민과 미네랄 등과 같은 영양소의 부족의 결과라고 한다. 저혈당증이란 혈액중의 포도당 량이 통상 뇌가 기능하기 위해 필요로 하는 량보다 적은 증상을 말한다. 이는 인슐린의 과잉분비로 인해 포도당이 빨리 소모되는 결과이다. 저혈당증이 발생하면, 과민, 불안, 우울, 착란 등의 정신상태에 빠지거나 발작, 두통의 증상이 생기기도 하며, 공격적, 폭력적 행동을 유발하기도 하는 것으로 알려져 있다.[44] 그리고 심각한 저혈당증은 기억상실이나 의식 상실과 같은 결과를 초래하거나 뇌 기능의 작동 중단으로 사망에까지 이르기도 한다.

저혈당증 중에서도 특히 반응성 저혈당증(reactive hypoglycemia: 포도당 섭취가 많으면 혈당치가 즉시 대폭으로 저하하는 현상)은 상습적인 폭력성·충동성 범죄자들 집단에서 발견됨으로써 저혈당과 폭력성 범죄와의 관련성이 높다는 것이다.[45] 교도소

---

42) Stephen Schoenthaler and Walter Doraz, "Types of Offences Which Can Be Reduced in an institutional Setting Using Nutritional intervention", *International Journal of Biosocial Research 4*, 1983, pp.74-84.

43) Gregory Gray, "Diet, Crime and Delinquency: "Diet, Crime and Delinquency:A Critique", *Nutrition Review Supplement* 44, 1986, pp.89-94.

44) E. Podolsky, "The Chemistry of Murder", *Pakistan Medical Journal 15*, 1964, pp.9-14.

의 수감자들을 대상으로 한 연구는 재소자들 대부분이 정상수치를 벗어난 저혈당 상태에 있다는 것이며,[46] 오하이오 주는 보호관찰중인 범죄자 100명 이상에 대해 혈당 검사를 한 결과 그 대부분이 저혈당증 상태에 있었다.

저혈당증의 범죄 유관성에 대한 흥미있는 사례는 트윈키 항변(Twinky defence)이라는 사건이다. 1978년 미국 캘리포니아주의 화이트 케이스에서 피고인이 당분이 많은 음식을 과잉 섭취하여 심신쇠약 상태에 빠졌다고 하여 재판시에 이러한 환자의 상태가 고려되어 형량이 감경된 사건이다. 사건은 경찰관 출신인 전 샌프란시스코 평의원 화이트가 시장과 평의원을 살해한 혐의로 제1급 모살죄로 기소된 사건이다. 이 사건에서 변호인측은 피고인이 스넥 과자를 비롯하여 케이크와 사탕을 과잉 섭취하여 뇌의 화학적 균형이 무너지고, 정신적 장애를 초래했다고 주장하였고, 심신쇠약에 의한 책임감경을 요구했다. 배심원 측은 변호인측의 주장을 받아들여 중벌을 내리지 않고 7년 8개월의 구금형을 선고함으로써 이 항변은 당시 미국 과자의 이름을 따 트윈키 항변으로 지칭되었다.

(5) 알러지와 범죄

알러지(allergy)는 보통사람들에게는 별 영향이 없는 물질이 어떤 사람에게만 두드러기, 가려움, 콧물, 기침 등의 이상 과민반응을 일으키는 것을 말한다. 알러지는 과민반응이라는 그리스어 알로스(allos)가 어원이며 1906년 프랑스학자 폰 피케르가 처음으로 사용했다고 한다. 꽃가루나 항생제 같은 알러지를 일으키는 물질을 항원이라고 하며, 식품이 일으키는 알러지를 식품알러지라고 한다. 알러지와 범죄의 관련성에 대해 주목을 받고 있는 것은 뇌 알러지와 신경 알러지이다. 이 중 뇌 알러지는 뇌의 과잉반응을 초래하는 데 비해 신경 알러지는 신경계에 강한 영향을 주는 것을 의미한다.

이들 알러지는 인간의 뇌를 팽창시키거나 공격성과 정서를 고조시켜 폭력을 행사케 하는 등 정신, 정서 및 행동의 다양한 측면에서 문제를 야기한다. 또한 뇌 알러지와 신경 알러지는 비행의 전조라고 일컬어지는 어린이의 과잉행동(hyper-activity)과 관련이 있다는 지적도 나오고 있다.[47] 그러한 알러지에 관계 있는 식품은 우유, 밀, 옥수

---

45) Matti Virkkunen, "Reactive Hypoglycemic Tendency among Habitually Violence Offenders", *Nutrition Review Supplement 44*, 1986, pp.94-103.

46) J. A. Yaruyama-Tobbis and F. Negiruglu, "Violence Behavior, Brain Dyshythmia and Glucose Dysfunction: A New Syndrome", *Journal of Orthopsychiatry 4*, 1975, pp.182-188.

47) Paul Marshall, "Alergy and Depression: A Neurochemical Threshold Model of the Relation

수, 초콜릿, 감귤류와 계란 등이다. 그러나 기타 약 300개의 알러지와 관련이 있는 것으로 알려져 있다. 미국에서는 뇌 알러지의 원인이라고 생각되는 옥수수의 소비량 증가와 전국의 살인사건 건수 사이에 관련성이 있다는 연구도 나왔다.[48)]

3. 신경생리학적 요인

(1) 발전배경과 개념

뇌의 기능장애나 뇌의 신경전달물질인 세로토닌, 도파민, 노르에페네프린(부신수질 호르몬)등의 결핍이나 과잉이 인간의 공격성이나 반사회적 행동의 원인이라고 한다든지, 사이코패스의 행동이 신경생리학적 요인에서 유발된다는 주장이 제기되어 왔다.

신경생리학(Neurophysiology)은 뇌의 기능과 인간행위와의 관계를 연구하는 분야이다. 즉, 뇌와 관련된 신경시스템과 중추신경계가 인간행동에 어떻게 영향을 미치는가를 연구하는 분야이다. 신경생리학자들의 주장에 의하면, 태아기 또는 그 이전 단계에 형성된 신경생리적 이상상태가 인간의 행동, 특히 반사회적 행동에 영향을 미치고, 평생동안 인간행동을 통제한다는 것이다.[49)]

신경생리학이 범죄에 관한 연구에 관심을 기울이기 시작한 것은 1968년 텍사스에서 자신의 아내와 모친, 그리고 14명의 다른 사람들을 살해하고 24명에게 부상을 입힌 히트만(Charles Whitman)의 엽기적인 살인 사건이 계기가 되었다. 히트만은 경찰에 의해 사살되었고, 그의 시신을 부검한 의사에 의해 그의 뇌 속에서 악성종양이 발견되었으며, 과거에 히트만은 사람을 죽이고 싶은 통제하기 어려운 격정상태를 경험하고, 이 문제를 해결하기 위해 정신과 의사를 찾아가서 자문을 구하기도 했다는 것이다.[50)]

히트만 사건은 그의 뇌 손상이 살인행위를 초래한 것이라는 가정 아래 이 사건이후 신경생리적 손상과 인간행동의 관계에 대한 연구가 부각되기 시작했다. 미국을 비롯한 몇몇 국가에서 수행된 연구에서 뇌기능의 손상과 공격적 행동 사이에 유의미한 관계가 있다는 것을 입증한 바 있다. 연구결과는 뇌의 손상과 공격적 행동의 관계는 아주 어릴 때 형성되

between the illness", *Psychological Bulletin 113*, 1993, pp.23-39.

48) A. R. Mawson and K.J. Jacobs, "Corn Consumption, Tryptophan, and Cross National Homicides Rates", *Journal of Orthomolecular Psychiatry 7*, 1978, pp.227-230.

49) Terri Moffitt, Donald Lyman, and Phil Silva, "Neuropsychological Tests Predicting Persistent Male Delinquency", *Criminology 32*, 1994, pp.227-300.

50) R. Jhonson, *Aggression in Man and Animals* (Philadelphia:Saunders, 1972), p.79.

고, 태어나면서 중증의 신경생리적 결함에 의해 고통을 받는 어린이는 나중에 커서 범죄자가 될 가능성이 아주 높다는 것이다.[51)]

(2) 뇌의 기능장애와 반사회적 행동

인간의 정신적, 육체적 행동의 중추가 되고 있는 뇌기능이 손상되거나 장애가 발생하면 인간의 공격성이나 반사회적인 행동, 또는 정신장애 현상이 발생할 가능성이 높다.

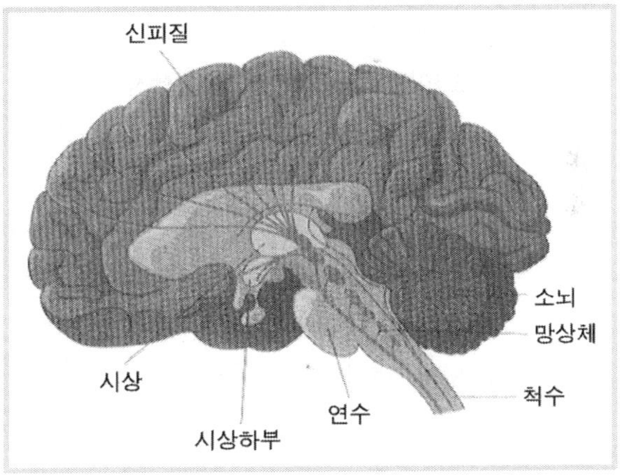

경험적인 여러 연구에 의하면, 대뇌를 구성하고 있는 각 부분의 기능적 장애나 손상은 다양한 병적 증상이나 공격적인 행동을 유발한다는 증거가 발견되고 있다. 특히 뇌기능장애가 폭력범죄와 관계가 있다는 주장이 제기되고 있으며, 뇌의 전두엽과 측두엽의 기능장애는 지속적인 범죄성을 초래한다는 연구 결과도 있다.

가벼운 뇌기능 장애(MBD:minimal brain dysfunction), 즉, 뇌 구조의 경미한 이상상태와 관련된 증상도 인간의 생활유형과 흐름을 방해하는 돌연적인 부적응 행동을 초래한다는 경험적인 연구결과도 있다. 경미한 뇌기능 장애는 반사회적 행동, 분노 통제메카니즘의 불균형, 그리고 뇌의 화학적 이상상태를 유발하는 것과 같은 심각한 현상을 초래할 수 있다.

MBD의 범주에는 몇 가지 형태의 이상행동 유형이 있다. 즉, 난독증(難讀症), 시각적 지각문제, 과잉행동증, 주의력의 저하, 괴팍한 성격, 공격성 등이다. MBD는 순간적으로 폭발하는 분노, 격정성을 유발함으로써 배우자 구타, 어린이 학대, 자살, 공격성 그리고 동기없는 살인 등의 행동을 초래할 수 있다. 그러한 행동으로 인해 고민하는 당사자들은 평소에는 따뜻하고 쾌활한 성격을 보여주는 당혹스러운 현상이 MBD

---

51) Adrian Raine, Patricia Brennan, Brigitte Mednick, and Sarnoff Mednick, " High Rates of Violence, Crime, Academic Problemes, and Behavioral Problemes in Males with Neuromotor Deficits and Unstable Family Environments", *Archives of General Psychiatry 53*, 1966, 5544-549.

증후군의 또 하나의 특징이다. MBD를 측정하는 어떤 연구에서 범법자의 60% 이상이 심리검사에서 뇌의 기능장애가 발견되었다.[52] 범죄자들은 뇌의 주요 반구체에서 기능장애가 발견되었으며, 뇌파자료를 이용한 연구는 폭력범의 상습성을 95%의 정확성을 가지고 예측했다.

뇌종양(brain tumor)이 환자의 성격변화, 망상증, 그리고 다양한 정신병적인 행동을 초래한다. 뇌종양에 걸린 사람들은 우울증, 격분성, 분노의 폭발, 그리고 심지어 살인행위에 빠지는 경향이 강하다는 것이다.[53] 뇌종양 환자에 대한 임상적인 연구결과는 과거에 유순한 사람들도 뇌종양에 걸리면 그들의 가족이나 친구들에게 심각한 피해를 입힐 정도로 행동변화를 일으킨다. 뇌종양이 제거되면, 그들의 행동은 정상으로 돌아온다. 또한 추락이나 교통사고에 의해 뇌에 손상을 입은 사람들도 반사회적 행동과 폭력적 행동을 하는 것 같은 행동의 변화가 발생한다.

또한 중추신경계의 질병은 성격변화를 야기한다. 중추신경계의 손상은 뇌경색, 간질, 치매, 코르사코프(Korsakoff) 언어장애 증후군 등과 같은 질병을 유발한다. 이러한 질병과 결합된 증후군은 기억장애, 방향감각 상실, 분노, 울분, 그리고 격정적 행동 같은 정서 혼란을 초래한다.[54]

그러나 우리가 뇌에 대해서 아는 것 보다 모르는 것이 더 많듯이 뇌는 아직 온통 수수께끼투성이다. 현재 뇌에 대해서 알고 있는 지식의 90%는 최근 15년 동안에 발견된 것들이다. 이는 그만큼 뇌의 기능을 파악하는 것이 기술적으로 대단히 어려운 작업이고, 고도의 기술을 필요로 한다는 사실을 반증하는 것이다. 뇌는 미지의 세계를 개척하고자 하는 탐험가에게는 아주 매력 있는 정글이요 오지인 셈이다.

(3) 뇌파의 변화와 범죄

뇌파는 신경계에서 뇌신경 사이에 신호가 전달될 때 생기는 전기의 흐름을 말한다. 심신의 상태에 따라 각각 다르게 나타나며 뇌의 활동 상황을 측정하는 가장 중요한 지표이다. 말하자면, 심장의 박동이나 맥박이 심장의 활동상태를 나타내듯이 인간의 뇌의 활동상태를 나타내는 것이 뇌파이다. 뇌전도는 뇌의 전기적 활동에 대한 신경생

---

52) D. R. Robin, R. M. Stales, T. J. Kenny, B. J. Reynolds, and F. P. Heald, “Adolescents who Attempt Suicide”, *Jornal of Pediatrics 90*, 1977, pp.636-638.

53) Rita Shaushnessy, "Psychopharmacotherapy of Neuropsychiatric Disorders", *Psychiatric Annals 25*, 1995, pp.634-640.

54) Siegel, op.cit., p.146.

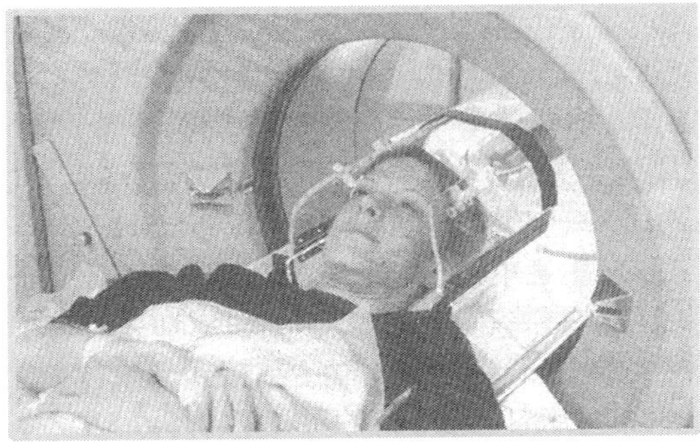

리학적 측정방법으로 두피에 부착한 전극을 통해 기록한다. 이 결과 얻어지는 궤적을 뇌전도 또는 뇌파라 한다. 뇌전도는 뇌 손상, 간질, 또는 여러 질환을 평가하거나 법률적으로 뇌사를 진단하는데 사용한다.

뇌파중 감마(λ)파는 주파수 30Hz 이상의 극도의 각성과 흥분시 전두엽과 두정엽에서 비교적 많이 발생한다. 베타(β)파는 주파수 13-30Hz로서 스트레스파라고도 하며 불안, 긴장 등의 활동과 관련이 있다. 알파(α)파는 주파수 8-12.99Hz로서 심신이 안정을 취하고 있을 때의 뇌파라고 해서,안정파라고도 하며 사람 뇌파의 대표적인 성분으로 뇌의 발달과 밀접한 관련이 있다. 세타(θ)파는 주파수 4-7.99Hz로서 졸음파 또는 서파수면파라고 하며 잠에 빠져들 때 통과하는 뇌파이다. 델타(δ)파는 주파수 0.2-3.99Hz로서 수면파라고도 하며 수면시 발생한다.

뇌파는 1875년 영국의 생리학자 캐이턴(R. Caton)이 처음으로 토끼와 원숭이의 대뇌피질에서 나온 미약한 전기활동을 검류계로 기록하면서 관심의 대상이 되었다. 사람의 뇌파는 1929년 독일의 정신과 의사 베르거(Hans Berger) 에 의해서 처음으로 발견되었다. 그는 머리에 외상을 입은 환자의 두개골 결손부의 피하에 2개의 백금전극을 삽입하여 뇌파를 기록하였으며, 나중에 두피에 전극을 얹기만 하여도 뇌파가 기록될 수 있다는 것을 관찰하고, 이것을 심전도(ECG: Electrocardiogram)나 근전도(EMG: Electromyogram)와 같이 뇌전도라고 하였다. 이와 같은 그의 공적을 기려 뇌파를 '베르거 리듬'이라고도 한다. 그는 수면 시의 뇌 전위 기록, 저산소증에 의한 효과, 뇌 장애의 부분과 전체 효과, 간질 발작에 의한 효과 등을 목록화하였다. 이것들은 현재 병원에서 필수 진단 항목으로 사용되고 있다.[55)]

뇌파는 뇌 전체의 활동상태, 예를 들면 눈을 뜨고 있는가, 잠자고 있는가 하는 의식수준 정도를 상당히 정확하게 나타낸다. 뇌파에는 정상인에서 볼 수 있는 정상뇌파와 병적 상태에서 나타나는 이상뇌파가 있다. 정상뇌파 이외의 것은 어떤 의미에서 볼 때 이상뇌파라고 할 수 있으나 정상뇌파도 개인차가 있고 지문(指紋)과 비교할 수 있

55) 조철옥, 앞의 책, pp.69-70.

을 만큼 다종다양하다. 그러나 결국은 어느 범위 내로 한정된다.

뇌파는 뇌의 기능적 손상과 범죄행위와의 관계를 측정하는 물리적 단위가 될 수 있다는 점에서 중요한 의미를 가진다. 즉, 뇌의 기능적 손상이 범죄에 영향을 미칠 수 있다는 가정은 뇌의 손상에 대한 물리적 측정에 의해 정상적 기능과 손상과의 차이를 밝혀야 하는데 그 차이는 바로 뇌파에 의해 측정될 수 있다. 아울러 뇌의 기능에 손상이 있는 사람들의 행동이 정상적인 사람들과는 다른 특징을 가지고 있다는 사실을 경험적으로 측정하여 입증해야 한다.[56)]

폭력적인 범법자들은 전두엽과 간뇌에 손상이 있다는 것이다. 팔로운과 헤네시(Nathaniel Parlone & James Hennessy)의 기존연구에 대한 재분석에 따르면, 상습적인 폭력사범은 뇌의 이상기록 수준이 정상인보다 훨씬 높았으며, 살인자의 뇌의 이상상태 기록은 정상인보다 32배나 높았다.[57)]

(4) 범죄와 뇌지문 탐지

폴리그래프는 정서반응에 기초한 생리적 변화에 의존하므로 엉뚱한 결과가 나올 개연성이 높다. 또한 거짓말 탐지기는 뇌의 기능손상이나 이상상태와는 관계없는 측정기법이다. 따라서 정서 대신에 인지과정을 이용하는 방법이 모색되었다. 대표적인 것은 1999년 미국의 심리학자 라이큰(David Lykken)이 제안한 유죄지식 검사(guilty knowledge test) 기법이다.[58)] 이는 범죄를 저지른 사람은 그의 뇌 안에 범행에 관련된 정보가 저장돼 있으므로 뇌의 변화를 측정하여 유죄의 단서를 찾아내야 한다는 생각이다. 말하자면, 범죄를 계획, 실행, 기억하는 것은 뇌이기 때문에 뇌 안에 유죄의 증거가 있을 수밖에 없다는 뜻이다. 문제는 뇌 안에 숨겨진 유죄 지식의 흔적을 추적하는 방법이다. 현재로서는 세 가지 기술이 주목을 받고 있다.

가장 앞서 있는 방식은 '뇌 지문감식(brain fingerprinting)' 방식이다. 1991년 파웰

56) 뇌파파장 측정은 1970년대 중반 CT스캔이 등장하기 전까지는 뇌파를 알파파, 베타파, 세타파로 나누어 이루어졌다. 알파파(α)는 평균 30-50마이크로 볼트의 뇌파로서 통상 눈을 감고 안정을 취했을 때 발생하는 뇌파이며, 베타파(β)는 30마이크로 볼트이하의 뇌파로서 긴장하거나 몸을 움직였을 때 발생하는 뇌파이고, 세타파(θ)는 알파보다 약간 느린 4-7사이클의 뇌파로서 심호흡 시에 가끔 발생한다.

57) Nathaniel Pallone and James Hennessy, "Brain Dysfunction and Criminal Violence", *Society 35*, 1998, p.25.

58) David Lykken, "For Distinguished Contributions to Psychophysiology", *Psychophysiology, vol.36*, no5, 1999, pp.537-542.

(Lawrence Farwell)이 학술지에 발표한 이 방식은 사람의 머리 위에 10여 개의 미세 전극이 내장된 장치를 씌우고 범죄 장면을 컴퓨터 화면으로 보여주면서 뇌의 반응을 검사하는 형식이다. 피검사자가 범죄를 부인하려 들고 심지어 범죄를 기억조차 하기 싫어할지라도 뇌가 주인을 배반해 범행을 자백하게 되고, 이때 뇌는 뇌파로 진실을 말한다. 좀 더 쉽게 설명하면, 뇌는 익숙한 그림이나 글자를 지각할 때 P300이라는 뇌파를 발생시킨다.[59] 요컨대, 이 뇌파의 존재 여부로 범인 여부를 가려낸다. 파웰의 뇌지문 감식은 1991년 학술지에 발표됐으나 별다른 주목을 받지 못했는데, 2001년 들어 미국언론이 선정한 5대 발명품이 될 정도로 갑자기 국제적인 관심사가 되었다.[60]

뇌에 저장된 유죄지식 탐지(guilty knowledge test)를 위한 두 번째 방법은 미 국방부의 자금으로 하버드대 심리학자 코슬린(Stephen Kosslyn)이 개발하고 있는 뇌영상 기술이다. 기능성 자기공명영상(FMRI: Functional Magnetic Resonance Iimaging)은 뇌에 자기 이미지를 쏘면 거짓말을 할 때 혈액의 흐름이 보다 증가한다는 점을 이용하여 뇌의 여러 부위에서 일어나는 활동에 따라 참말과 거짓말을 구별하는 기술이다.[61] 아직 괄목할만한 성과를 내지는 못했지만 거짓말 탐지기술을 획기적으로 발전시킬 접근방법으로 기대를 모으고 있다.

나머지 한 방식은 아주 간단하지만 효과적이다. 미국의 세이머(Travis Seymour) 교수에 의하면, 거짓말하는 사람은 여러 차례 연습을 시켰음에도 불구하고 진실을 말하는 사람보다 2배 가까이 늦게 반응을 나타낸다는 것이다. 2001년 2월 발표된 이 방법은 퍼스널 컴퓨터만 있으면 가능한 유죄지식 검사기법이므로 높은 평가를 받고 있다.

(5) 주의력 결핍 과잉행동 장애

어린이들은 광범한 유전적 요인, 신경학적인 소인, 그리고 다양한 기질적 소인을 가지고 태어난다. 물론 이러한 생물학적인 소인들은 사회적·물리적 환경에 의해 개조될 수 있을지라도, 그들 중의 어떤 요인은 범죄와 일탈행동의 유발에 주요한 역할을 하는 것 같다. 그 중에 주된 요인이 바로 주의력결핍 과잉행동장애증후군이다.

아동이 가정이나 학교에서 산만하다거나 선생님이나 부모의 말을 잘 듣지 않는 증

---

59) Lawrence Farwell and E. Donchin, "The Truth will out: Interrogative Polygraphy(Lie Detection) with Event-Related Brain Potentials", *Psychophysiology 28*, pp.531-547.

60) 조철옥, 앞의 책, pp.72-74.

61) Stephen Kosslyn, "Image and Brain:The Resolution of the Imagery Debate", *Contemporary Psychology 41*, no.3, 1996, pp.213-214.

상을 주의력 결핍 과잉행동 장애라 한다. 아동이 부모에게도 관심을 보이지 않고 안정성이 없이 분주하게 돌아다니면서 자기가 하고 싶은 대로 아무것이나 닥치는 대로 행동하는 경우가 있다. 이러한 행동은 어린 나이 때문일 수도 있으나 아이들이 성장하는 과정에서 주의력 결핍, 충동성 그리고 다동성을 보여주는 주의력 결핍 과잉행동 장애(Attention Deficit Hyperactivity Disorder: ADHD) 증후군 때문이다.

미국 어린이들의 약 3%가 이 주의력 결핍 과잉행동 장애에 시달리고 있는 것으로 알려져 있으며, 이들은 대부분 남자애들로서 정신건강 치료를 받고 있는 가장 공통적인 이유가 되고 있다. 이 과잉행동 장애를 겪고 있는 아이들은 학교성적 불량, 승급유급, 약자 괴롭히기, 고집불통, 그리고 훈육에 대한 반응결여 등과 같은 행동을 보인다. ADHD의 원인이 무엇인지 아직 정확하게 밝혀진 바는 없지만, 신경학적 손상, 태아기의 긴장, 그리고 음식 중독증과 화학적 알러지에 대한 반응까지도 원인으로 추정되고 있다.

최근의 연구는 역시 유전적인 관련성에 초점을 맞추고 있다. 또한 가족관계의 불안정이 원인으로 추론된다. 과잉행동장애 어린이의 어머니들은 이혼하거나 별거중인 사람들이 많아 다른 아이들보다 새로운 지역으로 이사하는 일이 훨씬 많은 것으로 밝혀졌다. 결과적인 정서불안은 어린이들의 주의력 결핍 과잉행동장애를 초래하거나 이미 과잉행동 장애 증후군을 보이고 있는 아이들의 경우에는 그 증상을 더 악화시킬 수 있다.

일련의 경험적인 연구는 ADHD를 일탈행동의 시작과 유지와 관계가 있다는 관점에서 접근한다.[62] 많은 ADHD 어린이들은 행동장애에 시달리고 있으며, 계속해서 어린 시기에 공격적이고 반사회적인 행동에 빠져든다는 것이다. 주의력 결핍 과잉행동 장애는 일생 동안 안정적으로 유지된다는 주장이 유력하다.[63] 즉, 과잉행동 장애 어린이는 학교를 그만두는 사례가 빈

62) Terrie Moffitt and Phil Silva, "Self-Reported Delinquency, Neuropsychological Deficit, and History of Attention Deficit Disorder", *Journal of Abnormal Child Psychology 16*, 1988, pp.553-569.

63) Elizabeth Hart et al., "Criterion Validity of Information in the Diagnosis of Disruptive Behavior Disorders in Children: A Preliminary Study,' *Journal of Consulting and Clinical Psychology 62*, 1994, pp.410-414.

번하고, 성인이 되어도 범죄행동을 계속하기 쉽다. 주의력 결핍 과잉행동장애와 범죄의 결합은 과잉행동 장애 증후군이 청소년을 거쳐서 성인에까지 안정적인 상태를 유지하기 때문에 아주 중요한 문제이다.

(6) 뇌의 생화학과 범죄

뇌의 신경전달물질(neurotransmitters)은 뇌 기능에 영향을 미치거나 활성화시키는 화학물질로 구성되어 있다. 인간의 공격성에 관련된 연구는 부신수질 호르몬, 세로토닌, 모노아미노산, 감마아미노산(GABA) 등 신경화학물질의 영향을 측정하는데 초점을 맞추고 있다. 연구에 의하면, 이 화학물질들이 필요한 량보다 과잉 또는 결핍되는 이상상태에 있으면, 인간의 공격성을 유발한다는 것이다.[64)]

태아기에 안드로전이 뇌에 과다 공급되면, 환경적 투입에 적절한 반응을 하지 못하는 뇌 구조를 초래한다. 태아기의 이러한 영향을 받은 뇌구조를 가진 사람은 더 강렬하고 다양한 자극을 찾게 되고, 격정적이고 부정적인 반응을 선호하게 된다. 결과적으로 뇌의 반구체 기능은 우뇌로 이동하고, 인지적이고 정서적인 성향의 감소를 초래한다.

대뇌는 우뇌와 좌뇌로 구성되어 있다. 우반구는 비언어적, 공간적, 감성적인 기능을 하고, 좌반구는 논리적 사고 기능과 언어능력을 통제하는 기능을 한다. 따라서 우반구에 기능장애가 발생하면, 환경적인 자극에 대한 세밀한 대응이 곤란하게 되어 범죄 등의 반사회적 행동에 이르게 된다고 하며, 좌반구에는 공격행동을 제어하는 논리적 사고 기능이 있기 때문에 장애가 발생하면 폭력행위를 용이하게 만든다는 지적도 있다. 범죄자에게 언어장애가 높은 비율로 나타난다는 사실에 비추어 보더라도 범죄와 좌반구 장애의 관련성은 명백하다는 주장도 있다. 왼손잡이 중에 범법자가 많다는 논리는 인간의 손이 반대편에 있는 뇌에 의해 통제되기 때문이다.[65)]

뇌의 화학성분이 인간행동에 영향을 미친다는 증거는 뇌의 신경전달물질인 세로토닌(serotonin), 도파민(dopamine), 그리고 부신수질 호르몬(norepinephrine)의 인간 공격성에 대한 영향과 관련된 연구결과이다. 어떤 연구에 의하면, 살인과 자살을 포함하는 폭력적 행동 전력을 가진 사람은 세로토닌 수치가 낮다는 증거로 보아 세로토닌은 공격성을 억제하는 기능을 하는 것으로 보인다. 아동의 경우에도 세로토닌 수치가

---

64) Albert Reiss and Jefferey Roth, *Understanding and Preventing Violence*, (Washington D.C.:National Academy Press, ed., 1993), p.118.

65) 조철옥, 앞의 책, p.76.

낮으면 미래에 다른 또래보다 문제시되는 공격성 행동을 할 가능성이 높다.[66] 도파민과 부신수질호르몬은 그 수치가 높으면 폭력행위를 유발할 정도로 공격성을 촉진하는 기능을 하는 것으로 추정된다. 그러나 도파민은 범죄와 같은 반사회적인 공격행동에 연결되는 것이 아니라 위험한 스포츠나 작업과 결합될 수 있는 위험감수 활동과 더 관련이 있는 것으로 알려져 있다.[67]

몇몇 연구는 혈액속의 세로토닌 농도의 증가와 충격적 행동 또는 자살사이의 관계가 역관계라는 결과를 제시했다. 상습폭력범에 대한 연구에 의하면, 세로토닌 농도가 낮으면, 충격적 행동에 대한 통제력이 떨어지고, 과잉행동(hyperactivity)을 초래한다는 것이다. 세로토닌 농도가 비교적 낮은 수준이 되면, 행동은 격정적이고 감정적이며, 충격통제가 잘되지 않는다는 연구 결과가 있다.[68]

또한 뇌에 모노아민 산화효소(MAO)의 공급이 결핍된 사람들이 폭력과 재산범죄에 연결된 행동을 한다는 주장이 제기되어 왔다. 그들은 처벌의 무시, 충동성, 과잉행동, 불량한 학교성적, 자극추구(sensation seeking), 위험감수, 그리고 기분전환을 위한 약물을 사용하는 것과 같은 행동을 하는 것으로 알려져 있다.[69] MAO 수준의 이상상태는 개인과 집단의 범죄율 차이를 초래한다. 즉, 여성들은 남성보다 높은 모노아민 산화효소 수준을 유지하고 있기 때문에 범죄율이 낮다는 것이다.

한편, 뇌와 신경시스템은 화학적으로 양귀비와 모르핀에 아주 유사한 성분을 가진 자연적 또는 외생적 마약성분을 생산할 수 있다. 범죄에 의해 느끼는 위험과 스릴이 신경시스템에 자연적 마약성분의 량을 증가시키게 된다는 주장이 오래 전부터 제기되어 온 것이 사실이다. 사람이 체포나 처벌의 위험을 감수하고 범행을 한다는 것은 인간의 뇌 신경세포로 하여금 흥미진진하고 보상받는 기분을 느끼게 한다. 이때 위험감수 행동에 대한 보상으로 뇌 그 자체에서 자연적인 마약성분의 량을 증가시키는 작용을 한다는 것이다.[70] 어떤 사람들은 암벽타기와 스카이 다이빙 등을 통해서 그러한 기분을 느끼고, 다른 사람들은 범죄행위를 통해서 그렇게 한다. 따라서 폭력성향을 가

66) M. Virkkunen, M.J. Dejong, J. Bartco, and M. Lnnolia, "Psychobiological Concomitants of History of Suicide Attempts among Violent Offenders and Impulsive Fire Starters," *Archives of General Psychiatry 46(1989)*, pp.604-606.
67) Williams, op.cit., p.153.
68) Siegel, op.cit., p.146.
69) Lee Ellis, "Monoamine Oxidise and Criminality: Identifying an apparent Biological Marker for Antisocial Behavior," *Journal of Research in Crime and Delinquency 28*, 1991, pp.227-251.
70) 조철옥, 앞의 책, p.77.

진 사람에게 세로토닌과 도파민 같은 신경전달물질의 수준을 통제하는 데 도움이 되는 할돌(haldol)과 프롤릭신(prolixin), 그리고 스텔자민(stelzamine)과 같은 약을 복용하게 하는 화학물질 제한(chemical restraints) 또는 화학물질 구속복(chemical straitjackets)이라고 하는 치료행위를 하는 것은 별로 특이한 일이 아니다.[71]

4. 유전과 범죄성

(1) 범죄성향의 유전과 가계연구

초기 생물학적 범죄이론학자들은 범죄성이 가계에 의해 유전된다고 믿었다. 다시 말해, 조상의 유전적 범죄소인이 자손에게 전달되어 그 가계만이 자손대대로 많은 범죄자가 나온다는 믿음이 있었다. 이러한 믿음은 범죄인 가계연구를 촉진했다. 범죄인 가계연구는 대체로 열등한 특정 개인의 자손 가운데 범죄인·정신이상자 등을 조사하거나 교도소 또는 정신박약자 수용소에 있는 범죄자의 가계를 소급하여 연구하는 방법을 선택했다. 이러한 연구를 통하여 그들의 반사회적 행동이 혈통에 기인하여 어떤 문제를 야기하는가, 또는 그 가계 내에 범죄성의 유전여부가 있는지를 분석·평가하려고 했다. 가계연구의 대표적인 사례는 덕데일과 에스타브룩(Richard Dugdale & Arthur Estabrook)의 쥬크가계(The Jukes), 고다드(Henry Goddard)의 칼리크 가계(KalliKaK Family) 그리고 고링(Goring)의 연구 등이다.

1) 쥬크가 연구

범죄성의 유전에 관한 연구는 1877년 덕데일(Richard Dugdale)의 저서 「쥬크가」에 실려있는 쥬크 가계에 관한 연구에서 찾아볼 수 있다.[72] 그는 맥스 쥬크라는 남성의

71) Walter Gove and Charles Wilmoth, Risk, "Crime, and Neurophisiologic Highs: A Consideration of Brain Processes That May Reinforce Delinquent and Criminal Behavior," in *Crime in Biological Contexts*, pp.261-293.

72) 이만종, 앞의 책, p.158.

7대까지 거슬러 올라가 쥬크가의 자손 709명을 조사한 결과 이 중 범죄자는 146명으로서 그 중 모살범이 6명, 절도범이 140명이었다.

에스터부룩(Arthur Estabrook)은 그 이후의 쥬크가를 추적·조사하여 「1915년의 쥬크가(The Jukes in 1915)」라는 저서를 출판했는데 9대에 걸친 쥬크 가계의 약 2,820명의 자손 중에서 171명이 범죄자였다고 한다. 다른 학자에 의해 조사된 쥬크 집안의 연구를 보면 쥬크가계의 자손 709명 중에 77명이 범죄인, 202명이 정부 아니면 기둥서방, 142명이 방랑자 또는 수용시설 수용자였다고 한다.

쥬크가계의 경우에 범죄자 비율이 아주 높은 것은 사실이었으나 범죄성향과 유전적 요인사이의 관계는 입증되지 않았다. 이러한 가족사이의 유사한 범죄행동은 모든 가족에게 작용하는 유사한 환경적 요인의 영향 때문이라고 설명될 수 있으며, 가족 서로가 범죄행동이나 수법을 학습한 결과라고 분석될 수 있다.

2) 칼리카크가 연구

칼리카크가(Kallikak)연구는 고다드(H. Goddard)에 의해 이루어진 정신박약자에 관한 가계연구이다. 그는 1927년에 「칼리카크 가계(Kallikak Family)」라는 저서를 통하여 연구결과를 발표했다.[73] 정신박약자 시설의 수용자 중에서 8살의 소녀 라보라의 조상을 추적하여 미국 독립전쟁에 참전했던 5대 선조인 마틴 칼리카크라는 흑인남성을 발견할 수 있었으며, 이 소녀는 이 흑인 병사와 시골에서 만난 정신박약 상태의 여자와의 사이에서 태어난 아들의 자손임이 밝혀졌다. 이 자손들 480명중에 정상인 자가 46명, 정신박약자가 143명, 나머지 291명은 정신박약이 의심되거나 기타 범죄자 등 비정상적인 사람들이었다. 한편, 병사 마틴이 전후 귀향하여 결혼한 정상적인 여성과의 사이에서 태어난 자손 496명을 조사한 결과 정신이상자가 1명, 알코올 중독자 2명 등의 소수를 제외하고는 모두 정상이었으며 의사, 법관, 교수, 기업인 등 사회적 지위가 높은 사람도 다수 있었다.

3) 에드워드 가계

쥬크가와 자주 비교되는 집안은 식민지시대의 유명한 전도사인 에드워드(Jonathan Edward)의 가계이다. 그의 자손 중에는 한 사람의 범죄자도 없고 미국의 대통령, 주지사, 법관, 유명한 작가, 목사, 교사 등이 발견되었다.[74] 이 비교에서 한 가지 주목해

73) 앞의 책, pp.158-159.

야될 점은 후손 중에는 범죄자가 없었지만 그의 선조 중에는 살인, 간통 등의 범죄경력자가 있었다는 점이다.

4) 고링의 가계연구

1913년 고링(Charles Butchman Goring)은 범죄성향이란 기본적으로 유전되는 것이지 물리적·환경적 요인들과는 무관하다고 주장하면서 가계연구를 전개했다. 그는 범죄자들에 대한 연구를 통해 아버지와 아들, 그리고 형제들 사이에 눈 색깔과 신장이 비슷하듯이 범죄성향도 유사하다고 주장했다. 고링에 의하면, 범죄성향과 관련되어 신체적 특징이 중요한 것이 아니라 부모로부터 전해지는 유전적 물질의 내용이 중요하다는 것이다. 부모가 범죄자라면, 자손에게 어떤 다른 특질을 물려주는 것과 마찬가지로 범죄성향 역시 그대로 유전된다는 것이다.[75] 고링은 어릴 때 아버지와 이별한 자식과 그 보다 훨씬 뒤에 이별한 자식들 사이의 범죄성향에 별다른 차이가 없다는 연구결과를 근거로 범죄성향은 유전되는 것이라고 주장했다.

그러나 고링의 연구는 통제집단 없이 범죄자 집단만을 대상으로 하였으며, 환경의 영향을 측정하기 위한 어떤 시도도 하지 않았다는 것이 문제점으로 지적된다.

5) 가계연구에 대한 평가

쥬크 집안과 에드워드 집안은 유전적으로 나쁜 집안과 좋은 집안의 대조적인 사례이다. 쥬크 집안이 유전적으로 범죄성을 타고 난 집안이라면 에드워드 집안은 그 조상 중에 범죄자가 있었음에도 그 후손에 범죄자가 없었다. 따라서 가계의 범죄성이 유전이라는 주장은 설득력이 없다. 특히 쥬크 집안은 그 후 40년을 지나면서 범죄율이 현저하게 줄었다는 사실을 놓고 볼 때, 범죄는 유전적 요인과 환경적 요인의 상호작용의 결과라는 사실을 인정하지 않을 수 없다.

또한 가계연구는 그 당시에 범죄생물학적, 정신의학적 지식이 거의 없던 때라는 점을 무시할 수 없으며, 연구된 사례가 너무 적어 일반화하기에는 무리가 따른다. 칼리카크 가계 처럼 부모가 범죄자이거나 정신지체자라면, 그 후손이 자라는 환경이 대단히 열악하다는 점을 고려해야 한다. 다시 말해, 그러한 후손들은 못 먹고 못 배우고 무시당하고 친구도 없는 환경에서 자연적으로 범죄와 같은 반사회적 환경에 노출되기

74) 지광준, 범죄학, 경인문화사, 2003, p.189.
75) Ibid., p.132.

쉽다는 사실을 인정해야 한다.

동물들은 투견이나 투계, 그리고 투우에서 보듯이 공격성이 강한 혈통이 있다는 것이 증명되고 있으나 사람에 관해서는 그러한 증거는 찾아볼 수가 없다. 그러나 학자들은 인간의 행동과 유전적 소인의 관계에 대한 연구를 지속적으로 수행하고 있다. 이러한 연구는 주로 인간의 외향성과 내향성 같은 성격이 유전적이라든지 범죄성과 결합된 인간의 특질이 유전적으로 결정된다는 증거를 밝히는데 집중되고 있다. 또한 공격성과 신경증, 그리고 정신병적 기질과 결합된 성격조건들은 유전적일 수 있다는 연구도 관심의 대상이 되고 있다.

(2) 쌍생아 연구

1) 일란성과 이란성의 유전적 차이

유전적인 요인이 범죄행동을 유발하는 것이라면, 쌍둥이는 범죄행동이나 반사회적 행동에 있어서 아주 유사할 것이라는 가정을 할 수 있다. 특히 일란성 쌍둥이는 생물학적으로는 두 사람이 같은 사람이라고 볼 수 있기 때문이다. 그러나 쌍둥이는 보통 동일한 가정에서 양육되고 동일한 사회적 여건에 노출되기 때문에, 그들의 행동이 생물학적, 사회적 또는 심리적 요인의 결과인지 결정하는 것은 어려울 수 있다.

쌍생아 연구는 실제로 유전이 범죄에 영향을 미치는가를 검증하고자 하는 실증적 연구이다. 발생학적으로 일란성 쌍생아(monozygotic)와 이란성 쌍생아(digygotic)는 명백한 차이가 있다. 일란성 쌍생아는 하나의 수정란에서 두 명의 태아가 탄생하며, 그들은 유전적으로 동일하다. 한편 이란성 쌍생아는 동시에 두 개의 수정란에서 따로 따로 태어나 그들은 유전적으로 동일하지도 않고, 보통 형제처럼 따로따로 임신하여 태어난 것과 같다.

일란성 쌍생아의 행동 일치여부는 유전자가 인간행동을 결정하는 요인이라는 주장을 검증하는 증거가 된다. 즉, 일란성 쌍생아 형제가 동일한 방법으로 행동한다면, 그들의 행동은 동일한 유전자의 작용 결과이며, 그들의 행동차이는 환경적 요인의 영향 결과이다. 그러나 이란성 쌍생아의 행동일치여부는 유전자와 아무런 상관성이 없다는 것이다. 따라서 유전과 범죄행동의 상관성에 대한 주장은 일란성 쌍생아의 행동일치성이 이란성 쌍생아나 보통의 형제들보다 더 높아야 한다.

쌍생아의 행동에 관하여 수행된 초기의 연구는 일란성 쌍생아 사이에는 범죄행동이 유의할 정도로 일치하고, 이란성 쌍생아 사이에서는 범죄행동의 일치관계가 아주 낮다는 결과를 제시했다. 1929년과 1961년 사이에 수행된 연구에 의하면, 일란성 쌍생아의 60%가 범죄행동 유형의 일치를 보였으나 이란성 쌍생아는 30%만이 유사한 행동유형을 보이는 것으로 나타났다.[76] 이러한 발견은 범죄성향과 유전요인의 상관성을 검증하는 결과라고 볼 수 있다.

쌍생아 연구는 스칸디나비아 범죄학자들에 의해 심층적으로 연구되었다. 크리스티안센(Karl Christiansen)은 덴마크에서 1881년과 1910년 사이에 태어난 남자 쌍생아 3,586쌍을 대상으로 연구한 결과, 일란성 쌍둥이 52%가 행동의 일치를 보였으나 이란성 쌍둥이는 단지 22%만이 행동의 일치를 보이는데 지나지 않았다. 이러한 결과는 일란성 쌍생아가 범죄행동의 위험성을 증가시키는 유전적 요인을 공유하고 있다는 것으로 볼 수 있다.[77]

쌍생아를 대상으로 한 연구는 로위와 오스굿(David Rowe & D. Wayne Osgood)에 의해서도 이루어졌다. 그들은 쌍생아들을 표본으로 자기보고식 방법에 의해 일탈행동에 영향을 미치는 요인들을 분석한 결과, 유전적 요인이 인간행동에 유의한 영향을 미친다는 결과를 발표하였다.[78]

쌍생아에 대한 유명한 연구는 따로 양육된 쌍생아에 대한 미네소타 연구이다. 이 연구는 태어나면서 서로 떨어져서 따로 양육된 일란성 쌍생아와 이란성 쌍생아들의 행동을 비교하는 것으로 수행되었다. 어떤 경우에는 쌍생아들은 서로 잘 모르는 사이도 있었다. 이 연구결과에 의하면, 따로 양육된 쌍생아들 사이에 행동과 능력의 유사성이 놀라울 정도로 존재한다는 것이다. 특히 따로 양육된 일란성 쌍생아들은 마치

---

76) D. P. Farrington, Gwen Gundry, and D. J. West, *The Family Transmission of Criminality*, in the family eds. Alan Lincoln and Murray Straus(Springfield, Ill.: Charles C, Thomas, 1985, p.195.

77) Siegel, op.cit., p.148.

78) David Rowe and D. Wayne Osgood, "'Heredity and Sociological Theories of Delinquency: A Reconsideration", *American Sociological Review 49*, 1984, pp.526-540.

같이 성장한 사람들처럼 성격, 관심, 그리고 태도의 유사성을 보여주었다. 결론적으로 쌍생아 사이의 행동 유사성은 유전적 요인에 기인하며, 환경과는 아무런 관계가 없다는 것이다.[79]

로위를 포함한 전문가들도 유전자를 공유하는 개인들은 그들이 어떻게 양육되든 성격의 유사성을 보이고, 환경은 쌍생아들의 성격 유사성에 거의 영향을 미치지 못한다고 주장했다.[80] 보다 최근에 래인(Raine)은 13쌍의 쌍둥이를 대상으로 한 연구를 통하여 일란성 쌍둥이의 51.5%가 범죄행동의 일치성을 보인 반면 이란성 쌍둥이는 20.6%에 지나지 않아 유전적 요인이 범죄에 영향을 미친다는 실질적인 증거를 제시했다.[81] 8-9살 짜리 일란성 쌍둥이와 이란성 쌍둥이 1,226쌍을 대상으로 이루어진 또 다른 연구에 의하면,[82] 어린 시기의 조기 범법행위에 유전적 요인이 강력하게 영향을 미치고 이는 평생 동안 지속되는 범법자(life-course-persistent offenders)가 된다는 것이다. 한편, 어느 정도 성장한 청소년기의 일탈행동에는 사회환경적 요인이 더 크게 영향을 미치고 이 경우에는 청소년기에 한정되는 범법자(adolescent-limited offenders)가 되는 것으로 그치게 된다.

(3) 입양아 연구(Adoption Studies)

유전적 요인이 범죄성에 영향을 미치는 가를 알기 위해서 이용되는 또 다른 접근방법은 입양된 어린이의 행동에 초점을 맞추는 입양아 연구이다. 입양아 연구는 쌍둥이 연구의 결점을 피할 수 있는 방법으로서 관심을 받게 되었다. 입양아는 아주 어릴 때 생부모를 떠나 양부모 밑에서 성장하기 때문에 그들은 생부모의 행동유형을 잘 모르고 영향을 받지 않는다. 따라서 입양아들이 양부모와는 다른 생부모의 행동유형을 규칙적으로 강도 있게 나타낸다면, 그 행동 결과는 유전적인 요인들의 영향이라는 결론을 내릴 수 있다.[83]

대부분의 입양아가 그들의 출생 초기에 입양되기 때문에 자신의 생부모를 알지 못

---

79) 조철옥, 앞의 책, p.83.

80) David Rowe, *The Limits of Family Influence: Genes, Experiences and Behavior*(New York: Guilford Press, 1995), p.64.

81) Adrian Raine, The psychology of crime:Criminal behavior as a clinical disorder, Sandiago, CA:Academic Press, 1993, p.79.

82) Bartol & Bartol, pp.79-80.

83) 조철옥, 앞의 책, p.85.

함에도 불구하고 적지 않은 연구의 결과는 입양아가 생부모의 행동과 더 유사한 행동을 하여 유전적 요인을 무시할 수가 없다는 사실을 보여 주고 있다. 크로위(R. R. Crowe) 등은 생부모가 범죄경력이 있는 52명의 입양아를 대상으로 입양 당시 입양아의 인종, 성별, 연령과 동일하게 매치한 52명의 아동을 통제집단으로 설정하여 비교연구를 하였다. 연구 결과 생모가 범죄경력이 있는 아동 52명 중에서 8명이 체포경험이 있고, 그 중 7명은 유죄판결을 받은 사실이 있으나 통제 집단에서는 2명만이 체포경험이 있고, 그 중 1명이 유죄판결을 받은 것으로 밝혀져 유전과 범죄와의 상관성을 입증하였다.[84]

허칭스와 메드닉(Barry Hutchings & Sarnoff Mednick)은 코펜하겐에서 태어난 남자 입양아에 대한 연구에서 흥미로운 결과를 얻었다. 1927년부터 1941년 사이에 태어난 남자 입양아들 1,145명중에서 범죄 전과가 있는 185명을 실험집단으로 선택하고, 범죄 전과가 없는 143명의 입양아들을 통제집단으로 설정하여 비교 분석한 결과, 생부모의 범죄성향이 입양아들의 범죄행동의 강력한 예측요인이라는 결과를 발표하였다. 또한 양부모와 생부모가 모두 전과자인 경우에 입양아의 범죄행동이 크게 증가한다는 증거를 제시했다.[85] 즉, 생부모와 양부모 모두가 전과경력이 있는 입양아들의 24.5%가 범죄행동을 한 반면에 생부모와 양부모 모두 선량한 시민일 경우에 단지 13.5%만이 유사한 범죄행동을 하였다는 것이다. 이러한 덴마크 학자들의 연구는 유전과 범죄성의 상관성을 지지하는 가장 유명한 연구이다.

또한 메드닉 등은 14,427명의 형사기소된 입양아들을 그들의 생부모 및 양부모의 형사기소 기록과 비교분석한 결과 입양아들의 기소기록과 그들 생부모의 기록 사이에 유의한 관계가 있다는 사실을 확인했다.[86] 생부모 중의 어느 한편이 범죄로 기소된 경우에 입양아가 범죄를 범할 위험은 유의하게 증가했으며, 특히 만성적이거나 지속적인 범죄행위를 하는 남성 입양아의 경우에 생부모의 범죄성향이 강력하게 영향요인으로 작용하였다. 물론 생부모와 입양아의 범죄유형은 상관관계가 없지만, 생부모와 입양아 사이의 범죄성향은 유의한 관계가 있다는 것이다.

---

84) R. J. Cadoret, C. Caine, and R. R. Crowe, "Evidence for a Gene-Environment Interaction in the Development of Adolescent Antisocial Behavior", *Behavior Genetics 13*, 1983, pp.301-310.

85) Barry Hutchings and Saranoff A. Mednick, *Criminology in adoptees and their adoptive and biological parents: A pilot study*, in Saranoff A. Mednick and Karl O. Christensen, (ed.), Biosocial Bases of Criminal Behavior, New York:Gardner, 1977, pp.127-142.

86) S.A. Mednick, W.F. Galbrielli, & B. Hutchings, Genetic influences in criminal convictions:Evidence from an adoption cohort, Science, 234, 1984, 891-894.

그러나 갓프레드슨과 허쉬(Gottfredson & Hirsch)는 메드닉과는 반대되는 연구결과를 내놓았다. 미국의 입양아를 대상으로 한 연구를 통하여 생부의 범죄성과 입양아의 범죄성 사이에는 통계학적으로 유의한 관계가 성립되지 않는다는 것이다.[87] 다시 말해, 생물학적 아버지가 전과자라고 해서 입양아가 범죄를 많이 범하게 되는 것은 아니라는 것이다. 또한 입양아 연구는 유전과 환경적 영향 사이의 관계를 분명히 규명하지 못한다는 문제를 항상 안고 있다. 입양아 연구 역시 유전적인 요인이 개인의 범죄성향을 결정하는데 어느 정도 작용하지만, 사회환경적인 요인 역시 작용한다는 결론에 도달한다.

(4) 염색체(chromosome)의 이상과 범죄

1) 클라인펠터 증후군

여자의 성 염색체는 XX이고, 남자의 경우는 XY이며, 그 표기는 염색체의 모양을 본 뜬 것이다. 그러나 세포분열 이상으로 인하여 남자의 성 염색체가 XXY 또는 XYY로 나타나는 경우가 발생한다.

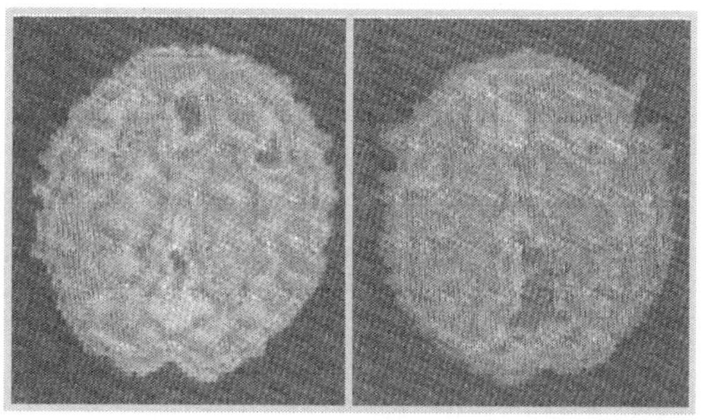

여성 성염색체가 하나 더 있는 XXY 행태가 되고 염색체 수는 46개가 아닌 47개가 되는 경우를 클라인펠터 증후군(Klinefelter Syndrome)이라 한다. XXY 보다는 발생빈도가 조금 낮지만 다른 형태로는 XXXX형, XXXXY형, XXYY형, XXXYY형, 혼합형 및 결실형이 있다. 클라인펠터 증후군에 속하는 XXY 염색체를 가진 남자는 신체적으로 고환의 왜소, 무정자증, 여성형 유방, 장신 등의 특징이 나타난다. 또한 인격적으로는 지능이 낮고, 반사회적 행동 경향이 나타나며, 정신적으로 미숙하고 자신감의 결여 현상이 특징이다. 이러한 남성은 강한 동성애 성향을 보이며, 일반적으로 성범죄, 절도 등을 저지르는 경향을 보인다고 한다.

87) Michael Gottfredson and Travis Hirschi, *A General Theory of Crime*, Palo Alto, CA: Stanford University Press, 1990, pp.47-63.

2) 초남성 염색체 XYY

XYY 성염색체는 세포가 감수분열을 할 때 염색체가 제대로 분리되지 않아 일어나는 현상이다. "야곱증후군"이라고도 하는 XYY 성염색체는 범죄자의 본성에 대한 이야기가 나올 때면 언제나 등장하는 주제이다. 1965년 중범형무소 수감자중 상당수가 XYY 남성이란 연구가 발표된 이래 영화나 소설에서 XYY 성염색체를 가진 남성들은 폭력적이고 거친 야수로 등장하기도 하고, 영화 '에일리언3'에서 XYY 성염색체를 가진 남성 범죄자들을 수감한 형무소 행성이 나온다. 아예 "슈퍼남성증후군"이란 단어도 생겼다.

남성 성염색체 Y가 하나 더 있는 XYY형 성염색체는 1961년 샌더버그(Sandberg)가 처음 발견하였으며, 1962년 영국의 에딘버러 대학의 브라운 박사는 한 의학지에서 XYY 성염색체를 가진 남성은 절도, 방화, 노출증의 경향이 있다고 주장한 바 있다. 1966년 시카고 병원에서 9명을 감금하고 그 중 8명을 살해한 스펙(Richard Speck)의 사건은 그가 아마 XYY 소유자일 것이라는 주장이 제기되면서 1970년대의 유전과 범죄사이의 관계에 대한 연구에 불을 붙이는 계기가 되었다.[88] 이 사건으로 인해 XYY 염색체를 가진 모든 사람들은 잠재적인 살인자들이기 때문에 엄격하게 통제되어야 한다는 주장이 일반화되었으며, 시민 자유의지론자들은 XYY 소유자들이 폭력활동에 관여하는 것과는 관계없이 위험하고 폭력적인 사람들로 인식된다는 두려움을 호소했다. 그러나 스펙 또는 대부분의 폭력 범죄자들이 XYY 염색체 소유자가 아니라는 사실이 밝혀지면서 XYY이론에 대한 관심은 사라지기 시작했다.[89]

XYY염색체를 가지고 있는 남성은 외형적으로는 정상인들과 차이가 없지만, 추가된 Y염색체의 작용으로 과도한 남성화를 초래하고 그로 인해 공격적이고 폭력적인 행동을 할 위험성이 높다는 것이다. 그래서 남성 성염색체 Y를 더 가지고 있는 남자는 '초남성'이라고 명명되었다. 초남성들은 신체적 특징으로는 신장이 크고 지능이 낮으며 성적으로 조숙하고 정신분열적인 범죄를 저지르는 경향이 강하다는 것이다.[90]

이러한 주장은 스코틀랜드의 정신병원에서 수행된 조사를 증거로 제시했다. 저능자 병동에 수용된 196명 중에서 XYY형 남성이 7명 발견되었고, 정신병자 병동에서는 2

---

88) Siegel, op.cit., p.147.

89) Ibid., p.147.

90) P. A. Jacobs, M.Brunton, and M. M. Melvile, "Aggressive behavior, Mental subnormality and the XYY male," *Nature 208*: 1965, pp.1351-1352.

명이 발견되었다. 일반인들 가운데에서는 XYY형이 기껏해야 1,000명당 1.5명 정도라는 점에서 보면, 그 결과는 통계적으로 의미가 있다. 이러한 연구결과를 기초로 XYY형은 위험성이 크고 폭력적이며 범죄자가 될 가능성이 크다는 것이다.[91)]

현대의 범죄연구자들은 XYY 염색체가 인간의 폭력에 대한 설명 요인이 되지 못한다고 생각하기 때문에 XYY 염색체에 관한 연구를 거의 하지 않는 경향을 보이고 있다. XYY 성염색체를 가지고 있는 자는 유전자 검사를 하지 않으면 알수 없고, 정상적인 지능과 평범한 생활 그리고 지능이 높은 사람도 있기도 하기 때문에 최근에는 XYY 성염색체를 가진 남성의 공격성 자체가 유전자적인 것은 아니라는 의견이 지배적이다. 그러나 인간의 염색체내에 포함된 수 많은 유전자들이 인간의 신체적 특징뿐만 아니라 개인의 행동에도 영향을 미친다는 인식이 광범하게 확산되어 있다. 따라서 다양한 범죄와 관련성이 있다고 인정되는 심각한 우울증, 정신분열증, 기타 정신장애를 포함하는 정서장애 등이 유전적 요인의 영향에 민감한 결과일 수 있다. 2000년에 인간육체의 모든 유전자 지도를 만들기 위해 설계된 인간 게놈 프로젝트(Genom Project)는 인간의 의학적, 또는 심리학적 장애를 이해하는데 크게 기여할 것으로 기대된다.[92)]

5. 지능과 범죄

지능이 개인의 성격의 한 측면이라고 하여 심리적인 요인으로 다루기도 하지만, 지능은 학습에 의해 개발된다하여도 아무래도 선천적인 능력 또는 유전적으로 결정된 능력이라는 측면이 강하기 때문에 생물학적 요인으로 다루는 것이 적합할 것으로 보인다. 인간의 두뇌는 분명히 생물학적인 구성요소이며 이것과 관련된 지능 역시 생물학적인 분야에 포함시켜 논의해야 할 것으로 판단된다.[93)]

---

91) M. Casey, "Sex chromosomal abnormalities in two state hospitals for patients requiring special security," *Nature 5*, February, 1966, pp.152-153.

92) Bartol & Bartol, op.cit., pp.182-183.

93) 조철옥, 앞의 책, p.93.

(1) 지능과 범죄의 관계

일찍이 고링(Goring)은 지능이 열등한 자가 범죄자가 된다고 주장하였고, 그 이후 저지능과 범죄의 상관성에 관한 주장이 꾸준히 제기되어 왔다.

저지능과 범죄성의 관계는 법 집행기관이 잠재적인 범죄자들을 쉽게 확인할 수 있게 하며 범죄예방을 용이하게 할 수 있다는 측면에서 의미가 있다. 비넷과 터먼(Alfred Binet & Theodore S. Terman)이 오늘날 대부분의 지능검사에 사용되고 있는 지능지수 검사방법을 개발했다.[94] 그러나 지능이 범죄행동에 관련이 있고, 또한 선천적으로 타고난 유전적 능력을 의미하는 것이라면, 과연 지능지수에 의한 지능의 측정이 가능하고 신뢰할만한 것인지에 대한 문제가 제기될 수 있다. 여기에서 지능에 대한 개념은 순수하게 유전적이고 생물학적인 결과라는 자연이론(nature theory)과 생물학적인 요인 및 사회학적인 요인의 결합결과라는 양육이론(nuture theory)으로 나누어진다.

지능과 범죄에 관한 초기의 연구들은 대부분 지능지수(IQ)를 지능의 척도로서 사용했다. 지능지수를 이용한 연구에 의하면, 일탈자들과 범죄자들이 평균이하의 지능지수를 가지고 있으며, 낮은 지능지수는 범죄성의 원인이라는 것이다.[95] 1969년 영국의 캐임브릿지 대학 범죄학 연구소에서 웨스트(Donald J. West) 교수에 의해 주도되고 1982년 결과를 발표한 종단연구에 의하면, 저지능이 부모갈등, 별거 또는 가정 불안, 불만족스러운 자녀양육, 초등학교에서의 학교부적응, 저 수입 가정, 대가족, 그리고 범죄전력 부모 등과 같은 광범한 요인들과 마찬가지로 범죄와 밀접한 관련이 있다는 것이다. 이 연구에 의하면, 미래의 잠재적인 청소년 일탈자의 평균 지능지수는 95였으며, 비일탈자의 평균 지능지수는 101이었다. 지능지수가 110이상의 경우에 청소년 일탈자는 거의 없었으며, 90이하의 청소년들이 대부분의 일탈소년 집단을 구성했다. 특히 저지능 청소년들은 청소년 범죄와 재범률에 밀접한 관련이 있었다.

1992년 케임브릿지 대학 범죄학연구소의 자료를 활용하여 연구한 패링턴(Farrington) 역시 저지능과 범죄의 상관성을 긍정하였다. 이 연구는 8-10세를 대상으로 한 지능검사에서 90 이하의 점수를 얻은 어린이들의 30%가 훗날 청소년 범죄자로 기소되었으나 90이상의 점수를 어린이들은 15%에 지나지 않았다.[96] 또 다른 연구는

94) Shoemaker, op.cit., p.51
95) Siegel, op.cit., p.163.
96) Williams, op.cit., pp.240-241.

지능지수와 일탈행동사이의 관계가 반비례관계에 있다는 사실을 지적한다. 즉, 지능지수가 낮아지면 일탈행동 확률은 그 만큼 증가한다는 것이다.[97] 크로커와 핫진스(Crocker & Hodgins)에 의하면, 그들이 아는 바로는 지능지수와 일탈행동의 역관계는 모든 연구에서 검증된 사실이라는 것이다.[98] 최근의 연구에 의하면, 적어도 미국 수형자의 4%가 정신적인 무능력상태를 의미하는 아주 낮은 지능지수를 가지고 있으며,[99] 정신적으로 지체상태에 있는 대상들은 정상적인 사람들에 비하여 폭력범죄를 포함한 범죄행동으로 더 많이 기소된다는 것이다.

(2) 자연이론(nature theory)

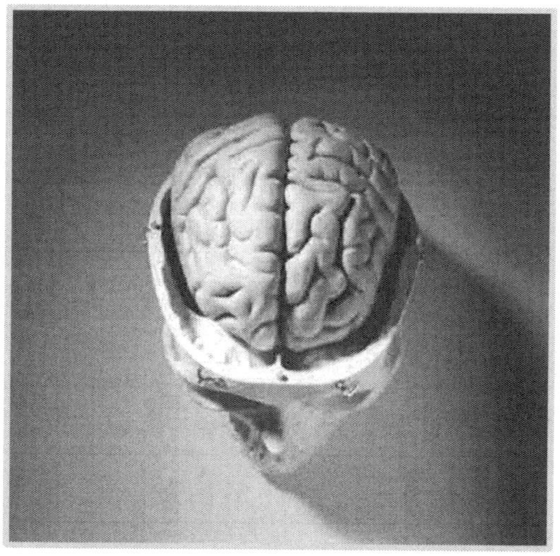

자연이론은 지능이 대체로 유전적으로 결정되고, 낮은 지능지수를 가진 사람들은 높은 범죄성향을 소유하고 있다는 명제에 근거하고 있다. 즉, 지능은 어머니 뱃속에서 이미 결정되어 태어나며, 이러한 선천적 지능이 저능할수록 범죄를 범할 성향이 높다는 것이다. 지능과 범죄사이의 관계에 대한 최초의 연구는 1912년 고다드(Henry H. Goddad)의 정신박약(feeble mindedness)이라는 주관적인 평가를 통해 칼리크카크 가계에 대한 비과학적인 연구이다. 뒤이어 고다드는 정신박약을 측정하기 위한 객관적인 지능검사를 통하여 보다 과학적인 연구를 수행하였다. 연구대상은 16개 소년원의 재소자들로서 이들 중에 정신박약 재소자들의 비율이 28%에서 89%에 해당하였고, 전체 평균은 50%이었다. 고다드는 이 연구결과를 토대로 1914년 「정신박약(Feeble-Mindedness)」이라는 저서에서 범죄인들은 정신박약(저지능)이

97) J.L. White, T.E. Moffit, & P.A. Silva, A prospective replication of the protective effecs of IQ in subjects at high risk for juvinile delinquency, Journal of Consulting and Clinical Psychology, 57, 1989, 719-724.

98) A.G. Crocker & S. Hodgins, The criminality of noninstitutionalized mentally retarded person: Evidence from a birth cohort followed to age 30, Climinal Justice and Behavior, 24, 1997, 432-454.

99) Bartol & Bartol, opcit., p.54.

라고 결론지었다. 더 나아가 지능은 기본적으로 유전되며 모든 저능한 사람들은 잠재적인 범죄자라는 것이다.[100)]

20세기 초에 이루어진 대부분의 연구는 낮은 지능이 범죄와 일탈행위, 그리고 다양한 종류의 사회악을 유발하는 요인이라고 확신함으로써 고다드와 견해를 같이했다. 학자들의 이러한 경향은 두 가지 가정에 기초하고 있다. 첫째, 저 지능의 소유자들은 자신의 행동에 대한 비도덕성이나 특별한 상황의 복잡성을 인식할 수 있는 능력이 떨어짐으로써 직접 범죄행동을 유발한다. 둘째, 저 지능의 소유자들은 그들의 정서와 충동을 통제할 수 있는 능력이 부족하고, 따라서 범죄행동을 할 가능성이 높다.[101)] 이러한 행동은 그들이 그렇게 하고 싶기 때문이 아니라 그들의 행동을 통제할 능력이 거의 없기 때문이다.

그러나 제1차 세계대전 동안 미 육군은 저지능자를 군대부적격자로 규정할 의도를 가지고 징집된 군인들을 대상으로 지능검사를 실시한 결과, 징집된 군인 중에서 백인 37%, 흑인 89%가 저지능자였으며, 전체적으로는 50%가 저지능자라는 결과가 나옴으로써 지능이 유전된다는 견해에 의문이 제기되기 시작했다. 흑인 지원자의 거의 90%가 저지능이라는 사실은 그들이 교육을 받지 못한 결과라는 점에서 교육이 저지능에 영향을 미칠 수 있다는 생각을 가지게 된 것이다. 따라서 고다드는 그의 초기 연구 결과의 부정확성을 시인하고 지능이 완전히 유전적인 것이 아니라 적어도 주의 깊은 교육과정에 의해 개조될 수 있다는 점을 받아들였다.[102)] 따라서 저지능과 범죄의 관계에 대한 의문이 제기되기 시작했다.

(3) 양육이론(nurture theory)

고다드 이후의 지능과 범죄의 관계에 대한 연구는 어떤 명백하고 일관성 있는 결과를 발견하지 못하는 가운데 1930년대에 학문적 연구의 대세를 이룬 인간행동에 대한 문화적 설명경향은 지능에 대한 양육이론 학파를 출현하게 했다.[103)] 양육이론은 지능이 부분적으로는 생물학적 요인에 의해 영향을 받지만, 주로 사회학적 요인에 의해 결정된다는 관점이다. 낮은 지능의 부모들이 반드시 저지능의 아이들을 생산하는 것은

100) Williams, op.cit., p.239.
101) Shoemaker, op.cit., p.51.
102) Williams, op.cit., p.239.
103) Siegel, op.cit., p.163.

출처 : http://Cafe.naver.com/digitalgarden/4216

아니므로 지능이 유전된다는 주장은 오류라고 보는 것이다.

양육 이론지지자들은 사람들의 지능지수가 낮기 때문에 범죄를 범한다는 견해에 반대의사를 분명히 했다. 대신에 그들은 부모, 사회적 접촉, 학교, 동료집단, 그리고 많은 다른 요인들로부터 받는 환경적 자극에 의해 아이들의 지능지수가 달라지고, 낮은 지능지수는 일탈과 범죄행동을 고무하는 환경으로부터 유발된다는 것이다. 따라서 범죄자들의 지능지수가 낮다면, 그것은 정신능력이 아니라 범죄자들의 문화적 배경을 반영하는데 지나지 않는다는 것이다.

사람이 평균이하의 지능지수를 가지고 있기 때문에 자연적으로 범죄행동을 하게 된다는 가정에 도전하는 연구들이 1920년대 초기에 나타나기 시작했다. 슬로슨(John Slawson)은 뉴욕 소년원의 원생 1,543명을 대상으로 연구를 하여 뉴욕의 일반 소년들로 구성된 통제집단과 비교했다. 연구 결과, 일탈자들의 80%가 추상적인 어휘검사에서는 점수가 낮았지만, 수리부문 등 비어휘 부문에서는 정상수준이었다.[104] 이러한 결과는 지능지수 검사에 문화적 편견이 작용하여 지능측정 자체의 신뢰도에 문제가 있다는 사실을 지적하고 있다. 또한 슬로슨은 검거된 피의자들의 수는 물론이고 범죄유형과 지능지수 사이에는 아무런 관계가 없다는 사실을 발견함으로써 저지능이 범죄의 원인이라는 가정을 부정했다. 범죄자들의 지능지수가 미 육군 징집자들보다 더 높다는 연구 결과도 발표되어 범죄자는 저지능이라는 견해는 힘을 잃기 시작했다.[105]

1931년에 서덜랜드(Edwin Sutherland)는 고다드의 범죄자와 저지능의 관련성에 관한 연구 결과를 재평가하고 연구 자체의 편차를 발견함으로써 범죄자들은 저능자들(feebleminded)이라는 고다드의 견해를 부정했다.[106] 고다드는 검사방법과 점수계산 방법에서 생긴 오차를 오히려 범죄자들의 지적 능력의 차이로 돌리는 오류를 범했다는 것이다. 서덜랜드의 연구는 저 지능이 범죄의 원인이라는 신념에 거의 종지부를

104) Siegel, op.cit., p.163.
105) Shoemaker, op.cit., p.53.
106) Siegel, op.cit., p.164.

찍었고, 지능과 범죄의 관련성에 대한 연구는 범죄학 문헌에서 거의 사라지게 되었다.

표본설계와 범죄정의와 같은 많은 방법론적 문제를 제쳐두고라도, 이처럼 고다드 이후의 비일관적인 연구 결과는 연구의 초점을 지능보다는 인과적인 요인들을 분석하는 방향으로 향하게 만들었으며, 1970년대 중반에 고든(Robert Gordon)의 특정집단의 지능지수와 비행률의 관계에 대한 연구, 그리고 허쉬와 힌델랑(Travis Hirschi & Michael Hindelang)의 지능지수와 일탈행동의 관계에 대한 연구 등으로 지능과 범죄에 대한 새로운 관심이 부각될 때까지 몇십 년 동안 지능과 범죄의 관계에 대한 연구는 거의 사라지게 되었다.[107]

(4) 지능지수와 범죄의 관계에 대한 재조명

지능과 범죄의 연관성에 대한 가정은 주류 범죄학자들에 의해 밀려났지만, 존경받는 두 명의 저명한 범죄학자 허쉬와 힌델랑(Travish Hirschi & Michael Hindelang)이 1977년에 「지능과 범죄의 관계」에 대한 논문을 발표함으로써 다시 중요한 연구 영역으로 부각되기 시작했다. 그 논문은 기존의 연구 자료들을 재분석한 결과를 주된 내용으로 하고 있다. 이 논문에서 그들은 지능지수와 범죄 및 일탈행동의 관계를 지원하는 증거를 제시하고, 지능지수라는 변수가 범죄예측에 있어 인종과 사회경제적 계층과 같은 사회환경적인 변수들보다 더 중요한 요인이라고 주장했다.[108] 이 연구에서 강조하는 내용은 사람들이 인종적・계층적으로 유사한 환경 속에 살고 있을지라도, 범죄자와 비범죄자 사이에는 지능지수의 주요한 차이가 존재하고, 지능지수가 범죄행동과 관련이 있다는 것이다. 낮은 지능지수를 가진 청소년들은 학교 성적의 불량으로 학업에서 실패하게 되고, 이는 일탈행동을 초래하는 강력한 요인으로 작용하며, 또한 후에 성인 범죄성과도 깊은 관계가 있다는 것이다.[109]

허쉬와 힌델랑의 주장은 국제적으로 많은 학자들에 의해 수행된 연구에 의해서 지원을 받았다. 피퀘로(Alex Piquero)는 필라델피아의 아동 집단들의 폭력행동에 대한 조사를 통하여, 지능지수가 폭력행동을 예측할 수 있는 가장 정확한 예측치라고 주장했으며,[110] 윌슨과 헌스타인(James Q. Wilson & Richard Herrnstein)은 「범죄와 인간

107) Shoemaker, op.cit., pp.53-54.

108) Travis Hirschi and Michael J. Hindelang, "Intelligence and delinquency: A revisionist review, American Sociological Review42, 1977, pp.571-587.

109) 조철옥, 앞의 책, p.98.

110) Alex Piquero, Frequency, Specialization, and Violence in Offending Careers, Journal of

출처 : 생각의 틀

성」(Crime and Human Nature)이라는 책에서 지능과 범죄의 관계는 간접적이지만 관계가 있다고 주장했다.[111] 즉, 낮은 지능은 불량한 학교성적을 초래하고, 이는 범죄행동을 할 기회요인으로 작용한다는 것이다. 학교 성적이 계속 나쁜 학생들은 폭력, 절도, 그리고 다른 형태의 일탈행동을 함으로써 학교 성적 불량을 외부에서 해결하는 식으로 행동하게 된다는 것이다. 고든(Robert Gordon) 역시 지능과 비행간의 관계를 긍정한다. 즉. 흑인과 백인 소년의 비행률 차이는 백인 소년들에 비해서 흑인의 지능이 낮기 때문이라는 것이다.[112] 고든은 특정 나이에 일탈행위를 범하는 동일연령집단의 비율을 의미하는 일탈행위 확산률(delinquency prevalence rates)'이라는 개념을 이용하여 연구한 결과 흑인과 백인 사이의 저지능 확산률 차이는 흑인과 백인사이의 일탈행위 확산률 차이와 동일하다고 주장했다. 더 나아가 흑인과 유사한 경제적 지위에 있는 중국인과 유태인 같은 소수민족들이 더 부유한 백인들보다 범죄율이 낮을 정도로 범죄율이 매우 낮다는 사실을 증거로 내세워 범죄율은 빈곤이나 환경과는 무관하다는 것이다. 결론적으로 고든은 지능지수란 환경적으로 결정되는 것이 아니라 유전적이라는 것이 분명하며, 저지능은 범죄성향과 분명히 관계가 있다고 단언했다.[113]

웨스트와 패링턴(Donald J. West & David P. Farrington)은 400명의 런던 소년들을 대상으로 한 연구를 통하여 다른 수많은 사회적 요인들보다는 낮은 지능지수가 비행의 주된 요인이라고 주장했다.[114] 연구결과에 의하면, 성인이 되어 범죄기록을 갖게 된 소년들의 평균 지능지수는 91이었고, 범죄소년이 되지 않는 소년들의 평균지능지

Research in Crime and Delinquency 37, 2000, pp.392-418.

111) James Q. W2ilson and Richard Herrnstein, Crime and Human nature(New York:Simon and Schuster, 1985, p.148.

112) Robert A. Gordon, "SES versus IQ in the race IQ delinquency model", International Journal of Sociology and Social Policy 7, 1987, pp.29-96.

113) Williams, op.cit., p.242.

114) Donald J. West and David P. Farrington, Who Becomes Delinquency, London: Heinemann, 1973, pp.85-86.

수는 101이었다. 이러한 차이는 통계적으로 유의미한 수치이다. 또한 조사 대상 중에 단 한 번의 범죄기록을 가진 소년들의 평균 지능지수는 100으로서 범죄소년이 되지 않는 소년과 1점 차이 밖에 없었으나 상습적인 범죄소년들의 지능지수는 89인 것으로 나타났다. 이 연구 결과는 지능지수가 낮을수록 범죄소년이 될 가능성이 높고 아울러 상습적인 범죄자가 되기 쉽다는 것이다.

헌스타인과 머래이(Richard Herrnstein & Charles Murray)는 「종모양 곡선(Bell Curve)」이라는 저서에서 낮은 지능을 가진 사람들이 범죄나 다른 유형의 바람직하지 못한 행동에 빠지게 하는 "인지적 약점(80%는 유전)"을 가지고 있다는 점에서 지능과 범죄의 관계를 긍정했다.[115] 즉, 지능이 낮은 사람들이 범죄도 잘 범하고, 잘 붙잡히고, 교도소에 보내어질 가능성도 아주 높은 반면, 높은 지능을 가진 위험한 청소년들은 학교와 사회적 관계에서 성공할 수 있는 뛰어난 능력으로 인해 범죄자가 되지 않는 다는 것이다. 그들에 의하면, 과학적인 문헌 전체를 종합해 볼 때, 범죄자들의 평균 지능지수는 92이며, 만성적인 범죄자들의 지능은 그것보다 더 낮다고 주장했다.

(5) 지능과 범죄의 관련성에 대한 평가

출처 : Welcome to fate/Another

지능과 범죄의 관계에 관한 최근의 많은 연구에 의하면, 지능지수 수준이 범죄행동에 미치는 영향은 무시해도 좋을 정도에 지나지 않는다. 미국의 심리협회 역시 지능지수와 범죄와의 연결 강도는 아주 낮다고 주장했다.[116] 또한 영국 케임브릿지 대학의 범죄연구소는 지능과 범죄 사이에는 확실히 무언가 관계가 있기는 하지만, 그 정도가 어느 정도 직접적인지 평가하기 어렵다는 것이다. 어떤 경우에 저지능과 범죄와의 관계는 어떤 제3의 요인들에 의해 유발될 가능성이 있을 정도로 지능은 범죄에 간접적인 영향을 미치는 요인에 지나지 않는다.

그리고 지능과 범죄의 관계에 대한 주장은 여러 가지 반론에 직면한다. 저 지능과

115) Akers and Sellers, op.cit., p.54.
116) Siegel, op.cit., p.166.

출처 : 느림과 배움의 미학

범죄의 관계를 주장한 웨스트와 패링턴은 범죄기록이 없는 소년들 가운데에서 많은 소년들이 얼마간의 비행을 저지르지만 체포되지 않으며, 체포된 소년들 모두가 유죄판결을 받는 것도 아니라는 주장은 주목받을만하다. 이러한 결과는 지능이 낮은 소년들이 정상 수준의 지능을 가진 소년들 보다 더 많은 비행을 저지르는 것은 아니라는 사실을 지적하고 있는 것이다.[117] 다만, 지능이 낮은 소년들은 체포되기 쉬우며 자신에게 불리한 증거를 경찰에 제공할 가능성이 크기 때문일 수 있다. 영리한 비행소년은 경찰에게 잘 발각되지 않는다.

지능 검사를 이용하여 지능과 범죄성간의 관계를 주장하는 것을 반대하는 또 다른 이유는 지능검사가 선천적인 지능을 측정하는 것이 아니라는 사실이다. 지능검사의 결과는 피검자의 가정과 사회, 교육적 · 문화적 배경의 영향을 받기 마련이다. 미국 흑인의 경우에 지능검사는 문화적 편향의 산물이라는 주장으로 혼란을 겪고 있다. 흑인들의 지능이 낮게 나오는 것은 교육적 · 사회문화적 혜택을 받지 못하기 때문이라는 것이다. 실제로 미국에서 흑인은 저지능이고 따라서 범죄성향과 연관된다는 연구 결과도 있다. 젠센(A. R. Jensen)에 의하면, 지능검사결과 흑인은 백인보다 평균 15점 정도 낮은 점수를 기록하며, 이러한 차이는 적어도 80%가 환경적 요인보다는 유전에 의해 결정된다는 것이다.[118] 유사한 연구 결과는 이미 앞에서 살펴본 바와 같이 고든의 일탈행위 확산률 연구에서도 도출되었다. 그러나 인종에 따른 지능차이에 관한 문제는 많은 논쟁을 불러일으키고 있으며, 흑인청소년과 백인청소년 간 비행행위의 차이가 일관적으로 유의미하게 나타나는 것도 아니다. 비행에 대한 지능의 영향이 인종차별주의나 비민주적 정책을 내포하고 있다는 비판이 제기되고 있다.

범죄자들의 지능이 일반 시민들보다 낮다는 사실이 밝혀지고 있을지라도, 그것이 많은 유형의 범죄율 차이를 설명해주지는 못한다. 일반적으로 여성들보다 남성범죄자가 더 많다. 그러면 남성이 여성보다 지능이 더 낮다는 주장이 되는데, 남성이 여성보다 지능이 열등하다는 근거는 어디에도 없다. 또한 지능은 범죄율이 지역과 시기, 그리고 기후에 따라 차이가 생기는 이유를 설명해줄 수는 없으며, 지능은 나이가 들수록

117) West and Farrington, op.cit., pp.85-86.
118) Williams, op.cit., p.242.

높아지는 것이 아닌데도 노인들의 범죄율이 낮은 이유를 설명하지 못한다.

6. 현대 생물학적 범죄이론에 대한 평가

생물사회적 이론에 대한 가장 유의한 비판은 경험적 검증의 적절성이 결여되어 있다는 점이다. 대부분의 생물사회적 연구는 표본 크기가 작고 대표성이 적은 재소자들을 표본으로 실증적 연구를 했기 때문에 유죄판결을 받은 범죄자들에게만 적용 가능한 이론인지 전체적인 모든 범죄자들에게 적용 가능한 이론인지 명백한 구분을 어렵게 한다.[119] 표본은 주로 재소자나 수용된 비행소년, 또는 전과자들을 대상으로 하기 때문에 개인의 사생활이나 인권침해 문제로 접근이 어려우며, 또한 대상들이 조사에 대한 응답을 회피하거나 거부할 경우에 표본의 신뢰성을 확보하기조차 어렵다는 문제가 있다.[120]

범죄생물학은 인간의 범죄성이 타고난 운명적 특질이라는 전제에 의해 형사정책적으로 비인간적인 정책제안을 함으로써 비인간적이고 비윤리적이라는 비판을 먼치 못한다. 인간의 생물적 특질 결정론은 형벌 정책이나 심리적 상담 또는 사회교화 프로그램에 의해 범죄를 예방하거나 억제하기 어렵다는 정책적인 문제를 제기한다. 결과적으로 뇌나 호르몬, 또는 생화학적 기능을 수정하는 아주 특별한 의료적, 화학적, 또는 외과적 치료 프로그램이나 범죄 소질자를 사회와 아주 격리하거나 거세하는 정책을 검토하게 만들었다. 후튼(Earnest Hooten)은 생물학적으로 열등한 범죄인들을 사회의 나머지로부터 격리시키는 선택적 번식과 대규모의 자치적인 범죄자 거주지를 제안하였다.[121]

후튼과 유사한 정책적 제안은 보다 최근에 테일러(Lawlence Taylor)에 의하여 제기되었다. 그는 유전학적으로 범죄성향이 있다고 진단된 사람들에 대한 격리, 화학약품의 복용, 뇌수술 및 새 유전자 삽입을 통하여 그들의 생활에 관여하는 프로그램이 필요하다고 주장하고, 또한 열등 유전자의 번식을 막기 위해 불임과 낙태를 통하여 번식과정에 개입하는 정책의 필요성을 제안했다.[122] 사실 1950년대부터 1970년대 후반까

119) Glenn Walters and Thomas White, Heredity and Crime: Bad Genes or Bad Research, Criminology 27, 1989, p.478.
120) 조철옥, 앞의 책, p.104.
121) Akers & Sellers, op.cit., p.65.
122) Ibid., p.65.

지 소수의 폭력범들에게 뇌수술, 물리적 · 화학적 거세와 같은 다양한 의료적 처리가 이루어지기도 했다. 또한 형사법체계는 식이요법, 조명의 변화, 학습무능력의 보완, 알러지 치료, 그리고 기분전환 화학약품의 사용과 같은 프로그램도 운영했다.[123] 그러나 그 효과는 소수의 개인들에게만 효과가 있었고, 전체적 효과성은 입증되지 않았다.

이처럼 생물학적 범죄이론은 형사정책적인 측면에서 한계에 직면할 수 있다. 모이어(Kenneth Moyer)를 비롯한 범죄학자들은 범죄행동이 유전자를 통해 직접적으로 유전되거나 유전적 이상에 의해 야기된다고 가정하지 않는다.[124] 최근의 범죄생물학 이론가들은 식이요법, 유전학적 상담 및 약물요법 그리고 학교 또는 지역사회 프로그램에 찬성하는 반면 후튼 등에 의하여 제안된 공격적인 정책에 반대한다.

123) Siegel, op.cit., p.166.
124) Akers & Sellers, op.cit., pp.65-66.

CHAPTER

03 범죄심리학

Section 1 정신분석학적 접근

1. 프로이드의 정신분석학

(1) 정신분석과 범죄성

정신분석학적 이론은 인간의 행위가 생물학적 요인이나 환경적 요인보다는 오히려 인간의 마음속에 자리잡고 있는 심리적 요인에 의해 이루어진다는 전제에 근거하고 있다. 정신분석학적으로 범죄에 접근하는 이론은 프로이드(Sigmund Freud)의 정신분석학 이론이 대표적이다. 프로이드는 인간의 성격구조를 가장 체계적이고 설득력있게 설명하였다. 범죄는 아주 어린 시절 정서적 발달과정에서 나타난 장애와 비정상적인 성격형성과 관련이 있다는 것이 포로이드의 입장이다.

프로이드는 인간의 성격구조를 원본능(id), 자아(ego), 초자아(super ego)로 나누고, 이드는 인간의 비합리적이고 반사회적인 본능적인 충동을, 자아는 합리적인 행동을, 그리고 초자아는 인간의 도덕성과 양심을 지배하는 것으로 구분하였다. 이 세 가지 성격구조의 불균형적 발달이나 갈등상태가 일탈행위나 인간의 공격적 또는 정신병적 기질을 초래한다고 보는 것이 프로이드 정신분석학의 공헌이다.

청소년들의 일탈행위는 프로이드의 성격구조에 의해 흔히 설명된다. 알렉산더와 힐리(Franz Alexander and William Healey)는 청소년의 반복적인 절도행위 뒤에 숨어있는 실질적인 동기는 자신의 어머니에 대한 억압된 성적 추동이라고 주장함으로써 프로이드의 성격구조 이론을 뒷받침했다. 그들에 의하면, 금지된 성적 대상에 대한 갈등은 아주 고통스럽기 때문에 약간은 가벼운 범죄인 절도행위가 금지된 성적 추동을 해소하기 위해 표출되는 것이라고 보았다.[1] 프리더랜더(Kate Friederander)는 7살짜리 소년이 다른 애들과 계속해서 싸우고, 동물학대와 성인들 앞에서의 노출행동을 하고, 재산파손과 무단결석을 하는 행동이 아버지에 대한 무의식적 외디푸스 갈등과 불완전한 초자아로 인한 반응이라고 주장했다.[2]

(2) 마음의 모형

1) 에너지 모형

프로이드 이론은 인간이 에너지 체계로 구성되어 있다는 것을 기초로 한다. 이 에너지는 신경생리적 흥분상태에서 비롯되는 추동(drives)을 의미한다. 추동은 이러한 신경생리적 흥분이 소망의 형태로 마음속에 표상된 것을 의미한다. 프로이드는 처음에 추동을 성적추동과 자기보존적 추동으로 구분하였으나 곧 모든 본능적 에너지는 성적 추동의 일부이거나 이로부터 파생된다고 규정했다.[3] 그 후 1차 세계대전을 거치면서 인간의 잔인성과 파괴적 행위를 목격한 후 공격적 추동을 추가했다. 따라서 인간의 정신적 에너지는 성적 추동과 공격적 추동으로 이루어진다. 프로이드는 성적 추동을 삶의 추동, 즉 리비도(Libido)로 공격적 추동을 죽음의 추동, 즉 타나토스(Thanatos)라고 부르기도 했는데 대체로 경험적 증거는 불확실하다.

프로이드가 말하는 추동은 흔히 본능으로 잘못 이해되기도 하나 하등동물에서 말하는 본능과는 구별되어야 한다. 본능은 특정한 자극에 대해 일정한 방식으로 반응하는 생득적 능력 또는 생득적 필요성을 의미한다. 중추신경계를 가진 동물의 본능은 자극, 일종의 중추흥분, 그리고 미리 정해진 방식을 따르는 운동반응으로 이루어져 있다. 반면에 추동은 운동반응이 아니고 자극에 대한 반응으로서의 중추신경계의 흥분상태를 말한다. 이 흥분상태에 의해서 일어나는 운동은 정신분석학에서 에고로 알려진 마음의 부분에 의해서 중재된다. 그러므로 정해진 패턴을 따르는 행동을 산출하는 본능과 달리 추동은 경험과 반성에 의해서 행동이 수정될 수 있음을 내포하고 있는 것이다.

프로이드는 정상적이건 비정상적이건 우리가 관찰할 수 있는 모든 본능적 표현에

1) Shoemaker, op.cit., p.58.
2) Ibid., p.58.
3) 민경환, 앞의 책, pp.78-79.

성적 및 공격적 추동이 함께 포함되어 있다고 본다. 공격적인 추동에 의한 잔혹한 범죄행위도 어느 정도의 무의식적인 성적 의미가 포함되어 있으며, 아무리 부드러운 애정행위에도 무의식적인 공격적인 추동이 내포되어 있다는 것이다.

이 두 가지 추동에는 모두 심적 에너지가 따르는데, 성적 추동에 따르는 에너지는 리비도(Libido)이며, 공격적 추동에 따르는 심적 에너지는 이름이 없으며 필요할 때 공격적 에너지로 불릴 따름이다. 프로이드는 심적 에너지가 어떤 대상에 부착된다는 표현을 쓰곤 하는데, 이것은 심적 에너지가 외부로 나와서 상대방에게 영향을 미치는 것이 아니라 상대방에 대한 여러 가지 기억이나 사고, 공상들로 존재하는 것을 의미한다.[4] 즉, 남자가 남몰래 미치도록 짝사랑하는 여자로 인해 상사병에 빠진다든지, 죽이고 싶도록 미운 놈에 대해 상상적인 살인이나 폭행을 하는 공상에 빠지는 것이 바로 에너지의 부착에 해당한다. 또는 우연한 인연으로 만난 자가 가면을 쓰고 계속 음해하고 방해하는 경우에 그와 그 가족에 대한 저주를 하는 것 역시 심적 에너지의 부착 현상이다. 그러나 그러한 부착은 그의 행동에 의해서 현실화된다면 범죄행위가 되지만, 다른 사건으로 인해서 현실화된다면 범죄행위는 아니다. 물론 종교적인 차원에서는 죄악이 될 수 있을 것이다.

심적 에너지를 본래의 대상에게 방출할 수 없는 경우, 그 대안으로서 다른 대상을 찾아 에너지를 방출하는 轉位(displacement)가 일어난다. 프로이드는 수많은 사회심리적 현상들은 성적 추동과 공격적 추동의 전위로 설명할 수 있다고 주장한다. 즉, 인종편견이나 전쟁은 공격적 추동의 전위이며, 폭력이나 선정적 예술은 성적, 공격적 추동의 전위에 해당한다. 사람들은 추동의 직접적이고 즉각적인 충족을 얻지 못할 때 이러한 본능적 에너지를 다른 가능한 사람, 사물, 행동에 전위시켜서 방출하는 것을 배우게 되며, 그 결과로 예술, 종교, 정치, 경제, 스포츠 등이 생겨난다는 것이다.

4) Ibid., p.80.

2) 성격의 구조

프로이드는 초기에 인간의 마음이 의식, 전의식, 무의식으로 이루어져 있다고 생각하고 특히 인간행위에 있어서 무의식의 작용을 강조하였다.

프로이드는 인간의 마음을 일종의 지도의 형태로 개념화하였다. 의식영역은 개인이 어느 한 순간에 마음에 떠오르는 감각, 지각, 경험, 기억 등으로 구성되어 있으며, 무의식 영역은 과거의 경험이나 기억 등과는 무관하지 않지만 그것보다는 인간의 욕구나 충동들이 숨어있는 깊고 접근 불가능한 하나의 창고와 같은 곳이다.[5] 인간은 그것들의 존재를 의식하지 못하지만, 이 충동들은 표출되려하며, 행동을 결정하는 능동적 세력이 된다. 대체로 다른 사람들에게 공개적으로 표출할 수 없는 좌절감이나 분노, 그로 인한 공격적 충동은 무의식 속에 내재하고 있다 우연한 계기로 인해 폭발하는 사건들은 대부분 무의식의 작용이다.

프로이드는 의식의 영역은 정신생활의 작은 부분에 지나지 않고 거의 대부분의 영역이 무의식의 영역이라고 보았다. 아울러 전의식 영역이 존재하는데 이는 인간의 마음속에 기억된 자료들이 즉시 의식적으로 떠오르지는 않지만 무슨 단서나 조금만 집중하고 노력하면 의식영역으로 끄집어낼 수 있는 영역이다. 무의식의 세계에는 윤리적으로 또는 현실적인 인간관계의 역학으로 인해 표출하지 못하는 충동, 격정, 억압된 사상 및 감정이 자리잡고 있어서 어떤 보복의 기회나 막다른 궁지에 몰렸을 때에는 언제든지 행동으로 나타날 수 있다는 것이다.

출처 : 나의 옛시-리비도
http://blog.naver.com/sooby1204/50017322340.

의식은 현재 느끼고 인식하는 정신내용으로서 다른 영역보다 비교적 좁다. 의식은 외부의 자극에 의해서 생겨나고 변하기도 하지만, 때로는 무의식이나 전의식 속에 잠재해 있던 내용들이 어떤 자극으로 인해 의식의 세계로 들어오게 되기도 한다. 정신내용의 대부분을 차지하고 있는 무의식은 통일성이 적고 유치하며 원시적이어서 지적인 면이 없고 너무나 정서적·본능적인 경

5) Jerry Phares, Introduction to Personality, 홍숙기 역, 박영사, 2003, pp.58-59.

향이 강하다. 그것은 의식속에 있다가 억압당해서 무의식화한 것도 있고, 또 하나는 절대로 의식될 수 없고 또 되지 않았던 무의식의 저변에 존재하는 것으로 본다. 비정상적인 행위를 하는 사람들은 의식적으로 그 행위의 원인을 인지하지 못하지만, 그들의 성장과정속에서 각자에게 영향을 미친 충격이나 억압과 좌절, 공포와 관련된 무의식에 의해 그러한 행위를 하게 된다.

무의식의 세계에는 윤리적으로 또는 현실적인 인간관계의 역학으로 인해 표출하지 못하는 충동, 격정, 억압된 사상 및 감정이 자리잡고 있어서 어떤 보복의 기회나 막다른 궁지에 몰렸을 때에는 언제든지 행동으로 나타날 수 있다는 것이다. 주로 복수심에 의한 폭력성 범죄나 폭력은 과거에 억압된 감정이나 충동의 폭발 결과이다. 조직의 냉담한 상사에 대한 복수나 힘있는 동료나 친구에 대한 복수는 즉시 행동으로 나타나지 못하고 억압상태에 있다 어느 날 우연한 일로 폭발하게 되는데 이는 전형적인 무의식의 작용이다. 그러나 프로이드는 의식과 무의식의 관념들이 히스테리 환자들에게는 잘 들어맞지만, 망상증이나 죄책감에 짓눌리는 환자들은 설명해 주지 못한다는 사실을 인정한다.

(4) 이드, 자아, 초자아의 불균형과 범죄

범죄는 이드의 추동(drives)이 초자아에 수용되지 못하는 불균형 상태에서 발생한다. 이드는 쾌락을 추구하고, 초자아는 이드의 쾌락추동을 통제하고 억제할 것을 요구한다. 결과는 결코 해결될 수 없는 내적 갈등을 초래한다. 자아는 이드와 초자아의 균형을 유지하는 기능을 하는데, 초자아의 명령에 복종해야 하고 이드를 다른 방향으로 이끌어야 하는 위치에 있다. 자아의 노력에도 불구하고, 이드의 추동과 초자아의 통제가 균형을 이루지 못하는 갈등상태가 지속될 경우에, 그 갈등상태는 일탈행동이나 범죄의 원인이 된다. 범죄자들은 이드의 추동을 유용한 행동이나 적어도 유해하지 않은 행동으로 전환하지 못한 사람들이다.6)

출처 : 노컷뉴스

6) Williams, op.cit., p.174.

초자아에 의해 통제되지 못하거나 때때로 과잉 통제된 이드의 추동은 범죄행동을 야기한다. 통제되지 않은 이드는 욕구추동이 사회적으로 허용되지 않는 행동을 야기하거나 심지어 범죄행동을 야기할 수 있다. 때때로 범죄자는 이러한 이드의 욕구추동을 과잉통제받거나 억압받는 사람들이다. 예컨대, 부모의 자식에 대한 과잉통제나 훈육은 일탈행동이나 범죄행동의 원인이 된다.

범죄에 대한 죄의식은 이드와 초자아의 갈등과 관련이 있다. 욕구 추동 그 자체, 특히 성욕같은 존재 그 자체에 의해서 느껴진다. 욕구 추동 그 자체가 범죄는 아닐지라도, 초자아 기준으로는 나쁜 행동을 추구한다는 죄의식의 원천이기 때문이다. 죄의식은 그 제거나 정화의 형태로서 처벌의 필요성을 야기한다. 그러므로 흔히 아주 경미한 범죄를 범한 경우에도 범죄자는 체포되고 처벌받는다. 이러한 논리에 따르면, 범죄는 처벌을 가져오고 처벌은 죄의식의 제거를 가져온다. 그러나 이러한 현상은 일시적인 것으로 그치고, 악순환 관계가 형성되어 상습범이 존재하게 된다.

프로이드의 성격구조 중 범죄행동의 원인과 밀접한 관련이 있는 것은 초자아이다. 에이크혼(Aichhorn)은 어린이의 일탈행동이 초자아의 저 발달과 관련이 있다고 주장했다.[7] 부모의 사랑없는 양육은 어린이들의 초자아의 저 발달을 초래함으로써 일탈자가 되게 하고 반사회적인 상태를 강화하여 더 많은 범죄행동을 하게 만든다. 물론 에이크혼은 모든 일탈자들이 초자아의 저 발달 상태에 있는 것이 아니라는 사실을 인정했으며, 초자아의 발달실패가 모든 범죄성향을 설명할 수 있다고 주장하지는 않았다. 하지만 초자아의 저발달과 범죄성향은 관계가 있다는 점을 강조했다. 바울비(Bowlby)는 유아의 어머니 상실, 즉, 5세 이전에 어린이를 어머니와 분리시켜 양육하는 것이 범죄성향의 원인이 된다는 사실을 발견함으로써 부모의 사랑 결여가 초자아의 저 발달을 초래하고 범죄의 원인이 된다는 에이크혼과 유사한 주장을 했다.

범죄에 대한 정신분석적 설명은 인간의 내적 과정과 갈등이 행동을 결정한다는 개념에 기초하고 있다. 해결되지 않는 내부갈등과 정서적 불안정상태는 수용불가능한 행동의 주된 원인으로 여겨진다. 환경은 단지 보조적인 역할을 할 뿐이다.

---

7) Williams, op.cit., p.173.

2. 아이셍크의 성격모형과 범죄

아이셍크(Eysenck)는 범죄란 범죄요인과 신경 시스템 특징간의 상호작용 결과라고 주장했다.[8] 따라서 포괄적인 범죄이론은 개인의 신경생리학적인 특징과 사회화 역사를 조사해야 한다는 것이다. 범죄는 유전적 요인만으로 설명될 수 없듯이 환경적 요인만으로도 설명될 수 없다. 환경적, 신경생물학적 요인과 성격요인의 다른 조합은 다른 범죄유형을 초래한다.

아이셍크 모델은 인간이 환경적 자극에 적응하거나 조건화될 수 있는 학습능력을 가지고 태어난다는 전제에서 출발한다. 또한 범죄는 사람들이 쾌락을 극대화하고 고통을 극소화하는 자연적이고 합리적인 선택의 결과라는 것이다.[9] 개인은 자기행동 결과에 따라서 얻는 사회적 규칙, 즉, 악행에 대한 처벌과 선행에 대한 보상이라는 사회적 규칙을 학습한다. 성격은 이러한 생물학적인 요인과 사회적인 요인의 결합에 의해 형성된다.

범죄자는 타고나는 것이 아니라 일반사람들과는 유의하게 다르고 사회적 기대와 규칙에 순응하는 능력에 영향을 미치는 특이한 신경시스템을 가지고 태어난다. 범죄성향은 선천적이 아니라 어떤 범죄행동을 증가시키는 환경이나 많은 다른 환경적 요인에 반응하는 중추적이고 자율적인 신경시스템의 어떤 특성 때문이다. 개인의 신경시스템의 작동양상은 개인의 성격 특징만큼 특이하고, 어떤 신경시스템은 그 민감성, 반응성, 그리고 흥분성 때문에 범죄행동을 유발할 가능성이 더 높다.

아이셍크는 네 가지 성격요인, 즉 외향성(extraversion), 신경증성향(neutroticism), 그리고 정신병적 성향(psychoticism)과 일반지능을 의미하는 능력요인이 범죄와 관련이 있는 요인으로 제시했다. 그러나 지능은 범죄원인 요인이지만, 우리가 생각하는 것보다는 그 영향이 그렇게 크지 않다.[10] 따라서 범죄와 성격에 관한 연구는 아이셍크 이론의 핵심개념인 외향성과 신경증성향에 초점이 맞추어지고 후에 정신병적 성향이 두 성격요인으로 설명할 수 없는 부분을 설명하기 위해 도입되었다.

---

8) H. J. Eysenck, Personality and crime:Where do we stand? Psychology, Crime & Law,2, 1996, 143-152.

9) H. J. Eysenck(a), Crime and Personality, #rd ed, London: Routledge & Kegan Paul, 1977, pp.25-60.

10) Bartol & Bartol, op.cit., p.97.

Section 2 아들러와 융의 이론

1. 특징

프로이드는 일생에 걸쳐서 계속 자신의 이론을 변형·수정해 나갔다. 그중 대표적인 내용은 인간의 파괴성과 공격성을 설명하기 위한 공격추동(Thanatos)을 추가한 것이다. 그러나 성적 추동의 중요성에 대한 신념은 일생동안 변함이 없었다. 그의 이론은 제자인 아들러(Alfred Adler)와 융(Carl Gustav Jung)의 결별에 의해 도전과 수정을 겪는다. 아들러는 프로이드의 성적 충동과 무의식 대신에 사회적 충동과 의식과정을 인간행동의 원인이라고 보았으며, 융은 리비도를 성적 에너지뿐만 아니라 쾌락과 창조성을 추구하는 삶의 에너지로 보았다. 프로이드의 사후에는 신 프로이드 학파, 자아심리학파, 대상관계이론 등이 등장하여 정신분석학의 지평을 넓혔다. 이들은 프로이드의 정통 정신분석학과는 중요한 점에서 차이가 있지만, 넓은 의미의 정신분석학의 전통을 계승하고 발전시킨 이론들에 속한다.

2. 아들러의 열등감

아들러는 오스트리아의 빈에서 태어나 빈 대학을 졸업하고 안과를 개업했으나 다시 정신의학을 공부하고 정신과 의사가 되어 프로이드 그룹에서 활동했으나 결별하고 개인심리학회를 창설하였다. 아들러는 프로이드가 성적인 충동과 무의식 과정을 강조한데 반대하고 사회적 충동과 의식적 과정을 강조하였다. 인간은 무의식적 동기나 환경에 이끌려가는 존재가 아니라 열등감을 극복하고 운명을 개척하는 능력을 가진 창조적 존재이며 의식적으로 행동하는 사회적 존재라는 것이다.

아들러는 초기에 사람들이 어떻게 신체기관 열등성(organ inferiority)을 보상하려는 노력을 하는지에 관심을 집중했다.[11] 희랍의 데모스테네스 처럼 말을 더듬는 사람이 어떻게 위대한 웅변가가 되고 체코의 자토벡처럼 신체가 허약한 사람이 운동을 해서 어떻게 뛰어난 달리기 선수로 성공하는 가 등이 열등감에 대한 보상의 사례라고 생각했다.

아들러는 처음에 신체기관의 취약성에 관심을 가졌으나 점차 심리적인 열등감과 이 열등감을 감추거나 감소하려는 보상노력에 관심을 두기 시작했다. 그에 따르면 열등감에 대처하는 개인의 독특한 방식은 그 사람의 삶의 양식으로서 성격기능의 특징적인 부분을 구성한다는 것이다.

아들러는 인간의 핵심동기로 처음에는 권력에의 의지를 제안했으나 후에 우월을 향한 노력으로 생각을 바꾼다. 우월을 향한 노력은 유아기의 무력감과 열등감을 보상하려는 욕구에서 비롯되며, 신경증적 형태로 나타날 때는 권력에 대한 욕구와 타인에 대한 통제로 표현되지만, 건강한 형태로 나타날 때에는 조화와 완벽을 추구하는 상향욕구의 성격을 지닌다는 것이다.[12] 사회적 감정과 협력, 그리고 경쟁 및 자기주장 등은 우월을 향한 노력의 표현이다. 또한 인간은 사회적 관심을 가지고 태어났으며, 출생순서가 성격발달에 영향을 미친다는 주장을 폈다. 가정에서 태어나는 순서에 따라 아이들의 성격이 달라진다는 것이다. 즉, 맏이는 부모와 형제에 대한 책임감, 성취동기가 강하고 협조적인 성격을 가지지만, 보수적이고 권위적이다, 과도한 책임감으로 스트레스가 클 경우 소심하고 불안정적인 성격을 가질 수 있다. 둘째는 형에 반대되는 성격을 가질 수 있으며 형에 이기기 위해 야심적이고 적응력이 뛰어나다. 막내는 부모와 형들의 보호를 받는다는 현실을 인식하고 의존적, 이기적이고 고집이 세다. 책임감 또한 결여된다.

여기에서 우리가 주목할 바는 인간이 자신의 열등감을 극복하기 위하여 우월을 향한 노력을 하였으나 좌절되고 계속 유아기의 무력감이나 열등감에 사로잡힐 때, 신경증적 병리현상이나 자살, 또는 기타 범죄행위로 빠질 가능성이 높다는 사실이다. 친구보다 못 생기고 못살고 똑똑하지 못한 사람이 그 열등감으로 인해 사회 환경적인 요인과 결합하여 증오와 분노심을 불러일으키고 강력범을 범하는 경우는 우리 주변에서 흔히 발견된다.

11) 민경환, 앞의 책, p.99.
12) 위의 책, p.100.

3. 융의 집단무의식과 범죄

(1) 융의 성격구조

융(Carl Gustav Jung)은 스위스의 정신과 의사로서 프로이드가 한때 후계자로 생각할 만큼 기대를 받았던 제자였다. 그러나 융은 프로이드가 성과 인간의 병리적 측면을 지나치게 강조한다고 비판하면서 리비도는 성 뿐 만 아니라 쾌락과 창조성에 대한 추구를 포함하는 보편적인 삶의 에너지라고 주장하고 인간에게는 수동적이며 병리적 측면뿐만 아니라 창조적이고 긍정적인 측면도 존재한다는 사실을 강조하였다.

융은 인간의 성격이 자아와 개인무의식, 그리고 집단무의식의 세 가지 요소로 구성되어 있다고 보았다. 이 중 자아와 개인무의식은 프로이드 이론과 크게 다르지 않다. 그러나 집단무의식은 전혀 새로운 개념이며, 융의 성격구조에서 핵심적인 위치를 차지한다. 집단무의식은 태어날 때 이미 갖고 나오는 무의식으로 누구에게나 보편적으로 존재한다. 프로이드가 무의식을 원시적 충동과 갈등의 저장소로 간주한데 반해 융은 집단 무의식을 조상들의 공동경험과 지혜가 축적된 집적체이며 인간 잠재력의 보고로 높이 평가한다.

인간의 뱀과 어두움에 대한 공포는 아득한 조상들이 무수한 세대에 걸쳐 경험했기 때문에 이 공포들이 뇌 속에 자리 잡아 유전적으로 전달되고 있는 것이다. 집단 무의식은 개인의 행동을 결정하는 하나의 원형으로서의 역할을 한다. 선천적으로 개인에게 주어진 집단무의식은 개인의 지각과 행동을 취사선택하는 위치에 있다. 개인이 어떤 것들에 대해 쉽게 지각하고, 쉽게 반응하는 것은 집단무의식 속에 그 소질이 있기 때문이다.[13)]

집단무의식의 내용들은 몇 개의 원형(archtype)들로 구성된다. 각 원형은 인간의 지각과 행동을 결정하는 원초적 모델을 의미한다.[14)] 원형은 사람들이 세계를 특정 양식으로 지각하고 경험하고 반응하도록 이끄는 보편적 · 집단적 · 선험적인 아이디어나 기억들이다. 엄마라는 원형의 예를 들면, 유아는 엄마를 지각할 때 실제 엄마의 특징과

13) 조철옥, 앞의 책, 118-119면.
14) 설영환, 융, 심리학 해설, 선영사, 2001, p.90.

더불어 양육과 생산, 의존과 같은 원형적인 엄마의 속성들에 대한 무의식적 관념들을 혼합하여 경험하게 된다고 한다. 융의 이론에서 중요한 원형들은 페르조나, 그림자, 아니마와 아니무스, 자아 등이 있다. 페르조나, 그림자, 아니마와 아니무스는 범죄와 관련된 인간성격 원형이다.

(2) 집단무의식 원형과 범죄

1) 페르조나(persona)

페르조나는 가면을 뜻하는 라틴어로서 우리가 다른 사람과의 관계에서 내보이는 공적인 얼굴이다.[15] 페르조나는 사회적 요구에 반응하여 수행하는 다양한 역할들을 반영하며, 다른 사람들에게 좋은 인상을 심어주거나 자신을 감추는데 사용된다. 페르조나는 인간 무의식의 외적 행동특성이다. 그러므로 페르조나는 개인이 자기보존과 사회적인 성공을 위해 자신의 내면과는 다른 위선이나 연출에 의한 가식적 행동을 하는 것으로 나타나기도 한다. 인간은 사회적인 부와 권력을 잡기 위해 무수하게 자신을 속이고 따라서 타인도 속인다.

출처 : 페르조나 시리즈 : 고연희 gallery

페르조나는 생존의 지혜이다. 기분 나쁜 동료나 상사와 어울려서 살아남기 위해서는 우호적인 것처럼 웃음 짓고 함께 어울린다. 남보다 앞서기 위해 뒤에서는 온갖 음해와 권모술수를 부리면서 앞에서는 상대방을 치켜세우고 간교한 웃음까지 짓는 것이 바로 페르조나의 특징이다.

융은 페르조나가 일상생활에서 타인들과 어울려 살아가는데 필수적이기는 하지만, 너무 가치를 두면 자기의 본성을 상실하고 수치심이나 자책감으로 신경증적 증상을 보일 수도 있다고 지적한다. 사회적으로 크게 성공했다는 사람도 어느 날 자신의 위선과 속임수, 그리고 본성에서 이탈한 행동에 대한 자책감으로 인생이 허무하고 무의미하다는 사실을 깨닫게 된다. 과도한 이중인격적인 행동으로 타인에게 피해가 발생할 경우, 폭력적인 범죄의 대상이 될 수 있다.

---

15) 앞의 책, p.96.

2) 그림자(shadow)

그림자는 프로이드의 이드에 해당하고, 인간의 기본적인 동물적 본성을 많이 포함하고 있는 원형이다. 그것은 인간진화의 역사 속에서 가장 오랜 뿌리를 두고 있으므로 모든 원형 중에서도 아마 가장 강하고 잠재적으로 매우 위험한 속성이다. 그것은 끈질기고 억압에 의해 쉽게 굴복하는 성질의 것이 아니다.[16] 그러므로 인간은 공동사회의 일원이 되기 위해 그림자를 길들이려 하지만 쉬운 일이 아니다.

그림자는 우리 마음의 어둡고, 사악하고, 동물적인 측면을 반영한다. 그것은 사회적으로 용납될 수 없는 성적 충동과 공격적 충동, 그리고 비도덕적인 사고와 열정 등을 포함한다.[17] 그림자는 특히 남성의 경우에 다른 남성에게 잔인하게 공격하고 고통을 주는 근원이며, 여성들 사이에도 마찬가지다. 꿈속의 악령과 귀신, 그리고 원시 미술과 신화에서 그림자의 증거를 발견할 수 있다. 인간이 꿈속에서 악령을 만나는 것을 두려워하고, 귀신을 무서워하는 것은 인간 자신의 마음속에 존재하는 사악하고 잔인한 성격에 대한 불안과 죄책감이 무의식 속에 자리 잡고 있는 그림자와 같기 때문이다.

그림자는 인간의 긍정적인 측면과 부정적인 요소 모두를 포함하고 있다. 긍정적인 측면은 인간의 생명력, 창조력, 자발성, 활기, 힘 등을 말하고 부정적인 측면은 동물적이고 파괴적인 본능을 말한다. 따라서 적절히 통제되고 방향 지어지면 활기 있고 창조적인 삶에 공헌할 수 있지만, 그렇지 못할 경우 잔인한 폭력범죄자가 될 수 있다. 특히 그림자는 인간의 위기상황에서 힘을 발휘한다. 인간이 생존을 위한 결단과 반응이 필요한 급박한 상황에서 합리적인 대응책을 찾는 자아보다는 동물적인 본능에 의한 그림자에 의존한다.[18]

그림자가 자아와 조화를 이루어 개별화되어 있으면 개인의 삶은 생기와 활력이 넘치고, 위협과 위험에 효과적으로 대응할 수 있다. 그림자가 사회에 의해 강력하게 억압되거나 그 배출구가 적당치 않거나 하면 종종 비참한 결과를 초래한다. 그것은 전쟁으로 대량살상이나 학살, 또는 연쇄살인이나 집단살인을 초래한다. 제1차 세계대전이 끝난 1918년에 융은 우리 속에 살고 있는 동물은 억압되면 더욱 포악하게 될 뿐이라고 말했는데 여기서 말하는 동물은 바로 인간의 집단 무의식 속에 존재하는 그림자

16) 앞의 책, pp.102-103.
17) 민경환, 앞의 책, p.103.
18) 설영환, 앞의 책, p.104.

를 말한다.[19]

(3) 아니마(anima)와 아니무스(animus)

페르조나는 인간정신의 외적 인격 특성이고, 정신의 내적 인격 특성은 남성의 경우에 아니마, 여성의 경우에 아니무스라는 원형이 존재한다. 아니마와 아니무스는 인간에 내재하고 있는 양성적인 속성을 반영하는 원형들이다.[20] 현실에서 받아들여지는 생물학적인 성과 일치하는 인격 특징은 의식화하고, 그와 반대되는 성향은 무의식으로 내면화된다. 모든 사람은 남성과 여성의 구별 없이 남성 호르몬과 여성 호르몬을 분비한다는 생물학적 측면에서 보더라도 양성의 성질을 가지고 있다.

남성의 내면에 있는 무의식적인 여성적 성향이 인격화된 것이 아니마이고, 여성의 내면에 있는 무의식적인 남성적 성향이 인격화된 것이 아니무스이다. 남성은 여러 세대에 걸쳐 여성에게 노출됨으로써 아니마의 태고유형을 발달시키고, 여성은 남성에게 노출됨으로써 아니무스의 태고유형을 형성하게 된 것이다.[21] 아니마는 남성의 여성적이고 수동적인 측면을 지칭하고, 아니무스는 여성의 남성적이고 적극적인 측면을 말한다. 아니마는 남성의 감성과 섬세함의 기능을 하고, 아니무스는 여성의 논리와 합리성을 강화하는 기능을 한다. 남성도 여성적인 섬세함이나 감성적인 측면을 가지고 있고, 여성 역시 남성과 같은 공격적이거나 폭력적인 측면을 소유하고 있다.

융은 자신의 내면에 존재하는 양성성을 인정하고 표현에서 적절한 균형을 추구하는 것이 자기실현을 향한 삶에 중요하다고 주장했다. 아니마와 아니무스가 위축되거나 저 발달될 경우에 문제가 발생한다. 일반적으로 모든 사회는 남자의 여성다움과 여성의 남성다움을 경멸한다. 따라서 어린 시절부터 남자는 문화적으로 규정된 남성적인 역할에 적응하고 여자아이는 여성적인 역할에 적응하도록 길들여진다. 페르조나가 인간행동의 우위를 차지하고, 아니마와 아니무스는 질식된다. 아니마와 아니무스가 무시되고 인간의 무의식속에서 미숙상태로 존재한다. 결과적으로 남성은 변덕, 짜증, 공허함, 통속성, 상처받은 느낌을 갖게 되고, 여성은 융통성 없는 고집과 따지는 버릇, 파괴적이고 극단적인 언사를 하는 버릇을 가지게 된다.[22] 심할 경우 성격의 성장과

19) 앞의 책, p.103.
20) 민경환, 앞의 책, p.103.
21) 설영환, 앞의 책, p.99.
22) 이부영, 아니마와 아니무스, 한길사, 2001, pp.63-75.

기능에서 한쪽에 치우치는 성격장애를 초래하고, 그로 인한 일탈행동이나 범죄행동이 야기될 수 있다. 부모가 서로간의 아니마와 아니무스가 무시될 경우, 가정폭력이라는 범죄행동과 이로 인한 형사처벌, 이혼이나 자살 같은 가정파괴, 우울증이나 마약류 같은 물질남용, 가정폭력 속에서 성장한 아이들의 일탈행위, 황혼이혼 등의 원인이 된다.

Section 3 정신장애와 범죄

1. 들어가며

범죄를 설명하는 구체적 기제가 무엇이든 정신분석학적 이론은 범죄의 이면에 있는 본질적 원인으로서 비합리적이고 무의식적인 동기를 중요시한다. 정신분석학 이론은 모든 범죄행위의 원인을 대개 정신병, 정서장애, 정신장애의 표출이나 증후에서 찾는다. 범죄자들은 다양한 정서장애와 행동장애 상태에 처해 있으며, 대체로 그러한 장애들은 반사회적 성격장애, 강박적 성격장애, 연극성 성격장애, 자기애적 성격장애 등으로서 정신병적 증상을 가진 것으로 특징지어진다.[23] 다시 말해, 정신장애는 이상심리학에서 말하는 정신병 상태를 말한다.

그들은 감정 표현을 정확하게 할 수 없는 행동장애나 정서장애 상태에 처해 있을 수도 있다. 그러므로 범죄자들의 법 위반뿐만 아니라 마약이나 알코올 남용과 같은 다양한 유형의 일탈행위는 억압된 죄의식, 절망이나 무력감, 억압된 공격성, 해결되지 않는 무의식과 정서적 고통을 처리하려는 역기능적 시도로 해석되기도 한다.

범죄행위는 정신장애로 고통받는 사람들에게 정신적으로 긍정적인 효과를 가져옴으로써 생존 가능하게 한다. 범죄자들은 범죄행동을 함으로써 정신적 장애로부터 자

23) Siegel, op.cit.,

유와 해방감을 느끼기 때문에 범죄를 범하게 된다는 것이다. 정신장애에 의한 범죄행위는 대부분 정신질환을 가지고 있는 장애자에 의해 저질러진다.

2. 정신장애와 범죄

(1) 개념

정신장애는 여러 가지 이유로 인간이 정상적인 사회생활을 할 수 없는 경우를 지칭한다. 정신장애는 우선 자아의 인격구조가 기본적으로 손상되고 주변의 현실상황에 대한 판단과 상호작용이 정상적으로 행해질 수가 없어서 환상, 환각, 망상, 의식혼탁 등을 경험하게 되며, 유해한 행동을 행하기 쉬운 건강상태를 말한다. 잉글랜드와 웨일즈의 정신보건법령(Mental Health Act 1983)은 비정상적인 공격적 행동이나 매우 무책임한 행동을 초래하는 지속적인 정신장애 또는 정신무능력을 정신병으로 규정하고 있다.[24)]

정신병에 걸린 사람은 현실과 환상을 구별하지 못하고 현실과의 접촉을 상실하는 것인데 이러한 현실에 대한 왜곡과 오해를 환각 또는 망상이라고 한다. 또한 정신병자는 타인의 행위와 의도를 잘못 해석할 수도 있는데 이렇게 지지받지 못하는 신념, 요구, 불평을 망상이라고 한다.

정신병의 특징은 상호공감하는 공존관계를 발전시키지 못하고, 불안정한 생활 스타일과 반사회적 행동에 대한 책임을 느끼지 못하고, 행동에 대한 통제력이 미약하고, 정신적인 문제에 대한 인식이 전혀 없다는 것이다.[25)] 미국 정신의학협회는 충실성의 부족, 이기주의, 무책임, 충동성, 죄의식 부재, 경험을 통한 학습 불가능 등을 정신병의 특징으로 제시했다. 또한 정신과 의사들은 충동에 대한 통제결핍, 죄의식 부재, 공격성 등을 정신병의 징후로 보았다.

정신병은 기질적 정신병(organic psychoses)과 기능적 정신병으로 나누어진다. 전자는 뇌의 장애나 신경계통의 이상. 또는 심각한 후유증을 초래하는 사고나 알츠하이머에 의한 뇌의 심각한 이상에 의해서 나타나는 것으로서 정신장애로 보기는 어렵다. 기능적 정신병은 뇌의 장애와는 관계없이 심리적 요인에 의해서 정신적 장애를 갖는

24) 김형만, 이동원 공역, *범죄학 개론*, 청목출판사, 2001, p.133.
25) Ibid.,

정신병 형태를 말하지만, 유전적 요인이나 심각한 생화학적 장애의 결과로서 나타나는 정신병을 의미하기도 한다. 기능적 정신병은 범죄학자들에게 가장 관심을 받는 분야로서 정신분열증이나 조울증 등이 포함된다.

(2) DSM-Ⅳ의 정의

정신장애에 대한 진단적·통계적 지침서인 DSM(Diagnostic and Statistical Manual of Mental Disorders)은 미국 정신의학협회에서 임명한 위원회가 편집한 특별한 정신장애를 정의하고 진단하는 미국 임상의학자들의 지침서이다. 사실 DSM은 미국의 모든 정신보건 전문의들이 정신장애자들을 진단하고 치료할 때 제3자의 비용지불을 정당화하는데 사용된다. DSM은 정신장애를 기괴한, 극적인, 유해한, 다소 이상한 행동 등을 포함하는 개념으로 규정하고 있다.

DSM에 기초한 진단내용은 재판 감내능력, 범법행위 당시 정신상태, 양형, 그리고 범죄 피해자와 민사소송 원고가 겪는 피해의 평가를 포함하여 광범한 법의학적 자료들이 법정에 제공된다. DSM은 정신의학자들과 정신보건 전문의들의 시대흐름에 따른 견해를 반영하기 위해서 주기적으로 재평가되고 개정되고 있다.

DSM의 제4판인 DSM-Ⅳ에 의하면, 정신장애는 개인에게 일어나는, 그리고 현재의 고통이나 무능력과 결합된, 또는 죽음, 고통, 무능력, 또는 중요한 자유의 상실을 당하는 것과 같은 유의하게 증가된 위험과 결합된 임상의학적으로 유의한 행동적 또는 심리적 징후나 유형으로 개념정의하고 있다. 이러한 징후나 유형은 사랑하는 사람의 죽음과 같은 특별한 사건에 대한 기대가능하고 문화적으로 시인된 반응과는 다르다. 그 근본적 원인이 무엇이든, 그것은 개인의 행동적, 심리적, 또는 생물학적 장애의 징후에 해당된다.[26)]

웨이크필드(Wakefield)는 정신장애에 대한 DSM-Ⅳ 정의와 관련된 두 가지 원칙을 제시한다. ① 정신조건은 개인에게 부정적인 결과를 초래하고 있다. 즉, 개인은 어떤 고통, 고뇌, 불안, 또는 무능력을 겪고 있다. ② 정신장애는 개인의 어떤 내부과정의 장애라는 가정에 근거하고 있다.[27)]

DSM에 규정하고 있는 정신장애는 ① 정신분열증, ② 망상장애, ③ 심각한 우울증,

26) Bartol & Bartol, op.cit., p.230.
27) J.C. Wakefield, Disorder as harmful dysfunction:A conceptual critique of DSM-Ⅲ-R's definition of mental disorder, Psychological Review, 99, 1992, 232-247.

④ 반사회적 성격장애 등 네 가지 범주로 구분된다. 정신분열증과 망상장애는 과거에 정신병 범주로 분류된 장애에 해당하고, 우울증은 양극성 장애, 즉, 조울증과 같은 심각한 상태인 경우에 정신병의 범주에 포함된다. 반사회적 성격장애는 일반적으로 성격장애라고 부르고 대체로 폭력적 행동, 심각한 범죄행동이나 반사회적 행동과 밀접한 관련이 있다.[28]

DSM은 이러한 장애상태에 있는 사람들이 범죄성향을 가지고 있는 것은 아니며, 개인이 이러한 장애를 가지고 있는 것으로 진단받았을지라도, 범죄행동을 했을 경우에 책임을 질 수 있다고 규정하고 있다. 물론 반사회적 성격장애는 범죄행동의 책임에 대한 정신이상 항변을 지원하는데 흔히 사용되기도 한다.

(3) 정신장애의 종류

1) 정신분열증(schizophrenia)

① 개념

정신분열증은 단일의 질병이 아니라 일련의 장애가 결합된 증상으로 알려져 있다. 기본적으로 정신분열증은 인간의 성격이 여러 개의 찢어진 조각으로 존재하고, 궁극적으로 현실과는 완전히 단절된 상태에 빠진다. 그 원인은 정확하게 규명되기 어렵지만, 유전적, 또는 생화학적 요인들과 관계가 있을지라도, 개인의 환경과도 깊은 관계가 있다는 사실을 부인할 수 없다.[29]

정신분열증은 망상, 환각, 혼란스러운 사고와 언어를 비롯한 그 자체가 흔히 아주 기괴한 행동을 보여주기 때문에 사람들은 대부분 미친 행동이라고 하는 정신장애이다. 따라서 극히 복잡하고 이해하기 어려운 지속적인 행동과 결합된 정신장애가 바로 정신분열증이다. 정신분열증은 현실에서 괴리되어 매우 비현실적인 지각과 생각을 하게 되고 혼란스러운 심리상태에 빠져들게 한다. 따라서 초기에 적절하고 집중적인 치료를 받지 못하여 만성화되면 한 인간을 황폐화 시켜 사회에 적응하기 어려운 폐인으

28) Bartol & Bartol, op.cit., p.230.
29) Williams, op.cit., p.218.

로 만드는 무서운 정신장애이다.

정신분열증의 원인은 유전적 요인, 뇌의 신경전달물질인 도파민의 과다생성을 촉진하는 마약류 등의 약물복용, 부모의 비정상적인 양육 방식, 개인의 정신적 취약성 등이 거론되지만, 결정적인 원인으로 제시된 것은 없다.

② 특징

정신분열증의 증상은 다양하지만, 어떤 공통적인 특징이 있다.

정신분열증의 가장 대표적인 증상은 망상이다. 망상은 자신과 세상에 대한 잘못된 강한 믿음이다. 외부세계에 대한 잘못된 추론에 근거한 그릇된 신념으로서 분명한 반증에도 불구하고 견고하게 지속되는 신념을 망상이라고 한다. 망상은 정상적인 사람들과는 다른 사고의 세계 속에서 세상과는 격리되고 비현실적인 공상에 빠지게 한다. 따라서 자신을 악마의 대리인, 복수의 화신, 또는 동물과 식물로부터 메시지를 받은 사람으로 생각하는 현상이 나타난다.[30] 또는 다른 천체에서 온 외계인이 당신의 휴대폰을 듣고 있고 결국 당신에 대한 음모를 꾸미고 있다는 기괴한 망상에 빠지는 사람도 있다. 1976년부터 1977년 사이에 잔인한 연쇄살인을 한 베르코비츠(David Berkowitz)는 그가 이웃집의 개로부터 메시지를 받고 살인행동을 시작했다는 주장 역시 기괴한 망상의 사례이다.[31]

또한 정신분열증은 논리적인 사고가 불가능한 것과 같은 사고의 장애를 일으켜 사고는 논리적인 연결을 상실하고 토막 토막 단절되는 연상의 이완현상을 일으킨다. 또한 정동장애라고도 하는 감정의 둔화와 부적절성으로 인한 감정이나 정서의 조절 장애에 상태에 빠져 주변에 대한 감정표현이 사라지거나 오히려 반대되는 감정을 표출한다. 정신분열증은 음성증상, 즉, 정상인들의 적응적 기능이 결여된 상태를 말하는 정서적 둔마, 언어의 빈곤, 의욕의 저하, 사회적 관계나 교제로부터 일반적인 도피증상을 보이기도 한다. 양성증상은 정상인들에게는 나타나지 않지만, 정신분열증 환자에게서만 나타나는 망상, 환각, 언어의 와해 등의 증상을 말한다.

DSM-Ⅳ는 다음과 같은 정신분열증의 A, B, C, D, E, F 등 다섯 가지 진단기준을 제시하고 있다. 1) A는 특징적인 증상들로서 다음 중 적어도 두 개 이상의 증상이 1개월(성공적으로 치료받는 경우에는 그 이하) 중 상당기간 동안 존재한다고 규정하고 있

30) Siegel, op.cit, P.155.
31) Ibid., pp.155-156.

다. 즉, 그 증상은 ① 망상증, ② 환각증, ③ 와해된 언어, ④ 심하게 와해된 행동이나 긴장증적 행동, ⑤ 음성증상, 즉, 정서적 둔마, 무언어증 또는 무욕증 등이다. 2) B는 사회적, 직업적 기능장애로서 발병이후 상당기간 동안 직업, 대인관계 또는 자기관리 등의 주요한 생활영역의 기능수준이 발병이전과 비교하여 현저하게 감소된다. 3) C는 정신분열증의 장애가 적어도 6개월 이상 지속되어야 한다. 6개월의 기간은 진단기준 A를 충족시키는 증상이 존재하는 1개월(활성기)의 기간을 포함하고 있어야 하며 전구기와 잔류기를 포함할 수 있다. 전구기나 잔류기에는 음성증상만 있거나 진단기준 A에 속하는 증상 가운데 2개 이상의 증상이 약화된 형태(괴상한 믿음, 이상한 지각적 경험)로 나타난다. 4) D는 분열성 정동장애와 기분장애의 배제, 즉 주요 우울증, 조증, 혼재성 기분장애 상태가 활성기에 함께 나타나지 않거나 활성기 동안 기분장애 상태가 나타난다 하더라도 활성기와 잔류기의 지속기간에 비해 그 기간이 상대적으로 짧은 경우여야 한다. 5) E는 물질 및 일반적인 의학적 상태의 배제, 즉 장해가 물질이나 일반적인 의학적 상태의 직접적인 생리적 효과에 의한 것이 아니다. 6) F는 전반적 발달장애와의 관계, 즉 자폐증이나 다른 전반적 발달장애의 과거력이 있는 경우, 현저한 망상이나 환각이 적어도 1개월 이상 존재할 때만 추가적으로 정신분열증으로 진단한다.[32]

③ 정신분열증과 범죄의 관계

정신분열증은 인간행동에 현저한 영향을 미칠 수 있는 심각한 정신병이지만, 일반적으로 범죄와 밀접한 관련성 여부에 대해서는 견해가 갈린다.[33] 즉, 정신분열증과 범죄의 연관성에 대해 현재까지 상관성이 거의 없다는 견해가 있는 반면, 돌발적인 공격성이 강하게 나타난다는 견해가 있기도 하다.

정신분열증과 범죄의 관련성에 대한 연구에 의하면, 범죄의 유형별로는 살인과 상해, 방화의 비율이 다른 정신병에 비해 높고, 또한 일반적으로 재산범은 적다고 하지만 감정과 의지가 마비된 결함상태에 처해 있는 경우는 경미한 재산범죄를 저지르기도 한다.[34] 링크비스트와 올레벡(Lindqvist & Allebeck)은 1971년도에 스웨덴의 한 병원에서 퇴원한 644명의 정신분열증 환자들을 대상으로 1972년부터 1986년에 걸친 종단연구 결과, 330명의 남자 중에 45명이 범죄를 범한 것으로 나타났는데 이는 일반 시민들의 범죄율과 비슷한 수준이었다. 한편, 314명의 여자환자 중에서 9명이 범죄를

32) 권석만, 앞의 책, 273면.
33) Williams, op.cit., p.218. Bartol & Bartol, op.cit., p.260.
34) 이만종, 앞의 책, p.222.

범함으로써 일반여성들 범죄의 두 배에 해당하는 수치였다.

정신분열증과 범죄의 관계에 대한 상당한 초기 연구는 심각한 폭력범죄를 범한 많은 범죄자들이 어떤 종류의 정신장애를 겪고 있다는 사실을 발견했다.[35)] 정신분열증 환자가 어린 아이나 여성을 공격하거나 존속살인을 하는 사건이 종종 발생하는데 이는 자신에 대한 상대방의 위협을 사전에 차단한다고 생각한 결과이다. 특히 존속살인은 자신과 생활을 같이하는 가운데 극단적인 자극으로 인하여 발작적인 공격을 한 결과이다.

살인 피의자들에 관한 연구들은 피의자들의 75%가 정신분열증을 포함한 어떤 정신질병을 가지고 있는 것으로 분류했다.[36)] 특히 망상(delusion)과 환각(hallucination)속에서 발생한 살인과 같은 강력범죄는 정신분열증이 원인이라는 것이다. 아주 드물기는 하지만, 정신분열증에 의해 야기되는 폭력범죄 중에서 수족절단이나 천천히 사람을 죽이는 것과 같은 잔인한 수법의 범죄행위도 발생한다. 대체로 성적인 훼손행위까지 포함하는 이러한 사건은 일반시민들을 경악시키는 기사거리가 되어 정신분열증 환자들을 잔인한 범죄자로 인식시키는 현상을 초래한다. 이러한 잔인한 수법의 강력범죄는 빈번하지는 않지만, 여타의 정신장애 집단이나 일반시민에 비해서 정신분열증 환자들이 범인이라는 사실을 주목할 필요가 있다.

더 최근의 연구에 의하면, 적어도 한 번 이상의 폭력사건 전력이 있는 남성 정신장애자들은 병원으로부터 퇴원한지 1년 이내에 폭력행위를 할 가능성이 아주 높다는 것이다. 특히 정신분열증을 가진 개인들이 폭력범죄, 심지어 살인범죄를 범할 높은 위험성을 지닌 정신장애자로 분류되고 있다.[37)] 더욱이 정신분열증을 가진 범죄자들이 살인범죄를 범할 때 환각과 망상상태에서 흔히 친척들을 살해한다는 사실은 범죄와의 관계에서 유의해야할 대목이다.[38)]

여성 정신분열증환자들의 범죄율이 유의한 수준으로 보이지만, 그 숫자가 너무 적어 결론을 내리기가 어렵다. 여성 정신분열증 환자가 범한 범죄는 비폭력 범죄로서 대부분 재산범죄였지만, 폭력범죄의 비율은 일반시민 집단의 네 배에 해당할 정도로

35) Siegel, op.cit., p.161.

36) Richard Rosner, "Adolescent accused of murder and manslaughter:A five year descriptive study", Bulletin of the American Academy of Psychiatry and Law 7, 1979, pp.342-351.

37) K. Naudts & S. Hodgins, Neurobiological correlates of violent behavior among persons with schizophrenia, Schizophrenia Bulletin, 2005, 1-11.

38) H. Hắkkǎnen & T. Laajasalo, Homicide crime scene behaviors in Finnish sample of mentally ill offenders, Homicide Studies, 10, 2006, 33-54.

더 높았다. 그러나 폭력범죄는 대부분 단순폭행에 해당하는 경미한 범죄였으며, 살인 범죄 같은 강력범죄는 없었다는 점에서 그 비율의 높낮이는 큰 의미가 없다.[39]

2) 망상증(paranoia)과 범죄

① 개념과 특징

망상장애는 적어도 한 달 이상 지속되는 한 가지 이상의 기괴하지 않은 망상현상(nonbizarre delusions)이 존재하는 것을 말한다.[40] 망상은 자신과 세상에 대한 잘못된 강한 믿음으로서 분명한 반증에도 불구하고 강하게 지속되는 허황된 생각이나 신념을 말한다. 망상의 주제는 다양하여 그 내용에 따라 피해망상, 과대망상, 관계망상, 애정망상, 질투망상, 신체망상. 혼합망상 등으로 구분된다.

피해망상(persecutory delusion)은 흔히 정보기관, 권력기관, 단체 또는 특정한 기관이 자신을 감시하거나 미행하여 피해를 주고 있다는 믿음을 말하고, 과대망상은 자신이 재림예수나 천재 같은 매우 중요한 능력과 임무를 지닌 특별한 인물이라는 믿음이다. 관계망상은 일상적인 일들이 자신과 관련되어 있다는 믿음으로서 TV나 라디오의 뉴스, 중요한 인물이나 지나가는 사람의 언급이 자신과 관련되어 있다는 믿음으로서 다른 망상과 함께 나타나는 경우가 많다. 애정망상은 유명한 사람, 즉, 유명 연예인과 사랑하는 관계라는 망상이며, 질투망상은 배우자나 연인이 부정을 저질렀다는 망상으로서 의처증과 의부증이 대표적이다. 신체망상은 자신의 몸에 매우 심각한 질병이나 증상이 있다는 망상이며, 혼합망상은 망상의 내용이 불명확하거나 특정한 유형에 속하지 않는 불특정형 망상을 말한다.[41]

이러한 망상의 내용은 대부분 매우 엉뚱하거나 기괴하여 일반인이 이해하기 매우 어렵다. 망상 시스템이 정신분열증인가 아니면 망상현상인가 여부는 그 증상이 기괴한 행동이냐 아니면 비기괴한 행동이냐에 의해 결정된다. 망상이 기괴한지의 여부는 정신분열증과 망상장애를 구분하는 매우 중요한 기준이지만, 이것의 판단은 어렵고 문화권마다 다르다. 망상이 일반생활에 근거하지 않고 이해불가능하며 받아들이기 어려울 경우에, 즉, 낯선 사람이 아무런 상처나 흔적 없이 자신의 내장을 제거하고 다른 사람의 것으로 대체하였다고 믿는 다든지 이웃이 모기로 변장하고 자신의 창문 밖에

39) P. Linqvist and P. Allebeck, 'schizophrenia and crime:a longitudinal follow-up of 644 schizophrenics in Stockholm', British Journal of Psychiatry, vol.157, 1990, p.345.
40) Bartol & Bartol, op.cit., p.232.
41) 권석만, 앞의 책, pp.272-274.

서 염탐하고 있다고 믿는 경우 기괴하다고 간주된다. 반면에 누가 미행한다거나, 누가 자신의 개를 독살하려 한다거나, 중병에 감염되었다거나, 멀리서 타인이 자신을 사랑하다거나 또는 연인에게 기만당했다는 등 실제 상황에서 일어남직한 상황을 포함하는 경우는 기괴하지 않은 망상으로 간주된다.

망상 장애의 경우에 망상은 완전히 억지가 아니라 믿을만한 내용으로 구성되어 있다. 정신분열증이 아닌 망상증은 어떤 증거도 없는 허황된 생각이지만 발생가능한 일이라는 점에서 앞에서 언급된 기괴하지 않은 믿음에 해당된다. 망상증은 기괴한 행동을 하는 정신분열증 망상증과는 달리 정상적인 사람일지라도 허황된 생각을 하고 행동을 하는 것까지 포함하므로 엄격하게 말해서 정신병이라고 할 수는 없다. 그러나 다른 사람들과의 사회관계에 영향을 미칠 수 있을 정도로 사물에 대한 객관성이나 합리성을 결여하고 있으므로 정상적인 심리상태는 아니다.[42)]

DSM-Ⅳ는 망상장애의 진단기준으로 A : 기괴하지 않은 망상, B : 정신분열증의 진단기준 A가 한번도 충족된 적이 없음, C : 망상이나 망상에 이어지는 판단장애에 의해 영향받는 경우를 제외하고는 기능수준은 심하게 손상되지 않으며, 행동도 이상하거나 기괴하지 않음, D : 망상과 동반되는 기분삽화가 있을 경우에는 기분삽화의 기간이 전체 망상의 기간에 비해 상대적으로 짧아야 함, E : 장애가 물질 또는 일반적인 의학적 상태의 직접적인 생리적 효과로 인한 것이 아니어야 함 등을 제시하고 있다.[43)]

② 범죄와의 관계

망상증 중에서 범죄와 관련된 유형은 피해망상증이나 과대망상증이다. 피해망상증에 빠진 사람은 가끔 특정인이나 아니면 불특정 남자들이 자신을 공격할 것이라는 망상에 빠져 다른 사람들을 공격할 수도 있다. 때로는 자신이 몇 살 이전에 죽을 것이라는 과대망상에 빠져 죽기 전에 하고 싶은 것을 다해야한다면서 범죄나 비행을 당연시

42) 조철옥, 앞의 책, pp.140-141.
43) 최정윤・박경・서혜희, 이상심리학, 학지사, 2006, 297면.

할 수도 있다. 피해망상증에 의한 범죄는 가족이나 가까운 사람들 사이에서 흔히 발생한다는 것도 하나의 특징이다. 미국의 총기 살해범 웨스트(Eugene West)같은 정신분열적 피해망상증 환자들은 비행이나 학대를 포함하는 피해망상증으로 인한 복잡한 행동을 겪고 있었다.[44] 그들은 모든 사람들이 그들과는 다른 세상에 살고 있다고 생각한다.

2004년 한국에서 21명의 여성을 살해한 연쇄 살인범 유영철은 과대망상증 심리증상을 보였다고 한다. 그는 "지킬박사와 하이드는 다중인격으로 서로 존재를 모르지만 나는 내 일상적인 모습과 살인을 저지를 때의 모습을 모두 알고 있다"고 말하고, 간질, 색맹, 쌍둥이, 아버지와 형이 자살했다고 하는 등 근거 없는 주장으로 자신을 비극의 주인공으로 만들려는 경향이 심했으며, 스스로 계백장군에 비유하는 등 과대망상적 심리를 보였다는 것이다.[45] 물론 그의 연쇄살인은 주변인에 대한 배신감과 분노, 스스로의 열등감과 불우한 가정환경에 대한 반감 등으로 인한 잠재된 폭력성의 복합적인 표출이지만, 범행의 과정에서 과대망상증적 심리도 크게 작용한 것으로 분석할 수 있다.

피해망상증이나 과대망상증에 의한 범죄행위는 역사적인 사건들에서도 찾아볼 수 있다. 로마 황제 칼리쿨라는 자신을 신과 동일시하고, 신전을 세우고 기괴한 의식을 거행했다. 포악한 성격의 그는 연극배우들에게 후한 상을 내리는가 하면 말에게 집과 노예, 가구를 마련해 주기도 했다. 그는 과대망상증에 사로잡혀 있었던 것이다. 로마 최고의 폭군 네로는 자신의 어머니와 두 번째 부인을 죽이는 등 피해망상증에 사로잡힌 행동을 일삼았다. 동성애, 환락 편집증 환자라고도 하는 네로는 국가 재정을 파탄시키고 무수한 사람을 살해했으며, 로마 대화재를 일으킨 뒤 분노한 백성들에게 쫓겨나 한 별장에서 자살했다. 그는 마지막 순간에 "이렇게 한 예술가가 사라지는 가" 라고 중얼거릴 정도로 과대망상증 증세도 보였다.[46]

3) 조울증: 양극성장애

① 개념과 특징

양극성 기분장애라고 하는 조울증은 우울한 기분상태와 고양된 기분상태가 교차되어 나타나는 정신장애 상태를 말한다. 조증(manic depression)은 고양된 기분, 의욕의

---

44) Siegel, op.cit, p.161.
45) noanoa@yna.co.kr, 연합뉴스, 2005.6.10.
46) 조철옥, 앞의 책, p.143.

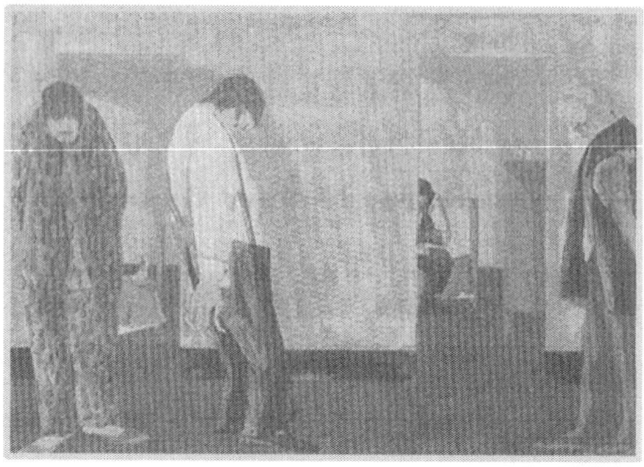

항진, 다동(多動), 다변(多辯), 넘치는 자신감, 자신에 대한 과대평가의 망상, 그리고 잠도 잘 자지 않고 활동적으로 일을 하지만 실제로는 이루어지는 일은 별로 없으며 결과적으로 현실적응에 실패한다. 한편, 울증(major depression)은 기분의 침체, 심한 죄의식, 무기력, 식욕상실, 에너지 상실, 그리고 개인과 외부세계에 대한 흥미상실 등이 특징이다. 울증의 경우에 화와 짜증, 긴장, 흥분, 불면, 그리고 때때로 자살 욕망 등을 동반한다. 그래서 가장 공통적인 이름이 우울증이다. 조증과 울증의 변화는 극한적으로 이루어지고 울증이 더 깊고 보통 더 장기간 지속된다.

DSM-Ⅳ는 양극성장애를 제1형 양극성장애와 제2형 양극성장애, 순환성장애로 구분하고 있다. 제1형 양극성 장애는 조증상태가 적어도 1주간 이상 분명하게 지속되고, 한 번 이상의 조증과 한 번 이상의 울증을 경험한다. 때로는 조증과 울증이 혼합되어 1주일 이상 나타나는 혼재성 기분상태도 포함한다. 제2형 양극성 장애는 조증이 상대적으로 미약한 경조증 상태를 보인다. 아울러 과거에 한 번 이상 주요 우울장애를 경험한 적이 있어야 하고, 혼재성 기분상태를 경험한 적이 없어야 한다. 순환성 장애는 경미한 우울증 상태와 경조증 상태가 2년 이상 장기적으로 순환되어 나타나는 경우를 말한다. 순환성 장애는 기분의 변동이 심한 만성적인 기분장애로서 경미한 형태의 조증증상과 우울증 증상이 자주 번갈아 나타난다.

조울증은 생물학적 입장에서는 유전적 요인, 즉, 도파민이나 세로토닌같은 신경전달물질의 부족과 과잉, 부신피질이나 갑상선과 같은 신경내분비적 요인의 기능 이상, 그리고 수면 생리적 요인들이 발생 요인으로 지적된다. 정신분석학적으로는 조울증의 조증과 울증은 동일한 갈등에 의해 지배되지만, 단지 그 갈등에 대한 환자의 태도가 다를 뿐 이다. 즉, 우울증은 갈등에 압도당하는 상태인 반면, 조증은 갈등을 부정하고 무관심한 태도를 보이는 상태이다.[47)]

---

47) 권석만, 현대 이상심리학, 학지사, 2007, pp.232-233.

② 범죄와의 관계

정신분열증과 마찬가지로 조울증과 범죄의 관계는 설명되기 어렵다. 우울증의 범죄 관련성은 점점 관심의 대상이 되기 시작했으며, 잠정적인 자료는 우울증이 특히 10대의 소녀의 경우에 일탈행동과 강력한 연관성이 있는 것으로 지적하고 있다.[48] 우리나라의 경우에도 우울증에 걸린 20대 여성의 존속 살해 사건이 여러 곳에서 발생된 것으로 기록되고 있다. 우울증에 걸린 십대의 경우에 남녀를 불문하고 그들 자신의 개인적 안전과 그 행동의 결과에 대해 무관심한 것이 특징이다.

또한 우울증 상태에 있는 사람들은 자기 주변에서 일어나고 있는 일과 생활에 대해서 흥미를 상실하고 자신을 사회생활과 학교 또는 직장과 고립시킨다. 특히 울증은 보통 자살을 동반하는 살인과 같은 특별한 범죄의 원인이 된다는 것이다. 울증상태의 환자들은 자신의 비참한 현실과 그것을 개선할 수 있는 아무것도 없다는 무기력증으로 인해 흔히 자살에 의존한다. 이러한 경우에 자신의 무기력으로 가족이 고통 받는 것을 피하기 위해 가족들을 먼저 살해하고 자살을 선택하기도 한다. 우울증 환자들은 집단살인, 직장폭력, 그리고 경찰이 사살할 수밖에 없는 상황을 도발하는 경찰에 의한 자살사건(suicide-by-cop) 등과 같은 사건을 유발한다.[49] 조증의 경우에 범죄 유형은 폭력적, 충동적 행동으로 특징지을 수 있으며, 때때로 방화와 같은 범죄를 범하기도 한다.[50]

4) 산후 우울증

임상의학자들은 출산후에 나타나는 것으로 생각되는 산후우울증을 정신장애상태로 분류하였다. 여성의 경우 출산 후 4주 이내에 우울증상이 나타날 수 있는데 이를 산후우울증이라 한다. 임상의학자들은 산후에 발생할 수 있는 정신적 반응을 산후 우울(postpartum blues), 산후 우울증(postpartum depression), 그리고 산후 정신병(postpartum psychosis) 등 세 가지로 분류했다.

산후 우울은 성급함, 근심, 혼란 그리고 변덕스러운 기분변화 등의 특징을 보인다. 이러한 산후 우울은 여성의 거의 50-80%가 산후 1일에서 5일 사이에 가볍게 경험하는

48) L. Teplin, Psychiatric disorders in youthful offenders, National Institute of Justice Journal, 2000, 30-32.
49) Bartol & Bartol, op.cit., p.233.
50) Williams, op.cit., pp.219-220.

것으로서 그렇게 비정상적인 증상이 아니다. 대체로 산후 몇 시간에서 며칠 동안 지속될 수 있으며, 명백하게 출산과 관련이 있다. 이러한 증상이 2주 이상 지속되면 이상증세로 보아야 하며, 산후 우울로 인해 산모가 신생아를 살해한 증거는 거의 없다.

산후 우울증(postpartum depression)은 산후 몇 주와 몇 달 동안 지속된다. 이 증상은 우울, 식욕상실, 수면장애, 피로, 자살욕구, 인생에 대한 의욕상실, 그리고 출산한 아이에 대한 무관심 등으로 나타난다. 산모는 아이를 얻은 후에 행복해야 할 때에 자신의 무관심에 대해 흔히 죄책감을 느낀다. 미국의 출산 여성들의 7%에서 17%가 산후 우울증을 경험한다. 그러나 산후우울증은 출산과 직접 관련이 있는 것이 아니라 출산 전에 나타나는 하나의 임상적 우울증의 형태에 더 가깝다. 이러한 형태의 우울증은 여성의 생활 경로상에 나타나는 기분장애인 것으로 보인다. 산후 우울증으로 산모가 아기를 살해한 사례가 있기는 하지만 출산후에 이러한 살해사건이 발생하는 일은 거의 없다.[51)]

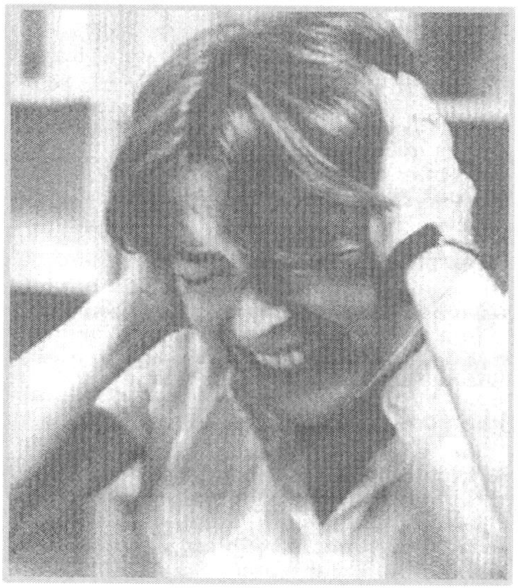

산후 정신병증(postpartum psychosis)은 말 그대로 산후에 나타나는 정신장애이다. 산후 정신병증은 1 천 명 중에 1명이 나타날 정도로 아주 드문 증상이다. 이 증상은 심각한 양극성 우울증에 아주 유사하고 출산과 직접 관련이 있는 것으로 알려져 있다. 때때로 이 증상은 산모가 자살 충동과 아울러 유아와 다른 아동에 대한 살해 욕구를 촉진할 정도로 심각한 상태이다. 이러한 주장은 2001년 6월 20일 텍사스의 예이츠(Andrea Yates)라는 여성이 자신의 6개월 된 유아에서부터 7살 짜리까지 5명을 욕조에서 살해한 사건에 대한 재판과정과 관련이 있다. 그녀는 자신의 머리카락 속에 악마가 숨어서 자신을 지배하고 있어서 그것을 제거할 유일한 방법이 자신의 아이들을 살해하는 방법이라고 주장했다. 자신이 악마를 대표하기 때문에 자신의 아이들이 지옥에서 고통을 받을 것이라고 주장하면서 지옥으로부터 아이들을 구원하기 위해 그들을 죽여서 천국에 갈 수 있도록 하는 것이 중요한 일이라고 생각하고, 악마가 요구하

51) 조철옥, 앞의 책, pp.144-145.

는 대로 아이들을 살해한 것이라고 항변했다. 이를 두고 전문가들은 그녀가 정신장애라고 증언했으나 범행 당시에 그녀가 범행 사실을 알고 있었는가의 여부가 그녀의 유죄 결정의 핵심이었다. 이 사건은 산후 우울증으로 고통 받고 있는 여성이 정신이상을 일으켜 자신의 아이들을 살해한 것인가 아니면 범죄사실을 인식하면서도 아이들을 살해한 것인가에 대한 국가차원의 논쟁을 불러일으켰다.[52)]

3. 반사회적 성격장애와 범죄

(1) 개념과 특징

반사회적 인격장애(Antisocial Personality Disorder:APD)라고도 하는 사회의 규범이나 법을 지키지 않으며, 무책임하고 폭력적인 행동을 반복적으로 나타내어 사회적 부적응을 초래하는 성격장애를 말한다. 반사회적 성격장애자들의 본질적인 특징은 지속적으로 타인의 권리를 침해하는 성향을 가지고 있다는 점이다. 따라서 절도, 사기, 살인, 강도, 강간 같은 범죄를 범하는 경우가 흔히 발견된다.

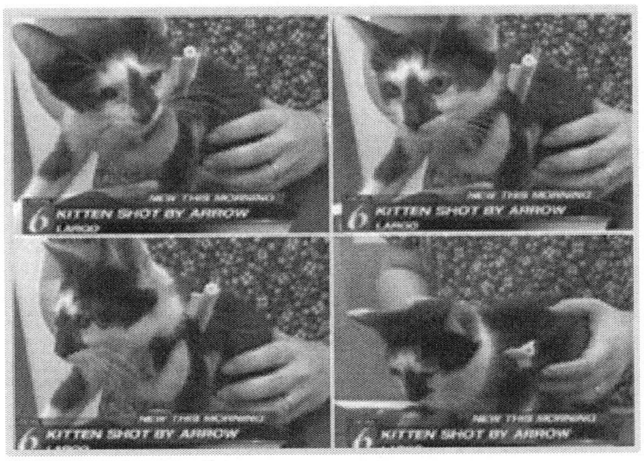

반사회적 성격장애자들은 적어도 18세 이상으로 15세 이전에 어떤 품행장애 징후의 역사를 가지고 있다. 따라서 흔히 아동기나 청소년기부터 폭력, 거짓말, 절도, 결석이나 가출 등의 문제행동을 한 역사를 가지고 있다.

APD 상태에 있는 자들은 적어도 다음과 같은 행동유형들 중의 세 가지 행동유형의 특징을 소유하고 있다. ① 흔히 체포의 근거가 되는 행동을 자행하는 것과 같이 사회규범이나 형사법에 대한 순응의 실패, ② 반복적인 폭행이나 약탈과 같은 성급함과 비정상적인 공격성, ③ 초라한 업무성적이나 금전관계의 책임을 다하지 못하는 것과 같은 지속적인 무책임성, ④ 충동성이나 무계획성. ⑤ 빈번한 거짓말, 가명의 사용, 또는 개인적 이익이나 쾌락을 위해 타인 속이기, ⑥ 타인이나 자신의 안전에 대한 무모한 무관심, ⑦ 상해, 학대, 또는 절도에 대한 무관심이나 합리화 등과 같은 잘

52) Bartol & Bartol, op.cit., pp.226-227.

못에 대한 후회심이나 죄책감의 결여 등이다.

또한 DSM-Ⅳ는 훔치기, 폭행, 무단결석, 권위에 대한 저항과 같은 전형적인 아동기의 징후들을 APD의 특징으로 포함시킨다. 아울러 APD는 감정이입이 결여되고, 냉담하고 냉소적이며, 타인의 감정, 권리, 그리고 고통을 무시하는 경향이 강하다. 또한 성적으로 조숙하고 공격적인 성 행동, 과도한 음주, 그리고 마약사용과 같은 행동을 함은 물론 가족, 친구 또는 성적 파트너와 지속적이고 따뜻한 관계를 유지하는 능력이 현저하게 부족하다. 보통 반사회적 성격 장애자는 독립적이고 독자적인 성인생활을 영위하지 못한다. 그들은 대부분 교정시설 같은 시설에서 생활하거나 그들의 가족에게 고도로 의존하면서 살아간다. 기타 침착성 결여, 인내심의 결여, 그리고 세상에 대한 적대감을 가지고 있는 것 등이 특징이다. 또한 흔히 긴장과 우울증에 시달린다고 하지만, 우울증 진단 기준을 충족할 정도는 아니다.

반사회적 성격장애는 여성보다는 남성에게 더 흔히 발생하는 것이 특징이다. DSM-Ⅳ 기준에 의하면, 미국 남성의 약 3%와 여성의 약 1%가 반사회적 성격장애 상태에 있다. 더욱이 그 장애는 열악한 경제환경과 불우한 가정환경에서 성장하고 저소득 등으로 인한 사회경제적인 하위계층의 사람들에게 더 많이 발생한다. DSM-Ⅳ는 반사회적 성격장애를 유전적인 요인과 연결시키지만, 비록 그 장애가 가족이 공유하는 경우가 많지만 그 요인은 유전이 아니라 경제적, 사회적 배경을 공유하기 때문이라는 관점도 제기된다.[53)]

(2) 범죄와의 관계

1970년대의 연구는 반사회적 성격장애자를 범죄자의 공통된 진단지표라고 지적했다. 초기연구에서 헨(Henn)과 그 동료들은 세인트루이스와 미조리주의 법원이 10년 이상 정신의학적인 평가를 의뢰한 모든 피고인에 대한 광범위한 일련의 조사를 수행했다. 다양한 범죄로 기소되고 정신의학적인 평가가 의뢰된 1,195명의 표본을 중심으로 조사한 결과, 그들에 대한 진단결과는 모든 대상자의 거의 40%에 해당하는 자들이 성격장애였다. 성격장애로 분류된 사람들의 2/3는 특히 반사회적 성격장애자였으며,[54)] 두 번째 많은 진단은 전체의 17%를 차지하는 정신분열증이었다. 나머지 진단은

53) 조철옥, 앞의 책, pp.145-146.

54) F. A. Henn, M. Herjanic & R. H. Vanderpearl, Forensic psychiatry: Profiles of two types of sex offenders, American Journal of Psychiatry, 133, 1976a, 694-696.

골고루 분포되고 그 빈도도 낮은 편이었다.

이러한 추세는 오늘날도 꾸준히 지속되고 있다. APD는 형사법정과 교도소에서 흔히 진단자료로서 제공되고 있다. 연구자들은 법원이 정신의학적인 진단을 요구할 때, 많은 임상의학자들은 개인이 반사회적 성격장애 상태에 해당하는 지를 결정할 의무를 지게 된다. 교정시설의 경우에 APD 상태의 수형자 비율은 30-50%의 범위에 해당하고 수형자의 50%이상이 반사회적 성격장애자라는 사실은 별로 특이한 일이 아니다. APD는 범죄행위로 기소되고 유죄판결을 받은 사람들에게 적용되는 공통적인 진단이어서 어떤 법원은 정신이상 항변(insanity defense)을 지원할 수 있는 정신장애 목록으로부터 특별히 그것을 제외하기도 한다.[55]

반사회적 성격장애 개념의 타당성은 논란의 대상이 되어 왔다. 만성적인 범법행위를 하는 경향이 강한 단일의 이상성격은 없다. 반사회적 성격장애라는 진단적 명칭은 이론개발, 연구, 임상의학적 의사소통이나 예측을 위해 의미를 제공하지 못하는 신비스런 실체로 존재한다. 임상의학적인 이용을 위한 과학적인 증거가 없다면, 그 개념은 포기되어야 한다.[56] 또한 APD와 사이코패시는 많은 임상의학자들이 동의어로 볼 정도로 혼란이 존재한다.

4. 해리성 정체성장애와 범죄

(1) 개념

해리성 정체성 장애는 한 사람의 내면에 2가지 이상의 각기 다른 정체성을 지닌 인격이 존재하는 것을 말하고, 각각의 인격이 교대로 반복해서 그 사람의 행동을 통제하는 증상을 말한다. 의학계는 1994년 '다중성격장애(multiple personality disorder)'라는 병명을 "정신상태가 분리되어 자기의 본래의 정체를 상실한 상태를 의미하는 '해리성 (解離性)정체성 장애(dissociative identity disorder)'라는 용어로 변경했다.

55) Bartol & Bartol, op.cit., p.237.
56) R. Blackburn, Criminality and the interpersonal circle in mentally disordered offenders, Criminal Justice and Behavior, 25, 1998, 155-176.

(2) 특징

해리성 정체성 장애의 진단기준은 다음과 같다. ① 한 사람 안에 둘 또는 그 이상의 각기 뚜렷이 구별되는 정체성이나 성격상태가 존재한다. ② 적어도 둘 이상의 정체성이나 성격 상태가 반복적으로 개인의 행동을 통제한다. ③ 일상적인 망각으로 설명하기에는 너무 광범위하고 중요한 개인적 정보를 회상하지 못한다. ④ 이 장애는 알코올이나 마약류 같은 물질이나 간질 같은 신체적 질병의 직접적인 생리적 효과로 인한 것이 아니어야 한다. 어린 아동의 경우 이러한 증상은 정상적인 놀이에 나타나는 마음속의 친구와는 구별되어야 한다.

해리성 정체성 장애는 한 사람 안에 서로 다른 정체성과 인격을 지닌 여러 사람이 존재하면서 상황에 따라 각기 다른 사람이 의식에 나타나서 말과 행동을 하는 것과 같은 모습을 나타낸다. 흔히 하나의 인격으로부터 다른 인격으로의 변화는 몇 초에서 몇 분 가격을 두고 갑자기 일어나고, 일반적으로 스트레스나 어떤 관련 환경적 자극에 의해 발생한다. 각각의 인격은 각기 다른 이름, 과거경험, 자아상과 정체감을 갖고 있는 것처럼 행동한다. 대개의 경우 개인의 원래 이름을 그대로 유지하는 일차적 인격은 수동적이고 의존적이며 우울하거나 죄책감을 지니고 있다. 교체되는 인격들은 다른 이름을 지니고 있고 일차적 인격과는 대조적인 성격을 지니는 경우가 많다.

DSM-Ⅳ에 의하면, 각각의 인격은 다양한 수준에서 어떤 인격이나 모든 다른 인격을 자각할 수 있다. 이들은 자신의 연령, 사용하는 어휘나 상식, 주된 정서, 심지어 목소리에서도 서로 차이를 나타내기도 한다. 교체되는 인격들은 번갈아 지배권을 갖게 되며, 한 인격이 다른 인격의 의견을 부정하는가 하면, 서로 비판적이기도 하며 갈등을 표출하기도 한다. 특히 해리성 정체성 장애는 남성보다는 여성에게서 3배 내지 9배정도로 많이 발생한다. 이 장애를 지닌 사람들은 기억의 공백을 경험한다. 즉, 한 인격이 의식에 나타나 경험한 것을 다른 인격이 기억하지 못하는 경우가 많다. 또한 다중성격자들은 고도로 암시적이고 감수성이 강하며 자신이나 다른 사람에 의해 쉽게 최면술에 걸린다.

역사적으로 다중성격이라고 보고된 사례는 극히 희귀하다. 그러나 1980년과 1989년사이에 미국에서 다중성격으로 진단된 사례의 수는 200에서 6천 사례로 증가했다.[57] 이러한 증가의 부분은 미국 정신병리학회의 DSM-Ⅲ에서 다중성격 장애를 정신

57) R. Slovenko, The multiple personality: A challenge to legal concepts, The Journal of

장애로서 공식적으로 인정한 것에 기인한다.

해리성 정체성 장애는 유년시절에 받은 육체적 또는 성적 학대, 그리고 가족이나 친구의 죽음, 끔찍한 사고의 목격 등 정신적 외상이 그 원인인 것으로 알려져 있다. 해리성 정체성 장애는 사람이 심한 학대나 정신적 외상의 충격으로부터 자신을 보호하거나 대면하고 싶지 않은 현실을 피하기 위해 새로운 성격상태를 만들어 내는 것이다. 이 장애의 숨겨진 성격상태는 특히 분노나 증오를 그 본질로 하는 경우가 많다는 점이 특징이다.

(3) 범죄와의 관계

해리성 정체성 장애가 아동기 등의 성적 또는 신체적 학대, 외상후 스트레스장애 등에 의해 형성된 경우 이들을 피하기 위해 생성된 방어기재로서의 정신상태(성격)가 공격적 성향을 띠고 있을 때 일탈행위, 더 나아가 범죄행위와 연결될 가능성이 높다. 평소의 윤리도덕관 때문에 억압되었던 행위를 다른 정신상태로 바뀌면서 비윤리적 행위나 범죄행위를 범하게 된다. 미국 형사판례에서는 피고인이 형사면책 사유로서 해리성 정체성 장애를 이른 바 MPD 항변(defense)으로 활용하는 경우가 있다는 것을 보면 해리성 정체성 장애를 질병으로 인정하고 있는 것 같다. 그러나 이러한 경우에 문제는 해리성정체성장애를 의학적으로 감정하기 어렵다는 점이다.

해리성 정체성 장애는 그 존재 자체에 대해 최근에 임상의학자들에 의해서는 상당한 인정을 받고 있지만, 학자들 사이에는 회의적인 시각이 훨씬 많다. 인간의 행동을 통제하는 다중인격의 존재는 많은 사람들에게 매혹적이지만 과학적으로는 의심스러운 개념이다. 때때로 복수성격은 범죄행동의 책임에 대한 변명조건으로 성공적으로 사용되어 왔다. 1984년 로드리게스(State v. Rodrigues) 사건에서 세 건의 동성애와 젊은 여성 강간 사건으로 기소된 피고는 다중성격의 인정으로 무죄 선고를 받았다. 1978년의 밀리건(State v Milligan)사건에서 세 명의 여성을 강간한 피고인 밀리건(Milligan)은 24개의 분리된 다중성격 소유자라고 주장하여 정신이상 상태를 이유로 무죄 석방되었다.[58] 따라서 다중성격은 질병이 아니라 일종의 꾀병 내지는 범죄행위 등과 관련하여 형사면책을 유도하기 위한 정신장애를 조작하는 것에 불과하다는 비판이 제기된다.

Psychiatry and Law, 17, 1989, pp.681-719.

58) Bartol & Bartol, op.cit., p.252.

임상의학자들과 학자들은 정신병리학의 UFO라고 불리는 다중성격의 존재여부를 놓고 첨예한 논란을 벌이고 있다. 심지어 해리성 정체성 장애는 의도적이지는 않지만 의사가 원인이 된 질병이라고 언급되기도 한다. 의사들의 의학적 진단이 정확하다고 주장하지만, 그럼에도 불구하고 아마 극히 희귀한 경우를 제외하고는 인간의 마음속에 존재하는 하나의 성격이 다른 성격을 완전히 통제하는 진짜 정신장애가 존재한다는 확실한 증거는 거의 존재하지 않는다.59)

5. 외상후 스트레스 장애

(1) 개념

외상후 스트레스 장애는 충격적인 사건이나 사고를 경험한 사람이 그 영향으로 불안상태가 지속되는 현상을 말한다. 외상(trauma)이란 죽음이나 심각한 신체적 손상을 초래하는 매우 충격적인 사건을 의미하며, 그 대표적인 예는 교통사고, 강간, 폭행, 유괴, 살인, 화재, 전쟁, 지진이나 홍수 또는 화산폭발 같은 자연재해이다.

DSM-Ⅳ에 의하면, 외상후 스트레스 장애(posttraumatic stress disorder:PTSD)는 극한적인 육체적·정신적 상처를 입은 후 스트레스의 발생과 관련된 특징적인 증후군, 또는 실제 죽음이나 죽음의 위협 또는 심각한 상해나 기타 육체의 안전에 대한 위협을 포함하는 사건을 개인적으로 직접 경험함으로써 발생하는 특징적인 증후군을 말한다. 또는 타인의 죽음, 상해나 육체적 보전에 대한 위협을 포함하는 사건을 목격하거나 가족이나 아주 친한 동료의 불의의 죽음이나 변사, 심각한 위해, 또는 죽음이나 상해의 위협을 학습함으로써 발생하는 특징적인 증후군을 말한다. 이러한 사건들을 경험한 사람들은 상당한 고통에 시달리고 극한적인 두려움과 공포, 그리고 무기력증상을 보이게 된다.60)

59) Ibid., p.254.

(2) 특징

외상후 스트레스 장애는 충격적인 사건이나 사고를 직접 경험한 후에 다음과 같은 세 가지 유형의 심리적 증상이 나타나는 경우를 말한다. 첫째, 외상적 사건을 지속적으로 재경험하는 증상들이 나타난다. 둘째, 외상과 관련된 자극을 회피하거나 정서적으로 무감각해 진다. 셋째, 예민한 각성상태가 지속된다. 평소에도 늘 과민하여 쉽게 놀라거나 화를 내고 주의집중을 못하거나 잠을 이루지 못하기도 한다. 이러한 세 가지 증상들 중 한 가지 이상이 1개월 이상 나타나서 일상생활에 심각한 지장을 받게 될 때 외상후 스트레스 장애로 진단된다. 이러한 장애는 외상적 사건 직후부터 나타나는 경우가 대부분이나 사건을 경험한 후에 한동안 잘 지내다가 몇 개월 또는 몇 년 후에 이러한 증상이 나타나는 경우도 있다.

증상은 환각증세, 반복적인 꿈이나 악몽, 외상성 사건에 대한 고통스런 기억을 포함한다. 특히 사건발생 후 몇 주 동안 외부세계에 대한 반응성의 감소, 부주의한 태도, 또는 심리적 마비증상이 나타난다. 또한 사회환경으로 부터의 소외감이나 단절, 다른 사람들과 친밀하고 의미있는 관계를 맺지 못하는 어려움을 초래한다. PTSD로 진단받은 사람들은 침울하고 우울하며 다른 사람들과 어울리지 못하고 같이 일하는데 어려움에 직면한다.

DSM-Ⅳ는 불안장애의 하위유형으로 급성 스트레스 장애가 새롭게 포함되었다. 급성스트레스 장애는 외상후 스트레스 장애와 매우 유사한 증상을 나타내는 장애로서 외상적 사건의 경험 후에 해리성 증상, 즉, 정서반응의 마비, 환경자각의 감소, 비현실감, 이인증, 해리성 기억상실이 특징적으로 나타나고 이러한 증상들이 2일 이상 4주 이내의 단기간 동안 나타나는 경우를 말한다.[61]

(3) 범죄와의 관계

PTSD는 마약 불법거래나 불시의 갑작스런 폭력범죄를 초래하는 원인이 되는 것으로 알려져 있다. 특히 베트남 참전 제대군인들이 경찰관을 저격하거나 교도소로부터 도주한 사건 등이 전형적으로 PTSD 증후군의 결과라는 점에서 법적인 쟁점이 되었다. PTSD 증후군 상태에서 범행을 한 범인들은 자신의 범죄행동을 기억하지 못하거나 심

60) Bartol & Bartol, op.cit., pp.248-249.
61) 권석만, 앞의 책, 188-189면.

지어 자신의 정체성을 기억하지 못한다고 항변한다. 펠드(State v. Felde)사건(1982)에서 경찰을 저격한 베트남 참전 제대군인은 저격 당시에 해리성 정체성장애 상태에 있었고 월맹군에 의해 포위된 것으로 믿었다고 주장했다.[62] 또한 밀러(Miller v. State)사건(1983)에서 교도소를 도주한 피고인은 자신이 역시 베트남에 있었고 미국에 되돌아가는 것이 자신의 유일한 목적이었다고 주장했다.

또 하나의 PTSD의 변형이라고 할 수 있는 피학대 여성 증후군(battered woman syndrom)에 시달리는 여성들이 학대자를 살인하는 범죄가 문제가 되고 있다.[63] 피학대여성 증후군 상태의 여성은 학대가 반복적이고 잔인하여 해리성 장애상태속에서 학대자를 살해한다는 것이다. 그러나 피학대 여성 증후군의 존재에 대해서는 심리학 문헌에 보편적인 동의가 없고, 이 증후군이 정신장애나 정신이상은 아니라는 강력한 주장이 제기됨에 따라 PTSD 인정 여부에 대한 논쟁의 대상이 되고 있다.

PTSD 증후군의 존재는 법정에서 정신이상 항변(insanity defence)의 대상이 되어 법적인 책임이 감소될 수 있다는 점에서 중요한 의미를 가진다. PTSD는 폭력범죄든 비폭력범죄든 관계없이 정신이상을 이유로 무죄주장(NGRI)의 방어수단으로 사용된다. 미국 법원은 PTSD 증거를 점점 받아들이는 추세를 보이고 있다. 그러나 일부의 학자들과 연구자들은 PTSD에 대해 회의적이다. 그 이유는 객관적인 증거의 타당성이 부족하고, 그 진단이 거의 전적으로 자기보고에 의존하고 있기 때문이다. 비판자들은 대상자가 그 증후군을 배우와 같이 연기해 보인다면 속임수를 쓸 수 있는 충분한 기회가 존재한다는 것이다.[64]

---

62) D. McCord, Syndromes, profiles, and other mental exotica:A new approach to the admissibility of nontraditipnal psychological evidence in criminal cases, Oregon Law Review,66, 1987, 19-108.

63) P.S. Applebaum, R.Z. Jick, T.Grisso, D. Givelbar, E.Silver, & H.J. Steadman, Use of posttrumatic stress, Psychiatry, 150, 229-234.

64) 조철옥, 앞의 책, pp.151-152.

Section 4 사이코패스와 범죄

1. 새로운 연구영역

19세기 말에 나타난 사이코패스란 용어는 어떤 명백한 이유나 목적 없이 충동적으로 행동하는 공격적인 범죄자를 의미하는 것으로 사용되어 왔다. 사이코패스 만큼 범죄학 용어 중에 사람들의 관심과 흥미를 자아낸 용어는 없다. 그 이후 사이코패스는 매스미디어에서 알프레드 히치콕의 사이코(Psycho)라는 영화에서 묘사된 살인자를 언급하는 것으로 광범하게 사용되기 시작했다.[65)]

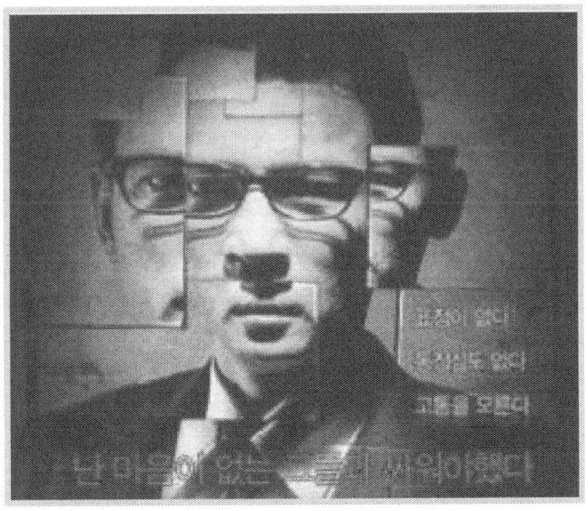

출처 : http://cafe.naver.com/bible/2005155

사이코패스라는 용어는 1920년 독일의 슈나이더(Kurt Schneider)가 처음 소개한 개념으로 보통 반사회적 인격장애 상태에 있는 정신병질자를 가리킨다. 사이코패시는 정신병질을 말하고 사이코패스는 정신병질 상태에 있는 사람을 말한다. 따라서 사이코패시는 정신병이 아니다. 사이코패시라는 정신병질은 평소에는 내부에 잠재해 있다 범행을 통하여서만 표출되기 때문에 주변 사람들은 알아채지 못한다. 미국의 연쇄살인범 번디(Bundy)는 체포되기 전에는 잘 생기고 유능한 청년으로 모두 다 알고 있었다.

미국 브르크하멜 국립연구소에 의하면, 사이코패스는 감정을 지배하는 전두엽 기능이 일반인의 15% 밖에 되지 않아 다른 사람의 고통에 무감각하고 양심의 가책을 느끼지 않는다는 것이다. 고통에 무감각하기 때문에 처벌을 두려워하지 않고 재범률도 아주 높다.

---

65) Shoemaker, op.cit, p.64.

한편, 사이코패스가 반드시 범죄자가 되는 것이 아니라 직장에서 성공하는 사람들도 있다는 주장도 있다. 산업 심리학자 보드와 프리츠는 영국 최고 경영자들의 인격적 특성을 분석한 결과 대부분 사이코패스의 특성과 일치하였으며, 임원으로 승진할 대상자들 가운데 3.5%가 사이코패스에 해당된다는 연구논문을 발표하였다. 해어는 이들을 정장을 한 뱀에 비유했다. 사이코패스는 반사회적 성격장애를 가진 사람과는 다르다고 주장하는 학자들이 있는가 하면 두 가지 용어를 호환적으로 사용하는 연구자들도 있다. 사이코패시는 소시오패시(sociopathy) 또는 반사회적 성격(antisocial personality)과 동의어로 받아들여지고 호환적으로 사용되기도 한다.

2. 사이코패스의 개념

(1) 해어의 개념

해어(Robert Hare)는 사이코패스란 매력적이고 교활한 생활방식, 그리고 냉혹하게 자신의 생활방식을 추구하고, 광범위한 낙담의 흔적과 좌절된 기대, 그리고 빈 지갑을 숨기고 있는 사회의 약탈자라고 정의한다. 사이코패스는 양심의 완전한 결여와 감정이입 능력이 전혀 없으며 이기주의와 쾌락을 추구하는 존재로서 죄의식이나 후회감이 전혀 없이 사회적 규범과 기대를 위반한다. 해어는 사이코패스를 세 가지 유형으로 분류하였다.[66)]

1) 1차적 사이코패스(primary psychopath)

1차적 사이코패스는 일반인이나 범죄인 집단들과는 구분되는 어떤 확인가능한 심리학적, 정서적, 인지적, 그리고 생물학적 차이를 가지고 있는 자를 말한다. 우리가 말하는 사이코패스는 1차적 사이코패스만이 참된 사이코패스에 해당된다. 다른 두 가지 유형의 사이코패스는 일단의 범죄집단을 구성하는 반사회적인 사람들의 이질적인 집단을 의미한다.

1차적 사이코패스는 화산처럼 폭발하거나 폭력적이거나 극히 파괴적인 것이 아니라 더 사교적이고 매력적이며, 말솜씨가 아주 능수능란하다. 그들은 일반적으로 영원히 법의 반대편에 서 있다는 점에서 범죄자일 수 있지만, 많은 사람들은 그렇지 않다.

66) Bartol and Bartol, op.cit., p.188.

2) 2차적 사이코패스

2차적 사이코패스는 심각한 정서적 문제나 내부갈등으로 인해 반사회적 행동이나 폭력적 행동을 범하는 자를 말한다. 그들은 때때로 신경증환자, 신경증적인 일탈자, 징후적인 사이코패스, 또는 단순히 정서적으로 혼란스러운 범죄자 등으로 불린다. 대중매체들은 대체로 이러한 사람들을 사이코패스적인 살인자로서 언급하거나 만나는 모든 사람들을 무차별적으로 살인하는 사람으로 묘사한다.

3) 병리사회 사이코패스(dyssocial psychopath)

병리사회 사이코패스는 비행집단이나 가족들이 추종하고 있는 그들의 하위문화로부터 학습한 공격적이고 반사회적 행동을 보여주는 자들을 말한다. 2차적 사이코패스와 병리사회 사이코패스는 1차적 사이코패스의 행동패턴, 그리고 배경과는 전혀 무관하므로 사이코패스란 이름은 잘못 부쳐진 것이다. 그러나 이 두 유형은 그들의 높은 재범률로 인해 흔히 사이코패스로 잘못 지칭된다.

(2) 라프터(Rafter)의 개념

라프터(N. Rafter)는 사이코패스란 정신적 무능력이라는 의미로 정의하는 것이 보다 타당하다고 주장하면서도, 사실상 성격장애자라는 의미로 정의하였다.[67] 사이코패스(psychopath)는 일반적으로 감정과 정서의 왜곡이나 악용상태에 빠져 있으며. 이상 욕망과 이상 도덕감, 정서와 기분의 빈번하고 현저한 변화같은 특이한 행동유형, 충동적인 행동, 그리고 특히 폭력적인 행동의 소유자를 말한다. 또한 약탈적이고 남을 희생시키는 생활스타일이 특징이며, 자신의 행동에 대한 후회, 양심의 가책, 그리고 죄책감을 느끼지 못한다. 정서적인 천박함과 함께 과장, 자기중심, 속임수, 우격다짐, 그리고 냉혈한(cold hearted) 같은 행동을 보여주고, 양심의 가책, 타인과의 감정이입, 또는 자신의 잘못에 대한 불안감을 느끼지 못하는 것이 사이코패스의 특징이다.

---

67) N. Rafter, ' Psychopathy and the evolution of criminological knowledge', Theoretical Criminology, vol.1(2), 1997, p.235.

(3) 라이큰의 개념

라이큰(Lykken)은 사이코패스란 처벌의 두려움을 느끼지 못하게 하는 '낮은 공포지수(low fear quotient)'를 가지고 태어난다고 주장한다.[68] 모든 사람들은 태어나면서 거미, 뱀, 불, 또는 이상한 사람 등과 같은 어떤 자극에 대한 두려움을 느끼지만, 사이코패스는 그러한 두려움이 없다.

(4) 클레클리의 개념

사이코패시의 권위자인 클레클리(Hervey Cleckley)는 사이코패스를 다음과 같이 정의하였다. "사이코패스는 경험이나 처벌에 의해서도 결코 개선될 수 없는 항상 문제를 야기하는 반사회적인 성격의 소유자들이다. 아울러 어떤 개인이나 집단, 또는 법규에 대한 참된 충성심이 전혀 없는 사람들로서 흔히 냉담하고 쾌락주의적이며, 현저한 감정적인 미성숙상태를 보여준다. 또한 책임감과 판단능력은 결여되고, 자신의 행동을 정당한 것처럼 보이게 하기위해 합리화하는 것이 특징이다".[69]

(5) 반사회적 성격장애(antisocial personality disorder:APD)

정신병리학자와 많은 임상심리학자들은 아동기나 청소년기에 시작하여 성인이 되어도 지속되는 타인의 권리무시와 침해를 하는 광범위한 형태를 반사회적 성격장애라고 정의한다. 또한 합법적인 행동에 관한 사회규범에 순응하지 못하고, 절도나 폭력범죄 등으로 인해 반복적으로 체포되는 행동을 한다.

반사회적 성격장애는 사이코패스와 아주 유사하지만, 행동지표의 정의에 한정된다는 측면에서 정서적, 인지적 측면을 포함하는 1차적 사이코패스보다는 개념적으로 좁다. 그러나 미국 정신장애에 대한 "미국정신의학협회의 진단과 통계지침서 DSM"은 반사회적 성격장애를 해어(Hare)의 1차적 사이코패스의 개념과 유사하게 정의하고 있다.[70]

---

68) David Lykken, "Psychopathy, Sociopathy, and /crime'" Society 34, 1996, pp.30-38.
69) Hervey Cleckley, "Psychopathic States", in American Handbook of Psychiatry, ed. S. Aneti(New York:Basic Books, 1959), pp.567-569.
70) Bartol and Bartol, op.cit., PP.188-189.

3. 특징

"이브의 세 얼굴(The Three Faces of Eve)"이라는 저서를 발표하여 영화화되어 인기를 얻은 바 있는 클레클리(Hervey Cleckley)는 "건강한 자의 가면(The Mask of Sanity)"이라는 저서에서 16가지의 사이코패스의 전형적인 특징을 제시하였다. 그가 제시한 특징은 ① 외관상의 매력과 우수한 지능, ② 병적인 이기주의, ③ 거짓과 위선, ④ 속임수, ⑤ 후회와 죄책감의 결여, ⑥ 전반적인 애정적 반응의 빈곤, ⑦ 대인적 관계의 무반응성, ⑧ 신뢰성의 결여, ⑨ 비인간적인 성 생활, ⑩ 계획된 생활 불능, ⑪ 충동성, ⑫ 부적절하게 동기부여된 반사회적 행동, ⑬ 판단력의 결여, ⑭ 망상의 부존재, ⑮ 고뇌(근심)의 부재, ⑯ 음주후 기괴한 행동(Bizarre Behavior) 등이다.[71]

한편, 해어는 13 가지의 특징을 제시하고 있다. 대체로 클레클리가 제시하는 특징의 종류와 유사하다. ① 유창한 언변과 외관상의 매력, ② 자존심의 과잉, ③ 병적인 거짓말, ④ 교활함과 속임수, ⑤ 후회와 죄책감의 결여, ⑥ 애정의 빈곤, ⑦ 냉혹성과 감정이입의 결여, ⑧ 행동책임감 부재, ⑨ 무차별적인고 난잡한 성 행동, ⑩ 현실적이고 장기적인 목표의 결여, ⑪ 행동통제능력의 결여. ⑫ 지루하기 쉽고 자극추구, ⑬ 무책임성 등이다.[72]

출처 : blog.daum.net/777star/44

71) R. D. Hare, 'A research scale for the assessment of psychopathy in criminal population', Personality and Individual Differences, vol.1, 1980, 111.

72) Hervey Cleckley, The mask of sanity, 5th ed, St.Louis:Mosby, 1976, pp.50-55.
H. J. Eysenck, Crime and Personality, 2nd edition, Lpndon: Routledge and Kegan Paul, 1977, pp.90-95.

4. 범죄와의 관계

일반적으로 사이코패스와 범죄자는 동의어로 받아들여진다. 사이코패시가 정신병이냐의 여부에 관계없이, 대부분의 학자들은 그것을 범죄성향과 결합시킨다. 특히 사이코패시나 반사회적 성격은 상습범죄의 개념과 동의어로 받아들여진다. 고도의 상습범중의 80%가 사이코패스 행동유형을 보여준다. 전체 남성인구의 약 4%와 전체 여성인구의 1%이하가 사이코패스에 해당하지만, 그들은 매년 모든 심각한 강력범죄의 반을 범하는 것으로 분석되고 있다.73) 고도의 상습범 모두가 사이코패스는 아니지만, 성격장애와 장기적 범죄경력 사이에 강력한 상관성이 있다는 것은 분명하다. 또한 범죄행위를 어떤 설명으로도 가능할 것 같지 않은 경우에 그러한 범죄자를 사이코패스라고 하며, 특히 범죄가 무자비한 폭력으로 이루어졌을 경우에 그 범죄자는 사이코패스다.74)

연쇄살인범은 거의 대부분 사이코패스다. 그들은 희생자에 대한 양심의 가책이나 죄책감을 느끼지 못하고 아무런 감정이나 배려도 없다. 범죄행위에 대한 후회도 없고 냉담하고 무관심하다. 폭력범죄의 50% 이상이 사이코패스 범죄이며, 출소 후 재범률이 80%에 달할 정도로 재범률이 높고 강력범죄의 재범률이 40%로서 일반범죄자의 8배에 해당한다.75)

사이코패스는 광적이고 설명불가능한 기분의 변화 속에서 범죄를 범하고 대체로 계획에 의해서 범죄를 범하지는 않는다. 범행은 대체로 충동적으로 저질러진다. 사이코패스가 성범죄나 성폭력을 범했을 경우에 일정한 패턴을 찾아보기 힘들다. 범행은 혼란스럽고 반복적이며 상당히 빠른 속도로 연속적으로 이루어진다. 여성은 사이코패스로 분류되지 않고 히스테리로 분류된다. 남성은 폭력성향을 띠지만, 여성은 그렇지가 않다. 이처럼 사이코패스는 성에 의한 차이를 보인다.76)

---

73) Donnald Lynam, "Early identification of chronic offenders: Who is pledgling Pschopath? Psychological Bulletin 120, 1996, pp.209-234.

74) 조철옥, 앞의 책, pp.167-168.

75) Hare, op.cit., pp.111-112.

76) Randall T. Salekin, Richard Rogers, and Dayli Machin, Psychopathy in Youth: Pursuing Diagnostic Clarity, Journal of Youth and Adolscence 30, 2001, pp.173-195.

5. 여성 사이코패스

출처 : 범죄심리(15)
여성사이코패스, 죽음의 전사들

여성 사이코패스는 남성 사이코패스와 그 행동면에서 차이를 보일 수 있다. 물론 연쇄살인범 중에 여성도 있다. 지금까지 여성범죄자들을 포함하여 여성 사이코패스에 대한 연구는 그렇게 많지 않다. 연구의 결과는 대체로 일반시민과 범죄로 기소된 여성 모두에 걸쳐서 남성 사이코패스보다 여성 사이패스의 수가 훨씬 적다고 지적한다. 살레킨(Salekin) 등은 PCL-R 자료를 기초로 하여 분석한 결과 교도소에 수감된 여성범죄자들중의 사이코패스 비율은 15.5%로서 남성의 25-30%에 비해 상대적으로 적다는 사실을 발견했다. 528명의 여성 수형자들을 대상으로 한 더 최근의 연구에서 바이탈(Vitale) 등은 PCL-R 권고점수인 30점을 사용하여 분석한 결과 참여자들 중의 9%가 사이코패스로 분류되었다고 보고했다.[77)]

해어와 클레클리는 그들의 어떤 연구에 여성 사이코패스를 포함시켰을 지라도, 해어의 PCL과 PCL-R 척도는 거의 남성 사이코패스만을 측정하기 위해 개발되었다.[78)] PCL-R을 사용한 어떤 연구는 여성 사이코패스들이 남성 사이코패스들과는 다른 행동유형을 나타낸다고 주장했다. 결정적인 자료는 아닐지라도, 남성 사이코패스에 비교하여 여성들은 현실적인 장기목표가 결여되고, 성적으로 난잡한 성행위를 하는 경향이 큰 것으로 나타났다. 그러나 그들은 남성 사이코패스와 같은 기형적인 정서처리 현상을 표출하지는 않는다. 여성 사이코패스들은 남성 사이코패스보다 덜 공격적이고 덜 폭력적이며, 남성에 비해서 범죄행동 시작 시기가 더 늦다. 또한 남성보다 재범률이 더 낮고 여성 사이코패스 수형자들의 재범률은 일반여성 수형자들의 재범률과 전혀 차이가 없다.

초기연구에서 로빈스(Robins)는 여성 사이코패스들이 흔히 성적인 비행에 포함되는 경우를 제외하고는 남성 사이코패스와 동일한 행동유형을 보인다고 주장했다.[79)] 연구

77) R.T. Salekin, R.Rogers, & K.W. Sewell, Construct validity of psychopathy in a female offender sample:A multitrait-multimethod evaluation, Journal of Abnormal Psychology,106, 1997, 575-585.
78) Bartol & Bartol, op.cit., p.201.

대상 중 여성 사이코패스의 79%가 비정상적으로 과도한 성 행위를 표출하고 성적 문제에 과도한 관심을 표명했다. 그러나 과도한 또는 변태적인 성적 활동을 다른 행동과 분리하면, 여성 사이코패스들은 남성들과 대체로 유사한 특징을 나타내는 것으로 보인다.

PCL-R 척도를 사용한 아주 최근의 연구는 사이코패시의 성 차이를 확인할 수 있는 상당한 근거를 제시한다. 살레킨(Salekin) 등은 여성 사이코패스들을 두 가지 범주로 구분 가능한 증거를 제시했다.[80] 그 범주는 ① 감정이입 또는 죄의식의 결여, 사람 속이기, 민감성 추구, 그리고 지루해 지기 쉬운 성향, ② 어린 나이에 품행문제 야기, 난잡한 성 행동, 그리고 폭력적이지는 않지만 반사회적 행동 등의 특징 등이다.

6. 청소년 사이코패시

사이코패시에 관한 연구는 거의 전적으로 백인과 성인 남성을 대상으로 이루어졌다는 것이 하나의 심각한 결점이다. 따라서 최근에 청소년 사이코패시에 관한 연구가 증가하고 있으나 사이코패시가 성인뿐만 아니라 청소년들에게 까지 적용될 수 있는 것인지에 대해서는 의견이 일치되지 않는다. 야블론스키(Lewis Yablonsky)는 청소년 비행집단의 핵심 구성원들이 사이코패시 상태라고 주장했으며,[81] 아이셍크는 사이코패시가 나이와는 반비례관계, 즉, 나이가 들면 감소한다고 주장했다.[82] 한편, 로빈스(Robins)는 사이코패시란 성인 질병이며 청소년들은 단지 잠재적인 사이코패시로 고려될 수 있을 뿐이라고 차별화하였다.[83]

성인에게 사이코패시로 인정될 수 있는 행동은 청소년들에게는 사이코패시의 징후일 뿐이다. 더욱이 사이코패시 또는 반사회적 성격에 대한 의학적인 정의는 사이코패시의 특성을 성인과 결합시키고 있다. 충동적, 이기주의적, 그리고 죄의식 없는 아동들은 사이코패시가 아니라 긴장해소 장애, 또는 충동에 구속된 성격, 또는 품행문제

79) Ibid., p.201.

80) R.T. Salekin, R.Rogers, & K.W. Sewell, Construct validity of psychopathy in a female offender sample: A multitrait-multimethod evaluation, Journal of Abnormal Psychology,106, 1997, 576-585.

81) Lewis Yablonsky, The violent gang, revised edition, Baltimore: Penguin, 1970, p.120-125.

82) H. J. Eysenck and B. G. Eysenck, Psychology, Personality. and Genetics, in R. D. Hare and R. Schalling(eds.), Psychopathic Behavior, New York: Wiley, 1978, pp.197-223.

83) Lee N. Robins, Childhood condict Problems, Adult Psychopathology, and Crime, in Sheilagh Hodgins(ed.), q.v, 1993, pp.173-193.

(conduct problems) 차원에서 이해되어야 한다.[84] 청소년들은 그 시기에 흔히 냉담하고, 자아도취적이며, 때때로 자신의 두려움과 근심을 숨기는 것이 특징이다. 또한 그들은 흔히 충동적이고, 자극을 추구하며, 장기계획을 세워두고 행동하지는 않는다. 또 다른 사이코패스적인 특징을 보여주는 청소년들은 육체적으로 또는 성적으로 학대받는 징표일 수 있다. 가정에서 학대받는 청소년들은 흔히 사이코패스의 정서적 특징과 아주 유사한 정서를 비정상적인 형태로 보여준다.

범죄적 남성 사이코패스들이 아주 어린 나이에 범죄행동을 시작한다는 상당한 증거가 있다. 그러나 ① 청소년 집단을 사이코패스란 명칭을 부여하기에는 임상적·법의학적 실무와 청소년 형사정책에 관련된 몇 가지 개념적, 방법론적, 그리고 실무적 문제를 야기한다. 즉, 우선 사이코패시가 청소년에게도 적용될 수 있거나 적용되어야 하는지에 대한 논란과 더불어 성인 사이코패스의 특징들이 처음부터 청소년들에게도 발견될 수 있는지가 논란의 대상이 되고 있다. ② 또 다른 논란은 사이코패시가 청소년들에게서도 발견될 수 있을지라도, 그렇게 된다면 사이코패스라는 명칭은 너무 많은 부정적인 의미를 포함하게 된다는 것이다. 즉, 청소년이 포함된 사이코패스는 높은 범죄율과 재범률이 예상되며, 내재적, 생물학적 요인에 기초한 장애는 치료기술의 부족으로 생물학적 관여에 의한 방법을 제외하고는 다른 수단이 거의 없다는 것을 의미한다. 이는 청소년 담당 법집행기관으로 하여금 사이코패스로 인정된 청소년들에게서 손을 떼야한다는 문제를 초래한다. ③ 세 번째 논란은 청소년 사이코 패스 평가는 그들이 형사사법 체계의 처리 대상이 될 수 있기 때문에 고도의 신뢰도에 근거하여 이루어져야 한다. ④ 또 하나의 주요한 문제로서, 청소년 사이코패시는 살아가면서 일시적이고 일정하게 변화하는 발달유형이기 때문에 신뢰할 수 있을 정도로 측정하기가 대단히 어렵다는 문제가 있다. 많은 임상의학자들과 연구자들은 성인 사이코패스의 특징들은 단순히 정상적인 청소년 발달과정에 지나지 않는다고 주장하면서 청소년 사이코패스를 연구하려는 경향에 반대의사를 분명히 했다.

84) Robert D. Hare, Psychopathy, New York: Wiley, 1970, p.5.

7. 생물학적 요인과 사이코패스

출처 : 오마이뉴스

사이코패스는 일반적으로 신경생리학적인 요인과 학습 또는 사회화 요인사이의 복잡한 상호작용의 결과인 것으로 추정된다. 사회환경적인 요인은 어린 나이의 좌절과 쓰라린 고통, 불화로 가득한 가정생활, 비정한 아버지의 영향, 비일관적인 가정교육, 세 살 이전에 어머니와의 이별이나 단절 등이 작용하고 신경생리학적인 요인은 전두엽의 손상과 같은 뇌기능의 저하 등으로 모아진다. 라이남(Donald Lynam)은 ADHD, 즉, 주의력 결핍 과잉행동 장애증후군 상태의 어린이들이 성인이 되면 사이코패스가 되는 경우가 많다고 주장했다.[85] 또는 자율신경 시스템의 기능장애나 유전적인 요인이 거론되기도 한다.[86]

(1) 유전적 요인

유전적 요인이 사이코패시의 원인일 수 있다. 냉담함과 공포에 대한 무반응과 연결된 기질은 사이코패시와 관계가 있다. 사이코패시에 대한 유전적 요인의 전반적인 영향은 크지는 않지만, 발달적, 유전적 연구자들, 특히 쌍둥이 연구에 관심있는 연구자들의 연구 대상이 되기에 충분하다. 블레어(Blair) 등은 유전적 요인이 사이코패스의 냉담성과 정서적 무반응성에 상당히 영향을 미칠 수 있다고 주장했다.

(2) 신경생리학과 사이코패시

1) 대뇌의 분균형과 결핍

해어는 범죄적 사이코패스란 언어처리와 정서나 각성상태와 관련된 좌뇌와 우뇌사이의 비정상적인 불균형을 나타낸다고 주장했다.[87] 이를 대뇌의 불균형이라고 한다.

85) D. R. Lynam, Early identificayion of the fledgling psychopath:Locating the psychopathic child in the current nomenclature, Journal of Abnormal Psychology, 107, 1998, 566-575.
86) Bartol & Bartol, op.cit., p.221.
87) R. D. Hare & L. M. McPherson, Violent and aggressive behavior by criminal psychopaths.

범죄적 사이코패스는 그들의 생각과 감정, 그리고 의도와 표현사이의 현저한 모순상태를 나타낸다. 언어처리는 점점 복잡해지기 때문에 일반사람들의 경우에 정보처리를 위해 좌뇌에 더욱 의존하지만, 사이코패스들은 우뇌에 더욱 의존한다. 사이코패스는 좌뇌의 언어처리 기능장애와 밀접한 관련이 있다는 것이다. 폭력적이고 반복적인 범법자들은 좌뇌의 기능장애 상태에 있다는 것이다.

2) 전두엽 기능장애

사이코패스는 전두엽 기능장애를 겪고 있다.[88] 앞이마 부분에 위치하고 있는 전두엽은 인간의 의사결정, 예측, 인지수준과 충동성의 규제, 그리고 적절한 행동통제를 위한 기능을 하는 것으로 알려져 있다. 다른 말로 표현하면, 전두엽은 뇌의 집행기능을 수행한다. 집행기능은 목표지향적인 행동에 포함된 고도의 정신능력을 말한다. 즉, 행동과 기억 및 금지과정의 조직화, 그리고 전략을 계획하는 것 등을 포함한다. 연구에 의하면, 전두엽 손상은 조잡한 의사결정, 자율기능의 저하, 그리고 사이코패스적인 성격 등을 초래한다는 것이다. 사이코패스에 관한 전두엽 가설은 결정적인 것이 아니라는 주장도 있으나 전두엽이 사이코패스와 일반 사람들 간의 행동차이를 설명하는데 중요한 역할을 할 수 있다는 증거가 발견되고 있다. 더욱이 전두엽 손상은 사이코패스뿐만 아니라 많은 다른 유형의 범죄자들에게도 나타나는 특징이라는 것이다.

3) 아미그달라 장애(Amygdala Dysfuntion)

아미그달라는 공포, 분노와 미움과 같은 정서를 규제하는 뇌속의 아몬드 모양을 한 뉴론들의 집합체이다. 아미그달라는 격한 정서 상태에서 학습하는 것과 같이 학습과 단기기억을 규제하는 기능을 한다. 사이코패스는 일반범죄자와 일반사람들의 통제에 비교될 때 정서처리 기능을 수행하는 동안 아미그달라의 활동 저하 현상을 보여준다.[89] 아미그달라와 학습사이의 관계는 사이코패스의 정서적 행동을 이해하기 위한 아주 주요한 요인이다.

International Journal of Law and Psychiatry,7, 35-50.

88) K. a. Kiehl, A cognitive neuroscience perspective on psychopathy: Evidence for pralimbic system dyfunction, Psychiatry, 142, 107-128.

89) Ibid., pp.120-123.

4) 간뇌(Brain Stem)의 망상활동 시스템 (RAS System)

개인이 적정 수준의 자극에 도달하는데 필요한 자극의 질과 량은 개인차가 있다. 이러한 개인차는 특히 간뇌에서 발견되는 어떤 생리적 구조와 관련이 있다. 간뇌의 구조는 몇 개의 자율적인 영역으로 나누어질 수 있는데 그 중 핵심적인 구조는 간뇌의 중심부에 위치하고 있는 작지만 복잡한 신경망으로 구성된 망상활동 시스템(RAS)이다. 신체의 모든 부분으로부터의 신호와 투입은 대뇌피질이라는 중심처리장치로 가는 과정에 간뇌를 거쳐서 이동해야 한다. RAS에 의해 형성되는 자극은 어떤 특정 영역이 아니라 대뇌피질 전체에 활기를 불어 넣는 불특정 자극이다. 그러나 또한 외부의 자극이나 신체내부의 자극 중에 중요하지 않거나 부적절한 것은 RAS에 의해 여과된다는 점에서 RAS는 대뇌피질의 자극을 감소시키는 기능을 한다.[90)]

사이코패스는 RAS의 어떤 기능결핍이나 과도한 적응 속성 때문에 흥분과 스릴을 병적으로 필요로 하는 결과로 추정된다. 즉, 사이코패스들이 강력한 자극을 필요로 한다는 사실이 계속 발견되지만, 어떤 신경생리학적인 메커니즘이 관련되어 있는 지는 분명하지 않다. 그러나 RAS는 대뇌피질이 투입정보의 완전한 영향을 충분히 받지 못하게 하거나 투입정보를 여과하는 등 너무 빨리 적응함으로써 대뇌피질의 정보처리 활동을 차단하는 현상이 발생한다는 사실은 분명하다. 어느 쪽이든 사이코패스는 정상인들이 적절한 자극이라고 인정하는 정도의 자극의 량으로는 적절한 자극수준에 도달하지 못한다. 그래서 사이코패스들은 스릴추구, 반사회적 행동, 과도한 자극추구 행동을 하게 된다.[91)]

8. 사이코패스의 심리적 척도

(1) PPI-R

PPI-R은 자기보고식 검사에 의해 사이코패스를 측정하는 도구이다. PPI-R은 비범죄자 집단을 대상으로 사이코패스 특성을 측정하기 위하여 릴리펠드와 앤드류스(Liliefeld & Andres)가 개발한 PPI의 개정판이다. PPI-R은 154개 문항으로 구성되어

90) 조철옥, 새 범죄심리학, 21세기사, 2010, 215-216면.
91) Bartol & Bartol, op.cit., PP.214-215.

있으며, 문항들은 리커트식의 4점 척도로 되어 있다. 1점(아니다)부터 4점(그렇다)까지로 응답할 수 있도록 구성되어 있으며, 자기보고식 검사도구가 가질 수 있는 반응왜곡경향성을 탐지해 내고자 사이코패스 특성에 관한 잠재적이고 상대적인 문항으로 구성되어 있는 도구이다. PPI는 권모술수적 이기주의, 사회적 권력, 냉담함, 무책임한 비계획성, 겁 없음, 비난의 외적 표현, 충동적인 비협조, 스트레스 면역의 8개 하위척도를 가지고 있다.

(2) PCL 척도(Psychopathy Checklist)

PCL은 사이코패스를 평가자가 채점하여 측정하는 도구이다. PCL은 범죄적 사이코패스를 측정하기 위한 가장 많이 사용되는 22개 항목으로 구성된 도구이다. 이 척도는 사이코패시에 관한 클레클리(Cleckley)의 개념에 기초하고 있으며, 특히 남성 교도소에 수감된 사이코패스, 법의학적 또는 정신병리학적 집단에 속하는 사이코패스를 확인하기 위해 설계된 척도이다.

(3) PCL-R(Psychopathy Checklist Revision)

PCL-R은 PCL을 수정하여 사이코패스를 측정하는 도구이다. PCL-R은 20개 항목으로 구성되어 있으며, 법의학 분야와 조사환경에 적용가능한 새로운 정보를 포함하고 있다. 따라서 오늘날 PCL-R은 연구와 임상부문에서 가장 빈번하게 사용되는 사이코패스 측정도구이다. 이 척도는 자기보고, 행동관찰, 그리고 부모, 가족, 친구 같은 2차적인 원천을 포함하는 다양한 원천으로부터 범죄적 사이코패스의 정서적, 대인적, 행동적, 그리고 사회적 일탈측면을 평가할 수 있다. 아울러 자기보고의 신뢰성을 확보하는데 도움이 되는 체포와 법원 기록 역시 사이코패스의 평가를 위한 자료가 된다.[92] 예컨대, PCL-R의 항목별 점수평가는 직장이나 학교에서의 행동, 가족과 친구 및 성적 상대방에 대한 행동, 그리고 범죄행동을 포함하는 다수의 영역에 걸친 정보의 어떤 통합을 요구한다.

연구자들은 모든 이러한 정보를 이용하여 연구대상이 검사표의 각 항목에 대답한 성향에 따라서 각 항목에 0점에서 2점까지의 점수를 부여한다. 0은 사이코패스 성향

92) R. D. Hare, Psychopathy: A clinical construct whose time has come, Criminal Justice and Behavior,23, 25-54.

의 일관적인 부존재, 1은 비일관성, 2는 일관적인 존재를 의미한다. 채점은 평가자가 대상자의 기관 파일을 검토하고 대상자와의 광범위한 면담을 실시한 후에 그 내용들을 바탕으로 이루어진다. PCL-R의 총점은 0점에서 40점까지이며 해어는 30이상의 점수를 사이코패스로서 규정하였으며 21-29사이의 점수를 가진 사람들은 사이코패스의 많은 특징을 보여주는 중간대상으로 분류해야 한다고 권고했다. 한편, 21이하의 점수들은 비 사이코패스로 진단하였다.[93] 또는 어떤 연구나 임상적 상황에서는 25-33의 범위에 해당하는 점수가 사이코패스 여부에 대한 경계점수로서 사용되었다.

지금까지의 연구는 범죄적 사이코패스와 범죄적 비 사이코패스를 구분하기 위해서, 그리고 범죄자의 위험평가에 참여한 교정학자와 법 심리학자들을 돕기 위해 PCL-R의 신뢰도와 타당도를 강력하게 지원해 왔다. 또한 이 측정도구는 연구자들과 정신보건 전문가들에게 이론, 연구, 그리고 궁극적인 임상실무를 촉진하는 사이코패스의 평가를 위한 보편적인 척도를 제공하고 있다. 현재 PCL-R은 미국의 백인 남자 중의 사이코패스를 확인하기 위한 강력한 도구일지라도, 전 세계적으로 점점 사이코패스 진단을 위한 임상적 도구로서 사용되고 있다.[94]

흥미있는 연구는 릴리펠드(Scott Liliefeld)와 그의 동료에 의해 이루어진 침팬지 사이코패스 척도이다. 최초의 자료는 이 척도가 침팬지의 사이코패스 같은 행동에 대한 신뢰할만한 도구인 것으로 평가하고 있다. 그들에 의하면, 침팬지들의 사이코패스 같은 행동은 과도한 성적 행동의 표현, 대담한 행동, 괴롭히기, 침묵속의 허세부리기, 그리고 괴팍한 성질부리기 등으로 확인되었다. 이러한 자료들은 사이코패스 인간에 대한 잠재적인 신경생리학적인 기초를 강조한다.[95]

그러나 해어의 사이코패스 평가척도는 북미지역에 국한되어 있고 실제로 영국의 경

93) D. J. Simourd & R. D. Hoge, Criminal psychopathy: A Risk-and -need perspective, Criminal Justice and Behavior,26, 90-106.

94) R. d. Hare, D. Clarke, M. Grann, & D. Thornton, Psychopathy and the predictive validity of the PCL-R:An international perspective, Behavioral Science & the Law,18, 623-645.

95) S. O. Liliefeld, J. Gershon, M. Duke, L. Marion, & F. B. M. de Wall, A preliminary investigation of the construct of psychopathic personality(psychopathy) in chimpanzees, Journal of Comparative Psychology, 113, 365-598.

우에는 25점을 사이코패스 진단 경계점으로 한다는 점에서 지역차를 발견할 수 있다. 한국의 경우 한국판 표준화작업을 통해 재범 위험성이 높은 사이코패스를 변별하는 기준점을 25점이라고 발표한 연구가 있다.[96)]

(4) 사이코패스의 핵심요인

PCL-R에 대한 연구로부터 사이코패시는 여러 가지 요인들이 복합적으로 작용하는 다차원적 성질을 가지고 있다는 것을 알 수 있다. PCL-R상의 사이코패시 평가요소들에 대한 요인분석에 의하면, 사이코패시의 구성요인들은 다음과 같이 분류된다.

1) 두 가지 요인 입장

해어는 PCl-R의 요인구조와 관련하여 대인관계/정서성 요인과 사회적 일탈(요인 2)이라는 두 가지 요인에 의해 진단될 수 있다는 입장을 취하였다. 요인 1은 무가책성, 냉담함, 이기주의적 행동과 교묘한 속이기 등을 측정하는 항목으로 구성되었다. 요인 1에 의해 진단되는 전형적인 사이코패스는 자신의 욕구를 충족시키기 위해서 타인들을 치밀하게 이용하는 것에 대해 전혀 가책을 느끼지 않는다. 요인 2는 무계획성, 충동성, 과도한 자극추구, 지루함에 약한 경향(인내심 부족), 그리고 현실적인 목표의 결여 등의 특징을 가진 사회적으로 일탈적인 생활스타일과 아주 밀접하게 관련이 있다.

연구자들에 의하면, 요인 1은 계획적인 약탈적 폭력행위와 결합되고, 반면에 요인2는 자연발생적이고 충동적인 폭력행위를 유발하는 요인으로 작용한다. 또한 요인 1은 심리요법과 치료프로그램에 의해서도 도움을 받지 못하고 저항하는 것이 특징이다. 한편, 요인 2는 사회경제적 지위, 교육적 성취, 그리고 문화/인류적 배경에 관련이 있고, 요인 1은 생물심리학적 영향요인들에 더 관련이 있다. 따라서 요인 1은 요인 2보다는 사이코패시의 더 강력한 지표라는 것이 학자들의 견해이고, 요인 1은 일반적으로 사이코패시를 확인하는 더 나은 지표인 반면에 요인 2는 일반적인 재범률과 폭력적인 재범률을 예측하는 데 더 나은 지표인 것으로 판명되었다.

96) 이수정 · 고려진 · 김재경, 한국판 Psychopathy Checklist-Revised(PCL-R)의 구성타당도 연구, 한국심리학회, vol.23, no.3, 2009, 57-71면.

2) 세 가지 요인 입장

사이코패스의 행동은 너무나 다양하여 한 가지 또는 두 가지 차원으로 설명하는데는 한계가 있다. 쿠크와 미치(Cooke & Michie)는 전통적인 두 요인 설명방법에 도전하여 사이코패시를 다음과 같은 세 가지 차원으로 분류했다. 3요인 모형은 PCL-R의 13개문항으로 구성되고 13개 문항은 정서적 요인(요인1), 대인관계적 요인(요인2), 행동적 요인(요인3)으로 구분된다.

요인1은 과도한 자존심, 유창한 언변, 외관상의 매력, 거짓말하기, 교활함, 교묘한 속임수와 사기행각 등을 포함하는 거만하고 사기적인 대인관계 스타일을 말하고(이 차원은 인상관리로서 언급되기도 한다), 요인2는 후회심 결여, 죄책감 부재, 양심부재, 걱정부재, 두려움 부재, 냉담함, 감정이입부재, 그리고 자신의 행동에 대한 책임 회피 등으로 특징지어지는 애정적 또는 정서적 경험의 결핍을 대표한다. 요인3은 무계획성, 장기목표의 부재, 자극추구, 불만족스러운 일 습관, 식객같은 생활스타일 등을 포함하는 충동적이고 무책임한 행동 스타일(배우자, 친구, 그리고 부모들 등과 같은 사람들과 결별생활)등의 특징적인 행동들을 포함한다.

3) 네 가지 차원 입장

해어 (Hare, Parker, & Sitarenios) 등은 대규모의 자료를 가지고 주요인 분석과 확인적 요인분석의 방법을 모두 사용하여 18개의 문항으로 이루어진 4요인 모형이 PCL-R의 최적모형이라고 결론을 내렸다. 4요인 모형은 대인관계요인(요인1), 정서요인(요인2), 생활양식요인(요인3), 반사회성요인(요인4)으로 구성되었다. 4요인 입장은 사이코패스의 특징을 가진 개인들이 흔히 폭력과 기타 다양한 반사회적 행동유형을 나타낸다는 발견에 기초하고 있다. 4요인 입장은 한국판 재범예측 도구로서 사이코패스의 진단에 활용되고 있다.

4) 재범률

사이코패시의 실태연구에 의하면, 사이코패스들의 재범률이 대단히 높다는 것이다. 재범이란 범행을 중단시키거나 교화하기 위해 사용된 기법에 관계없이 사이코패스들이 반복적으로 범죄를 범하는 것을 말한다. 포터(Porter) 등에 의하면, 사이코패스들은 재범기간의 간격이 짧고 가석방을 조기에 위반하는 등으로 일반범죄자들보다 폭력범죄를 범하는 경향이 강하다.

연방교도소에서 석방된 299명의 남성 범죄자들을 8년 동안 추적한 결과 사이코패스의 65%가 3년 이내에 재범을 하는 것으로 확인 되었으나 일반범죄자들의 재범률은 20%에 지나지 않았다.[97] 퀸제이(Quinsey, Rice & Harris)등에 의하면, 교도소에서 석방된 지 6년 이내에 사이코패스들의 80% 이상이 성폭력범죄를 범하는 것으로 확인된 반면에 일반성범죄자들의 성폭력 범죄 재범률은 20%에 지나지 않아 사이코패스들의 재범률이 4배나 높았다.[98] 또한 높은 재범률은 남자 청소년 사이코패스의 특징이기도 하다. 성인과 청소년 사이코패스 모두가 재범률이 높다는 것은 행동과학이 사이코패스들을 치료하기 위해서 제공할 수 있는 아무런 기법도 없다는 것을 의미한다. 사이코패스들은 자신들의 문제행동을 고칠 생각이 전혀 없고 정신병리학의 본질과 범위에 관한 지적인 수준이 미흡하기 때문에 그들을 치료할 방법이 없다.

Section 5 인간의 공격성과 범죄

1. 인간의 공격성

(1) 들어가며

인간의 공격성과 폭력성에 관한 증거는 오랜 역사속에서 광범하게 발견된다. 인간의 역사가 기록되기 시작한 때로부터 5,600년은 14,600번의 전쟁이 있었다고 기록하고 있는 데, 이는 매년 2.6번 이상의 전쟁을 했다는 계산이 나온다. 이러한 전쟁의 역사는 인간의 공격성과 폭력성을 보여주는 명백한 증거라고 볼 수 있다. 인간의 공격성은 오늘날 폭력적인 테러리즘이나 폭력범죄의 설명을 위한 중요한 요인으로 주목받고 있다.

---

97) R. C. Serin & N. L. Amos, The role of psychopathy in the assessment of dangerousness, International Journal of Law & Psychiatry, 18, 1995, 231-238.

98) V. J. Quinsey, M. E. Rice & G. T. Harris, Actuarial prediction of sexual recidivism, Journal of Interpersonal Violence, 10, 1995, 85-105.

출처 : Naver 뉴스

인간의 공격성에 관한 다양한 연구를 통하여 심리학자들은 폭력범죄와 비폭력범죄 모두의 이해에 상당한 기여를 했다. 인간의 공격성이 본능적인가, 생물학적인가. 학습의 결과인가 또는 이러한 특징들의 어떤 결합의 결과인가라는 점은 범죄와 관련된 연구의 중심을 이루고 있다. 그 원인이 무엇이냐에 따라 인간의 공격성을 통제하기 위하여 설계되는 대안이 달라진다.

어떤 연구자들은 공격적 행동이란 과거 진화적 요인의 잔재인 생물학적, 유전적인 요인의 영향 결과라고 주장하는가 하면, 또 다른 연구자들은 인간의 공격성이 다른 동물들과는 달리 사회환경으로부터의 학습의 결과라는 입장을 취한다. 어떤 연구자들은 인간의 공격성이 유전적인 측면도 있고, 학습의 결과라는 측면도 있다고 주장한다.[99] 동물의 공격행동은 종의 생존을 위해 유전자에 기록된 생물학적인 포로그램에 따른 행동이지만, 복잡하고 정교한 두뇌를 가진 인간은 사상, 관념, 신념과 학습에 크게 의존한다. 학자들은 유전적인 프로그램이 인간행동에 영향을 미치는 정도에 대한 견해를 달리한다. 그러나 연구자들은 8살 아동의 공격행동 수준을 관찰한 결과. 남녀 구분 없이 성인이 되어도 그 수준이 변하지 않는다는 점을 들어 유전적인 요인을 강조한다.[100]

(2) 공격성의 개념

인간의 공격성에 대한 개념은 학자마다 견해를 달리한다. 사회심리학자들의 노력에도 불구하고, 일치된 개념이 정립되지 못하였다. 공격성에 대한 개념정의는 공격행동이 의도적인 것이냐에 따라 견해가 엇갈린다. 베르코비츠(Leonard Berkowitz)는 공격을 어떤 사람이나 대상에 대해 해를 끼치려는 의도를 가진 행동으로 정의함으로써 공격의 의도를 중요시 했다.[101] 바론(Baron) 역시 공격성은 다른 생명체를 해치려는 목

99) Bartol & Bartol, op.cit., p.142.

100) K. Kokko & L. Pulkkinen, Stability of aggressive behavior from childhood to middle age in women and men, Aggressive Behavior, 31, 2005, 485-497.

101) Leonard Berkowitz, Some determinants of impulsive aggression: The role of mediated associations with reinforcements for aggression, Psychological Bulletin81, 1974, pp.165-176.

적을 가진 모든 행동으로 정의했다.[102] 여기에서 목적이라는 말의 의미는 행동이 아주 의도적이라는 것을 의미한다. 이처럼 인간의 공격성의 원인이 무엇이든 공격성에 대한 가장 고전적인 정의에 따르면, 공격행동은 어떤 사람을 해치려는 의도에 의해 가해지는 행동을 가르킨다. 즉, 공격성이란 육체적 또는 사회적으로 다른 사람을 해치거나 물건을 파괴하기 위한 의도와 시도라는 것이다.

그러나 공격행동을 의도가 개입된 행위에 한정하는 것은 공격행동을 제대로 파악하지 못한다는 반대의견이 만만치 않다. 실제로 공격행위는 행위자가 공격동기를 숨기거나 무의식적 동기에 의해 공격행동을 할 경우에 행위자의 의도를 확인하기 어려우며, 의도는 행동결과를 보고 추론할 뿐이라는 주장으로 인해 논쟁의 대상이 된 것이다. 따라서 질먼(Zillmann)은 공격자의 의도를 전제하지 않고 공격행동이란 단순히 제삼자에게 신체적 혹은 물리적 해를 주려는 시도라고 정의하였다.[103] 바스(Buss)는 관찰가능한 행동을 판단의 기준으로 선택하여 대인간의 상황에서 상대방에게 유해한 자극을 가하는 행위로 공격성을 정의함으로써 의도의 개념을 배제했다.[104] 반두라(Albert Bandura)는 한 걸음 더 나아가 공격행위에 대한 평가자의 입장을 중시해서 행위자보다 평가자가 공격적이라고 판단하는 가해적이며 공격적인 행동을 공격성에 의한 행동으로 정의했다.[105] 반두라의 정의는 폭력행위를 하고도 부인하는 행위자보다 증인의 증언을 더 중요시하는 형사법적 측면에서도 의미있는 정의이다.

그러나 최근에는 다시 의도성이 공격행동의 정의에서 중요한 요소로 부각되기 시작했다. 의도성을 배제하고는 공격성을 논의하기가 불가능하다는 인식 때문이다. 특히 사람을 해치는 폭력행위를 했을 경우에 의도가 없이 우연히 발생한 사건을 공격성에 의한 행위라고 규정하는 것은 타당하지 않다는 것이다. 따라서 오늘날 공격행동은 일반적으로 다른 사람을 신체적 혹은 언어적으로 해치려는 의도에 의해 실행된 행동으로 정의된다.

---

102) R.A. Baron, The reduction of human aggression: A field study of the influence of incompatible reactions, Journal of Applied Social Psychology 6, 1976, pp.260-274.

103) D. Zillmann, Exicitation transfer in communication-mediated aggressive behavior, Journal of Experimental Social Psychology 7, 1971, pp.419-434.

104) A.H. Buss, The psychology of aggression, New York: Wiley, 1961. p.27.

105) Albert Bandura, Aggression:A social learning analysis, Englewood Cliffs, NJ:Prentice Hall, 1973, p.57.

(3) 적대적 공격과 도구적 공격

인간의 공격성에 대한 개념은 다음과 같은 두 가지 유형, 즉, 적대적 공격과 도구적 공격을 이해하는 것이 유용하다. 페시바크(Feshbach)는 인간의 공격행동을 적대적 공격행동과 도구적 공격행동으로 구분했다.[106] 이 두 공격행동은 공격 행동의 결과 달성하게 되는 목표 또는 보상에 의해 구분된다.

출처 : 연합뉴스

적대적 공격행동은 실제로 또는 인지된 모욕, 물리적 공격이나 자기 자신의 실패와 같은 분노유발 조건에 대한 반응으로 발생하며 공격의 목표는 피해자에게 고통을 주기 위한 것이다. 현실적으로 공격과 적대감, 그리고 분노는 흔히 동반관계에 있기 때문에 스필버거(Spielberger) 등은 아하 증후군(AHA: Agression, Hostility, Anger Syndrome)으로 통칭했다.[107] 인간의 분노는 상대방에 대한 적대감을 불러일으키고 공격행위로 이어지기 때문이다. 적대적 공격행동은 분노와 충동 때문에 다른 사람들을 공격한다는 측면에서 정서적 공격행동이라고도 한다. 그러나 이들은 독립적으로 공격행위를 유발하기도 한다. 적대적 공격은 대부분의 살인, 강간, 기타 폭력범죄처럼 피해자에게 위해를 과하는 행동이 해당된다.

반면에 도구적 공격행동은 다른 사람들이 소유하고 있는 재물이나 지위에 대한 욕망이나 경쟁으로 인해 발생한다. 즉, 돈, 보석, 사회적 인정, 자존감 유지 등과 같은 목적을 달성하기 위해서 상대방을 공격하게 된다. 도구적 공격행동은 비용에 관계없이 바라는 목표달성을 지향하며 강도, 절도, 약탈 그리고 다양한 화이트 칼라 범죄의 수단이 된다. 강도범이나 약탈범은 재물을 빼앗기 위해 공격행동을 하지 처음부터 사람을 해치기 위한 공격행동을 하지는 않는다. 그러나 범죄자의 목표달성을 방해하는 사람에 대해서는 피해자를 해치는 행동을 할 수 있다. 그러한 의미에서 강도범은 살인행위를 하게 되지만, 공격 그 자체는 역시 도구적이다.

심리학자들은 적대적 공격과 도구적 공격을 구분하지만, 범죄에 대한 책임이 관련

---

106) S. Feshbach, the function of aggression and the regulation of aggressive drive, Psychological Review, 47, 1964, 257-272.

107) 민경환, 앞의 책, pp.362-363.

되는 한 법적으로는 구분하지 않는다. 현실에서는 적대적 행동과 도구적 행동을 구분하기 어려운 경우가 많다. 미국 남부 지방의 백인들이 흑인들을 자주 공격하는 것은 인종 편견 등 흑인에 대한 적대감의 표현이기도 하지만, 남부지방은 경제사정이 좋지 않아 일자리가 적은 형편인데 이를 놓고 흑인들과 경쟁을 하는 문제가 공격행동을 유발한다는 조사 결과는 공격행동의 유형을 구분하기 어렵게 한다.

어떤 학자들은 엄격한 적대적-도구적 행동의 이분법은 오류라고 주장한다. 부쉬먼과 앤더슨(Bushman & Anderson)은 이러한 이분법적 분류가 많은 공격적 행동이 복수의 동기에 의해 유발된다는 사실을 고려하지 못한다고 지적한다.[108] 더욱이 통제된 공격적 행동과 충동적이고 자동적인 공격적 행동을 양 극단으로 하는 연속선 상에서 공격적 행동이 파악된다면, 더 잘 이해될 수 있다는 것이다. 적대적-도구적 공격 이분법은 이론개발의 초기 단계에는 유용하지만, 다양한 유형의 공격적 행동을 이해하기 위해서는 더 많은 인지적 접근으로 이동해야 될 때가 되었다는 주장이 제기되고 있다.

2. 인간의 공격성에 대한 이론적 관점

(1) 정신분석적-정신역학적 관점

출처 : Book Daily

행동과학자들과 사회 과학자들은 인간이 공격성을 가지고 태어나며 본래 폭력적인지 또는 사람마다 공격성에 있어서 상대적인지에 대해 반세기 이상 논쟁을 벌여 왔다. 정신역학 이론가들은 인간이 외부의 침입으로부터 자신과 가족, 그리고 영역을 보호하기 위하여 공격성을 가지고 태어났다는 입장을 취한다. 즉, 정신역학 이론가들은 인간이란 그 본질상 항상 충동적인 공격성향을 지니고 있어서 이러한 충동이 적절하게 관리되지 못하거나 통제되지 않으면 폭력행동을 범하기 쉽다고 주장한다.

정신분석학의 아버지라고 하는 프로이드는 인간이

108) R. L. Bushman & C. A. Anderson, Is it time to pull the plug on the hostile versus instrumental aggression dichotomy, Psychological Review, 108, 2001, 273-279.

란 위험한 수준에 도달하기 전에 소모시켜야 하는 태어날 때부터 축적되어 온 공격 에너지를 분출하기 쉬운 존재라고 보았다. 이는 수압이 어느 수준에 도달하면 기계가 작동하는 것과 같이 공격 에너지가 어느 수준 이상을 넘어서면 에너지가 다양한 형태로 폭발하게 된다는 측면에서 정신역학적(psychodynamic), 또는 수압식 모델(hydraulic model)이라고 한다. 이 모델에 의하면, 과도한 압력이 인간 정신세계에 가해지면 폭력행동을 포함할 수 있는 장광설과 같은 형태로 폭발하기 쉽다. 전통적인 프로이드의 관점에 의하면, 장광설에 빠진 사람은 과도한 수준의 공격적 에너지를 소모시키기 위해 폭력을 행사할 수 있다.

프로이드는 모든 형태의 폭력을 이러한 공격적 에너지의 분출형태라고 주장했다. 인간 내부 에너지는 정화(catharsis)라고 하는 과정을 통하여 적절하게 분출되지 못하면 위험한 수준에까지 축적된다. 폭력범죄를 범하는 사람들은 공격 에너지를 소모시킬 충분한 기회를 얻지 못함으로써 그것을 관리가능한 수준으로 유지하지 못하는 사람들이다. 따라서 정화를 위한 적절하고 다양한 창구가 인간이라는 동물에게 제공되어야 폭력범죄가 통제될 수 있다. 따라서 스포츠나 스카이다이빙, 스쿠버다이빙, 등산 등이 필요하게 되는 것이다.

(2) 동물행동학적 관점(Ethological viewpoints)

출처 : Daum

동물행동학은 동물의 자연적 습관을 통하여 동물행동을 연구하고 그 결과를 인간행동과 비교하는 분야이다. 1960년대 중반에 많은 동물학자들은 일반대중의 관심을 불러일으키고 마음에 와 닿는 저서와 논문을 발표하였다. 그 대표적인 학자들은 로렌쯔(Konald Lorenz), 아드레이(Robert Ardrey), 그리고 모리스(Desmond Morris) 등 세 사람이었다. 특히 로렌쯔는 공격성에 관한 동물행동학의 이론정립을 위한 대변인 역할을 수행했다. 노벨 생물학상의 영예를 차지한 로렌쯔(Lorenz)는 공격성이란 인간과 동물 모두의 유전적 본능이라고 확신했다. 공격성은 동물과 인간 모두 생존을 위한 수단이다. 만약 생존 영역이 침해된다면 본능적 또는 유전적으로 프로그램된 반응이 침입자에 대해 공격을 하거나 적어도 공격적 행동을 증가시키게 된다.

영역침해자에 대한 공격성향은 자신의 영역을 방어하겠다는 영역성(teritoriality)을 의미한다. 로렌쯔는 인간이나 동물의 공격성이 길고 복잡한 진화과정을 통하여 발전된 선천적인 성향이라고 확신했다. 동일한 종사이의 본능적인 공격성은 종족과잉을 예방하고 가장 강력하고 우수한 짝을 보장한다. 종족간의 공격은 실제 생명을 건 폭력이 아니라 힘과 우수성을 복잡한 형태로 과시하는 데 지나지 않는다. 이를 의식화된 공격(ritualized aggression)이라고 한다.[109)]

로렌쯔와 기타 동물행동학자들은 인간은 동물세계의 부분이고 많은 점에서 동물행동의 기본 원칙을 추종하기 때문에 인간의 공격성을 이해하려고 하기 전에 동물 공격성을 이해하는 것이 중요하다고 주장한다. 말하자면, 동물행동학자들은 공격성이 인간과 동물사이의 정도상의 차이라는 다윈의 관점에 동의한다.

로렌쯔는 범죄행동과 관련하여 더 유의한 쟁점을 제기한다. 인간은 공격행동을 금지하는 진화과정을 훨씬 앞서 왔다는 점이다. 자연적인 무기와 의식화된 공격성과 같은 종족보존기능 대신에 인간은 기술적인 무기를 개발해 왔다는 점이다. 따라서 동물행동학자들은 인간이 동족을 무자비하게 살상하는 이유를 바로 인간의 무기개발에서 찾을 수 있다고 확신한다. 즉, 인간은 의식화된 종족보존행동을 하는 것이 아니라 뛰어난 학습행동을 통하여 동족을 전멸시키는 능력을 개발해 왔다는 것이다.[110)]

동물행동학자들의 주장은 흥미롭지만, 인간의 공격성에 대한 연구에서는 지지를 받지 못한다. 로렌쯔의 관점은 동물과 인간 사이의 강력한 유추에 의존하고 있다는 점이 하나의 큰 문제로 지적된다. 로렌쯔는 회색 기러기가 인간행동과 아주 유사하다고 주장했지만, 인간은 회색기러기와는 달리 두뇌가 현저하게 뛰어나고 행동결정에 있어 본능에 그렇게 많이 의존하지 않는다는 점에 결정적인 차이가 있다. 인간의 사고과정, 동기, 그리고 행동에 대한 통제능력은 인간의 고유한 특징이다.[111)]

동물행동학자들의 주장은 과학적인 연구에 의한 지지를 받지 못한다. 동물행동학 이론은 과학적 연구의 오류라고 언급되기도 한다. 따라서 오늘날 인간을 선천적으로 위험하고 동물적이며 또는 본능에 의해 통제되는 존재로 규정할 수 있는 정당한 증거는 거의

109) Bartol & Bartol, op.cit., p.147.
110) 조철옥, 현대범죄학, 190-191면.
111) A. Bandura, Human agency in social cognitive theory, American Psychologist, 44, 198, 1175-1184.

없다.

오늘날 동물행동학적인 관점은 진화심리학으로 발전하고 있다. 진화심리학(evolutionary psychology)은 자연도태 원칙에 의해 행동 진화를 연구한다. 인간의 진화 역사는 인간의 인지와 행동을 이해하기 위한 근본적인 틀을 제공한다. 여기에서 기억해야 할 중요한 사항은 진화 심리학이 공격성을 병리현상으로 보는 것이 아니라 특히 인간의 경우에 정상적인 행동으로 본다는 점이다.[112)]

(3) 좌절-공격 가설

1) 달라드(Dollard)의 공격가설

예일대학교의 심리학자 그룹인 존 달라드(John Dollard)와 그의 동료들은 인간이 좌절하면 공격적인 행동을 하게 된다고 주장했다. 이러한 주장에 대한 이해를 위해 프로이드의 공격 추동이론을 먼저 살펴 볼 필요성을 제기한다. 프로이드는 노년기에 제1차 세계대전의 참상을 목격하면서 공격 혹은 죽음의 추동인 타나토스(thanatos)가 인간 내부에 존재한다고 가정했다. 본래 타나토스는 그리스 신화에서 죽음의 신을 지칭하는 용어로서, 프로이드는 인간의 내부에 생의 추동인 리비도(libido) 뿐만 아니라 죽음의 추동인 타나토스도 존재하기 때문에 엄청난 파괴를 저지를 수 있다고 보았다. 사람들에게는 자기파괴적인 죽음의 욕망이 있으며, 그러한 죽음의 욕망을 타인에게 전가시키려는 자기보호적인 본능 때문에 공격행동이 표출된다는 것이다. 공격행동은 사회적으로 인정받는 방식으로 표출되기도 하고, 반사회적인 방식, 즉, 폭력범죄처럼 표출될 수도 있다. 또한 공격성은 타인에게 행하는 경우가 보통이지만, 자살처럼 자신에게도 가해질 수 있다. 인간이 타인에게 공격적 행동을 하는 것은 자기파괴적인 죽음본능에서 비롯되는 대안적인 행동이다. 타인에 대한 공격은 죽음의 욕망을 자신에게서 외부로 향하게 하는 것이다. 프로이드는 전쟁의 필연성에 관한 아인슈타인과의 편지에서 공격적 행동을 통해서 공격적 충동의 감소는 자기보존을 위해 불가피하다고 주장했다.[113)]

---

112) P. Spallone, The new biology of violence:New geneticism for old? Body and Society,4, 1998, 47-65.

113) Russel G. Green and Michael B. Quanty, The Catharsis of Aggression: An Evaluative of a Hypothesis, *Advances in Experimental Socialpsychology, 10*, 1977, pp.1-37.

"죽음의 본능이 외부로 향한다면 그것은 파괴적인 본능으로 전환된다. 생명체는 외부의 대상을 파괴함으로써 그 자신의 보존을 유지할 수 있다. 죽음의 본능이 외부세계에 대한 파괴로 전환한다면, 생명체는 위안을 받고 이로운 결과를 얻게 될 것이다. 이러한 행동은 우리 모두가 투쟁하는 모든 추하고 위험한 충동에 대한 생물학적 정당화로 작용한다."[114)]

1939년 프로이드 사망 이후 예일대학교의 심리학자들 그룹은 공격행동이 욕구좌절의 직접적인 결과라고 주장했다. 이 가설은 달라드(John Dollard) 등에 의해 프로이드의 공격추동 개념을 학습심리학의 틀 속에서 개념화한 것이다. 프로이드는 공격추동을 본능과 같이 타고난 것으로서 공격행동의 표출에 아무런 선행조건이 필요 없다고 주장하였으나 좌절-공격 가설에서는 욕구의 좌절을 공격행동의 표출에 있어서 필수적인 선행조건으로 보았다.[115)] 즉, 이 가설에서는 욕구의 좌절이 공격추동을 유발하고, 유발된 공격추동은 공격행동을 함으로써 감소한다는 것이다. 이러한 논리는 공격감소가 인간 내부의 긴장을 감소시킨다는 프로이드의 관점과 별로 다를 것이 없다. 예컨대, 이는 마치 음식을 먹지 않아 먹고 싶다는 욕구가 발생하고, 음식을 먹으면 음식욕구가 사라지는 것과 같은 원리이다.

욕구좌절-공격 가설은 경험적 연구에서 일관된 지지를 받지 못하였다. 연구자들에 의하면, 공격행동은 달라드와 그의 동료들이 주장하는 것보다 훨씬 복잡한 현상이라는 사실을 발견했다. 어떤 연구에서는 욕구가 좌절된 사람이 바로 상대방에게 공격을 과하는 결과를 얻었으나 다른 연구에서는 욕구좌절이 반드시 공격행위를 유발하는 것은 아니라는 사실을 발견하였다. 욕구 좌절이 바로 공격행동으로 연결되지 않는 이유는 학자마다 견해가 다르다. 좌절된 사람이 상대방을 공격하려해도 상대방이 너무 힘이 강하거나 지위에 차이가 있어 공격할 방법이 없거나 오히려 공격으로 인해 자신에게 돌아올 손해가 더 크다고 생각되면 공격을 회피하거나 합리화의 메커니즘을 동원할 수도 있다. 또는 공격의 기회가 생기기를 기다리면서 공격을 연기할 수도 있다.

114) S. Freud, Why war?in P. Reiff(ed.), Freud: Chapter and culture, New York: Collier, 1963, p.143.

115) Leonard Berkowitz, The concept of aggressive drives: Some Additional Considerations, *Advances in Experimental Social Psychology, 2*, 1965, p.303.

2) 베르코비츠의 좌절-분노-공격가설

베르코비츠(Berkowitz)는 좌절-공격 가설을 수정하여 좌절-분노-공격 가설을 제안함으로써 이를 수정된 좌절-공격가설이라고 한다. 좌절-분노-공격 가설의 핵심은 좌절이 항상 공격을 유발하지는 않고 좌절로 인해 분노가 강하게 촉발되었을 경우에 공격행동으로 이어진다는 것이다.116)

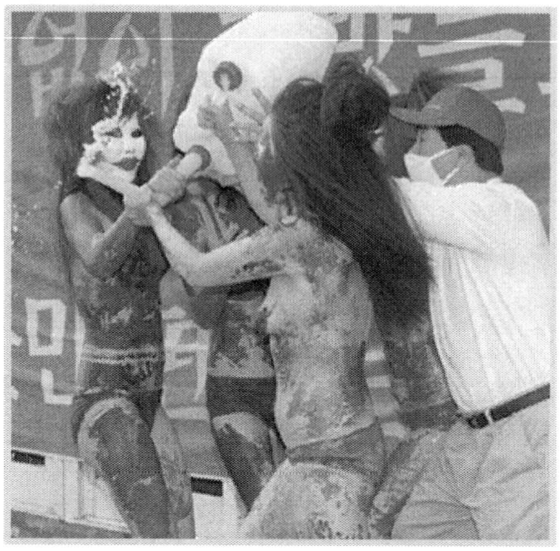

출처 : http://son5gong77blogme/80130535978

좌절은 인간이 분노하고 공격적으로 행동할 확률을 증가시킨다. 좌절에 의해 유발된 분노는 공격적 행위를 위한 준비상태를 형성하는 기능을 한다. 공격은 물리적 또는 언어적 폭력과 같이 명시적으로 이루어지거나 어떤 사람이 죽기를 소망하는 것과 같이 암묵적으로 이루어진다. 또한 아무리 공격 준비가 되어 있다 해도 분노가 공격으로 연결되기 위해서는 그것을 유발한 대상과 결합된 적절한 자극이 있어야 한다. 즉, 분노를 유발한 자극이 공격할만한 가치가 있고 분노의 강도나 공격적 습관의 강도가 클 경우에 좌절에 의한 분노는 공격적 행동으로 이어진다. 간단히 말해, 분노에 의한 공격행동은 분노의 강도가 크고 자극대상에 대한 공격적 가치가 또한 커서 인간의 통제능력을 압도할 경우에 발생한다는 것이다.117)

또한 좌절이 바로 공격행동으로 연결되지 않는 것처럼 분노했다고 해서 바로 공격행동으로 발전하는 것은 아니다. 인간은 가슴이 아프고 쓰리더라도 분노를 감추거나 통제하는 능력을 가진 합리적인 존재이기 때문이다. 좌절된 사람은 자신을 분노하게 한 사람이 지위가 높거나 권력자일 경우에 공격적 충동을 감추거나 억제한다. 또한 공격적인 행동에 대해 죄의식이 큰 사람도 공격행동을 억제한다. 분노를 유발한 직장상사에 대해 공격을 할 수 없는 경우에 분노유발과 관계없거나 물 접시를 뒤집어 엎은 애완동물에게 상사 대신에 공격을 과하는 현상이 발생하는 데 이를 공격대체 이론(displaced aggression theory)이라고 한다. 보스가 어려운 과업을 완수한 부하의 업적을 인정하지 않고 질책만 늘어놓을 경우에 보스는 공격을 받을만한 분노의 대상이지

116) Ibid., p.308.
117) Ibid., p.308.

만, 부하는 그에 대해 공격행동을 할 수 없기 때문에 아무 잘못도 없거나 가벼운 잘못을 한 고양이에게 분노를 폭발하게 된다. 공격대체는 대상이 아무런 잘못도 없지만 부적당한 시간에 부적당한 장소에 있는 경우에 발생한다.[118)]

좌절- 분노- 공격 이론은 분노가 잠재적으로 공격행동을 불러일으키는 유일한 정서가 아니라는 관점을 받아들인다. 고통이나 성적 흥분과 같은 혐오스런 조건들이 역시 공격적인 행동을 유발할 수 있다는 것이다. 말하자면, 사람이 외부의 자극으로 인해 화가 나면 생리적으로 흥분상태가 되는 공격적인 각성(aggressive arousal)에 의해 공격적 행동을 하게 된다는 것이다. 따라서 수정된 좌절-공격 가설은 기대되는 목표 또는 기대수준의 개념을 강조한다. 인간은 특정목표를 지향하는 행동이 저지당할 때, 좌절에 빠지기 쉽다. 단지 선의의 박탈이 반드시 좌절을 가져오지는 않는다. 박탈된 조건 하에서 사는 사람들이 실제로 더 나은 무엇을 기대하는 것이 없으면 좌절에 빠지지 않을 것이다. 그러나 분노가 잠재적으로 공격행동을 유발하는 유일한 정서는 아니다. 고통이나 성적 흥분과 같은 생리적 흥분상태인 각성이 공격행동의 매개변수이며 선행조건이 된다.[119)]

3) 정화가설과 공격성

출처 : 책을 사랑하는 기술

정화는 인간의 분노나 감정 등이 어떤 일로 깨끗하게 없어지는 현상을 말한다. 공격성에 대한 정화가설 역시 실제로 공격을 하지 않고도 공격행동을 한 것과 같이 마음이 만족스럽게 되는 상태를 말한다.

인간의 공격성에 대한 정화가설(catharsis hypothesis)은 히스테리를 치료하기 위해 사용된 프로이드의 아이디어에 그 기원을 두고 있다. 히스테리 치료는 과거에 정신적 장애와 연결된 정서상

---

118) B.J. Bushman, A.m.Bonacci, W.C. Pederson, E.A. Vasquez & N. Miller, Chewing on it can chew you up: Effects of rumination on triggered displaced aggression, Journal of Personality and Social Psychology, 88, 2005, 969-983.

119) Russel G. Green and Michael B. Quanty, op.cit., pp.5-6.

태에 대한 정화를 요구한다. 프로이드는 정신적 충격으로 상처받은 사람이 복수와 같은 적절한 행동을 표출했을 경우에 정화효과가 있다고 주장했다.[120] 복수의 형태는 육체적일 수도 있고 언어적일 수도 있다. 복수가 어떤 형태로 이루어지든 어떤 형태의 공격적 반응보다 효과적이다. 프로이드는 히스테리의 치료를 위해서 분노를 숨기는 것보다는 표출하는 것이 더 낫다는 것을 강조하고 있으며, 분노나 적대감의 억압은 정신적 장애나 고혈압을 초래할 수 있다고 주장했다.

정화가설에 대한 아이디어는 프로이드의 죽음의 욕망에 암시되어 있다. 인간의 신경체계는 자극으로부터 자유롭고 싶어 하며, 유기체는 일정하게 긴장에서 벗어나려고 하기 때문에, 모든 생명의 목표는 죽음 그 자체이며, 죽음의 욕망은 궁극적으로 자기 파괴적이다. 죽음의 본능에서 비롯되는 정신적 에너지는 자기 공격이나 타인 공격을 통해서 해소될 수밖에 없는 긴장을 조성한다.[121] 공격은 공격적인 동기를 감소시키고 참을 수 없는 긴장이 다시 조성될 때까지 추가적인 공격 가능성을 감소시킨다. 다시 말해, 공격적 충동의 표출은 공격적 긴장과 적대감을 약화시키는 일반적인 효과가 있다. 그러므로 공격은 혐오적이며 잠재적으로 해로운 감정과 충동에 대한 정화를 제공하는 기본적으로 유용한 행동이다.

정화가설은 공격성의 추동 이론에서 비롯된 것이다. 좌절하거나 분노의 감정을 경험하는 사람이 다른 사람의 공격행위를 보거나(대리공격) 상대방에 대한 직접적인 공격행동을 통해서 감정이 정화됨으로써 공격추동이 감소된다는 것이다. 다시 말해, 공격추동 입장에서는 직접적이고 신체적인 공격뿐 아니라 대리적인 공격이나 언어적 공격에 의해서도 공격성이 감소할 수 있다고 하는 것이 정화가설이다. 이는 우리가 일반적으로 말하는 카타르시스이다. 스포츠 게임에서 좋아하는 팀이나 선수가 싫어하는 팀이나 선수를 패배시키면 통쾌한 생각이 들고, 그 동안에 상사나 동료 때문에 쌓인 욕구 불만이 사라지는 느낌을 받게 되는 것과 같다. 또는 적대적인 관계에 있는 경쟁자나 상사를 직접 공격하고 싶지만, 법이나 윤리적으로 불가능하여 말로써 비난을 함으로써 욕구불만이 어느 정도 해소되는 것도 카타르시스이다. 그러나 사회학습이론은 인간의 직·간접적인 공격행동 경험이 보상과 처벌에 따라서 강화되기도 하고 감소되기도 한다는 논리를 바탕으로 정화가설과는 견해를 달리한다.

대부분의 경험적 연구결과는 정화가설을 지지해주지 못한다. 오히려 공격행동이 공

120) Russel G. Green and Michel B. Quanty, op.cit, pp.2-3.
121) Ibid.,

출처 : http://cafe.naver.com/bestan

격성을 증가시킨다는 사회학습이론을 지지하는 증거들이 많다. 정화가설은 대중매체의 폭력적인 장면들이 인간의 공격행동을 감소시키는 효과가 있을 것이라는 주장을 뒷받침하는 유력한 가설로 원용되어 왔다. 대중매체속의 공격성 행동을 보면 바로 대리공격적인 경험을 하게 됨으로써 공격추동이 감소될 것이라는 생각에 따른 것이다. 그러나 오늘날 대부분의 연구자들은 대중매체의 폭력장면들이 시청자들의 공격행동을 조장한다는 증거를 제시하고 있다.

(4) 사회학습이론과 공격성

사회학습이론은 인간의 공격성이 공격적인 행동에 대한 관찰과 모방을 통해 학습된다고 하는 입장을 취한다. 공격행동에 대한 모방학습은 공격행동을 하는 모델이 관찰자에게 새로운 공격방법을 학습시키는 효과가 있다. 특히 공격행동을 했지만 처벌받지 않는 모델, 즉, 보상을 받는 모델을 관찰하면, 공격행동을 촉진하게 된다. 범죄자들이 체포와 처벌의 확률이 낮을 경우에 범죄행위를 하게 된다는 논리와 유사하다.

또한 단순히 공격행동을 관찰하는 것만으로도 정서적 흥분이 유발되어 충동적이고 공격적으로 반응하게 된다. TV와 영화, 비디오, 잡지, 비디오 게임몰과 인터넷 등과 같은 대중매체는 공격행동에 관한 풍부한 상징적 모델을 제공한다. 부모들이 공격적이거나 반사회적인 경우에 어린이들이 부모들을 모방하는 행동을 하게 된다는 점에서 부모들도 강력한 모델이 된다. 특히 부모들의 아동에 대한 체벌이 어린이의 공격성과 관련이 있다는 연구결과도 있다.

사회학습이론이 주장하는 공격적 행동의 기초는 공격적인 모델의 행동을 관찰함으로써 또는 직접적인 경험에 의한 학습결과이다. 공격성은 점점 세련되어지고 강화된다. 그러므로 사람들은 공격적인 행동유형을 소유하고 있지만, 공격행동이 기능적인 가치가 없거나 유의한 다른 사람들로부터 용서받지 못한다면 거의 표출되지 않는다.[122] 사회학습 시스템은 생물학적 구조가 학습될 수 있는 공격적 반응유형에 한계를 설정하고 유전적인 요인이 학습 진행률에 영향을 미친다는 사실을 인정한다. 그러

122) Bartol & Bartol, op.cit., p.157.

나 생물학적인 구조가 개인의 특별한 공격적인 행동을 프로그램화하지는 않는다.

(5) 공격성에 관한 인지적 모델

인간의 공격성의 학습에 관한 최근의 인지 모델은 관찰적 학습이 그 과정에 중요한 반면에 개인의 인지적 능력과 정보처리 전략이 똑 같이 중요하다는 가설을 기초로 하고 있다. 공격성에 관한 인지모델은 휴스먼(Rowell Huesmann)이 제시한 인지적 스크립트 모델과 닷지(Kenneth Dodge)와 그의 동료들이 개발한 적대적 귀인 모델이다. 한편, 좌절-공격 가설을 재구성한 베르코비츠의 인지적-신연상 모델 역시 공격성에 관한 인간의 인지 메커니즘의 작용을 중요시한다.

1) 인지적-신연상 모델

출처 : 책을 사랑하는 기술

베르코비츠는 좌절-공격 가설을 재구성하면서 인지적인 요인들의 중요성을 강조했다. 인지적-신연상 모델(Cognitive-Neoassociation Model)은 그 첫 단계에서 혐오스런 사건이 불안이나 불쾌감 같은 부정적인 감정을 야기하는 상황을 전제로 한다. 이러한 부정적인 감정은 육체적 고통이나 심리적 불안에 연유한다. 육체적인 고통은 명백하지만 심리적인 불안은 좀 더 구체화할 필요가 있는데, 예를 들자면, 언어에 의한 인격모욕과 같은 것이다. 육체적 고통이 없지만, 인격 모욕이나 비하 발언은 분노, 기분침체, 또는 슬픔과 같은 부정적인 감정을 유발한다. 이 단계에 인지적 메커니즘은 상황이 혐오스럽다는 직접적인 평가 이상의 아무런 영향을 미치지 못한다. 따라서 어떤 사람들은 더 이상의 검토나 미련 없이 이러한 초기 감정에 따라 즉각적으로 행동할 수가 있으며, 때때로 폭력을 행사할 수 있다. 그러나 다음 단계 동안 인지 메커니즘이 작동하고 초기의 자동적인 반응 다음의 정서적 행동에 상당한 영향을 미치게 된다. 인지적 메커니즘은 적절한 행동노선을 평가하고 조절하는 역할을 한다. 혐오스런 사건으로 흥분상태에 빠진 사람은 불쾌한 사건에 대한 원인을 찾아본다.

또한, 불쾌감의 성질에 대해 깊이 생각해 본 후 자신의 감정과 행동을 통제하려고 한다.[123)]

인지적-신연상 모델은 사람이 좌절로 인해 분노의 감정뿐만 아니라 화나게 만든 사람에 관한 인지(나쁜 사람, 강자와 약자, 비우호적 또는 우호적)를 포함하는 자율신경계와 결합된 생리적 흥분상태가 증폭되면 공격적인 행동으로 발전한다는 점을 강조하는 것이다. 이처럼 베르코비츠는 학습의 중요성을 강조하고 또한 좌절에 반응하는 개인차의 역할을 강조한다.

2) 인지적 스크립트 모델(Cognitive Script Model)

사회인지 이론은 인간을 정보처리체제로 인정하고 인간의 정보처리과정에서 공격적인 행동이 발생한다고 주장한다. 인간의 정보처리는 정보탐색, 해석, 반응탐색, 반응결정, 반응산출의 다섯 단계를 거쳐 진행되며, 각 단계에서 정보처리가 부적절할 경우에 공격행동이 나타난다는 것이다. 정보처리의 각 단계마다 공격적 단서에 관한 정보에 초점을 맞추게 되면 공격적 행동이 유발된다는 것이다.

개인의 정보처리에 중요한 역할을 하는 메커니즘은 스키마와 스크립트이다. 휴스먼(Huesmann)은 스크립트 개념을 적용하여 사회행동은 물론이고 특히 공격적 행동의 경우에 일상적인 경험에 의해 학습되고 기억되는 인지적 스크립트(cognitive scripts)에 의해 통제된다고 주장했다. 스크립트란 환경 속에 어떤 사건이 발생하고, 사람이 그 사건에 어떻게 반응하며, 그 행동의 가능한 결과는 무엇인가를 의미하는 인지적 지도(cognitive map)에 해당한다.[124)] 스크립트는 스키마(schema)의 또 다른 표현이다. 스키마는 어떤 자극에 대한 정보를 처리할 경우에 정보처리방향을 제시해주는 과거에 경험한 자극들로부터 압축된 지식구조이다. 즉, 스키마는 미래의 유사한 자극에 대한 정보처리를 위한 이론적 구조이며 문제해결을 위한 인지구조이다.[125)] 스크립트는 직접적인 경험에 의해 또는 유의한 타인을 관찰함으로써 형성되며, 개인에 따라 다르고 특이하지만, 한번 학습되면 변화하기 어렵고 성인기에 까지 지속된다.[126)] 이를 인지적

123) Ibid, pp.151-152.

124) L.R Huesmann, An information processing models for the development of aggression, Aggressive Behavior, 14, 1988, 13-24.

125) 조철옥, 상벌체계와 원인귀인(causal attribution)에 관한 연구, 고려대학교 대학원 석사논문, 1984, 67-68.

126) B.J. Bushman & C.A. Anderson, Is it time to pull the plug on the hostile versus instrumental aggression dichotomy, Psychological Review, 108, 273-279.

스크립트 모델이라고 한다.

실제로 스크립트는 기억속에 부호화되고 유지될뿐만 아니라 개인이 어떤 문제에 직면할 경우에 더 쉽게 재생되고 이용된다. 더욱이 스크립트의 적합성에 대한 개인의 평가에 따라서 기억 속에 저장될 스크립트가 결정된다. 또한 재생되고 이용될 스크립트가 결정되며, 그리고 계속 이용될 스크립트가 결정된다. 스크립트에 대한 평가는 스크립트의 행동결과에 대한 예측 신뢰도, 개인이 스크립트에 따라서 행동할 수 있다고 판단하는 정도, 그리고 스크립트가 개인의 자기규제와 관련된 내부기준과 일치하는 것으로 판단되는 정도에 따라서 이루어진다. 개인의 내부기준과 모순되거나 배치되는 스크립트는 기억 속에 저장되지 않거나 활용되지 않는다.

공격적인 행동에 반대되는 내부기준과 통합이 결여되거나, 공격적인 행동이 생활방식이라고 확신하는 개인은 공격적인 행동 스크립트를 형성하게 된다. 공격적인 아동은 타인을 공격적으로 반응하게 부추기고 인간성은 본래 공격적이라는 자신의 믿음을 확인한다.

3) 적대적 귀인 편파(hostile attribution bias)

닷지(Dodge)와 그의 동료들은 고도로 공격적인 청소년이 흔히 적대적인 귀인편파 상태에 빠져 있다는 사실을 발견했다. 즉, 폭력지향적인 청소년은 공격성이 낮은 청소년들에 비해 애매한 행동을 적대적이고 위협적인 것으로 해석하는 경향이 강하다는 것이다.

귀인편파란 정보활용의 편파, 또는 수집된 정보활용의 무능력 등으로 환경적 자극에 대한 성격이 잘못 규정되며, 실제로 상대방은 반사회적 행동을 하려는 의도가 없었는데도 정보 부족으로 반사회적 행동으로 발전할 확률이 높다는 해석을 내리고 대응책을 탐색하는 현상을 말한다. 이를 적대적 귀인편파(hostile attribution bias)라고 한다.[127)]

미셀(Walter Mischel)은 공격적인 사람들의 사회인지적 메커니즘 자체가 덜 공격적인 사람들의 그것과는 다르다고 주장했다. 그들은 자신에게 불리한 환경적 변화가 발생하면 상대방의 고의적인 공격적 의도에서 비롯된 것이라고 규정하고 적대적 원인

---

127) K.A. Dodge & J.D. Coie, Social information processing factors in reative and proactive aggression in children's peer groups, Journal of Personality and Social Psychology,53. 1987, 1146-1158.

출처 : 책을 사랑하는 기술

귀인에 의해 역시 공격적인 반응을 선택하게 된다.[128)]

적대적 귀인편파에 빠진 사람들은 진한 붉은색으로 칠한 안경(Blood-red tinted glasses)을 통해서 세상을 보는 경향이 있다. 적대적 귀인편파 상태에 있는 청소년은 남녀를 불문하고 타인의 행동을 공격적이 아닌데도 공격적으로 보는 경우가 보통의 청소년들의 2배에 해당한다.[129)] 반응탐색에 있어서도 정보의 부족이나 편파로 인해 비공격적인 대책 보다 공격적인 행동을 선택하게 되고, 공격적인 대응이 보다 효과적으로 수행될 수 있는 방향으로 정보를 몰아간다.[130)]

어떤 연구에 의하면, 폭력적인 청소년은 사회문제 해결 기술이 부족하고 공격행동을 지원하는 신념을 신봉하는 것으로 밝혀졌다. 그들은 전형적으로 사회문제를 적대적인 방법으로 정의하고 적대적인 목표를 채택한다. 그리고 추가적인 사실을 탐색하는 일이 거의 없고 대안적인 해결책을 모색하지 않으며 공격행동에 대한 결과를 예상하는 일이 거의 없이 그들의 공격적 행동을 최우선시 한다. 공격적인 사람들은 대인관계에서 발생하는 갈등이나 좌절에 대한 대응능력이 부족하고, 욕구충족의 지연이나 감정의 자기조절 능력도 부족하다. 모든 것은 공격적 행위에 의해 해결될 수 있다고 해석한다. 그들은 공격적 행위 그 자체에 가치를 부여하기도 한다. 다른 사람들은 모두 경쟁자이고 그들의 행동은 자신을 공격하는 것이 목적이라고 인지하고 자신도 공격적인 태도와 행동이 최선이라고 생각한다.

적대적 귀인편파는 유치원 단계에서부터 형성되기 시작하고 성인이 되어도 안정적

---

128) Walter Mischel, Introduction to Personality, Orlando, FL: Harcourt Brace Jovanovich College Publishers, 1993, pp.35-45.

129) J.a. Hubbard, K.A. Dodge, A.H.N. Cillessen, J.D.Coie & D. Schwartz, The dyadic nature of social information processing in boy's reactive aggression, Journal of Personality and Social Psychology, 80, 2001, 268-280.

130) Kenneth A Dodge, Social information-processing variables in the development of aggression and altruism and aggression: Social and sociobiological origins, New York:Cambridge University Press, 1982, pp.280-302.

인 형태로 존재한다.[131] 초등학교로부터 중학교까지의 청소년 성장과정을 추적한 연구에 의하면, 다른 학생들이 적대적인 의도를 가지고 있다는 귀인경향은 초등학교 시기의 동료집단의 따돌림과 유의한 관계를 보여주었으며, 중학교 생활동안 공격성이 증가되었다. 동료집단으로부터 따돌림을 당한 공격적인 남자학생들은 높은 적대적 귀인편파 경향을 지속적으로 보여주었으며, 공격성에 대한 사회인지적 결핍현상을 드러냈다. 또한 청소년의 폭력적인 일탈행동에 연루되는 경우가 높아지고 성인 초기의 몇 년 동안에도 지속적인 폭력성향을 나타냈다.

아동들의 동료에 대한 적대적 귀인 편파는 아동에 대한 가정 폭력과 학대가 원인이라는 주장도 제기된다. 어린 나이에 학대를 경험한 아동들은 적대적인 사회적인 단서에 과잉경계하고, 타인의 의도를 적대감에 의한 것으로 인지한다. 따라서 심지어 가벼운 자극에 대해서도 재빨리 보복적인 공격반응을 준비한다. 또한 적대적 귀인편파 상태에 있는 동료집단으로부터 따돌린 아동들은 흔히 다른 학생들에 의해 물리적 공격표적이 되므로 타인의 동기를 더욱 의심하게 된다. 이러한 아동들은 새로 알게 되는 동료를 포함한 광범한 동료집단을 대상으로 적대적 귀인편파 형성이 특히 빨라진다.

블랙번(Blackburn)은 지속적인 성인 범법자의 경우에 자신에게 적대적이고 위협적으로 인지되는 사회환경을 통제하기 위해 범죄를 범한다고 주장했다. 범죄는 단순히 양심이나 자기규제의 결여를 반영하는 것이 아니라 사회환경속에 있는 타인을 통제하고 지배하기 위한 수단이라는 것이다.[132] 바이탈(Vitale)등은 150명의 남자 수형자들을 대상으로 적대적 귀인편파를 조사한 결과 사이코패스들은 다양한 상황에서 일반범죄자들보다 유의할 정도로 적대적 귀인편파를 드러내는 것으로 확인되었다.[133] 적대적인 귀인편파는 자신과 타인, 그리고 세상 그 자체에 대한 부정적인 생각을 가지고 있는 수형자들에게 광범하게 존재한다.

---

131) K.A. Dodge et al., Multi-dimensional latent construct analysis of children's social information processing patterns: Correlation with aggressive behavior problems, Psychological Assessment,14, 2002, 60-73.

132) R. Blackburn, Criminality and the interpersonal circle in mentally disordered offenders, Criminal Justice and Behavior, 89, 1998, 155-176.

133) J.E. Vitale, J.p. Newman, R.C. Serin & D.M. Bolt, Hostile attributions in incarcerated adult male offenders: an exploration of diverse pathways, Aggressive Behavior, 31, 2005, 99-115.

CHAPTER 04

사회구조 이론

Section 1 들어가며

출처 : http://mentorpa가21.blog.me

사회구조란 사회 구성원 사이의 상호작용을 지배하는 제도나 틀, 문화 등을 의미한다. 특정사회의 제도와 문화에 따라서 사회계층과 그들 사이의 관계가 결정되고 또한 다양한 권리와 의무, 기회가 결정된다. 계층사이의 부와 권력의 불평등이 존재한다거나 기회의 불평등이 존재한다는 것은 사회구조 차원에서 풀어야 할 과제에 해당된다.

미국을 비롯한 대부분의 자본주의사회는 부와 권력, 그리고 명예의 불평등으로 특징지어지는 사회적 계층구조를 이루고 있다. 동일한 사회계층에 속하는 사람들은 소망, 태도, 가치 규범, 그리고 생활 스타일 역시 유사하다.[1] 따라서 사회구조이론은 계층화된 사회구조속에서 경제적으로 불리한 계층적 지위구조 그 자체가 범죄의 주된 원인이라고 주장한다. 경제적으로 열악한 지역에 작용하는 사회적 · 경제적 요인들이 그 지역에 거주하고 있는 많은 사람들의 범죄행동의 주된 원인이라는 것이다.[2] 간단히 말해, 사회 · 경제적 요인에 의해 형성된 사회구조가 범죄유발의 원인이라는 것이다.

사회구조이론가들은 범죄의 원인을 심리적 불균형, 생물학적 특질, 사회통제에 대한 둔감, 개인적 선택, 기타 개인적 특질이라고 하는 관점에 동의하지 않는다. 비슷한 사회환경 속에 사는 사람들은 유사하고 예측가능한 형태로 행동하는 경향이 있다. 사회환경이 인간행동에 영향을 미치지 않는다면, 범죄는 사회구조와 관계없이 비슷하게 발생할 것이다. 중

1) Siegel. op.cit., p.177.
2) Ibid., p.180

산층이나 상류층이 사는 지역보다 하류계층이 사는 지역에 범죄율이 높다는 사실은 범죄에 대한 사회구조의 영향을 입증하는 증거가 된다.

Section 2 사회구조이론의 유형

사회구조이론은 세 가지의 독립적이지만, 역시 중첩된 이론 유형이 존재한다. 즉, 사회해체이론(social disorganization theory), 긴장이론(strain theory), 그리고 문화적 일탈이론(cultural deviance theory) 등이다. 이 이론들은 본질적으로 하류계층의 거주 지역이나 하류계층 사람들의 갈등과 문화 등이 범죄의 원인으로 작용한다는 점을 강조한다는 점에서 사회구조이론의 하위이론에 해당한다.

1. 사회해체 이론

출처 : 희곡읽기 2. 〈햄릿기계〉 현대사회를 산산히 해체하기

사회해체이론은 1920-1930년대에 시카고학파 학자들의 도시범죄 및 비행연구의 결과 정립된 이론이다. 이 이론은 사회생태적 특징이 범죄율을 결정한다고 가정한다. 도시범죄와 비행에 주로 적용된 사회해체이론은 가족, 전체사회 또는 사회 일부영역에도 적용되었다.

사회 생태적으로 주거 환경이 열악하고 이웃 주민들 간의 유대관계도 없는 도심지는 사회가 해체된 지역이다. 사회 해체지역의 가정, 기업체, 교회, 그리고 학교 등과 같은 사회통제기관들도 기대되는 기능이나 공식적인 기능을 제대로 수행하지 못하는 상황에 처한다. 이러한 사회해체 지역에서 범죄율이 높다는 것이 사회해체이론의 본질이다.

사회해체 지역은 주거지역과 상업지역이 혼재하고 유동인구가 많은 지역으로서 이웃사람의 이동이 심해 사회적 유대관계가 약화되고, 따라서 범죄율이 높아진다. 이러한 지역은 교육, 병원진료, 적절한 주택공급과 같은 필수적인 서비스를 받지 못하고, 결과적으로 실업, 결손가정, 생활보호가정들만 양산하여 범죄율이 높아진다.[3] 사회해체의 지표들은 높은 실업률, 낙후된 주거시설, 낮은 소득수준, 그리고 많은 결손가정 등이 해당된다. 이러한 지역에 사는 사람들은 공동체의 목표나 규범에는 관심이 없다. 그러므로 사회통제의 원천인 가정, 학교, 사회서비스기관은 약화되고 해체된다. 가정에서 부모의 권위는 약화되고, 교사와 학생의 관계도 마찬가지다. 대표적인 공공통제기관인 경찰은 사회해체지역에 존재하는 재정력의 한계로 인해 경찰인력의 부족과 아울러 순찰활동을 제대로 수행하지 않아 사회통제 결핍현상을 초래한다.[4] 또한 사회해체가 일어나는 지역의 사람들은 서로 불신하고 긴장하며, 이웃 간의 문제를 해결하려는 시도는 성공하지 못한다. 그들에게 남아있는 것은 갈등과 절망뿐이다. 결과적으로 그들이 선택할 수 있는 현실적인 대안은 반사회적 행동이다.[5]

2. 쇼와 맥케이의 사회해체이론

(1) 연구의 배경

사회해체이론 연구의 선구자는 시카고 대학의 사회학자인 쇼와 맥케이(Clifford R. Shaw & Henry Mckay)이다. 그들의 연구는 도시생활에 대한 생태적 분석의 개척자인 버제스와 파크(Ernest Burgess & Robert Park)에 의해 크게 영향을 받았다. 시기적으로 그들의 연구는 미국의 역사상 도시지역의 생태적 전이가 극심한 시기에 이루어졌으며, 특히 시카고는 외국 태생의 이민들의 대량 유입과 뒤이어 남부 사람들의 이주로 인해 인구의 폭발적 증가 현상을 보이고 있었다. 도심지역에 이주한 전입자들은 낡은 주거지역에 거주하게 됨에 따라 많은 보건과 환경적 위험에 직면하게 되었다.[6]

시카고의 도시지역이 물리적으로 낙후됨에 따라 도시의 부와 도덕성에 대한 관심이 증폭되기 시작했다. 사회 전반적으로 유럽 이민들과 남부 지방 이주민들이 범죄성향이 높고 도덕적으로 타락해 있다는 것으로 인식되었다. 그 당시 열등한 인종과 민족

3) Ibid., p.182
4) Robert Bursik and Harold Gramsmick, "Economic deprivation and neighborhood crime rates, 1960-1980", Law and Society Review 27, 1993, pp.263-278.
5) Siegel, op.cit., pp.181-182.
6) Ibid, p.183.

을 범죄의 속성으로 보는 것이 하나의 유행이었다.[7)]

(2) 동심원지대 모형(concentric zones model)

1) 구조와 특징

쇼와 맥케이는 버제스가 개발한 모델을 통해 시카고 지역의 범죄현상을 조사했다. 이들은 이 연구를 통해 도시 지역의 비행분포가 사회구조에 따라 다르다는 사실을 내용으로 하는 다섯 개의 동심원으로 구성된 특이한 생태적 구조 모델을 개발했다. 이 모델에서 주장하는 관점은 동심원 상의 각 지역들의 범죄율이 안정적이고 지역들 간에는 유의한 차이를 보이고 있다는 점이다.[8)]

동심원 모델에 의하면, 도시의 주거, 상업, 공업형태는 지역적으로 도심에서부터 도시의 최 외곽으로 퍼져 가는 동심원의 생태학적 모양을 이룬다. 제1 동심원 지대는 기업체들이 밀집되어 있는 도심지역이며, 제2 동심원 지대는 제1 지대에 인접한 지역으로 주민의 변동이 심하고 상공업지역과 주거지역이 혼재하는 전이지역이다. 제3 동심원 지대는 기술자나 준 기술자들이 몰려 사는 노동자 계층 주거지역이며. 제4 동심원 지대는 핵가족이 거주하는 제법 우아한 아파트가 밀집되어 있는 지역이다. 한편, 제5 지대는 교외와 위성도시에 거주하는 소위 통근자 주거 지역을 말한다.[9)]

동심원모델은 일반적으로 제1 지대. 즉, 시카고시의 상업중심지구(Loop)에서 범죄 발생율이 가장 높고 동심원 중심으로부터 멀리 교외로 이동할수록 범죄율이 감소한다는 사실을 지적한다. 또한 60년 동안 각 지역의 범죄율은 주민들의 광범한 변화에도 불구하고 안정적이었다.[10)] 그러나 범죄율은 1지대와 2지대에서 가장 높지만, 다문화와 합법적 · 일탈적 가치, 그리고 다민족과 주민의 빈번한 이동으로 사회해체가 극심한 2지대인 전이지역에서 범죄율이 가장 높고 도심지에서 멀리 떨어진 5지대로 이동할수록 범죄율은 감소한다.[11)]

---

7) 조철옥, 앞의 책, pp.253-254.

8) Ibid, p.184.

9) Shoemaker, op.cit, p.84.

10) Williams, op.cit., pp.272-273. Shoemaker, op.cit., p.85.

11) Clifford R. Show and Henry D. McKay, Juvinile Delinquency and Urban Areas, rev.ed.(Chicago:University of Chicago Press), 1972, p.52.

2) 전이지역과 범죄

전이지역은 동심원 구조에서 도시의 상·공업 지역과 인접한 주거지역이 점점 상업지역으로 변해가는 지역이기 때문에 비행률이 높다. 이는 전이지역에서는 주민의 빈번한 이동으로 인한 민족과 인종, 그리고 지역에 따른 복수의 문화가 존재하고, 또한 전통적 가치와 일탈적 가치가 공존하는 특이한 사회구조 때문이다.[12)]

전이지역은 경제적 빈곤, 열악한 주거, 결손 혹은 가정 파탄, 높은 유아사망률, 결핵 감염률, 정신장애 발생률, 이질적 인종의 유입 등의 특징이 나타난다. 인구구성비로 살펴보면, 외국에서 이민 온 이민1세와 흑인이 많았고 인구이동이 심했다. 이는 생태학에서 말하는 침입-지배-탈취로 진행되는 동식물 세계에서 변화를 말하는 과정과 일치한다. 즉, 새로운 주민그룹의 침입에 의해 그 지역이 지배되고 탈취가 완료되는 과정 속에서 기존의 공생관계가 무너지고 사회통제 시스템이 붕괴됨으로써 비행의 증가로 이어진다는 것이다. 이 지역은 높은 비행률 이외에 성인범죄, 약물중독, 알콜 중독, 성매매, 정신병 등이 많이 발생한 것으로 확인되었다.[13)]

출처 : tuttitalia.tistory.com/158

전이지역에는 전통적인 규범과 일탈적인 규범이 혼재하는데, 그 지역에서 성장하는 소년들은 도박꾼, 포주, 마약꾼 등 일탈적인 생활양식에 따라 사는 어른들이 그 지역에서 경제적으로 성공하여 잘 산다는 것을 관찰한다. 이러한 사회구조 속에서 소년들은 전통적인 규범과 일탈적인 규범 사이의 선택의 기로에서 대부분은 일탈적인 규범을 선택한다. 연구의 결과 비행과 범죄는 도시화에 따른 사회해체의 결과로 해석되었다.

시카고 학파는 이 지역내의 사람들이 생물학적으로나 정신적으로 비정상적인 것은 결코 아니라고 강조한다. 사람들은 정상적이지만 사회구조적 환경이 비정상적이라는 것이다. 이러한 범죄와 비행의 인습은 세월이 흘러 주민구성원이 변화했음에도 불구하고 다음

---

12) Clifford R. Shaw and Henry D. Mckay, Juvinile Delinquency and Urban Areas, rev.ed.(chicago:University of Chicago Press, 1972), p.52.

13) 조철옥, 앞의 책, pp.157-158.

세대로 까지 전승된다. 반사회적 가치는 개인간의 접촉에 의해 전승되므로 쉽사리 사라지지 않는다. 산업화, 도시화 및 현대화에 따른 사회구조의 급격한 변화는 전통적인 사회 통제제도의 힘을 약화시켜 사회해체를 초래하고 비행이나 범죄를 유발하게 된다.[14)]

3) 사회해체이론에 대한 평가

쇼와 맥케이의 사회해체이론은 75년 동안 범죄학 분야의 주요 이론의 위치를 차지해온 이론이다. 범죄율이 사회구조에 일치하고 범죄는 빈민지역의 열악한 생태적 조건의 산물이라는 그들의 발견은 학문적으로 높은 평가를 받아 왔다. 그들은 범죄자들의 범죄성을 생물학적으로 열등하고 정신적 또는 심리적으로 장애상태에 있기 때문이라는 다른 학자들의 견해에 동의하지 않는다.[15)]

그러나 시카고 학파의 사회해체와 범죄의 상관성에 관한 연구는 민족과 문화적 요인의 중요성을 과소평가하는 경향이 있다는 비판을 받는다. 아르헨티나의 연구에서 도심지에서 교외 지역으로 이동하여도 범죄율 감소현상이 발견되지 않았다. 오히려 범죄율이 가장 높은 지역은 도시의 외곽지역인 것으로 밝혀졌다. 그 이유는 부자들이 도심에 주로 거주하고, 외곽지역에 하류계층의 사람들이 많이 거주하기 때문이다.[16)] 존스톤(Johnstone)은 자기보고식 실태조사를 통해 가장 일탈적인 청소년들이 빈민가의 중심부가 아니라 중류 또는 상류층 지역에 살고 있는 하류계층의 청소년들이라는 사실을 발견했다.[17)]

시카고학파의 사회해체이론은 공식통계자료를 사용한 결과 발생한 편차와 부정확성이 존재한다는 비판을 받는다. 공식통계자료가 아닌 자기보고식에 의한 연구는 범죄율이 계층간에 균등하게 분포되어 있다는 사실을 발견했다. 이는 하류계층의 범죄는 경찰에 의해 더 많이 수사되고 처벌을 받아 공식통계 자료에서 더 크게 부각되는 결과인 것으로 분석된다.[18)] 미국의 경우에도 일정 지역의 공식적 범죄율 중 어느 정도가 그 지역 주민들에 의한 것인지, 경찰이 소수민족들이나 흑인, 그리고 하층민들을 집중적으로 단속하고 체포한 결과인지 의심스럽다는 지적도 비판으로 제기된다.[19)]

---

14) Siegel, op.cil.,p.171.
15) lbid., p.184.
16) Lois B. DeFleur, "Ecological variables in the cross-cultural study of delinquency", Social Forces 45, 1967, pp.556-570.
17) John W. C. Johnstone, "Social class, Social areas and Delinquency", Sociology and Social Research 63, 1978, pp.49-72.
18) Williams, op.cit., p.273.

또한 지역공동체가 필연적으로 안정적이라고 하는 가정이 잘못되었으며, 사회해체라는 개념 자체가 제대로 정의되지 않아 혼란스럽다는 비판을 받는다.[20] 가족이나 학교 그리고 경찰 등 행정기관이 제대로 기능을 하지 못해 범죄가 발생한 것인지 분명하지 않고, 어느 정도로 붕괴되어야 해체에 해당하는지 명백하지 않다. 어느 사회나 가족에 문제는 있을 수 있고, 경찰 등 행정기관의 능력에는 차이가 있기 마련이다. 해체라는 말을 단순히 하층계급의 사람들이 못 살고 빈곤에 허덕이는 형태를 의미하는 것이라면 그 타당성은 의심스럽다. 해체라 한다면 가족관계가 완전히 붕괴되고 사회의 통제가 제대로 작동하지 못하는 무질서 상태를 의미하는 것이다. 그렇다면 사회가 해체된 지역에서 경찰이나 사법기관이 범죄자를 검거하고 처벌할 수는 없을 것이다.

가장 신랄한 비판은 사회생태와 범죄율사이의 관계는 범죄행동이 아니라 경찰행동을 반영하는 것이라는 주장이다.[21] 특정지역의 범죄율은 지역사이의 실제 범죄율을 보여주기보다는 경찰활동의 수준 차이를 보여주는 것일 수도 있다. 경찰은 범인을 체포하고 연행하면서 실제로 광범위한 재량권을 행사한다. 이 재량권 행사에 의해 힘없고 못 가진 자들만이 처벌과 단속의 대상이 된다는 점이 문제이다. 중류층 이상의 화이트칼라들은 실제로 많은 범법행위를 하지만 모두 법망을 빠져나가고 범죄 통계에는 잡히지 않는다. 그러므로 경제적으로 빈곤한 사람들이 사는 지역이 범죄가 많고 이는 사회해체의 결과라는 주장은 그렇게 타당성이 높은 것 같지는 않다.

물질적, 경제적, 인구적 특성이 사회해체의 객관적 지표이며, 사회해체라는 개념을 단순히 하층계급의 삶의 형태와 상황을 의미하는 것으로 보는 것이 타당한 견해인지 의심스럽다는 비판도 있다. 즉, 낙후된 지역에 가난한 사람들이 공동체를 형성하고 있고, 다양한 이민족들이 지역공동체의 구성원들이라고 해서 해체된 지역이고 범죄율이 높다고 말하는 것은 별로 타당한 것 같지 않다.[22]

19) Barbara D. Warner and Glenn L. Pierce, Re examining social disorganization theory using calls to the police as a measure of crime, Criminology 31, pp.493-518.

20) Murray Straus, Discipline and Deviance: Physical Punishment of Children and Violence and Other Crime in Adulthood, Social Problems 38, 1991, pp.101-123.

21) Murray A. Straus, Spanking and the Short and Long Term Consequences of Coporal Punishment, Pediatrics 98, 1996, pp.837-843.

22) 조철옥, 앞의 책, pp.159-160.

3. 아노미와 사회긴장 이론

(1) 개념

출처 : http://cafe.naver.com/Kmaviecom/22494

긴장이론은 아노미 개념에 의해 설명된다. 아노미는 드크하임이 높은 자살률을 조장하는 한 요인으로서 현대사회의 무규범 혹은 사회통제의 결핍상태를 의미한다. 이처럼 아노미는 무규범상태를 의미하지만, 범죄와 관련된 아노미이론은 사회적으로 소외되고 경제적으로 합법적인 방법에 의해 성공이 불가능하다고 생각하는 사람들로 하여금 대부분 비합법적이고 일탈적인 방법으로 성공하려고 하는 동기를 갖게 한다는 입장이다. 합법적인 성공의 압력이 존재하지만, 수단이 없는 상황에서 개인은 갈등이나 긴장상태에 빠지게 된다. 이러한 갈등이나 긴장은 개인으로 하여금 성공이라는 목표 성취를 위해 범죄행위를 선택하게 만든다는 것이다.[23)]

긴장이론은 교육적, 직업적 기회를 쉽게 얻을 수 있는 부유층에게는 그 적용의 범위가 아주 좁으며, 교육적, 직업적 기회를 제대로 얻지 못하고 경제적으로 열악한 상태에 빠져 합법적인 성공이 불가능한 상태에 있는 사람들에게 적용가치가 높은 이론이다. 그러한 사람들은 그들에게 불리한 사회조건 속에서 어떻게 살아갈 것인가의 문제로 항상 긴장상태에 빠져 있다. 따라서 긴장이론은 소수의 사람들에게만 적용가능한 이론이라는 평가를 받는다.

사회에 대한 분노와 증오로 긴장되어 있는 사람은 긴장을 해소하기 위하여 절도나 약물사용과 같은 일탈적인 방법을 사용하거나 사회적으로 적법한 목표를 버리고 범죄행위와 같은 보다 일탈적인 목표로 대체해야 하는 상황에 빠질 수 있다. 모든 사람들은 중류층의 삶을 목표로 설정하지만 그것을 성취하지 못하는 경우 생기는 좌절감이 하류계층 사람들로 하여금 범죄행위를 범하게 한다.[24)]

---

23) Williams, op.cit., p.310.
24) Ibid.,

(2) 아노미(anomie) 이론

출처 : 뉴시스

아노미는 무법성이나 법의 무시를 의미하는 그리스어에서 유래한다. 프랑스의 사회학자 드크하임(Emile Durkheim)은 아노미 개념을 사회학에 도입하여 사람들의 욕망은 무제한적이어서 전통적인 권위를 무너뜨리려 하며 이때 권위가 상실된 무규범적인 상태를 아노미 상황이라고 정의하였다. 즉, 아노미 사회는 사회의 행동규범이 붕괴되는 상황, 또는 급격한 사회변동, 전쟁이나 기근과 같은 사회위기 시에 사회행동 규범이 작동하지 않는 상황을 의미한다. 따라서 아노미 사회는 실정법을 비롯한 사회규범에 의해서는 인간의 욕망과 행동을 통제할 수 없다.

아노미 현상은 기계적 사회유대로부터 유기적 사회유대로 옮겨가는 사회에서 주로 나타난다. 비교적 단순하고 복잡하지 않은 사회속에 존재하는 기계적 사회결속은 전통과 가치를 공유하고 동일한 신념체계에 따라서 살아가는 산업화 이전의 사회의 특징이다. 한편, 인구의 증가, 경제적·기술적 발전 등으로 복잡해진 사회구조 속에 존재하는 유기적 결속은 인간 상호간의 상호의존 관계의 형성을 의미한다.[25] 이는 산업혁명 이후의 사회시스템이 고도로 분업화되고 전문화된 결과로서 개인 혼자서는 문제를 해결할 수 없기 때문에 서로간의 필요에 의해서 상호의존 관계의 형성이 불가피한 사회현상의 반영이었다.

드크하임은 직업의 분화와 전문화 과정에서 나타나는 비정상적인 분업으로 인한 아노미 현상이 나타난다는 견해를 피력했다. 비정상적인 분업은 산업적인 갈등과 분쟁뿐만 아니라 재정적 위기와 실패, 인위적인 계급과 사회적 지위 부과제도, 다양한 기업체간 그리고 내부의 조정결여로 인한 사회적 응집력의 붕괴의 결과이다.[26] 이러한

25) Ibid., p.310.

주장은 노사갈등, 기업의 도산과 실직, 사회적 지위나 계급에 따른 차별, 그리고 기업체간의 불공정 경쟁 등으로 인해 개인의 행복추구를 위한 기회가 좌절되고, 따라서 자신의 욕망과 열정이 좌절된 사람들은 사회의 전통적인 규범을 무시하는 아노미 상태에 빠지게 된다는 것을 강조한다. 유기적 사회에서 과거의 전통과 가치의 변화는 사회적 혼란을 가져오고, 기존의 사회규범은 붕괴되고 의미를 상실하게 된다.

드크하임은 아노미란 재정적·산업적 위기의 시기동안 나타나는 사회현상으로 규정한다. 자살론에서 드크하임은 특별히 인간의 욕망과 열망에 대한 사회 규제 결여의 결과를 아노미적 자살이라고 정의했다. 이러한 사회적 규제결여는 불황이나 경제적 급성장의 어느 시기에 나타나는 경제적 위기로부터 발생한다.[27] 사람들이 경제에 대해서 기대하는 것과 현실적인 결과 사이에 괴리가 생기면, 분명히 무규범상태라고 할 수 있는 위기상황이 도래한다. 아노미 상태에서 법을 지키는 것은 기대하기 어렵고, 범죄와 같은 대안적인 선택이 우세하게 된다. 그러나 드크하임은 자살의 경우를 제외하고는 아노미와 범죄를 연결시키지 못했다.

(3) 머튼의 아노미이론

1) 개념

드크하임의 아노미 개념은 사회학자인 머튼(Robert Merton)에 의해 범죄학에 응용되었다. 1938년에 출판된 머튼의 사회구조와 아노미에 관한 논문은 오늘날 하나의 고전이 되었다. 머튼은 문화적으로 규정된 목표와 그 목표를 달성하기 위한 수단과의 조화관계가 붕괴된 상황을 아노미라고 규정하고, 그러한 아노미 상태에 빠진 사람들은 이러한 사회구조적인 모순에 의해 긴장상태에서 범죄를 범하게 된다고 주장함으로써 긴장이론이라고도 불리어진다. 드크하임은 전체사회의 아노미 상태를 대상으로 자살과 관련된 이론을 전개하지만, 머튼은 사회의 어떤 부분, 즉, 하류계층의 범죄행위를 연구의 대상으로 한다는 점에서 차이가 있다.[28]

머튼은 현대 미국사회에서는 부의 획득, 출세, 명문대학 졸업이라는 목표와 이를 달성하기 위한 합법적인 수단을 얻는 기회 시스템은 일부 계층의 사람들에게만 열려 있고 다른 계층은 소외되는 불평등 구조라고 지적했다. 문화적인 성공목표를 달성할 수

26) Shoemaker, op.cit., pp.97-98.
27) Ibid., p.98.
28) Williams, op.cit., p.310.

있는 합법적인 수단을 구할 수 없는 사람들은 좌절과 스트레스를 경험하게 된다. 따라서 좌절과 스트레스에 빠진 소외된 계층의 사람들은 실정법을 비롯한 사회규범을 무시하고 오직 성공이라는 목표달성을 위해 범죄라는 일탈적인 수단을 선택하게 된다.[29)]

미국사회에 있어 경제적 성공이라는 목표와 수단사이의 괴리가 존재하는 이유는 두 가지로 압축된다. 첫째, 성공이라는 목표가 사회적으로 승인된 수단보다 더 우선시 된다. 수단의 정당성과 적절성보다는 어떠한 대가를 치르더라도 수단과 방법을 가리지 않고 목표만 달성하면 된다는 생각이 지배적이다. 둘째, 사회계급에 따라서 수단과 목표에 접근하는 길이 차별화된다. 사회의 모든 사람은 공정한 게임 룰에 의해서 동일한 성공의 기회를 부여받는 것이 아니다.

개인은 누구나 높은 성공 목표를 세우고 그것을 달성하기 위한 수단을 추구한다. 성공을 위한 수단은 전통적인 교육과 직업선택의 기회의 자유로부터 시작된다. 그러나 하위계층의 사람들은 이러한 기회로부터 상대적으로 차단되어 있다. 성공 목표를 달성하기 위한 수단을 적법한 제도권 안에서 마련할 수 없다면 그들이 할 수 있는 대안은 불법·부당한 수단을 추구하는 길 밖에 대안이 없다. 기회의 불균등은 그들을 긴장하게 만들고 범죄행위에 의존하게 한다.[30)]

2) 아노미에 대한 적응유형[31)]

문화적 목표와 제도화된 수단 사이의 괴리로 인해 아노미 상태를 경험하는 사람들은 그 사회에서 생존하기 위해 다양한 적응행동을 선택한다. 머튼은 그러한 적응행동 유형을 다음과 같이 제시한다.

① 순응형

순응(conformity)은 개인이 문화적 목표와 제도화된 수단을 수용하는 적응유형이다. 그렇다고 문화적 목표를 반드시 성취하는 것은 아니지만, 운명으로 받아들이고 참고 기다리려고 한다. 개인이 자신의 목표대로 갈 수 있는 길이 차단되어도 그 상황을

---

29) Ibid., pp.98-99.
30) 조철옥, 앞의 책, pp.261-262.
31) Siegel, op.cit., p.193.

수용하고. 목표를 바꾸거나 제도적으로 허용되는 수단을 통해 성공을 시도한다. 순응형은 아직은 안정적인 아노미 사회에서 가장 공통적인 행동 형태이다. 여기에서 순응은 불리하고 바람직하지 않은 위치에 처한 경우에도 규칙과 규제에 대한 순응이 많은 사람들이 채택하는 행동 유형이다.[32)]

② 혁신형

혁신(innovation)은 아노미 상태에 있는 사람들이 현재의 문화적 목표를 제도화된 수단으로는 달성할 수 없다고 분석하고 일탈적인 수단을 동원해서라도 목표를 달성하려는 적응형태이다. 혁신형은 문화적 목표는 수용하지만, 합법적인 수단을 거절한다.[33)] 부와 권력을 보장하는 자리를 원하는 목표는 여전하지만, 그 목표를 성공적으로 달성하기 위한 수단이 적법한 수단에 의해서는 불가능한 상황에서 일탈적인 수단에 의존할 수밖에 없다.

적법한 절차에 의해서는 단순근로나 비숙련 노동을 할 수밖에 없는 하류계층은 부족한 소득을 절도 등의 범죄행위라는 수단으로 보상받으려 한다. 그들이 추구하는 수단은 주로 절도같은 재산범죄이다. 여기에서의 혁신이라는 개념은 일반적으로 과거보다 더 나은 개선이라는 의미가 아니라 관습적인 수단으로 부터의 탈피를 의미한다.[34)]

③ 의식주의(ritualism)

의식주의는 문화적 성공목표는 포기하지만 제도화된 수단은 철저하게 지키는 유형이다. 개인이 달성하려고 하는 목표 여부에 관계없이 전통적 의식을 실천함으로써 만족을 얻는다. 의식주의자들은 엄격한 예법, 종교적 질서 등을 추종함으로써 경제적 성공이라는 목표를 중요시 하지 않는다. 의식형은 범죄행동의 근원이라고 할 수 있는 경제적 성공목표를 포기하기 때문에 범죄행동 수준은 가장 낮다.

④ 은둔형(retreatism)

은둔형은 문화적인 성공 목표와 수단을 모두 거부하고 현실 도피적인 생활을 하는 유형이다. 은둔형 인간은 사회속에 존재하지만, 사회생활을 하는 사람이 아니다. 그들은 도덕적으로나 기타 다른 방법으로 라도 합법적·비합법적인 수단을 사용할 수 없기 때문에. 정신적, 또는 육체적으로 포기함으로써 성공결여 현실에서 도피하려고 한

32) Shoemaker, op.cit., p.99.
33) Ibid., p.99.
34) 조철옥, 앞의 책, pp.262-263.

다. 이들은 일종의 사회 낙오자로서 목표 설정이나 목표달성을 위한 시도조차 하지 않는다. 이 유형에 속하는 일탈행위는 알콜 중독, 약물중독, 부랑자, 중증 정신질환자, 정신신경증환자 등이다.

⑤ 반동형(rebellion)

반동형은 관습적인 성공 목표와 수단을 모두 거부하지만, 전통적인 목표와 수단을 새로운 대안적인 목표와 수단으로 대체하려고 한다. 따라서 기존 사회구조의 급진적인 변화를 시도하고 대안적인 생활스타일, 목표, 그리고 신념을 추구하는 혁명분자들은 반동형을 선택한다. 반동형은 부패와 증오스러운 정부에 대항하거나 기존 사회 시스템 내에 대안적인 기회와 생활스타일을 창출하기 위한 노력의 경우에 나타난다. 따라서 주로 정치적 혁명을 시도하는 정치범이나 테러범 등이 해당된다.

4. 현대적 아노미 긴장이론

(1) 아노미에 대한 재평가

아노미 이론은 다른 사회구조 이론과 마찬가지로 범죄학자들이 사회심리학적 범죄이론에 관심을 집중함에 따라 별다른 발전이 없었다. 최근에 급변하는 경제상황 속에서 빈부의 격차가 극심해 짐에 따라 아노미 이론에 대한 관심이 부활되기 시작했다. 사회에서 경제적 약자들은 무규범과 높은 범죄율을 초래할 중대한 위험상황에 처할 정도로 절망감에 시달리고 있는 것으로 진단되기 시작했기 때문이다.

따라서 연구자들은 아노미 개념을 재평가하게 되었으며, 아주 정밀하고 엄격한 측정도구에 의해 아노미이론의 타당성에 대한 실증적 연구를 하게 되었다. 그 결과 아노미이론이 범죄행동의 수준을 예측할 수 있다는 것을 확인했다.[35] 또한 문화 횡단적 연구는 아노미 조건이 범죄를 유발한다는 사실을 입증함으로써 아노미가 미국에만 특유한 것이 아니라 모든 사회에 존재하는 보편적인 현상이라는 사실을 제시했다.[36]

이처럼 1980년대에 들어서면서 아노미이론에 대한 재평가와 아울러 기존의 연구에

35) Scott Menard, A developmental Test of Mertonian Anomie Theory, *Journal of esearch in Crime and Delinquency 32*, 1995, p.136-174.

36) John Hagan, Hans Merkens, and Klaus Boehnke, Delinquency and Disdain: Social Capital and Control of Right Wing Extremism among East and West Berlin Youth, *American Journal of sociology 100*, 1995, pp.1028-1052.

서 사용했던 검증방법을 재검토하면서 아노미/긴장이론에 대한 새로운 접근이 이루어졌다. 아노미 긴장이론의 현대적 접근은 두 가지 방향으로 나누어진다.

(2) 메스너와 로젠필드의 제도적 아노미 이론

1) 이론적 배경

제도적 아노미 이론은 미국사회에 아노미현상이 광범한 이유를 설명하려는데 초점을 맞추고 있다. 부를 숭상하고 성공의 기준으로 강조하는 미국의 제도와 문화가 아노미 현상의 주된 원인이라고 보는 것이다.

메스너와 로젠필드(Steven Messner & Richard Rosenfeld)의 제도적 아노미 이론은 「범죄와 미국인의 꿈」이라는 저서에서 시작된다. 이 저서에서 다룬 제도적 아노미이론은 거시적 수준의 이론으로서 미국 사회의 제도와 문화가 반사회적 행동의 원인이라고 주장한다.[37] 제도적 아노미이론은 머튼의 사회구조 개념이 하위계층을 대상으로 한 계급제도에만 적용가능하다는 한계를 벗어나 다양한 제도의 기능을 고려한다.[38]

출처 : 산문과 르뽀(262)

메스너와 로젠필드는 경제적인 성공목표가 미국사회를 광범하게 지배하고 있다는 머튼의 견해에 동의한다. 그들은 머튼의 문화적 목표를 "미국인의 꿈"으로 구체화하고, 이 미국인의 꿈이 범죄행위의 발생과 관련된 네 가지 태도를 조성한다고 주장한다. 첫째, 경제적 성취 결과에 의해 평가받는 문화가 조성되고, 따라서 어떠한 대가를 치르더라도 성공해야 한다는 문화적 압력이 작용한다. 둘째, 타인과의 협력보다는 경쟁적 관계속에서 투쟁을 통하여 성취하는 자기중심적인 개인주의 문화가 사회를 지배한다. 셋째, 경제적 성공이라는 보편주의는 미국사회의 모든 구성원들이 동일한 목표를 열망하고 그 성취를 위해 투쟁해야 하는 규범적 기대를 조성한다. 넷째, 부에 대한 물신주의(fetishism)는 부의 효용을 실제보다 더 높게 평가함으로써 부의 축적 그 자체를 목적으로 행동하게 만든다. 돈은 그 자체가 '성공의 기준'이 된다. 미국 사회에서 모든 제도와 문화는 부의 축적을 성공으로 보는

37) Siegel, op.cit., p.194.
38) Akers & Sellers, op.cit., p.175.

방향으로 만들어지고 그러한 문화를 적극적으로 고무함으로써 사람들은 수단과 방법을 가리지 않고 돈을 벌기 위해 경쟁하는 관계로 인해 범죄가 발생한다. 미국인의 꿈은 개인 간의 공개경쟁을 통하여 재물과 부를 축적하는 것이다.[39]

미국의 자본주의 시스템에서는 금전적 보상을 추구하는 변혁적인 활동을 높이 평가한다. 빌 게이츠(Bill Gates), 워렌 버퍼(Warren Buffer), 도날드 트럼프(Donald Trump) 등과 같은 기업인들이 국가적 영웅이며 지도자라고 존경받는다.[40] 아노미 현상은 개인들이 어떤 대가를 치르더라도 성공해야겠다는 욕망아래 서로 견제하고, 공동체 의식을 약화시키고, 야망을 조장하는 문화 속에서 형성된다. 따라서 명예와 존경 같은 가치는 물질적 부에 비해 아무것도 아니라는 평가를 받는다. 미국에서 범죄율이 과도하게 높은 이유는 바로 이러한 아노미 현상 때문이다.

2) 아노미의 영향

미국 문화에서 아노미 현상은 왜 광범하게 존재하는가에 대해 메스너와 로젠필드는 경제적 성공을 지나치게 강조하고 종교나 자선과 같은 것은 무시하는 제도에 그 원인이 있다고 주장한다.[41]

사회제도는 다음과 같은 세 가지 측면에서 부정적인 사회문화를 조성한다.[42] 첫째, 비경제적 역할이나 기능은 저 평가된다. 학교나 가정 또는 공동체의 성취는 경제적 성공 목표보다 우선순위에 있어 뒤 처진다.

둘째, 경제적 목표와 비경제적 목표사이에 갈등이 생기면, 항상 비경제적 목표는 뒤로 밀리고, 경제적 역할의 조정에 따라야 한다.

셋째, 경제적 언어, 표준, 규범이 비경제적 영역을 지배한다. 교육은 학생이라는 상품을 만들어 사회에 내보낸다든지, 가정이나 정부기관에서도 경영논리의 적용이나 경영모델이라는 말을 일상적으로 사용한다. 능률성은 행정기관의 최고의 이념이 되었으며, 정책결정을 원료의 가공이라는 말로 표현하기 시작했다.

메스너와 로젠필드에 의하면, 미국의 비교적 높은 범죄율은 문화와 제도 사이의 상호관계에 그 원인이 있다는 것이다. 문화적 수준에서 미국의 꿈의 실현에 대한 우선성은 많은 사람들로 하여금 합법적인 방법으로는 물질적 소망과 욕망이 충족될 수 없다는 사고

---

39) Messner and Rosenfeld, op.cit, pp.62-64
40) Siegel, op.cit., p.194.
41) Ibid., p.194.
42) Siegel, op.cit., pp.194-195.

를 가지게 만들었다. 아노미는 하나의 규범이 되었고, 초법적 수단으로서의 범죄는 물질적 부를 달성하기 위한 하나의 전략이 되었다.[43] 제도적 수준에서 경제가 우선시 되면서 가정, 학교, 교회들에 의한 비공식적 사회통제는 힘을 쓰지 못하게 되었으며, 이들 제도들은 개인의 행위를 규제하는 능력을 상실하고, 단지 물질적 성공을 촉진하는 도구로 전락했다. 예컨대, 학교는 지식보급에 의해서 평가받는 것이 아니라 높은 보수를 받는 직장에 얼마나 학생들을 취업시키는가에 의해 평가받는다.

사회적 조건들은 끝이 없이 서로 꼬리를 물고 강화된다. 문화는 제도를 결정하고, 제도적 변화는 문화에 영향을 미친다. 돈이 최고라는 사고방식은 국가의 경제제도를 금전적 보상을 우선시 하는 내용으로 가득하게 하고, 경제제도가 국가의 부를 최 우선시하는 방향으로 가면, 사람들도 돈이 최고라는 사고방식을 강화하게 된다. 이러한 제도와 문화는 사람들로 하여금 비합법적 수단을 포함하는 가능한 모든 수단을 동원하여 행동하도록 고무하기 때문에 범죄율은 증가하기 마련이다. 아노미적 사회는 돈을 벌기 위해 비합법적 수단이라도 마다하지 않는 사람들의 행동을 통제하는데 어려움과 높은 비용을 지불해야 한다. 개인적인 물질적 성공을 목표로 하는 사회에서 아노미는 하나의 미덕이다.[44]

메스너와 로젠펠드는 제도적 아노미 이론을 설명하면서 단순히 경제제도의 지배가 아니라 제도적 불균형 그 자체가 아노미 현상을 초래하고 범죄를 양산하다고 주장한다. 모든 사회에는 많은 제도가 존재하고 그 사이에는 불균형이 존재하기 마련이다. 어떤 사회는 종교제도가 지배적이고, 다른 사회는 경제제도, 또는 교육제도가 지배적이다. 사회의 범죄유형은 지배적인 사회제도의 유형에 따라서 달라진다. 경제제도가 지배적인 사회는 물질적 이득에 관계되는 아노미적 범죄, 즉, 절도, 횡령, 사기 같은 재산범죄가 많이 발생하고, 종교가 지배하는 사회는 도덕적 질서를 수호하는 증오범죄가 양산되고, 정치가 지배하는 사회는 정치범이나 사상범이 양산된다.[45] 제도적 불

43) Ibid., p.195.
44) Messner and Rosenfeld, op.cit., p.79.
45) Steven F. Messner and Richard Rosenfeld, An institutional anomie theory of crime, in Raymond Paternoster and Ronet Bachman,(eds.), Explaining Criminals Crime, Los Angeles:

균형에 의한 범죄증가, 특히 경제제도의 우선성으로 인한 경제범죄의 증가는 역으로 가정, 학교, 교회의 통제력을 강화하면 어느 정도 해소될 수 있을 것이다. 제도적 균형은 바로 범죄없는 사회를 만들기 위한 하나의 국가적 목표이다.

(3) 애그뉴의 일반긴장이론

1) 개념

사회학자인 애그뉴(Robert Agnew)의 일반긴장 이론은 긴장의 미시수준이나 개인에 대한 영향을 확인하는데 기여할 수 있는 이론이다. 머튼은 범죄율에 의해 사회계층 사이의 차이를 설명하려고 시도한 반면에, 애그뉴는 스트레스와 긴장을 느끼는 개인이 범죄를 더 범하기 쉬운 이유를 설명하려고 했다는 점에서 차이가 있다. 아울러 일반긴장이론은 하위계층의 범죄에 한정되는 것이 아니라 계층에 관계없이 보다 광범한 범위에서 범죄에 관한 일반적인 설명을 위한 이론이라는 점이 특징이다.[46]

일반긴장이론은 목표와 수단과의 괴리현상, 즉, 목표는 세웠으나 그 목표를 성취할 수단이 없는 현상으로 인해 생기는 긴장뿐만 아니라 다양한 이유로 발생하는 긴장과 스트레스를 포함하는 이론의 개발을 시도한다.[47] 스트레스의 유형은 모두 다르지만 범죄와 비행은 이 스트레스의 결과라는 것이 일반긴장이론의 가정이다. 애그뉴는 범죄는 부정적이고 파괴적인 사회관계속에서 발생하는 분노, 좌절, 그리고 적대감과 같은 부정적인 감정상태의 직접적인 결과라고 주장한다. 부정적인 감정상태는 다양한 원천에서 생기는 긴장에 의해 생성된다.

Roxbury, 2001, pp.151-160.

46) Siegel, op.cit., p.196.

47) Robert Agnew, Foundation for a General Strain Theory of Crime and Delinquency, Criminology 30, 1992, pp.47-87.

2) 긴장 유형

① 긍정적 목표성취의 실패

목표성취와 관련된 긴장은 목표달성이라는 기대와 성취가능성 간의 괴리에 의해서 발생하는 긴장을 의미하는 전통적 개념이다. 애그뉴가 말하는 목표는 미래지향적인 성공목표와 아울러 단기적인 목표를 포함하는 개념으로써 목표의 범위를 넓게 잡고 있다.

목표성취 실패는 목표달성을 위한 수단에 관련된 기회의 차단뿐만 아니라 능력과 기술의 부족이라는 개인적 무능력으로 인한 실패도 변수로 포함시킨다. 이는 성공에 대한 열망과 기대 가능성 사이의 괴리에 의한 긴장을 초래한다. 즉, 청소년들이 부와 명예를 열망하지만 경제적, 교육적 능력의 부족으로 목표달성이 불가능하다고 인식될 때 발생하는 긴장과 같은 것이다. 이러한 긴장은 목표 성취를 불가능하게 한다.

② 기대와 성취결과 사이의 괴리

긴장은 기대와 성취사이에 괴리가 있을 경우에 발생할 수 있다. 사람들은 자신들보다 경제적・사회적으로 훨씬 좋은 것 같은 다른 사람들과 비교할 때, 비교적 잘 살고 사회적으로 성공한 사람들까지도 긴장을 느낀다. 예컨대, 좋은 대학에 합격한 학생이 자기보다 더 나은 대학에 입학한 친구와 비교할 때, 긴장을 느끼는 것과 같은 것이다.

기대와 실제 성취 사이의 괴리는 대부분 분노, 원한, 실망으로 이어진다. 이러한 유형의 긴장은 정의의 관점에서 불공정한 결과라는 생각 때문에 주로 발생한다. 다른 사람의 성공이 외부의 압력이나 연계에 의한 부당한 결과라고 비난한다. 다른 사람은 별로 노력하지 않고도 성공하는데도 불구하고 자신은 아무리 노력해도 사회구조나 제도적 장애로 인해 성공하지 못한다는 정의롭지 못한 사회현실에 긴장한다. 이러한 유형의 긴장은 현실 도피나 다른 사람에 대한 육체적 공격, 또는 재산에 대한 파괴와 같은 행동을 하는 것과 같이 아주 적대적인 행동을 유발한다.

③ 긍정적 자극의 제거

인간은 자극/반응의 논리에 따라 행동한다. 자극은 긍정적인 것도 있고 부정적인 것도 있다. 긍정적인 자극은 주로 개인에게 희망과 즐거움을 주는 주변의 변화이다. 가족이 건강하게 사회적으로 자기의 역할을 다하고 친구와 애인이 항상 자신과 좋은 관계를 유지하고, 학교나 직장에서도 좋은 평가를 받는 것 등은 긍정적 자극이다.

그러나 이러한 긍정적 자극이 실제적으로 소멸되거나 소멸될 것으로 예상되는 일이 벌어지면 개인은 엄청난 스트레스와 긴장에 빠진다. 실연, 친구나 가족의 죽음과 질병, 정학, 전학, 이사, 부모의 이혼, 입학시험이나 취업의 실패 등은 특히 청소년들에게는 엄청나 긴장 요인이다. 긍정적 자극의 상실은 그 책임이 있는 사람에 대한 복수나 대안을 찾거나 또는 상실한 자극을 회복하기 위하여 일탈행동을 야기할 수 있다.

④ 부정적 자극에의 직면

개인은 사회 속에서 어쩔 수 없이 타인과 함께 살아갈 수밖에 없다. 그 과정에서 타인의 부정적 자극이나 해로운 자극에 직면하는 일이 많다. 개인은 사회생활 속에서 서로 경쟁적이기 때문에 가까운 관계에 있는 사람일수록 상대방을 음해하고 비방하고 시기하는 부정적 행위를 보이는 속성을 가지고 있다. 그러한 타인의 행위를 보면 스트레스와 긴장에 빠지는 것이 사람이다. 청소년들의 경우에 아동학대, 가혹행위, 학교폭력, 비행청소년들의 접근, 학교성적에 대한 부모와 교사의 질책 등은 부정적 자극이다. 부정적 자극에 대한 반응은 비행으로 이어질 가능성이 높다.

개인은 스트레스로 인한 긴장에 대해 스트레스를 회피하거나 원인대상에게 복수하거나 약물사용으로 도피하는 것과 같은 일탈행위 양상을 보인다. 사회나 타인에 대한 분노는 개인으로 하여금 비행을 저지르게 하는 강력한 요인이다. 분노는 긴장상황에 대해 사회나 타인을 탓하게 될 때 주로 발생한다.

3) 평가

애그뉴의 주장에 의하면, 개인이 합법적 행위 또는 불법적 행위를 선택하느냐의 문제는 내부적 또는 외부적 요인이 개인에게 스트레스 성 긴장을 가져오는 정도에 달려 있다. 그러나 긴장상태에 빠진 모든 사람들이 범죄환경에 접촉하거나 궁극적으로 범죄를 범하게 되는 것은 아니다. 어떤 사람들은 긴장으로 인해 생기는 분노와 좌절을 극복하기 위해 정서적, 정신적, 그리고 행동적 자원을 통제할 수 있다. 긴장극복 능력은 개인의 기질과 인생경험에 따라 다르다. 그러나 개인이 느끼는 긴장의 강도가 크고 자주 경험할수록 그 충격은 더 크고 그 결과 일탈행동을 초래할 가능성이 크다.

긴장은 실망, 우울증, 공포, 그리고 분노의 감정을 유발한다. 분노는 복수의 충동을 일으키고, 격정적이게 하며 행동 억제력을 저하시킨다. 이러한 긴장이 반복되고 만성적인 상태에 도달하면, 결국 적대적이고 공격적인 범죄행동을 유발하게 된다. 군대와 같은 집단생활에서 상급자의 하급자에 대한 언어폭력은 하급자의 물리적 공격행동을

초래할 수 있다.[48]

애그뉴의 이론은 긴장이라는 개념을 구체화하고 미래의 연구 의제를 제시하고 있다는 점에서 높이 평가받을만한 이론이다. 그는 초기의 긴장이론보다 범죄와 비행을 설명하려는 목적을 보다 단순・간결화 하였다. 이 이론이 사회유대이론이나 사회학습이론과 구분되는 것은 비행이 부정적 압력에 그 원인이 있다는 주장에 있다.[49]

(4) 현대적 아노미/긴장이론의 정책적 제안

현대적 긴장이론 가운데 메스너와 로젠필드(Messner & Rosenfield)의 제도적 긴장이론은 제도적 개선에 대한 정책적 제안을 내용으로 한다. 이 이론의 핵심인 정책적 제안은 제도적 균형으로 가는 정책선택, 즉, 비경제적 제도들의 강화를 추진하는 정책선택을 해야 한다는 관점이다.[50]

사회체제에서 제도적 균형은 ① 작업장에서의 육아휴가, 변형근로, 직장내 보육시설과 같은 친 가족적 경제정책을 실행하고, ② 학벌과 직업, 또는 학업성적과 직업의 관계를 유지하는 채용제도를 조건 없는 공개경쟁제도로 하고, 학벌이 없는 사람도 경제적 성공을 할 수 있는 제도의 선택, ③ 돈에 의해 권력을 쥐고 권력에 불법적인 돈을 제공하고 경제적 부를 독점하는 정경유착제도의 폐지, ④ 가진 자의 범죄는 못 본체하고 하류계층의 사람들의 범죄행위만 집중적으로 추적하고 제재를 가하는 사법제도의 개선, ⑤ 아메리코(AmeriCorps)와 같은 전국규모의 봉사프로그램을 만들어 광범위한 사회적 참여분위기를 만들어 못사는 사람들도 먹고 사는데는 지장이 없다는 인식을 갖게 하는 정책적 노력이 요구된다.[51] 또한 연금이나 건강보험, 기타 사회보장제도의 현실화도 필요하다.

아울러 가정의 유대강화를 위한 예방프로그램도 효과적이다. 가정의 통제력을 높이는 방안은 부모의 자녀 교육과 관리 훈련, 심리적 가족 치료기법, 일종의 상담기법을 향상시키는 프로그램을 개발하여 운용하는 것이다. 또한 반사회적 청소년환경을 제거

---

48) 조철옥, 앞의 책, pp.271-273.

49) Akers & sellers, op.cit., p.180.

50) lbid, op.cit., p.186.

51) 아메리코 (Americorp)는 국가적 차원의 봉사활동 프로그램으로서, 만17세 이상의 미국시민 또는 영주권자가 참가할 수 있으며 10개월 내지 12개월 정도의 1년간의 봉사활동의 대가로서 장학금을 받는다. 1996년 현재 약 25,000여명의 봉사자가 주로 아동의 학습지도, 사회복지, 환경, 공공안전 분야에서 활동하고 있다.

하고 보상과 처벌의 일관되고 효과적인 사용과 같이 부모들에게 자녀를 감독하고 훈육하는 기술을 훈련시켜야 한다. 또한 상담, 명상, 그리고 변호 프로그램 등 청소년들에 대한 사회적 지원을 강화하고, 분노의 조절훈련, 문제해결훈련, 스트레스 관리 훈련을 강화하는 제도를 위해 적극적인 투자를 해야 한다.52)

5. 하위문화이론

(1) 셀린의 다원주의 문화갈등

하류계층이 긴장에 대한 반응으로 특이한 문화를 형성한다는 관점은 1938년 셀린(Thorsten Sellin)의 『문화갈등과 범죄』라는 저서에서 비롯되었다. 하위문화에 관한 고전이라고 할 수 있는 이 저서는 범죄에 대한 문화적 적응을 이론적으로 연결시키려고 했다. 이러한 관점에 따라 셀린은 사회의 문화나 규범 갈등이 범죄의 원인이라고 주장하였다.

다원주의 문화갈등이론은 1940년대 미국사회의 이민증가에 의한 다양한 민족의 혼재로 인한 사회구성원의 가치관, 규범의식이 서로 충돌함으로써 미국의 사회적 규범을 위반하는 범죄가 발생하는 현상을 설명하기 위한 이론이다. 이 이론의 주된 전제는 형사법이 지배적인 문화 규칙을 표현한 산물이기 때문에 실정법에 반영되지 않은 문화에 따라서 행동하는 것은 범죄가 된다는 것이다.53) 따라서 형사법의 내용은 전통적인 중류계층과 사회적 주된 흐름으로부터 소외되는 소수집단 사이에 갈등을 초래한다. 이러한 소외집단들은 그들만의 행동규범의 집합, 즉, 그들의 하위문화 내부에 매일의 일상생활 조건을 지배하는 규칙을 유지하면서 전통적인 사회규범을 무시하는 경향이 강하다.

52) Robert Agnew, Controlling delinquency: Recommendations from general strain theory, in Hugh Barlow,(ed.), Crime and Public Policy : Putting Theory to Work, Boulder, CO: Westview Press, 1995, pp.43-70.

53) Siegel, op.cit., p.200.

여기에서 어려운 문제는 우리 모두가 대부분 몇 개의 사회집단에 소속되어 있다는 사실이다. 사회가 복잡할수록 개인이 소속한 집단의 수는 아주 다양하기 마련이다. 소속집단의 다양화로 인해 사람들은 자기가 처한 구체적인 상황에 따라서 자신의 행동에 적용하는 규범이 달라진다. 때로는 상황에 따라서 어느 규범을 적용해야 할 것인가에 대한 갈등이 생길 수 있다.

셀린의 다원주의 문화 갈등이론은 상이한 문화적 집단간의 갈등에 기초하고 있다. 모든 집단의 행동규범이나 방식은 서로 다르다. 사회가 경쟁적이고 복잡한 역학관계 속에 움직이기 때문에 집단 간의 갈등은 불가피하다. 이는 바로 문화갈등을 의미한다. 문화갈등은 일차적 문화갈등과 이차적 문화갈등으로 나누어진다.

일차적 문화갈등은 상이한 두 문화 사이의 경계지역에서 발생한다. 또는 식민화의 경우처럼 특정 문화의 법이 다른 영역으로 확대될 때, 또는 이민의 경우처럼 특정 문화집단의 사람들이 다른 영역으로 이동할 경우에도 일어날 수 있다. 그래서 일차적 문화갈등은 개인으로서 시민과 관련된 문제를 분석하는데 적용되고 있다. 한편, 이차적 문화갈등은 한 문화 내에서의 갈등으로 하나의 문화가 각자 고유한 행동규범을 가지는 여러 가지 하위문화로 진화될 때에 일어난다. 셀린은 머튼과 드크하임처럼 사회구조란 문화적으로 인정된 목표와 수단을 내포하게 된다고 보고 있으며, 집단에 따라서 이들 목표와 수단에는 차이가 있다는 것이다. 그리고 상이한 집단들은 그들의 목표달성을 위해 서로 상이한 수단을 활용하는데, 이런 방법 중 일부가 범죄적이거나 일탈적인 것으로 나타날 수 있다. 이러한 경우에 법이 다양한 사회구성원들의 합의를 대변하기보다는 지배문화의 행동규범만을 반영하기 때문이다.[54)]

셀린은 시실리안 출신의 아버지가 자신의 딸을 농락한 16세 소년을 살해하고 단지 전통적인 방법으로 가족의 명예를 지키기 위한 행동이었다고 주장한 사건을 사례로 인용했다. 이 사례에서 볼 수 있듯이 소수집단의 사람들은 법규범을 위반하는 범죄행위를 하고도 그들의 문화에 의한 행동규범에 따른 행동이라고 정당화한다는 점이다. 하류계층의 사람들은 자신들의 범죄행동이 잘못된 것이라고 인정하지 않는다.

54) 조철옥, 앞의 책, pp.277-278.

(2) 밀러의 하위계층 문화이론

1958년 밀러(Walter Miller)는 『비행집단의 형성환경으로서 하위계층문화』(Lower Class Culture as a Generating Milieu of Gang Delinquency)라는 논문을 통하여 하위계층문화를 결정하는 특이한 가치체계의 존재를 강조했다.[55] 밀러는 하류계층의 청소년들이 중류계층의 가치관을 거부하기 때문에 비행소년이 된다는 주장과는 달리 하류계층의 청소년들은 하류계층의 독자적인 문화에 동조하기 때문에 비행소년이 된다고 주장한다. 이 하위계층의 독자적인 문화는 하위계층 사람들의 생활을 지배하는 핵심준칙(focal concerns)으로 작용한다는 것이다. 하위계층의 핵심준칙에 대한 순응은 불법적이거나 폭력적인 행동을 촉진하는 작용을 한다.

출처 : 패션머천/마케팅(12)

밀러는 하위계층의 핵심준칙을 말썽 유발(trouble making), 강인함(toughness), 영악함(smartness), 자극추구(excitement), 운명(fate), 자율성(autonomy) 등으로 구체화했다.[56]

1) 말썽 유발

하위계층 사회의 구성원들은 말썽유발 활동에 실제적으로 또는 잠재적으로 관여하는 정도에 의해서 평가된다. 말썽유발은 싸움, 음주, 그리고 성적 비행 같은 행동을 하는 것을 의미하고, 말썽을 유발하고 또 그것을 잘 해결하는 능력을 발휘하는 사람은 명성을 얻게 된다. 말썽을 잘 해결하지 못하고 결과에 대한 책임을 지지 못하면, 바보나 무능력자로 취급된다.

2) 강인함

하위계층의 남자들은 자신들의 공동체에서 육체적・정신적 강인함을 인정받고 싶어 한다. 감상적이거나 연약한 태도를 거부하고 육체적 힘, 싸움능력, 그리고 운동기술을 중요

55) Walter Miller, Lower-Class Culture as a Generating Milieu of Gang Delinquency, *Journal of Social Issues 14*, 1958, pp.5-19.

56) Walter Miller, Lower-Class Culture as a Generating of Gang Delinquency, Journal of Social Issues 14, 1958, pp.5-19.

시 한다. 이러한 기준을 충족하지 못하는 사람은 나약한, 바보같은, 그리고 여자 같은 자라는 명칭을 얻게 되는 위험에 처한다.

3) 영악함

하위계층 사람들은 세상물정에 밝고 기지가 있는 사람이라는 이미지를 유지하고 싶어 한다. 그리고 상대방을 꾀로 이기는 능력을 가진 사람이라는 이미지를 갖기를 원한다. 공식적인 교육은 형편없더라도, 길거리에서 도박이나 다양한 법 위반행동을 하더라도 법을 기지로 피하고 살아남는 생존의 지혜를 갖추고 있어야 한다.

4) 자극추구

하위계층 사람들은 단조롭고 재미없는 생활에 활력을 불어넣기 위해 재미있고 흥미진진한 일을 찾는다. 그러므로 그들은 도박, 싸움, 음주, 그리고 성적 모험을 추구한다.

5) 운명

하위계층은 그들의 운명이 강력한 영적인 힘에 달려 있다고 믿어야 한다. 행운과 불행은 인간의 의지와는 관계없이 운명적인 것이다. 행운, 횡재는 모든 하류계층 사람들의 매일의 꿈이다.

6) 자율성

자율성은 권위에 대한 부정을 의미하고, 모든 행동은 자신의 의지와 강인한 정신에 의하여 결정되어야 한다고 믿는다. 따라서 경찰, 교사, 그리고 부모들의 통제는 무시되어야 한다.[57]

(3) 코헨의 비행하위문화이론

1) 가정과 관점

코헨(Albert Cohen)은 1955년 발간된 「비행소년」(Delinquent Boys)이라는 저서에서 최초로 비행하위문화 이론을 발표했다. 하위문화란 한 사회에 있어서 정통적·전

57) 조철옥, 앞의 책, pp.279-280.

통적 · 지배적인 문화에 대해 그 사회의 일부집단에 의해 추종되는 문화를 의미한다. 대체로 하위문화는 지배적인 문화를 부정하고 적대시하는 것이 특징이다. 따라서 하위문화를 추종하는 행동은 일탈행동이나 범죄를 범하는 결과를 초래한다.

코헨의 하위문화이론은 개인의 목표달성 어려움이 비행의 원인이 되는 긴장으로 이어진다고 접근한 점에서 기본적으로 머튼의 이론을 추종하고 있다. 사회적 조건이 이들 하류계층의 청소년들로 하여금 사회적으로 특히 중류사회의 성공목표를 합법적으로 성취할 수 없게 하기 때문에 그들은 신분좌절(status frustration)이라고 하는 일종의 문화갈등을 경험하게 된다.[58] 따라서 코헨의 하위문화 이론은 긴장이론과 사회해체이론을 기술적으로 통합한 이론이라는 평가를 받는다.

코헨은 어떤 계층에 속하든 대부분의 청소년들이 사회적 성공규범에 의해 평가받고자 한다고 주장한다. 청소년들은 학교에서 좋은 성적을 받고 예의바른 행동 등으로 더 높은 지위를 얻고 싶어 하는 욕망을 가지고 있다는 것이다. 그러나 하류계층 청소년들은 중산층의 규범에 따라서 성공할 수 있는 길이 없다는 절망과 좌절을 맛보게 된다. 결국 이러한 절망과 좌절에 대한 반응으로 중류계층의 규범이나 문화에 적의를 품고 저항하는 행동을 선택하게 되는 데 이러한 반응형태가 비행하위문화가 된다는 것이다. 하류계층 청소년들의 비행하위 문화의 형성은 하류계층 환경에서 발견되는 사회화의 결과이다. 이렇게 형성된 청소년 하위문화는 중류계층의 가치와 충돌하면서 거칠고 흥미와 직접적인 만족을 추구하는 비행을 초래하게 된다.

코헨의 이론은 다음과 같은 네 가지의 가정으로 요약될 수 있다. 첫째, 다른 계층에 비교하여 상대적으로 많은 수의 하류계층 청소년들이 학교에서 실패하고 있으며, 둘째, 저조한 학업 성취도는 비행과 유관하며, 셋째, 이들의 저조한 학업성취도는 대부분 하류계층 청소년들의 가치와 학교에서 지배적인 위치에 있는 중류계층의 가치갈등에서 초래된다. 넷째, 대부분의 하류계층 청소년들의 비행은 부분적으로 반사회적 가치를 조장하고 보다 긍정적인 자기관념을 개발하기 위한 수단으로서 집단비행의 형태로 발전한다.[59]

---

58) Albert Cohen, *Delinquency Boys*, (New York: Free Press, 1955), pp.25-28.
59) Shomaker, op.cit., pp.116-120.

2) 중류계층의 잣대(middle-class measuring rods)

하류계층의 청소년들이 직면하는 하나의 상당히 불리한 조건은 교사, 고용인, 또는 감독자들과 같은 권위 있는 인물들에게 긍정적으로 평가받을 수 없다는 점이다. 코헨은 이들 권위 있는 위치에 있는 사람들에 의해 설정된 기준을 중류계층의 잣대라고 부른다. 코헨은 중류층의 가치기준으로 ① 추진력과 야망(drive and ambition), ② 개인적 책임감, ③ 다양한 경쟁영역에서의 성취와 성공, ④ 미래를 위하여 소망과 충동의 직접적인 만족 유보, ⑤ 장기적인 계획과 예산 형태의 합리성, ⑥ 타인에 대한 자기통제와 정중함, ⑦ 언어적이든 물리적이든 폭력과 공격의 자제, ⑧ 여가의 건전함, ⑨ 타인의 사유재산에 대한 존중 등으로 제시했다.[60]

하위계층의 청소년들은 미국 사회의 구조상 이러한 기준을 충족하기는 거의 불가능하고 이를 충족시키지 못할 때 경험하는 갈등과 좌절이 일탈행위의 주된 원인이다. 예컨대, 하위계층의 청소년들이 권위있는 사람들에 의해서 나쁘게 평가받거나 기대이하의 수준이라고 평가될 경우에 그러한 평가는 그들의 미래 생활에 엄청난 충격일 수 있다. 학교성적이나 군대기록은 어떤 직장을 선택하는 경우에 상당한 영향을 미친다. 부정적인 평가는 개인의 나머지 인생에 영원히 따라다니는 자료가 된다. 개인은 발전하고 싶지만, 과거의 실패기록이 장애가 되곤 한다.

3) 비행하위문화의 유형

중류계층 출신의 의사결정자들에 의해 부정적인 평가를 받는 하류계층 청소년들은 하위문화에 해당하는 세 가지 반응형태를 선택한다.[61]

① 길모퉁이 소년(corner boy)

길모퉁이 소년은 중류계층의 거부에 대한 하위계층 청소년들의 가장 공통적인 반응형태이다. 상습적인 비행소년이라고 할 수는 없지만, 성적으로 조숙한 행동이나 호기심에 의한 약물오용같은 가벼운 범법행위를 하는 무단 결석자 등이 해당한다.

60) Ibid., p.115.
61) Siegel, op.cit, pp.201-202

길모퉁이 소년은 자신과 밀접한 인간관계를 맺고 있는 동료집단의 가치를 추종한다. 이들은 미국인의 꿈의 기준을 성취할 수 없다는 것을 잘 알고 있으며, 하위계층 동료들에게 위안이 되는 세계로 후퇴하여 결국 보잘 것 없는 직업을 구하고 결혼하여 하류계층 사회에 안주하는 구성원이 된다.

② 대학생 역할소년(college boys)

대학생 역할 소년은 중류계층의 문화적, 사회적 가치를 받아들인다. 따라서 중류계층 측정 잣대를 비난하기 보다는 자신도 중류계층의 기준으로 성공하기 위해 능동적으로 노력한다. 또한 자신의 힘으로 중류계층 청소년들과 경쟁하여 이기려고 한다. 그러나 코헨은 이러한 유형의 청소년을 거의 희망없는 곳에 투자하는 사람으로 표현한다. 그러한 청소년은 중류계층의 기준을 성취하기 위해 필요한 학문적, 사회적, 그리고 언어적 자질이 결여된 상태에 있기 때문이다.

③ 비행청소년

비행청소년은 중류계층의 문화와 정반대되는 일련의 규범과 원칙 등을 수용한다. 따라서 학교와 중류계층의 기준과 가치에 저항하여 부정적이고 악의적인 행동을 한다. 비행청소년은 오늘을 위해 살고, 내일은 내일에 맡겨두는 것과 같이 단기적인 쾌락주의(hedonism)에 몰두한다. 그들은 집단 자율성을 추구하고, 가정, 학교, 기타 권위 있는 요소들의 그들에 대한 통제노력에는 저항한다. 그들은 그들의 눈에 자율적이고 독립적이고 매력적으로 보이는 비행집단에 가입한다.

비행청소년들은 중류계층의 기준에 의해서는 성공할 수 없는 그들의 무능력으로 인해 좌절에 빠졌을 때, 코헨이 반동형성(reaction formation)이라고 부르는 과정에 의존한다. 반동형성의 증상은 그들을 좌절상태에 빠지게 한 자극에 비해서는 불균형적이라고 할 정도로 과도하게 강력한 반응을 포함한다. 이러한 행동은 중류계층 사회의 규범에 대한 비합리적, 악의적, 그리고 설명할 수 없을 정도의 적의감을 표현하는 형태를 취한다. 반동형성은 비행청소년들로 하여금 어떤 인지된 위협이나 경멸에 대해 과잉 반응하게 한다. 그들은 대학생 역할 소년들의 동화행동에 대해 냉소하고, 길모퉁이 소년들의 수동적인 행동을 경멸한다. 비행소년들은 기꺼이 위험을 감수하고, 법을 위반하고, 중류계층의 전통을 비웃는다. 그러나 비행소년들은 반동형성과 중류계층의 가치에 저항하는 부정적 행동을 하면서도, 광범위한 중류계층의 성공가치를 비밀스럽게 추종한다. 이러한 비밀스런 추종은 심리적, 때때로 정신병질적 문제를 야기한다.[62]

(4) 클라워드와 올린의 차별적 기회이론

클라워드와 올린(Richard Cloward & Lioyd Ohlin)은 쇼와 맥케이의 사회해체이론, 머튼의 아노미이론과 서덜랜드의 차별적 접촉이론을 결합하여 청소년 비행문제를 설명하고자 하였다. 청소년들은 그들의 성취목표를 달성하기 위하여 합법적 또는 일탈적인 두 가지 차별적인 기회구조를 수단으로 사용할 수 있다. 하류계층에게도 합법적인 기회가 주어진다면, 굳이 비합법적인 수단을 통하여 목표를 성취하려 하지 않을 것이다. 또한 합법적인 기회구조에 접근할 수 있는 기회가 차단되었다고 해서 곧 바로 범죄가 유발되는 것은 아니고, 동시에 불법적인 수단에 접근할 기회가 지역적으로 허용되어야 한다. 개인이 목표를 달성하려고 할 경우에 합법적인 수단을 선택할 것인가 아닌가의 문제는 그가 어느 정도 비행하위문화에 접촉하였고, 비행을 학습할 기회를 가졌는가에 의해 결정된다.

1) 차별적 기회(differential opportiunity)의 개념

클라워드와 올린(Cloward & Ohlin)의 차별적 기회이론의 핵심개념은 차별적 기회이다. 모든 사회계층의 사람들은 동일한 성공목표를 공유하고 있으나 하류계층 사람들은 이 목표를 달성할 수단에 접근할 기회가 거의 없는 상태를 차별적 기회라 한다. 다시 말해, 중상류 계층의 사람들은 문화적 성공 목표를 세우고 그 성취를 위한 수단에 쉽게 접근할 수 있으나 하류계층의 사람들은 수단에 접근할 기회가 주어지지 않는다는 것을 의미한다.

출처 : http://cafe.naver.com/brandplansac20112/69

차별적 기회이론에 의하면, 하류계층 청소년들의 비행은 그들이 성공할 수단에 접근할 기회를 주지 않는 제도적·구조적 장벽으로 인해 유발되지만, 아무 곳에서나 비행이 발생하는 것이 아니고 비행을 할 기회가 열려 있는 지역적 특성이 강한 곳에서 발생한다는 것이다. 또한 비행청소년들은 목표달성을 위해 합법적인 수단에 접근할 수 있는 기회가 주어진다면, 합법적인 수단을 선택하게 되지만, 그렇지 못하면 비합법적

62) Williams, op.cit., pp.317-318.

인 수단을 찾게 되고 이 경우에도 비합법적 기회를 사용할 수 있는 지역적 특성이 존재해야 한다. 다시 말해, 비행청소년들에게 합법적인 수단에 접근할 기회도 열려 있고, 동시에 불법적인 수단에 접근할 기회도 열려 있다는 것이다.

합법적인 기회와 비합법적인 기회는 모두 제한적이다. 다시 말해, 목표달성을 위한 합법적인 기회라고 해서 그러한 기회가 항상 존재하는 것도 아니고 불법적인 기회도 언제나 아무 곳에서나 생기는 것도 아니다. 비합법적 수단에 접근하는 기회도 지역적 특성에 따라 달라진다. 말하자면, 범죄집단에 쉽게 가입할 수 있고 범죄행위를 범죄꾼들로부터 쉽게 학습할 수 있는 지역에서 비합법적 수단에 가담하게 된다.

2) 하위문화 유형

① 범죄집단(criminal gangs)

범죄집단은 비행청소년들과 성인 범죄꾼들이 범죄집단을 구성하여 성공적인 범죄환경을 만들 수 있는 안정된 하위계층 지역에 존재한다.[63] 특히 범죄집단은 하위계층 지역 안에 조직화된 성인범죄 집단이 존재하는 경우에 형성된다. 이러한 상황에서 성인 범죄자들은 청소년 비행집단의 성공역할 모델이 된다. 따라서 하위계층 지역의 성인범죄집단과 전통적인 성인들 사이의 관계는 안정적이다.

청소년들은 성공적인 범죄경력을 쌓기 위한 훈련기반을 제공하는 조직화된 범죄집단에 가입하고, 비행집단의 구성원들에게는 범죄 성공에 필요한 기술과 지식을 학습할 기회가 제공된다. 세월이 흐르면서, 풋내기들은 범죄세계의 문화와 기법을 배우고 범죄활동에서 다른 구성원들과 성공적으로 협조하는 법을 배운다.[64]

② 갈등형 집단(conflict gangs)

갈등형집단은 합법적 또는 비합법적 기회를 제공할 수 없는 공동체에서 형성된다. 이 집단은 주민들의 전출입이 심하고, 사회구조적으로 열악한 고도로 해체된 사회에서 현저하다. 이러한 지역에는 안정적이고 조직화된 성인범죄 집단이 존재하지 않는다. 청소년에게 범죄기술을 학습시킬 수 있는 성인 범죄모델이 없다. 이 지역의 범죄는 개별적, 비 조직화된, 경미한, 소득이 별로 없는, 그리고 보호받지 못한다.[65] 갈등형 집단의 구성원들의 범죄는 폭력범죄가 대부분이다. 비행 청소년들은 어떤 종류의 지위와 성공을 얻기 위한

---

63) Williams, op.cit., p.171.
64) Siegel, op.cit., p.203.
65) Ibid., p 203.

수단으로 범죄를 사용한다.

갈등집단의 구성원들은 경쟁자로부터 존경을 받기 위해 무기를 사용하여 싸우고, 사람과 재산에 대해 예측하지 못한 파괴적인 공격을 가하는 거칠고 거들먹거리고 돌아다닌다. 그들은 자신과 집단의 순수성과 명예를 보호하기위해 폭력을 행사한다. 갈등유형은 혜택받지 못한 열악한 지역에 사는 청소년들이 쾌락을 얻고 기회를 찾기 위한 희소자원에 접근하는 행동패턴을 표상한다.[66)]

③ 은둔형 집단(retreatist gangs)

은둔형 집단의 구성원들은 합법적 수단으로는 성공할 수 없고, 비합법적 수단으로도 성공을 시도할 생각이 없는 이중 실패자이다. 그들 중 어떤 사람은 범죄와 폭력을 저지르지만 수법이 미숙하고 힘도 약해서 범죄나 폭력하위집단에서 받아들이지 않는다. 그들은 사회 언저리로 사라지면서 알코올, 헤로인, 변태적인 성 경험에 몰입한다. 그들은 일반세계와는 단절되고 냉담하며 대체로 약물 사용 지향적이다.[67)] 그들의 개인적 지위는 동료의 인정이 중요하다. 이 유형의 하위문화는 어떠한 지역에도 존재하는 것이 특징이다.

---

66) Ibid., p.203.

67) Williams, op.cit., p.319.

CHAPTER

05 사회과정 이론

Section 1 사회학습 이론

1. 들어가며

사회과정이론은 인간의 사회학습과정과 밀접한 관련이 있다. 인간은 다른 사람이나 집단과의 접촉이라는 과정을 통하여 행동을 학습하게 된다. 그러한 과정에서 준법행동과 불법행동을 학습하게 되고 범죄행동으로 이어진다는 것이다. 나쁜 친구나 집단과의 접촉은 범죄행동에 빠지게 되는 요인이 된다는 관점이 사회과정이론의 핵심이며 사회학습이론의 본질이다.

출처 : my writing(13)

사회학습이론에 의하면, 범죄는 타인과의 접촉과정에서 범죄행동과 결합된 규범, 가치, 그리고 행동 그 자체를 학습한 산물이다. 사회학습은 범죄행동에 대한 실질적인 수법뿐만 아니라 범죄행동과 결합된 죄의식이나 수치심을 처리하는 방법과 같은 범죄자의 심리적 측면까지도 포함한다. 즉, 비행청소년들은 동료집단의 가게물건 훔치기 같은 좀 도둑수법을 학습하고 또한 비행이 동료들의 인정과 우호감을 형성하는 기초가 된다는 사실을 학습함으로써 죄책감에서 벗어난다.[1)]

범죄학 영역에서 사회학습이론은 비행과 일탈행위에 학습을 적용한 패터슨(Gerald R.

1) 조철옥, 앞의 책, 209-210면.

Patterson),[2] 그리고 사회학습이론에 의해 비행과 범죄에 대해 설명하고, 처우 및 예방책을 제시한 앤드류(D. A. Andrews)에 의해 발전했다.[3] 범죄학 영역에서 대표적인 사회학습이론은 서덜랜드(Edwin H. Sutherland)의 차별교제이론과 에이커스(Ronald L. Akers)의 차별적 강화이론 이다.

2. 서덜랜드의 차별교제이론

출처 : http://cafe.naver.com/motrpg

사람들은 일탈행위자와의 교제, 즉, 접촉을 통하여 일탈자로 되어간다. 어떤 사람은 일탈자가 되고 어떤 사람은 일탈자가 되지 않는 이유는 일탈적 행위유형을 학습하게 된 결과이다. 범죄는 일반적인 행위와 마찬가지로 학습을 통해서 배우게 되고, 학습은 주로 친밀한 사람들과의 상호작용을 통해서 일어난다는 것이 차별교제 이론의 핵심적 내용이다.

서덜랜드는 20세기의 가장 저명한 범죄학자로서 화이트칼라 범죄와 전문절도 그리고 지능범죄에 관한 연구를 통하여 범죄가 하위계층 사람들의 빈곤이 원인이라고 하는 견해에 반론을 제기했다. 범죄성향(criminality)이란 개인적 특질이나 사회경제적 지위와는 관계가 없다는 것이 그의 견해이다. 대신에 그는 범죄란 어떤 문화 속에서 개인에게 영향을 미치는 사회학습과정의 산물이라고 주장했다.[4] 즉, 범죄행위에 필요한 기술과 동기는 범죄행동에 우호적인 가치관과 태도, 그리고 호의적인 정의와 기타 행동 유형과의 접촉에 의한 학습의 결과라는 것이다.

서덜랜드는 인간 행동의 두 가지 측면에 깊은 관심을 가지고 이를 설명하고자 했

2) Gerald R. Patterson, and PatricaChamberlain, A function analysis of resistence during parent training therapy, Clinical Psychology: Science and Practice 1, 1994, pp.53-70.

3) D.A Andrew, Some experimental investigations of the principles of differential association through deliberate manipulations of the structure of service systems, *American Socioloogical Review 45*, 1980, pp.448-462.

4) Edwin Sutherland, White-Collar Criminology, American Sociological Review 5, 1940, pp.2-10.

다. ① 왜 사람이 그가 속한 집단에 따라 범죄율이 서로 다른가? 이에 대해서 그는 차별적 사회조직화 또는 차별적 집단조직화라는 개념을 들고 있다. 차별적 집단조직화란 우리 사회의 일부는 범죄적 전통을 가지고 있으며, 일부는 비 범죄적 전통을 가지는 등 서로 다른 집단의 사람들로 구성되어 있다. 따라서 범죄적 전통을 지닌 집단이 비 범죄적 전통을 가진 집단보다 범죄율이 높다. ② 왜 대부분의 사람들이 범죄자가 되지 않는데도 불구하고 일부 사람들은 범죄자가 되는가? 개인의 범죄성향은 범죄 집단의 범죄성향이 아니라 개인의 차별적 교제에 그 원인이 있다. 서덜랜드는 차별적 집단 조직화보다는 차별교제이론에 더 열중하였으며 다음과 같은 아홉 가지 설명 원칙을 제시했다.[5)]

① 범죄행위는 학습된다.

범죄행동은 범죄자의 선천적인 특질이 원인이 아니라 후천적으로 학습된다. 일탈행동과 범죄행동은 글쓰기, 그림 그리기, 또는 독서와 같이 학습의 결과이다.

② 범죄행위의 학습은 타인과의 상호작용의 부산물이다.

사람이 단순히 범죄환경에 노출되어 있다거나 저지능이나 가족문제 같은 범죄적 특성을 가지고 있다는 것만으로 범죄자가 되는 것은 아니다. 인간은 범죄 전문가나 상습범과 같은 범죄꾼과의 상호작용을 통한 학습에 의해 범죄자가 될 수 있다. 범죄성은 타인과의 상호작용 없이 생길 수가 없다.

③ 범죄행위는 개인적으로 친밀한 집단 내에서 학습된다.

인간은 영화나 TV를 통해 범죄행위를 학습할 수도 있지만, 개인적으로 친밀한 가족, 친구, 그리고 동료와의 접촉이 일탈행동과 태도발전에 가장 큰 영향을 미친다. 예컨대, 부모들이 술을 즐기는 가정에서 자란 아이들은 음주를 사회적으로, 육체적으로 아주 이롭다고 생각하는 태도를 보인다. 범죄자와 가장 빈번한 접촉을 하는 교도관이 범죄자가 되지 않는 이유는 개인적으로 범죄자와 친밀한 집단이 아니기 때문이다.

④ 범죄행위의 학습은 범죄기법과 동기, 욕구 그리고 합리화와 태도 등을 포함한다.

범죄행동의 학습은 아주 복잡한 범죄기법은 물론이고 때때로 아주 단순한 기법까지 학습한다. 아울러 동기와 욕구, 그리고 합리화와 태도 같은 것도 학습한다. 비행청소

---

5) Edwin Sutherland and Donald Cressy, *Criminology*, 8th ed.(Philadelphia: Lippincott, 1970, pp.77-79.

년들은 동료들로부터 자물쇠를 따는 방법과 가게물건 훔치는 법, 그리고 약물을 구하고 사용하는 적절한 방법을 배운다. 또한 풋내기 범죄자들은 그들의 범죄행위에 사용할 적절한 용어를 학습하고 법 위반에 대한 적절한 반응방법을 습득한다. 더욱이 범죄자들은 자신들의 범죄행위에 대해 방어하고, 합리화하고, 양심의 가책을 보이는 것과 같은 적절하게 대응하는 방법을 학습한다.

⑤ 실정법에 대한 학습된 인지가 범죄동기와 충동에 영향을 미친다.

존경하는 사람이 법을 경멸하고 모욕하거나 그 존재를 무시하는 경우에 다른 사람들의 법인지는 범죄 우호적인 방향으로 학습된다. 법을 경멸하고 무시하면서 법 위반행동을 당연시하는 사람들은 서로 친밀한 유대관계를 형성하고 이들 집단들과 빈번하고 친밀한 관계를 유지하는 사람들은 자연적으로 반사회적인 문화규범을 학습하게 된다.

⑥ 법위반에 대한 우호적인 감정이 법률위반에 대한 비우호적인 감정을 압도할 때, 개인은 범죄를 저지르게 된다.

범죄자는 법위반에 대해 호의적인 생각을 가지고 있는 집단과 빈번하게 접촉함으로써 범죄행위를 학습하게 된다. 법 준수 자체가 어리석은 행동이고 위반하는 것이 정의로운 행동이라고 인식하는 경우에 범죄를 범하게 된다.

⑦ 차별적 교제양상은 빈도, 지속성, 우선성(priority), 강도의 측면에서 다양하다.

출처 : 시미즈 레이코(13)
http://blog.naver.com/webjang2001

개인이 법에 복종하느냐 법을 무시하느냐에 대한 학습문제는 사회적 상호작용의 질에 의하여 영향을 받는다. 개인이 범죄 집단이나 범죄자와 장기간 접촉하고 아울러 빈번하게 접촉한다면, 법 위반 행동을 학습하게 된다. 또한 아주 생애 초기에 범죄자와의 접촉은 나이가 든 후에 접촉하는 것보다는 범죄행동의 학습에 훨씬 더 큰 영향을 미치게 된다. 강도(intensity)는 개인이 학습하는 범죄집단이나 개인의 중요성이나 명예를 의미하는 것으로 해석되고 있다. 예컨대, 아버지, 어머니, 교사, 교회목사나 가까운 친구 등은 사회적으로 소원한 관계에 있는 사람들보다 학습에 큰 영향을 미친다.

⑧ 범죄적 또는 비 범죄적 유형과의 접촉에 의해서 범죄행위를 학습하는 과정은 여타의 모든 학습에 관련된 모든 기제를 포함한다.

범죄적 또는 비 범죄적 학습은 고전적 조건 형성, 강화, 모방 등의 기제를 통하여 이루어진다. 범죄행동의 학습은 단순한 모방학습의 문제가 아니다.

⑨ 범죄행위가 일반적 욕구와 가치의 표출이긴 하지만, 그것은 일반적 욕구와 가치에 의해 설명되지 않는다.

범죄행위의 욕구와 가치는 일반적 욕구와 가치와는 다르고, 동기 또한 전통적 행동을 위한 동기와는 다르다. 인간은 모두 물질적 욕구를 추구하지만, 열심히 일해서 적법하고 정당하게 돈을 버는 것과 절도나 사기를 해서 돈을 버는 것이 동일하게 설명될 수는 없다. 따라서 범죄행동의 학습은 범죄행동에 우호적인 사회규범과의 접촉을 통해서만 이루어진다.[6]

3. 에이커스의 차별적 강화이론

(1) 이론적 본질

1) 차별적 교제와 준거집단

출처 : http://cafe.naver.com/samjosim/79

인간은 혼자서 살아갈 수 없는 사회적 존재이다. 인간의 소외감과 따돌림은 우울증이나 자살의 원인이 되기도 한다. 따라서 인간은 다른 사람이나 집단을 만나고 교제하는 상호작용 관계속에서 살아간다. 이 과정에서 좋은 사람이나 집단을 만나면 좋은 사람이 되고 나쁜 사람이나 집단을 만나면 나쁜 사람이 된다는 것이 차별적 교제 이론의 본질이다.

에이커스(Ronald Akers)에 의하면, 사람들은 살아가는 과정 속에서 유의한 다른 사람들이나 집단과의 상호작용과정을 통하여 자신들의 행동을 평가하는 방법을 학습한다. 이러한 집단들은 행동 강화의 원천과 유형을 통제하고, 행동의 옳고 그름을 정의하고, 관찰

6) 조철옥, 앞의 책, pp.221-213.

적 학습을 통하여 모델이 될 수 있는 행동을 제공하는 역할을 한다. 개인들은 그들의 행동을 선으로 정의하거나 적어도 정당한 것으로 정의할수록, 그러한 행동을 강화하게 된다.[7)]

인간의 행위는 직접적인 경험이나 다른 사람에 대한 행위모방을 통하여 학습된다. 보상받는 행위는 강화되고 처벌받는 행위는 회피된다. 이처럼 행위에 대한 보상과 처벌에 따라서 차별적 강화가 이루어진다. 여기에서 범죄행위와 차별적 강화를 연결시키면, 개인이 범죄행위로 인해 얻는 보상이 처벌보다 더 크다고 인지할 때 범죄행위는 강화된다.

에이커스에 의하면, 개인의 행동에 대한 강화와 처벌의 원천을 통제하고 있는 집단이 가장 중요한 행동영향 요인의 위치에 있다는 것이다. 이러한 집단들은 행동모델을 제공하고 규범적인 정의를 제공한다.[8)] 간단히 말해, 이 집단들이 개인의 행동이 옳다고 하면 그렇게 되고, 나쁘다고 하면 또한 그렇게 되는 것이다.

이러한 집단들은 사회학에서 즐겨 사용하는 준거집단(reference group)이다. 준거집단은 그 구성원들에게 범죄행위에 접촉할 차별적 기회를 제공할 수도 있고, 준법적인 행위를 모방 학습할 기회와 여건을 조성한다. 이들 집단 가운데 가장 중요한 것은 가족과 친구와 같은 일차적 집단이다. 가족이나 친구가 범죄 친화적인 성향이나 행위를 하고 그것을 학습할 기회를 제공할 경우에 개인은 범죄행위에 빠질 가능성이 높다. 또한 지역사회의 이웃, 성직자나 교육자 집단, 법집행기관이나 공무원 집단들도 개인의 범죄나 비행성향에 다양한 영향을 미치는 준거집단의 역할을 수행한다.[9)]

워(Mark Warr)가 말하는 가상의 동료집단(virtual peer groups)도 현대 사회에서 행위모방에 관련된 차별적 교제집단이다. 가상의 동료집단은 인터넷, 일반전화와 휴대폰, 영화, TV, 그 밖의 미디어를 통해 형성되는 집단을 의미한다. 준거집단이나 가상의 동료집단과의 교제가 우선성, 지속성, 빈도, 강도를 지닐수록 행위학습은 강화된다.[10)] 물론 그러한 집단들이 반드시 범죄친화집단이라고 할 수는 없지만, 범죄나 비행을 모방학습할 자극적인 맥락을 제공할 가능성이 높기 때문이다.

2) 정의(definition): 행위에 대한 신념

정의는 특정 행위에 대해 개인이 부여하는 의미와 태도라고 할 수 있다. 그것은 자신의 행위에 대한 선악, 옳고 그름, 정당성과 부당성에 대한 도덕적이고 평가적인 태

7) Siegel, op.cit., p.224.
8) ibid.,
9) Akers & Sellers, op.cit., p.91.
10) Ibid., p.91.

도를 취하는 것을 의미한다. 그 결과 행동의 지향성이나 합리화까지 포함한다. 살인이나 강도행위를 한 범죄자가 자신의 행위를 부정한 수법으로 부를 축적한 자들에 대한 심판이라고 한다든지 세상은 수단과 방법을 가리지 않고 부와 권력을 쟁취하는 것이 선이라고 한다든지, 배신자들에 대한 보복은 인과응보의 당연한 귀결이라고 의미를 부여하거나 합리화할 수 있다. 법 규범이나 전통적 사회규범은 가진 자들을 위한 편견에 불과하므로 그것들을 위반하는 것이 옳은 행동이라고 평가할 수도 있다. 범죄행위에 대한 정당화나 합리화는 자신의 행동에 대한 인지적 부조화(dissonance)상태를 벗어나려는 인간의 기본적인 경향성의 양상이라고도 볼 수 있다.

사회학습이론에서 정의는 일반정의와 특수정의로 구분된다. 일반적 신념(정의)은 법을 지키는 순응적 행위를 옹호하고, 범죄나 일탈행위를 부정하는 종교적, 도덕적, 전통적 가치와 규범을 포함한다. 특수정의는 개인의 구체적 행위들에 대한 태도로서 물건을 훔치는 것은 나쁘고 절도를 금지하는 법을 지켜야 한다고 믿지만, 동시에 대마초를 피우는 것은 나쁘지 않다고 생각하거나 약물소지를 금하는 법을 위반하는 것에 대해서는 괜찮다고 합리화하는 것과 같은 것이다.[11)]

범죄행위에 대하여 개인이 호의적인 태도를 취하는 것은 범법행위에 대한 개인의 긍정적이거나 중화적인 태도에 귀인한다. 사회학습이론에서 중요한 것은 개인의 범죄에 대한 중화적인 태도이다. 중화적인 태도는 범죄를 정당화하거나 변명을 통하여 범죄에 대하여 우호적인 태도를 취하는 것이다.[12)] 사람들은 일반적으로 어떤 행위가 바람직하지 않다고 생각하더라도, 어떤 상황에서는 옳다고 하며, 정당화하고, 변명하고, 필요하다고 하며, 정말 나쁜 것은 아니라고 생각한다. 사회학습이론에서 중화적 정의의 개념은 구실 찾기, 합리화, 중화기술, 해명, 부인 등을 통합한 것이다. 중화적 태도는 "모든 사람은 나쁘다, 나는 원래 그런 놈이야, 어쩔 수 없어, 나는 잘못이 없어, 나는 책임이 없어, 나는 술을 마셔서 전혀 기억이 나질 않아, 나는 화가 났었어"와 같이 일탈행위에 대한 변명과 정당화의 신념들이다.[13)]

이러한 범죄행위나 비행에 대한 우호적/비우호적 태도는 모방이나 차별적 강화를 통하여 발전한다. 인지적 측면에서 이러한 태도는 기회가 주어질 때 그러한 행위를 할 것인지에 대한 마음자세를 형성한다. 행동적 측면에서 이러한 태도는 차별적인 내

11) Ibid., p.86.
12) Gresham Sykes and David Matza, Techniques of neutralization: A theory of delinquency, American Journal of Sociology 22, 1957, pp.664-670.
13) Ibid., p.87.

적 자극으로써 범죄행위나 일탈을 저지르는 데 영향을 미친다. 차별적 자극은 주어진 상황에서 어떤 반응이 적절하거나 기대된 것이라는 단서나 표시로서 작용한다.

일탈에 대한 우호적인 태도가 심화되면 결국 법위반 행위에 빠질 것이다. 급진적 이데올로기 소유자들의 죄의식 없는 테러행위, 낙태반대주의자들의 낙태를 반대하는 시민불복종 행위 같은 유형의 일탈행위가 해당될 것이다. 그러나 대부분의 경우, 범죄나 비행에 대한 우호적인 태도들이 직접적으로 범죄행위를 유발하는 것이 아니라, 전통적 신념이 너무 약해서 절제를 하지 못하거나 적절한 상황에서 법 위반을 조장하는 적극적 또는 중화적 태도 때문에 발생한다.

3) 차별적 강화: 보상과 처벌의 균형

사회학습에 의한 차별적 강화는 사람들 사이의 상호작용과 환류(feedback)의 결과이다. 개인이 범죄자들과의 접촉이나 범죄행동에 대한 관찰적 모방에 의해서 학습을 하게 되고 학습된 행동에 대한 좋은 평가를 받으면 그 행동은 강화되어 미래에도 동일한 행동을 반복하게 된다.

출처 : http://wallpagerswidg.com

에이커스에 의하면, 범죄행동에 대한 학습은 범죄행동에 대한 우호적인 정의, 모방, 그리고 차별적 교제 등의 복합적인 과정에 의해 이루어지지만, 범죄행동의 시작과 반복에는 서로 다른 영향을 미친다는 것이다. 범죄행동에 대한 우호적인 정의는 범죄행위보다 앞설 수도 있고 범죄행위 후에 행동의 합리화나 변명의 결과일 수도 있다. 그러나 분명한 것은 범죄행위에 대한 우호적인 정의는 미래의 반복적인 행동에 선행한다는 점이다. 한편 모방은 행위의 반복보다는 시작에 영향을 미치는 학습요인이다. 그러나 모방학습에 의한 범죄행동을 한 후에 범죄행동에 대한 우호적 정의를 하고 사회적 처벌보다는 보상이 클 경우에 미래에 반복적 행동으로 발전할 수 있다. 차별적 교제는 일탈행동이나 범죄행동에 선행하는 학습요인으로 본다. 물론 차별적 교제에 의한 범죄행동의 학습의 경우에도, 학습에 의한 범죄행동을 한 후에 처벌보다는 보상이 클 경우에 비행이나 일탈행동은 반복될 것이다.

> "행위에 대한 실질적인 사회적 제재나 보상 등 효과들은 다양하다. 그러나 일탈행위가 다른 대안적인 행위들보다 보상을 많이 받을 때 일탈행위는 유사한 상황에서 반복적으로 행해질 것이다. 일탈행위의 강화, 일탈모형에 노출, 일탈적 정의가 공식적/비공식적 제재와 정의에 의하여 힘을 잃지 않는 한 일탈행위는 계속 유지되고 더 빈번하게 발생할 것이다."[14)]

차별적 강화는 어떤 행위의 결과, 돌아오는 보상과 처벌의 균형에 의해 달라진다. 다시 말해, 행위결과에 대한 보상이 처벌보다 크다면, 비록 범죄행위라 할지라도 그 행위는 강화된다. 즉, 어떤 시점에서 개인의 범죄실행 여부는 그러한 행위에 대한 과거와 현재, 그리고 미래의 보상과 처벌에 의해 영향을 받는다.

강화의 양상도 크기, 빈도, 가능성 등에 따라 달라진다. 개인의 행동에 대한 강화의 가치나 크기가 클수록, 강화가 빈번하게 이루어질수록, 강화될 가능성이 클수록 그 행동이 발생하고 반복될 가능성은 크다. 비행을 하면 크게 칭찬이나 물질적 보상이 생기고 또한 자주 그러한 보상을 받는다면 비행은 미래에도 반복된다. 이러한 사회적 강화는 사회나 하위집단이 부여하는 실질적, 가시적, 상징적 보상 모두를 포함한다. 범죄행동의 보상은 주로 돈과 같은 물질이 해당하지만, 보복이나 스트레스 해소 같은 심리적인 보상도 해당한다. 물론 칭찬이나 개인적인 만족감이나 성취감도 보상에 해당한다. 비행집단의 우두머리들이 비행결과에 대해 칭찬하거나 평소에 자신을 괴롭히고 따돌림을 하던 사람에 대한 복수는 통쾌한 만족감을 줄 것이다.

또한 사회적 보상은 상당히 상징적인 경우가 대부분이다. 범죄자를 의적이라고 한다든지 사회적 소외나 불평등이 범죄의 결과를 초래했다고 하는 것 등은 범죄행위에 대한 상징적인 보상에 해당한다. 이데올로기를 위해서 죽음을 두려워하지 않고 테러를 하거나 종교적, 정치적 신념 때문에 테러나 납치, 요인공격을 하는 범죄행위는 상징적인 사회적 보상이다. 뉴욕의 쌍둥이 빌딩 비행기 자살 폭파 테러, 중동이나 유럽에서 벌어지는 다양한 테러행위는 정치적, 종교적 신념이라는 사회적 보상에 의해 반복되는 범죄이다.

---

14) Ronald L. Akers, Deviant Behavior: A Social Learning Approach, Third Edition, Belmont, CA:Wadsworth. Reprinted 1992, Fairfax, VA:Techbooks, 1985, p.60.

Section 2 사회통제이론

1. 개념

사회통제이론에 의하면, 인간은 이기적이고 자기중심적이며 충동적이고 욕망추구적이기 때문에 처벌을 받지 않고 자신의 욕망을 충족시킬 수 있는 상황이나 기회가 주어지면, 누구나 언제든지 범죄행위를 범할 수 있는 존재로 가정한다. 그렇다고 해서 인간이 선천적으로 범죄성향을 가지고 있는 것이라고 주장하는 것은 아니다. 그 보다는 인간은 범죄를 저지르려는 동기에 있어서 개인차가 없다는 것을 가정한다.

범죄를 향한 충동은 누구에게나 같고, 사회 어디에나 일정하게 있다. 따라서 인간은 사회적 통제, 즉, 내・외적 통제, 법적 통제가 약화되면 범죄를 범하게 된다. 그러므로 사회통제 이론가들은 사람들이 왜 범죄를 범하는 가라는 것보다는 사람들이 범죄를 범하지 않는 이유를 설명하는 것이 목적이라고 한다. 그러나 사회통제이론도 궁극적으로 범죄와 비행의 발생을 초래하는 원인을 밝히고자 하는 것이 목적이다.

2. 초기 통제이론

(1) 레클리스의 억제이론(containment theory)

억제이론은 자아개념과 자존감이 강한 사람은 자기통제를 잘 할 수 있고 따라서 범죄와 같은 사회적 일탈행동에 저항할 수 있다는 개념을 기본으로 한다. 자신을 괜찮은 놈이라고 생각하고 긍정적인 태도를 유지하는 청소년은 길거리의 유혹에 저항 할 수 있다. 레클리스(Walter Reckless)와 그의 동료들은 경험적 연구를 통하여 청소년들이 일탈행동에 대한 환경적 압력에 직면하여 긍정적인 자기이미지를 유지하고 있을 경우에 일탈행동에 빠져들지 않는다는 것이다.[15)]

15) Walter Reckless, The Crime Problem, (New York: Appleton-Century Crofts, 1967),

레클리스는 억제이론을 통하여 왜 사람들이 범죄행위를 범하지 않는가를 설명하려고 했다. 범죄에 대한 외적 압력은 빈곤, 실업, 소수집단, 그리고 차별 등 다양한 일상생활과 관련된 조건이며, 외적 유인은 나쁜 친구, 일탈적 특수인물(유명한 갱이나 마피아 등), 청소년 비행문화, 그리고 폭력이나 선정적인 대중매체의 프로 등이 해당된다. 내적 압력은 긴장과 좌절, 공격성, 충동적인 욕구, 격정성, 뇌손상, 그리고 성격장애 등이 해당된다. 범죄를 억제하는 내적 억제 요인은 양심 혹은 좋은 자아개념, 그리고 긍정적인 사고, 좌절감에 대한 인내, 준법정신 등이며, 외적 억제는 부모와 학교의 훈육과 감독, 집단이나 사회에 대한 강한 소속감, 일관성있는 도덕적 태도 등이다.

억제이론에서 가장 중요한 개념은 자아개념이다. 이 자아개념은 가정에서 제일 먼저 형성되는 사회화의 산물이고, 12살이 되기까지 형성된다. 이 개념은 억제이론의 핵심으로 우범지대에 살고 있는 청소년들 가운데 일부만이 비행을 범한다는 사실을 설명하기 위해 개발된 것이다. 우범지대에 사는 청소년들은 모두 비슷한 정도의 비행압력과 유인에 직면하고, 가족과 이웃의 외적 통제의 정도도 비슷한 환경 속에서 자아개념이 잘 형성된 청소년들은 비행에 빠지지 않고 다른 친구들도 비행에 빠지지 않게 저항한다. 자아개념이 제대로 형성되지 못한 청소년들은 주변의 비행 압력과 유인에 굴복한다.

여기에서 자아개념이 잘 형성된 청소년들의 행동에 대한 긍정적이고 자아고양적인 환류(self esteem feedback)가 중요하다. 즉, 그들의 행동이 위협이나 비난을 받거나 과소평가되면 자존심에 상처를 받거나 때때로 아무 소용없는 일이야 등과 같은 자기거부감(self rejection)에 고통을 당할 수도 있다. 카플란(Howard Kaplan)은 청소년들이 그들의 자기이미지를 높이고 부정적인 자아개념을 최소화하는 방향으로 행동한다고 주장했다.[16] 그는 낮은 자아개념을 가진 청소년들이 비행에 가담하기 쉽고, 따라서 성공적인 비행이 자존감을 향상시키는데 도움이 된다는 사실을 발견했다.

억제이론에서 체계적으로 검증되는 유일한 부분이 바로 이 자아개념에 대한 가설이다. 레클리스와 그 동료들은 경험적 연구에 의해 자아개념의 범죄억제 효과를 검증했다. 그러나 억제이론은 자아개념이 너무 추상적이어서 검증이 어렵고, 내・외적 억제의 강약 정도를 측정하기 어렵다. 또한 나쁜 자아개념을 가지고 있음에도 비행청소년이 되

pp.469-483.

16) Howard Kaplan, Deviant Behavior in Defence of Self, (New York: Academic Press, 1980), pp.30-50.

지 않는 이유를 설명하지 못한다.

(2) 중화기술이론

1) 개념

범죄자들은 자신들의 범행에 대해 인정하지 않거나 합리화하는 변명을 통하여 계속해서 범행을 하게 된다. 사이크스와 마짜(Gresham Sykes & David Matza)는 청소년들이 중화기술을 사용함으로써 비행이 발생한다는 이론을 발표했다.[17)]그들은 잠재적인 일탈자들과 범죄자들이 전통적 가치를 중화하거나 균형적이게 하는 범죄수법을 획득하는 학습경험에 의해 실제 범죄자가 된다고 보았다. 이러한 현상이 가능한 이유는 미국사회의 지하문화적 가치구조 때문이다.

지하문화적 가치(subterranean values)는 전통적 가치와 공존하고, 공적으로는 비난받지만 사적으로는 존중되거나 실용적일 수 있다. 예컨대, 음란물을 비난하면서도 몰래 숨어서 혼자서 즐겨 본다든지 도박은 나쁘다고 하면서 스포츠 게임을 놓고 도박을 하는 것과 같은 경우는 전형적인 지하문화적 행태이다. 미국에서 지하문화와 전통적인 문화 모두에 따라서 행동하는 것이 공통적인 현상이며, 전통적인 문화는 무조건 좋고 지하문화는 나쁘다고 생각하는 사람들은 별로 없다.

중화기술은 서덜랜드의 차별교제이론에서 말하는 범죄와 비행에 대한 호의적인 태도와 같은 의미로서 비행에 대한 합리화와 변명이다. 범죄에 대한 중화적인 정의를 믿는다고 해서 비행자들이 관습적인 사회가치를 전적으로 부정하거나, 사회적인 규범이나 가치에 직접적으로 모순되는 가치들을 갖는 것은 아니다. 그들은 단지 지하문화적 가치를 가지고 있어서 전통적 가치를 회피하고 숨은 가치에 의해 일탈적 행위를 합리화한다.

마짜는 아주 중화적 가치에 몰입된 범죄자들도 항상 범죄행동을 하는 것은 아니며, 학교와 가정생활, 그리고 종교활동에도 역시 참여한다. 그들의 행동은 자유와 억제를

17) Gresham Sykes and David Matza, Techniquecs of Neutralization: A Theory of Delinquency, American Sociological Review 22, 1957, pp.664-670.

양극단으로 하는 연속선 사이의 어느 지점에 위치하는 것으로서 생각될 수 있다. 마짜는 개인이 이러한 연속선 사이에 왔다 갔다 하는 행동을 한다는 것이다.[18] 중화의 학습기법은 사람이 잠시 전통적인 가치로부터 표류하게 만들고 범죄와 약물남용을 포함하는 지하문화적 가치와 행동에 빠져들게 한다.[19]

따라서 사이크스와 마짜는 그들의 이론적 모델을 다음과 같은 관찰에 기초하고 있다. 첫째, 범죄자들은 때때로 그들의 불법행동에 대해 죄의식을 느낀다. 둘째, 범죄자들은 흔히 정직하고 준법적인 사람들을 존경하고 숭배한다. 셋째, 범죄자들은 그들이 피해자화할 수 있는 사람들과 그렇게 할 수 없는 사람들 사이에 분명한 선을 긋는다. 넷째, 범죄자들은 전통적 가치에 대한 동조요구로부터 자유로운 것이 아니다. 이러한 요인들 때문에 범죄행동은 사람들이 불법행동에 의해서 유발되는 도덕적 딜레마를 중화시킬 수 있는 기법들의 학습을 통해서 전통적 가치를 중화시킨 결과라는 것이다.[20]

2) 중화기법

① 책임의 부정(denial of responsibility)

범법자들은 때때로 그들의 법 위반행동이 단순한 실수였다고 변명한다. 자신의 일탈행동에는 책임이 없다고 함으로써 본래 일탈에 대한 억제적인 역할을 담당하고 있는 자책감이나 다른 사람의 비난으로부터 도피하려고 한다. 그리고 중화의 기술에서 책임의 부정은 자신의 일탈행동이 단순한 우발적인 행위라고 변명하거나 자신의 힘으로 통제할 수 없는 요인들에 의해서 발생하는 부득이하고 어쩔 수 없는 일이라고 주장한다.

② 가해의 부정(denial of injury)

가해의 부정은 범법행위를 부정하는 기법으로서, 절도는 돈을 빌린 것으로 간주하고, 그것은 별거 아니라는 식으로 누구에게 위해를 가하였다는 사실을 부정한다. 반다리즘(Vandalism), 즉, 야만적 파괴행위는 단순한 장난에 불과하고, 재산에 손해를 입은 사람은 충분히 여유가 있는 사람이기 때문에 괜찮은 것이고, 자동차 절도는 훔친 것이 아니라 잠시 빌렸을 뿐이며, 비행집단간의 싸움도 단순한 장난이나 다툼이라고

---

18) David Matza, Delinquency and Drift, (New York: John Wiely, 1964), p.51.
19) David Matza, Subterranean Traditons of Youths, Annals of the American Academy of Political and Social Science 378, 1961, p.116.
20) Sykes and Matza, Techniques of Neutralization, pp.664-670.

변명한다. 위해를 부정하는 비행소년은 법을 위반하였음에도 불구하고 별 것이 아니라고 생각한다.

③ 피해(자)의 부정

범죄자들은 그들의 행동을 피해자가 유발한 것이라고 주장함으로써 그들의 불법행동을 중화한다. 반다리즘(공공시설 손괴)은 싫어하는 선생이나 이웃에 대한 복수라고 변명하고, 부정한 점포로부터 물건을 훔치는 것은 그 점포를 징계하는데 지나지 않는 것이라고 변명한다. 또한 주인이 없는 가게의 물건을 훔치는 것은 보이지 않는 피해자의 권리는 무시해도 좋은 것이라고 중화한다.

출처 : Studytip (24)

이처럼 비록 비행소년이 자신의 일탈행동에 책임을 느끼고 위해를 가하였다고 인정하더라도, 그 행위는 그러한 상황에서 어쩔 수 없는 일이었다고 중화해 버린다. 또한 위해는 실제로 보면 위해가 아니라 당연한 결과이며, 잘못된 것은 그런 상황을 초래한 피해자에게 있다고 변명한다.

④ 비난 자에 대한 부정

범죄자들은 세상을 냉혹한 골육상쟁법이 지배하는 부패의 장소로 간주한다. 약간의 약물사용이 뭐가 나쁜가, 경찰관이나 법관은 깨끗한가 식의 비난자의 위선을 비난하고 숨어 있는 일탈자가 더 나쁜 놈이라고 비난한다. 경찰과 법관은 뇌물이나 받아먹는 부패하고 야만적인 위선자들이며, 교사는 공평하지 못하고 부모는 자식들을 좌절하게 만드는 존재들이다. 이들이 범죄자들의 비행을 비난하는 것은 불공정하고 우스운 일이라고 비난한다. 이처럼 범죄자들은 범법행위의 잘못이 자신들에게 있는 것이 아니고 자신을 비난하는 다른 사람들에게 있다고 변명한다.

⑤ 고도의 충성심에 호소

풋내기 범죄자들은 사회의 규칙을 준수하려는 노력과 그들 집단에 충성을 해야 한다는 생각 사이에서 갈등을 겪고 있다고 주장한다. 그들의 행동을 직접적이고 구체적으로 통제하는 범죄집단의 요구는 사회의 규범보다 우선한다. 범죄집단에 대한 충성은 일종의 인간적인 의리에 호소하는 것에 가깝다. 비행소년들은 자신들의 또래집단의 요구를 만족시키고, 이는 동료를 위해 희생한 일이라고 중화를 한다. 자신들은 사회의 규범적 질서를 거부하는 것은 아니라고 생각한다. 따라서 중요한 것은 어느 규범에 대한 일탈은 그 규범을 거부하기 때문이 아니라 보다 긴급하고 고도의 충성심을 요하는 규범을 우선시하는 때문이라고 중화한다.

3) 비행표류이론

마짜(Matza)는 중화이론을 비행표류이론으로 발전시켰다. 그러나 지금까지 행하여진 생물학적, 심리학적, 사회학적 연구는 경직된 결정론(hard determinism)이라고 비판하고, 자유의사의 개념을 도입했다.[21] 즉, 일탈행위자들이 일반인과 생물학적으로, 또는 심리학적으로 다른 특성을 가지고 있다는 실증주의 이론의 가정은 오류라는 것이다.

표류이론에서 중화기술은 청소년들이 다양한 사회적 규범에 구속되지만, 그 구속에서 일시적으로 해방을 얻을 수 있는 기법을 의미한다. 관습적인 도덕으로부터의 일시적 도피는 청소년들이 비행의 경계선을 넘나드는 것과 같은 표류를 가능하게 한다. 관습적 신념으로부터의 도피는 그 신념의 중화를 의미하는 것이므로 결과적으로 사회통제력을 약화시키는 것이다. 따라서 마짜가 행위에 대한 내・외적 통제에 대한 언급을 거의 하지 않았음에도 불구하고, 표류이론과 중화기술론은 일반적으로 통제이론으로 분류된다.

경직된 결정론을 추종하는 이론들은 청소년의 성숙효과나 비행의 일시적인 성격을 설명할 수 없다는 것이 마짜의 관점이다. 마짜는 유연한 결정론(soft determinism)을 선호한다. 유연한 결정론은 대부분의 비행자가 자유와 강제 사이의 어딘가에 존재한다는 입장이다. 그는 비행자들 가운데 일부 소수의 행위에 대해서는 전통적인 이론에 의해서 설명할 수 있다는 점을 인정한다. 그러나 마짜는 대부분의 비행자가 일반인과 거의 흡사하며, 전통이론에서 생각했던 것보다도 더 자유롭게 행위를 선택할 수 있다는 것이다. 그에 따르면, 비행은 사회통제가 느슨해졌을 때 가능하다. 말하자면, 비행자들은 범죄행동과 준법행동과의 사이를 표류하는 표류자에 지나지 않는다.

비행자들이 비행에 우호적인 가치를 실제로 수용하고 있는 것은 아니다. 그들도 특정형태의 행동이 나쁘다고 생각하지만, 자신들의 죄의식을 피할 수 있게 해주는 방식으로 그 행동을 정당화한다. 이 때 그들은 다양한 기법의 중화기술을 사용한다. 그것은 바로 책임의 부정, 가해의 부정, 피해의 부정, 비난자에 대한 비난, 의리나 충성심에 호소 등이다.[22]

---

21) Matza, op.cit, p.27.
22) 조철옥, 앞의 책, pp.228-229.

중화기술은 행위가 발생한 이후에 합리화를 위해 사용되기도 하지만, 행위를 금지하는 가치를 중화시키기 위해 일탈행동을 하기 전에 이루어지기도 한다. 마짜는 청소년이 일단 표류상태에 들어가면, 비행을 조장하는 요인의 영향력이 강하게 작용할 수 있다고 본다. 표류상태의 청소년은 자신의 삶을 통제할 수 없다는 절망감에 빠지고, 친구들이 자신을 남자답고 용기 있는 사나이라는 말에 고무된다. 이러한 상황에서 청소년은 비행을 함으로써 자신의 잠재력을 회복하려고 할 수 있다.[23)]

마짜와 사이크스는 소년비행이 특정한 하위문화의 산물이 아니라 청소년기의 일시적인 표류상태의 반영이라는 전제아래 효과적인 사회통제를 할 수 있다고 주장한다. 이에 반해 사회통제론자들은 표류의 원인을 사회통제의 약화나 해체로서 설명한다.

3. 허쉬의 사회유대이론

(1) 이론의 전제

사람들은 자신이 좋아하거나 존경하는 사람, 또는 친한 사람들을 실망시키거나 좋은

유대관계가 무너질 것을 두려워 하기 때문에 범죄와 같은 일탈행동을 범하지 않는다. 인간은 주위 사람들로부터 좋은 사람이라는 평가를 받고 싶고 유대관계를 지속하고 싶어하기 때문에 범죄를 범하지 않는다는 것이다.

허쉬(Travis Hirsch)의 사회유대이론은 1969년에 「비행원인론」(Causes of Delinquency)에서 비행이나 범죄는 외부와의 유대나 통제가 약하거나 없어질 때 발생한다는 명제를 전제로 한다. 인간이 왜 범죄를 범하는 것인가 보다는 왜 범죄를 범하지 않는 것인가에 초점을 둔 이론이라고 볼 수 있다.

허쉬의 사회유대이론은 모든 개인들이 잠재적 법 위반자들이라고 가정한다. 그러나 그들은 불법적 행동이 부모, 친구, 이웃, 그리고 직장 사람들과의 유대관계를 붕괴시킬 수 있다는 두려움 때문에 자신의 행동을 통제한다. 사람들은 사회적 유대를 중요시하고 다른 사람들과의 관계에 대해 민감하기 때문에 함부로 범죄를 범하지 못한다.

23) Ibid., p.181.

허쉬는 사회를 특이한 가치체제를 가진 경쟁적인 하위문화 구조로 보지 않는다. 대부분의 사람들은 사회의 지배적인 도덕률과 실정법의 존재를 염두에 두고 있다. 사회적 유대관계가 약한 사람은 쉽게 범죄행동에 빠지고 강한 사회적 유대관계를 형성하고 있는 사람들은 그렇지 않다는 것이다.

(2) 사회유대이론의 요소

허쉬의 유대이론은 비행이 사회에 대한 개인의 유대가 약하거나 붕괴되었을 때 발생한다는 가정에서 출발한다. 사회유대는 개인과 사회사이의 친밀한 관계를 의미하며, 보통 사회제도를 통한 관계를 의미한다. 인간의 유대는 네 가지 요인에 의해 결정된다. 그 네 가지는 애착(attachment), 전념(commitment), 참여(involvement), 신념(belief)이다. 허쉬는 이들 네 가지 요인 상호간의 상관관계가 높은 것으로 파악하여 어느 한 요인이 약화되면 다른 요인도 동반하여 약화되기 쉽다고 보았다.

1) 타인에 대한 애착

타인에 대한 애착은 타인과의 관계에 대한 민감성과 관심의 정도를 의미한다. 즉, 타인에 대해 갖고 있는 긴밀한 애정의 관계, 타인에 대한 존경, 타인과 동일시하는 정도를 말하며, 애착이 강할수록 타인의 기대에 어긋나는 행동을 하지 않으려 한다는 것을 전제로 한다. 사람들은 타인과 애착관계가 형성되지 않아 의견교환 등이 거의 없을수록 타인과 공유하는 규범을 무시하는 행동을 할 가능성이 높아진다. 타인에 대한 애착은 정신분석 개념 중의 초자아나 양심에 대응하는 사회적 개념이다.

허쉬는 부모에 대한 애착이 강할 경우에 부모의 감독이나 훈육이 비행을 통제하고 관습적인 규범에 순응하게 한다고 강조한다. 아울러 또래에 대한 애착 역시 비행경향을 통제할 수 있다고 본다. 그가 사용하는 관습적 타인(conventional others)에 대한 애착이란 말은 가까운 관계에 있는 사람들, 예컨대, 가족이나 교사 등에 대한 애착을 의미하지만, 애착의 대상이 누구인가는 사실 그렇게 중요한 것이 아니다. 전통적 규범에 대한 준수 또는 위반은 애착의 대상에 의해 결정되는 것이 아니라 다른 사람에 대한 애착 그 자체에 의해 결정된다.

2) 전념

전념(commitment)은 전통적인 생활노선에 투자되는 시간과 에너지, 그리고 노력을 의미한다. 전념은 일탈행동을 비용·편익접근의 관점에 의존한다. 즉, 미래를 위하여 교육을 받고 돈을 저축하는 것과 같은 것이다. 사람이 전통적인 가치에 전념하면, 그가 어렵게 얻은 사회적 위치를 위험하게 하는 행동을 하기 힘들게 된다. 반면에 전통적 성공에 대한 열망이 적고 전념하지 않는 사람은 그만큼 잃어버릴 것이 없기 때문에, 비행이나 범죄 같은 위험성이 있는 행위도 쉽게 행할 수 있다.

3) 참여

참여(involvement)는 전념의 결과이다. 전념은 관습적인 일에 투자하는 시간과 열망을 말하는데, 참여는 이러한 열망에 의해 실제로 관습적인 일에 가담하는 것을 말한다. 다시 말해, 학업에 열중하고, 가족과 즐거운 시간을 보내고, 유익한 취미활동에 열중하는 것과 같은 것이다. 사람이 일상적이고 관습적인 일에 몰두하다보면, 불법적인 일에 참여할 시간이 없기 때문에 비행을 저지르지 않게 된다.

4) 신념

동일한 사회적 환경 속에 살고 있는 사람들은 보통 공통적인 도덕적 신념을 공유한다. 그러한 신념들은 타인의 권리존중과 공동체의 질서유지, 그리고 실정법 준수 등과 같은 가치들이다. 이러한 신념들이 부재하거나 약화된다면, 개인들은 반사회적 행동이나 불법적 행위에 참여하기 쉽다.

사회유대이론에서 신념이라는 개념은 일반적이고 전통적인 가치와 규범을 인정하고, 특히 법과 사회규칙이 도덕적으로 옳기 때문에 준수해야 한다는 믿음을 말한다. 이 개념이 반드시 특정 법이나 법률에 대한 믿음을 말하기 보다는 전통적인 가치와 규범에 대한 믿음을 말하며, 더욱이 사람들로 하여금 범죄를 범하도록 하는 일탈적 신념을 의미하는 것이 아니다.

Section 3 사회반응 이론

1. 상징적 상호작용과 낙인

사회반응이론은 흔히 낙인이론으로 불린다. 낙인이론은 개인이 파괴적인 사회상호작용과 우연한 만남에 기초하여 어떻게 전과자가 되는 가를 설명하고자 한다. 따라서 낙인이론은 사회학자들이 개발한 상징적 상호작용 이론이 그 뿌리이다. 상징적 상호작용이론은 다른 어떤 것을 표상하기 위해서 사용되는 제스춰, 신호, 라벨, 꼬리표, 언어, 또는 이미지 등의 상징을 통하여 의사전달한다는 사실에 기초하고 있다. 상징은 어떤 사람의 자아에 대한 기호이고 개념이다. 이 꼬리표와 같은 것들은 개인의 다양한 행동과 태도의 특징을 표상하고 단지 하나의 특징이 아니라 개인으로서 전체인간을 정의하는 기능을 한다.

사람들은 다른 사람이 계속 자신을 나쁜 놈이라고 말하고 그렇게 취급하면 자기실현적 예언 현상(self-fulfilling prophecy)에 따라서 행동할 수도 있다. 자신이 스마트하고 정직하고 성실하다는 의미부여가 된 사람은 전반적으로 훌륭한 사람의 의미로 통하고, 이러한 라벨이 붙여진 사람은 지적이고 능력있는 사람으로 보이기 위해 미래에도 계속 노력한다.[24] 반대로 말썽꾸러기, 정신병자, 전과자 그리고 어리석은 놈이라는 부정적 라벨이 붙여진 사람은 자신을 부끄럽게 생각하고 자아열등감에 빠진다. 낙인이론은 상징적 상호작용 과정에서 이루어지는 낙인과정이 범죄와 비행에도 그대로 적용된다고 주장한다. 범죄자, 마약중독자, 미친 놈, 비행소년 등의 낙인이 찍힌 사람은 범죄와 일탈행위를 유발하는 독립변수로 취급된다.

24) Linda Jakson, John Hunter, and Carole Hodge, Physical Attractiveness and Intellectual Competence:A Meta Analatic Review, Social Psychology Quartely 58, 1995, pp.108-122.

2. 범죄와 낙인이론

(1) 낙인의 과정

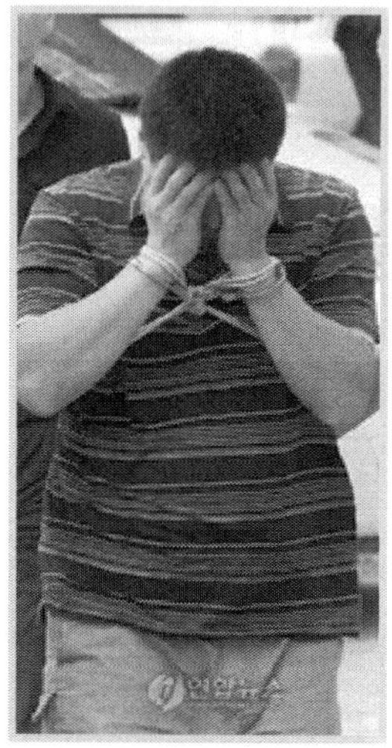

출처: 연합뉴스

낙인이론은 범죄의 원인이 무엇인가에 대한 것 보다 사회에서 어떤 사람이 파괴적인 사회상호작용과 접촉을 함으로써 전과자라는 낙인이 찍혀지고 그것에 대한 반응의 결과를 밝히려고 한다는 점에서 사회반응이론이다.

낙인이론은 기본적으로 범죄에 대한 정의를 상호작용적 관점에서 접근한다. 사회학자 에릭슨(Kai Erickson)은 이러한 관점을 분명하게 밝히고 있다. 그에 의하면, 비행은 어떤 형태의 행동 그 자체에 내재하는 속성이 아니라 직·간접적으로 외부에서 지켜보는 관찰자들이 그 행동에 부여하는 속성이다[25]. 그러므로 범죄와 비행은 어떤 사람의 행동에 대한 사회적 관찰자들의 반응이며 그 반응에 수반하는 효과로서 정의된다. 범죄와 비행이 개인의 불법적 행위라는 도덕적 차원으로 정의되지는 않는다.[26]

전과자라는 낙인은 바로 사람들 사이의 상호작용과정에서 형성된 하나의 상징으로서 개인에 대한 부정적 자아 개념이다. 물론 상징은 개인에게 훌륭하고 아름다운 자아개념도 만들어주지만 전과자처럼 부정적인 자아개념의 기능을 하는 경우도 많다. 상징적 상호작용은 객관적인 현실이란 존재하지 않고 다른 사람의 반응을 해석하는 과정에서 하나의 의미부여가 이루어진다는 주관적인 측면을 중요시한다. 전과자라는 상징도 상당히 주관적인 해석의 결과이다. 현실적으로 불법행위를 하는 많은 사람들 중에 어떤 사람은 전과자 등의 낙인이 부과되고 다른 사람은 아무런 영향이 없는 경우를 발견할 수 있다. 그러면 유사한 행위를 한 개인들이 왜 어떤 사람은 낙인이 부과되고 다른 사람들은 괜찮은가? 그리고 낙인의 결과는 어떤 현상을 유발하는가?

낙인에 대한 벡커(Howard Becker)의 다음과 같은 말은 낙인과 범죄의 관계에 대해 압축적으로 말하고 있다.

---

25) Kai Erickson, Notes on the Sociology of Deviance, Social Problems 9, 1962, pp.397-414.
26) Edwin Schur, Labeling Deviance Behavior(New York:Harper and Row, 1972, p.21.

"사회집단은 규칙을 만들고 그 규칙을 위반하는 것을 일탈행위로 규정한다. 그리고 그러한 규칙을 특정한 사람들에게 적용하고 그들을 이단자(outsiders)라고 낙인을 부여함으로써 일탈자를 창조한다. 범죄는 사람이 저지른 행위의 성질이 아니라 일탈자에게 규칙과 제재를 적용한 결과이다. 일탈자는 낙인이 성공적으로 부여된 자이고, 일탈행위는 사람들이 그렇게 낙인찍은 행위이다."[27]

사회반응이론에 의하면, 살인, 강도, 강간 같은 범죄들이 나쁘거나 사악하다고 하는 것은 사람들이 그러한 범죄들에 대해 그렇게 낙인을 부여한 결과라는 것이다. 따라서 낙인이론가들은 현실에서 낙인이 찍힌 사람들의 일탈행위는 그 자체로는 이차적인 중요성을 가질 뿐이라고 주장한다. 중요한 것은 누가 누구에게 낙인을 찍고 그 낙인의 조건이나 기준에 대한 것이다.

낙인은 어떤 개인이나 집단에 대한 관찰자들의 주관적인 의미부여의 산물이다. 사회통제기관의 낙인 과정 역시 마찬가지이다. 그러므로 사회의 공식적 통제기관인 경찰과 사법부가 사회내의 서로 다른 사람들과 집단에 대해 낙인을 찍는 기준과 요소는 낙인이론의 중요한 부분이다. 통제기관의 낙인행위는 사회적으로 힘이 있는 강자에게는 무력하고 사회적 약자들에게는 강력하게 작용한다. 사회내의 강자들이 오히려 어떠한 행위가 일탈적이고 불법적인 것으로 금지되고 평가될 것인가를 결정하는 위치에 있고, 법적으로 일탈행위에 해당하는 행위를 하였음에도 통제기관은 눈을 감아버리기 때문에 낙인의 대상에서 제외된다. 따라서 낙인은 그가 무슨 행위를 하였는가 보다는 그가 누구인가에 의해 결정된다.

(2) 법과 규칙의 차별적 적용

사회적 반응이론은 법이 경제적·사회적 권력을 가진 사람들에게 혜택을 베풀고, 힘없는 사람들에게 벌을 주는 것과 같이 차별적으로 적용된다는 점을 강조한다. 법과 형사사법체계는 힘없는 하층계급의 서민을 낙인으로 통제하고 상류층의 가진 자들의 이해관계를 대변한다. 경찰에 의해 어떤 사람이 체포되고 구금될 가능성은 그가 어느 사회계층에 속하며 어느 집단에 속하는가에 의해 차별화된다. 경찰이나 검찰 등 사법기관은 힘없는 사람들에 대해서는 법대로 처벌하고 부와 권력을 가진 자들에게는 혜

27) Howard Becker, Outsiders, Studies in the Sociology of Deviance, New York:Macmillan, 1963, p.9.

택을 베푸는 자유재량권을 행사한다.[28] 이러한 증거는 범죄경력이 법 위반에 의해 결정되는 것이 아니라 개인적 특징과 사회적 상호작용에 의해 결정된다는 낙인개념을 지지한다.

법은 사회적 권력관계를 반영한다. 화이트칼라 범죄자들은 대부분 벌금형을 받고 구금형은 거의 선고되지 않는다. 이와는 대조적으로 하위계층의 강도나 절도 같은 노상범죄자들은 장기 구금형에 처해진다.[29] 사회반응이론의 주요 전제는 범죄자가 누구인가에 따라서 법이 차별적으로 구성되고 적용된다는 점이다.

(3) 낙인의 결과

1) 사회적 고립과 일탈행동 유발

사회적 반응이론은 오명의 창조와 자아 이미지의 효과라는 두 가지 효과와 깊은 관련이 있다. 낙인이 오명을 가져오는 것은 분명하다. 낙인된 일탈자는 고등교육, 좋은 직장, 그리고 다른 사회적 혜택을 누릴 수 없는 사회적 폐물이 된다.[30] 이러한 소외는 자아 이미지에 대한 열등감을 초래한다.

낙인이론은 공적인 비난을 낙인 부여과정의 중요한 부분으로 고려한다. 공적인 비난은 개인이 정신적으로 문제가 있다든지 범죄로 기소되었다는 것을 보여주는 청문회나 재판과 같은 의식을 통해서 완성된다. 낙인은 비난받는 개인이 다른 사람들과 합법적이고 평등하게 어울리지 못하게 하고 사회 전반적으로 고립되게 한다.

사회적 낙인이 범죄와 비행의 독립적 원인이라고 가정하는 낙인이론의 가정은 이 이론의 본질이며 범죄와 일탈에 관한 다른 이론과 구별되는 가장 큰 특징이다. 원래 낙인은 일탈을 억제하려고 하는 것이지 촉진하려고 하는 것은 아니다. 그러나 낙인의 역설적이고 의도되지 않은 결과는 제재과정에서 예방하려고 했던 일탈자를 양산한다는 점이다. 낙인이론에서 낙인을 찍는 주체가 사회의 공식적 통제기관이라는 사실이 그 기관들에 의한 낙인이 범죄억제를 위한 것이라는 점은 분명하다. 그러나 역설적으로 공식기관에 의한 낙인이 일탈적 유혹에 더욱 빠지게 한다는 것이다.

---

28) Christy Visher, Gender, Police Arrest Decision, and Nations of Chivalry, Criminology 21, 963, pp.5-28.

29) Joan Petersilia, Racial Disparities in the Criminal Justice System: A Summary, Crime and Delinquency 31, 1985, pp.15-34.

30) Harold Garfinkle, Conditions of Successful Degradation Ceremonies, American Journal of Sociology 61, 1956, pp.420-424.

권력과 권한을 가진 기관의 낙인은 개인들이 이에 저항하거나 타협할 능력이 없다. 낙인이론가들은 비공식적이고 상징적 상호작용과정에서 낙인이 이루어지는 것을 언급하기는 하지만, 여전히 형사사법체계, 정신보건체계, 기타 공식적 규범집행기관들에 의한 낙인이 핵심이다. 공식적 낙인은 차별적 기회구조, 차별적 접촉, 부정적 자기관념, 그리고 범죄와 같은 이차적 일탈을 초래한다. 범죄는 범죄자로 낙인찍힌 사람과 낙인을 붙이는 사회통제기관 사이의 상호작용의 산물이다.

2) 악의 극화(dramatization of evil)

낙인은 개인적 정체성의 기초가 된다. 법집행기관들의 부정적인 환류에 의해 자신의 이미지가 나쁘게 의미부여되면, 낙인된 개인들은 자신의 정체성을 재평가하기 시작한다. 그러나 실제로 그들이 사악하거나 나쁜 사람이 아니라면, 왜 모든 사람들이 그런 식으로 낙인을 할까하고 자문할 수 있다. 사회적 반응이론의 개척자인 타넨바움(Frank Tannenbaum)은 이러한 과정을 악의 극화라고 언급했다.

> "범죄자를 만드는 과정은 개인에게 꼬리표를 붙이고 자아를 정의하고 확인하는 과정이며, 그것을 의식적이게 하는 과정이다. 그것은 바로 낙인된 그러한 특질을 자극하고 제시하고 고무하는 방법이 된다. 자극/반응 이론에 따른다면, 일탈 청소년들에 대한 낙인과정은 그것이 자기 자신과 환경에 자신이 일탈자라는 것을 확인시켜주는 한 하나의 재난이다. 그는 자신에게 낙인된 자아 그대로 된다."[31)]

청소년들이 건물의 유리창을 깨거나 행인을 희롱하는 등의 행위를 하는 것은 성장기에 있는 청소년들의 일상적인 생활의 일부분이며 반드시 일탈심리에 의한 일탈행위로 볼 수는 없다. 그러나 어른들이 이러한 청소년들의 행동을 이해하지 못하고 비행으로 몰아서 비우호적으로 대우한다면, 졸지에 그러한 청소년들은 비행소년이 된다. 공공에 의해 비행소년이라는 꼬리표가 붙은 청소년은 자신이 정말 그런 사람이라는 자아개념을 가지게 된다. 비행소년으로 낙인찍힌 소년은 자신에 대한 부정적 반응에 대한 도피수단으로서 다른 비행소년들과 어울리고 비행활동에 가담하게 된다. 공공기관이나 청소년 선도단체는 이들을 개선시키려고 노력하지만, 이는 오히려 청소년들에게 적개심을 불러일으켜 문제를 더욱 악화시킨다.

---

31) Frank Tannenbaum, Crime and the Community, New York:Columbia University Press, 1938, pp.19-20.

타넨바움은 바로 이러한 과정을 악의 극화(dramatization of evil)라고 규정한다. 지역사회가 이들의 초기 잘못에 대해 과잉반응하지 않고 꼬리표를 붙이지 않는다면, 이들 청소년은 실제로 비행에 빠지지 않고 정상적인 성장을 할 수 있었을 것이다. 초기의 작은 실수에 꼬리표를 붙여 나쁜 놈이라고 몰아 붙임으로써 실제로 비행소년으로 만든 것이 바로 악의 극화이다. 그것은 마치 일상적인 드라마와 같이 각색 또는 극화되는 것과 유사하다. 범죄자가 주역이 되고 사회나 형사사법기관이 연출가와 관객이 됨으로써 악의 드라마가 제작되고 상영되는 것이 바로 악의 극화이다. 결론적으로 악의 극화를 회피하는 것이 청소년의 비행을 예방하는 비법이므로 사회나 형사사법기관의 일탈청소년에 대한 과잉반응이나 낙인찍기는 신중하게 이루어져야 한다.

(4) 일차적 일탈과 이차적 일탈

타넨바움의 악의 극화를 더욱 구체화한 이론이 레머트(Edwin Lemert)의 일차적 일탈과 이차적 일탈이론이다. 그에 의하면, 일차적 일탈은 다양한 계기와 원인에 의해 발생하며 처음으로 사회적 반응을 불러일으키는 최초의 일탈행위이다. 일차적 일탈행위는 행위자에게 거의 영향을 미치지 못하는 규범위반 또는 범죄를 말하며, 금세 망각될 수 있는 특징을 가지고 있다. 예컨대, 친구와 운동을 하다 싸운다든지 미성년자들이 호기심에 담배나 술을 피우거나 마시다 적발된다든지, 또는 용돈을 마련하기 위해 절도를 한 경우 등이다.

이차적 일탈은 일차적 일탈에 대한 사회적 반응의 결과로 야기된다. 일탈행동이 부정적 라벨을 적용하는 유의한 다른 사람이나 사회통제기관에 의해 낙인이 이루어질 때 이차적 일탈이 발생한다.[32] 다시 말해, 일차적 일탈행위에 대해서 사회와 사회통제기관이 나쁜 놈이라고 꼬리표를 붙이고 전과자라는 낙인을 찍으면 범죄자라는 이차적 일탈자가 되는 조건이 형성되는 것이다. 일차적 일탈자는 모든 사람들이 자신을 나쁜 놈으로 보는 자아개념이 내재화되고, 결과적으로 어디에 가도 제대로 받아주고 일거리를 주는 사람도 없을 것이라는 자기역할의 한계를 인식한다.

이차적 일탈은 일탈적 역할에 대한 재사회화를 포함한다. 낙인된 사람은 자신에 대한 다른 사람들의 후속적인 반응에 방어, 공격, 또는 적응할 수단을 찾는 형식으로 행동이나 역할 전환을 시도한다. 그러나 오명적 자아개념의 형성, 사회관계의 악화, 활

32) Edwin Lemert, Social Pathology (New York:Mcgraw-Hill. 1951, pp.70-75.

동범위의 축소, 경제적 기회의 박탈로 인해 꼬리표 붙은 사람은 갈 곳도 별로 없고 할 것도 별로 없다. 따라서 할 수 있는 것은 불법적인 범죄행위를 하는 길 밖에 없다는 외상성 장애에 빠진다. 결과적으로 이차적 일탈은 일탈적 행위유형을 영속화시키거나 일탈증폭 현상을 초래한다.

CHAPTER

06 범죄와 갈등이론

Section 1 들어가며

갈등이론은 범죄를 지배계급과 피지배계의 계급투쟁의 산물로서 본다. 갈등이론에 입각하고 있는 급진적 범죄이론은 범죄행동을 지배계급의 피지배계급을 통제하기 위한 억압의 결과라고 주장한다. 따라서 사회에 관한 갈등적 관점은 인간행동에 영향을 미치는 가치체계와 규범이 사회계급에 따라서 다르다는 전제에서 시작된다. 이러한 관점에 의하면, 공식적인 법체계는 부유층의 권력유지와 못 가진 자들을 통제하는 메커니즘으로 기능한다는 것이 갈등이론의 본질적인 전제이다.

갈등이론의 관점에서는 범죄는 권력과 부의 불공정한 분배에 대한 반응에 속한다. 법체계는 부유층의 불법적 기업활동과 같은 범죄에 대해서는 훨씬 더 관대하게 처리하고, 강도나 절도 같은 하류계층의 범죄는 아주 엄격하게 처벌한다.[1] 계층 간의 갈등은 지배계층이 자신들의 행위에 대해서는 사회적 관심이 집중되지 못하게 하고 하류계층의 행위에 사회적 관심이 집중되도록 법이 제정되게 하는 방향으로 권력기관의 활동을 유도하기 때문에 지속된다. 또한 수적으로 불리한 위치에 있는 지배계층은 기득권을 유지하기 위해 제도적 지원을 받을 수밖에 없는 위치에 있기 때문에 갈등은 지속된다. 따라서 갈등이론은 국가가 하류계층을 통제하기 위하여 법을 어떻게 제정하고 적용하는가에 초점을 맞춤으로써, 범죄가 계층 간의 적대감으로 인한 피할 수 없는 결과라는 사실을 강조하려고 한다.

사회적 갈등과 범죄의 유관성에 관한 연구는 갈등의 요인을 구체적으로 분류하는 것에서부터 시작된다. 이미 앞에서 우리는 갈등이 사회계층간의 부와 권력의 불공정한 배분에서 생긴다는 사실을 지적한 바 있다. 따라서 우선 갈등은 사회계층간의 경제적 불평등에서 생기고, 지배계층과 피지배계층의 권력차이에 의해서 생긴다는 것을

1) Michael Lynch and W. Byron Groves, A Primer in Radical Criminology, 2d ed. (Albany, N.Y.:Harrow and Heston, 1989), pp.32-33.

지적하지 않을 수 없다. 사회의 권력구조 자체가 지배계층에 유리하게 작동하고 피지배계층에게는 불리하게 작동하도록 제도화되어 있다. 또한 지배계층과 피지배계층의 행동문화는 서로 달라 항상 충돌하기 마련이다.

Section 2 사회경제적 계층과 갈등

1. 마르크스의 계급투쟁과 범죄

출처 : 노컷뉴스

마르크스(Marx)는 범죄와 일탈행위에 대해 말한 일이 거의 없다. 그러나 그의 저서 곳곳에는 범죄에 관한 언급이 산재한다.[2] 범죄를 낙인과정이론에서와 같은 법 집행기관의 산물로 보고, 법 집행기관은 지배계층의 범죄에 대해서는 범죄가 아닌 것처럼 묵인하고 하류계층의 사람들의 행위에 대해서는 집중적으로 통제하고 처벌하기 때문에 낙인찍힌 하류계층은 계속 범죄행위를 저지르게 된다는 것이다. 또한 범죄를 자본주의 체제의 경제적 불평등과 관련지어 생각한다. 총체적인 부는 증가하는데도 빈자가 감소하지 않고 엄청나게 많은 범죄의 증가를 보이는 사회의 중심에는 무언가 잘못된 것이 있음에 틀림없다는 것이 마르크스의 추론이다.[3]

자본주의 사회에서 자본계급이 생산의 수단을 소유하고 통제하며, 노동계급을 착취함으로써 그들의 부를 극대화하려 한다. 부르주아는 적은 노동비용으로 최대한의 생산성을 추구하기 때문에 결국은 한계적 노동인구가 생기게 된다. 일자리를 잃은 프롤

2) Siegel, op. cit., p.253.
3) Ibid., p.253.

레타리아는 자신의 인간다운 삶을 충족시키지 못하기 때문에 범행의 유혹과 압력을 받게 될 수밖에 없다. 자본주의 체제에서의 범죄는 생활조건에 대한 범죄이며, 노동자들의 범죄는 생존의 집합적 수단, 즉, 공동생산에 의해 보장되지 않는 사회에 살아남기 위한 생존 수단의 하나이다.

그러나 마르크스는 범죄자를 미화하거나 동정하지 않았으며, 범죄자가 어떠한 긍정적 기능을 한다고도 보지 않았다. 그는 오히려 범죄자를 위험한 계층이라고 지칭했다. 범죄는 산업자본주의하의 실업과 노동착취로 인해 도덕적으로 타락한 사람들의 개별적인 적응행동이라는 것이다. 따라서 범죄자는 자신을 비인격화하고 착취하는 불평등한 자본주의 체제에 순응하려고 노력하는 사람이며, 결국 범죄행위는 지배질서에 대한 혁명의 형태가 아니라 지배질서에 대한 적응이라고 보았다.

마르크스는 범죄이론을 논리적으로 개념화하지 못하였으며, 범죄를 인간행위의 한 관점으로서 흥미를 가졌던 것에 불과하며, 범죄자를 억압된 소수집단으로 묘사함으로써 낭만적으로 다루고 있다는 비판을 받았다. 결국 범죄에 대한 마르크스 이론은 존재하지 않거나 순수이론으로 볼 수 없다. 한편, 자본주의 국가의 재구조화를 통한 혁신적 범죄해결 주장도 공산주의 또는 사회주의 국가에서의 범죄유형이 자본주의 국가의 그것과 크게 다를 바가 없다는 점에서 비판받는다.

2. 봉거의 자본주의 탈도덕화와 범죄

갈등이론은 봉거(Willem Bonger), 다레도르프(Ralf Dahrendorf), 그리고 볼드(George Bold) 등 세 사람의 저명한 학자들에 의해 범죄학에 처음으로 등장하였다. 어떤 측면에서 세 사람의 이론은 산업사회의 경우에 지배계급과 피지배계급 사이의 갈등으로 인해 파멸될 것이라는 마르크스의 관점을 공유한다. 다른 한편으로는 이들의 이론은 마르크스 이념에서 벗어나고 있다는 점이 공통적인 특징이다.

봉거(Willem Bonger)는 1876년에 네델란드에서 태어나 1940년에 나치에 굴복하지 않고 자살한 학자이다. 그는 범죄발생 원인을 마르크스 사회주의 개념을 적용하여 설명을 시도한 학자로 유명하다.

봉거는 생물학적 요인이 아니라 사회적 요인에 의해 범죄가 발생한다고 주장했다. 사람들은 자연적으로 공동체를 형성하고 조화롭게 살아간다. 그러나 교환시스템이 생겨나면, 이웃들과 경쟁할 수밖에 없다. 자본주의라는 교환시스템 속에서 생산수단은 소수에 의해 통제되고, 노동자의 경제적 위치는 타인들에 의해 통제된다. 범죄는 극소수의 특별한 경우를 제외하고는 정상적인 인간행동의 범주 안에 존재하는 하나의 사건에 불과하다. 가난한 사람들은 물질적 쾌락을 추구하게 되고, 이를 위해 서로 경쟁하게 된다. 합법적으로, 또는 범죄행동을 통하여 이루어지는 자기이익 추구는 자본주의 국가에서만 발생한다.[4)]

출처 : 오마이 뉴스

자본주의 사회의 범죄에 대한 반응은 보다 엄격한 처벌을 주된 내용으로 하고 있다. 범죄에 대한 처벌은 정치적 통제권을 가지고 있는 국가에 의해 행사된다. 봉거에 의하면, 사회는 가진 자와 못 가진 자의 집단으로 나누어지고, 타고난 능력이 아니라 힘을 소유하고 있는 생산시스템에 의해 분리된다.[5)] 모든 사회는 지배계급과 피지배계급으로 나누어지고, 형사법체제는 지배계급의 의지에 따라 작동한다. 형사법이 겉으로는 모든 계층의 구성원들의 이익을 보호하는 것 같지만, 지배계층의 이익에 손해를 끼치는 행위는 반드시 처벌된다. 범죄는 권력을 가진 사람들에게 피해를 주는 반사회적 행동을 의미한다. 가진 자와 못 가진 자 사이의 엄청난 불평등 때문에 자본주의 체제의 사람들은 사회주의 체제가 발전된 사회보다 이기주의적이고 범죄를 더 많이 범할 수 있다.[6)]

3. 다렌도르프의 현대적 갈등이론

다레도르프(Ralf Darendorf)는 현대사회가 이른바 필연적으로 조정되는 결합체의 형태로 조직화 된다는 관점에서 그의 이론을 전개했다. 이러한 결합체는 권력을 소유하고 그 권력을 사회지배를 위해 사용하는 집단을 의미하는 것이 아니라 지배당하는

4) Williams, op.cit., pp.398-399.
5) Siegel, op.cit., p.253.
6) Ibid., p.253.

집단을 의미한다. 사회의 한 분야, 즉, 산업이 정부를 지배하는 것을 의미하는 것은 아니기 때문에 사회는 경쟁적인 이익집단으로 구성된 복합체이다.

다렌도르프는 그의 고전적인 작품인 「산업사회의 계급과 계급갈등(Class and Class Conflict in Industrial Society)」에서 마르크스가 계급, 국가 그리고 갈등의 개념을 형성한 이래 사회는 어떻게 변했는가를 보여주려고 했다. 다렌도르프는 마르크스가 노동자 계급에서 일어나는 변화를 예측하지 못했다고 비판하면서, 오늘날 노동자 계급은 기술이 부족하고 힘없는 사람들로 구성된 동질적인 집단이 아니라 그들 사이에 미묘하거나 그 이상의 차이에 의해 분화된 계층을 이루고 있다는 것이다. 즉, 노동자 계급은 단순노동자, 준기술자, 그리고 기술자로 나누어지고, 서로간의 권력 차이에 의한 이해관계는 다를 수 있다.[7] 자본주의 사회의 모든 영역에는 구성원들 사이의 권력차이에 의해 지배계급과 피지배계급이 불가피하게 나타난다. 따라서 응집적인 노동자 집단이라는 마르크스의 개념은 정확하지 않은 것으로 증명되었다.

다렌도르프의 갈등이론은 마르크스의 갈등개념을 초월한다. 또한 재산 소유권이라는 단지 하나의 권력형태를 고려한 마르크스의 견해에 동의하지 않는다. 마르크스는 불공정 경제시스템속에 갈등이 존재하고 그 갈등은 제거될 수 있는 것이라고 보았다. 이와는 대조적으로 다렌도르프는 권력차이로 인해 갈등이 존재하고, 그러한 갈등은 건강한 사회의 경우에 필수적인 현상으로 보았다. 모든 건강한 사회는 개인의 권력이나 권한수준의 차이를 필요로 하고, 그 결과 문화적 규범이나 규칙이 집행될 수 있다는 것이다. 규칙은 그 집행을 위해 제재가 필요하며, 제재의 효과성을 보장하기 위해 어떤 사람은 제재를 사용할 권력을 가져야 한다. 이러한 현상은 갈등을 초래할 수밖에 없다.[8]

4. 볼드의 집단갈등 이론

볼드의 이론은 기본적으로 집단이익의 갈등에 기초한다. 따라서 지배계급과 피지배계급의 갈등에 초점을 맞추고 있는 다른 갈등이론과는 개념적 차이를 보인다. 다렌도르프는 갈등이론의 이론적 기반을 제공하였지만, 볼드(George Vold)는 갈등이론을 범

7) Ralf Darendorf, Class and Class Conflict in Industrial Society(Palo Alto, Calif.: Stanford University Press, 1959), p.48.

8) Williams, op.cit., p.401.

죄학에 실제로 적용한 최초의 학자이다.[9] 볼드는 셀린의 이차적 갈등과 마찬가지로 문화내부의 갈등에 그의 관점을 맞추고 있다. 하지만 볼드는 하위문화 대신에 동일한 문화 내부에 존재하는 이익집단사이의 갈등이 범죄와 관련이 있다고 보았다. 인간은 본래 집단지향적이며, 동일한 이해관계를 가진 사람들은 정치적 영역 내에서 그들의 이익을 추구하기 위해 함께 모여서 집단을 형성한다. 집단들은 서로 양립불가능한 이익을 추구하기 때문에 갈등이 조성된다.[10]

사회는 많은 집단으로 구성되고 각 집단은 자신의 이익을 극대화하고 그들의 사회적 지위를 향상시키기 위해 지속적으로 투쟁한다.[11] 집단 간의 이익과 권리를 위한 투쟁은 결과적으로 집단 간의 갈등을 야기한다. 집단간의 권력이 유사한 곳에서는 그들 사이의 갈등은 타협에 의해 해소되지만, 권력차이가 심한 경우에는 강자는 그들의 이익의 극대화를 위해서 국가의 권력을 이용하여 약자들을 통제한다. 지배집단은 그들의 이익을 보호하기 위해서 형사법의 통과에 영향력을 행사하고, 경찰, 변호사, 그리고 법원의 지원을 받는다. 그러나 형사법이나 경찰 및 사법기관은 정치적으로 힘이 없는 약자 집단의 이익에는 불리하게 작용하고, 어떤 경우에는 이러한 약자집단을 범죄화한다. 범죄는 비정상적인 행동의 결과가 아니라 생활양식에 대한 공격으로 곤경에 처한 약자집단의 자연적인 반응의 결과이다. 범죄는 집단갈등의 산물이며, 소수집단의 행위라는 사실은 범죄의 집단화와 청소년비행을 통해서 잘 입증되고 있다.

5. 챔블리스와 사이드먼의 차별적 범죄화

챔블리스와 사이드먼은『법, 질서, 그리고 권력』이라는 논문을 통하여 형사사법체계가 부자와 권력자를 보호하기 위하여 어떻게 작동하는가를 밝히려고 했다. 1971년 챔블리스와 사이드먼(William Chambliss & Robert Seidman)은 사회가 복잡해지게 되면, 사회를 구성하는 개인들의 이해관계는 개별화되어 서로 갈등상태에 빠지게 되며, 이러한 분쟁상태를 해결하기위한 도움을 필요로 한다는 관점에서 갈등이론을 전개했다. 처음에 이러한 갈등은 타협에 의해 해결될 수 있으나 사회가 점점 더 복잡해지면 사회규칙을 위반한 사람들을 대상으로 제재를 가하는 방식에 의존하게 된다. 그런데 제

9) Ibid., p.254.
10) Williams, op.cit., p.400.
11) George B. Vold, Theoretical Criminology, New York: Oxford University Press, 1958, pp.203-219.

재를 가할 수 있는 법규는 권력자들에 의해 제정되고 집행되기 때문에 사회적으로 약자의 위치에 있는 사람들이 제재의 대상이 된다는 점이 문제이다. 권력집단은 필요하다면 강제력을 사용함으로써 그들의 우월성을 영속화하여 자신들의 이익을 추구할 수 있다.[12)]

챔블리스와 사이드먼은 형사사법 체계의 작동을 면밀하게 관찰한 후에 다음과 같은 결론을 내렸다. 미국에서 자유를 가지는 것은 하나의 집단이 다른 집단보다 이익을 더 많이 얻을 수 있도록 허용하는 체제를 의미한다. 다시 말해, 자유란 다른 집단을 희생해서라도 더 많은 이익을 가질 수 있게 하는 체제적 자유를 의미한다. 기존의 법 체제는 선택의 기로에 있다. 사회의 권력구조가 기존의 경제체제를 지원하는 체제를 선택하느냐, 그리고 개인의 자유는 제한되지만 평등한 법 체제를 형성하느냐 하는 선택의 기로에 있다. 평등한 법 체제는 일부 잘 사는 사람들이나 권력자들의 자유권을 제한할 경우에만 가능하다. 그러면 자유는 누구를 위한 것인가 라는 질문에 답해야 한다. 가진 자를 위한 자유인가, 빈민가의 흑인들을 위한 자유도 말하는 가 등에 대한 대답이 요구된다. 법체계에 의해서 보호되는 자유는 그 자유를 향유할 수 있는 사람들의 자유이다. 법은 그 보호를 받는 사람들의 이익에 봉사하지만, 그들이 사회는 아니다. 그들은 사회의 하나의 구성요소에 지나지 않는다. 어떤 복잡한 사회에서 그들이 다수가 될 수도 있겠지만, 법이 사회의 이익을 위해 작동한다는 신화는 오도된 것이다.[13)]

출처 : http://blog.naver.com/lingero-go

결론적으로 형사사법기관은 가진 자의 편을 들고 못 가진 자를 집중적으로 통제하면서 사회의 갈등을 증폭시키고 범죄자를 양산한다. 법이란 공공이익을 대변하지도 않고 모든 시민을 동등하게 취급하지도 않으며, 사회 최고의 이익에 봉사하지도 않는다. 국가나 사법기관은 사회의 갈등을 해소하기보다는 권력적 집단을 보호하고 옹호함으로써 갈등을 유발하고, 못 가진 자들의 행위를 범죄화 한다.[14)] 법 집행기관이 권력층의 의도대로 움직이고

12) Williams, op.cit., p.406.
13) William Chambliss and Robert Seidman, Law, Order and Power(Reading, Mass.: Addison-Wesley, 1971, p.503.
14) Chambliss and Seidman, op.cit., p.504.

범죄자 검거 실적을 높이면 강력하고 훌륭한 법 집행기관이라는 평가를 받게 되고, 반대로 조직의 문제는 최소화하는 방향으로 움직인다. 조직의 문제는 중상류층의 범죄를 하류계층의 범죄와 동일한 규칙과 기준으로 접근함으로써 권력층과 부유층의 미움을 사는 것을 의미한다. 따라서 경찰이나 검찰이 하류계층의 강·절도, 강간, 폭력사범, 교통사범을 많이 검거하여 구속·기소하고, 중상류 계층의 화이트칼라 범죄에 대해서는 관용을 베풀 수밖에 없다.

6. 퀴니의 범죄에 대한 사회적 현실이론

1970년 퀴니(Richard Quinney)의 범죄의 사회적 현실이론(social reality of crime)은 가장 유명한 갈등 모델 중의 하나이다. 사회적 현실모델은 6개의 전제에서 출발한다. 이러한 전제를 종합해 보면, 법, 즉, 범죄 정의는 사회에서 권력을 소유하고 있는 부유층의 이익을 대표한다. 부유층과 빈민층 사이에 갈등이 존재하는 사회에서, 법은 부유층의 이익을 위해서, 그리고 빈자들의 행동을 통제하기 위해서 제정되고 운용된다는 것으로 요약될 수 있다.

급진적 관점의 소유자로 알려진 퀴니는 1980년에 「계급, 국가 그리고 범죄」라는 저서에서 범죄의 근원을 자본가들이 비자본가 계급에게 자행하는 억압과 부정의라고 주장했다. 따라서 범죄를 지배와 억압의 범죄, 그리고 적응(accommodation)과 저항의 범죄의 두 가지 광범한 범주로 구분했다.[15] 국가의 법이 생산수단을 소유하고 통제하는 계층을 위해 입법되고 운용되며, 정부와 대중매체, 그리고 종교, 교육 등 기타제도와 기관들도 지배계층의 이익을 위해 봉사하는 기능을 한다. 이러한 사회구조 속에서 가진 자와 못 가진 자 사이의 갈등은 필연적이다. 이러한 사회적 갈등은 지배와 억압의 범죄, 저항과 적응의 범죄의 출현을 필연적이게 한다.

지배와 억압의 범죄는 우월적 지위에 있는 자본가계층이 그들 자신의 위치를 유지하기 위해 대리기관을 통해 범하는 것을 말한다. 즉, 사법기관이 기존의 질서에 위협을 가하는 근로자들의 행위를 범죄화한다든지, 자본주의 체제의 보존에 있어 자본가들의 이해관계와 관련이 있는 화이트칼라범죄, 환경범죄, 조직범죄와 같은 경제사범이 해당된다.

15) Shoemaker, op.cit., p.231.

적응과 저항의 범죄(crimes of accommodation and resistance)는 주로 자본가의 억압적 전술로부터 살아남기 위한 근로자 계층의 범죄를 말한다. 이러한 범죄는 자본주의 체제에 저항하는 강·절도와 마약거래와 같은 경제범죄 및 특별히 자본주의 체제에 저항하는 범죄라고 보기도 어려운 동일계급간에도 벌어지는 살인이나 폭행·강간과 같은 대인범죄, 그리고 자본가 계급에 저항하는 근로자 계급의 파업, 정치적 저항, 그리고 폭동 등을 포함한다.16)

퀴니는 범죄의 정치적 특성을 강조함으로써 왜 사람들이 법질서를 위반하는가 보다는 법질서 그 자체를 연구의 주제로 삼고 있다. 물론 많은 학자들은 그의 이론이 터무니없는 것이라고 비판할지 모르나 사법기관과 지배계층의 유착이 형사정의와 사회정의에 부정적인 영향을 미치고 있다는 암시는 고려할만한 가치가 있다. 그러나 퀴니의 이론은 지배계층의 이해관계가 분명히 정의되지 못하고 있다는 비판을 받는다. 우선 소유자와 경영자의 이해관계가 다를 수 있으며, 자본가와 국가 통제기관의 이해관계를 구체화하지 못했다.

7. 터크의 범죄화의 요소

1969년 터크(Austin Turk)는 사회집단 간에는 권력관계가 불가피하게 존재하며, 이것이 사회적 갈등 요인이라고 주장했다. 사회에는 지배적인 권력을 가진 집단과 권력이 없어 통제받는 집단이 존재하고 그들 사이에는 갈등이 존재한다. 갈등이 존재하는 이유는 그 두 집단이 모두 이상과 가치와 같은 문화규범과 실제 행동을 지배하는 사회규범을 각각 소유하고 있기 때문이다. 경찰, 검찰 그리고 법원같은 지배집단의 경우에 문화적 규범은 법 그 자체이며, 사회적 규범은 그러한 법의 집행을 의미한다. 또한 노동자들과 같은 피지배집단의 경우에 문화적 규범은 하위문화 그 자체이며, 사회규범은 개인의 실제행동 패턴을 의미한다.

권력차이에 의한 사회적 갈등은 사회생활의 현실적이고 불가피한 부분으로서 건강한 사회의 표상이라는 것이 터크의 입장이다. 그러나 어떠한 사회도 상당한 수준의 합의가 없으면 건강한 사회가 될 수 없듯이 과도한 갈등 역시 바람직하지 않다. 따라서 터크가 강조하는 사회적 질서는 강제-합의 모델(coercion-consensus model)에 기

16) Ibid., p.232.

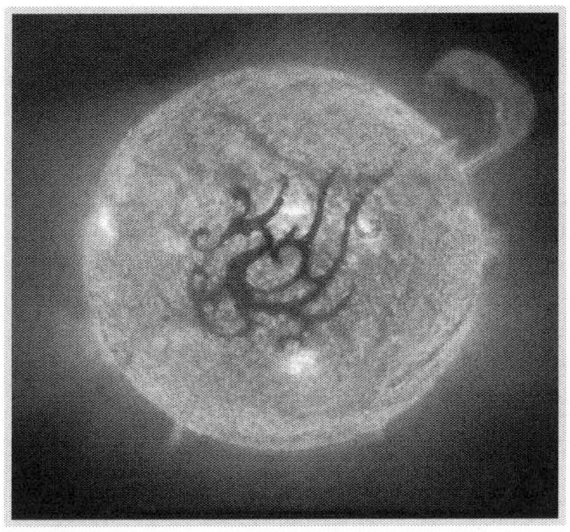
출처 : 북칼럼니스트 (194)

초하고 있으며, 권력당국의 책무는 사회에 있어 강제와 합의사이의 균형이 붕괴되지 않도록 보장하는 것이다.[17)]

지배집단과 피지배집단 사이의 상호작용은 규범저항으로 인한 공개적인 갈등을 야기하며. 규범저항이 발생할 확률은 다음과 같은 조건의 경우에 가장 높다.[18)] 첫째, 지배계층과 피지배계층이 자신의 문화규범에는 무조건 복종하고 상대방의 규범에는 저항할 경우이다. 둘째, 피지배자들은 그들 동료들로부터 사회적 지원을 받을 수 있다. 이러한 지원은 피지배계층이 조직화되었다는 것을 의미한다. 개인이 조직화된 집단으로부터 지원을 받으면 자기 집단의 문화에 대한 강력한 응집력이 형성되어 지배집단의 문화규범이나 변화에 저항한다. 셋째, 피지배자가 세련되지 못할 경우에 갈등은 증폭된다. 세련되고 상대방의 강점과 약점을 정확하게 평가할 수 있는 사람은 지배계층과의 갈등을 더 잘 피할 수 있다. 물론 지배계층이 세련되지 못할 경우에도 갈등은 증폭될 수 있다. 세련되지 못한 지배계층은 그들의 권력을 유지하기 위해 주로 강제력을 동원하기 때문이다. 그러나 문화규범과 사회규범 사이의 괴리가 반드시 갈등을 야기하는 요인은 아니다. 지배집단(권력기관)과 피지배집단 모두의 조직화와 세련화는 갈등의 정도에 역시 영향을 미친다. 권력당국(authorities)은 권력을 획득하고 유지하기 위해 당연히 조직화되지만, 피지배집단은 조직화되기 어렵다. 하지만, 조직폭력집단처럼 조직화된 집단은 국가권력에 더 잘 저항할 수 있다. 터크는 불법적으로 행동하는 집단이 조직화되면, 그들과 국가 사이에는 엄청난 갈등이 야기된다고 주장했다.

세련화(sophistication)는 지배-복종 이론의 중요한 또 하나의 차원이다. 세련화는 지배집단과 피지배집단이 상대방의 행동을 이해할 경우에, 그리고 상대방을 변화시키기위해 그러한 지식을 사용할 경우에 존재한다. 권력당국이 세련화될 경우에 준법이 최상의 이익을 보장한다고 피지배집단을 설득하게 되며, 따라서 법에 대한 복종을 끌어내기 위해 강제력을 사용할 필요성이 감소된다. 세련화된 범죄자들은 그들 방식대로 행동하면서도 마치 법 준수를 하는 것처럼 가장하고 자신의 범죄를 숨길 수 있다.

17) Williams, op.cit., p.401.
18) Austin Turk, *Criminality and Legal Order*(Chicago: Rand McNally, 1969), p.58.

결론적으로 국가와 범죄자들이 세련화될수록 갈등은 그 만큼 감소된다.

터크는 또한 피지배자의 범죄화에 영향을 미치는 세 가지 요인을 제시했다.[19] 첫째, 서로 다른 법집행기관들의 법집행 관점이 피지배자의 범죄화에 영향을 미친다. 예컨대, 경찰이나 검찰, 그리고 법원이 피지배자의 행동을 범죄화하지 않는다면, 법집행은 이루어지지 않는다. 그러나 경찰과 검찰은 피지배자의 행동을 범죄화하고, 법원이 그렇지 않다면, 범죄자 체포와 기소는 많지만, 무죄 또는 가벼운 양형으로 끝난다. 둘째, 피지배자의 범죄화에 영향을 미치는 두 번째 요인은 지배자와 피지배자 사이의 힘의 상대성이다. 지배자의 힘이 상대적으로 크고 피지배자의 힘이 약할 때 범죄화가 커질 것으로 예상된다. 반대로 피지배자의 힘이 지배자보다 커지면 기존의 법은 바뀌게 되고 피지배자에 대한 범죄화는 사라진다. 셋째, 갈등의 범죄화에 영향을 미치는 세 번째 요소는 갈등진행의 현실론이다. 지배자와 피지배자의 갈등을 지배자의 입장에서 현실적인 것이라고 인정하면 피지배자의 행동에 관용적이지만, 비현실적이라고 인정하면 피지배자에 대한 범죄화가 이루어진다.

---

19) Ibid., p.403.

CHAPTER

07 신 범죄학

Section 1 들어가며

출처 : 포스트모더니즘 작품-4 http://cafe.naver.com/leesungkoo

신범죄학은 기존의 범죄학을 비판하는 급진적인 범죄이론에 그 바탕을 두고 있다. 이러한 급진적인 범죄이론은 영국의 신진학자들의 조직적 노력에 힘입은 바 크다. 1968년 영국의 사회학자들의 한 그룹은 전국일탈회의(National Deviancy Conference: NDC)를 조직했다. 약 300명의 회원으로 구성된 이 조직은 몇몇 국가적인 심포지움과 토론회를 지원했다. 회원들의 출신은 다양했으나 그 핵심회원들은 영국과 미국 대학에서 가르치고 있는 실증주의 범죄학에 비판적인 학자 집단이었다. NDC는 마르크스 지향적인 집단이 아니라 낙인이론의 관점에서 일탈행동의 개념을 연구했다. 그들은 사회통제가 반사회적 행동에 대한 반응으로 보다는 오히려 일탈행동의 원인일 수 있다는데 초점을 맞추었다.

1973년에 영국의 범죄학자 테일러(Ian Taylor, Paul Walton, & Jock Young)등이 기존의 범죄학 개념을 신랄하게 비판하고 범죄학의 새로운 분석방법의 개발을 요구하는 「신범죄학(New Criminology)」이라는 저서를 출판하면서 급진적 이론은 강력한 학문적인 지지를 받기 시작했다.[1] 이 저서는 범죄학과 기존의 사법체계에 비판적인 학자들을 위한 표준자원(standard resource)이 되었다. 간단히 말해, 신 범죄학은 기존의 범죄학 이론에 대해 비판적인 급진적 이론(radical theory)을 말한다. 급진적인 이론은 마르크스주의 범죄이론, 비판범죄학, 포스트모더니즘 범죄이론, 평화주의 범죄학, 마르크스주의를 혁신적인

1) Siegel, op.cit., p.259.

방법으로 통합한 좌파현실주의(left realism) 범죄이론, 그리고 페미니스트(feminist)범죄이론 등을 포함한다.

급진주의 범죄이론은 역시 갈등이론의 영향을 받았으나 범죄와 자본주의 관계에 초점을 맞추고 있다는 점에서 지배계층과 피지배계층의 권력차이와 이해관계를 중점으로 다룬 갈등이론을 뛰어 넘는다. 초기의 급진주의 범죄학에 의하면, 인간성 그 자체는 범죄와 무관하나 자본주의가 인간으로 하여금 탐욕과 이기심 그리고 착취를 가르침으로써 범죄자가 되게 한다는 것이다. 법과 사법시스템은 생산수단의 소유자들의 이익을 보장하기 위한 도구이며, 또한 피지배자들이 지배계층의 위치에 도전하지 못하도록 그들의 행동을 통제하는 도구로 사용된다.

더 최근에 급진적 범죄학은 마르크스의 계급 투쟁이론에 의해 범죄현상을 설명하려고 한다는 점에서 진보적인 지적 경향을 보이는 것이 특징이다. 즉, 자본주의 사회의 법체계는 경제적인 지배계급의 이익을 보호하기 위해 피지배계급의 행동을 범죄로 규정하고 처벌한다는 것이 최근의 급진주의 범죄학의 관점이다. 그러나 좌파현실주의(left realism)는 근본적으로 마르크스주의를 신봉하고 있으나 범죄현상을 계급투쟁의 결과로 보지 않고 계급과 관계없이 사회에서 발생하는 범죄행위로 본다는 측면에서 보수주의적인 시각을 상당히 수용하고 있다. 한편, 페미니스트 범죄학은 마르크스주의에 입각한 급진주의적 페미니즘과 1970년대의 여성해방운동(women's emancipation)의 확산에 영향을 받아 남녀평등의 입장에서 범죄학 이론을 개발할 필요성을 강조하는 여성해방주의적 페미니즘으로 나누어진다.

여기에서 비판범죄학(critical criminology)과 마르크스주의적 급진적 범죄이론의 관계에 대한 설명이 필요하다. 비판범죄학은 전통적인 범죄학, 특히 실증주의 범죄학에 대해 비판적인 시각으로 접근한다는 측면에서 마르크스주의적 범죄이론의 영역에 포함된다. 그러나 초기와는 달리 오늘날에는 마르크스주의를 뛰어넘어 비판범죄학은 페미니즘, 좌파현실론, 평화주의범죄학, 포스트모더니즘 범죄학을 포함하는 개념이다. 따라서 비판범죄학은 마르크스주의적 급진적 범죄이론보다 더 포괄적인 신 범죄학을 의미한다.

Section 2 마르크스주의적 급진적 범죄이론

1. 출현배경

출처 : 포스트모더니즘 작품-3
http://cafe.naver.com/leesungkoo

급진적 범죄학은 1968년 영국의 젊은 학자들이 전통적인 범죄학 이론에 대항하기 위해 '전국일탈회의(National Deviancy Conference)'를 설립하면서 그 발전의 계기가 조성되었다. 그들은 전통적인 범죄학이 실증주의 함정에 빠져 과학성을 표방하면서도 체제 옹호적인 학문으로 전락하였다고 비판하고, 설명력 있는 새로운 범죄학 이론의 개발을 선언했다.

그 후 이 학자들의 일부는 낙인이론 관점으로, 일부는 마르크스 사상을 추종하는 학파로 길을 달리하게 되었다. 마르크스 사상을 추종하는 학자들은 낙인이론으로는 변혁적인 이론을 개발하는 것이 불가능하다는 인식아래, 영국의 테일러 등(Taylor, Walton, & Young)이 공저로 「신 범죄학」을 출판하면서 급진적인 범죄학이 널리 보급되고 젊은 범죄학자들의 관심을 끌기 시작했다.

영국의 급진적인 범죄학은 미국의 버클리 대학 학파를 구성한 플랫.(Anthony Platt), 타카기(Paul Takagi), 슈베딘져 부부(Herman Schwendinger & Julia Schwendinger)등에게 영향을 미쳤다. 또한 퀴니(Richard Quinney), 챔블리스(William Chambliss), 스피처(Steven Spitzer), 그리고 크리스버그(Barry Krisberg)같은 또 다른 범죄학 연구 학파도 영향을 받았다. 미국에서 급진적인 범죄학이 커다란 발전을 이루게 된 요인으로는 마르크스주의 연구의 역사가 짧았기 때문에 범죄를 계급투쟁의 산물로 보는 급진주의 범죄학이 신선하게 보였으며, 1960년대부터 1970년대에 걸쳐 베트남전쟁에 대한 반전운동의 격화, 도시폭동의 빈발, 인권운동, 여성해방운동 등의 고조와 같은 국내정세의 영향을 들 수 있다.[2)]

범죄학의 주류를 이루고 있는 실증주의 범죄학은 과도하게 보수적이고, 친정부적이며, 반인간적인 것으로 비판되었다. 비판범죄학자들은 그들의 동료 학자들이 범죄와

2) Ibid., p.259.

일탈행동을 설명하기 위해 컴퓨터 자료를 이용한 통계적 분석 행태를 경멸했다. 크리스버그(Barry Krisberg)는 과거 주요 학자들의 과학적인 연구를 재평가해보면, 그들은 인종주의자, 또는 더 일반적으로 말해서 사회부정의의 옹호자라고 지칭하면서 지금부터 20년 이상 초기 범죄학자들의 사회적 부적합성을 안타까워했다.[3)]

2. 이론의 본질

마르크스주의 이론가들은 일반적으로 경험적 검증을 거친 공식적인 이론을 무시한다. 그들은 범죄학의 주류를 이루고 있는 가치중립을 지향하는 객관적인 이론에 대해서는 냉소적이다. 대신에 범죄학 이론은 정치적이고 이데올로기적 기초아래 성립되어야 한다고 주장한다.[4)] 범죄와 범죄학은 역사적, 사회적, 경제적 맥락 위에서 고려되어야 한다는 것이다.

급진주의는 범죄의 개념을 갈등이론적 관점에서 정의한다. 범죄는 하류계층을 희생시키는 대가로 권력층과 상류계층의 지위를 보호하기 위하여 규정되는 정치적 개념이다. 대부분의 급진주의자들은 성적 차별과 인종차별, 그리고 제국주의에 기인한 인권침해와 같은 행위를 범죄로 포함시키며, 기타 인간의 존엄성이나 육체적 욕구와 필요성을 침해하는 행위까지 범죄에 포함시킨다. 급진주의자들의 주장은 이러한 행위들을 강・절도와 동일한 수준의 범죄로 대중을 의식화시킨다.[5)]

급진주의 범죄학은 범죄자를 사회적 부적격자로 보는 것이 아니라 사회와 그 경제체계의 산물로 본다. 이러한 분석은 법 집행기관들이 집중적으로 통제대상으로 삼고 있는 소외받는 집단들이 범죄자 집단이 아니라는 것을 말하고 있는 것이다.[6)] 오히려 사회시스템과 정치・경제 시스템의 구조와 작동을 결정하는 권력자와 부유층이 범죄자들이라는 주장을 펴고 있다. 따라서 초기 급진주의 범죄학의 기본 가정은 다음과 같다.[7)]

① 사회에서 발생하는 대부분의 범죄행동은 계급투쟁의 산물이다. 특히 그것은 사

3) Barry Krisberg, Crime and Privilege: Toward a New Criminology(Englewood Cliffs. N.J.: Prentice-Hall, 1975), p.167.
4) R.M. Bohm, Radical Criminology: An Examination, *Criminology 19*, 1982, pp.565-589.
5) Robert Bohm, Radical Criminology: Back to the Basics, Paper presented at the annual meeting of the American society of Criminology, Phoenix, Arizona, November 1993, p.2.
6) Ibid., p.4
7) Shoemaker, op.cit., pp.229-230

회의 생산수단을 소유하고 있는 자본가 계급과 그것을 가지고 있지 않은 노동자 계급 사이에 벌어지는 투쟁의 결과이다. 따라서 범죄는 사회적 약자가 가진 자를 지원하는 국가에 대한 저항행위이다. ② 자본주의 사회의 경제체계는 사회의 계급 분화를 초래할 수밖에 없다. ③ 자본가 계급은 직접, 또는 국가기관 등을 통하여 노동자 계급을 법적, 경제적, 또는 제도적으로 통제한다. 노동자 계급은 직업선택과 교육기회, 그리고 행동과 관습의 합법성 등을 자본가 계급에 의해 통제 받는다. 심지어 형사사법 체제는 노동자계급을 억압하고 자본가 계급의 이익을 보호하기 위한 도구로 작동한다. ④ 대부분의 공식적인 범죄는 자본가 계급에 의해 채택된 제도에 대한 노동자 계급의 부적응의 형태이다. 어떤 범죄는 형사사법 기관에 의해 구성된 인공물이다. 따라서 비난받아 마땅한 범죄는 전쟁, 인종차별, 환경범죄, 탈세와 같은 대기업범죄, 고급관료의 부정이다. 국가에서 범죄증가를 강조하는 것은 노동자 계급을 통제하는 법과 질서라는 정책을 정당화하기 위한 책략이다. ⑤ 범죄학의 최종 목표는 범죄와 형벌 없는 사회달성이다. 따라서 그들이 말하는 범죄 없는 사회는 자본주의 국가의 사회체제를 제거하고 사회주의 체제를 채택하는 것이다.

3. 도구적 마르크스주의와 구조적 마르크스주의

(1) 도구적 마르크스주의

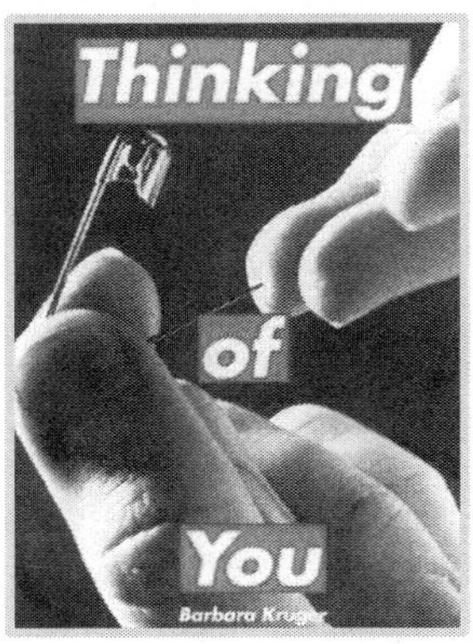

출처 : 포스트모더니즘 작품-6 http://cafe.naver.com/leesungkoo

많은 영향력 있는 도구적 마르크스주의 이론가들이 이 분야의 학문영역을 형성하는데 기여했다. 가장 영향력있는 두 사람의 학자는 슈베딘져 부부(Herman Schwendinger & Julia Siegel Schwendinger)이다. 슈베딘져 부부에 의하면, 미국의 법적 시스템은 노동자들을 희생시키는 대가로 가진 자의 지위를 보호하기 위하여 설계된다. 심지어 살인과 강간 같은 형법상의 범죄까지도 자본주의를 보호하기 위해 처벌된다.

도구적 마르크스주의자들은 국가의 형사법과 형사사법체계를 사회의 못 가진 자, 즉, 하위계층을 통제하기 위한 도구로 간주한다. 따라서 법, 그리고 지배계급은 단일의 실체에 지나지 않는다고 본다. 법은 지배계급의 경제적, 사회적, 그리고 정치적 이해관계에 의해 형성되고, 지배계급의 이익을 위해 사용된다.8) 즉, 국가는 자본가들의 도구이다. 자본주의의 형사법은 권력자와 부자의 이익을 위해 적용되고, 그들의 도덕성과 행동기준을 전체사회에 부과할 수 있도록 운용된다. 자본주의 체제 하에서 경제적 권력 소유자들은 그들의 이익이나 현재의 상태에 위협을 가하는 행위를 비합법적 행위로 규정할 수 있는 능력을 소유하고 있다.

가난한 사람들은 부자보다 더 많은 범죄를 범할 수도 있고 그렇지 않을 수도 있지만, 확실히 체포되고 대부분 처벌받는다. 자본주의 체제 하에서 가난한 사람들이 사회적 성공목표인 부에 접근할 수 없는 사회상황 속에서 좌절에 빠지기 때문에 범죄를 범하는 것은 극히 자연스러운 결과인지도 모른다. 계급갈등이 참을 수 없는 정도에 도달하면, 좌절은 폭동으로 발전할 수 있다.9)

자본주의 사회의 법과 제도는 가진 자들이 만들고 모든 사회에 적용된다. 가난한 하위계층의 사람들은 법과 제도의 제정과 시행에 참여할 수 없다. 따라서 가진 자들이 만든 사회질서와 법에 대한 뿌리 깊은 적대감이 형성된다. 도구적 마르크스주의자들은 법과 정의의 편견을 제거하는 것, 즉, 법과 정의의 참된 목적을 밝히는 것이 필수적이라고 주장한다. 그들은 전통적 범죄학이 범죄를 유발하는 사회적 조건들을 확인하는데 적합한 이론에 지나지 않는다고 비판한다. 전통적 범죄이론들은 가족구조, 지능, 친구관계, 그리고 학교성적 등에서 범죄원인을 찾기 때문에 중·상류층 보다는 하위계층을 범죄자로 만드는데 기여했다. 편견의 제거는 범죄학에 자금 지원을 하고 고무한 자본가들의 파괴적인 의도를 확인하는 것도 포함한다.

도구주의 마르크스 범죄학자들의 목표는 자본주의 사회의 법규를 분석하고, 그것이 지배계층의 이익을 보존하기 위해 어떻게 작용하는가를 보여주려 한다. 도구적 마르크스 범죄학자인 슈베딘져 부부(Herman Schwendinger & Julia Schwendinger)는 미국의 자본주의 생산방법에 관련된 경제적 하부구조가 법체계에 의해 보장된다고 주장하였다.10) 그들에 의하면, 법체계는 노동자들의 희생으로 자본가들의 위치를 보호하기 위하여 설계되

8) Gresham Sykes, The Rise of Critical Criminology, *Journal of Criminal Law and Criminology 65*, 1974, p.211.

9) Deanna Alexander, Victims of the L.A. Riots: A Theoretical Consideration, Paper Presented at the annual meeting of the American Society of Criminology, Phonix, Arizona, November, 1993, p.2.

10) Herman Schwendinger and Julia Schwendinger, Delinquency and Social Reform: A Radical Perspective, in Juvinile Justice, ed. Lamar Empey(Charlottesville: University of Virginia Press, 1979, pp.246-290.

고 심지어 살인과 강간 같은 범죄를 처벌하는 형사법까지도 자본주의를 보호하기 위하여 집행된다는 것이 그들의 입장이다. 법은 자본주의 체제의 지배를 보장하려는 것이 목적이며, 정의의 실현이라는 일반적으로 공언된 법의 목표는 자본주의 체제에서는 거짓에 지나지 않는다. 스피처(Stephen Spitzer)는 자본주의 사회가 자본가 계급의 권력에 위협이 되거나 자본주의 사회의 소비, 착취, 그리고 사회화의 기본원칙과 충돌하는 모든 행동을 범죄화 한다고 주장했다.[11)]

(2) 구조적 마르크스주의

구조적 마르크스주의자들은 법과 자본주의 사이의 관계가 항상 부자를 위해서 작동하고 가난한 사람에게는 불리하게 작동한다는 식의 단일 차원의 견해에 동의하지 않는다. 구조주의자의 주장은 국가의 상대적인 자율성에 관한 것이다. 그들에 의하면, 국가는 전적으로 지배엘리트의 지배하에 있는 것이 아니고, 법도 항상 권력자와 가진 자들의 이익을 보호하기 위한 도구가 아니라는 것이다.[12)] 구조주의자에 의하면, 법은 자본주의 시스템의 장기적인 이익을 유지하기 위해 사용되고, 자본주의 체제에 위협을 가하는 모든 계층의 구성원들을 통제하기 위해 사용된다. 배를 젓는 사람이 자본가이든 노동자이든 모든 사람은 처벌의 대상이 된다.

법과 형사사법체계는 반드시 권력자와 자본가들의 이해를 반영하는 것이 아니다. 사실 많은 법률은 자본가들의 이해와 직접적으로 상반되는 내용을 가진 채 통과된다. 지배계급의 일원이라도 법을 위반한 것이 적발되면 체포되고 처벌받는다. 법은 가격담합, 허위광고, 탈세, 관세위반 등 자본가들의 범죄를 강력하게 지속적으로 처벌한다.

더구나 구조주의적 모델은 자본가 계급이 전체적으로 단일한 집단이라고 주장하지 않는다. 그 내부에는 다른 당파와 충돌하는 당파들이 존재한다. 특정의 법과 정책이

11) Steven Spitzer, Toward a Marxian Theory of Deviance, Social Probelems 22, 1975, pp.638-651.

12) John Hagan, Structural Criminology, (New Brunswick, N.J.: Rutzers University Press, 1989, pp.110-119.

몇몇 지배계급의 이익을 증진시킬 수 있지만, 다른 사람들의 이익을 저해할 수도 있다. 국가가 자본가들의 행동을 조절해야 하는 이유는 정통성의 확보라는 데서도 찾을 수 있다. 국가는 노동시장을 통제하기 위한 법적, 경제적 시스템에 대한 다수의 지지를 받아야 한다. 노동시장을 통제하기 위해 정부는 국내・외적으로 건전한 금융정책과 자본기업에 대한 보호의 형태를 취할 수 있다. 정부의 노력에 대한 다수의 지지는 노동자 계급의 지지를 필요로 한다는 것을 의미하기 때문에, 정부는 어느 정도 공정한 것으로 보이는 형사법 체제를 갖출 수밖에 없다.

결과적으로, 자본가 계급의 장기적인 생존을 보장하고 단기적인 욕구를 희생시키는 법과 규칙이 제정되고 제도화될 수밖에 없다. 그러나 결국 두 이론은 법체계의 장기적인 역사적 경향이 자본가들의 이해를 반영하고 증진하며 대중을 억압하는 것이라는 견해의 일치를 보임으로써 이론적 차이가 사라진다. 유일한 차이라면, 구조주의는 단기적으로는 국가와 법이 자본가를 무조건 지원하고 노동자 계급을 희생시키는 방향으로 작동하는 것이 아니라는 점과, 권력 엘리트를 견제할 능력을 가진 다른 권력집단이 존재할 수 있다고 주장하는 점이다.

4. 좌파현실주의

급진주의 학자들 중의 일부는 엄격한 '법과 질서' 철학의 출현에 의해 좌파이상주의에 회의를 표명하는가 하면, 동시에 대부분의 좌파 학자들이 지배 엘리트의 권력 남용에 초점을 맞추고 있다는 것에 대해 이는 너무 관점이 좁아 잘못된 것이라고 생각하기 시작했다. 따라서 아주 흔히 힘없는 사람들을 표적으로 하는 도심지의 비행집단 범죄와 폭력범죄의 문제를 무시하는 좌파 급진주의 논리는 오류라는 것이다. 이러한 관점을 공유하는 사람들을 좌파현실주의자라고 한다.

좌파현실주의 이론(left realism)은 1984년 영국의 범죄학자 리와 영(Lea & Young)의 저서, "법과 질서에 대해 무엇이 행해져야 하는 가(What Is to Be Done about Law and Order?)"에 의해 관심을 받게 된다. 그리고 1992년 영과 매튜스(Young & Mattews)에 의해 편집된 「범죄학에 대한 재고: 현실주의자 논점」(Rethinking Criminology: The Realist Debate)에 의해 논의가 확산되었다.

좌파현실주의는 본질적으로 범죄란 다른 사회사건들과 마찬가지로 가해자, 피해자,

공식통제기관, 그리고 비공식적 통제요소와 같은 다양한 대상을 포함한다는 전제에서 출발한다.[13] 이는 좌파이상론이 범죄에 있어 범죄자나 범죄자와 피해자, 또는 범죄자와 통제기관과 같은 하나 또는 두 가지 대상에만 집중한 것과는 대조된다. 이처럼 좌파현실론은 모든 계층의 사람들이 범죄와 관련이 있다고 본다. 따라서 노상범죄자를 혁명투사로 묘사하는 관념적 마르크스주의를 유토피아적 이상주의에 지나지 않는다고 비판한다. 좌파현실론에 의하면, 노상 범죄자들은 빈곤층과 비 특권층을 공격한다는 점에서, 범죄가 가진 자에 대한 못 가진 자의 저항이나 국가가 범죄자를 만든다는 급진주의자들의 비현실적인 견해에 비판적이다.[14]

리와 영의 범죄 관점은 마르크스 사상보다는 상대적 박탈이론에 근거하고 있다. 좌파현실론은 범죄와 일탈행동이 자본주의 해체나 대화와 토론에 의해서 자본주의의 부정적인 측면을 무력화시킴으로써만 해결될 수 없다고 주장한다. 그들에 의하면, 풍요속의 빈곤을 겪는 사람이 불만족을 느끼게 되고, 빈곤을 극복할 합법적인 기회가 없으면 그 불만은 범죄를 초래한다. 또한 범죄는 모든 계층을 상대로 발생하고 범죄자 또한 모든 계층에 걸쳐 있다.

출처 : 포스트모더니즘 작품-4

슈바르츠와 데레서레디(Martin Schwartz & Walter Dekeseredy) 역시 노상범죄는 현실이며, 하위계층간의 폭력이 이루어지는 현실은 보수파들이 법과 질서를 정치적 쟁점으로 이용할 수 있는 빌미를 제공해 왔다고 주장했다. 그들에 의하면, 비행청소년들은 부자로부터 재산을 훔치는 로빈훗이나 혁명분자가 아니라 같은 하위계층의 구성원들을 피해자화하고 자신에게 이익이 되는 결과에 만족하는 범죄자에 지나지 않는다.[15] 그러나 하위계층사이의 범죄압력은 노동자들을 통제하기 위한 중상류 계층의 시도로부터 발생한다는 관점에는 변함이 없다.[16]

13) Williams, op.cit., P.428.
14) John Lea and Jock Young, What is to Be Done about Law and Order(Harmondsworth, England : Penguin, 1984, p.88.
15) Martin Schwartz and Walter Dekeseredy, *Contemporary Criminology* (Belmont, Calif.: Wadsworth, 1993), p.54.

매튜스와 영(Roger Mattheus & Karen Young)은 범죄가 언어적 구성과 대화적 담론을 통하여 구성될 수 있는 임의적인 사회적 범주라는 비판범죄학의 견해에 반대한다. 범죄는 범죄자, 통제기관, 피해자 그리고 범죄학자의 상호작용과정을 거쳐 구성되는 것이 아니고 실제로 범죄는 존재한다는 것이 그들의 입장이다.[17] 좌파현실론은 노상범죄가 실제로 존재하고 심각하며, 사회에는 핵심적 형사법 내용에 대한 합의가 존재한다는 것을 인정한다. 따라서 모든 계층의 사람들이 범죄로부터 보호될 필요와 가치가 있다. 경찰과 법원은 하류계층을 통제하는 자본가들의 사악한 도구가 아니다. 경찰과 사법제도는 필요로 하는 곳에서 사람의 생명을 구하는 공공 서비스 활동을 한다는 사실이 인정된다. 형사사법체제가 범죄를 실제로 통제하지 못하고 대중을 억압하기 때문에 형사사법체제는 총체적으로 해체되어야 한다는 급진주의자들의 주장은 잘못된 것이다. 대신에 형사사법체계의 불평등을 개선하고 좀 더 효율적이며 정당한 체계로 만드는 것이 과제이다.

형사사법의 개혁 및 범죄예방은 범죄학자들과 정책입안자들이 추구하는 가장 중요한 현안과제이다. 형사법 개혁에서 좌파현실론은 경찰에 대한 비판을 낮추고 범죄예방, 피해자원조, 원상회복, 사회봉사, 지역사회 경찰활동 그리고 유치장이나 교도소 등 시설 내 수용의 최소화 같은 정책들을 지지한다. 그러나 경찰의 강제력 사용은 감소되어야 하고 주민들에 대한 관심은 증가시켜야 한다는 것이 좌파현실주의자들의 소망이다.[18] 이러한 주장은 형사법과 형사사법시스템이 자본주의 사회의 지배계층의 편을 들고 피지배계층을 범죄화한다는 관점과 깊은 관련이 있다. 형사사법시스템은 경찰과 검찰, 그리고 법원 등으로 구성되지만 현장에서 실질적으로 가장 많은 범죄인지와 수사를 담당하는 경찰의 관여가 감소되면 피지배자에 대한 범죄화가 자연적으로 줄어든다는 생각이 깔려 있다.

좌파현실론은 경찰 강제력 감소를 위해 지역공동체 조직의 노력으로 범죄를 제거하거나 감소시키는 접근법인 선제예방(Preemptive deterrence) 정책의 중요성을 강조한다.[19] 이를 위해서는 지역공동체가 민주적인 과정에 의해 지역 경찰활동과 범죄억제활동에 관한 정책결정과 집행에 참여하는 것이 중요하다. 지역공동체가 경찰정책에 참여하는 것은 지역의 범죄문제에 관한 지식과 이해수준을 높인다는 측면에서 충분한

---

16) Shoemaker, op.cit. p.239.
17) Roger Mattews and Jock Young, Reflections on Realism, in Jock Young and Roger Mattews, (ed.), Rethinking Criminology: The Realist Debate. London: Sage, 992, pp.1-24.
18) 민수홍 등 공역, 앞의 책, p.353.
19) Siegel, op.cit., P.265.

이익이 된다. 좌파현실론은 경찰이 인지하지 못하는 심각한 범죄의 90% 이상을 주민들이 신고하고, 그러한 범죄를 해결하기 위한 정보의 대부분이 역시 주민들에 의해 제공되기 때문에 지역주민들의 권력을 인정한다. 그러한 주민들의 경찰지원은 경찰활동이 주민들을 위한 것이라는 점에 대한 믿음이 확립되고, 경찰시스템의 정의를 확인할 수 있을 경우에만 이루어진다.[20]

Section 3 포스트모더니즘 범죄이론

1. 범죄학이론의 새로운 패러다임

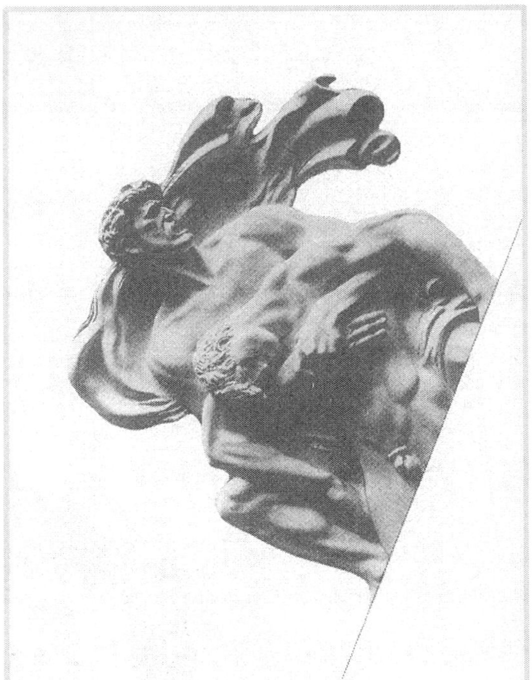

포스트모더니즘은 예술과 철학에서 즐겨 사용되지만, 그 의미는 분명치 않고 혼란스럽기까지 하다. 분명한 것은 모더니즘에 대한 반작용 내지 반발, 그리고 그것에서부터 결별을 의미한다. 모더니즘은 인간의 이성과 합리성에 의해 절대적 진리를 추구하는 사상이자 철학이지만, 포스트모더니즘은 대화와 담론, 이질성과 다양성의 인정에 의해 상대적 진리의 발견을 추구하는 사상이자 세계관이다.

19세기와 20세기 초에 사회와 인간행동을 지배한 패러다임은 인간의 이성과 과학, 그리고 보편주의와 합리주의를 앞세운 모더니즘(modernism)이었다. 모더니즘은 신의 속박과 교회의 권위, 그리고 봉건적 절대주의로부터 인간의 해방을 추구하고 인간의 이성과 과학의 무한한 힘을 믿었

20) Williams, op.cit., pp.440-441.

던 합리주의와 과학주의를 강조하는 근대적 세계관을 말한다.[21] 이러한 모더니즘은 모든 것을 토론과 논쟁 대신 과학적인 실험을 통해서 이론적으로 증명해 나가는 실증주의 사상을 중요시한다.

모더니즘은 메타이론(meta theory) 또는 메타설화(meta narrative)를 모색하는 기존의 근본주의(fundamentalism)인식론을 지향한다. 여기서 메타이론은 절대적인 진리와 보편성의 근원에 관심을 가지며 복잡한 사회현상을 구성하고 움직이는 보편적 원리 또는 역사적 법칙이 존재한다는 가정을 근거로 하고 있다. 이러한 사상은 과학주의, 합리주의, 그리고 객관주의를 강조하는 모더니즘의 기초가 되었다.

그러나 2차 세계대전을 계기로 모더니즘의 과학주의와 보편주의, 그리고 합리주의는 도처에서 좌절되고 모더니즘 세계관 속에서 경시되어 왔던 여러 가지 문제점이 노출되기 시작했다. 모더니즘에 의해 채택된 현대의 제도는 비인간화와 분열, 대립, 갈등, 인간소외 등과 같은 문제를 초래하여 이러한 모더니즘의 폐해를 치유하기 위한 대안으로서 동양적 사고와 종교, 소수민족, 피지배계급, 여성적 가치 등이 거론되기 시작했다. 포스트모더니즘은 당시까지 지엽적이고 주변부적인 이러한 문제들을 해결하기 위한 이론적 근거로 등장하게 되었다.[22]

포스트모더니즘(postmodernism)의 지적 특성은 사회현실을 지배하는 절대적인 정신이나 법칙의 존재를 인정하는 플라톤(Plato)의 이데아, 데카르트(Descartes)의 자아, 헤겔(Hegel)의 역사주의와 절대정신, 마르크스(Marx)의 과학적 사회주의 등을 거부한다.[23] 포스트모더니즘은 합리주의와 과학주의 및 보편주의와 객관주의의 한계와 부작용을 비판하고 절대적 진리의 부정, 주체와 객체의 구별 해소 등 한마디로 전통으로부터의 해체와 해방을 강조한다. 과학과 이성, 그리고 실증주의를 비판하고, 진리는 계속해서 변화하면서 창조되는 것으로서 결정적이고 절대적인 것은 없으며 상대적이다. 현대사회는 모더니즘에서 포스트모더니즘으로의 패러다임 전환의 시대로 급격하고 강력하게 이행하고 있다.[24]

이러한 절대주의와 보편주의를 비판하고 부정하는 포스트모더니즘의 시원은 니체(Friedrich Nietzsche)의 철학과 제2의 니체라고 할 수 있는 푸꼬(Michel Foucault)의

21) 조철옥, 포스트모더니즘 범죄이론에 의한 동성애 합법화 연구, 한국공안행정학회보, 제16권제2호, 통권 제27호, 2007, pp.203-241.
22) 조철옥, 현대범죄학, 324면.
23) 최정웅, 포스트모더니즘의 교육론, 사회과학연구 제3집, 1994, pp.79-94.
24) 조철옥, 앞의 책, p.210.

구조주의, 즉, 재구성적 해체이론이라고 볼 수 있다. 니체의 사상은 진리의 세계(true world)란 꾸며진 가공에 지나지 않는다는 말에 잘 나타나 있다. 진실의 세계는 진실 그 자체가 아니라 가공된 외관에 지나지 않는 것으로서, 그 가공의 중심에는 플라톤의 이데아, 기독교 정신, 그리고 칸트(Kant)의 철학이 자리 잡고 있다고 비판하면서 이러한 세계관의 점진적인 해체를 가져오는 새로운 세계관의 필요성을 역설했다.[25)]

포스트모더니티(postmodernity)는 현대문화의 정서구조이며, 그것을 지배하고 있는 하나의 거대한 시대흐름으로 포스트모더니즘은 현대문화의 특징이다. 포스트모더니즘은 20세기 후반의 지배적인 현상을 지칭하는 가장 핵심적이고 포괄적인 용어이며, 포스트모더니즘을 부정하는 것은 곧 이 시대의 존재를 부정하는 것이다. 오늘날 포스트모더니즘은 문학, 예술, 건축, 철학, 사회이론, 매스컴, 그리고 다양한 소수집단이나 민중의 행동유형에 이르기까지 영향을 미치지 않는 곳이 없다고 할 정도로 보편화된 지적 흐름이며 현대정신 사조의 핵심이념으로 자리 잡아 가고 있다. 따라서 범죄이론 역시 포스트모더니즘 사고에 기초한 포스트모더니즘 범죄이론의 출현은 시대적인 필연이라고 규정할 수 있다. 포스트모더니즘 범죄이론의 관점이 형사사법체계의 변화를 초래하거나 기존의 이론과는 다른 관점에서 특정 범죄를 설득력 있게 설명하고 있다는 측면에서 범죄학 영역에서 패러다임의 전환이라고 볼 수 있다.

2. 비판범죄학과 포스트모더니즘 범죄이론

많은 범죄학자들은 비판적, 급진적이라는 용어를 마르크스주의 범죄이론과 동의어로 사용했다. 비판 범죄학은 마르크스주의를 추종하고, 자본주의 사회와 서유럽 민주주의의 법과 형사 사법제도, 그리고 실증주의에 근거한 주류 범죄학에 대한 비판적 관점을 취한다. 비판범죄학이나 급진범죄학이 마르크스주의 범죄학의 영역을 넘어 페미니즘, 좌파현실론, 기타 이론들로 확대되어 갔다. 따라서 비판범죄학은 마르크스주의의 범죄학만을 의미하는 것이 아니다.

밀라노빅(Dragan Milovanovic)은 기호학, 주변연구, 혼동이론, 재난이론 등을, 그리고 아리고(Bruce A. Arrigo)는[26)] 비판적 인종이론, 동성애 이론, 무정부주의, 평화주의, 예언

25) 김형효, 데리다의 해체철학, 민음사, 1996, pp.95-120.
26) Bruce A. Arrigo, Social Justice and critical criminology: On integrating knowledge, Contemporary Justice Review 3, 2000, pp.7-37.

적 비판주의, 사회적 페미니즘, 그리고 포스트모더니즘적 페미니즘을 비판이론의 범주에 포함시켰다.

슈바르츠와 프리드리히(Martin D. Schwartz & David O. Friedrichs)는 포스트모더니즘과 비판범죄학이 개념적으로 아주 밀접한 관계가 있다고 주장했다.[27] 포스트모더니즘 범죄이론은 불평등한 권력관계의 은폐와 정당화 목적으로 현실왜곡을 하는 지배구조와 지식체계에 대해 비판적인 관점을 취한다는 점에서 비판범죄학의 범주에 속한다. 따라서 기존의 모더니즘 사회에서 형성된 범죄이론, 특히 실증주의 범죄이론과 형사사법체제를 비판하고 사회적 담론을 중요시하는 포스트모더니즘에 입각한 범죄이론과 형사사법체제의 확립을 요구한다. 포스트모더니즘 범죄이론은 특권과 권력이 담겨진 언어와 문헌의 감추어진 힘을 폭로하고, 어떠한 형태의 사고나 언어 속에 포함된 특권화된 내용에 대해서는 즉각적인 비판을 가하고 수정을 요구하는 상대주의적 입장을 취한다.[28] 동시에 범죄원인을 경험적 검증과정에 의해 과학적 이론을 추구하는 현대의 연구정향을 비판하고 그와는 다른 비과학적이지만 지적인 방법을 추구한다. 또한 특권이 없는 계층에 대한 우호적이고 진보적인 이론을 개발하기 위해 언어적 담론에 의해 경험적 검증이 필요 없는 현실적으로 자명한 관점을 제시하고자 한다.

포스트모더니즘 범죄이론의 비판범죄학적 특성은 범죄행동을 포함한 모든 인간관계에 대한 이해의 방법으로서 언어학(Semiotics)과 해체주의자 분석(Deconstructionist analysis)을 받아들이고 있다는 점에서도 분명해진다. 포스트모더니즘 범죄이론은 모더니즘 시대의 권력자들이 구성한 언어를 해체해야 한다는 사실을 강조한다. 이처럼 범죄학 영역에서 모더니즘 시대의 언어가 해체되어야 하다는 주장은 다음과 같은 문제가 존재하기 때문이다. 즉, 모더니즘 시대에는 권력자들이 그들 자신의 언어만을 사용하여 범죄와 법률을 정의하고 사회적 약자나 소수집단같이 그들의 통제를 받고 있는 대상들의 언어는 배제한다. 진실,

27) Martin D. Schwartz & David O. Friedrichs, Postmodern thought and Criminological discontent: New metaphors for under standing violence, Criminology 32, 1994, pp.221-246.

28) 민수홍 등 공역, 앞의 책, pp.344-352.

정체성, 정의, 그리고 권력 등의 개념은 모두 사회구조적으로 권력을 쥐고 있는 사람들이 사용하는 언어로부터 도출된 것이다.

따라서 모더니즘 시대에 권력자들에 의해 일방적으로 구성된 언어는 해체과정을 거쳐서 본래대로 해야 하며, 법률, 법적 기술, 그리고 정의 역시 다른 서비스나 생산품처럼 사고 팔 수 있는 상품이 되고 있다는 점도 비판의 대상이며 해체의 대상이다. 부는 정치권력뿐 아니라 지식인의 지식이나 전문성에 근거한 지적 권력, 심지어 조직폭력도 살 수 있다. 포스트모더니즘 범죄이론은 기존의 지배구조와 그 구조를 뒷받침하는 언어를 비판하고 해체를 강조한다.

3. 구성주의 범죄이론과 포스트모더니즘 범죄이론

구성주의는 사회현실이 인간의 인식에 의한 담론적 산물이라는 점에서 언어와 분리될 수 없다. 우리가 자연 또는 우주라고 하는 것이 마치 자연현상 그 자체를 의미하는 객관적인 실체로 이해하고 있으나 사실은 자연과학자들의 인식과정에서 형성된 담론의 산물이다. 이와 마찬가지로, 다양한 사회제도나 법 체제와 같은 사회현상 역시 담론적 산물이라고 보는 것이 구성적 포스트모더니즘이다. 중요한 것은 누구의 인식태도에 의해서 담론적 산물이 구성되느냐 하는 점이다. 구성주의는 어떤 현상이든 다수집단의 지원을 받거나 권위를 인정받은 사람들의 인식태도에 의해서 담론적 구성이 이루어진다는 점을 강조한다. 말하자면, 다수의 합의에 의해 사회현실이 구성된다는 것이다.

포스트모더니즘 범죄이론은 범죄 그 자체나 관련된 법률의 제정이 권력자들의 담론에 의해 구성되는 산물이라고 보는 점에서 구성적 범죄이론과 아주 유사하다. 또한 구성적 범죄학이 전통 범죄학을 반대하고 거부하는 비판범죄학의 전통을 이어받고 있다는 측면에서 포스트모더니즘 범죄이론과의 구분이 어렵다.

헨리와 밀바노빅(Stuart Henry & Dragan Milovanovic)은 범죄를 인과관계에 의해 분석하는 실증주의의 전통적 범죄이론을 비판하고 범죄 현상 그 자체를 분석해야 한다고 주장한다. 그들에 의하면, 범죄현상은 다양한 참여자들의 추론의 산물이며, 범죄에 대한 인과관계 분석은 결국 힘없는 사람들을 범죄 원인제공자로 만드는 오류를 범하게 된다는 것이다.[29] 전통적인 범죄이론과 형사사법체계는 범죄자가 범행을 하면, 범죄자를 체포하고 사법처리를 하는 과정에서 관련자들의 담론적 언어에 의해 범죄가 구성되고 범죄자를 결정한다. 결과적으로 범죄자, 법 집행기관, 피해자, 그리고 범죄학자의 상호작용의 산물이 바로 범죄의 실체가 되는 것이다. 구성적 범죄학은 불평등한 권력관계에 의하여 힘없는 사람들만이 범죄자로 낙인되고, 실제로 다른 사람들에게 해악을 가하는 권력자들은 처벌받지 않는 사회적 현실을 비판하고 있는 것이다.

출처 : blog.daum.net/whatayun/6

구성적 범죄이론과 관련하여 버락과 헨리(Gregg Barak & Stuart Henry)가 제시한 통합적-구성적 이론(integrative-constitutive theory)은 포스트모더니즘 측면에서 시사하는 바가 크다. 이 이론에 의하면, 사회구조적으로 형성된 권력의 불평등은 사회적 약자인 소수집단이나 피지배계층을 범죄화하고 그들에게 고통과 갈등 그리고 상처를 주는 지배자들의 행동을 초래하게 된다는 것이다.[30] 이러한 주장은 포스트 모더니즘적 사회에 존재하는 인간차별에 의해 형성된 불평등한 권력관계가 사회적 해악과 범죄를 결정한다는 사실을 강조한다.

현실에서 가장 구성적인 범죄사례는 기업의 노동현장과 정부의 정책, 정부의 형사사법 정책, 법 집행기관의 권력자 편들기 행태 그리고 가부장체제에서의 남・녀 불평등관계 등이다. 법 집행기관이 부자와 권력자를 옹호하고 사회적 약자를 피해자화 하는 행태 및 가족생활에서 발생하는 성적 학대나 체벌, 정서적 고통, 아동학대 같은 폭력적인 관계 또한 범죄이다. 구성적 범죄학은 사회적 약자의 범죄피해자화를 막기 위해 이론적・실천적으로 정교하고 반성적인 기초를 제공하고, 지원단체나 상호원조를 통한 범죄피해자의 피해 회복 등을 강조하고 있다는 점에서 범죄피해자 보호를 강조하는 의미 있는 이론이다.

---

29) Sturt Henry and Dragan Milovanovic, Constructive criminology: The maturation of critical theory, Criminology 29, pp.293-315.

30) Gregg Barak and Stuart Henry, An Integrative-Constructive Theory of Crime, Law and Social Justice, in Social Justice/Criminal Justice, ed. Bruce Arrigo(Belmont, Calif: West/Wadsworth, 1999), pp.152-188.

4. 평화주의 범죄학

평화주의 범죄학은 급진적 범죄이론 중에서 보다 새로운 연구 분야이다. 평화주의 범죄학은 평화롭고 정의로운 사회를 촉진하는 것을 목적으로 하며, 실증적인 자료분석 보다는 퀘이커교(Quakerism)에서부터 선불교(Zen)에 이르기 까지 종교적이고 철학적인 가르침으로부터 그 영감을 끌어내려고 한다는데 있다.

출처 : 블로그>팔레스타인 가자

평화주의 범죄학자들은 범죄로 인한 사람들의 고통에 대한 관심에서 출발한다. 인간의 고통을 완화하기 위해서는 범죄없는 세상을 만들어야 한다는 것이 그들의 기본적인 명제이다. 또한 범죄자를 처벌하고 통제하는 국가의 제반 노력은 범죄를 감소시키기보다는 범죄를 유발한다고 간주한다. 범죄학자 티프트(Larry Tifft)는 설리반(Dennis Sullivan)의 『사랑의 가면』(The Mask of Love)이라는 책의 서문에서 국가가 범죄자를 폭력적으로 처벌하고 통제하는 것은 폭력적인 범죄자의 행위와 다를 것이 없다고 주장하였다.[31] 이는 모든 유형의 폭력적인 행동이 다른 사람들의 의사를 무시하고 인간 사이의 상호작용을 독점하려는 시도라는 점에서 아무런 차이가 없다는 점을 강조한다.

설리반은 오늘날의 갈등사회의 맥락에서 범죄자를 처벌하고 교정하는 것이 헛수고라는 사실을 강조한다. 현대사회의 모든 제도는 인간 사이의 유대관계가 형성되고 서로에게 책임을 질 수 있는 장소와 수단을 제공하지 못해 서로 경계하고 밀어내는 추방의 형태를 제공할 뿐이다.[32] 강제적인 처벌보다는 상호 원조가 조화로운 사회를 만들어 가는 지름길이다. 설리반과 티프트는 사회란 잔인한 처벌보다는 인도주의적인 정의의 형태를 추구해야 한다고 주장한다.[33]

페핀스키와 퀴니(Harold Pepinsky & Richard Quinny)는 범죄발생과 범죄통제간의 관

31) Ibid., p.270
32) Dennis Sullivan, "The mask of love",(Port Washington, N.Y : Kennikat Press, 1980), p.50
33) 조철옥, 현대범죄학, 330-331면.

계를 전쟁상황에 비유하고, 고통없는 세상을 만들기 위해서는 범죄자와 피해자, 경찰, 공동체 등이 평화를 추구해야 한다는 점을 강조한다. 평화주의 범죄학은 처벌과 구금보다는 중재, 갈등해결, 화해를 통하여 법 위반자의 공동체에 대한 재통합을 제안한다.[34) 사회는 잔인한 처벌이 없는 인도적인 형사사법체계를 추구해야 한다는 것이다.

평화주의 범죄학은 종교적인 가치에 그 근거를 두고 있다. 범죄없는 세상을 추구하는 평화주의는 비폭력에 대한 정신적, 초월적, 예언적 기도이고, 고통을 종식시키려는 설교이다. 범죄에 대한 유일한 해결책은 사랑과 비폭력이고, 이 원칙에 의해 범죄는 사라지고 대체되어야 한다. 비폭력 범죄학의 기초는 사랑과 봉사의 마음으로 가득한 행동이다.

여기에서 우리가 분명히 해야 될 부분은 비폭력과 고통에 대한 것이다. 다시 말해, 누구의 비폭력이며 고통인가에 대한 설명이 필요하다. 평화주의 이론에서 말하는 비폭력은 범죄자의 행동수단을 의미하는 것이 아니라 통제기관의 행동수단에 초점을 맞추고 있다. 물론 범죄자도 비폭력적이면 범죄도 감소하고 피해자도 고통을 당하지 않을 것이라는 추론이 가능하다.

고통의 대상은 좀 더 광범위하다. 고통은 범죄자의 고통과 피해자의 고통을 전제하지만, 통제기관의 고통도 포함되는 것으로 이해해야 한다. 강한 처벌 자체가 통제자의 입장에서도 고통스런 일이고 강한 통제로 인해 범죄가 증가한다면 통제자에게 정신적·육체적 고통이 뒤따를 수밖에 없다는 것이다. 또한 범죄가 증가하고 통제기관은 강력하게 처벌하는 일이 계속되면 세상의 모든 사람들이 정신적 고통을 받게 될 것이 분명하므로 고통의 대상은 그 사회의 모든 구성원들이 포함된다. 심야에 여성들이 납치되어 살해당하는 사건이 빈발하면, 여성들은 밤길을 다니기가 두렵다고 호소하는 것으로 볼 때, 범죄피해를 입지 않은 사람들도 고통을 받는다는 사실을 인정하지 않을 수 없다. 한편, 다른 학자들은 평화주의 범죄학에 대한 다른 접근방법을 제시하였다. 앤더슨(Kevin Anderson)은 간디주의 및 마르크스주의적 인도주의를,[35) 해리스(M.

34) Richard Quinney, The Way of Peace on Crime, Suffering and Service, in Criminology as Peacemaking, ed. Harold Pepinsky and Richard Quinney (Bloomington: Indiana University Press, 1991, pp.8-9.

35) Kevin Anderson, Radical Criminology and The Overcoming of Alienation: Perspectives from

Kay. Harris)는 페미니즘적 가치를 평화주의적 해결책으로 제안하였다. 다른 사람과의 조화, 적절한 언어사용을 무엇보다 중요한 가치로 삼고, 보살핌, 공유, 양육, 그리고 사랑을 강조하는 페미니즘은 형사사법체계의 작동과정에 내재하는 갈등을 해소하고 평화를 조성할 수 있을 것이라고 보는 것이 해리스의 주장이다.[36)]

그러나 평화주의 범죄학이 경험적 검증을 받을만한 가치가 있는 이론적 수준에 있느냐 하는 것은 의문의 여지가 많다. 다시 말해, 평화주의 범죄학은 범죄감소와 인간의 고통완화를 위한 하나의 철학이지 이론은 아니다. 평화주의 범죄학은 전쟁, 범죄, 폭력을 영원히 없애기 위한 비폭력적이고 평화적인 사회개혁, 법 위반자에 대한 재사회화를 지향하는 사법체계를 가진 사회건설을 요구한다. 이러한 주장은 형사사법에 관한 매우 건전한 철학이지만, 왜 형사사법체계가 현재와 같이 작동하고 범죄자는 엄격하게 통제되는데도 불구하고 계속 범죄를 범하는지를 설명하지 못한다.

평화주의 범죄학은 내적인 모순을 안고 있기도 한다. 마르크스주의적 인도주의를 평화주의 범죄학의 주요 기초의 하나라고 주장하나 사회를 계급투쟁으로 보고 자본주의 사회를 전복하기 위해서는 힘에는 힘으로, 폭력에는 폭력으로 대응하는 폭력혁명을 옹호한다는 점에서 비폭력과 평화적인 방법을 강조하는 평화주의와는 조화롭지 못하다.

또한 페미니즘 이론이 평화주의의 기초가 될 수 있다는 주장도 논리적으로 적합하지 않다. 페미니즘이론은 전통적인 여성의 역할, 즉, 양육, 보살핌, 사랑, 평화를 강조하는 것은 가부장적 억압체계의 산물이라고 주장하고, 형사사법체계에서 여성을 남성과 동등한 위치에서 고려해야 한다는 것이므로, 페미니즘적 사고가 평화주의의 기초라고 하는 것은 논리적으로 적합하지 않다.

Maxian and Gandhian Humanism, in Harold E. Pepinsky and Richard Quinney, (ed.), Criminology as Peacemaking, Bloomington, IN:Indiana University Press, 1991, pp.14-30.

36) M. Kay Harris, Moving into the New Millenium: Toward a Feminist Vision of Justice, in Harold E. Pepinsky and Richard Quinney, (Eds.), Criminology as Peacemaking. Bloomington, IN: Indiana University Press, 1991, pp.83-97.

Section 4 페미니스트 범죄학

1. 페미니스트 범죄이론 출현 이전의 연구

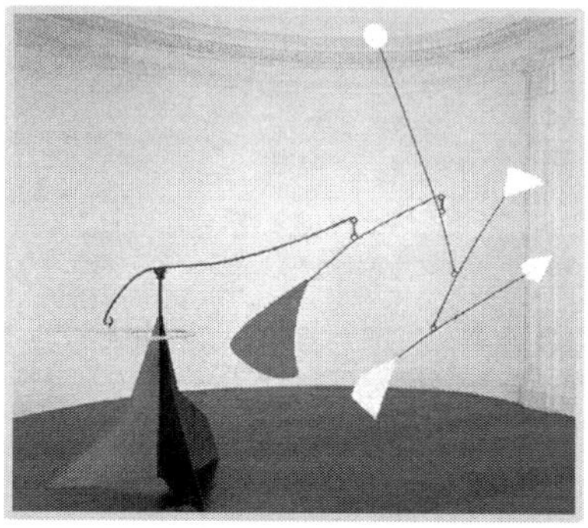

출처 : Daum 카페 > 이차스터디

전통적 범죄이론은 대부분 남성 범죄에 대한 설명에 관심을 집중한 것이 사실이다. 여성범죄와 일탈행동은 그 중요성이 격하되어 범죄학자들의 관심을 거의 받지 못했다. 물론 19세기 말부터 2차 대전이 진행되는 동안 롬브로조(Lombroso), 글룩(Glueck)부부, 그리고 폴락(Otto Pollak) 등이 여성범죄에 특별한 관심을 나타내기도 했다.

롬브로조는 대체로 남성범죄의 연구에 몰두했으나 여성범죄에 관한 한권의 저서를 발표했다. 그는 이 저서에서 남성에 비해 여성의 냉혹성과 부 도덕성, 시기심, 그리고 강력한 복수심 등의 특징을 지적했다. 그에 의하면, 여성의 복수심과 잔인성은 모성애, 열정의 부족, 그리고 저지능으로 인해 균형을 이루게 된다고 추론했다. 그러나 어떤 여성의 경우에 이러한 균형요소는 약화되어 타고난 잔인한 성향이 남성보다 더 잔인한 범죄자로 만들기도 한다. 그러나 롬브로조는 여성범죄자들의 대다수가 남성과 마찬가지로 기회적인 범죄자(occasional criminals)라는 것이다. 즉, 그들은 신체적으로 어떤 퇴행의 흔적이 없고, 도덕적안 특성은 정상적인 여성들과 아무런 차이가 없다. 기회적 여성범죄자들은 그들의 광범한 교육과정에서 부딪치는 좌절의 증가로 인해 범죄를 범하게 된다.

2. 페미니스트 범죄이론의 유형

1970년대 이전까지 범죄이론은 남성 지향적이었다. 이러한 연구경향은 여성들이 범죄를 범하는 일이 적다는 사회인식에 귀인하며, 남성이 범죄에 관한 정보의 축적과 전파를 독점하고 있다는 점을 지적하기도 한다. 또한 남성들이 여성을 지배하기 위한 수단으로서 여성의 낮은 범죄관여의 신화를 계속 유지해 왔다.

1970년대 중반에 들어서면서 아들러와 사이몬(Freda Adler & Rita Simon) 등은 남성위주의 범죄이론을 비판하고 정통 페미니즘에 기초한 범죄이론의 연구와 개발에 불을 지폈다. 페미니즘 범죄이론은 범죄의 원인과 범죄율의 성별 차이, 그리고 여성 범죄희생자에 대해 페미니즘의 관점에서 설명을 시도한다. 달리와 체스니 린드(Daly & Chesney-Lind)에 의하면, 페미니스트 이론은 남성적 관점에서 발전된 범죄학 이론에 대비되는 여성의 관점에 의한 범죄이론을 개발하는 것을 목적으로 한다.[37)]

페미니즘 범죄이론은 대체로 다음과 같은 성에 관련된 두 가지 문제에 관심을 집중한다. 첫째, 남성적 범죄이론들이 여성에게 적용할 수 있는 일반화된 이론인가의 문제이다. 남성 범죄와 비행을 중심으로 발전된 기존의 이론들 중에 일부의 이론들이 남성과 여성 모두에게 적용되지만, 기존의 이론의 전통적 흐름은 전반적으로 여성범죄를 설명하기에는 부적절하다는 것이 페미니스트 이론의 하나의 관점이다. 두 번째 관점은 기존의 범죄이론이 범죄에서의 성 차이를 설명할 수 없다는 입장이다.

이처럼 페미니즘 범죄이론의 공통적인 주제는 현재의 모든 범죄원인론, 즉, 생물학적, 심리학적, 아노미, 통제, 차별교제, 갈등, 낙인, 사회해체, 사회학습이론 등이 남성범죄만을 설명하기 위해 설계되었고 남성을 대상으로 검증되었다는 것이다. 이들 이론 중에서 유용한 일부 이론이 있기는 하지만, 어떤 단일이론이나 이론들의 조합도 여성범죄나 남녀범죄 차이를 설명할 수 없다는 것이다.

페미니즘 범죄이론은 지식이란 경험의 산물이므로 남자의 범죄에 대한 지식은 남자의 경험에 의한 것이고, 여성의 범죄에 대한 지식은 여성 고유의 경험의 산물이라고 주장한다. 따라서 남성주도의 범죄이론은 남성의 관점에 의한 것이므로 여성의 관점에서는 심하게 왜곡되어 있다는 것이 페미니스트들의 주장이다. 그들은 기존의 범죄이론들이 남성적 편견의 산물이라고 규정하고 사회에서 성적 평등이라는 관점에서 범죄와 형사사법체계에 대한 새로운 설명력있는 이론을 제시하고자 한다. 페미니즘 범죄이론은 다양하다. 그 관점에 따라 다음과 같이 구분된다.[38)]

(1) 여성해방적 페미니즘

여성해방적 페미니즘(liberal feminism)은 사회의 모든 영역에서 남녀평등이 이루어진 사회를 전제로 한다. 여성해방은 가정과 사회에서 전통적인 여성의 역할과 성 행

37) Kathleen Daly and Meda Chesney-Lind, Feminism and Criminology, Justice Quterly 5, 1988, pp.497-538.

38) Sally S. Simpson, "Feminist Theory, Crime, and Justice", *Criminology 27*, 1989, pp.605-603.

동 역할에서 벗어나 기회의 자유를 획득하는 것을 의미한다. 사회적 차별에서 해방된 여성들은 합법적 분야에서도 많은 기회를 가지게 되듯이 범죄에 있어서도 남성과 비슷해진다는 관점이 여성해방적 페미니즘이다. 남성과 마찬가지로 여성도 빵만으로 사는 것이 아니다. 가족, 결혼, 고용, 사회적 위치에 영향을 주는 여성지위는 남성과 유사하게 변했다. 범죄의 영역에서도 여성들은 남성만이 범했던 주요범죄를 저지르게 될 것이다. 여성의 자유가 증가하면, 여성범죄율도 따라서 증가할 것이라는 관점은 일찍이 롬브로조의 주장에서 찾아볼 수 있고, 폴락(Otto Pollak) 역시 여성이 취업을 하여 여성노동인구가 증가하면, 여성범죄 또한 증가할 것이라고 주장했다. 사실 폴락에 의하면, 적어도 1870년 대 이래 이미 범죄학자들은 여성해방운동으로 인한 여성범죄 증가현상을 예측했다는 것이다.[39)]

1960년대 말과 1970년대에 걸쳐 발전된 페미니즘 범죄학은 이 당시에 전개된 2차 페미니즘 운동(the second wave of feminism)의 출현과 밀접한 관계가 있다. 오랜 역사를 통하여 여성집단은 억압받아 왔으며, 권리는 부정되고 남성의 폭력에 예속되어 왔다. 1차 페미니즘 운동은 19세기 말에 여성의 참정권 획득을 목표로 전개되었던 점에 비해, 1970년대의 2차 페미니즘 운동은 여성에 대한 구조적 억압과 성적 학대 그리고 여성지향적인 범죄와 같은 많은 쟁점을 공론화시키는 역동적인 사회운동의 형성을 추구했다는 점에 차이가 있다. 이러한 2차 페미니즘 운동은 급진적인 개념으로 표현할 경우 여성해방운동이라는 이름으로 불리어진다.[40)]

특히 여성해방운동은 주목할 만한 두 가지 변화. 즉, 첫째, 여성들의 남성적 행동의 모방, 둘째, 여성의 전반적인 비행율의 증가이다. 그러한 변화는 여성들이 주로 남성들의 행동영역으로 알려진 폭력단을 구성하거나 남성 폭력단의 구성원으로서 참여하는 현상으로 나타나고, 또한 여성들이 혁명적인 반란과 공격적인 정치적 테러와 같은 다양

39) Shoemaker, op.cit., p.252.

40) Rob White & Fiona Haines, Crime and Criminology, Third Edition, Oxford University Press, 2004, p.116.

한 형태의 폭력적인 집단에 참여하는 결과로 나타난다.[41] 아울러 강간범죄의 경우에 남성만이 범죄의 주체로 형법에 규정하고 있으나 여성해방적 페미니즘의 관점에 의하면 여성도 강간 범죄의 주체로 규정하는 것이 당연하다는 주장이 제기된다.

(2) 마르크스주의 페미니즘

마르크스주의 페미니즘(Marxist feminism)은 자본주의 사회의 남성과 여성사이의 권력 불평등으로 인해 남성은 가해자, 여성은 범죄 피해자가 된다는 사실을 설명하고자 한다. 남녀의 권력불평등을 근거로 범죄를 설명하려 한다는 측면에서 가부장제도로 인한 남녀불평등이 범죄의 원인이라고 보는 급진적 페미니즘과 별다른 차이가 없다. 따라서 마르크스 페미니즘은 급진적 페미니즘에 속한다고 볼 수 있다. 차이라고 한다면, 마르크스주의 페미니즘은 남녀 권력불평등의 원인이 자본주의 사회의 구조에 있다는 점이고, 급진적 페미니즘은 가부장제도에 있다는 점이다. 그러나 마르크스주의 페미니즘은 자본주의 사회의 남성위주의 지배구조가 가부장적 남성위주의 지배구조에 그 뿌리를 두고 있다는 점에서 근본적인 차이가 있다고 볼 수는 없다.

마르크스주의 페미니즘은 남성과 여성사이의 성 불평등(gender inequality)이 자본주의 사회에 존재하는 남성과 여성사이의 권력불평등으로부터 발생하고, 따라서 여성이 성범죄의 피해자가 되고 남성은 범죄자가 된다는 개념을 본질로 한다. 따라서 마르크스주의 페미니즘은 여성을 위한 전통적인 권리의 보호보다는 노동의 보수 그리고 무보수와 관련된 자본주의 사회에서의 여성의 구조적 위치를 분석하는 데 관심을 집중한다. 여기에서 여성노동의 무보수 문제는 보수가 없는 여성의 가사노동에 관련된 것으로서 가사노동의 무보수는 여성의 노동에 대한 착취라는 것이다. 또한 여성이 보수를 받는 직장에서 일을 할 경우에도, 같은 일을 하는 남성에 비해 낮은 보수를 받는가 하면, 시간제나 비정규직과 같은 신분보장이 되지 않는 분야에 집중되는 것도 문제로 지적된다.[42] 이처럼 성 차별의 원천은 남성의 재산과 권력독점을 가능하게 하는 자본주의의 사유재산 제도의 발전과 상속법에 대한 남성지배에 있다.[43]

전통적인 가부장제도가 남성의 노동에 대해서는 높이 평가하고 반대로 여성에 대해

---

41) Ibid., pp.17-24.
42) White & Heines, op.cit., p.119.
43) Kathleen Daly and Meda Chesney-lind, "Feminism and Criminology", Justice Quarterly 5, 1988, PP.497-538.

서는 평가절하하는 현실속에서, 자본주의 제도의 출현으로 남성은 보수를 받는 노동에, 그리고 여성은 보수가 없는 가사노동에 종사하는 분업현상을 고착시켰다. 가부장제도 또는 남성우월주의는 자본주의에 의해 계속 지원을 받게 되고, 가정과 노동현장에서 여성억압을 유지하게 하는 기능을 한다. 따라서 마르크스주의 페미니즘은 성 불평등을 해결하기 위해서는 여성착취를 둘러싸고 있는 자본주의와 같은 계급사회를 근본적으로 변혁하기 위한 무엇을 할 필요가 있다는 점을 강조한다.

(3) 급진적 페미니즘

대부분의 범죄이론과 마찬가지로, 급진적 범죄학자들의 대부분의 노력은 남성범죄를 설명하고자 하였다. 이러한 이론적 흠을 치유하기 위하여 많은 페미니스트 이론가들은 범죄의 원인, 범죄율의 성차, 그리고 급진적 관점에서 본 여성피해자화를 설명하려고 하였다.

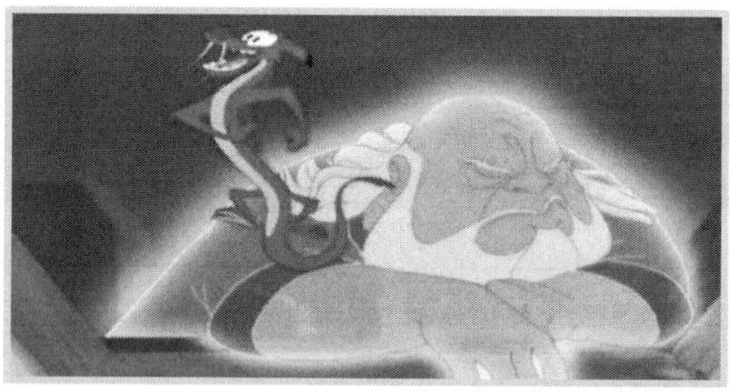

급진적 페미니즘은 여성생활의 모든 측면이 가부장적 관계에 의해 결정되고 진행된다는 관점에서 출발한다. 가부장제도는 남성의 지배와 여성의 복종이라는 사회적 억압구조를 형성함으로써 여성을 억압받는 계급으로 만든다. 이러한 사회에서 여성은 역사적으로 정치적, 사회적, 그리고 경제적 영역에서 배제되고, 모든 생활 영역과 제도에 걸쳐서 피해자화에 노출된다.[44]

급진적 페미니스트들은 범죄의 원인을 가부장적 남성우월주의, 그에 따른 여성복종, 남성의 여성공격, 여성에 대한 남성의 성적 통제 노력 등에서 찾는다.[45] 이러한 관점에서 그들은 여성 범죄를 설명하기 위해서 여성의 삶과 경험에 영향을 미치는 사회적 요인에 연구의 초점을 맞춘다. 여성의 성적 희생은 여성을 공격하고 학대하는 문화를 학습하는 남성의 사회화 결과라는 것을 확인시키려는 것이 그들의 노력이다.[46]

메서슈미트(James W. Messerschmidt)는 『자본주의, 가부장제도, 범죄』 라는 저서에서

44) White & Haines, op.cit., p.119.

45) Sally Simpson, Feminist Theory, Crime and Justice, Criminology 27, 1989, pp.605-632.

46) Suzie Dod Thomas and Nancy Stein, Criminality, Imprisonment, and Women's Right's in the 1990's, Social Justice 17, 1990, pp.1-5.

자본주의 사회란 가부장제도와 계급갈등이 현저한 것이 특징이라고 주장하면서, 자본가는 노동자의 노동을 통제하고, 남자는 경제적 · 생물학적으로 여자를 통제한다는 것이다.[47] 이러한 주장은 급진적 페미니즘이 본질적으로 자본주의 사회의 부정적인 측면을 부각시키고 근본적인 변혁을 추구하기 위한 논리를 전개하면서 가부장제도를 끌어들이고 있는 것으로 분석할 수 있다. 자본주의 사회는 남성과 여성의 권력불평등을 심화시켜 온 가부장제도와 결합하면서 여성을 억압받고 착취당하는 피해자로 만든다는 것이다. 이러한 논리에 따르면, 결국 자본주의사회의 여성들은 자본가와 남성 모두에게 통제받게 되어 이중적 억압과 피해의 대상이 된다. 가부장제도와 결합된 자본주의는 남성을 권력적이게 하고 여성을 비권력적이게 하기 때문에 여성들은 비폭력적이고 자기 파괴적인 약물남용 같은 범죄를 범하거나 우울증이나 불안증훈군 등에 시달리는 피해자화된다.[48] 또한 여성들은 가정에 고립되고, 화이트칼라 범죄와 경제범죄 같은 엘리트 비행에 접촉할 기회를 갖지 못하고 노상범죄에도 접근할 기회가 많지 않다.

체스니- 린드(Chesney- Lind)에 의하면, 가부장적 체제속의 가정폭력과 성적 학대는 여성의 가출 같은 생존전략의 선택과 같은 피해자화, 그리고 성과 관련된 다른 여성비행을 일으킬 수 있는 변수라고 주장한다.[49] 비전통적인 가정에서조차 딸과 아들에게 적용되는 행동의 이중기준은 가족갈등의 일반적 원인 중의 하나이며, 다른 가족 성원들의 성적 · 신체적 학대 또한 갈등의 원인이 된다. 가정에서 소외당하고 학대받는 소녀들은 거리로 나와 성매매, 절도, 그 밖의 범죄를 범하는 경우가 많다.

기존의 전통적인 범죄이론은 물론이고 법 집행기관은 가부장적 체제로 인한 여성의 피해자화를 무시하고 남성에 대한 범죄행위를 관용하거나 여성의 비행이나 범죄행위를 남성 범죄행위와 동일하게 처벌한다. 자본주의 사회의 남성지배 구조는 형사사법체제에서도 남성의 지배를 반영하고 여성을 차별하는 방향으로 구조화되는 것이 특징이다. 이러한 남성지배적인 사회구조 속에서 가정폭력이나 성매매 등과 같은 여성관련 범죄는 남성에게 관용을 베풀고 여성을 피해자화한다. 그러나 페미니스트 범죄이론은 그러한 범죄에 관련된 남성 역시 당연히 처벌되어야 한다고 주장한다. 오늘날 가정폭력과 성매매 행위, 그리고 청소년 성매매와 같은 범죄에 관련된 남성처벌을 위한 형

47) James W. Messerschmidt, Capitalism, Patriachy, and Crime: Toward a Socialist Feminist Criminology, Totowa, N.J:Rowman and Littlefield, 1986, pp.120-130.
48) Kathleen Daly, Gender and Varities of White Collar Crime, Criminology 27, 1989, pp.769-793.
49) Meda Chesney-Lind, Girl's crime and woman's place:Toward a feminist model of female delinquency, Crime and Delinquency 35, 1989, pp.5-29.

사 특별법의 제정은 페미니스트 범죄이론이 영향을 미친 결과라고 분석된다.

(4) 권력-통제이론

권력-통제이론은 범죄를 성 차이에 의해 설명하려는 급진적 페미니스트 모델에 속한다. 하겐(Johan Hagen)과 그의 동료들은 범죄와 비행율이 권력과 통제라는 두 가지 요인의 함수라고 주장한다.[50] 여기에서 권력은 가정에서 자식에 대한 부모의 권력을, 통제는 여성에 대한 가족의 통제를 의미한다. 이 두 변수는 부모가 사업현장에서 유지하고 있는 권력관계를 가정 내에서도 재생산하는 정도와 관련이 있다는 것이다. 다시 말해, 부모가 직장 내에서의 권력관계를 가정에서도 유지한다면, 자녀에게 권력과 통제를 행사할 수 있는 위치에 서게 된다는 것이다. 부모의 직장에서의 직위와 직책이 자녀들의 범죄성에 영향을 미친다는 논리이다.

부모가 직장에서 우월적인 위치에 있으면 그 우월적인 힘이 가정을 통제하는 데도 동일하게 작용한다. 이 모델은 아무래도 아버지는 돈을 벌고 어머니는 가사에 전념하는 가부장적 모델에 적합한 것 같다. 가부장적 모델에서 어머니는 딸에게 강력한 통제를 하고, 아들에게는 보다 많은 자유를 허용한다. 따라서 어머니의 통제를 적게 받는 아들은 일탈행위를 범할 가능성이 높고, 통제를 많이 받는 딸들은 비행행위를 거의 범하지 않는다는 결론에 도달할 수 있다.

한편, 아버지와 어머니가 가정과 직장에서 동일한 권력을 가진 평등주의 가정에서는 딸이 아들보다 비행률이 더 높다는 것이다. 여기에서는 딸이 부모의 통제에서 비교적 자유롭기 때문이다. 아이러니 하게도 아버지는 없고 어머니만 있는 가정에서도 유사한 결과가 나타났다. 마찬가지로 하겐 등에 의하면, 아버지와 어머니가 모두 관리직에 있는 가정에서도 딸과 아들의 비행률이 아주 비슷하다는 결과가 나왔다. 따라서 중류계층의 소녀들이 하류계층의 소녀들보다 범죄를 더 많이 범하기 쉽다는 추론이 가능하다. 그들은 부모들로부터 하류계층보다 아무래도 통제를 덜 받을 것이기 때문이다.

권력-통제이론의 함의는 부모가 모두 직장을 가지고 돈을 버는 고소득집안의 소녀들이 아버지 혼자 돈을 버는 가부장적인 집안의 소녀들보다 범죄율이 더 높을 것이라

50) John Hagan, John Simpson, and A.R. Gillis, Class in the Houshold: A Power-Control Theory of Gender and Delinquency, American Journal of Sociology 92, 1987, pp.788-816.

는 주장이다. 가부장적인 가정에서 통제를 받는 소녀들이 범죄율이 낮다는 증거는 여성범죄율이 전체 사회를 통해 아주 낮다는 사실을 설명할 수 있다.

3. 페미니스트 이론의 경험적 타당성

(1) 형사사법체제와 페미니스트 이론

페미니스트 이론은 대체로 여성이 사회에서 비권력적인 위치에 있으며, 가정이나 직장에서 억압받고 차별적인 대우를 받는다는 점에 초점을 맞추고 있다. 사회에서 차별받는 여성은 형사사법체계에서도 차별을 받을 수 있다. 말하자면, 남자에 비해 권력이 없는 위치에 있는 여성은 범죄수사나 재판과정에서 남성에 비해 부당하게 대우를 받을 수 있다는 것이다. 급진적 페미니스트들이 여성들의 비행을 형사사법체계와 그 가부장적 구조에 의해 유발된다고 비난해 온 것도 여성에 대한 형사사법체계의 차별을 강조하는 것으로 이해될 수 있다.[51)]

그러나 경험적 연구에 의하면, 형사사건과 청소년 사건을 포함하여 비행자들에 대한 성별, 연령, 인종, 계급에 따른 차별이 거의 없는 것으로 밝혀졌다. 오히려 형사사법체계의 차별이 남자를 엄하게 처벌하고, 여성에 대해서는 약하게 처벌하고 있다는 사실이 증거에 의해 입증되고 있다.[52)] 형사사법체제가 남자에게는 엄격하게 적용되고 여성에게는 관용을 베푸는 형식으로 운용된다는 사실은 기사도 가설(chivarly hypothesis)에 의해 설명되기도 한다.[53)] 기사도 가설이란 남자경찰이나 검사 그리고 판사들이 여성에 대해 관대하게 대하는 태도를 보여준다는 내용이다. 그러나 페미니스트들은 기사도 가설이 페미니스트적인 시각을 가진 것이 아니기 때문에 형사사법체

---

51) Siegel, op.cit, p.267.

52) Kathleen Daly, Gender, and Punishment Disparity, in George S. Bridges and Matha A. Myers, (ed.), Inequality, Crime, and Social Control, Boulder, CO: Westview Press, 1994, pp.117-133.

53) Elizabeth F. Moulds, Chivarly and Paternalism:Disparities of Treatment in the Criminal Justice System, in Susan K. Datesman and Frank R. Scarpitti,(ed.), Women, Crime, and Justice, New York: Oxford University Press, 1980, p.276.

계가 여성에 대해 관대하게 작동하는 이유는 남성의 여성에 대한 기사도 정신의 발동이 아니라 국가온정주의에 해당한다고 주장한다.

사실 현실적으로 여성이 살인, 강도, 납치, 강간 같은 중범죄를 범하는 일은 그렇게 흔하지 않다. 경범죄로 처벌받는 여성이 많다는 주장은 중범죄를 범하는 여성이 그렇게 많지 않은 범죄자 분포의 결과이지 성적 편견이나 차별의 결과는 아니다. 유사한 연구 결과는 콜리(Charles Corley)와 그의 동료들의 연구에서 찾아볼 수 있다. 즉, 청소년 비행에 대한 처벌은 비행행위의 심각성과 유형에 따라 결정되는 것이며, 단순히 성차별에 의해 소녀가 더 심한 처벌을 받지 않는다는 것이다. 경찰은 동일한 형태의 비행행위에 대해서는 남녀 불문하고 똑같이 검거하고 처벌하였으며 여자라고 해서 차별적으로 더 많이 검거하고 처벌하지는 않는다. 말하자면, 처벌은 범죄의 경중에 의해 결정되고 성별, 인종, 연령과는 관계가 없다는 것이다.[54] 오히려 남자 청소년들이 더 엄격한 처벌을 받는다.[55]

지금까지의 경험적 연구를 종합해 보면, 성이 형사사법체제에 미치는 효과는 미약하거나 없다는 사실을 확인할 수 있다. 형사사법상의 결정에 가장 강력한 영향을 미치는 것은 범죄의 심각성이나 범죄자의 범죄특성과 같은 법적 요인들이고 성 차별적 요소들은 거의 찾아볼 수 없다.

(2) 범죄에 관한 페미니스트 이론의 타당성

여성해방운동 가설과 권력통제이론은 경험적 연구에서 지지를 받지 못하였다. 여성이 가정과 사회전통으로부터 해방되어 남성들과 모든 분야에서 자유롭고 공개적인 경쟁을 함으로써 많은 분야에서 성취를 경험하지만, 그 만큼 여성의 범죄도 남성화와 아울러 증가 일로에 있다는 가정은 경험적인 연구에서 입증되지 않는다. 다시 말해, 여성의 사회적 진출이 여성 범죄의 원인이 아니라 다른 사회적 요인이 범죄의 원인이라는 것이다. 권력-통제이론은 어머니가 사회적으로 성공하면 딸들이 비행을 많이 범하는 경향이 있다는 주장은 경험적으로 검증되지 못하였다. 그러나 이 두 이론은 모두 일부 페미니스트 이론가들에 의해 페미니즘 이론이 아니라는 비판을 받은 바 있다.

54) Charles J. Corley, Stephen Cerkovich, and Peggy Giodano, Sex and the Liklihood of Sanction, Journal of Criminal Law and Criminology 80, 1989, pp.540-556.

55) Donna M. Bishop and Charles E. Frazier, Gender Bias in Juvinile Justice Processing: Implications of the JJDP Act, Journal of Criminal Law and Criminology 82, 1992, pp.1162-1186.

출처 : jeongrakin.tistory.com

여성해방 페미니스트들이 주장하는 여성운동과 여성범죄, 또는 비행률의 변화 사이의 관계를 검증하기 위해 여성해방운동이 진행된 여러 해 동안의 여성범죄율의 증가여부를 분석하였다. 분석 결과, 범죄와 비행에 대한 공식통계와 자기보고식 자료는 모두 지난 30년 동안 여성범죄율이 증가했다는 사실을 지지했다. 그러나 증가된 범죄는 대부분 절도와 약물남용이 많은 지역에서 발생하였고, 여성해방주의자들이 주장하는 것과 같은 다양한 유형의 여성범죄율이 증가한 것은 아니었다.[56] 더욱이 여성들의 폭력집단 참여의 증가는 없었다.

1970년대 이전에 여성범죄율이 크게 증가한 것으로 나타났는데, 그 시기는 해방운동의 효과가 정점에 있었던 때가 아니었고, 여성해방운동이 더욱 가속화된 1970년대 이후에 별다른 변화없이 안정적인 상태를 보였다는 것으로 보아 여성해방운동이 여성범죄율의 증가를 초래한다는 주장은 설득력이 없다. 또한 여성범죄율의 증가와 산업화 수준 및 사회경제적 발전 수준 사이의 관계에 대한 일관성있는 증거도 나타나지 않았으며, 여성의 역할에 대한 여성해방적 태도와 여성비행사이에 특이한 관계가 확립된 것도 없다. 여성해방운동과 여성비행의 관련성에 관하여 여성해방을 측정하기 위해 사용된 고용기회같은 지표는 소녀들에게는 거의 적절한 지표가 아니었으며, 여성의 역할에 대한 여성해방적 태도와 자기보고식 비행사이의 관계는 일관성있는 결과를 보여주지 못했다. 사실 어떤 경우에 전통적인 여성 역할관을 가진 소녀들이 여성해방주의를 신봉하는 여성들보다 더 일탈적이라는 증거가 발견되었다. 물론 여성해방운동이 특별한 개인의 행동보다는 전반적인 행동패턴에 영향을 미칠 수 있을 것이다. 그러나 현재까지 나타난 경험적 증거로 미루어 볼 때, 여성의 역할에 대한 여성해방운동은 여성비행의 증가율과 관계가 없다는 결론에 도달하게 한다.[57]

정통 페미니스트 이론들도 다양한 경험적 연구에서 거의 지지를 받지 못한다. 남녀

56) Darrell Steffensmeier and Emilie Allan, Gender and Crime: Toward a General Theory of Female Offending, *Annual Review of Sociology 22*, 1996, pp.459-487.

57) Shoemaker, op.cit, pp.255-256.

범죄의 원인에 중요한 차이가 있을 것이라는 페미니스트들의 가설은 남성범죄에 관련되는 변수들이 역시 여성범죄에도 관계가 있다는 것이 밝혀졌고, 성은 다른 변수들의 작용에 결정적인 영향을 미치지 못한다는 것이다.

매서슈미트의 주장처럼 여성범죄를 가부장적 사회구조에 의해 설명하려고 하는 연구는 사회 각 분야의 가부장적 정도를 측정하는 도구를 고안해내지 못하는 한 가부장제가 범죄의 원인이라는 실증적 연구는 불가능하다. 가부장제와 범죄와의 관계를 측정하기 위해서는 가부장제의 정도가 다른 사회에 대한 비교문화적 연구를 수행하고 남녀 범죄유형의 차이를 비교분석해야 한다.

CHAPTER

08 상황적 범죄예방이론

Section 1 이론적 배경

1. 들어가며

상황적 범죄예방 이론(Situational Crime Prevention Theory)은 1970년 대 초에 방어공간이라는 용어를 창출한 뉴먼(Oscar Newman)에 의해 미국에서 처음으로 관심을 받기 시작했다. 방어공간이란 범죄가 범죄기회를 감소시키는 주택공학적 설계를 통하여 예방되거나 추방될 수 있다는 것을 의미한다. 제퍼리(C. Ray. Jeffery)는 뉴먼의 방어공간 개념을 확대하여 학교와 공장같은 비주택 지역에 까지 적용하여 CPTED(Crime Prevention Through Environmenal Design)라는 이론을 개발하였다.

또한 상황적 범죄이론은 1970년대에 영국 내무성의 조사·기획부서에서 연구하기 시작했으며, 1976년 매이휴(Pat Mayhew) 등이 범죄기회가 연구의 핵심이 되어야 하며 범죄수준은 범죄발생의 상황을 고려함으로써 감소될 수 있다는 연구 보고서를 제출하면서 학자들의 관심을 받기 시작했다.[1)]

상황적인 범죄이론은 범죄자를 가변적인 상황요인, 즉, 범죄환경과 기회조건에 따라 행동하는 역동적인 존재로 본다. 과거에는 범죄를 개인의 속성에서 찾았으나 상황적 범죄예방이론에서는 범죄기회(criminal opportunity)가 주어지면 누구든지 저지를 수 있는 행위로 보는 것이다. 즉, 잠재적 범죄자들은 범죄행위로 체포되지 않고 범죄의 목적을 달성할 수 있는 기회가 주어진다면, 자발적으로 범죄행위를 선택할 수 있는 합리적인 존재라는 것이다.[2)]

따라서 범죄예방은 특별한 범죄 기회를 감소시킴으로써 성취될 수 있다는 것이 상

---

1) Williams, op.cit., p.277.
2) Siegel, op.cit., p.117.

황적 범죄이론이다. 범죄예방활동은 잠재적 범죄자들의 범죄기회를 제거하는 것이 최선의 대안이며, 이러한 정책대안은 다음과 같은 세 가지 요소, 즉, ① 사람이나 재물 같은 범죄표적물에 대한 주의 깊은 보호, ② 범죄수단에 대한 통제, ③ 잠재적 범죄자들의 행동에 대한 주의 깊은 추적 등을 기초로 이루어진다.[3)]

2. 방어공간 이론과 환경범죄학

1990년 콜먼(Alice Coleman)은 공공주택 설계를 연구하면서 주택지역의 설계에 따라서 범죄발생률이 달라질 수 있다는 주장으로 영국에서 유일하게 생태학적 접근을 했다. 콜먼(Coleman)은 환경이 범죄발생 여부를 결정한다고 주장하면서 범죄발생을 용이하게 하는 요인으로서 익명성, 감시의 결여, 그리고 도주의 용이성 등을 받아들였다. 따라서 공공주택의 설계는 그 지역 특성에 적합하게 하고 감시를 용이하게 하는 방향으로 이루어져야 한다고 주장했다.[4)]

CCTV와 무선 인터넷 기능이 있는 U-가로등

출처 : 보안뉴스

1992년 클라크(Ronald Clarke)는 범죄 감소를 위한 잘 설계된 전략과 전술 등을 내용으로 하는 「상황적 범죄예방」이라는 저서를 출판하면서, 범죄학자들은 거리의 안전성 유지, 건물이나 주택, 그리고 재산에 대한 범죄자 접근통제, 범죄표적 견고화(targets hardening) 와 같은 범죄표적과 피해자보호를 위한 물리적 환경 개선, 그리고 범죄자에 대한 공식적·비공식통제의 결합 등과 같은 많은 상황적 범죄예방 노력을 기울일 것을 제안했다. 이러한 접근법은 범죄자들이 범죄목표물에 접근하는 것을 제한함으로써 특정 범죄를 대상으로 하는 것이 아니라 전체 범죄율을 감소시킬 수 있는 환경을 창조해야 한다고 주장한다.[5)]

환경범죄학은 주택이나 건물, 지역 등의 환경이 가진 범죄취약 요인을 분석하여 범죄기회를 감소하기 위해 환경설계를 통한 범죄예방 전략을 강조하는 이론이다. 환경

3) Ibid., p.117.
4) Williams, op.cit., p.279.
5) Siegel, op.cit., p.117.

범죄학은 방어공간 이론, CPTED, 일상활동 이론, 깨진 유리창이론 등을 포함한다. 따라서 환경범죄학은 상황적 범죄예방이론의 범주에 포함된다. 상황적 범죄이론은 환경적 범죄기회제거뿐만 아니라 개인의 생활양식의 개선에 의한 범죄기회 제거를 강조하는 생활양식이론까지 포함한다는 측면에서 환경범죄학보다 그 범위가 더 넓다.

Section 2 방어공간이론

1. 제이콥스의 견해

방어공간 이론은 주거환경의 개선을 통하여 경찰과는 관계없이 주민이 범죄를 예방할 수 있다는 점을 강조한다. 따라서 범죄예방은 경찰의 공식적 범죄예방 활동보다는 주민의 비공식적 범죄통제가 더 효과적이라는 점에 초점이 맞추어진다. 오늘날 경찰의 방범진단의 대상이 바로 주택의 방어공간이라는 점에서 경찰의 범죄예방 실무에도 적용될 수 있는 실용적인 이론이다.

방어공간 이론의 선구자는 제이콥스(Jane Jacobs)와 뉴먼(Oscar Newman)이다. 이들은 주택건설설계를 통해서 범죄자의 범죄기회를 제거하거나 감소시킬 수 있다는 방어공간 이론(defensible space theory)을 제안했다.

미국의 건축 저널리스트인 제이콥스는 1961년 「미국 대도시의 죽음과 삶」이라는 저서에서 최초로 주거환경이 시민의 안전에 영향을 미치는 중요한 요인이라고 지적했다. 제이콥스는 당시 주거건축 흐름을 지배하고 있던 주택고층화가 범죄를 유발하는 요인이 되고 있다고 주장하면서 다음과 같은 범죄예방을 위한 기본원리, 즉, 1) 공적 공간과 사적 공간을 명확하게 구별함으로써 사적 공간에는 외부인들의 출입을 엄격하게 통제하는 지역구별, 2) 도로상의 눈(eyes onthe street)이 확보될 수 있도록 건물방향을 고려하는 주민에 의한 감시확보, 3) 주택주변 도로를 사람들이 빈번하게 이용할 수 있도록 설계함으로써 통행인에 의한 감시 등을 제안했다.[6)]

6) 이만종, 앞의 책, pp.121-122.

2. 뉴먼의 지키기 쉬운 주거공간

제이콥스(Jacobs)의 주장은 1972년에 뉴먼(Newman)이 저술한 「지키기 쉬운 주거공간」에 영향을 미쳤다. 뉴먼은 1950년대부터 1960년대에 건설된 미국의 고층의 공영단지가 범죄의 온상이 되고 있다고 지적하고, 경찰력이 아닌 조직 및 단체의 통제에 의해 범죄를 예방해야 한다는 관점에서 환경설계에 관한 4원칙을 제시했다.[7] 그 원칙은 다음과 같다.

(1) 영역성(territoriality) 설정 원칙

영역성은 건물의 배치, 도로의 설계, 상징적인 혹은 실제 통제공간을 설계하여 그 지역의 거주자들이 자신들의 소유나 책임영역이라는 의식을 심화시켜 범죄를 예방하려는 통제전략이다. 이 원칙은 외부로부터의 침입을 방지하기 위하여 주택지를 블록화하고 각 블록마다 영역성을 강화하는 것을 말한다. 주택단지의 영역은 공적 공간, 반사적 공간, 그리고 사적 공간으로 구분되는 데 가능한 범위 안에서 주거지내의 사적 공간을 확장함으로써 거주자들의 자기영역에 대한 인식이 높아지고 외부인들에 대한 주의나 감시를 강화시킬 수 있다.

(2) 자연스런 감시(natural surveillance)의 확보 원칙

자연적 감시는 합법적인 이용자들에게 이웃과 외부인의 일상활동을 관찰하 수 있도록 영역을 설계함으로써 주민들에 의한 자연적인 감시가 이루어져야 한다는 것을 의미한다. 이 원칙은 건물배치 등의 환경설계에 의해 주거자나 이웃 사람들이 주거지의 출입문 등을 일상적으로 감시할 수 있도록 해야 한다는 점을 강조한다. 자연적 감시의 강화는 주택단지 전체가 주민의 시야에서 벗어나지 않음으로써 잠재적 범죄자들의 침입을 예방할 수 있다.

(3) 거주지의 이미지 형성 원칙

이 원칙은 저소득층의 주거단지의 경우에 치안이 나쁜 마을이라는 식의 이미지 실추

7) Oscar Newman, *Defencible space: Crime prevention through urban design*, New York: Collier, 1973, pp.8-9.

가 발생하지 않도록 지역환경을 조성하는 것을 말한다. 주택단지가 범죄에 취약하게 보이지 않고 지역사회로부터 고립되지 않도록 지역사회를 조성해야 한다는 원칙이다.

(4) 입지조건(milieu) 원칙

입지조건은 특정장소 주변지역의 성격을 말하는 것으로서 주로 잠재적 범죄자를 밀어내기 쉬운 장소와 시설, 또는 잠재적 범죄자를 끌어들이기 쉬운 장소와 시설이 주변에 존재하고 있는가를 주된 내용으로 한다. 이 원칙은 주택지를 주위에 범죄유발 위험 시설이 없는 지역에 배치하고, 유흥시설이나 사행성 오락시설 또는 윤락업소 같은 풍속에 유해한 영향을 미치는 시설은 주택단지 주변에 위치하지 못하게 하고, 경찰 등 범죄통제나 감시기관이 많은 지역을 선택함으로써 주거지역이 범죄로부터 안전을 확보해야 한다는 것을 강조한다. 따라서 공공주택의 건축시에 경찰관서 등의 사법기관이 주변에 위치하고 있는 등의 입지적으로 안전한 지역을 선정하고, 공동체의 익명성 감소, CCTV의 설치, 순찰 및 감시를 용이하게 하는 주택설계를 통한 범죄예방을 강조한다.

3. 제퍼리의 CPTED

(1) 제퍼리의 견해와 전략

1971년 제퍼리(C. Ray Jeffery)는 「환경설계를 통한 범죄예방(CPTED)」이라는 저서에서 방어공간의 개념을 주택지역뿐만 아니라 학교나 공장같은 비 주거지역에 적용함으로써 범죄예방을 위한 환경설계는 미국 전역의 관심을 받기 시작했다.[8] 제퍼리는 뉴먼의 「지키기 쉬운 주거공간」이 주택지만을 대상으로 한 것과는 달리 주택지 이외의 학교나 상업지까지도 포함시켜 종합적인 환경설계를

8) C. Ray Jeffery, *Crime Prevention Through Environmental Design* (Beverly Hills, and London: Sage Publications Inc. 1977), pp.51-234.

주장한 점에서 차이를 보이고 있다.

CPTED(Crime Prevention Through Environment Design)란 물리적 설계, 주민참여, 경찰활동 등 3 요소를 종합적·계획적으로 접합시켜 지역사회 전체, 우범지역, 주택지역, 교육기관, 교통수단 등을 범죄자로부터 보호하고 범죄에 대한 두려움을 제거시키려는 범죄예방 전략이다. 최근의 CPTED는 다음과 같은 4가지 전략에 기초하고 있다.9)

1) 자연적 감시

자연적 감시는 주민들이나 경찰이 침입자를 쉽게 관찰가능 하도록 주택을 설계하는 것을 말하고, 건물입구나 출입문에 대한 가시성 증가, 방문이나 창문을 주변도로에서 잘 보이도록 설계, 고강도 가로등 설치, 주차장이나 현관에 CCTV 설치에 의한 침입자 관찰, 전자감시 장치 이용 등이 그 기법이다.

2) 영역성 강화(territorial reinforcement)

영역성 강화는 주거지의 영역을 공적영역보다 사적 영역화 함으로써 외부인을 통제하고, 또한 외부인은 자신이 통제대상이라는 것을 지각하게 함으로써 범죄를 예방하려는 전략이다. 구체적으로는 조경, 도로의 포장, 특수울타리 설치, 출입구 통제 강화, 표지판 설치, 내부 공원조성 등은 주민들의 소유재산이나 자기의 사적 영역이라는 인식을 강화한다.

3) 접근통제(access control)

접근통제는 지역 및 지역 내 주택이나 건물에 수상한 사람들이 침입하지 못하게 설

---

9) Timothy D. Crowe, *Crime prevention through environmental design: Application of architectural design and space management concepts*, Boston: Butterworth-Heinemann, 1991, p.30.

계하는 것을 말한다. 범죄 표적대상 강화(target hardening)라고도 하는 이 전략은 구체적 기법으로 건물의 출입구의 수 줄이기, 특수 잠금장치 설치, 방범경보장치 설치, 방범창 설치, 방범견 배치, 경비원 배치 등이 있다.

4) 주민에 의한 방범활동 지원

이 전략은 제이콥스가 제안한 거리의 눈, 즉, 일반 주민들의 눈을 적극적으로 활용하는 설계전략이다. 이는 주거지 주변에 레크레이션 시설의 설치, 산책로 주변에 벤치 설치, 주택단지 안에 농구장이나 테니스 장 설치 등에 의해 범법자들의 이동을 감시하는 기능을 강화할 수 있다. 물론 일반 주민들의 방범협조는 주민들의 방법의식 강화와 함께 경찰과의 협조체계가 확립되어야 하는 것이 선결조건이다.[10)]

Section 3 일상활동과 생활양식이론

1. 일상활동 이론

(1) 이론적 배경과 특징

출처 : http://cafe.naver.com/bdchanga

사람들이 살아가는 일상활동의 유형은 사람마다 다르다고 할 정도로 너무나 다양하다. 개인의 일상활동 유형은 나이나 성별, 직업과 취미, 그리고 종교 등에 따라서 서로 다르고, 이러한 차이로 인해 개인이 존재하는 장소와 시간이 대체로 특정된다. 일상활동은 세 가지 기본적인 차원을 포함하고 있다고 하는데 그것은 매력적인 범죄표적, 범죄표적이 보호되거

10) 조철옥, 현대범죄학, 382-383면.

나 감시되는 정도, 그리고 범죄자의 이용가능성으로 나누어진다.[11] 여기에서 일상활동 과정속에서 시·공간적으로 특정된 범죄대상이 무방비 상태에 있으나 매력적이지 아니할 경우에도 범죄의 대상이 되는 가에 대한 질문이 제기될 수 있다. 매력적이지 못한 대상은 범죄의 표적이 되지 않는다는 것이 올바른 대답이다. 일상활동 이론은 범죄자들의 합리적 선택을 전제로 하기 때문이다.[12]

코헨과 펠슨(Lawrence Cohen & Marcus Felson)에 의해 발전된 일상활동 이론은 시간과 공간, 범죄대상, 사람이라는 기본요소를 통하여 범죄현상을 설명한다.[13] 일상활동 이론은 사람에 대한 폭력범죄(살인, 강도, 강간, 폭행 등)와 재물을 강취 하거나 절취하는 것과 같은 약탈범죄(predatory crime)를 대상으로 범죄의 원인을 설명하고자 하며, 이를 위해 범행을 촉발하는 세 가지 주요 요소를 제시하고 있다. 세 가지 주요요소는 ① 동기화된 범법자(motivated offenders)의 존재, ② 범행에 적합한 대상(suitable targets)의 이용가능성, ③ 사람이나 재산과 같은 범행대상에 대한 경찰, 집주인, 이웃, 친구 친척 등과 같은 가능한 보호자(capable guardians)의 부존재 등이다.

따라서 일상활동 이론은 범죄의 세 가지 요소가 동일한 시간과 장소에 모아졌을 때 범죄 발생률이 증가할 것이라는 가설을 전제로 한다. 즉, 범행동기를 가진 사람이 적절한 대상이나 잠재적 피해자를 발견하고, 범법행위를 억제할 수 있는 공식적·비공식적 감시가 없는 시간과 공간이 일치할 경우에 범죄가능성은 증가한다.[14]

(2) 생활양식과 범죄기회

일상활동 이론은 범죄기회와 개인의 생활양식(lifestyle) 개념을 결합한 이론이다. 생활양식은 ① 범죄자에 대한 범죄대상의 근접성, ② 범죄자에 대한 범죄대상의 노출, ③ 범죄대상의 매력정도, ④ 범죄대상의 보호능력 정도 등을 통제하기 때문에 범죄기회에 영향을 미친다.[15] 외부활동 시간이 많은 일상활동 양식은 범죄자에 대한 가시성과 접근성이 높고, 또한 자기보호나 방어능력이 없으면서 범죄대상으로서의 매력성이 클 경우에 범죄의 표적이 된다. 이 이론은 범죄자 못지않게 적당한 대상과 감시의 부

11) Williams, op.cit., p.278.
12) Akers & Sellers, op.cit., p.33.
13) Lawrence Cohen and Marcus Felson, "Social Change and Crime Rate Trends: A Routine Activities Approach", *American Sociological Review 44*, 1979, pp.588-608.
14) 조철옥, 현대범죄학, 386-389면.
15) Siegel, op.cit., p.94.

재를 범죄발생의 주된 요인으로 강조함으로써 범죄기회의 존재여부를 중요시 한다. 매력적인 범죄대상이 무방비 상태일 경우에 범죄기회가 존재하는 것이다.

적절한 범죄 대상자와 대상물의 존재에 의한 범죄 기회는 총기와 약물과 같은 범죄 도구를 쉽게 구할 수 있는 도시환경에서는 도처에 존재한다. 지역적 구획과 문화적 유형과 같은 환경적 요인들은 범죄기회를 촉진할 수도 제한할 수도 있다. 대도시의 유해한 범죄환경 속에 사는 청소년들은 동료나 대중매체로부터 계속해서 배우기도하고 자신의 인지를 통해서 배우기도 한다. 이러한 정보는 범죄자의 범죄동기를 고양하거나 범죄위험을 경고할 수 있다.

(3) 비공식 통제의 범죄예방효과

코헨괴 펠슨(Cohen & Felson)은 수년간의 연구를 통해 범죄란 국가의 개입이 크게 관여하지 않는 사적 현상이기 때문에 공식적 감시자의 역할이 중요하지 않다고 주장하면서 비공식적 통제체계에서 자연스럽게 형성되는 범죄예방과 억제가 효과적이라고 주장한다.[16] 즉, 일상생활 과정에서 사람들이 범죄를 예방하는 조용하고 자연스러운 방법이 효과적이라는 것이다. 경찰만이 감시자가 될 수 있는 것이 아니라 그보다는 일반시민, 자기 자신, 친구, 가족, 낯선 사람 등이 범죄예방을 위한 감시자의 역할을 더 잘 할 수 있다는 것이다.

절도범 예방 역시 범죄자가 접근하지 못하도록 특수 잠금장치나 CCTV의 설치, 무서운 방범 견을 키우는 것 등이 경찰순찰보다 더 효과적일 수 있다. 펠슨은 일상활동이론의 적용범위를 약물과 알콜의 불법이용·판매 및 화이트칼라 범죄와 같은 위법행위까지 확대했다.

흥미있는 연구는 1992년 플로리다를 강타한 태풍 앤드류의 피해에 대한 공식적 감시체계와 비공식적 감시체계의 효과에 대한 질적 연구이다. 이 연구는 비공식 감시체제가 범죄예방에 효과적이라는 사실을 발견했다. 당시 태풍으로 인해 경찰의 감시능력이 약해졌으며 따라서 이 지역에 전과자들뿐만 아니라 일부 범죄에 동기부여된 지역사람들도 범죄행위에 가담하는 현상이 벌어졌다. 그러나 이상하게도 그 지역에서 약탈행위는 발견되지 않았고, 실제 범죄율은 감소했다. 이는 정부와 경찰의 공식 감시

16) Lawrence E. Cohen and Marcus Felson, :Social change and crime rate trends: A routine activities approach", American Sociological Review 44, 1979, pp.588-608.

체계가 작동하지 못하는 상황에서 생명과 재산을 지키려는 이웃감시, 시민순찰 등이 감시기능을 한 결과였다.[17]

(4) 도덕성 수호정신

일상활동이론은 범죄대상물의 존재, 동기화된 범법자의 존재, 공식적・비공식적 감시의 부재 등의 요소가 동일한 시간과 장소에 존재하면 범죄가 발생된다는 명제를 전제로 하여 성립된다. 하지만, 일부 학자들은 도덕적 신념과 사회화가 범죄를 야기하는 일상활동에 영향을 미칠 수 있다고 주장했다. 심지어 범죄기회가 존재하는 상황에서도, 사람들은 도덕적인 친구와 유대관계를 맺고 있거나 도덕적 태도를 견지하고 있을 경우에는 범죄를 포기할 수 있다. 사회적 유대의 강도는 범죄유혹을 극복하기에 충분한 완충장치, 또는 도덕적 수호정신의 하나의 형태로 작용할 수 있다.

2. 생활양식이론(lifestyle theory)

출처 : 골프는 즐거워 (274)

생활양식이론은 사람들이 범죄자들에게 노출되는 생활양식 때문에 범죄피해자가 된다는 점을 강조한다. 개인은 구조적인 제약과 다양한 기대역할에 따라서 서로 상이한 생활양식을 갖게 되는데, 이는 인구사회학적 특성에 따라 차이가 있는 것으로 나타나고, 이러한 생활양식의 차이가 범죄피해의 위험성의 차이와 연결된다는 것이다. 이 이론에 따르면 연령, 성별, 소득, 결혼 유무 등의 개인의 인구사회학적 특성에 따라 다양한 역할 기대(role expectation)가 형성되고, 이러한 사회의 역할기대는 개인의 독특한 생활양식(lifestyle)을 형성시킨다. 이렇게 형성된 개인의 생활양식에 따라 범죄피해 위험의 노출에 차이를 가져오게 되며, 결국 범죄피해 가능성의 차이를 가져오게 된

17) Paul F. Cromwell, Roger Dunham, Ronald Akers, and London Lanza Kaduce, "Routine activities and social control in the aftermath of a natural catastrophe", European Journal of Criminal Policy and Reseach 3, 1995, pp.56-69.

다는 것이다.[18)]

기타 생활유형과 범죄에의 노출에 대한 가장 강력한 결정요인 중의 하나는 가족의 소득수준이라고 할 수 있는데, 소득수준에 따라 다양한 사회생활의 유형이 결정되기 때문이다. 소득수준이 낮을수록 주거, 교통, 사교생활, 여가생활 등과 관련된 선택을 심각하게 제약받게 되는데 그 결과, 그들은 범죄에 취약한 또는 범죄가 다발하는 환경을 벗어날 수 있는 능력이 제한되기 마련이고 따라서 그만큼 범죄의 위험에 많이 노출될 수 있다. 그러나 소득수준이 높은 사람은 보다 쉽게 위험하거나 취약한 상황에서 벗어날 수 있기 때문에 범죄의 위험에 노출될 가능성이 그만큼 작아지게 되는 것이다.

생활양식이론은 피해자의 습관, 생활양식과 행동방식 등이 범죄의 요인이 된다고 주장하는 점에서는 일상활동이론과 유사하지만, 분석의 강조점이 다르다. 일상활동 이론은 범행에 적합한 대상과 그 대상에 대한 보호나 감시의 부재시에 범죄가 발생한다는 점에 초점을 두고 있으나 생활양식 이론은 범죄자와의 접촉이나 노출이 많은 생활양식을 가진 사람이 범죄의 대상이 되기 쉽다고 주장하는 점에서 차이가 있다. 특히 생활양식이론은 범죄집단이나 비행집단의 구성원들이 범죄자가 되기도 쉽지만 범죄의 대상도 되기 쉽다고 주장하는 것이 하나의 특징이다.

범죄피해자화의 위험은 젊은 사람들과의 교제, 독신생활, 밤늦은 외출, 밤거리 빈둥거리기, 도시생활 등의 경우에 증가된다. 반대로, 야간외출의 삼가, 결혼, 시골생활, 더 많은 돈 벌기 등은 범죄 피해자화의 위험을 감소시킨다.[19)] 간단히 말해서, 개인의 범죄피해자화는 범죄자와의 접촉 및 노출수준에 의해 결정되고, 접촉과 노출수준은 개인의 생활양식에 따라 달라진다.

여기에서 말하는 생활양식(lifestyle)이란 일상생활 속에서의 습관화된 활동을 말하는데, 구체적으로는 ① 통근・노동 등 직업과 일에 관련된 활동, ② 통학・수업・서클활동 등과 같이 학교생활이나 교육에 관련된 활동, ③ 가사・육아처럼 가정생활에 관련된 활동, ④ 컴퓨터 게임이나 영화감상, 취미활동과 같은 다양한 레저활동 등으로 분류될 수 있다.

18) Hindelang, M., et al. Victims of Personal Crime: An Empirical Foundation for a Theory of Personal Victimization, Cambridge: Ballinger, 1978, p.243.
19) Siegel, op.cit., pp.91-92.

3. 구조적 선택이론

생활양식 이론과 일상활동이론이 개인이나 집단의 범죄피해위험을 설명하는데 가장 많이 사용되어 왔으나, 최근에는 이들 관점들을 통합함으로써 범죄대상 선택의 과정을 설명하기 위한 보다 분명한 개념적 틀을 제시하는 연구가 시도되고 있다.

이러한 측면에서 미테와 마이어(Miethe · Meier)는 생활양식 이론과 일상활동이론을 통합하여 미시적인 측면과 거시적인 측면 모두를 통합하는 구조적 선택이론(Structural Choice Theory)을 제시하였다.[20] 이러한 관점은 범죄자의 동기와 범죄에 대한 기회를 설명하기 위한 시도로서 통합이론으로 발전하게 되었다.[21]

구조적 선택이론은 사건의 발생이 범죄자와 피해자간의 상호작용이라는 점과 보호자의 수준과 잠재적 피해자화를 결정짓는 범죄대상의 가치의 수준에 따라 피해자화가 발생한다는 점을 고려한다. 따라서 이 이론은 범죄대상의 근접성과 노출, 매력성, 보호성이라는 4가지 요소가 피해자화를 유발한다는 관점을 취한다.

구조적 선택이론은 기존의 범죄피해자 이론의 유용한 통합이라고 할 수 있다. 그 이유는 다음과 같다. 첫째, 일상활동이론에 의해서 제기된 바와 같이 범죄기회구조에 기여하는 거시적 · 역동적 요소와 생활양식 이론에서 강조하는 특정한 범죄대상의 선택을 결정하는 미시적 수준의 과정 모두를 강조하고 있다는 것이다.

둘째, 범죄대상의 매력성, 근접성, 보호성, 노출이 피해의 필요조건이기 때문에 이 중 어느 하나만 부족하더라도 약탈적 범죄의 대상이 되지 않는다는 것이다.

셋째, 특히 이 이론에서는 특정한 환경에서의 생활양식이 범죄표적이 될 수 있는 위험한 상황에 개인의 노출과 근접성을 증대시키지만, 특정 개인이 범죄피해자가 되고 안 되고는 다른 범죄대상과 비교한 추정된 효용성에 달렸다고 본다.

넷째, 생활양식과 일상활동에서 약탈범죄의 위험성에 관련된 상황에 따른 특정한 효과(context-specific effects)를 강조하고 있다. 예컨대, 범죄대상의 매력성과 보호성은 범죄기회구조가 낮은 지역에 거주하고 있는 사람들의 피해위험성에는 거의 영향을 미치지 못하지만, 범법자들이 집중된 지역에서는 범죄기회구조가 매우 높기 때문에 매력성이나 보호성과는 관계없이 모든 거주자가 범죄피해자가 될 가능성이 높다는 것이다.

---

20) T.D.Miethe and R.F. Meier, “Opportunity, choice and criminal victimization rates: A theory of a theoretical model”, Journal of Research in Crime and Delinquency, 27(3), 1990, pp.243-266.

21) Francis T. Cullen, & Robert Agnew, Criminological Theory: Past to Present, New York: Oxford University Press, 2010, p.417.

Section 4 깨어진 유리창 이론

윌슨과 켈링(James Q. Wilson & George L. Kelling)이 "깨어진 유리창"이라는 글을 애틀란틱의 월간잡지(Atlantic Monthly magagine)에 발표함으로써 경찰사에 획기적인 변화를 가져왔다.

윌슨과 켈링(James Q. Wilson & George Kelling)의 깨진 유리창 이론은 지역사회 경찰활동의 이론적 기반이 되고 있다. 깨진 유리창 이론은 원래 스탠포드 대학교의 심리학자인 짐바도(Phllip Zimbardo)에 의해서 개발된 이론이다. 짐바도는 실험을 위해서 자동차의 번호판을 떼고 유리창을 일부러 깨트린 다음에 길거리에 방치했다. 그런데 10분이 지나지 않아서 그 방치된 자동차는 지나가는 사람들에 의해서 마구 파손되기 시작했다. 이런 파괴행위를 하는 사람들의 다수가 점잖게 옷을 차려입은 백인들이었다는 점이다.

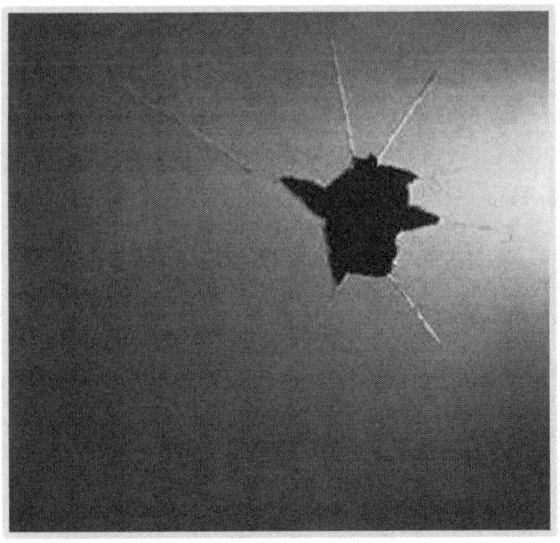

깨어진 유리창 가설은 경찰이 이웃생활의 질에 영향을 미치는 무질서 문제에 대해 관심을 기울여야 한다고 강조한다. 특히 경찰은 범죄의 두려움을 야기하고, 이웃황폐를 초래하는 그러한 문제에 관심을 기울이고 대응해야 한다는 것이다.

깨어진 유리창의 이미지는 무질서, 이웃황폐, 그리고 범죄사이의 관계를 상징한다. 깨어진 유리창이란 누구도 재산의 외관에 대해 관심을 기울이지 않는 하나의 징표이다. 파괴된 건물이나 시설을 수리하지 않고 내버려 두면, 그것은 인근주민들로 하여금 그들의 재산을 무시하게끔 한다. 이러한 현상은 하향적인 퇴보의 나선형으로 이동하는 결과를 초래한다. 즉, 주택은 낡아지고, 집주인은 이사 가고, 주거형 건물은 임대재산으로 바뀌고, 가정집은 단일 주택에서 다가구 주택으로 바뀌고 어떤 집은 버려진다. 인근 가정의 소득수준이 떨어지고, 인근 가게는 문을 닫고, 재산가치는 떨어진다. 점점 인근에 범죄는 증가한다.

윌슨과 켈링은 강력 및 흉악 범죄의 해결만이 중요한 것이 아니라 깨어진 유리창 이론과 같이 그것을 유발하는 근본원인인 사회의 여러 가지 문제를 해결하는 것이 우선되어야 한다고 주장한다.[22] 사회무질서가 계속해서 방치된다면 잠재적인 범인은 아무도 사회문제에 관심을 가지지 않는다고 생각하게 되고, 더 많은 범죄행위를 범할 마음을 먹게 된다. 기물 손괴행위, 쓰레기 투기, 난폭한 행동, 공공연한 추태, 새치기와 같은 경미한 질서 위반행위들이 방치되면, 지역사회를 통제하는 비공식적 통제능력이 약화되고 유사한 기초질서 위반행위들이나 경범죄를 증가시키는 결과를 초래하고, 더 심각한 범죄를 야기할 수 있다. 전통적 경찰활동은 나선형의 끝인 심각한 범죄에 초점을 맞추고 있다. 그러나 범죄와 싸우는 경찰관의 능력은 아주 한정적이다. 경찰은 무질서의 최초의 징후인 인근쇠퇴 과정의 초기에 개입해야 한다.

22) J.Q. Willson and G.I.Kelling, Broken Windows, Atlantic Monthly(No.211, 1982), p.31.

CHAPTER

09 통합적 범죄이론

Section 1 들어가며

1. 범죄이론의 통합적 연구 경향

출처 : Break News

다양한 범죄이론들은 서로 다른 관점에서 범죄현상을 설명하려 한다. 생물학적 · 심리학적 범죄이론은 범죄의 원인을 인간 내부의 특질(기질)에서 찾으려 하고, 사회학적 범죄이론은 그것을 사회환경적인 요인이라고 주장한다. 이러한 이론들은 범죄의 원인을 부분적으로 설명하고 검증받기도 한다. 관점이 다른 이론들은 서로를 비판하고 이론적 우수성을 내세운다. 그러나 어느 이론도 범죄의 모든 원인을 설명하지는 못한다. 여기에서 범죄의 모든 원인을 설명하기 위한 이론통합의 문제가 제기된다. 이론통합은 둘 혹은 그 이상의 이론들로부터 공통점을 확인하여 각 개별이론보다 우월한 종합이론 정립을 목적으로 한다.[1)]

범죄이론의 통합은 다양한 방면에서 시도될 수 있다. 우선 중심 개념이나 명제가 밀접한 관련이 있는 이론들의 통합을 생각해 볼 수 있으며, 경쟁적인 이론 역시 통합의 대상이 될 수 있다. 개념통합은 개념적으로 중복된 이론들을 대상으로 이론적 통합이 이루어지는 유형이다. 사회학습이론의 개념과 명제는 사회유대, 낙인, 갈등, 아노미, 억제이론과 중복되고 보완적인 관계에 있으므로 개념적 흡수에 의한 이론통합이 가능하다. 사회유대이론의 '신념(belief)'이란 개념은 사회학습이론의 범죄나 비행에 호

1) Akers and Sellers, op.cit., 266-267.

의적이거나 비호의적인 보다 일반적인 개념인 '정의(justices)'에 흡수될 수 있다.[2] 쿨른과 콜빈(Francis Cullen & Mark Colvin)의 범죄와 관련된 사회적 지지와 강압 개념은 사회적 강압이 범죄를 야기하고, 사회적 지지가 범죄를 예방한다는 이론적 통합이 가능하다는 측면에서 개념적 통합에 해당한다.[3] 한편, 명제통합은 둘 혹은 그 이상의 이론들이 전제로 하고 있는 가정이나 명제는 서로 다르지만, 범죄원인과 결과에 대한 예측은 동일한 경우에 시도되는 이론통합의 유형이다. 아노미 이론과 갈등이론, 또는 사회해체이론은 모두 사회계층이 낮을수록 범죄율이 높을 것이라고 예측한다는 가정을 하고 있으므로 명제통합에 의한 이론통합이 가능하다.

2. 발달적 범죄이론의 성격

인간은 아동기와 청소년기를 거쳐 성인으로 성장하고 발달한다. 이러한 발달과정속에서 어떤 사람은 아동기에서부터 성인기에 이르기까지 범죄자가 되기도 하고, 어떤 사람은 성인기에는 범죄를 그만두는 사람도 있다.

특히, 어떤 사람이 청소년 시기부터 성인이 된 이후에도 계속 이른바 강력범이라고 지칭되는 살인, 강도, 강간, 폭력, 그리고 마약중독 같은 범죄를 자행한다면, 그 원인은 사람 그 자체의 특질 때문일까, 아니면 환경적 요인들의 영향 때문일까라는 의문이 제기될 수 있다. 세상에서 어릴 때부터 성인이 된 후에도 지속적으로 심각한 범죄행위를 하는 사람은 극소수에 지나지 않는다. 다른 사람들은 그렇지 않은데 그러한 극소수의 사람들만이 전 생애를 통해 범죄를 범한다면 개인적 특질(personal trait)이 원인이라고 볼 수 있다.[4]

발달범죄 이론(developmental theories)은 통합이론(integrated theory)의 차원에서 이해되어야 한다. 즉, 개인의 성장과정속에서 범하는 범죄의 원인이 개인적 특질, 또는 사회환경적인 영향의 결과일 수 있다는 두 가지 관점을 통합하려는 시도이다. 특히 상습 범죄자의 성장역사와 범죄경력의 발달과정을 추적하여 범죄성의 원인을 밝히는데 관심을 두는 이론이다.

---

2) Ibid., pp.270-271.

3) Mark Colvin, Francis T. Cullen, snd Thomas Vander Ven, "Coercion, social support, and crime:An emerging theoretical consensus", Criminology 40, 2002, pp.19-42.

4) 조철옥, 현대범죄학, 396-397면.

발달범죄 이론은 두 개의 이론 분야로 나누어진다. 하나는 잠재적 특질이론(latent trait theory)이고 다른 하나는 생애경로 이론(life course theory)이다.[5] 잠재적 특질이론은 범죄행동이 출생이나 직후에 나타나고, 평생을 통해서 변화하지 않는 주요한 특질에 의해 통제되기 때문에 인간은 변하지 않고 기회가 변할 뿐이라는 관점을 취한다. 한편, 생애경로 이론은 인간의 범죄성이란 개인적 특질뿐만 아니라 사회적 경험에 의해서도 영향을 받는 역동적인 과정에 의해서 형성된다는 관점을 취하기 때문에 인간은 변하고 계속 성장한다는 입장을 고수한다.

Section 2 잠재적 특질 이론

1. 들어가며

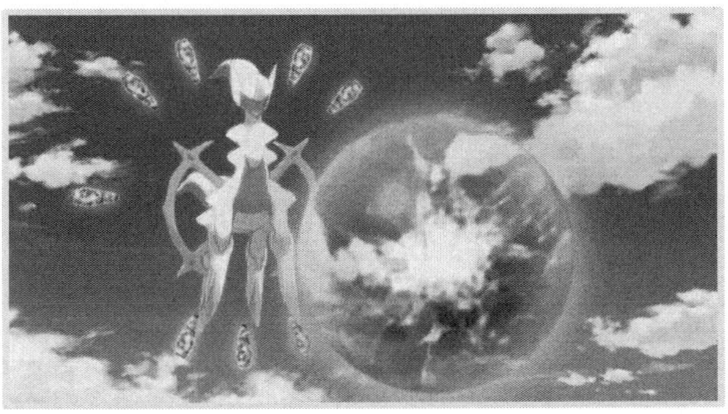

출처 : 영화이야기 (346)

인간은 생물학적·심리학적으로 잠재적 특질을 가지고 태어난다. 그러한 특질은 친사회적일 수도 있고 범죄적일 수도 있다. 잠재적 특질이론은 인간이 범죄적 특질을 가지고 태어나고, 그로인해 범죄자가 될 수밖에 없다는 점을 강조한다. 1990년에 로위(David Rowe), 오스굿(D. Wayne Osgood) 그리고 알란(W. Alan) 등에 의해 제안된 잠재적 특질이론(latent trait theory)은 생애 사이클에 따른 범죄흐름을 설명하는 것이 목적이다. 이 모델은 세상의 많은 사람들이 범죄행동의 성향이나 경향을 통제하는 개인적 속성이나 특질을 가지고 있다고 가정한다.[6] 이러한 성향이나 특질은 태어나면서

5) Akers & Sellers, op.cit, p.283.
6) David Rowe, D. Wayne Osgood, and W. Alan Nicewander, "A Latent Trait Approach to Unifying Criminal Careers", *Criminology 28*, 1990, pp.237-270.

가지고 태어나거나 또는 생애 초기에 형성되고, 세월이 흘러도 아주 안정적으로 존재한다는 것이 이 이론의 개념적 본질이다.

잠재적 특질은 열등한 지능, 충동적 성격, 유전적 이상상태, 뇌의 생화학적 기능, 그리고 마약·화공약품·상처와 같은 뇌의 기능에 대한 환경적 영향 등으로 추론된다. 여기에서 제시된 잠재적 특질 중의 어느 하나라도 소유하고 있는 사람들은 경력범죄자가 될 위험상태에 있으며, 잠재적 특질은 성이나 개인적 특성에 관계없이 모든 사람의 행동선택에 동일하게 영향을 미친다.

잠재적 특질은 인간의 성장과정 속에서도 변화하지 않고 안정적이기 때문에, 청소년기에 반사회적 행동을 한 사람은 지속적인 범죄행위자가 될 가능성이 높다. 일단의 경력범죄자들을 대상으로 과거와 미래의 범죄 사이의 연결관계에 대한 연구결과는 기본적으로 범죄 성향적인 특질이 존재한다는 사실을 지지한다. 즉, 낮은 지능이 유아기의 비행의 원인이었다면, 그 아이는 어른이 되었어도 지속적으로 범죄행동을 할 가능성이 높다. 왜냐하면, 지능은 어른이 되어도 변하지 않기 때문이다.[7)]

잠재적 특질이론은 성인이 되면서 개인의 범죄가 감소한다는 반론에 대해 개인의 범죄성향은 변하지 않지만, 범죄기회가 세월에 따라 변동이 심한 결과라고 설명한다. 일반적으로 인간은 성인이 되면 범죄기회에서 멀어짐으로써 결과적으로 범죄가 감소하는데, 그 이유는 사람이 성장하고 발전하는 과정에는 올바르게 살도록 하는 더 큰 유인이 제공되고, 결혼하고 자식을 낳고 가족을 먹여 살리기 위해 직장을 구하고 하는 등으로 친구를 만날 시간은 줄어들고 약물 같은 것에 접촉할 기회가 없어지기 때문이다.

그러나 10대들은 범죄를 범할 기회를 도처에서 만나기 때문에 지능의 고저에 관계없이 범죄를 많이 범하는 현상이 나타난다. 어른이 되면 자신에게 부과된 사회적 책임 때문에 범죄기회를 제공받는 일이 거의 없어 지능이 낮은 사람도 범죄를 잘 범하지 않는다. 지능이 낮은 어른이 범죄를 범하지 않는 이유는 범죄기회가 있어도 범행에 성공할 힘이나 활력이 부족하기 때문이기도 하다. 따라서 잠재적 특질이론은 어른들의 범죄행위도 생물학적 특질의 영향을 받는다고 가정한다.

7) 조철옥, 현대범죄학, 397-398면.

2. 범죄와 인간성 이론

잠재적 특질이론은 윌슨(James Q. Wilson)과 헌스타인(Richard Herrnstein)이 1985년에 「범죄와 인간성(Crime and Human Nature)」이라는 저서를 통해 유전적 특질, 지능, 그리고 체형 같은 개인적 특질이 범죄활동의 예측에 있어 사회적 변수보다 더 중요하다고 주장하면서 부각되기 시작했다. 그래서 이러한 그들의 주장을 인간성 이론(human nature theory)이라고도 한다.[8] 인간성이론은 인간 그 자체에 내재하는 생물학적 요인이나 심리학적요인이 범죄행동에 결정적으로 작용하고, 사회환경적인 요인은 범죄행동의 결정에 중요한 요인이 아니라는 점을 강조한다.

윌슨과 헌스타인의 모델은 생물학적 또는 심리학적 특질이 범죄와 비범죄행위의 선택에 영향을 미친다고 가정한다. 그들은 저 지능, 중배엽성 체형, 유전적 특질 그리고 자극에 즉시 반응하는 자율신경체제 같은 생물사회적 요인이 범죄행동 선택에 미치는 영향여부를 연구하고, 또한 충동적이거나 외향성의 성격, 적대적 성격 같은 심리학적 특질도 범죄에 영향을 미치는 잠재적인 요인 인가에 대해서 연구했다. 이 연구는 범죄와 인간의 잠재적 특질 사이에는 분명히 범죄유발과 관계가 있는 정의하기 어려운 요인이 작용하고 있다는 점을 제기했다.[9] 이러한 주장은 다른 범죄학자들로 하여금 보이지 않는 이 특질 요인을 찾기 위한 연구를 고무했다.[10]

3. 범죄에 대한 일반이론

1969년에 허쉬(Hirschi)는 사회유대이론에서 모든 개인들이 잠재적인 범죄자라고 가정하고, 그들이 범죄를 범하지 않는 이유는 중요시하는 사람들과의 유대관계가 붕괴될 수 있다는 두려움 때문이라고 주장했다. 다른 사람과의 유대관계가 범죄행동을 통제하는 역할을 한다는 것이다. 그러나 1990년도에 갓프레드슨과 허쉬(Michael Gottfredson & Travis Hirschi)는 사회통제, 즉 사회유대이론에서 밝힌 통제의 개념을 생물사회적 이론, 심리학적 이론, 일상활동 이론, 그리고 합리적 선택이론의 통제개념과 통합함으로써 사회통제 이론의 일부 원리에 대한 수정과 재 정의를 시도했다. 인

8) Siegel, op.cit, p.284.
9) Ibid., p.171.
10) 조철옥, 현대범죄학, 398-399면.

간행동의 통제에 대한 개념적 통합연구가 바로 범죄에 대한 일반이론(General Theory of Crime: GTC)이다.[11]

(1) 행위와 범죄자

갓프레드슨과 허쉬는 범죄에 관한 일반이론(GTC)에서 범죄자와 범죄행위를 독립된 개념으로 파악한다. 범죄행위는 다음과 같은 이론에서 정의된 개념들을 통합하여 재정의 되고 있다. 강도나 절도같은 범죄행위는 행위자가 범행으로 얻는 이익이 손해보다 더 크다고 인지될 때 발생한다.[12] 이러한 개념은 고전적 범죄이론과 합리적 선택이론 그리고 일상활동 이론 등에서 개발된 개념정의에 기초하고 있다.

한편, 범죄행위자는 범죄성향에 의해 범죄를 범하는 사람으로 정의된다. 그러나 범죄자들은 범죄에 대한 제약 없이 범행을 하는 로봇이 아니라 일상생활을 하면서 돈 많은 이웃이 별다른 방어수단이 없고 범행실패의 위험도 없는 것으로 인지되는 범죄기회가 찾아오면, 범죄성향을 가진 사람은 그렇지 않은 사람보다 훨씬 범행을 할 높은 확률을 가지고 있는 존재이다. 범죄자의 범죄성은 안정적이지만, 범죄행위의 빈도는 범죄기회의 존재 여부에 달려 있다.[13]

GTC는 개인 간의 범죄성향에 안정적인 차이가 있다는 것을 인정함으로써 사회통제의 개념에 생물사회적 요인을 추가했다. 즉, 인간의 범죄성은 생물학적 특질과 심리학적 특질이 사회적 요인과 결합함으로써 형성된다.[14]

(2) 인간의 범죄성향 결정요인

갓프레드슨과 허쉬는 범죄성향을 사회유대가 아니라 인간의 자기통제 능력(Self-control)에서 찾는다. 낮은 자기통제력은 충동성, 쾌락추구, 고통에 대한 둔감성, 무모성, 그리고 범죄성격과 경향을 의미한다. 자기통제력이 약한 사람들은 충동적이고 다른 사람의 감정이나 위험에 민감하지 못하고 또한 멀리 내다보지 못하고 언어능력도 떨어진다. 눈앞의 일에 신경을 집중하고, 장기적인 목표를 세우지 못하고 근면

11) Siegel, op.cit., p.284.
12) Michael Gottfredson and Travis Hirschi, *A General Theory of Crime* (Stanford, Calif: Stanford University Press, 1990), p.27.
13) Siegel, op.cit., p.285.
14) 조철옥, 현대범죄학, 399-400면.

성, 강인성, 그리고 인내성도 약하다.[15] 그러한 사람은 무모하고 육체적이고 이기적이므로 비행을 하고도 수치심을 느끼지 못하고 오히려 즐거워한다. 음주, 흡연, 그리고 질주 같은 위험한 행동을 좋아하여 모든 행동이 범죄성과 연결된다는 것이 특징이다.[16]

갓프레드슨과 허쉬는 낮은 자기 통제력의 근본적인 원인을 타고난 것으로 보지 않고 부모의 부적합한 양육에 의해 형성된다고 주장한다. 부모가 아이들의 행동을 감시할 수 없고, 비행을 했을 경우에도 그것을 인식할 수 없을 뿐만 아니라 비행에 대해서도 처벌할 능력이 없는 부모들은 아이들을 자기 통제력이 부족한 사람들로 만든다.[17] 아이들이 부모에게 애정이 없고, 부모의 감독도 별로 받지 않으면서 부모들이 범죄나 일탈행위의 경력자일 경우에 아이들의 자기 통제력은 더욱 빈약해진다. 어떤 의미에서 자기통제력 부족은 그 발달을 막을 어떤 조치가 취해지지 않으면 자연적으로 발생한다. 인간은 본래 외부의 통제를 싫어하고 자유를 선호하는 성향을 가진 존재이기 때문이다.

자기통제력 부족 현상은 아주 어릴 때 형성되고, 성인이 되었어도 안정적인 상태로 계속 존재한다. 낮은 통제력은 한번 형성되면, 지속되기 쉽고, 범죄나 일탈행동을 범할 경향과 계속 결합하기 쉽다.

(3) 자기통제와 범죄

갓프레드슨과 허쉬는 자기통제의 원리가 모든 다양한 범죄행동 그리고 범죄에 대한 모든 사회적・행태적 상관성을 설명할 수 있다고 주장한다. 즉, 살인, 강도, 강간, 절도, 횡령, 그리고 마약거래 등 모든 유형의 범죄가 자기 통제력의 부족에서 발생한다는 것이다. 마찬가지로 범죄율에 있어서 성, 인종, 그리고 생태적 차이도 자기 통제력 부족에 의해서 설명될 수 있다.[18] 즉, 남성 범죄율이 여성범죄율보다 높은 이유는 남성이 여성보다 충동적, 모험적, 순간적 성향이 강한 것과 같이 남성의 자기 통제력이 약하기 때문이다. 자기통제력 부족에 의한 범죄율은 어른이 되면 감소하는 경향이 있지만, 그래도 자기 통제력이 강한 사람보다는 범죄율이 높다. 그 이유는 어릴 때 형성

15) Gottfredson and Hirschi, *A General Theory of Crime*, p.90.
16) 조철옥, 현대범죄학, 400-401면.
17) Gottfredson & Hirschi, op.cit, pp.90-91.
18) Siegel, op.cit,. p.286.

된 범죄성향은 어른이 되어도 없어지는 것이 아니기 때문이다.[19]

범죄에 대한 일반이론은 발표되자마자 많은 연구자들에 의해 그 타당성에 대한 경험적 연구가 이루어졌다. 바자소니(Alexander Vazsonyi)와 그 동료들은 자기통제와 일탈행위간의 관계를 미국, 스위스, 항가리. 네델란드 등 4개국에서 추출한 표본을 대상으로 분석한 결과 자기통제력의 부족과 반사회적 행동 사이에 유의한 관계가 있다는 사실을 입증했다.[20] 또한 그 관계는 문화나 국가적 배경과는 무관한 것으로 밝혀졌다.

(4) 자기 통제력과 범죄기회

갓프레드슨과 허쉬의 일반이론은 허쉬에 의해 초기에 주장된 단일 요인 통제모델이 설명하지 못하는 부분들에 대한 해답을 제시해 준다. 이러한 해답은 자기통제력과 범죄기회의 개념이 결합함으로써 가능해진다. 일반이론은 자기통제력이 약한 사람이 반드시 범죄를 범하는 것이 아니고, 반대로 높은 자기통제력을 소유한 사람이 범죄를 범하는 데 대한 이유를 설명할 수 있게 한다. 그 이유는 간단하다. 충동적인 성격으로 인해 자기통제력이 빈약한 사람은 범죄를 범할 위험성이 있지만, 그들의 충동적인 욕구를 만족시켜 줄만한 범죄기회가 없다면 범죄를 범하지 않게 된다. 반대로 욕구충족을 위한 기회가 발견된다면, 비교적 자기통제력이 강한 사람도 범죄행동을 저지르게 된다. 범죄에 대한 유인이 크다면, 즉, 기회가 좋다면, 자기통제력은 범죄기회에 굴복하게 된다.[21]

범죄성향과 범죄기회를 통합함으로써 유사한 환경 속에 자란 아이들이 왜 어떤 아이는 범죄를 범하지 않고 다른 아이는 범죄를 범하는지를 설명하고, 기업의 경영진이 횡령이나 기업 사기행위를 하는지를 설명할 수 있다. 부유한 경영주도 불법적인 행동으로 얻는 이익이 매우 크다면, 자기통제력이 힘을 잃고 범죄를 범하게 된다.[22]

19) 조철옥, 현대범죄학, 401-402면.
20) Siegel, op.cit, p.287.
21) Ibid., p.288.
22) 조철옥, 현대범죄학, 402면.

4. 차별적 강압이론

(1) 개념적 정의

출처 : 블로그>마음노트

인간은 살아가면서 많은 대인적·사회적 강압에 직면한다. 그러한 강압은 개인이 통제가능한 경우도 있고 통제불가능한 경우도 있다. 개인이 통제불가능한 강압은 자기통제력을 악화시키는 결과를 초래한다. 이러한 강압은 인간 내부가 아니라 외부적인 요인의 작용결과이다. 콜빈(Mark Colvin)은 충동적인 성격으로 인해 자기 통제력이 약화된다고 주장하는 갓프레드슨과 허쉬(Gottfredson & Hirschi)의 견해와는 달리 「범죄와 강압(Crime and Coercion)」이라는 저서에서 개인이 강압(coercion)이라고 하는 거대한 사회적 힘에 의해 낮은 자기통제력 상태에 있게 된다고 주장한다.[23] 다시 말해, 개인의 낮은 통제력은 충동적 성격이 원인이 아니라 개인으로서도 어쩔 수 없는 강력한 힘의 작용이 원인이라는 것이다.

강압은 범죄학에서 통합개념이 될 수 있다. 강압은 사회적 유대를 약화시키는 강압적 가족훈육(가족모형), 긴장의 원인(일반 긴장이론), 경제적 불평등(아노미 이론), 억압(통제균형 이론)이 포함되는 통합개념이다.

현실적으로 강압은 두 가지 유형, 즉, 대인적 강압(interpersonal coercion)과 비인간적 강압(impersonal coercion)으로 존재한다.[24] 전자는 사람에 대한 직접적인 힘의 사용이나 위협, 부모, 친구, 그리고 주요한 다른 사람들로부터 협박에 의한 강압을 의미하고, 비인간적 강압은 개인이 통제할 수 없는 경제적·사회적 압력들에 의한 강압을 의미한다. 비인간적 강압은 실업, 빈곤, 기업이나 다른 집단과의 경쟁 등으로 초래되는 경제적·사회적 압력 등이 원인이다. 강압은 이 두 가지 유형을 모두 포함하는 개념이다.

콜빈에 의하면, 인간의 자기통제력 유지 능력은 생활 속에서 경험하는 강압의 량과 유

23) Mark Colvin, Crime and Coercion: An Integrated theory of Chronic criminality(New York: Palgrave Press), 2000, pp.20-25.

24) Ibid., pp.27-30.

형, 그리고 일관성에 의해 결정된다. 친사회적 행동은 복종해야 하는 강압의 량이 적을 때 나타나며, 강압의 량이 적으면 분노의 량도 적어지고 높은 자존감과 도덕성 강화 그리고 사회적 유대를 강화할 수 있다. 반대로 개인이 계속 높은 강압적 투입을 경험한다면 자기 통제력은 약해지고 따라서 친사회적 행동을 할 확률은 낮아지며, 우울증과 같은 정신장애 문제에 시달리게 된다. 인간이 아주 변칙적이고 비일관적인 강압을 경험하게 되면 강력한 분노와 소외감을 유발하고 자존심의 상처로 치욕감을 느끼며 궁극적으로 자기통제력의 약화를 초래한다. 이러한 사회적 강압에 의한 자기 통제력 약화는 심각하고 만성적인 약탈범죄 성향을 초래한다.[25]

(2) 강압과 범죄경력

개인에 대한 외부적인 강압은 범죄행동으로 이루어질 수 있다. 강압이 개인의 자기 통제능력을 약화시켜 범죄행동을 유발한다면, 그것은 장기적으로 작용하는 요인인지 여부를 분석해 볼 필요가 있다. 범죄행동에 대한 영향이 일회성이라면, 범죄경력자의 범죄성과는 관련이 적을 것이다. 그러나 강압의 느낌이 개인의 범죄행동의 유발요인이라고 한다면, 그것은 개인의 범죄경력 유발요인이 될 수 있다는 전제가 깔려 있는 것이다. 그러면 강압의 느낌은 상습적 범죄경력 발전에 어떻게 영향을 미칠 수 있는가?

콜빈(Colvin)에 의하면. 상습적인 범죄자들은 부모들의 잘못된 통제와 그러한 통제도 잘못되고 비일관적인 방법으로 이루어지는 환경 속에서 성장한 결과이다. 또한 콜빈은 실증적인 연구를 통하여 범죄와 관련된 강압의 특성을 다음과 같이 제시한다. 즉, 강압의 특성은 세대 간에 존재하고, 강압적인 배경 속에 성장한 부모들은 그들의 가족에게 역시 강압적인 통제를 하는 경향이 있다.

이러한 강압적인 환경 속에서 성장하는 청소년들은 가족, 학교당국, 동료, 고용주 그리고 형사사법기관에 의해 한층 더 강압적인 반응을 유발하기 쉽고 새로운 강압이 추가되면 개인의 마음속에는 사회적·심리적 압박감이 증가함으로써 콜빈에 의해 붙여진 강압적인 관념화(coercive ideation)라는 마음의 집합이 형성된다.[26] 즉, 세상은 자신에게 가하는 강압과 동일한 또는 더 큰 강압적 반응에 의해서만 극복될 수 있는 강압적 요인으로 가득한 것처럼 생각된다. 콜빈에 의하면, 강압적인 환경 속에서 성장

25) 조철옥, 현대범죄학, 406-408면.
26) Colvin, op.cit, pp.220-230.

한 사람들은 자기통제력이 약해져 더욱 강압적인 환경 속에 노출되고, 결국 폭력이나 약탈범죄 등으로 반응하게 된다. 그들의 강압적 반응에 대해 형사사법기관은 역시 강압적으로 대응한다. 그들은 강압 속에 자라고 강압을 유발하고, 강압에 폭력적으로 반응하는 강압적 악순환에 빠지게 된다. 이러한 악순환을 파괴하는 것이 치료와 교화의 핵심이다.

5. 통제균형 이론

(1) 개념

개인은 다른 사람을 통제할 수도 있고 타인으로부터 통제받을 수도 있다. 이러한 두 가지의 통제형태가 균형을 이루느냐 또는 불균형 상태인가에 따라 범죄가 발생한다는 이론이 통제균형이론이다. 티틀(Charles Tittle)이 개발한 통제 균형이론은 또 하나의 뛰어난 잠재적 특질이론이다.[27] 통제균형이론은 범죄성향의 요인으로서 개인적 통제요인을 확대하는 이론이다. 티틀(Tittle)은 통제의 개념을 두 개의 요소로 구분한다. 하나는 타인에 의해 통제받는 량이고, 또 다른 하나는 타인을 통제하는 량이다. 다시 말해, 통제는 통제량과 피통제량으로 구분된다. 이 두 개의 통제량이 균형을 이루면 개인은 순응적이 되고, 불균형을 이루면 일탈적이고 범죄적인 행동을 하게 된다.[28]

통제의 균형은 4개의 주요 변수, 즉, 경향(범행동기), 도발(상황정 자극), 범죄기회, 억제 등의 관계에 의해서 결정된다. 이러한 변수들은 사회학습이론, 아노미이론, 범죄억제/합리적 선택이론, 그리고 사회유대이론의 개념들을 통합한다.[29]

(2) 통제균형과 범죄

통제균형과 관련된 변수들은 고정되어 있는 것이 아니라 상황에 따라서 계속 변화한다는 것이 특징이다. 자신에 대한 타인의 통제량과 타인에 대한 자신의 통제량은 고정되어 있는 것이 아니라 사회적 환경이나 사회적 위치의 변화에 따라 계속 변화한

27) Siegel, op.cit., p.290.
28) Charles Tittle, Control balance: Toward a General theory of Deviance (Boulder, Colo: Westview Press), 1995, pp.145-150.
29) 조철옥, 현대범죄학, 408-410.면.

다. 그 변화는 통제의 결핍(control deficit)으로부터 통제과잉(control surplus)의 형태로 나타날 정도로 광범위하다.[30] 여기에서 통제결핍은 개인의 욕망과 충동이 그 사람의 행동을 처벌이나 규제하기 위한 타인의 능력에 의해 제한될 때 일어나는 현상을 말하고, 통제과잉은 개인의 타인에 대한 통제능력이 타인의 개인행동 통제나 수정을 위해 소유하는 능력을 초과할 때 일어나는 현상을 말한다.

통제와 관련하여 중요한 것은 범죄는 통제 결핍이나 통제과잉 점에서 모두 증가한다는 사실이다. 개인이 다른 사람에 의해 마음대로 통제받을 경우에도 범죄가 발생하고, 다른 사람을 개인의 의지대로 통제할 수 있는 경우에도 범죄는 발생한다. 다시 말해, 통제 결핍과 과잉은 하나의 연속선상에 존재하는 통제에 관련된 현상으로서 중앙의 균형점으로 이동하면 범죄가 감소하고 결핍과 과잉의 양극단으로 갈수록 범죄는 증가한다. 통제결핍 경험자는 약탈적·반항적이거나 복종적 비행을 저지르는 경향이 강하고, 통제과잉을 경험하는 자는 착취적이거나 퇴폐적인 범행을 저지르기 쉽다. 범행은 일시적이더라도 범죄자의 통제비율을 바꾸기 위해서 일어난다.[31]

따라서 통제의 결핍이라고 인지하는 사람은 균형을 회복하기 위하여 세 가지 형태의 행동을 하게 된다. 그 세 가지는 약탈(predation), 무시(defiance), 그리고 굴종(submission)이다. 약탈은 절도, 성폭력, 또는 다양한 형태의 폭력처럼 직접 폭력을 행사한다. 무시는 통제 매커니즘에 도전하지만 육체적인 상해는 입히지 않는다. 대신에 반다리즘(공공시설물 파괴), 외출금지 위반, 또는 변태적인 섹스 등과 같은 행동으로 균형을 시도한다. 굴종은 다른 사람의 요구에 수동적으로 복종하는 것을 의미한다. 즉, 아무런 반응 없이 상대방의 육체적, 성적 요구에 복종하는 것과 같은 것이다.

통제균형 이론은 통제과잉이 범죄를 증가시킨다고 주장하는 측면에서 낮은 자기통제(self-control)가 범죄를 유발한다는 허쉬(Hirschi) 등의 주장과는 충돌한다. 통제과잉 역시 세 가지의 행동으로 나타난다. 첫째, 이기적 이용(exploitation)으로서 살인 청부업자와 계약을 하거나 마약 거래자를 이용하는 것과 같이 다른 사람들을 범죄에 이용하는 행동을 선택한다. 둘째, 특정인과는 관계없이 폭력을 사용하는 내용의 약탈(plunder)이다. 즉, 불특정 증오범죄나 환경오염 같은 것이다. 마지막으로 아동학대 같이 일시적으로 비합리적인 행동에 빠지는 타락(decadence) 행동을 선택한다.

통제균형이론은 범죄와 일탈행위를 범할 잠재적인 요인에 관련된 이론이다. 즉, 통

30) Siegel, op.cit, p.291.
31) Tittle, op.cit, pp.190-194.

출처 : Daum 카페 > 사랑의 향기마을

제력 결핍 또는 과잉상태에 있는 사람들은 상황적인 요인에 의해 동기부여가 되면 반사회적 행동으로 반응하게 될 가능성이 높아진다. 그러나 통제 불균형에 의해 아무리 동기부여된 범죄자일지라도 외부통제요인에 대한 인지정도에 따라서 범죄행동을 포기하는 행동제약을 받을 수 있다. 즉, 동기부여된 범죄자는 경찰에 의해 체포될 위험성과 엄격한 처벌을 받을 가능성이 높다고 인지할 경우에는 범죄를 포기할 수 있다. 티틀은 여기에서 범행에 범죄기회가 중요한 요인이라는 점을 인정한다. 아무리 동기부여 되지 않아도, 제약이 크지 않더라도, 실제 범죄발생은 기회에 의존한다는 사실을 인정한다.

Section 3 생애과정 이론

1. 생애과정 관점

인간은 세상을 살아가는 생애과정, 즉 생애경로 속에서 다양한 변수들의 영향을 받으며 성장하고, 사람마다 그러한 변수들은 서로 다르다. 개인의 경우에도 생애과정의 단계마다 경험하는 변수들은 서로 다르고, 이러한 변수들의 성격이나 영향에 따라서 범죄자가 될 수 있다. 생애과정이론은 범죄성의 원인을 생애과정속에서 형성되는 부적응적 성격(maladaptive personality), 교육실패(educational failure), 그리고 가족관계(family relations) 등으로 보는 다차원적 관점이다. 이러한 관점에 따르면, 범죄성은 단일의 원인에 귀인(attribution)될 수 없고, 단일의 기본적인 경향을 표상하는 것이 아니다.[32] 사람들은 성장함에 따라서 다른 요인들에 의해서 영향을 받는다. 결과적으로

32) Joan McCord, "Family Relationships, Juvenile Delinquency and Adult Criminality", *Criminology 29*, 1991, pp.397-417.

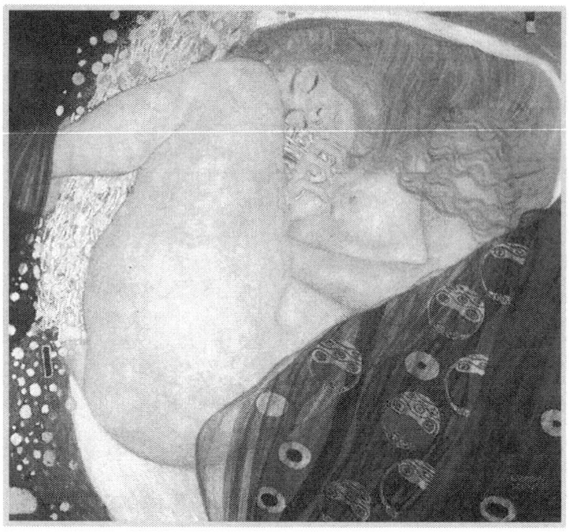

출처 : 커피와 예술 (87)

하나의 단계에서 중요한 영향을 미쳤던 요인은 다음 단계에서는 거의 영향을 미치지 못한다.[33)]

생애과정 이론은 생물학적·발달론적 통제이론, 사회유대, 사회학습, 그리고 기타 기존의 통제이론의 개념을 통합하려는 시도이다. 이 이론의 특징은 인생의 단계마다 범죄에 대한 다른 설명이 존재한다는 점이다. 또한 아주 어린 시절에 형성된 법 위반 성향은 평생 동안 지속된다는 갓프레드슨과 허쉬(Gottfredson & Hirshi)의 범죄에 관한 일반이론을 거부한다.[34)]

인간은 생애과정(life course) 속에서 많은 전환을 경험한다. 그러한 전환은 인간의 성장과정과 발전을 의미하는 것이다. 대체로 그러한 발전과 전환은 학교 입학과 졸업, 진학, 취업, 결혼, 그리고 자식을 낳아 가정을 이끌어 가는 시기와 거의 일치한다. 그러나 어떤 사람은 인생의 전환점이 되는 시기에 제도적 규칙과 문화에 적응하여 성공적으로 성장하고 발전하는 반면 어떤 사람은 실패한다. 학교 교육을 받을 시기에 비행 청소년들과 어울린다든지 취업할 시기에 직장을 구하지 못하여 희망을 잃어버린 사람들은 모두 전환점에서 제대로 적응하지 못한 사람들이다. 더욱이 실업자들은 결혼할 시기도 놓치고 제대로 된 가정을 이루지 못하는 고통을 겪게 된다. 피퀘로(Piquero) 등은 결혼과 취업이 18세와 25세 사이의 가석방된 사람들의 재범률을 감소시킨다는 사실을 확인했다.[35)]

인생의 주요한 전환점에서 중단이나 혼란을 경험한 사람들은 파괴적인 성격이나 범죄성을 촉진시킬 수 있다. 사회경제적 문제나 가족문제로 이미 위험한 상태에 있는 사람들은 이러한 위험한 전환상태에 빠지기 쉽다. 어린 시기부터 인생의 전환점에서 겪는 실패가 누적된다면, 범죄성은 어릴 때부터 성인에 이르기까지 지속된다. 하나의 인생단계로부터 다른 단계로의 전환은 순탄한 과정이 아니기 때문에 범죄성향은 안정적이거나

33) 조철옥, 현대범죄학, 411-412면.
34) 민수홍 등 공역, 앞의 책, pp.422-433.
35) Alex R. Piquero, Robert Brame, Paul Mazeerolle, and Rudy Haapanen, "Crime in emerging adulthood", Criminology 40, pp.137-170.

일정한 것이 아니다. 그것은 발전적 과정이다. 다시 말해, 어떤 사람은 범죄성향에서 멀어질 수 도 있고, 다른 사람들은 범죄성향으로 강화될 수도 있다는 것이다.

생애과정 속에 긍정적인 생활경험을 한 사람은 잠시 동안 범죄에서 손을 떼게 되고, 부정적인 경험을 한사람들은 다시 범죄행위에 손을 대게 된다. 범죄경력은 자기 주위에 있는 사람들의 행동에 의해서 영향을 받고, 다음에 다른 사람의 행동에 영향을 미치기 때문에 발전되는 것이라고 규정되기도 한다.

또한 생애과정이론은 사람들이 성장함에 따라서 그들의 행동에 영향을 미치는 요인들도 변화한다는 것을 인정한다.[36] 어릴 때에는 가족관계가 가장 큰 영향을 미치는 요인이며, 청소년기에는 학교와 또래관계가 지배적인 영향요인이며, 성인에게는 취업과 결혼관계가 가장 큰 영향요인이다. 청소년기에 줄곧 반사회적 행동으로 문제아였던 사람도 성인이 되면서 좋은 직장을 구하고 결혼도 잘하면, 범죄행위를 그만둔다. 운이 없게도 비행친구들과 접촉하고 체포경험이 있는 청소년들은 좋은 직장도 구하지 못하고 범죄를 범할 위험에 직면한다.

생애과정 이론가들은 다양한 사회적, 개인적(personal), 그리고 경제적 요인들이 범죄성에 영향을 미친다고 주장한다. 이러한 요인들은 시간이 흐름에 따라서 변화하고 범죄성도 역시 변화한다. 사람이 생애의 성장 전환점마다 사회적 상호작용의 성질은 변화하기 때문에, 행동은 바뀌게 된다. 청소년기에는 그 나름대로, 또한 대학을 졸업하고 직장을 구하는 단계에서의 성인은 그 나름대로 만나는 사람들의 지위나 수준이 다르고 적용되는 행동규칙과 추구하는 목적도 다르다. 그러므로 행동패턴이 수정되지 않을 수 없다.[37]

2. 문제행동 증후군 관점

인간은 많은 문제에 직면하면서 살아가는 존재이다. 범죄는 인간이 경험하는 다양한 문제증후군의 징표라고 볼 수 있다. 다시 말해, 범죄는 개인이 다양한 문제에 시달리고 있다는 사실을 행동으로 드러내고 있는 것이다. 물론 하나의 문제로 범죄가 발생할 수 있다.

36) G. R. Patterson, Barbara DeBaryshe, and Elizabeth Ramsey, "A Developmental Perspective on Antisocial Behavior", *American Psychologist 44*, 1989, pp.329-335.

37) Siegel, op.cit., p.292.

발달범죄이론 학자들은 범죄성이 문제행동 증후군(Problem Behavior Sydrome: PBS)의 부분이라고 주장한다.[38] 즉, 반사회적 행동은 가정의 기능장애, 성적・육체적 학대, 약물남용, 흡연, 조숙한 성, 소녀 임신, 학업성적 불량, 자살시도, 쾌락추구, 그리고 실업 등과 같은 사회적 문제들이 함께 결합한 또 하나의 사회적 문제라고 본다. 이러한 조건들 중에 어느 하나로부터 고통을 받고 있는 사람은 나머지 문제들의 징후를 보일 수 있기 때문에 사회적으로 위험한 존재이다. 폭력, 절도, 그리고 마약사범을 포함하는 모든 다양한 범죄행동들은 일반화된 PBS의 부분이다. 이러한 주장은 모든 반사회적 행동들이 유사한 발달유형을 가지고 있다는 것을 의미한다.[39]

PBS는 성격문제, 가족문제, 그리고 교육실패 등과 결합되어 발생하는 하나의 현상이다. 이 중에 어느 하나의 문제로 범죄징후가 나타나면 또 다른 범죄징후로 발전된다는 것이 PBS의 관점이다. 화이트(Helen Raskin White)는 400명의 청소년들을 표본으로 6년에 걸쳐 반복적으로 PBS의 타당성에 관한 연구를 한 결과, 문제행동들이 함께 결합된다는 사실을 검증했다.[40] 말하자면, 즉, 학교에서 비행을 한 어린이는 성장하면서 정신적인 문제에서부터 다양한 반사회적 행동을 보인다는 것이다.

PBS는 개인이 성장하면서도 동일한 문제징후를 반복할 정도로 안정적인 것이 특징이다. 화이트(White)는 라부비(Erich Lavouvie)와 함께 한 경험적 연구에서 문제징후의 안정성을 검증한 바 있다.[41] 즉, PBS는 복수의 문제행동 중에서 어느 하나에 속할 수 있다는 사실, 즉, 특정범죄자는 성범죄에만, 또는 사기범죄에만 전념하고, 마약범죄자는 마약거래나 마약사용 같은 반사회적 활동에만 관여하고, 그리고 일반범죄자는 일탈행위와 마약남용을 포함하는 모든 문제행동을 보인다는 것이다. 일반범죄자의 경우에 고도의 심리적 문제, 통제의 부족, 그리고 정서적 안정성의 약화 등과 같은 징후를 포함하는 PBS에 시달리는 것으로 밝혀졌다.

---

38) Siegel, op.cit., p.293.

39) 조철옥, 현대범죄학, 415면.

40) Helene Raskin White, "Early Problem Behavior and Later Drug Problems", *Journal of Research in Crime and Delinquency 29*, 1992, pp.412-429.

41) Helene Raskin White and Erich Labouvie, "Genarality and Specificity of Problem Behavior: Psychological and Functional Differences", *Journal of Drug Issues 24*, 1994, pp.55-74.

3. 범죄경로의 다양성 관점

범죄에 관한 문제행동 증후군은 어린시기부터 성인에 이르기까지 안정적이라는 것이 특징이다.

그러나 PBS와는 달리 경력범죄자들의 범죄경로는 외길이 아니라 다양한 길을 따라서 진행한다는 것이다. 즉, 어떤 범죄자는 폭력과 약탈 범죄를 전문화하고, 어떤 사람은 절도와 사기를 전문으로 하고, 다른 사람들은 다양한 유형의 범죄행동, 즉, 범죄의 종류를 가리지 않는다는 것이다. 또한 어떤 사람들은 아주 어린 나이에 범죄에 눈을 뜨고, 다른 사람들은 대부분의 사람들이 범죄에서 손을 떼는 늙은 나이에 범죄에 손을 대는 늦깎이 범죄자도 있다.

피츠버그대학의 뢰버(Rolf Loeber)와 그의 동료들은 경험적인 종단연구를 통하여 세 가지의 서로 다른 범죄경로를 제시했다.[42] ① 권위갈등 경로(authority conflict pathway)로서 이 경로는 아주 어린 나이의 고집불통 행동에서 시작한다. 고집불통은 자기 마음대로 행동하고, 그 결과 어른들의 권위를 무시하거나 회피한다. ② 은밀한 경로(covert pathway)로서 이 경로는 재산에 손해를 가하는 사소하고 비밀스런 행동에서 시작한다. 즉, 거짓말하기, 가게물건 훔치기, 골려주는 방화, 재산손괴 등이 대표적인 행동이다. 이러한 행동은 절도, 날치기, 신용카드 훔치기, 차량절도, 그리고 마약거래 같은 더 큰 범죄행동으로 발전할 수 있는 경로가 된다. ③ 가시적인 경로(overt pathway)는 처음에는 다른 사람들을 놀리고 괴롭히는 수준에서 시작하여 비행폭력 수준으로 발전하고 점점 폭력범죄와 강도 같은 범죄행동으로 발전한다.

뢰버는 이러한 행동경로 각각이 일탈경력을 유지하게 만든다고 주장한다. 물론 어떤 경력범죄자의 경우에는 두 가지 행동경로 또는 심지어 세 가지 행동경로를 동시에 시작하는 사람들도 있다. 즉, 동일한 나이에서 고집스럽고, 선생과 부모에게 거짓말하고, 다른 사람들을 골려주고, 가벼운 절도를 하는 것과 같은 경우이다. 또한 범죄경력자들은 특정 범죄만 지속적으로 범하는 전문가형이 있는가 하면, 다양한 범죄를 범하는 일반가형 범죄자로 구분된다. 이처럼 다양한 범죄경력 집단이 존재한다는 사실은 그들의 범죄경로 자체가 서로 다르다는 것을 입증하는 것이다.

42) Siegel, op.cit., p.295.

4. 이원적 범죄경로 이론

(1) 아동범죄와 범죄성의 지속성

대부분의 생애과정이론은 어린 나이에 일탈행위의 경험자는 후에 더 심각한 범죄를 범할 가능성이 높다는 입장을 취한다. 다시 말해, 범죄를 시작하는 나이가 어릴수록, 더 빈번하게 다양한 범죄를 범하고, 지속적으로 범죄를 범하게 된다는 것이다.[43)]

뢰버와 패링턴(Rolf Loeber & David Farrington)은 경험적 연구를 통하여, 청소년범죄자들은 무단결석, 동물학대, 거짓말, 그리고 절도와 같은 행위를 아주 어린 소년기에 시작하는 전형적인 일탈행위의 오랜 역사를 가지고 있다는 사실을 밝혀냈다.[44)] 대부분의 청소년들은 심각한 범죄를 범하는 것은 아니지만, 1980년 이래 600명 이상의 살인이 12살 이하의 어린 아이들에 의해 저질러졌고, 강간으로 체포된 모든 청소년 범죄자 중에 12-14%가 7-12세 사이였다는 점은 놀라운 사실이다.

범죄 개시 나이는 또 하나의 중요한 생애과정 개념인 범죄의 지속성과 관계가 있다. 즉, 아주 어린 소년기에 일탈행위를 경험한 사람은 어른이 되어도 평생을 통하여 범죄행동을 계속할 가능성이 높다. 청소년 일탈경력자들은 어른이 되어도 생존을 위한 일자리를 구하기 위해 필요한 사회적 능력이나 생존기술이 부족하고, 범죄의 구렁텅이에 빠지지 않도록 도와줄 대인관계를 발전시킬 기술도 부족하기 때문이다.

(2) 청소년기 한정성과 평생 지속성

출처 : 뉴스>매일경제

이원적 생애경로 과정 이론은 범죄자의 범죄경로도 다르지만, 범죄를 범하는 시기, 즉, 나이도 다르다고 가정한다. 어떤 사람들은 아주 어린 시기에 범죄행위를 하고, 다른 사람들은 십대에 들어서 범죄행동 개시를 한다. 그리고 어떤 사람들은 청소년기에 범죄에서 손을 떼고, 다른 사람들은 성인이 되어도 지속한다.

43) Ibid., p.296.
44) Ibid., p.296.

심리학자 모피트(Terrie Moffit)는 반사회적 행동의 광범성과 빈도가 청소년기에 정점을 이루고 그 이후에 감소한다는 사실을 대부분의 범죄자에게서 발견했다.[45] 말하자면, 반사회적인 청소년들이 모두 성인범죄자가 되지는 않는다는 것이다. 그녀는 이러한 경로를 청소년기 한정적 범죄자(adolescent-limited offenders)로 부른다. 이 경로에 해당하는 청소년들은 대부분 십대로서 가벼운 일탈을 즐기고 반항하는 십대부류들이다. 또한 그녀는 아주 어린 시기에 범죄를 시작하고 어른이 되어도 계속 범죄성을 나타내는 소규모 집단을 평생 지속범죄자(life course persisters)로 규정한다. 이러한 평생지속 범죄자들은 심각한 신경정신병적 문제가 빈곤과 가정결손과 결합했을 경우에 반사회적 행동을 지속한다. 초기 뇌손상이나 호르몬 불균형 같은 신경생리학적 문제는 모계의 약물남용, 영양결핍, 납과 같은 유해물질 노출과 같은 것들의 결과일 수 있다.

또한 생애지속자들은 추론능력과 학습능력 그리고 학업성취를 방해하는 언어능력의 결핍상태에 있다. 14살 이전에 범죄행동을 시작하는 초년범죄자들은 부모의 훈육부족으로 발생하며, 처음에는 단순한 일탈행위에 집중하지만, 나중에는 비행집단에 가담하는 경로를 거친다.

생애지속자들은 두 개의 하위유형으로 나누어진다.[46] 하나는 유치원시기에 일탈을 시작하는 아동들로서, 전형적인 관심결여 주의력결핍과잉행동장애 현상(ADHD)이 나타나고, 유치원 시기의 특징적인 불복종 수준에서 벗어나지 못한다. 또 하나는 주의력결핍과잉행동장애 현상으로서 어린 나이에 공격적이고 손버릇이 좋지 않고 일정하게 권위에 도전하는 현상을 보여준다.

청소년기의 한정적 비행자들은 십대 중반이 되면, 더 심한 비행자들의 행동을 흉내내기 시작하고 단지 18세 주변의 나이가 되면 비행빈도는 감소한다. 이들은 마약남용 같은 비행 유형에 관심을 집중하는 경향이 있지만, 여전히 학교에서는 규칙을 지키고 교사를 존경하며 고용주와 성인들과 원만한 관계를 유지한다.

---

45) Alex Piquero and Timothy Brezina, "Testing Moffit's Account of Adolescent-Limited Deliquency", *Criminology 39*, 2001, pp.353-370.

46) Rolf Loeber and Magda Stouthamer Loeber, "Development of Juvinile Aggression and Violence", *American Psychlogist 53*, 1998, pp.242-259.

5. 사회적 발달모형

(1) 이론적 관점

인간은 누구나 다양한 사회화 과정을 거치면서 성장한다. 그러한 성장과정속에서 친사회적 요인과의 유대강화는 반사회적 행동에서 멀어지게 하고, 이러한 유대가 형성되지 못하면 반사회적 행동의 발달을 촉진시킨다. 이처럼 사회발달모형은 개인을 둘러싼 사회적 환경과의 상호작용과정속에서 범죄자로 발달할 수 있다고 전제한다.

와이스, 카탈라노와 호킨스(Joseph Weis, Richard Catalano & J. David Hawkins) 등은 그들의 사회적 발달모형(Social Development Model: SDM)을 통하여 사회통제, 사회학습, 그리고 구조적 모형을 통합하려 한다.[47] SDM에 의하면, 공동체 수준의 많은 위험요인들이 사람들로 하여금 반사회적 행동에 가담하게 만든다. 즉, 가족과 사회의 해체, 법집행기관의 통제불능 등은 청소년들의 반사회적 행동을 발달시키게 되는 요인이며, 특히 가족 간의 애착, 학교와 친구에 대한 애착 정도는 반 사회적 행동발달에 강력한 영향을 미치는 요인이다. 즉, 가족이나 친구 사이에 애착관계가 형성되면, 친사회적 행동으로 발달하고, 그러한 애착이 형성되지 못하고 비행친구들이나 어른들과의 애착은 반사회적 행동의 발달을 촉진한다.[48]

SDM 모형은 전통적 제도와 활동, 그리고 신념에 대한 관여와 애착은 청소년들을 그들 범죄환경요인들로부터 보호할 것이라고 주장한다. 친 사회적 생애경로는 친 사회적 사람들과의 유대관계를 강화함으로써 일탈을 방지한다. 적절한 사회적 유대가 형성되지 않으면, 그들은 일탈 영향요인에 굴복하게 될 것이다.

47) Siegel, op.cit., p.297.
48) 조철옥, 현대범죄학, 419-420면.

(2) 친사회적 · 반사회적 활동의 발달

청소년들이 그들의 환경 내에서 성장할 때, 사회화의 요소들이 그들의 발달과정을 통제한다. 사회에 이미 존재하는 환경적 범죄유발요인들은 사회화과정을 거치면서 강화되거나 중화된다. 청소년들의 사회화와 사회적 유대는 가정에서 제일 먼저 시작된다. 그들은 다음과 같은 네 가지 상호작용과 과정을 통해서 가족과의 사회적 유대를 발전시킨다. ① 활동관여 및 다른 사람과 상호작용을 위한 인지된 기회, ② 부모의 관여와 상호작용의 정도, ③ 이러한 상호작용에 참여하기 위한 아동의 능력, ④ 아동의 참여에 대한 강화(피드백) 등이 아동의 유대발전을 위한 상호작용 과정이다.

아동의 반사회적 위험을 통제하기 위하여 아동의 친사회적 유대 유지가 중요하다. 가족과 아동의 사회적 유대는 그에게 친사회적 유대의 기회를 제공하고 일관적이고 적극적인 피드백을 제공하는 가족생활의 상호작용 과정에서 발전된다. 친사회적 범주에 속하는 아동들은 전통적인 가치와 신념체계를 발전시키고 전통적인 활동에 전념하며, 전통적인 다른 사람들과 애착관계를 형성한다.

아동의 반사회적 행동은 역시 부모와의 애착관계는 물론이고 다른 영향 요소들과의 애착관계에 의해 좌우된다. 가정과 학교에서 애착관계를 형성하지 못하고 비행친구들과 애착관계를 형성한다면, 아동들은 반사회적 행동을 발전시키게 된다. 모든 애착이 유익하다는 허쉬(Hirschi)의 통제이론과는 달리 SDM은 아동들이 반사회적 친구 및 성인들과 상호작용에 의한 애착관계를 형성하게 되면 일탈행위와 약물남용 같은 반사회적 행동을 하게 된다는 점을 강조한다.[49)]

또한 사회유대관계의 형성에 관하여 허쉬는 생애 초기의 가족 애착이 미래의 행동결정의 주된 요인이라고 주장하는 반면에, SDM은 더 늦은 시기에 친사회적 또는 반사회적 행동에 관여하는 정도에 따라서 애착의 질이 결정된다는 차이를 보인다. 즉, 반사회적 행동 기회와 보상이 크다고 인지하는 청소년은 비행친구와 깊은 애착관계를 형성하고, 일탈적인 방법으로 세상을 살아가게 될 것이며, 반대로 친사회적 행동을 할 기회를 인지하는 사람들은 전통적인 활동에 관여하고 친사회적인 사람들과 애착관계를 형성함으로써 그들의 생애는 전통적인 경로를 따라 진행된다.[50)]

---

49) Julie O'Donnell, J. David Hawkins, Michael Newcomb, and Robert Abbortt, "Predicting serious delinquency and substance use among aggressive boys", Journal of Consulting and Clinical Psychology 63, 1995, pp.529-537.

50) 조철옥, 현대범죄학, 420-421면.

6. 비행자 발달이론

(1) 지속적인 범법자(persistent offenders)

비행자 발달이론(Delinquent development theory)은 어린시절에 범죄행동을 시작한 아동들이 생애지속적인 범죄자가 될 가능성이 높지만, 성인기에 발생하는 개인신상의 변화로 인해 어느 시점에 범죄를 그만두게 된다는 관점에 입각하고 있다.

지속적인 범죄자를 연구하는 가장 중요한 종단적인 연구 중의 하나는 일탈행동의 발달에 관한 캐임브릿지 대학 연구이다. 이 연구는 1953년 런던에서 태어난 411명의 범법자들의 경력을 추적하는 연구로서 패링턴(Farrington)에 의해 주도되었다. 이 연구는 범죄행동의 평생지속성을 예측가능하게 하는 요인들을 발견하기 위한 심층적인 연구로서 심층면접과 심리테스트와 같은 자기보고식 자료를 사용해 이루어졌다. 연구대상 소년들은 8살에 시작하여 32살까지 24년에 걸쳐 8번에 이르는 면접을 받았다.[51)]

캐임브릿지의 연구 결과는 상습적인 범죄자의 존재, 범법행위의 지속성, 범죄행동의 조기시작과 같은 유형들이 존재하고 이들로 인해 지속적인 범죄성향을 가지게 한다는 미국의 유사한 형태의 연구결과와 일치한다.[52)] 패링턴은 범법행위의 지속성을 초래하는 특질들이 8살 정도의 어린 나이에 관찰될 수 있으며, 전형적으로 남성 상습 범죄자들은 재산범죄부터 시작하고, 저소득, 전과자인 부모를 가진 대가족, 이혼이나 별거중의 가정, 그리고 일탈적인 형제를 가정 출신이었다. 미래의 범죄자는 가혹하거나 잘못된 처벌과 훈육 등과 같은 바람직하지 못한 부모감독의 결과이다. 상습적인 범죄자들은 미래의 범죄자인 친구들과 교제하는 경향이 강하고, 8살까지 부정직, 공격성, 학교성적 불량, 말썽꾸러기, 주의력결핍과잉행동장애, 불안, 충동성, 그리고 무단결석 등과 같은 반사회적 행동을 보인다. 19세에 학교를 졸업한 후에, 지속적인 범죄자들은 지위는 낮지만 비교적 좋은 보수를 받는 경향이 있다. 그러나 업무처리를 잘못하여 실직 당하기 쉽다.

일탈행동은 절도와 강도같은 재산범죄뿐만 아니라 폭력범죄, 마약사용, 과도한 음주, 음주운전, 흡연, 난폭운전, 그리고 성적 조숙 등과 같은 다양한 문제행동 증후군을 보인다.

---

51) David Farrington, "The development of offending and antisocia behavior from childhood to adulthood", "Psychobiological Factors in the Explanation and Reduction of Delinquency", Today"s Delinquency 7, 1988, PP.44-46.

52) Siegel, op.cit., p.301.

상습적인 범죄자들은 집을 떠나서 살기를 좋아하고 그들의 부모들과 갈등상태에 빠진다. 그들은 비범죄자들보다 싸움하기를 훨씬 좋아하고, 무기를 휴대하고 폭력범죄에 무기를 사용하기 쉽다. 범법행위의 빈도는 17살 또는 18살에 정점을 이루고, 결혼이나 동거를 하는 시기인 20살 경에 감소한다. 30살이 되면, 상습적인 범죄자들은 이혼하거나 별거상태에 들어간다. 그의 직장 기록은 오점으로 얼룩져 있으며, 생활은 야간외출, 폭음, 약물남용, 동년배들에 비해서 훨씬 폭력적인 행동에 빠진다. 전형적인 범법자는 어린 시절에 자신이 경험한 것과 같은 불우하고 붕괴된 가정생활을 지속하기 때문에, 일탈행위와 관련된 사회적 경험과 여건은 대를 이어 상속된다.[53)]

(2) 범죄행위 그만두기

취업과 실업, 그리고 결혼은 범죄행위 감소와 증가에 관련된 중요한 요인이다. 비교적 좋은 직장에 근무하는 사람은 절도와 같은 재산 범죄행위에 손을 대기 어렵다. 그러나 취업은 폭력범죄와 약물남용 같은 범죄에는 별로 관계가 없다. 유사한 맥락에서 결혼은 범죄행동의 감소를 초래한다. 그러나 배우자가 범죄행동을 하고 범죄기록을 가지고 있을 경우에 범죄행동 관여는 오히려 증가된다.

고용, 결혼 그리고 이사와 같은 물리적 재배치 등이 잠재적 범죄자들로 하여금 범죄를 그만두게 하는데 도움이 된다. 하지만, 모든 범죄자들이 성공적인 것은 아니다. 그들은 유망한 직장에서 풍족한 가정을 꾸미기보다는 너저분한 집에 살기를 더 좋아하고, 독신상태로 혼자 살기를 더 좋아 한다. 8살에 사회적 고립을 경험한 청소년은 32살에도 역시 독신으로 살고 있는 것으로 발견되었다.

패링턴은 장기간 수집한 자료를 근거로 생활경험들이 행동선택의 방향과 흐름을 형성한다고 주장한다. 사람은 단일의, 수정불가능한 잠재적 특질에 의해서 통제받지 않는다. 지속적인 범죄자가 있을지라도, 생활경로의 한 지점에서 범죄성향을 예측가능하게 하는 요인들이 다른 지점에서 범죄성을 예측할 수 있는 요인이 되지는 않는다. 따라서 패링턴의 이론은 나이등급이론에 해당하고 발달범죄이론에 포함된다. 대부분의 성인 범죄자들이 어린 시절에 범죄행동을 시작하지만, 나이가 들면서 발생하는 생활의 변화는 범죄행동을 그만두게 하는 요인으로 작용한다.[54)]

53) 조철옥, 현대범죄학, 421-423면.
54) Siegel, op.cit, p.302

PART 02

현대사회의 범죄유형과 대책

01 폭력관련 범죄

02 복수 및 증오관련 범죄

03 사이버범죄

04 피해자 없는 범죄

05 범죄대책론

06 형사사법 제도에 의한 범죄억제

CHAPTER

01 폭력관련 범죄

Section 1 폭력의 개념

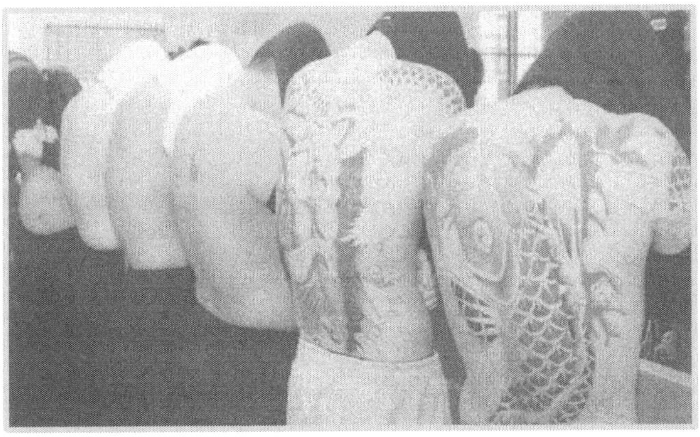

출처 : http://cafe.naver.com/nanada

폭력이란 다른 사람의 신체나 재산에 대하여 고의적으로 타인이 원치 않는 물리적 강제력을 사용하는 것을 의미한다. 그러나 폭력이란 개념은 그렇게 간단치가 않다. 정치학적으로는 물리적 강제력 행사 일반을 의미하고 법학적으로는 부당 또는 불법적인 방법에 의한 물리적 강제력 행사를 의미한다. 따라서 정치학이나 사회학에서 말하는 폭력은 법학적인 폭력 개념 이외에 경찰 등의 국가기관의 불법폭력시위나 폭동 또는 혁명을 진압하는 합법적인 실력행사까지 포함한다.

출처: 노컷뉴스

그러나 경찰 등의 국가기관이 합법적인 절차에 의해 불법폭력 행위자나 집단을 진압하는 권력작용을 폭력이라고 규정하는 것은 법치주의에 맞지 않다. 다만, 경찰 등의 국가권력기관이 법적인 절차를 위반하고 실력을 행사하여 불법폭력 행위를 진압하였을 경우에는 폭력행위로 법적인 책임을 지는 경우는 별개의 문제로 보아야 할 것이다.

한편, 폭력범죄는 일반적으로 타인의 신체나 재산에 대한 물리적 폭행을 하는 폭행죄만을 떠올리는데 폭력범죄는 물리적인 폭력을 수단으로 하는 범죄는 모두 포함된다. 따라서 폭력범죄는 폭행죄는 물론이고 살인, 강도, 강간, 납치, 감금, 공무집행방해, 재산손괴, 불법집회 · 시위 등도 포함하는 개념이다.

폭력은 도구적인 폭력과 표현적인 폭력으로 나누어지기도 한다. 도구적인 폭력은 타인의 신체나 재산에 대해 유형적인 물리력을 행사하여 피해를 주는 것이므로 폭력행위로 당연히 인정된다. 그러나 상대방에 대한 유형력 행사가 아니라 분노나 격정, 또는 좌절에 따른 의사표현으로 인한 표현적인 폭력은 폭력으로 인정되지 않는다.

Section 2 연쇄살인

1. 연쇄살인의 개념

연쇄살인은 여러 사람을 죽인다는 측면에서 다수살인(multiple killings)에 해당된다. 다수살인은 다시 다중살인(mass murder), 연속살인(spree murder), 그리고 연쇄살인(serial murder)으로 구분된다.

(1) 다중살인

[아키하바라 살인사건] 아키하바라 살인사건 - 전설중의 공포사건

출처 : http://blog.daum.net/dimattina

다중살인은 한 번에 한 장소에서 여러 명, 즉, 대체로 3명 이상을 살해하는 것으로서 학교의 교실이나 강의실, 또는 공연장 같은 특정장소에 모인 사람들을 집단으로 살해하는 것과 같은 것이다. 다중살인은 단일의 통제불가능한 충동으로 동시살인형태로 발생하고 불특정인을 대상으로 하는

점이 그 특징이다. 1966년 8월 휘트먼(Charles Whitman)의 시카고 대학교 교정에서의 14명 살해사건, 1984년 7월 18일 허버티(James Huberty)의 캘리포니아 맥도날드의 레스토랑에서의 21명 살해사건, 2007년 4월 조승희의 버지니아 공대 살해사건 등이 대표적인 사건들이다. 폭스와 레빈(James Allan Fox & Jack Levin)은 다중살인을 네 가지 유형으로 분류한다.[1)]

1) 복수 살인자(revenge killers)

개인 또는 사회에 대한 복수심이 다중살인의 동기가 된다. 전형적인 범죄대상은 사이가 나빠진 아내와 그 가족, 또는 고용주와 그 직원들이 되는 경우가 많다.

2) 애정살인자(love killers)

개인이 절박한 상황에서 자신의 헌신적인 애정에 의한 보호의식의 결과 가족과 같은 사람들과 함께 자살하거나 가족을 살인한 후에 자살을 선택하는 유형이다.

3) 이익추구 살인자(profit killers)

이익추구 살인자는 보통 범죄은폐와 증인제거를 위해 다중살인을 하고, 완전범죄를 시도 하는 것이 특징이다.

4) 테러리스트 살인자(terrorist killers)

테러리스트는 정치적 메시지를 보내기 위해, 폭력집단은 경쟁적인 폭력집단에 경고를 보내기 위해 다중살인을 한다. 종교집단 살인자는 임박한 종말을 사회에 경고하기 위해 메시지를 남기면서 다중살인을 한다.

(2) 연속살인

연속살인은 다중살인과는 달리 장소를 옮겨가면서 시간적으로 단절없이 연속적으로 살인을 저지르는 경우를 말한다.[2)] 연속살인은 장소를 이동하며 여러 사람, 대체로

---

1) James Allan Fox and Jack Levin "Multiple Homicide:Patterns of serial and mass murder", in Michael Tonry, Chicago,Ill.:University of Chicago Press, 1998, pp.407-455.
2) 김은주, 연쇄살인범의 범죄심리에 관한 연구, 광운대 정보복지대학원 심리치료학과, 석사논문, 2006, p.20.

세 명 이상을 살해하되 그 행위들이 서로 단절됨이 없이 지속되는 일련의 연속적인 행동으로서 심리적 냉각기 없이 지속적으로 흥분된 감정 하에서 반복되는 살해행위를 말한다. 연속살인은 보통 금전을 목적으로 하는 강도살인이라는 주장도 있으나 1982년 4월 26일 저녁 9시부터 다음날 새벽까지 진행된 우범곤 순경의 지역주민 살해사건, 미국의 컬럼바인 고등학교에서의 총기난사사건에서 볼 수 있듯이 사회전체나 불특정인들에 대한 증오나 분노가 그 원인인 경우가 많은 것으로 분석된다.

(3) 연쇄살인

출처 : 연합뉴스

연쇄살인은 연속살인과 마찬가지로 사람을 연속적으로 살인하여 다수의 사람들을 살인하는 행위를 말한다. 최소한 한 달 이상의 기간에 걸쳐 세 명 이상의 피해자를 살해하는 사건을 연쇄살인이라고 하는 주장도 있으나 연쇄살인이란 동일범에 의한 개별적인 살인사건들이 각자 독립적이고 완결된 행위들로서 상호유사성을 가지고 연결되는 경우라는 점에서 한 달 이상의 기간이라는 조건은 필요조건이 아니다. 한 달 이내의 기간에 각각 독립된 유사한 살인 사건이 일주일 간격으로 발생할 경우에 이를 연쇄살인이 아니라고 할 수는 없다.

연쇄살인은 연속살인과는 달리 행위의 시간이 단절되는 냉각기가 존재한다는 점이 중요한 특징이다.[3)] 냉각기간이란 한번 살인행위를 한 이후에 다음 범행의 시간적 연속성이 끊기는 현상을 말한다. 또한 연속살인범은 통제불가능한 충동과 분노로 계속 살인행위를 하지만, 연쇄살인범은 범행이 끝나고 나면 극히 이성적이고 합리적인 심리상태로 돌아오기 때문에 바로 심리적 냉각기에 들어가고 정상적인 사회생활을 지속한다. 그리고 일정기간이 지나서 사건에 대한 사회적 관심이 사라지면 동일한 수법으로 새로운 범행을 감행하게

3) 앞의 책, P.21.

된다. 하지만 연쇄살인은 시간이 지날수록 수법이나 수단 면에서 훨씬 발전된 모습을 보여준다.

2. 연쇄살인의 동기

(1) 증오와 복수심

연쇄살인은 대체로 힘이 없는 여성이나 어린 소년, 또는 노인들을 대상으로 한다는 점이 특징이다. 특히 여성들을 대상으로 하는 사건이 많고, 대체로 증오나 복수심이 범죄의 동기라는 점이 특징이다.

2001년 7월에 이란 당국은 성지 마샤드(Mashad)에서 17명 이상의 매춘부들이 연쇄살해 당한 사실을 시인했다. 지방 당국의 관계자들은 거미가 먹이를 거미줄로 감아서 질식시켜 죽이는 것과 동일한 방법으로 살인범은 피해자들의 머리스카프로 피해자들의 목을 졸라 살해했기 때문에 거미인간 살인범(spider murderer)이라 불렀다.[4] 당국은 살인범이 에이즈에 걸려 자신에게 에이즈를 감염시켰다고 의심되는 여자들에 대한 증오와 복수심에 의한 살인행위로 분석했다. 여성엔 대한 증오와 복수심이 연쇄살인의 동기가 된 사건은 자동차에 편승하여 여행하는 젊은 여성 5명을 살해하고, 자신의 어머니까지 살해한 후 그녀의 머리를 화살던지기 과녁판으로 사용한 켐프(Edmund Kemper), 그리고 2004년 7월 서울에서 21명을 연쇄살인한 혐의로 검거된 유영철 역시 여성에 대한 증오와 복수심이 범행의 동기였다. 또한 1982년과 1985년 사이에 48명의 여성을 연쇄살인하고 20년 후인 2001년 4월 DNA 과학수사기법에 의해 체포된 일명 '녹색강 살인마(green killers)'라고 하는 릿지웨이(Gary Ridgeway) 역시 성매매여성에 대한 증오심이 범죄동기로 작용한 사건에 해당된다. 릿지웨이(Ridgeway)는 2003년 11월 열린 재판에서 "성매매여성은 사회의 악이며 더러운 성병도 옮긴다. 나는 질병에 감염된 여성을 치료해 주었다. 그 누군가가 해야 할 일을 바로 내가 했다. 나는 자랑스럽게 생각하고 아무런 후회도 없다"는 말로 증오심을 표현하고 유죄협상(plea bargaining)에 의해 가석방 없는 종신형 선고를 받았다.[5]

---

4) Reuters, "Pressure growing in Iran to solve prostitute killings", New York Times 25, July 2001, p.B2.

5) Sciences Times, 2007.7.11.

(2) 쾌감과 스릴

폭스와 레빈(James Alan Fox & Jack Levin)은 연쇄살인범의 살인동기를 살인 그 자체의 쾌감, 스릴 즐기기, 성적 쾌감, 그리고 희생자의 생명에 대한 지배 즐기기 등이라고 주장했다.[6] 그래서 연쇄살인범들은 희생자가 너무 빨리 죽으면 그 고통 속에 죽어 가는 모습을 볼 수 있는 최고의 즐거움을 박탈당한다는 이유로 총기를 거의 사용하지 않는다. 주로 여성이나 힘없는 약자들을 대상으로 하는 연쇄살인범들의 동기는 살인 그 자체, 또는 스릴에 대한 쾌감, 여성에 대한 성적 지배감 등으로 설명될 수 있다.

로스앤젤레스 지역에서 10명의 여성을 살해한 밤의 밀렵자(night stalker), 여성만을 범죄대상으로 한 번디(Theodore Bundy), 1999년에 8세에서 16세 사이의 소년 140명을 살해한 세계적으로 가장 잔인한 연쇄살인범으로 알려진 콜롬비아의 가라비토(Garavito), 그리고 콜롬비아에서 300명의 소녀와 젊은 여성들을 살해한 것으로 알려진 안데스의 괴물 로페스(Lopez) 등이 그러한 유형에 해당한다.[7] 앞에서 언급된 녹색강 살인마 릿지웨이(Ridgeway), 그리고 한국의 유영철과 화성연쇄살인범 역시 성폭행과 살해라는 범죄수법으로 보아 성적 쾌감이나 여성에 대한 지배가 범죄의 동기로 작용한 것으로 추리할 수 있다.

(3) 사회적 이상성격(sociopath)

연쇄살인의 동기는 그렇게 분명한 것이 아니다. 그 동기는 정신질병, 성적 좌절, 신경생리학적 손상, 아동학대와 방치, 어머니와 증오관계, 그리고 아동기의 불안 등이라는 지적도 있다. 연구에 의하면, 연쇄살인범들은 어린 시절에 다른 아이들, 형제, 그리고 애완동물들을 대상으로 폭력을 시작하는 것과 같이 오랜 폭력의 역사를 가지고 있다는 것이다. 대부분의 전문가들은 연쇄살인범을 아주 어린 시기부터 동물을 학대하

6) James Alan Fox and Jack Levin, "Mutiple homicide: Patterns of serial and mass murder", in Crime and Justice, An Annual Edition, Volume 23, ed. Michael Tony(Chicago, Ⅲ,: University of Chicago Press), 1995, pp.407-455.

7) Siegel, op.cit., p.335.

는 것과 같은 기괴한 행동을 보여주는 사회적 이상성격자(sociopath)로 본다. 연쇄살인범과 타인과의 관계는 무의미하고, 반대 성과는 원만한 관계를 유지하지 못하며, 자신의 성에 대한 관심에 대해서는 죄책감을 느낀다. 사회적 이상성격자로서 연쇄살인범들은 살인으로부터 느끼는 쾌감의 확대, 피해자의 고통을 무시하거나 즐기는 능력, 그리고 체포되었을 때 대중매체의 각광을 받으려는 경향 등의 동기를 가지는 것으로 지적되기도 한다.[8)]

휴스튼에서 27명의 소년들을 살해하고 체포된 헨리 주니어(Wayne Henrley Jr.)는 33명의 살해기록을 가진 시카고의 살인마 게이시(Wayne Gacy)의 기록을 깨기 위해서 추가 희생자의 시신을 발견할 수 있도록 검사들에게 자료를 제공했다. 연쇄 살인범들은 학대와 살인으로부터 성적 만족을 얻는 가학성 성애자인 경우도 있다. 이러한 가학성 성애자들은 치욕, 수치심, 노예화, 그리고 테러를 통해서 살인 피해자들에 대한 완벽한 통제를 하고 싶어 한다. 또 다른 정신병질적인 살인범은 수치심, 죄의식, 슬픔, 기타 인간의 정상적인 정서를 느끼지 못하는 무능력을 야기하는 성격장애에 의해 동기부여된다.[9)]

연쇄살인범들은 정신병자가 아니다, 미친 사람이기 보다는 더 잔인한 인간이다. 이러한 살인범들은 자신들의 욕구와 열정에만 관심을 집중한다. 경제적, 정치적, 또는 이념적 이유로 완벽한 살인을 추구하는 전문적인 총기 살인범, 테러리스트, 그리고 조직폭력 범죄자들은 성격장애자의 범주에 속한다.[10)]

3. 연쇄살인범의 유형[11)]

(1) 스릴추구 살인자(thrill killers)

스릴추구 살인자는 가학적 성애자 또는 어린이나 여성과 같은 희생자의 생명에 대한 지배로부터 스릴을 느끼는 유형이다. 이는 가장 공통적인 연쇄살인 형태이다. 300명 이상의 소녀와 여성들을 성폭행하고 살해한 안데스의 괴물 로페스(Pedro Armando

8) Ronald Holmes and Stephen Hom3es, Murder in America (Thousand O만, Calif.: Sage), 1994, p.106.
9) Ibid., pp.13-14.
10) Ibid., p.17.
11) Alan Fox and Levin, op.cit., pp.420-424.

Lopez)는 이러한 유형의 연쇄살인범에 해당한다. 비슷한 유형은 한국에서도 발견된다. 즉, 아직도 범인이 검거되지 않고 미궁에 빠져 있는 1986년 9월부터 1991년 4월 사이에 한국의 화성지역에서 발생한 부녀자 10명이 연쇄적으로 성폭행 당한 뒤 무참히 살해된 사건은 아마 그 범죄 대상이나 수법으로 미루어 볼 때 가학적인 성애자의 소행일 가능성을 배제할 수 없다.

(2) 사명의식 살인자(mission killers)

사명의식 살인자는 세상을 개혁하고 싶다거나 살인할 수밖에 없게 하는 사명감에 의해 행동하는 유형이다. 이러한 유형은 특정 계층이나 여성에 대한 적개심이나 복수가 원인이라고 볼 수도 있다. 에이즈 감염 여성들에 대한 복수로서 연쇄살인을 한 이란의 거미인간 살인범, 2004년 여성에 대한 복수심으로 21명의 여성을 살인한 유영철 사건, 그리고 1994년 9월 추석연휴 기간에 한국사회를 충격 속에 몰아넣은 지존파의 부유층에 대한 막연한 적개심으로 인한 연쇄살인은 일종의 사명의식이 작용한 결과라고도 볼 수 있다. 특히 지존파는 '부자를 저주한다'는 강령까지 만들고 백화점 고객명단을 빼내 범행 대상을 물색하는 등 부유층에 대한 적개심으로 범행을 하게 되었다는 동기를 분명하게 표출했다.

(3) 편의주의 살인자(expedience killers)

편의주의 살인자는 개인의 이익 추구, 또는 자신을 인지된 위협으로부터 보호하기 위해서 살인을 행하는 유형이다. 대체로 이러한 유형은 경제적, 정치적 또는 이념적 이유로 불특정 다수인을 살인하는 전문적인 살인 청부업자들과 테러리스트 그리고 조직범죄의 폭력배들은 아무래도 편의주의 살인자 유형에 속할 것 같다.

4. 여성 연쇄살인범

연쇄살인범의 약 10-15%는 여성이다. 최근에 범죄학자인 키니와 하이드(Belea Keeny & Kathleen Heide)는 14명의 여성 연쇄살인범들을 표본으로 그 특징을 조사한 결과, 여성과 남성이 사용한 범죄수법 사이에 현저한 차이가 있다는 사실을 발견했다.[12] 그 차이는 남성이 여성보다 더 폭력적이고 심한 고통을 동반하는 수법을 사용

출처 : 범죄드라마 몬스터 (2003)

한다는 것이다. 즉, 남성은 피해자를 총기, 흉기나 둔기 등으로 가격하거나 목을 졸라 죽이는 것과 같은 직접적인 폭력수법을 사용하고, 반면에 여성들은 피해자들을 독살 또는 질식시키는 것과 같은 간접적인 수법을 사용한다는 차이가 있었다. 또한 남자들은 피해자를 추적하거나 몰래 접근하는 방법을 쓰고, 여성들은 피해자들을 유혹하여 살인하는 수법을 선택했다.

출처 : 뉴시스

남녀 간의 성격과 행동상의 특징에서도 차이가 있었다. 여성연쇄살인범들은 남성보다 약간 더 나이가 많았고, 알콜과 약물 오용상태에 있었지만, 남자들은 약물 오용 상태에 있는 사람들은 거의 없었다. 여성들은 조울증(manic-depressive)), 경계역 성격(borderline), 분열적 성격(dissociative), 그리고 반사회적 성격장애에 있는 것으로 진단되었으며, 남성들은 주로 반사회적 성격의 소유자들로 밝혀졌다. 여성범죄자들은 어릴 때 심한 가정학대 등으로 고통을 받은 경험이 있었으며, 학력도 평균보다 낮고 취직을 해도 일은 고달프고 힘들면서 보수는 아주 낮은 그러한 자리에만 가능했다.

5. 연쇄살인범 통제

연쇄살인은 다양한 배경과 동기에서 이루어지는 것이므로 예방이나 억제는 대단히 어렵다. 특히 범죄가 연쇄적으로 발생해도, 단서가 별로 없고, 계속해서 이동하고, 피해자와 거의 아무런 관계도 없기 때문에 경찰이나 검찰 같은 법 집행기관들이 연쇄살인범을 검거하기는 대단히 어렵다. 솔직히 말해서 연쇄살인범을 검거하는 것은 운이다.[13] 연쇄살인범 유영철의 검거도 운이었고 화성연쇄 살인범의 검거도 운이 맞아야

12) Belea Keeney and Kathleen Heide, "Gender differences in serial murderers:A preliminary analysis", Journal of Interpersonal Violence 9, 1994, pp.37-56.

가능할지도 모른다. FBI는 잠재적 범죄용의자들의 프로파일링 시스템(profiling system)을 개발하고, 법무부의 폭력범죄자 체포프로그램(VICAP)과 다양한 범죄정보를 전산화한 프로그램들을 개발하여 활용하고 있다.[14)]

약 215명을 살인하고 검거된 영국의 의사 시프먼(Harold Shipman)이 최초의 살인 후 25년 만에 검거되었으며, 화성연쇄 살인범도 20년이 넘었는데도 검거되지 않는 것을 보면, 살인사건은 범행 초기, 대체로 발생 후 10일 전후에 범인을 검거하지 못하면 영원히 미궁에 빠질 가능성이 높다는 사실을 말해주고 있다. 그러므로 특히 어린이들이나 여성들을 대상으로 한 잔혹한 살인사건은 초기에 검거해야 한다. 초동수사를 통하여 작은 단서라도 발견하는 치밀하고도 섬세한 수사가 이루어지지 않으면, 범죄자는 멀리서 쾌감을 느끼고 제2의 범행을 계획할 수 있다.

Section 3 가정폭력 범죄

1. 들어가며

가정폭력은 가정구성원 사이의 폭력행위를 말한다. 가정폭력이란 인류의 역사가 시작되면서 존재해 왔으나 가정내부의 분규현상으로 인정하여 법적으로 규제하거나 형사사법기관이 관여하지 않는 것이 미덕으로 인정되어 왔다. "부부싸움은 칼로 물베기", "부모의 자식 훈육을 위한 사랑의 회초리" 등에서 볼 수 있듯이 사실상의 가정폭력일지라도 사회에서 용인되어 왔다.

그러나 20세기 중반을 넘어서면서 가정구성원 사이의 폭력은 범죄로 규정되어 형사처벌의 대상이 되었고 경찰은 가정폭력 신고가 있으면 반드시 출동하여 법적인 조치를 취하여야 한다. 가정폭력은 다른 어떤 폭력범죄보다도 지속적이고 반복적이며 가정을 파괴하고 폭력성향을 대물림하는 무서운 결과를 초래하는 범죄이다. 가정폭력은 주로 남성 가정구성원의 범죄행위가 대다수를 이루고 있으나 여성 가정구성원의 범죄행위가

---

13) Siegel, op.cit., p.337.

14) Ibid., p.337.

급격히 증가하고 있다는 것이 오늘날의 특징이다. 미국에서는 지난 9년 동안 가정폭력 범죄로 체포된 여성의 비율이 130% 증가된 것으로 나타났다.[15] 아직도 부부사이의 폭력이나 아동에 대한 부모의 폭력은 그 대다수가 신고되지 않는 것으로 최근의 연구는 지적하고 있다. 가정폭력의 종말은 살인과 중상해 폭행(aggravated assault)의 결과를 초래하는 심각한 사회문제로 떠오르고, 미국에서는 가정폭력 신고를 받고 출동한 경찰관이 부상과 사망을 당하는 결과를 초래하는 사건 중에서 상위를 차지한다.

우리나라도 「가정폭력범죄의 처벌등에 관한 특례법」을 제정하여 가정폭력 근절과 피해자보호에 대처하고 있다. 가정구성원 사이에 폭력이 발생하면 가정구성원뿐만 아니라 누구라도 신고할 수 있다. 가해자는 형사처벌 뿐만 아니라 피해자의 집이나 사무실에 100m이내 접근금지 등의 임시조치 등이 처해진다. 우리는 이제 가정폭력이 더 이상 가정문제가 아니라 범죄가 되어 형사처벌의 대상이 되었다는 사실에 주목할 필요가 있다.

2. 가정폭력의 개념

출처 : 증거조사 전문가들의 모임: 청록

가정폭력은 일반적으로 남편이 아내를 구타하거나 학대하는 행위를 의미한다. 따라서 가정폭력은 아내학대, 아내구타, 아내폭행, 배우자 학대, 부부폭력 등으로 혼용된다. 또는 가정폭력이란 배우자에 의한 반복적, 계획적, 의도적 폭행을 당하여 그 결과로 심각한 신체적·정신적 손상을 입는 행위로 정의하기도 한다.[16]

그러나 가정은 부부외에 다른 구성원이 있다는 사실을 인정할 때 배우자들만을 가정구성원으로 하여 가정폭력을 정의하는 것은 타당성이 결여된다. 동거하는 삼촌이 조카를 구타하거나 형제사이에 폭력이 발생할 수도 있으며, 부모가 아동을 구타하거나 학대할 수 있다. 또는 아내가 남편에게 폭력을 행

15) Gilbert, Criminal Investiqation, senventh edition, pearson Prentice Hall, 2007, cit., p.408.
16) 김운회, 가정폭력에 대한 경찰의 대응실태와 문제점: 가정폭력범죄의 처벌등에 관한 특례법을 중심으로, 형사정책, 2002, pp.75-104.

사할 수도 있고, 자식이 부모를 학대할 수도 있다.

따라서 가정폭력의 경우에 가정구성원의 범위를 실제로 같이 살고 있는 가족을 대상으로 하여 부부뿐만 아니라 가정구성원 사이에 발생하는 범죄로 범위를 넓힐 필요가 있다.[17] 따라서 가정폭력은 「가정폭력범죄의 처벌 등에 관한 특례법」에서 규정하고 있는 정의를 따르는 것이 범죄수사를 하는 경찰의 입장에서 합법적이고 합리적이다. 즉, 가정폭력이란 가정구성원 사이의 신체적·정신적 또는 재산상 피해를 수반하는 범죄행위를 말한다.[18] 그리고 가정폭력 피해자는 가정폭력범죄로 인하여 직접적인 피해를 입은 자를 말한다.

3. 법적 근거

가정폭력에 관한 관련법은 「가정폭력범죄의 처벌 등에 관한 특례법」과 「가정폭력방지 및 피해자보호 등에 관한 법률」로 구분된다.

먼저 전자는 가정의 평화, 안정 및 건강한 가정육성을 위한 응급조치, 임시조치 및 가정보호사건 처리 등 특수절차와 함께 형사처벌 절차와 민사처리에 관한 특례 등을 규정하고 있다. 후자는 가정폭력 방지와 피해자 보호를 위한 국가 또는 자치단체의 가정폭력관련 상담소 설치·운영 및 인허가 등을 규정하고 있다.

4. 가정폭력범죄의 처벌 등에 관한 특례법

(1) 제정목적

① 가정폭력범죄의 형사처벌 절차에 관한 특례를 규정하고, ② 가정폭력범죄를 범한 자에 대하여 환경의 조정과 성행의 교정을 위한 보호처분을 행함으로써, ③ 가정폭력범죄로 파괴된 가정의 평화와 안정을 회복하고 건강한 가정을 조성하며, ④ 피해자와 가족 구성원의 인권을 보호함을 목적으로 한다(특례법 제1조).

17) Gilbert, op.cit., p.408.
18) 가정폭력범죄의 처벌등에 관한 특례법 제2조, 법률 제8580호, 2007.8.3.

(2) 가정구성원

가정구성원은 다음과 같다. ① 배우자(사실상 혼인관계에 있는 자 포함) 및 배우자 관계에 있었던 자, ② 자기 또는 배우자와 직계존비속 관계(사실상 양친관계 포함)에 있거나 있었던 자, ③ 계부모와 자의 관계 또는 적모와 서자의 관계에 있거나 있었던 자, ④ 동거하고 있는 친족관계에 있는 자(따라서 동거하지 않는 형제자매나 삼촌과 조카간의 폭력은 해당하지 않는다) 등이 해당된다(특례법 제2조).

(3) 가정폭력범죄의 유형

가정폭력범죄는 절도・사기・횡령 및 배임, 살인, 강도, 강간, 약취유인, 주거침입 등을 제외한 대부분의 폭력범죄와 체포와 감금, 유기와 학대, 공갈・협박과 명예, 신체와 주거의 수색 등이 대상이 된다.

5. 가정폭력범죄에 대한 수사

(1) 신고와 고소

1) 신고의 자격

누구든지 가정폭력범죄를 알게 된 때에는 이를 수사기관에 신고할 수 있다. 따라서 다른 가정의 폭력사실을 알고 있는 사람은 언제든지 수사기관에 신고할 수 있다(특례법 제4조).

2) 의무적 신고

다음에 해당하는 자가 직무를 수행하면서 가정폭력범죄를 알게 된 경우에는 정당한 사유가 없는 한 이를 즉시 수사기관에 신고해야 한다. 그러나 신고의무를 이행하지 않은 경우 신고의무자에 대한 처벌규정은 없다.

① 아동의 교육과 보호를 담당하는 기관의 종사자와 그 장, ② 아동, 60세 이상의 노인 기타 정상적인 판단능력이 결여된 자의 치료 등을 담당하는 의료인 및 의료기관의 장, ③ 노인복지법에 따른 노인복지시설, 아동복지법에 따른 아동복지시설, 장애인복지법에 따른 장애인복지시설의 종사자와 그 장 등이다. 아동은 18세 미만의 자(아

동복지법 제2조)를 말한다. ④ 아동복지법에 따른 아동상담소, 가정폭력방지 및 피해자보호에 관한 법률에 따른 성폭력피해상담소 및 보호시설에 근무하는 상담원과 그 장은 피해자 또는 피해자의 법정대리인등과의 상담을 통하여 가정폭력범죄를 알게 된 경우에는 이를 즉시 신고하여야 한다.

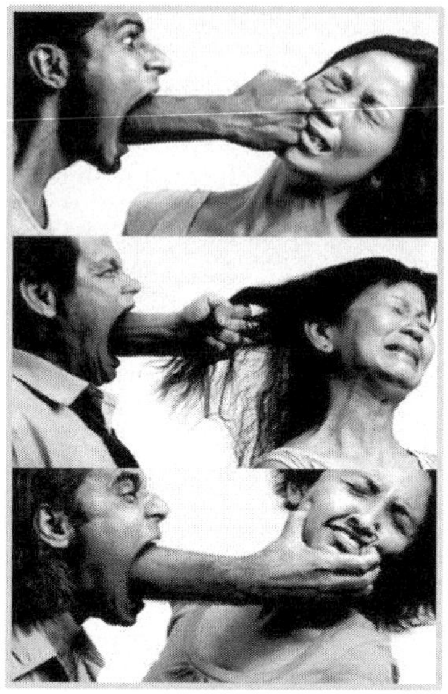

출처 : 깨달음의 심리학/심리학 카페

3) 고소에 대한 특례

① 피해자 또는 그 법정대리인은 행위자를 고소할 수 있다. 또한 피해자의 법정대리인이 폭력행위자인 경우 또는 폭력행위자와 공동하여 가정폭력범죄를 범한 경우에는 피해자의 친족이 고소할 수 있다. ② 폭력행위자가 자기 또는 배우자의 직계존속인 경우에도 고소할 수 있다. ③ 피해자에게 고소할 법정대리인이나 친족이 없는 경우에 이해관계인의 신청이 있으면 검사는 10일 이내에 고소권자를 지정해야 한다(특례법 제6조).

(2) 가정폭력 현장출동 경찰관 조치요령

1) 신속한 출동

신고를 받은 경찰관은 사건의 경중을 불문하고 즉시 출동해야 한다. 과거의 관행, 즉, 가정폭력은 민사관계 불간섭의 원칙이 적용되는 영역이고 경찰의 관여를 최소한으로 하는 것이 최선이라는 경찰공공의 원칙에서 벗어나 가정폭력 신고 접수시에 경찰관은 즉시 출동하여 범죄수사와 함께 응급조치와 임시조치 등 적절한 조치를 취해야 한다.

2) 즉시강제와 범죄수사 개시

경찰관이 현장에 도착하였으나 가정구성원들이 문을 열어 주지 않거나 가정 내 문제라고 항의하더라도 물러나서는 안 된다. 폭력이 진행 중이거나 진행직후인 경우에는 엄중경고하고 「경찰관직무집행법」 제 6조 및 7조에 근거하여 범행의 제지나 위험방지를 위한 긴급출입에 의해 가택에 진입하여 범죄를 진압하고 필요한 조치를 취해야 한다. 경찰관의 위험방지를 위한 긴급출입은 대가택적 즉시강제에 의한 경찰권 발동이므로 가정구성원의 동의와 관계없이 가택에 출입할 수 있다.

또한 범죄의 제지 및 현행범 체포를 위한 강제수사를 이유로 유형력을 행사하여 가택에 진입하여 즉시 범죄수사를 개시해야 한다. 그러나 현장을 확인한 결과 폭력이 행하여 지지 않았거나 반의사불벌죄에 해당하는 경우에 당사자간에 합의되었다고 하는 때에는 피해자의 의사를 존중해서 처리하는 것이 바람직하다.

3) 응급조치

현장에 도착한 경찰관은 진행중인 폭력행위를 제지하고 가해자와 피해자를 분리하고 즉시 범죄수사를 개시한다. 피해자의 동의가 있는 경우에 피해자를 가정폭력 관련 상담소 또는 보호시설에 인도한다.

다른 강력범죄와 마찬가지로 폭력으로 인해 피해자의 긴급치료가 필요한 경우 의료기관에 후송하여 구호조치를 한다. 피해자 구호시에 반드시 임상조사를 실시하여 폭력의 원인과 피해의 정도를 확인한다. 경찰관은 피해자에게 폭력행위 재발시 임시조치를 신청할 수 있음을 통보한다(특례법 제5조).

4) 피해자 조사

사법경찰관은 가정폭력범죄 피해자 조사시 피해자의 연령, 심리상태 또는 후유장애의 유무 등을 신중하게 고려하여 가급적 진술녹화실 등 별실에서 조사하여 심리적 안정을 취할 수 있는 분위기를 조성해야 한다. 가정폭력 피해자 조사는 수사상 필요한 최소한도로 실시되어야 한다.

5) 증거수집과 목격자 확보

경찰관은 현장의 증거물과 목격자의 인적사항 등을 확보하여 증거수집에 철저해야 한다. 피해자 보호를 위해 진상을 명백하게 규명하고 상습적이고 사안이 중한 경우에는 피해자가 수사를 원치 않는 경우에도 사건으로 처리할 수 있도록 설득한다.

(3) 임시조치

1) 임시조치의 청구와 결정

검사는 가정폭력이 재발될 우려가 있다고 인정하는 때에는 검사는 직권 또는 사법경찰관의 신청에 의하여 법원에 다음과 같은 임시조치를 청구할 수 있다(특례법 제8조 및 29조). ① 2월 이내에 피해자 또는 가정구성원의 주거 또는 점유하는 방실로부터의 퇴거 등 격리, ② 2월 이내에 피해자 또는 가정구성원의 주거·직장 등에서 100m 이내의 접근금지, ③ 2월 이내의 범위에서 피해자나 가정구성원에 대한 전기통신을 이용한 접근금지, ④ 1월 이내에 의료기관 기타 요양소에 위탁할 수 있다.(① ② ③항은 2회, ④ 항은 1회 연장 가능).

동행영장에 의하여 동행된 행위자 및 법원에 인도된 행위자에 대하여는 법원은 인치된 때로부터 24시간 이내에 임시조치여부를 결정하여야 한다.

2) 유치장 또는 구치소 유치

검사는 가정폭력행위자에 대해 피해자 등으로부터 격리와 퇴거 등의 임시조치를 취했음에도 불구하고 임시조치를 위반하여 가정폭력범죄가 재발될 우려가 있는 때에는 직권 또는 사법경찰관의 신청에 의하여 경찰관서의 유치장이나 구치소에 1월의 범위 내에서 유치를 법원에 청구할 수 있다. 유치기간은 1월 이내로서 1회에 한하여 연장할 수 있다(특례법 제5조 및 29조).

3) 피해자의 임시조치 신청

피해자 또는 그 법정대리인은 검사 또는 사법경찰관에게 임시조치의 청구 또는 그 신청에 관하여 의견을 진술할 수 있다. 피해자나 법정대리인이 임시조치를 신청했음에도 불구하고 경찰이 이를 검사에게 신청하지 아니할 때에는 그 사유를 검사에게 보고해야 한다(특례법 제8조).

4) 행위자에 대한 임시조치 내용 고지

사법경찰관은 임시조치의 결정을 집행할 때에는 행위자에게 임시조치의 내용, 항고 등의 불복방법 등을 고지하고, 집행일시 및 집행방법을 기재한 서면을 사건기록에 편철하여야 한다.

5) 보조인

행위자는 자신의 가정보호사건에 대하여 보조인을 선임할 수 있으며, 변호사, 법정대리인, 배우자, 직계친족, 형제자매, 상담소 등의 상담원과 그 장 등이 보조인이 될 수 있다. 다만, 변호사가 아닌 자를 보조인으로 선임하고자 할 때에는 법원의 허가를 받아야 한다(특례법 제28조).

법원은 행위자를 의료기관 기타 요양소에 위탁하거나 국가경찰관서의 유치장이나 구치소에 유치한 경우에는 그 사실을 행위자의 보조인에게, 보조인이 없는 경우에는 법정대리인 또는 행위자가 지정한 자에게 통지하여야 한다(특례법 제29조).

행위자, 법정대리인이나 보조인은 행위자에 대한 임시조치 결정 사항의 취소를 신청하거나 그 종류의 변경을 신청할 수 있다. 또한 판사는 직권으로 임시조치를 취소하거나 변경할 수 있다.

(4) 사건의 송치

사법경찰관은 가정폭력범죄를 신속히 수사하여 검사에게 송치해야 한다. 송치시에 죄명란에 해당 죄명을 기재하고 비고란에 '가정폭력사건'이라고 표시한다. 이 경우 사법경찰관은 당해 사건이 사건의 성질, 동기 및 결과, 행위자의 성행 등을 고려하여 「가정폭력 범죄의 처벌등에 관한 특례법」의 가정보호사건으로 처리함이 상당한지의 여부에 관한 의견을 제시할 수 있다(특례법 제7조).

(5) 동행영장의 집행

판사는 행위자가 정당한 이유없이 소환에 응하지 아니하거나 소환에 응하지 아니할 우려가 있거나 피해자의 보호를 위하여 긴급히 필요하다고 인정하는 경우에는 동행영장을 발부할 수 있다. 사법경찰관은 법원의 요청이 있는 경우 동행영장을 집행하여야 한다(특례법 제7조).

경찰관은 집행시에 피동행자에게 동행영장을 제시하고 신속히 지정된 장소로 동행해야 한다. 경찰관은 동행영장을 소지하지 않은 경우 급속을 요하는 때에는 피동행자에게 범죄사실과 동행영장이 발부되었음을 고지하고 집행할 수 있다. 이 경우에는 집행을 완료한 후 즉시 동행영장을 제시하여야 한다. 경찰관은 동행영장을 집행한 때에는 동행영장에 집행일시와 장소를 기재하고, 집행할 수 없는 때에는 그 사유를 기재한 후 기명날인 또는 서명하여야 한다.[19]

(6) 비밀엄수 등의 의무

가정폭력범죄를 수사하는 사법경찰관리는 그 직무상 알게 된 비밀을 누설하여서는 아니 된다. 또한 행위자, 고소인, 고발인 또는 신고인의 주소, 성명, 연령, 직업, 용모 기타 이들을 특정할 수 있는 인적사항이나 사진 등을 신문 등 출판물에 게재하거나 방송매체를 통하여 방송할 수 없다(특례법 제18조).

출처 : http://yuanyoujin.blog.me

6. 가정보호사건의 처리

(1) 의의

법원은 고소가 있어야 공소를 제기할 수 있는 가정폭력범죄에 대하여 고소를 하지 않거나 고소를 취소한 경우. 또는 반의사불벌죄에 해당하는 가정폭력범죄에 대하여 처벌을 불원하거나 처벌의사를 철회한 경우에 가정폭력범죄자에 대해 보호처분을 결정할 수 있다(특례법 제18조).

(2) 보호처분 내용

가정폭력범죄자에 대하여 다음과 같은 보호처분을 명할 수 있다. ① 행위자가 피해자 또는 가정구성원에게 접근하는 행위 제한 : 6월 이내(기간변경시 1년까지 연장가능), ② 행위자가 피해자 또는 가정구성원에게 전기통신이용 접근행위 제한 : 6월 이내(기간 변경시 1년까지 연장가능), ③ 친권자인 행위자의 피해자에 대한 친권행사제한 : 6월 이내(기간변경시 1년까지 가능), ④ 사회봉사, 수강명령 : 200시간 이내(기간변경시 400시간까지 연장가능), ⑤ 보호관찰 : 6월 이내(기간변경시 1년까지 가능), ⑥

---

19) 범죄수사규칙제229조, 경찰청훈령제526호, 2008.7.22.

보호시설에의 감호위탁 : 6월 이내(기간변경시 1년까지 가능), ⑦ 의료기관에 치료위탁 : 6월 이내(기간변경시 1년까지 연장 가능), ⑧ 상담소 등에 상담위탁 : 6월 이내(기간변경시 1년까지 연장가능)의 보호처분을 가할 수 있으며, 이러한 처분은 병과할 수 있다(특례법 제30, 41, 45조).

다만, 위의 ①, ②, ③ 항에 관한 처분은 피해자를 다른 친권자나 친족 또는 적당한 시설로 인도할 수 있다.

(3) 보호처분의 통지와 집행

법원은 보호처분을 결정할 때에는 지체없이 그 사실을 검사, 행위자, 피해자, 보호관찰관 및 보호처분을 위탁받아 행하는 보호시설, 의료기관 또는 상담소 등의 장에게 통지하여야 한다. 경찰관은 법원의 요청이 있는 경우에는 보호처분의 결정을 집행하여야 한다.

(4) 민사처리에 관한 특례

법원은 제1심의 가정보호사건 심리절차에서 보호처분을 선고할 경우 직권 또는 피해자의 신청에 의하여 민사소송절차에 의하지 않고 다음 각 호의 금전지급이나 배상을 명할 수 있다. ① 피해자 또는 가정구성원의 부양에 필요한 금전의 지급, ② 가정보호사건으로 인하여 발생한 직접적인 물적 피해 및 치료비손해의 배상을 명할 수 있다. 법원은 가정보호사건에 있어서 행위자와 피해자 사이에 합의된 배상액에 관하여도 위의 규정에 따라 배상을 명할 수 있다(특례법 제57조).

Section 4 아동학대

1. 들어가며

아동학대는 다양한 장소에서 발생할 수 있지만, 대부분의 아동학대는 가정에서 발생한다. 과거에 자녀를 훈육하는 과정에서 체벌인 회초리를 사용하는 경우는 자녀를 위한 사랑의 매로 인식되어 왔다. 부모가 아동을 하나의 인격체로 인정하지 않고 마치 자신의 소유물로 생각하여 남들의 간섭을 받을 이유가 없다는 우리나라의 문화적 편견이나 고정관념도 아동학대의 요인이 되어 왔다. 그러나 자녀에 대한 체벌이나 훈육이 사랑의 매의 수준을 벗어나 신체적·정신적 손상을 초래하는 정도에 이르는 경우는 아동학대에 해당되어 법적인 책임문제가 발생한다. 우리나라의 아동복지법 제1조는 아동이 건강하게 출생하여 행복하고 안전하게 자라나도록 그 복지를 보장함을 목적으로 한다고 규정하고 있으며, 아동에 대한 신체적 손상이나 정신적·성적 학대, 아동유기나 구걸 등 아동학대행위에 대해서는 최고 10년 이하의 징역에 처하는 것으로 규정하고 있다.

아동학대의 가해자 중 대부분은 바로 부모이다. 부모중 대다수는 극히 정상적인 사람들이고, 단지 일부만이 성격장애나 정신장애를 가지고 있는 것으로 나타나고 있다. 2010년 통계는 친부모의 학대가 79.6%에 이른다고 지적한다. 자녀양육에 대한 인식부족과 높은 기대, 어릴때 학대 받은 경험, 경제난과 가정불화, 정서적 불안, 약물중독, 이혼, 미혼모 등이 아동학대의 중요한 요인이 되고 있다.

아동학대는 아동에게 신체적 상해는 물론이고 사회성과 정서발달, 언어, 인지 운동, 신체적 발달을 포함한 아동발달의 전 영역에 영향을 미쳐서 발달을 지연시킬 수 있다. 아동학대의 영향은 즉시 나타나지 않고 누적되어서 아동의 성격형성이나 발달상의 문제를 야기할 수 있고, 단 한 번의 학대에 의해서도 아동이 치명적인 상처를 받을 수 있다는 사실을 인식할 때 아동학대 문제의 심각성을 지적하지 않을 수 없다. 아동학대는 학습되어 학대받은 아동을 학대하는 성인으로 만든다.

2. 아동학대의 개념 및 유형

(1) 개념

아동학대에 대한 개념은 학자마다 다르다. 아동학대에 대한 사회·문화적 관념과 법적인 접근 상의 차이로 인하여 또는 시대상황에 따라 달리 정의될 수 있는 가변적인 개념이기 때문이다.

1) 협의의 개념

미국 아동학대와 방임센터는 아동학대를 "아동에게 관찰가능한 상해를 입힌 행위"로 정의함으로써 주로 신체적 학대에 제한하고 있다. 켐페(Kempe)는 구타당한 아동이라는 새로운 용어를 도입하여 아동학대를 "우발적인 사고에 의한 것이 아닌 부모나 아동의 보호자의 행위나 태만의 결과로 인해 아동에게 신체적 상해를 입힌 행위"로 정의함으로써 역시 신체적 학대에 초점을 맞추고 있다.

2) 광의의 개념

길(Gil)은 아동학대를 "아동복지나 아동의 감정적 발달을 위협하는 보다 넓은 범위의 행위를 포함시키는 것"이라고 정의함으로써 아동학대를 신체적 학대뿐만 아니라 정서적 학대나 방임, 아동의 발달을 저해하는 행위나 환경, 더 나아가 아동의 권리보호까지 포함시킨다.

3) 법적 개념

2011년 6월에 개정한 「아동복지법」 제2조제4호는 "아동학대란 보호자를 포함한 성인에 의하여 아동의 건강·복지를 해치거나 정상적발달을 저해할 수 있는 신체적·정신적·성적폭력 또는 가혹행위 및 아동의 보호자에 의하여 이루어지는 유기와 방임을 말한다"고 규정하여 적극적인 가해행위 뿐만 아니라 소극적인 의미의 방임행위까지 아동학대의 정의에 명확히 포함하고 있다. 여기에서 아동은 18세 미만의 자를 말하고, 보호자란 친권자, 후견인, 아동을 보호·양육하거나 그 의무가 있는 자 또는 업무·고용 등의 관계로 사실상 아동을 보호·감독하는 자를 말한다. 따라서 아동학대에 관한 정의는 광의의 개념에 기초하고 있다.

(2) 유형

1) 신체적 학대

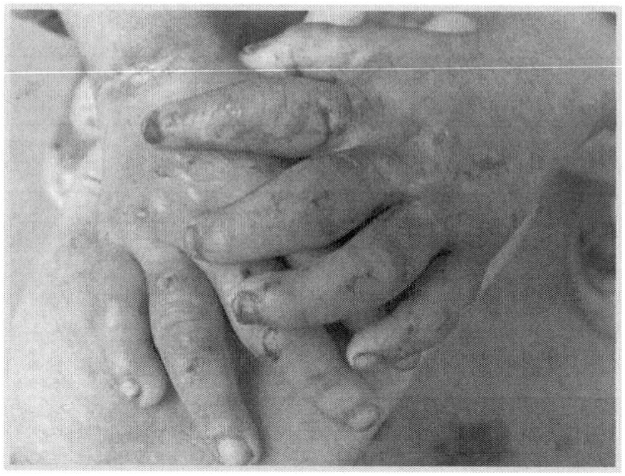

신체적 학대는 고의적 또는 우발적으로 아동에게 상처를 입히는 행위를 말한다. 고의적인 상처는 주로 얼굴, 목, 장기, 성기, 허벅지, 엉덩이, 종아리 등에 생기며, 우발적인 상처는 대체로 무릎, 정강이, 팔꿈치 등 아동들이 넘어져서 다치는 부위에 나타난다.

신체적 학대의 구체적인 징후는 신체 여러 부위의 설명할 수 없는 상처나 심한 구타자국, 두 눈의 심한 멍, 끈 등으로 목 졸린 흔적, 목에 난 상처, 담뱃불 등으로 생긴 화상, 골절, 치아 손상, 물린 자국, 머리카락 탈락, 원형 탈모, 흔들린 아기증후군, 눈 출혈, 고막파열, 장기파열, 머리손상 등이다.

2) 정서적 학대

정서적 학대란 아동에게 언어적, 정서적 위협, 감금이나 억압 기타 가학적인 행위를 말한다. 언어적, 정신적, 심리적 학대라고도 하며, 눈에 두드러져 보이는 것도 아니고 당장 그 결과가 심각하게 나타나지 않기 때문에 그냥 지나칠 수 있다는 점에서 더욱 유의하여야 한다.

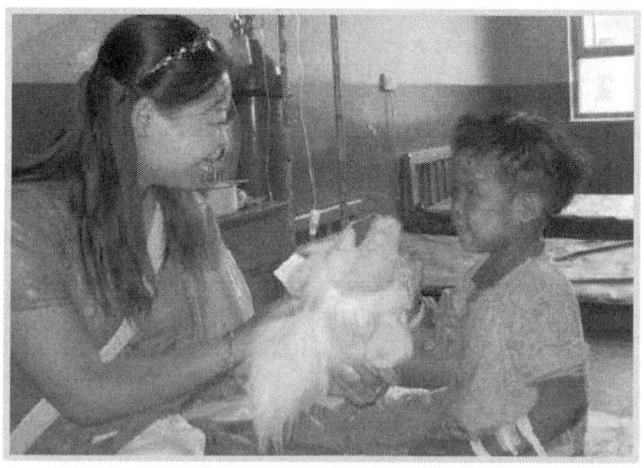

출처 : http://blog.naver.com/hyunju3456.

구체적인 정서학대 행위는 아동에게 욕설을 퍼붓는 행위, 감금행위, 집 밖으로 내쫓겠다고 하거나 원망적·거부적 언어를 사용하는 행위, 삭발시키는 행위, 아동이 보는 앞에서 부부싸움하는 행위, 다른 아동과 부정적으로 비교하는 행위 등이다.

3) 성적 학대

성적 학대란 아동을 대상으로 성인이 성폭력이나 성추행 등 자신의 성적 만족을 위한 행위를 말한다. 성적 학대는 아동에 대한 협박이나 강압에 의해 발생하지만, 놀이나 기타 속임수의 방법에 의해 이루어진다.

구체적인 성학대는 성인이 아동에게 자신의 성기나 신체를 접촉하게 하거나 아동의 성기를 만지는 행위, 아동앞에서 옷을 벗고 자신의 성기를 만지는 행위, 아동의 옷을 강제로 벗기고 키스하는 행위, 포로노 비디오를 아동에게 보여주거나 포르노물을 판매하는 행위, 아동 매춘이나 매매를 하는 행위 등이 있다.

4) 방임

방임이란 고의적, 반복적으로 아동양육과 보호를 소홀히 함으로써 정상적인 발달을 저해하는 모든 행위를 말한다. 방임은 세 가지 유형으로 구분된다.

첫째, 물리적 방임으로서 이는 아동에게 의식주를 제공하지 않거나 아동을 장시간 위험하고 불결한 주거환경에 그대로 방치하는 것을 의미한다.

둘째, 교육적 방임으로서 이는 학교에 무단결석하여도 고의적으로 방치하거나 취학연령이 되었음에도 불구하고 학교에 보내지 않는 행위, 숙제 및 준비물을 챙겨주지 않는 행위가 해당된다.

셋째, 의료적 방임으로서 예방접종을 제때에 하지 않거나 필요한 의료적 처치를 소홀히 하는 것을 의미한다.

5) 노동의 착취

노동의 착취란 아동을 이용하여 금전적인 이득을 착취하는 행위를 말한다. 노동의 착취는 유기된 아동이나 아동복지시설과 앵벌이 조직 등에서 행하는 아동학대 유형이다.

6) 범죄에의 이용

형사미성년자인 아동을 이용하여 범죄를 행하고 그 결과물을 챙기는 것으로 어린이 절도, 약물판매, 물건의 강매, 어린이 포르노그래피, 섹스파트너, 성매매 등의 형태로 나타난다.

3. 피학대아동의 증상

(1) 성인 공포증

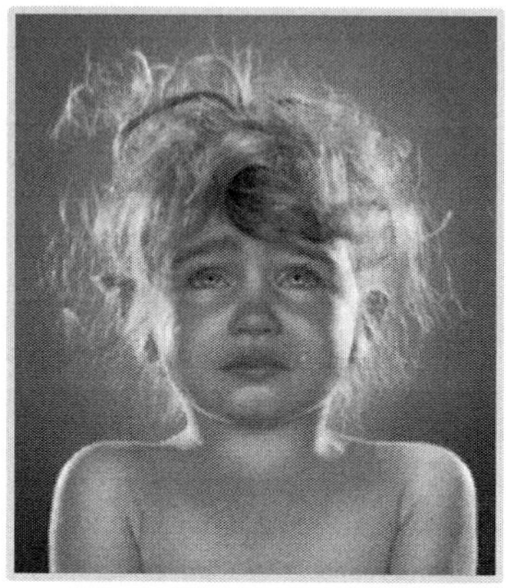
출처 : 블로그>strath.

신체적 학대를 받은 아동들은 다른 유형의 학대를 받은 아동들보다 더 공격적인 행동을 보이는 것으로 밝혀졌다. 신체적 학대를 경험한 아동들은 정서적 학대나 방임을 경험한 아동들보다 높은 활동성을 보이며, 가장 불안정한 행동양상을 보인다.

신체적 학대를 받은 아동에게서 상처가 관찰되지 않았다 하더라도 이들은 성인이 접근하면 공포심을 느끼거나 다른 아동이 울 때 두려움을 표하고 집에 가는 것을 두려워 하는 등 예기치 못한 이상행동을 보인다. 또한 구타당하며 자란 아동이 성장하여 폭력자가 되거나 가정 및 사회폭력의 근원이 되기도 한다. 아동기 학대 경험은 대인관계에 장애를 가져와 어려서는 주위에 냉담하거나 반대로 과도하게 집착하기도 하며 커서는 배우자를 구타하거나 자녀를 학대하는 등 학대가 세습되는 경향이 강하다.

(2) 병적인 불안증상

아동학대를 받은 아동들은 위축되거나 우울상태에 있으며, 극단적인 감정상태, 무력감, 자기비하, 낮은 자아존중감 등을 경험한다. 또한 반사회적 행동이나 파괴적이고 공격적인 행동 등을 하며 반복되는 움직임을 보이거나 말을 하지 않고 몸짓으로 의사소통을 하는 심각한 불안증상을 보인다. 때로는 음식을 거부하거나 횡설수설하며 위축되거나 잘 놀라 심한 경우 발달이 지체되거나, 또래 관계의 곤란, 자살 또는 자해 행동을 벌이기도 한다.

(3) 사회성의 결여

신체적 학대, 언어적 학대, 방임을 경험한 아동도 모두는 학대를 받지 않은 아동들보다 사회성이 낮다. 특히 신체적 학대가 언어적 학대보다, 언어적 학대보다 방임이 아동의 사회성발달에 가장 큰 영향을 미친다. 방임은 신체적 학대와 더불어 정서적 학대나 성적 학대보다 아동의 성격특성에 더 부정적인 영향을 미친다. 방임된 아동의 사회성이 낮은 이유는 방임된 아동들의 부적절한 사회화가 언어발달에 부정적 영향을 미치고, 이론 인해 의사소통이 빈약하게 되어서 사회적으로 격리되기 때문이다.

(4) 자아기능의 손상

아동학대는 아동의 전반적인 자아기능의 손상을 초래한다. 발달지연과 중추신경계 장애, 정신지체 등을 보이며 과잉행동과 언어발달의 장애 형상이 나타난다. 아동은 부모가 자신을 방임할 경우 부모와 마찬가지로 자신을 싫어하고 경멸하며, 실제로는 자신의 잘못이 아닌데도 자신의 잘못이라고 생각한다. 모든 일에 자신감을 상실하고 학교생활이나 또래관계에도 적응하지 못한다.

4. 아동학대의 실태

(1) 아동학대 사례 현황

보건복지부에서 아동학대 상담신고 접수사건을 기초로 2007년 한 해 동안 아동학대 사건 판정을 받은 사례는 5,607건이었다. 이 중 경기지역이 1,382건으로 24.6%를 차지함으로써 가장 많이 발생한 것으로 나타났으며, 그 다음이 서울지역으로 763건, 23.6%를 차지하였다. 따라서 서울과 경기지역을 합친 수도권 지역이 38.1%로 가장 높은 것으로 나타났는데 이는 아동학대 사례의 3명 중 1명 이상이 수도권 지역에서 발생한 것으로 분석된다.

2007년 한 해 동안 발생한 아동학대를 유형별로 분석해 보면 방임이 2,115건으로 37.7%, 중복학대가 2,107건, 37.6%로 가장 많이 발생하였다. 중복학대는 신체학대와 정서학대가 동시에 발생한 경우가 1,092건, 19.5%로 가장 많았고, 정서학대와 방임의 중복학대가 381건, 6.8%, 신체학대와 방임의 중복학대가 279건, 5.0% 순이었다. 단일학대의 경우 방임 다음으로 정서학대 595건, 10.6%, 신체학대 462건, 8.2%, 성학대 263건, 4.7%, 유기 65건, 1.2% 순이었다.

성별에 따른 아동학대는 남자 아동이 2,791건, 여자아동이 2,816건으로 25건의 차이 밖에 나타나지 않아 아동학대 유형을 고려하지 않을 경우 남녀의 성별 차이는 거의 없는 것으로 분석된다. 그러나 아동학대 유형별로 남녀 아동간의 차이를 보면 상당한 차이가 있다는 것으로 알 수 있다. 남자아동에게 가장 많이 발생하는 학대유형은 유기로 58.5%(여자아동 41.6%), 신체학대 58.5%(여자아동41.6%), 방임 53.5%(여자아동 46.5%), 중복학대 49.4%(여자아동 37.6%)인 것으로 분석된다. 반면에 여자아동에게 많이 발생하는 학대유형은 성학대 89.7%(남자아동 10.3%), 정서학대 52.3%(남자아동 47.7%) 였으며, 특히 성학대의 경우 10명 중 9명 꼴로 여자아동에게 발생하고 있는 것으로 분석되었다.

아동학대유형별 피해아동의 연령분포는 전반적으로 만 7세에서 15세 사이에서 가장 많이 발생한다. 영유아기인 만 3세 미만과 청소년기에 해당하는 만 16세 이상에서는 아동학대가 비교적 적은 것으로 분석되었다. 아동학대 유형별로 나이를 살펴보면, 신체학대의 72.7%가 만 7세에서 15세 사이에서 발생하였다. 좀더 구체적으로 분석한다면, 신체학대의 3명 중 2명은 만 7세에서 15세 연령대에서 발생하였고, 다음으로 만 16세 이상이 10.2%, 만 4세에서 6세 사이가 10.0%, 만 0세에서 3세 사이가 7.1% 순이었다.

정서학대나 방임의 경우 역시 신체학대와 비슷한 연령분포를 보이는 것으로 분석되었다. 그러나 성학대의 경우 상대적으로 연령대가 높을수록 더욱 빈번히 발생하고 있는 것으로 나타났다. 성학대의 경우 만 7세에서 15세 사이가 76.1%를 차지 했으며, 특히 만 16세 이상에도 13.7%가 발생하여 다른 학대유형에 비하여 성학대가 청소년기에 상대적으로 많이 발생하였다. 그러나 유기의 경우 다른 학대유형에 비하여 상대적으로 영유아기와 아동기에 집중되어 있었다. 유기의 경우 33.8%가 만 0-3세에 발생하였으며, 다음으로 만 4세에서 6세사이가 20.0%, 만 10세에서 12세 사이가 18.5%, 만 7세에서 9세 사이가 15.4% 순이었다. 중복학대의 경우 영유아기에 비하여 아동기와 청소년기로 올라갈수록 좀 더 빈번히 발생하고 있는데, 만 10-12세가 26.8%, 만 13세-15세 사이가 23.1%, 만 16세 이상이 13.5%, 만 4세-6세가 10.2%, 만 7세-9세가 22.5% 순으로 나타났다.[20)]

(2) 학대 피해아동의 가족유형

아동학대는 편부가정에서 30.6%로 가장 많이 발생하였으며, 다음으로 친부모 가정이 26.0%, 편모가정이 16.1% 순이었다. 말하자면, 피해아동의 3명 중 1명은 편부가정이거나 4명 중 1명은 친부모가정에 속하며, 따라서 학대피해 아동의 절반 이상은 편부

20) 보건복지부, 아동학대 유형별 최종조치에 관한 연구, 2011, 13-20면.

나 친부모 가정에서 양육된 것으로 분석된다. 그 밖에 재혼가정 7.0%, 친인척 가정 6.4%, 시설보호 4.7%, 동거가정 3.9% 순이었다. 학대유형별로 가정유형을 연결시켜 보면, 신체학대는 편부가정 27.3%, 친부모가정 24.7%, 시설보호 15.2%, 재혼가정 12.1% 순이었다. 정서학대는 친부모가정 31.4%, 편부가정 26.7%, 편모가정 14.2%, 재혼가정 11.3% 순이었다.

방임은 편부가정이 34.0%, 친부가정이 24.6%, 편모가정이 21.0% 순으로 편부와 편모가정을 합치면 전체 방임발생률의 50%를 넘는다. 유기의 경우 편부가정이 32.3%, 가정유형이 파악되지 않는 사례가 23.1%로 나타났다. 중복학대는 편부가정이 47.3%, 친부모가정이 25.6%, 편모가정이 13.9% 순으로 다른 학대유형과 마찬가지로 편부가정에서 가장 많이 발생하고 거의 2명 당 1명 꼴로 발생한 것으로 분석되었다.

결론적으로 중복학대뿐 아니라 거의 모든 학대유형에서 편부가정에서 학대가 가장 많이 발생하고 타인에 의한 대리양육중에서는 시설에서 아동학대 사례가 많이 발생한 것으로 분석되었다.

(3) 아동학대 유형별 학대행위자 특성

아동학대 유형별 학대행위자의 특성은 전반적으로 양육태도 및 방법부족, 중독 및 질환문제, 성격기질문제, 스트레스 및 사회적 고립, 경제적 곤란, 가족 및 종교문제 등으로 분석되었다. 특히 양육태도 및 방법부족이 가장 심각한 원인이었고, 성학대를 제외하고 모든 학대유형의 50% 혹은 70% 이상이 양육태도 및 방법 부족이 원인이었다.

성학대는 양육태도나 방법부족 보다는 성문제가 36.5%를 차지하여 주된 원인이었으며, 행위자의 중독 및 질환문제 23.6%, 성격기질 17.1%, 가족 및 종교문제 11.0% 순이었다. 이 경우 행위자의 특성이 파악되지 않는 사례도 37.3%에 이르고 있었다.

(4) 학대유형별 학대 발생장소

아동학대 장소는 유기를 제외한 모든 학대유형이 가정 내에서 발생한 비율이 76.2%를 차지하여 전체 학대발생건수 중에서 대부분 가정 내에서 발생하였음을 알 수 있다.

신체학대의 경우 가정내에서 73.8%, 복지시설 15.4%, 집근처 및 길가 2.8%, 어린이집 및 유치원 1.9% 순이었다. 정서학대는 가정 내 91.1%, 집근처 2.4%, 어린이 집 및 유치원 1.9%, 복지시설 1.8% 순이었다. 따라서 정서학대는 10명 중 9명은 집안에서

가족이나 지인에 의해 발생하였다.

성학대는 가정내 41.4%, 집근처 및 길가 14.4%, 이웃집 14.1%, 복지시설 5.7%, 어린이집 및 유치원 4.1%, 학교 2.3% 순이었다. 따라서 성학대는 가정내 뿐 아니라 집주변이나 이웃집과 같이 아동이 평상시에 잘 가는 주요 생활권 내에서 절반 이;상이 발생하고 있음을 알 수 있다. 방임은 가정내 80.1%, 기타 잘 모르는 장소가 12.7%를 차지하였으며, 유기는 집근처 또는 길가 33.8%, 어린이집 또는 유치원 13.8%, 기타 13.8%, 가정내 10.8%, 병원 9.2%, 친인척의 집 6.2%, 복지시설 4.6%, 파악안됨 3.1% 순이었다. 중복학대는 가정내 84.7%, 기타 6.3%, 복지시설 4.1%, 집근처 및 길가 2.8% 순이었다.

5. 아동학대 행위에 대한 처벌

아동학대를 처벌할 수 있는 법은 「형법」, 「성폭력범죄의 처벌 및 보호등에 관한 법률」, 「가정폭력범죄의 처벌등에 관한 특례법」, 「아동복지법」 등이 있다.

아동학대에 관한 개별특별법이라고 할 수 있는 「아동복지법」은 아동을 18세 미만으로 규정하고, 아동학대란 보호자를 포함한 성인에 의하여 아동의 건강 및 복지를 해치거나 정상적 발달을 저해할 수 있는 신체적, 정신적, 성적 폭력 또는 가혹행위 및 아동의 보호자에 의하여 이루어지는 유기와 방임을 의미한다고 규정하고 있다(아동복지법 제2조).

「아동복지법」 제40조는 아동학대 행위에 대한 벌칙을 규정하고 있다. 아동을 타인에게 매매하는 행위와 아동에게 음행을 시키거나 음행을 매개하는 행위는 10년 이하의 징역 또는 5천만원 이하의 벌금에 처한다. 또한 아동의 신체에 손상을 주는 학대행위, 아동에게 성적 수치심을 주는 성희롱, 성폭행 등의 학대행위, 아동의 정신건강 및 발달에 해를 끼치는 정서적 학대행위, 자신의 보호와 감독을 받는 아동을 유기하거나 의식주를 포함한 기본적 보호와 양육 및 치료를 소홀히 하는 방임 행위, 그리고 장애를 가진 아동을 공중에 관람시키는 행위, 아동에게 구걸을 시키거나 아동을 이용하여 구걸하는 행위 등은 5년 이하의 징역 또는 3천만원 이하의 벌금에 처한다.

한편, 정당한 권한을 가진 알선기관 외의 자가 아동의 양육을 알선하고 금품을 취득하는 행위, 아동을 위하여 증여 또는 급여된 금품을 그 목적외의 용도에 사용하는 행위는 3년 이하의 징역 또는 2천만원 이하의 벌금에 처한다. 공중의 오락 또는 흥행을 목적으로 아동의 건강 또는 안전에 유해한 곡예를 시키는 행위를 한 자는 1년 이하의 징역 또는 500만원 이하의 벌금에 처한다. 또한 상습적으로 상기의 각호에 해당하는 죄를 범한 자는 그 죄에 정한 형의 2분의 1까지 가중한다.

적법한 신고를 하지 않고 아동복지시설을 설치한 자, 관련 공무원이나 아동복지지도원의 적법한 조사를 거부, 방해 또는 기피하거나 질문에 대하여 답변을 거부, 기피 또는 허위답변을 하거나, 아동에게 답변을 거부, 기피 또는 허위답변을 하게 하거나 그 답변을 방해한 자. 허위서류를 작성하여 아동복지시설 종사자의 자격을 인정받은 자, 아동복지업무에 종사하였거나 종사한 자가 직무상 비밀을 누설한 자, 시설의 폐쇄명령, 위탁의 취소 또는 사업의 정지명령을 받고 사업을 계속한 자 등은 1년 이하의 징역 또는 500만원 이하의 벌금에 처한다.

Section 5 성폭력 범죄

1. 성폭력범죄의 특성

(1) 면식관계의 범죄

강간사건은 이른바 데이트상대에 대한 강간(date rape) 또는 면식관계 강간(acquaintance rape)이라고 할 정도로 데이트 관계에 있는 남녀 사이나 잘 아는 관계에 있는 남녀사이에 주로 발생하는 것이 특징이다. 모든 강간사건 중에 60%가 면식관계자 사이에 발생하는 것으로 보고되고 있으며, 최근 자료에 의하면, 16세에서 24세 사이의 젊은 사람들 사이의 30% 이상이 적어도 한번 이상의 데이트 강간사건을 당한 것으로 보고되고 있다.[21)]

21) Bartol & Bartol, op.cit., p.393.

킬패트릭(D. G. Kilpatrick) 등은 강간범의 75.6%가 애인, 남자친구, 친척, 이웃 등으로 면식관계에 있는 사람이며 24.4% 만이 낯선 사람 사이에 발생한다는 증거를 제시하였다.[22)]

출처 : 법률/재판/변화사 (17)

(2) 높은 재범률

1) 특징

강간범죄자들은 다른 유형의 범죄자들보다 훨씬 높은 빈도로 강간범죄를 반복하는 경향, 즉, 높은 재범률을 보이는 것이 특징이다. 캘리포니아 법무부는 15년 동안 1,300명의 성범죄자들을 대상으로 조사한 결과 그들은 다른 폭력범죄자들보다 재범 가능성이 5배 정도 더 높다는 결론을 내렸다. 특히 강간같은 성폭력범죄자들의 재범률은 놀라울 정도로 높아 미국의 많은 주는 교도소에서 형기를 마친 후 정신치료 감호소에서 치료를 받도록 하는 특별법을 제정하게 되었다.[23)]

(3) 범죄자의 연소화

강간범죄자들은 16세에서 20세에 집중할 정도로 그 나이분포의 연소화 경향이 특징이다. 강간범으로 체포된 피의자들 중 거의 45%가 25세 이하였으며, 15%는 17세 이하의 청소년들이었다. 2004년 UCR자료에 의하면, 체포된 강간범중의 45.8%가 25세 이하였으며, 16.7%는 18세 이하였다. 또한 강간범으로 체포된 6%와 다른 성범죄로 체포된 11%는 15세 이하였다. 그러나 UCR 자료는 청소년들의 강간범 비율을 저평가하고 있다는 의심을 받는다. 고등학교 학생들을 대상으로 한 한 실태조사에서 여학생들의 거의 반에 해당하는 48%가 성폭력을 당했다고 대답했으며, 남학생의 34%가 성폭력 범죄를 범한 사실을 시인했다.[24)]

---

22) D.G. Kilpatrick, A. Whalley. A, & C. Edmunds, Sexual assult, In A. Seymour, M. Murray, J. Sigmon, M. hook, C. Edmunds, M. Gaboury, & G. Colman(Eds), 2000 National Victim Assistance Academy, Washington, DC: U.S. Department of Justice, 2000, p.12.

23) Gilbert, op.cit., pp.284-285.

24) Bartol & Bartol, op.cit., p.400.

(4) 신고지연과 피해자의 진술의존 수사

강간 등 성폭력 범죄는 피해자가 범죄발생 즉시 신고하는 경우가 거의 드물다는 것이 하나의 특징이다. 아울러 목격자가 있는 사건도 거의 없다. 또한 피해자는 부모들이나 주변사람들과의 의논이나 상담을 거친 뒤 범죄신고를 하게 되므로 사건발생 후 상당한 기간이 경과되어 증거는 멸실·훼손되어 범죄의 입증 및 증거수집이 곤란한 경우가 대부분이다. 따라서 수사기관은 피해자의 진술과 범인의 자백 등에 의존하여 범죄사실을 입증하여야 하는 경우가 많다.

(5) 친고죄로 인한 수사집중 저하

「형법」은 강간살인·치사죄와 강간상해·치상죄를 제외한 대부분의 성폭력범죄를 친고죄로 규정하고 있다는 점이 수사의 집중을 저하시키는 요인이 되고 있다. 물론 「성폭력범죄의 처벌 및 피해자보호등에 관한 법률」에 의해 친고죄의 범위가 많이 줄어들었지만 형법상으로는 친고죄에 해당하는 성폭력범죄가 많아 범죄신고 후 상당수의 사건이 사후합의가 이루어져 수사가 중도에서 중지되어야 한다는 점에서 수사의 집중이 어렵다.

(6) 이중적인 피해자

강간 피해자는 강간범과 형사사법 시스템에 의한 이중적인 피해자로 인식되어 왔다. 사실 어떤 피해자는 경찰, 검찰 그리고 의료인들에 의한 이해의 부족으로 인권이나 사생활이 침해되는 2차 피해자화 되고 있다는 사실을 부인할 수 없다.[25] 범죄 피해자는 범인에 의한 1차 피해자와 형사사법기관에 의한 2차 피해자화로 나누어지는데 성범죄의 피해자들이 주로 2차 피해자의 대상이 되고 있다.

(7) 외상후 스트레스 증후군

강간범죄를 당한 피해자는 몹시 조용하고 마치 아무 일이 없었던 것 처럼 행동한다. 이를 강간 외상후 증후군(rape trauma syndrome)이라 한다. 이로 인하여 피해자는 며칠 또는 몇 주 동안 사건신고를 미루기도 하고,[26] 또한 피해자는 피해경위를 다

25) Gilbert, op.cit., p.287.
26) Gilbert, op.cit., p.288.

시 기억하기 싫어하는 잠재의식으로 인하여 당시 상황을 상세히 진술하지 않는 경향이 강하다.

2. 강간범의 특징

성폭력 범죄자들은 흔히 동질적인 특성을 소유한 사람들일 것이라는 생각이 지배적이다. 그러나 연구에 의하면, 성폭력 범죄자들은 성범죄의 유형과 빈도에 있어서 아주 다양하고, 나이, 배경, 성격, 인종, 종교, 신념, 태도, 그리고 대인관계 기술과 같은 개인적 속성에 있어서도 서로 다르다. 따라서 다양한 성폭력 범죄자를 모두 포함하는 단일의 프로파일은 없다. 또한 성범죄자들은 흔히 성범죄를 뛰어넘어 다양한 다른 범죄를 범하는 것이 특징이기도 하다.

(1) 약물남용에 의한 범죄자

강간범은 알코올과 비금지 약물의 사용을 하고 범행을 하는 것이 특징이다. 강간범은 개인적 역사와 범행 당시 모두에 약물남용을 한다. 기소된 강간범의 42%와 90%사이는 성폭력 당시에 비금지 약물의 영향하에 있었으며, 58%와 90% 사이는 약물남용의 역사를 가지고 있었다.[27]

(2) 초범과 상습범의 차이

초범은 자신의 정체성(얼굴)을 숨기기 위한 변장이나 복면 등의 행동을 별로 하지 않는다. 복면, 목소리 바꾸기, 피해자를 묶거나 눈 가리기 등의 행동은 초범에게는 발견하기 어렵다. 초범자들은 현대 의학기술 또는 경찰의 과학수사 기술을 잘 모르고 범행을 하는 것이 특징이다.

그러나 성범죄 전과자들은 과거의 범행에서 습득한 지식을 활용하여 범행을 숨기기 위한 다양한 수법을 동원한다. 그들은 피해자의 전화선을 끊고, 수술용 장갑을 끼거나 복면을 하기도 하고 피해자로 하여금 피해자 자신의 몸이나 범인이 접촉한 물체를 물로 씻어버리도록 만든다.

27) Ibid., p.398.

(3) 면식범과 비면식범

1) 면식범

출처 : hhttp://blog.naver.com/bogus_

강간범의 대부분은 피해자에게 낯선 사람이 아니라 친밀한 사람이다. 통계에 의하면, ① 강간범의 24.4%는 낯선 사람이다. ② 21.9%는 남편이나 전 남편이다. ③ 19.5%는 보이프랜드 또는 과거 보이프랜드이다. ④ 9.8%는 친척이며, 14.6%는 친구나 이웃 등이다.[28)]

데이트 강간을 포함하는 면식범 강간은 신고율이 낮지만 빈번하게 발생하는 것으로 알려져 있다. 면식범은 남자가 여자와의 관계에서 적극적이어야 한다고 믿기 때문에 데이트 동안 남자를 거부하는 여자의 신호를 무시하는 성적 고정관념을 가지고 있다. 따라서 면식범들은 정서적으로 강요된 성행위를 범죄로 생각하지 않으며, 물리적 강제력을 행사하여 성행위를 시도한다. 데이트 강간범을 포함하는 면식범(contact offenders)은 대체로 어느 정도의 죄책감을 느끼지만, 자신의 행위가 범죄라고 생각하지는 않는다.

2) 비면식범

비면식범은 폭력적인 강간범이라고도 하며, 면식범과는 달리 피해자를 모르고, 범행에 대한 후회감이 없으며, 범행에 고도의 폭력을 행사하는 것이 특징이다. 이러한 유형의 강간범들은 성적쾌락보다는 여성을 지배한다는 권력과 통제라는 동기에 의해 범행을 하게 된다.[29)]

(4) 범죄전력

강간으로 기소되어 유죄판결을 받은 많은 남성범죄자들은 오랫동안 지속적으로 성폭력범행을 한 기록을 가지고 있다. 또한 강간과 성폭력범행을 반복적으로 하는 청소년 성범죄자들은 성범죄가 아닌 광범위한 다른 범죄나 반사회적 행동을 하는 것으로 확인된다. 즉, 청소년 범죄자들은 들치기, 절도, 불놓기, 약자 괴롭히기와 협박, 동물학대, 폭행 등과

---

28) Ibid., p.399.
29) Ibid., p.289.

같은 범죄나 반사회적 행동을 한 전력을 가지고 있다. 대부분 만성적인 청소년 범죄자는 평생지속적인 범죄자가 된다.

(5) 인류학적 특징

실증적인 연구에 의하면, 강간범의 49%가 실업자이거나 비정규직 또는 불안정한 고용상태에 있었다. 흥미롭게도 강간범과는 달리 아동과 십대청소년을 대상으로 한 성폭력 범죄자들은 대부분 체포되기 전에 안정적인 직업을 가지고 있었다. 또한 강간범들의 거의 3분의 2는 결코 결혼한 일이 없으나 아동 성폭행범의 대다수는 결혼한 상태였다.

3. 강간범죄의 원인

스칼리와 마롤라(D. Scully & J. Marolla)가 관찰한 바에 의하면, 일반 대중은 물론이고 정신의학 문헌은 전통적으로 강간행동을 네 가지 근본적인 원인에 귀인한다. 그 근본적인 원인은 ① 통제불가능한 충동 또는 욕망, ② 정신병 또는 질병, ③ 이상한 상황에 의해 촉발되는 일시적인 통제상실, ④ 피해자 유혹 등이다.[30] 정신의학 문헌의 원인귀인은 전통적으로 성범죄의 원인을 행위자가 직접 통제할 수 없는 상황적 요인에 귀인시키고 있다는 것이 특징이다.

(1) 통제불가능하거나 저항불가능한 충동

통제불가능하거나 저항불가능한 충동이란 자기통제를 위한 정상적인 억제력이 강력한 성욕에 의해서 실체적으로 감소하거나 사실상 제거된 심리적 상태를 말한다. 인간의 타고난 자연적인 성적 추동이 강력할 경우에 인간은 그 추동에 저항하지 못하고 성폭력을 범하게 되는 것이다. 강력하고 생물적인 요인의 분출은 직접적인 성욕의 충족뿐이다.

30) D. Scully, & J. Marolla, Convicted rapists' vocabulary of motive:Excuses and justifications, Social Problems, 31, 1984, pp.530-544.

(2) 정신병, 또는 질병 귀인

정신병이나 질병 귀인이란 어떤 깊이 자리잡은 질병이나 정신적 이상의 징후를 말한다. 모든 성범죄자들은 기본적으로 질병을 앓고 있으며, 도움이 필요한 상태에 있다. 성적인 일탈행동은 원인이 유사하고 그 원인은 성격장애같은 정신병리적인 단일 유형에 귀인한다.[31)]

성폭력에 대한 질병귀인 모형은 성범죄가 중독의 결과라는 것이다. 성범죄에 대한 중독 관점은 성범죄가 알코올 중독, 과식, 도박, 들치기, 마약남용과 같은 중독상태와 아주 유사하다는 측면에서 설득적이다. 성 범죄는 다른 중독상태와 마찬가지로 질병에 의해 성적 분출을 참을 수 없는 상태에서 발생한다는 것이다.

(3) 약물 귀인

약물 귀인이란 사람이 알코올이나 약물을 사용하는 것과 같은 상황에서 자신의 욕구를 일시적으로 통제할 수 없는 것이 성범죄의 원인이라는 것이다. 알코올은 사회적·도덕적 제약을 제거하는 작용을 함으로써 어떤 사람의 성욕을 마음대로 표출하게 만든다. 이러한 욕망은 너무나 강렬하여 알코올을 섭취한 사람으로 하여금 가장 편리한 피해자를 공격하게 만든다. 한 연구에서 데이트 강간의 3분의 2는 과도한 음주에 귀인되었다. 데이트 강간범들은 음주에 의한 정신적 도취와 더불어 강렬한 성적 흥분에 강간행위를 귀인한다.[32)]

(4) 피해자 귀인

피해자 귀인이란 성폭력은 피해자의 유혹이 원인이라고 말한다. 이러한 관점에 의하면, 강간은 여성이 무의식적으로 촉발한 성적 행동이다. 예를 들자면, 여성의 자동차 편승 강간은 피해자가 촉발한 강간이라고 볼 수 있다. 여성의 무의식적 욕망 때문에 촉발되는 강간은 여성이 본의 아니게 다양한 방법으로 남성의 성행동에 협조하게 된다. 남성의 3분의 2는 데이트 강간이 법적으로는 강간일지라도, 사건의 잘못은 성행동을 촉발한 여성에게 있다고 항변한다. 미국 인구의 상당수가 강간은 여성에게 부분적으로 책임이 있다는 강력한 믿음을 가지고 있다.[33)]

---

31) R.I. Lanyon, Theory and treatment in child molestation, Journal of Consulting and Clinical Psychology, 54, 1986, pp.176-182.
32) E. J. Kannin, Date rape: Unofficial criminal and victims, Victimology, 9, 1984, pp.95-108.
33) Bartol & Bartol, op.cit., p.403.

4. 연쇄강간범

(1) 일반적 특징

연쇄강간범은 남성호르몬인 테스토스테론의 과잉, 어머니의 부정이나 가학성에 대한 복수, 배우자나 여성의 배신이나 무시에 대한 복수, 가정환경의 특이성으로 인한 성적 자극에의 조기노출 등에 의해 범행을 저지르게 된다. 따라서 연쇄강간범들의 범행동기와 원인은 대체로 서로 달라 개별적인 것이 특징이다. 또한 사람들은 일반적으로 연쇄강간범이란 대부분 죄책감을 느끼지 않는 사이코패스일 것이라고 생각하는 경향이 강하다. 물론 어떤 연쇄강간범들은 후회감이나 죄책감이 없는 사이코패스인 것이 분명하다. 그러나 실증적인 연구는 연쇄강간범 중의 약 50%가 사이코패스에 해당되지 않으며 따라서 죄의식을 가진다고 지적한다.[34)]

(2) 입증상의 특징

연쇄강간범은 일반 강간범과는 달리 복면 등의 변장을 하지 않으며 범행은 계획적이다. 범행계획은 피해자의 주소, 사진 또는 주택 약도 등을 기초로 작성되고 이는 체포 후에 범행의 증거물이 된다. 또한 연쇄강간범은 자신의 주거지역이나 작업장에서 멀리 이동하지 않으며, 범행장소는 지리적 공통성이 존재한다. 따라서 범인은 자신의 주거지역에서 이동가능한 지역을 중심으로 범행을 계획하거나 지리적 공통성이 있는 지역을 골라 범행을 하기 때문에 이른바 지리적 프로파일링(geographic profiling)의 활용대상 범죄자가 된다.[35)]

한편, 연쇄강간범의 약 50%는 범행시에 무기를 사용하고 그 무기는 주로 칼이다. 또는 범죄현장에서 발견된 끈이나 전깃줄 또는 밧줄로 피해자를 결박하여 범행을 범하기도 한다. 연쇄강간범은 흔히 피해자의 사진이나 신분증, 지갑이나 속옷, 애장품이나 보석류 같은 피해자의 개인적 물품을 탈취하여 보관한다. 따라서 연쇄강간범이 특정되거나 체포된 경우에는 즉시 범인의 주거에 대한 압수・수색을 실시하여 범행증거물을 압수해야 한다. 가학적이거나 변태적인 연쇄강간범은 흔히 피해자를 학대하기 위해 사용한 도구를 보관하기도 한다. 또한 범인의 주택이나 차량 안에 범행사진, 비

34) Robert R. Hazelwood and Janet Warren, The Criminal Behavior of the Serial Rapist, FBI Law Enforcement Bulletin, 59, no.2, 1990.2, p.15.

35) Gilbert, op.cit., p.485.

디오 동영상, 녹음테이프. 또는 피해자와의 전화기록 등을 보관하는 변태적인인 증상을 보이기도 한다.[36]

5. 강간범의 유형

모든 강간범에 적용할 수 있는 어떤 특정 성격 프로파일은 없다. 그러나 범죄행동 전문가들은 거의 모든 강간범들이 보통 ① 성적능력 자신감 되찾기 유형(power-reassurance), ② 성적능력 과시하기 유형(power-assertive), ③ 분노 보복형(anger-retaliatory), ④ 가학적 또는 기회주의적 유형(Sadistic or opportumistic 등으로 구분한다.[37]

(1) 성적능력 자신감 되찾기 유형

성적능력 자신감 되찾기 유형은 심리적으로 자신의 남성능력을 의심하고 여성에게 성적능력을 행사하고 통제함으로써 이러한 의심을 떨쳐버리려 한다. 이러한 강간범은 보통 잘 모르는 여성을 범행대상으로 하고 피해자를 지배하는 형식으로 범행을 계획한다. 일반적으로 최소의 폭력을 사용하고 체포될 때까지 반복적인 주기로 범행을 계속한다. 그들은 범행 뒤에 후회감을 나타내고 어떤 형태로 사과나 죄의식을 나타내기도 한다. 그러나 그러한 후회는 일시적이거나 전부 거짓에 지나지 않는다. 그들은 또 다른 범행을 통하여 계속 상대방을 지배하려고 하기 때문이다.

(2) 성적능력 과시하기형

성적능력 과시하기 유형(power assertive)은 자신의 성적능력을 과시하고 피해자를 지배하기 위하여 범행을 한다. 성적능력 자신감 되찾기 유형과는 대조적인 이 유형은 자신의 성적능력에 대한 의심이 없고 강간을 여성에 대한 상징적 권력행사의 형태로

출처 : http://blog.naver.com/camuspark

36) Ibid., p.292.

37) Robert R. Hazewood and Ann W. Burgess, Practical Aspects of Rape Investigation(New York:Elsevier, 1987), pp.175-182.

서 사용한다. 이 유형은 사회적 속임수에 뛰어난 기술을 가지고 있으며, 범행 전에 피해자와 친해지거나 아는 사이가 될 수 있다. 범죄자는 상대방을 공격하기에 안전한 시간과 장소라고 인지하면, 자신의 본성을 드러내고 피해자를 지배하기 위한 공격을 개시한다. 보통 데이트 강간이라고 알려진 면식범 강간의 상당수는 이러한 유형의 강간범에 해당된다. 이러한 유형의 강간범은 성적능력 되찾기 유형보다 더 심각한 폭력을 사용한다.38)

보상적 강간범이라고도 하는 이 유형은 임상조사 문헌에서 힘의 재확인, 성적 목표 또는 진성 성범죄자로 정의된다. 여기에서는 여성에 대한 공격이 범행의 동기가 아니라 성적인 강력함과 적합성을 증명하고자하는 욕망이 범행의 동기이다.

흔히 이러한 유형의 범인들은 조용하고, 수줍어하고, 얌전하고, 고독한 사람으로 묘사되기도 한다. 따라서 그들은 쾌락적인 성행위에 열정적으로 순응하는 여성을 생각하는 환상의 세계 속에서 살고 있는 것이 특징이다. 그러나 내성적인 성격. 자존심의 결여, 그리고 저수준의 성취욕구 등으로 인하여 학교와 직장에서, 그리고 사회에서도 성공하지 못한다. 그의 강간행위는 사회에서 가해지는 자신의 부적합성 이미지를 보상받으려는 노력의 결과이다.

(3) 분노보복형

분노 보복형(anger-retaliation rapists)은 여성과 관련된 실질적이거나 상상적인 과거의 잘못에 대해서 심리적으로 보복하기 위한 극한적인 분노에서 비롯된다. 성적 느낌이나 흥분을 위하여 강간을 하는 것이 아니라 주로 피해자에게 폭력적이고 공격적인 행동으로 일종의 보복을 가하는 것이 특징이다. 범인은 범행을 계획하지는 않지만, 과거의 여성얼굴과 유사한 용모를 가진 피해자를 선택하여 충동적으로 공격한다. 피해자는 잘 모르는 사람이 선택되고 병원진료를 요구하는 정도의 심각한 부상을 입게 된다. 이러한 경우에 강간범은 상대 여성에게 상해를

출처 : http://blog.naver.com/jdekim7

38) Gilbert, op.cit., p.286.

입히고 굴욕과 불명예를 주기 위해 범행을 한다. 피해여성을 물고, 꼬집고, 쥐어뜯는 것과 같은 잔인하고 가학적인 행위를 하는 것이 특징이기도 하다. 피해자는 성적 매력에 관계없이 완전히 범인의 가장 유용한 폭력대상에 지나지 않는다. 폭력은 성욕과는 관계없이 성기가 팽창할 때 까지 구강자극이나 자위를 요구하는 것과 같이 변태적이다. 이때 피해자가 저항하면 더 큰 폭력을 가져올 뿐이다.[39]

피해자를 굴복시키기에 필요한 정도를 초과하는 언어폭력이나 물리적 폭력을 가하는 것과 같이 성행위와는 관계없는 과도한 공격을 가한다. 여성의 부정직성과 혐오 등에 의한 적의감으로 보복형태의 공격을 가하지만, 성적으로 중요한 신체부위에 대한 공격은 가하지 않는 것이 특징이다. 범인은 흔히 자신의 행동을 통제 불가능한 충동에 귀인시킨다.

(4) 성적 공격형(Sexual aggressive rapists)

이 유형은 성적·공격적 특징이 거의 같은 수준으로 공존하는 범행을 의미한다. 강간범은 성적 흥분을 위하여 여성에게 폭력을 행사하고, 여성 역시 폭력에 의하여 강간당하는 것을 즐기고 자신에 의하여 지배되고 통제되고 있는 것으로 믿는다. 가학적인 행동은 학대, 고문, 고통을 가하는 형태로 나타나고 때로는 살인으로까지 발전된다.

성적으로 공격을 가하는 강간범은 흔히 결혼을 하기는 하지만, 가정생활에 거의 전념하지 않거나 충성심도 없기 때문에 반복되는 결혼과 별거 그리고 이혼이라는 전력 소유자이다. 또한 가정폭력과 청소년기에 반사회적 행동을 한 배경이 있다.

(5) 충동적 또는 이용적 강간범

이러한 유형의 강간범은 성적인 또는 공격적인 행동으로 강간을 시도하는 것이 아니라 기회가 있을 때 우발적으로 강간을 하는 특징의 소유자이다. 대체로 강도나 절도와 같은 다른 범죄를 범하는 과정에서 발생한다. 이러한 강간범들은 강간보다는 다른 범죄의 오랜 전력의 소유자들이다. 이 유형은 강간범의 동기가 직접적인 성욕인 유일한 강간유형이다. 범인은 피해자를 강간하기에 필요한 수준의 폭력을 행사하고 그 이상의 폭력을 가하지는 않는다. 단지 피해자가 강간 가능한 상태에 있기 때문에 성폭력을 할뿐이다. 범인이 범죄현장에서 도주하기 전에 흔히 피해자를 묶어둔다. 이

39) Ibid., p.286.

러한 유형의 범죄자들은 범행동안에 대부분이 약물에 중독되어 있거나 마약의 영향아래 있는 것으로 보고되고 있다.[40)]

(6) 가학적인 강간범

가학적인 강간범은 피해자에 대한 극한적인 적의감을 나타낸다. 이러한 유형은 가시적인 고통이 성적 흥분인 것으로 인식하기 때문에 피해자를 굴복시키기 위해 필요한 정도를 넘어서는 고통을 의도적으로 가한다. 고도의 변태적인 성적조건으로 인해 범인은 극한적인 폭력을 통해서만 성적 만족을 얻을 수 있다. 치밀한 계획 후에 잘 모르는 사람을 피해자로 선택하여 장기간 공격을 위하여 격리된 환경에 피해자를 옮기고 이동이 불가능하게 한다. 다행히도 이러한 유형의 강간범은 가장 적은 숫자이지만, 범행은 살인으로 끝날 가능성이 가장 높다. 가학적인 강간범은 고도로 충동적이고 강력한 의식적인 범행수법을 동원한다.[41)]

Section 6 아동 성폭력 범죄

1. 들어가며

페도필리어(pedoohilia)는 아동 성폭력과 성 학대를 의미하는 공통적인 용어로서 아동 성애행동, 또는 소아기호증 그 자체를 의미한다. 한편 페도필(pedophile)은 소아성애자, 즉, 소아성애 행동을 하는 사람을 말한다. 소아성애 또는 소아기호증은 주로 15세 이하의 아동을 대상으로 성적 환상이나 흥분을 느끼고 다양한 형태의 성적 행위를 하는 것을 의미한다. 페도필리아는 그리스어의 아동을 뜻하는 pais와 사랑, 우정을 의미하는 philia의 합성어에서 유래하는 것으로서 아직 성적 경험이 없는 아동에게서 지속적으로 성적 흥분이나 충동을 느끼고 성적 접촉을 시도하는 변태성욕자, 즉, 성도착증을 가진 사람을 말한다.

40) Ibid., p.286.
41) Ibid., p.286.

(1) DSM-IV의 개념

DSM-IV는 소아 성애자란 적어도 6개월 이상 반복적으로 사춘기의 청소년, 보통 13세 이하의 아동들을 대상으로 강렬한 성적인 자극을 유발하는 환상, 성적 욕망 또는 성적 활동을 포함하는 행동을 하는 현상이라고 정의한다. 소아성애자는 이러한 성적 환상, 성적 충동이나 행동으로 인하여 심각한 고통이나 대인관계의 장애를 겪으며, 나이는 적어도 16세 이상으로서 소아기호증 대상이 되는 아동들보다 적어도 5세 이상 연상이어야 한다고 규정하고 있다. 그러나 DSM-IV는 소아성애자를 아동에게만 성적으로 끌리는 배타적인 유형은 물론이고, 아동과 성인 모두에게 성적으로 끌리는 비배타적 유형을 모두 소아성애자에 포함시킨다.[42)]

(2) 청소년 성애(hebephilia)

청소년 성애는 말 그 대로 성인 남성이 대체로 13세에서 15세 사이의 청소년들과의 성적 접촉을 좋아하는 현상을 말한다. 그러나 소아성애와 청소년 성애의 구분은 별 의미가 없다.

(3) 성도착증(paraphilia)

성도착증이란 ① 동물같은 비인간적인 목적물, ② 성적 상대방에 대한 고통과 수치심 유발, ③ 아동이나 기타 승낙하지 않는 사람들을 대상으로 적어도 6개월 이상 반복적으로 발생하는 성적인 자극유발 환상, 성적 욕망 또는 행동을 의미한다.

(4) 이성 소아성애자와 동성 소아성애자

남성 소아성애자가 여성 소아 성애자보다 훨씬 많다는 것이 일반적인 견해이지만, 여성도 소아 성애자에서 면제될 수 없다는 견해가 증가하는 추세에 있다. 또한 소아성애자는 남자 성인이 여아를 좋아하는 이성 소아성애자가 보다 공통적인 유형인 것 같다. 그러나 남자 성인이 남아를 좋아하는 동성 소아성애자도 20-23%에 달할 정도로 존재한다. 여아와 남아 모두를 성적 대상으로 하는 양성 소아성재자도 아주 소수이긴 하나 존재한다.

---

42) Bartol & Bartol, op.cit, p.421.

2. 소아성애자의 범죄

아동 성폭력은 보통 소아 성애자에 의해 발생한다. 소아 성애자(pedophile)란 아동들과의 성 접촉을 좋아하고 성적 환상과 성욕 대상이 아동에게 집중되는 인간을 말한다. 아동 성폭력 범죄자들의 범죄주범과 동기는 다양하지만, 사실 모든 범죄자들은 접근이 용이하고 저항능력이 없는 아동, 또한 부모나 다른 사람에게 연락할 능력이 없는 아동을 대상으로 범행을 저지른다는 것이 특징이다. 소아 성애자의 특징은 상황적 소아 성애자(situational pedophile)와 선호적 소아성애자(preferential offenders)로 구분하여 설명될 수 있다.[43)]

(1) 상황적 소아 성애자

상황적 소아 성애자는 성욕 충족 대상을 전적으로 아동에게 집중하지는 않는다. 따라서 소아 대상 범행이 지속적이지도 않고, 수적으로 많지도 않다. 아동은 단지 범인과 같은 또래의 성적 대상자에 대한 대용물에 지나지 않는다. 이러한 소아 성애자는 사회적응 기술의 결여, 자의식의 결여, 성격장애 상태에 있는 사람이다. 이러한 유형의 아동 성폭력은 아동들의 이용가능성에 의해 발생하기 때문에 아버지나 친척들이 주된 가해자들이다.

(2) 선호적 소아 성애자

출처 : 뉴시스

선호적 소아 성애자(preferential offender)란 아동에 대한 명백하고 집중된 성적 선호를 가진 아동성폭력자를 말한다. 이들의 성폭력 이유는 상황적 긴장이나 부적절한 사회적 기술 때문이 아니라 아동들을 매력적인 성적 대상으로 선호하기 때문이다. 이들이 바로 전형적인 소아 성애자이며 아동 포식자로서 체포될 때까지 많은 아동들을 피해자화한다. 또한 아동들의 성적 억제를 허물고 적극적인 성적 행동을 끌어내기 위하여 다양한 성적 기법을 활용한다. 상황적 성애자도 때로는 아동을 납

43) Gilberl, op.cil, p.295.

치하여 성폭력을 행사하지만, 대부분의 선호적 소아 성애자들은 아동을 납치하여 성폭력을 행사한다.

다양한 연구는 소아 성애자의 특징을 다음과 같이 지적한다.[44] ① 일반적으로 남성 범죄자로서 피해자보다 나이가 많다. ② 여성 피해자가 대부분이지만 상당한 수의 남자 아동들이 피해자화된다. ③ 일반적으로 문제 가정이나 아동을 돌보기 힘든 결손가정의 아동들이 피해자화 된다. ④ 흔히 아동 포르노에 관심을 가지고 그러한 영상물이나 자료를 수집한다. ⑤ 아동에게 접근을 용이하게 하는 직업이나 사회활동을 추구하고 성인과의 관계를 배제한다. ⑥ 흔히 고정적인 직업이 없는 등 불안정한 고용과 배경을 소유한다.

(3) 가족이나 친족 간의 범행증가

1) 특징

최근에 가족관계에 있는 성인과 아동 사이에 아동 성폭력 사건이 급속히 증가하고 있으며 경찰과 사회기관에 많은 사건이 신고 되고 있다는 것이 특징이다. 이러한 범죄 유형을 가족 성폭력범죄자(family offenders)라고 하며, 가족 중에 소아 성애자가 있는 경우에 더 흔히 발생한다.[45] 가족 성폭행범은 딸, 아들, 또는 친척들을 범행대상으로 한다.

미국심리학회에 의하면, 1천2백만에서 1천5백만에 이르는 사람들이 가족관련 성폭행이나 추행의 피해자이다. 대다수의 사건은 아버지와 친딸, 또는 양부와 양녀사이에 발생한다. 극소수이기는 하지만 어머니가 가해자인 경우도 있다. 가족관련 성폭행범들은 배우자에 대한 반감이나 성행동 변화를 야기하는 예기치 않은 긴장 때문에 성폭행을 하는 상황적 범죄자들이다. 극소수는 선호적 소아성애자인 경우도 있다. 근친상간 형태의 가족 성폭행범은 가족 내의 한 아이를 성폭행한 후 다음에는 다른 아이를 성폭행하는 식으로 연쇄 근친상간(serial incest)을 한다.

44) Ibid., p.295.
45) Ibid., p.297.

2) 징후

근친상간 형태의 아동 성폭행의 징후는 다음과 같다.

① 가족의 한 아이가 다른 아이보다 좋은 옷을 입고 더 많은 돈을 소비하는 경우, ② 아이가 성기나 항문 등에 고통을 호소하는 경우, ③ 정기검진 결과 성병이나 정액반이 발견된 아이의 경우, ④ 아이가 이상할정도로 조용하고, 두려워하고, 대인기피적인 경우로서 그러한 행동변화는 근친상간이 시작될 때 갑자기 나타난다.

(4) 면식관계 없는 자들 간의 범죄

1) 범죄의 특징

① 아동납치 성폭력범죄

모든 성폭력 범죄가 심각할지라도, 아동납치성폭력 범죄가 가장 고통스럽고 심각한 유형이다. 비가족간의 아동 성폭력은 주로 강제적인 아동납치나 유괴에 의하여 시작된다. 비가족 아동납치는 몸값요구 보다는 성적 욕구라는 동기에 의해 발생한다.

② 범인의 주거지역 주변 범죄

피해자의 약 60%는 자기 집에서 0.25마일 이내에서 납치되고, 범인의 약 70%는 범행지역에 살거나 직장을 가고 있거나 친구를 방문하는 등의 적법한 이유를 가진 자들이다. 납치후 살해된 아동의 약 70%는 강간이나 성폭행을 당한 것으로 나타났으며, 평균 나이는 11살이었다.[46)]

③ 성폭행후 귀가조치 또는 살해

범인은 아동을 납치하여 성폭행을 한 후에 귀가시켜주기도 하지만 영원히 돌려보내지 않거나 살해하기도 한다.[47)] 미국의 경우 장기간 아동납치 사건 3,000건 중에 약 200건이 아동을 50마일이나 그 이상으로 유괴한 후 몸값을 받고 돌려주거나 범인이 영원히 아동을 데리고 있거나 또는 살해한다. 매년 약 100명의 아동이 비가족 유괴사

46) David Finkelhorn et al, Missing, Abducted, Runaway, and Thrownaway Children in America(Washington, D.C.:U.S. Department of Justice, 1990), pp.8-10.

47) Gilbert, op.cit., p.295.

건의 결과로서 살해된다.

2) 앰버경보(Amber Alert)시스템

미국에서 아동납치와 성폭행 후 살해 사건은 국민과 경찰의 높은 관심을 불러일으킨 결과 1997년에 앰버경보(Amber Alert) 시스템이 채택되었다. 앰버경보는 1996년 텍사스에서 납치된 후 살해된 9살짜리 소녀 앰버 헤이그만(Amber Hagerman) 사건으로 채택된 제도이다.[48] 앰버경보는 라디오와 텔레비전 방송 기타 통신매체나 인터넷, 전광판 등을 통하여 용의자, 범행차량, 피해자에 대한 구체적인 자료를 국민 대중에게 알려주는 경보 시스템으로서 실종아동 발견과 범인발견・체포가 목적이다. 우리나라는 제주지역에서 발생한 양지승 어린이 실종사건으로 2007년 4월9일 처음 도입되어 실시되고 있다.

3. 소아성애 범죄자의 특징

(1) 일반적인 특징

많은 공격적인 소아성애자는 개인적인 경력이나 특성에 있어서 유죄판결을 받은 강간범과 교도소 수형자들과 상당한 유사성을 보여준다. 가장 현저한 공통성은 ① 알코올로 인한 문제를 가지고 있다. ② 고등학교에서 높은 실패율과 탈락률을 보여준다. ③ 비 전문적인 직업분야에 불안정한 고용 역사를 가지고 있다. ④ 사회경제적으로 하류계층 출신이다. ⑤ 대부분의 범죄자는 미혼의 남자(95%)로서 친구가 없는 것이 특징이다. ⑥ 아동에 대한 계속적인 성적 환상에 빠져 있고, 사회에서 따돌림 당한 유형의 사람들로서 상당한 량의 아동 포르노테이프 등을 소유하고 있다. 그러나 어떤 범죄자들은 실제로는 성인 여자를 성 파트너로 좋아하지만, 사회적 기술의 부족으로 자신과 동년배의 여성들과 좋은 관계를 형성하지 못하거나 성적 파트너 만들기에 성공하지 못하는 성인여성을 단념하고 힘으로 제압할 수 있는 아동을 선택한다. ⑦ 비가족 범죄자의 아동 납치 성폭행 사건 중의 40%가 살해되고 32%가 중상을 입은 것으로 나타났다. 거의 모든 비가족 아동 성폭행범들은 범행에 폭력을 사용하고 25%는 가학적인 변태성욕자이다. ⑧ 아동 성폭행범들은 전형적으로 여아를 선택한다. 1980년

---

48) Ibid., p.296.

대 말의 연구결과에 의하면, 피해자의 70%가 소녀였으며, 30%가 소년이었다.[49] ⑨ 아동 성폭행범들은 자신의 어린 시절에 성적학대나 폭행을 당한 경험이 있으며 자기애적인 성격(narcissistic personality)의 소유자이다. 대부분의 아동 성폭행 피해자들이 성인으로 성장하여 성폭행범이 되는 것은 아니다. 그러나 아동 성폭행범의 약 40-80%가 어린 시기에 성학대나 추행 등을 겪은 사람들이라는 것으로 밝혀졌다.[50]

아동 성폭력범죄자들에 분류와 진단은 개인적 특징, 생활경험, 범죄전력, 범행의 이유나 동기 등에 따라서 개인사이의 차이가 커서 아주 복잡하다. 필연적으로 모든 아동 성폭력자들을 정확하게 기술할 수 있는 어떤 단일의 프로파일은 없다.[51]

(2) 개별적인 특징

1) 범인의 성별

소아성애자는 주로 남성이지만 배타적으로 남성들에게만 해당되는 것은 아니다. 여성소아성애자도 아동 성폭력범죄자가 될 수 있다. 실제로 아동 성학대를 한 여성들은 여아 피해자의 경우에 13%, 남아의 경우에 24%에 해당된다는 연구 결과가 있다. 보다 최근의 연구는 아동 성폭력 피해자의 4%와 25% 사이가 여성 소아 성애자라는 결과를 보고했다. 또 다른 연구는 여성 소아 성애자들이 남아보다는 여아에 대한 성적학대를 하는 경향이 있다는 결과를 제시했다.[52]

2) 나이

출처 : Daum 카페>별빛어린이집

소아 성애자 사이에는 상당한 나이 차이가 있지만, 소아 성애자들은 강간범들보다 평균적으로 더 나이가 많은 경향이 있다. 유죄판결을 받은 강간범의 75%가 30세 이하인 반면에 유죄판결을 받은 소아 성애자의 75%가 30세 이상이다. 모든 소아 성애자들은 40세 이전에 첫

49) Ann W. Burgess, Children Traumatized in Sex Ring(Washington, D.C.:National Center for Missing and Exploited Children, 1989), p.7.
50) Donald K. Wright, Too Late for Tears, The Detective, Summer/Fall 1989, p.18.
51) Ibid., pp.426-427.
52) Ibid., p.427.

아동 성범죄를 범한다. 소아 성애자의 80% 이상이 30세 까지 첫 아동 성범죄를 범하고, 약 5%가 청소년이 되기 전에 첫 아동 성범죄를 범한다. 아동 성범죄자들이 다른 성범죄자들보다 나이가 많고 소아성애자의 나이에 따라서 피해자 선호가 달라진다. 즉, 50세 이상의 소아성애자들은 10세 이하의 아동들을 선호하고, 40세 이하의 소아성애자들은 12세에서 15세 사이의 청소년들을 선호한다.[53)]

3) 피해자에 대한 태도

사회는 소아 성애자에 대하여 아주 부정적이다. 따라서 그들은 거의 항상 그들의 성범죄에 대하여 전적인 책임지기를 거부한다. 소아성애자들은 아동을 향한 성적 신념과 매력에 대한 사고와 느낌을 위장하려 한다. 즉, 소아 성애자들은 범행 후에 마음은 텅 비어 있었고, 술에 취해 있어서 무엇을 하는지 알 수 없었으며, 아무것도 할 수 없었다거나 그들에게 무엇이 일어났는지 몰랐다고 주장한다. 그들은 그들 범행의 원인을 외부적 요인에 귀인하거나 자신의 통제능력 외부에 있는 요인에 귀인하려 한다.

소아 성애자의 인지에 있어서 자기 통제력은 중요한 변수이다. 자기 통제력이 낮은 소아 성애자들은 유혹에 충동적으로 반응하는 경향이 강하고, 행동 결과에 대하여 거의 고려를 하지 않는다. 따라서 아주 위험한 행동을 하게 된다. 그러나 소아성애자들은 강간범들보다 유의할 정도로 더 좋은 자기통제력을 가지고 있는 것 같다. 따라서 소아성애자들이 자신을 통제할 수 있는 능력이 없다는 주장은 타당성이 없다.[54)]

4) 인지적 기능

중요한 연구에서 캔터(Cantor) 등은 성범죄를 범하는 성인 남성들은 그렇지 않은 남성들보다 지능지수가 유의할 정도로 낮다는 사실을 발견한다.[55)] 그러나 성범죄자와 일반사람들 사이의 지능지수 차이는 성범죄자의 하위유형에 걸쳐서 동일하게 발생하지는 않는다. 즉, 성인에 대한 강간범들은 비범죄자들과 지능지수의 차이가 없다. 종합컨대, 피해자의 나이가 어릴수록 범죄자의 나이는 그 만큼 낮다. 결과적으로 성폭력 범죄자들과 비범죄자들 사이의 지능차이는 아동 성폭력 범죄자들의 지능에 기인한 것 같다. 사실 소아 성애자들의 지능은 일반인들의 평균 지능의 3분의 2 수준이다.

---

53) Ibid., pp.427-428.
54) Ibid., p.428.
55) J. M. Cantor, R. Blanchard, I.K. Robich명, & B.K. Christensen, Quantitative reanalysis of aggregate date on IQ in sexual offenders, Psychological Bulletin, 131, 2005, pp.555-568.

5) 직업과 사회경제적 지위

아동 성폭력으로 체포되어 유죄반결을 받은 소아성애자 중의 3분의 2는 비기술직이나 준기술직 집단 출신이다. 1980년 대 동안 대중매체 보도는 아동 성범죄율의 놀라운 증가 사실로 가득하다. 이러한 보도 내용은 소아성애자들 사이에는 어떤 경제적 또는 사회적 장벽이 없다는 사실을 알 수 있게 한다. 즉, 아동 성범죄자들은 사회의 모든 계층에서 존재하고 모든 직업집단에 존재한다.[56]

6) 대인관계적 · 사회적 기술

성범죄자가 아동을 피해자로 선호할수록 그 만큼 범죄자의 사회적 능력은 뒤떨어지는 경향이 있다. 이러한 맥락에서 사회적 능력은 범죄자의 성인과 관련된 사회적 · 성적 능력을 의미한다. 소아성애자들은 보통 사회적으로 부적합하고, 대인관계 기술이 부족하고, 자신감이 없고, 자존감이 결여되어 있다.

4. 소아성애자의 유형

마사츄세츠 치료센터는 소아 성애자 유형을 ① 고착된 유형(fixated type), ② 퇴행적 유형(regressed type), ③ 착취 유형(exploitative type), ④ 공격적 또는 가학적 유형 등으로 분류한다.[57]

(1) 고착적 소아성애자

고착된 유형이란 아동을 성적 · 사회적 동료로서 장기적이고 배타적으로 선호하는 현상을 말한다. 소아 성애자는 남녀를 불문하고 성인 동료들과는 성숙된 관계를 형성하지 못하고, 그를 아는 대부분의 사람들은 그를 사회적으로 미성숙된, 수동적인, 소심한, 의존적인 인간으로 규정한다. 소아성애자는 아동과의 관계에서 편안함을 느끼고 따라서 동료로서의 관계를 추구한다. 성적 접촉은 보통 소아성애자와 아동이 친밀하게 된 후에 이루어진다.

---

56) Ibid., p.429.

57) M. Cohen, T. Seghorn, & W. Calmas, Sociometric study of the sex offender, Journal of Abnormal Psychology, 74, 1969, pp.249-255.

출처 : 빛의 시선(971)
http://blog.daum.net/sainti

고착형 소아성애자들은 거의 결혼한 사람이 없으며, 성인 동료와 데이트를 하거나 장기적인 우정관계를 유지한 증거는 많지 않다. 이러한 유형의 소아성애자들은 아동과의 접촉, 애무, 포옹하기를 좋아한다. 그러나 성교를 하는 경우는 거의 없으며, 물리적 폭력이나 공격을 하는 경우도 아주 드물다.

고착된 소아성애자들은 일반적으로 평균적인 지능을 가지고 있으며, 직업은 비교적 안정적이다. 사회적 기술은 일상생활을 하기에 적합하다. 고착된 소아성애자들은 자신이 아동을 동료로서 배타적으로 선호하는 이유에 대해서는 관심이 없다. 따라서 고착형 소아성애자는 치료하기 어렵고 재범을 할 가능성이 아주 높다.[58)]

(2) 퇴행적 소아성애자

퇴행적 소아성애자는 상당히 정상적인 청소년들과 좋은 동료관계를 유지하고 이성애 경험을 한다. 하지만, 후에 남성다움의 부적합성의 느낌과 자기의심을 하는 상태에 도달한다. 또한 직업적인 문제와 사회적・성적인 문제가 뒤따른다. 퇴행적 아동 성애자는 알코올 남용, 이혼, 빈약한 고용기록 같은 문제에 노출된다.

퇴행적 소아성애 행동은 보통 여성 또는 남성 동료들이 소아 성애자의 성적 적합성에 대해 의미있는 거부를 함으로써 촉발된다. 즉, 소아성애자는 여성 친구가 그를 거부한 후에 다른 남성과 더 성공적인 관계를 유지하는 것을 목격할 수 있다. 미성숙 소아성애자들과는 달리 퇴행적 소아성애자들은 보통 잘 모르는 피해자를 선호하고 자기 이웃에서 멀리 떨어져 사는 피해자를 선호한다. 피해자는 거의 항상 여성이며 피해자와 성교를 추구한다. 퇴행적 소아성애자는 성행위 후에 후회하고 불안감을 표명하기 때문에 보통 교화를 위한 좋은 대상이 된다. 따라서 재범률은 높지 않다.

58) Bartol & Bartol, op.cit., p.430.

(3) 착취적 소아성애자

착취적 소아성애자란 자신의 성적 욕구를 만족시키기 위하여 아동을 이용하는 유형이다. 그는 할 수 있는 어떤 방법으로 아동의 약점을 이용하여 아동들을 복종시키기 위해 다양한 종류의 전략과 속임수를 동원한다. 착취적 소아성애자는 아동들과는 잘 모르는 관계에 있으며, 아동들을 다른 사람과 범인 주변의 친밀한 환경으로부터 고립시키려고 한다. 필요한 경우에는 아동들을 자기의 욕망에 따르도록 하기 위하여 물리적 폭력을 사용한다. 착취적 소아성애자는 아동의 정서적, 물리적 안녕에는 관심이 없고 피해자를 오직 성적 대상만으로 취급한다.

착취적 소아성애자는 범죄행동이나 반사회적 행동의 오랜 전력 소유자이다. 주변 사람들과는 잘 어울리지 못하고 다른 사람들은 그를 피한다. 아주 충동적이고 성급하고 변덕스런 성격의 소유자이다. 그의 대인관계 기술의 현저한 결함은 아동을 피해자로 선택하는 주된 이유이다. 그는 임상적인 치료가 어렵고, 그의 결함은 일생동안 지속된다.

(4) 공격적 · 가학적 소아성애자

공격적 · 가학적 소아성애자란 아동들을 성적, 공격적 이유로 선호하는 유형이다. 이러한 소아성애자들은 반사회적 행동의 오랜 전력과 환경에 대한 부적응이라는 문제의 소유자들이다. 그들은 대부분 동일성의 피해자를 선호하는 동성애적 소아성애자이다. 아동을 사악하게 공격하고 가학적으로 공격한다. 피해자에게 상해와 고통을 많이 가할수록 그 만큼 범인은 성적으로 만족하게 된다.

공격적 · 가학적 소아성애자들은 아주 흔히 아동납치와 살인을 한다. 임상의들은 이러한 유형을 아동에게 위험할뿐아니라 치료하기 가장 어려운 범죄자들이라고 규정한다. 다행히 이러한 유형은 아주 드물지만, 대중매체에 흔히 등장하는 유형이다. 따라서 아동 성폭력자의 이미지와 결합되는 경우가 대부분이다. 존 웨인 게이시(John Wayne Gacy Jr.)는 33명의 소년과 젊은 사람을 살해하고 시체를 자기 집의 지하실에 매장한 공격적 · 가학적 소아성애자였다.

5. 청소년 성범죄자

(1) 청소년 성범죄의 특징

청소년 성범죄는 청소년이나 보다 나이가 어린 아동들을 대상으로 이루어진다. 따라서, 거의 모든 청소년들의 성범죄는 아동을 대상으로 한다고 볼 수 있다. 청소년 성범죄는 강간과 성추행으로 나누어진다. 청소년 성범죄에 관한 연구에 의하면, 청소년 성범죄는 전형적으로 강간과 성추행이라는 두 개의 범주로 나누어진다. 강간은 성교를 포함하는 성폭력이며, 성추행은 애무 또는 오럴에 의한 성자극을 포함하는 다양한 행동을 말한다.

(2) 성범죄자 특징

아동 성폭력의 약 30%에서 50%가 청소년들에 의해 저질러진다. 청소년 아동성애자들은 청소년 강간범들과는 대단히 다른 집단의 특성을 가지고 있다. 청소년 아동성애자들은 사회적 기술의 부족과 동료들과의 상호작용의 결여로 인해 아주 사회적인 고립상태에 있다. 그들은 아주 어릴 때부터 동료들로부터 따돌림을 당하고 따라서 아주 내성적이다.[59]

청소년 아동 성애자의 피해자들의 대다수(60% 이상)는 12살보다 더 어리고, 이 피해자 중의 3분의 2는 6살 이하이다.[60] 또 다른 연구에 의하면, 청소년 아동성애자에 의한 피해자들의 63%가 9살이하이다.[61] 반면에 청소년 강간범들은 자기 나이나 더 많은 피해자를 선택한다. 근친상간 사건에 대한 연구는 형제간 강간범은 비형제간 강간범보다 더 어린 아동을 성폭행한다고 보고한다.

청소년 아동성애자들은 청소년 강간범들보다 자신들이 아동이었을 때 성적으로 많은 학대된 경험을 가지고 있다. 청소년 아동성애자들은 다른 청소년들보다 자신감과 자존감이 아주 낮고, 우울증, 짜증, 염세주의에 빠져있다. 또한 사회적 부적합성, 동료

---

59) A. van Wijik, J. van Horn, R. Bullens, C. Bijleveld, & T. Doreleijers, Juvinile sex offenders:A group on its own? International Journal of Offender Therapy and Comparative Criminology, 49, 2005, pp.25-36.

60) C. Veneziano, & L. Veneziano, Adolescent sex offenders: A review of the literrature, Trauma, Violence, & Abuse, 3, 2002, pp.247-260.

61) G. Ryan, et.al., Trends in a national sample of sexually abusive youths, Journal of the American Academy of Child and Adolescent Psychiatry, 33, 1996, pp.17-25.

의 비웃음과 거부에 고통스러워 한다. 청소년 소아 성애자들은 청소년 성 범죄자들보다 심리적 기능 측면에서 더 큰 결함을 가지고 있으며, 피해자에게 덜 공격적이고 잘 아는 피해자를 범행대상으로 한다.[62]

6. 여성 청소년 성범죄자

가장 최근의 UCR 통계에 의하면, 여성 청소년들은 강간과 성매매를 제외한 체포된 모든 청소년 범죄자들 중에 단지 5.5%에 지나지 않는다. 그러나 여성 청소년들의 성범죄는 실제 발생보다 낮게 신고되고 있는 것으로 알려져 있다. 여성 청소년들의 성범죄는 보통 자신들보다 5살 이상 어린 아동들을 대상으로 한다.

여성 청소년의 아동 성범죄는 아동보육이나 돌보기 과정에서 발생한다. 28명의 여성 청소년 범죄자들의 피해자는 12살 이하였으며, 대부분 잘 아는 아동이 57%, 형제가 29%, 다른 친척이 14%였다. 67명의 여성 청소년 성범죄자들을 대상으로 한 연구는 피해자의 90% 이상이 친척이나 친지라고 보고하였다. 여성 청소년 범죄자들 대부분은 남자 청소년 성범죄자들보다 아동기에 더 많은 성적인 학대를 받은 경험을 가지고 있었다. 이들은 우울증, 자아개념의 결여, 자살 생각 등과 같은 정신적 갈등상태로 인해 고통을 받은 경험을 갖고 있다.[63]

7. 재범률

(1) 소아성애자

소아성애자가 소아 성폭력을 학습한다면, 상당히 높은 재범률을 예상할 수 있다. 그러나 소아성애자의 재범률은 확인하기 어렵다. 두 번째 범행시 소아성애자들은 경찰수사를 피하기 위해 아주 조심스럽다. 그러나 소수의 연구결과는 소아성애자의 재범률이 강간범의 재범률과 비슷하다는 결과를 보여준다. 4천 5백명 이상의 성범죄자들을 대상으로 한 조사에 의하면, 가족을 제외한 소아성애자들의 평균 5년 동안의 재

62) J.A. Hunter, et.al., Juvinile sex offenders:T%oward the development of a typology, Sexual AQbuse: A jhournal of Research and Treatment, 15, 2003, pp.27-48.

63) Bartol & Bartol, op.cit., pp.436-437.

출처 : 법률/재판/변화 (17)

범률이 19%였으며, 강간범의 재범률은 17%였다. 1994년에 교도소에서 출소한 4,295명의 아동 성폭력범죄자들에 대한 또 다른 연구에 의하면, 출소후 3년 이내에 재체포된 범죄자는 39%였다. 그러나 이 수치는 성범죄만을 대상으로 한 것이 아니고 어떤 범행으로 재체포된 범죄자들을 모두 포함한다. 그러나 아동 성범죄로 재체포된 사람들만을 대상으로 하면, 단지 3.3%만이 3년 이내에 재체포되었다는 결과를 얻을 수 있다. 또 다른 연구에 의하면, 5년 이상의 기간 동안 재범률은 이성간 소아성애자의 경우에 18.2%, 동성간 소아성애자는 34.5%였다.

캐나다에서 다양한 성범죄자들을 대상으로 심리적 치료를 제공하는 프로젝트를 활용한 연구에 의하면, 프로젝트 완료후 3.5년 동안 치료를 받지 않은 소아성애자의 32%가 성범죄로 재체포되었으며, 치료를 받은 성범죄자들의 재체포율은 14%였다.[64]

(2) 청소년 성범죄자

청소년 성범죄자들은 성인 범죄자들보다 유의할 정도로 재범률이 낮다. 보통 청소년 성범죄자들의 재범률은 2%에서 14%정도이다. 성범죄 전체 재범률은 7% 수준이고 청소년 강간범의 재범률이 모든 청소년 성범죄자 중에서 가장 재범률이 높다.

청소년 성범죄의 재범률은 충동성과 낮은 자기규제력과 관계가 있다. 즉, 충동적이고 자기규제력이 부족한 청소년 성범죄자들은 재범을 하기 아주 쉽다는 것이다. 청소년 성범죄자의 재범률이 성인보다 낮은 이유는 나이가 들어 범행을 그만두는 성장효과와 효과적인 치료의 이용가능성 등과 같은 다양한 요인의 작용 결과이다.[65]

---

64) Ibid., pp.437-438.

65) D. Waite, et.al., Juvinile sex offender re-arrest rates for sexual, violent nonswexual, and property crimes, SAexual Abuse: A journal of Research and Treatment, 17, 2005, pp.313-331.

8. 소아성애의 잠재적인 원인

(1) 부적합성 가설

대부분의 소아성애에 대한 설명은 성인이 소아를 성적·사회적으로 선호한다는 것을 주된 원인이라는 단일요인에 초점을 둔다. 즉, 소아성애의 단일의 원인은 성인의 소아에 대한 성적인 선호라는 것이다. 그들은 성인세계에서 성적·사회적 행동이 놀림감이 되는 것을 두려워한다.

그러므로 미숙하고, 호기심 많고, 경험이 없는 아동의 세계에서 성적인 관계를 가지기를 좋아한다. 이러한 점에서 소아성애자들이 성인들과 성적 접촉을 하지 않는 이유를 설명하는데 도움이 된다. 부적합성 가설이 어떤 측면에서 타당성이 있는 것 같지만, 소아 성애자 행동의 다양성과 전체 범위를 설명하지는 못한다.

(2) 소아성애자에 대한 기초이론

핀켈러와 아라이(Finkelhor & Araji)는 소아성애에 대한 설명을 위한 네 가지 기본적인 이론을 제시하였다. 제시한 네 가지 이론은 정서일치 이론, 성적 흥분이론, 장애이론, 비 절제이론 등이다.[66]

1) 정서 일치이론

출처 : 스포츠칸&경향닷컴

정서 일치이론은 사람이 성적으로 아동과 관계를 가지는 이유를 그들의 욕구를 정서적으로 만족하고 일치하는데서 찾으려고 한다. 이 이론은 소아성애를 성인의 정서적 욕구와 아동의 특징사이의 일치라는 관점에서 접근한다. 대부분의 일치이론은 정신분석에 그 기원을 두고 있으며, 체포된 범죄자들의 심리적 발달에 집중한다. 이러한 관점에 의하면, 소아성애자들은 자신을 유치한 정서적 욕구와 의존성을 가진 아동과 동일시하고, 결과적으로 아동과 아주 편안한 느낌을 가지게 된다는 것이다. 소아성애자는 아동과의 관계에서 힘이 세고, 능력적이고, 관계를 통제하는 위

66) D. Finkelhor, & S. Araji, Explanations of pedophilia:A four factor model, The Journal of Sex Research, 22, 1986, pp.145-161.

치에 서기 때문에 아동과의 관계는 조화롭다. 소아성애자와 아동의 관계는 성애자에게 우월감과 삶의 통제력을 제공한다.

2) 성적 흥분이론

성적 흥분이론(sexual arousal theory)은 왜 소아성애자들이 아동의 어떤 특징에 의해 성적으로 흥분되는가를 설명하려고 한다. 성적 흥분은 아동과 만날 경우에 성기발기 정도에 의해 측정된다. 이러한 관점은 다양한 이유로 정상적인 남성이 성적 흥분을 느끼지 못하는 상태에서 아동의 특징에 의해 성적인 흥분을 하는 현상을 의미한다.

소아성애자의 경우에 아동기의 성적 놀이는 특별히 생생하고, 가치있고, 자극적이고, 지금까지의 경험중에 가장 성적으로 흥분되는 경험일 수 있다. 아동기의 성적 경험에 대한 환상은 아동과 성적 흥분을 연결시키는 결과를 초래한다. 결국 아동은 성적 흥분을 고조시킬 수 있는 성적 자극이 된다.

3) 장애 이론

장애 이론이란 소아성행동이 성인과의 관계에서 정상적으로 성적·정서적 만족을 하지 못하는 장애의 결과라고 보는 이론이다. 정상적인 성적 관계에 좌절된 소아성애자들은 아동을 상대로 성적 만족을 찾는다. 장애이론은 소아성애자의 자신감 결여, 소심함, 부적합, 다루기 힘든 성격을 강조한다. 소아성애자의 이러한 성격적 결함은 성인 여성과 정상적인 사회관계와 성적 관계를 형성할 수 없게 한다. 결혼관계가 파괴된다면, 소아성애자는 자신의 딸을 대체물로 삼는다.

4) 비억제이론

비억제이론(Disinhibition theory)은 인간행동에 대한 자기 통제상실과 개인적 제약 상실을 중요시하는 이론이다. 비억제이론은 범죄자로 하여금 자신의 행동을 촉구하는 다양한 상황을 설명한다. 충동통제 결여, 알코올과 약물의 과도한 사용, 다양한 스트레스 등이 소아성애자가 좋아하는 일탈적인 성행동의 국면으로 향하게 만든다. 이미 앞에서 언급했듯이, 소아성애자들은 비난받는 것을 싫어하기 때문에 그들 소아성애행동의 원인을 자기 외부요인에 귀인한다.

CHAPTER 02

복수 및 증오관련 범죄

Section 1 방화범

1. 개념

출처 : 로이터

방화(arson)란 고의 또는 악의를 가지고 불을 질러 사람의 살해나 상해, 또는 재산피해를 초래하는 범죄행위를 말한다. 즉, 범인이 고의로 주택, 공공건물, 자동차 또는 비행기, 다른 사람의 재산을 불태우거나 불태우기 위한 시도를 말하고, 이러한 방화의 결과 사람의 살해 또는 상해와 재산을 불태우는 범죄행위이다.[1]

또한 방화사건은 살인, 강도, 횡령, 사기 등의 다른 범죄은폐 시도, 또는 보험금 목적의 자신의 재산 불태우기 등의 고의적인 불법행위를 말한다. 방화는 결과적으로 인명이나 재산에 대규모의 피해를 초래하고 공공의 위험을 초래하는 범죄행위이므로 중요범죄의 하나에 해당한다. 방화행위가 재산뿐만 아니라 인명피해를 초래했을 경우에 중대방화(aggravated arson)라고 한다.[2] 중대방화는 방화대상이 된 건조물 내에 방화범 이외의 타인이 존재할 때에 발생한다. 형법적으로는 현주건조물 방화죄라고 한다.

1) Weston & Lushbaugh, op.cit., p.251.
2) Ibid., p.252.

2. 특징

(1) 동기범죄와 수법범죄

방화는 원한이나 치정, 사회불만 등으로 인한 분노와 증오, 복수심에 의해 발생하는 동기범죄라는 점이 하나의 특징이다. 따라서 범행의 동기파악에 주력해야 한다. 또한 연쇄방화 등 대부분의 방화범죄는 수법범죄자에 의해 자행되므로 수법원지와 피해통보표 등을 활용하여 범인을 특정하여 체포해야 한다.

(2) 범죄단서 발견 곤란

화재사건은 방화인지 실화인지 구분하기 어려운 경우가 대부분이다. 대부분의 강력사건은 감식요원이 현장에 도착하는 순간 범죄행위 여부를 인지할 수 있지만, 화재사건은 정밀하게 감식해야만 방화인지 혹은 실화인지 구분할 수 있다. 방화나 실화에 관계없이 현장증거의 소실로 범죄단서의 발견이 어려워 다른 어느 범죄보다 수사가 어렵다. 특히 많은 화재사건의 경우에 목격자가 없다는 점도 범죄수사의 단서를 확보하기 어렵게 만들고 따라서 수사의 성공을 어렵게 한다.

(3) 남성과 청소년의 범죄

대부분의 방화는 남성과 아동 및 청소들의 범죄행동이다. 방화사건의 80%는 남성들의 범행으로 밝혀지고 있고, 13세에서 17세 사이의 여성방화범의 비율이 증가하는 추세에 있다.

미국의 경우에, 아동이나 청소년의 방화는 수사대상이 되지 않고, 신고되지 않거나 해결되지 않는다. 청소년 방화의 10%이하가 신고된다. 아동들의 방화는 목격자나 보호자가 인명 손실이나 재산의 유의한 파괴가 없기 때문에 위험한 행동으로 인정하지 않는다. 따라서 어떤 사람도 아동들의 방화를 신고하지 않는다. 또한 아동들을 고소하는 것은 장래에 방해가 될 수 있는 전과기록을 남겨주는 문제도 있기 때문이다.

(4) 범죄의 재구성 곤란성

대부분의 범죄는 범죄현장 감식이 이루어지기 전에 현장이 원상태로 보존된다. 그러나 화재사건은 소방관, 건물주인, 구경꾼 등이 화재현장에 출입하고 소방관들의 화재진압활동으로 인해 현장은 훼손되고 변질된다. 특히 소방관의 화재진압과 인명구조 활동 등으로 인해 화재감식이나 재구성은 화재가 진화되기 전에는 불가능하다. 화재가 완전히 진압되기 전에는 수사관이 범죄현장에 들어갈 수 없기 때문이다. 이것이 다른 강력범죄와 다른 점이다. 화재의 진압은 소방관들에 의해 이루어지는 데 이 과정에서 화재현장은 본래의 화재현장을 변화시키거나 변질을 초래한다. 또한 화재 진압 후에도 소방관들은 화재의 재발을 초래할 수 있는 숨은 불씨 등에 대한 정밀한 점검(overhauling)을 위하여 화재현장의 구조물과 공간 등에 손을 대기 때문에 화재현장의 원상 보존은 거의 불가능하다.[3] 따라서 화재사건은 범죄의 감식과 재구성이 다른 범죄와는 달리 대단히 어렵고, 따라서 미제사건으로 가장 많이 남는 사건이 바로 화재사건이다.

3. 방화의 발달단계

(1) 불에 대한 흥미단계

카프레이(D. Kafrey)에 의하면, 아동의 불놓기 행동은 아동심리학에서 공통적으로 사용되는 용어로서, 심리학연구자들사이에서 상당한 관심의 대상이 되어 왔다. 5세에서 7세사이의 아동들은 거의 대부분 불에 대한 황홀감을 가지고 있다. 더욱이 불에 대한 황홀감은 5명의 아동 중에 한 명이 3살 이전에 시작한다.[4]

(2) 불장난(fire play)

불장난은 일종의 실험으로서 5살에서 9살 사이의 아동들에 의해서 발생된다. 이 단계에서 아동들은 불이 어떻게 발화하고 무엇을 할 수 있는 지를 실험한다. 이 단계동안 아동들은 화재의 위험에 빠질 위험에 놓여 있다. 그들은 화재의 결과를 이해할 수 있는 능력이 제한적이고, 불을 끄기 위한 효과적인 전략이 없기 때문이다.

3) Paul B. Weston & Charles A. Lushbaugh, Criminal Investiqation, Terth Edition, Pearson Prentice Hall, 2006, op.cit., pp.258-259.
4) Bartol & Bartol, op.cit, pp.507-508.

(3) 불 놓기(firesetting)단계

아동들은 10살까지 불의 위험과 그 결과를 학습한다. 이 시기까지 계속 불을 지른다면, 불 놓기 단계에 도달한다. 이 시기의 아동들은 흥미의 형태로서, 또는 다른 사람의 관심을 끌기 위한 의사전달의 장치로서 불을 의도적으로 사용한다. 불을 계속 놓는 아동들은 동료들에 비교할 때 빈약한 사회기술, 부적합한 사회능력, 충동성의 특징을 나타내는 경향을 보여준다. 동료에 의해 거절되는 아동들은 그렇지 않은 아동들보다 더 불을 놓기 쉽다. 아동의 공격성과 동료거절의 결합은 아동의 불 놓기와 유의한 상관관계를 보여준다.

지속적인 아동 방화범들은 주의력 결핍 과잉행동 장애와 충동조절 장애상태에 있을 가능성이 높다. 실제로 이들 중에 많은 아동들을 교사들이 품행장애 아동으로 인정한다. 동물과 다른 아동들에게 계속 잔인하게 행동하는 아동들은 지속적인 방화행동을 하는 경향이 강하다. 청소년 방화범들은 또한 강간과 기타 성범죄를 포함한 다양한 범죄를 범하는 것으로 기록되고 있다.

불에 대한 황홀감과 실험단계를 넘어 방화를 하는 거의 모든 아동들은 부모와 빈약한 관계에 있으며, 부모로부터 육체적 학대의 피해자이다. 아동의 방화는 부모의 비효과적이고 잘못되거나 결여된 훈육과 밀접한 관련이 있다.

(4) 성인기의 방화

출처 : http://cafe.naver.com/optellcomcian

성인기에도 계속 방화를 하는 아동들은 지적 능력의 부족, 자신감 결여, 대인관계 기술의 부족이라는 문제가 있으며, 저고용이나 실직, 우울증과 무력감에 빠지는 경향이 강하다. 방화는 갈등과 스트레스에 대해 반응하는 의사전달 수단으로서 사용된다.

청소년이나 성인 방화범들은 자신의 환경에 영향을 미칠 수 있는 효과적인 수단이 없고 자신이 아주 바람직하지 않은 상황에 있다고 생각하는 비수혜집단의 사람들이다. 반복적인 성인 방화범들은 그들의 환경이나 개인적 생활에 대한 통제력이 없다고 경험하고 인지하는 사람들이다. 방화는 개인이 환경에 대한 통제를 경험하거나 어떤 영향을 미칠 수 있는 조건을 제공할 수 있다. 방화는 평소에 방화범의 요구에 귀 기울이지 않는 당국이나 개인, 또는 사회에 경종을 울리는 의사전달의 수단이다.

(5) 지속적 · 반복적 방화

반복적인 방화의 동기는 자신의 생활 통제와 어떤 사회적 인정을 받기 위한 방화범의 시도이다. 예를 들어, 방화는 낮은 자기존중감, 슬픔, 우울증과 같은 방화범의 느낌을 심화시키는 사건에 의해 촉진된다. 또한 많은 방화범들은 방화 후에 화재현장에 머물고, 화재경보를 울리고, 심지어 화재진압을 돕는다. 어떤 경우에 인명구조를 하는 영웅적인 행동을 한다.

이론적으로 이러한 행동으로 방화범이 받는 인정감은 아마 그들의 자존감을 높이고, 그들의 생활에 대한 통제감을 불어넣는 것으로 보인다. 반복적인 방화행동의 대부분은 작은 불에서 큰 불로 발전하고, 점점 동일한 수법으로 방화를 하게 된다. 또한 혼자서 불을 지르고 비밀에 부친다. 따라서 사실상 연쇄방화범들은 체포될 때까지 그들의 행동을 누구도 인지하지 못한다. 그들이 체포될 경우에 그들의 방화의 역사는 다른 사람들의 관심과 인정을 받을 수 있는 추가적인 기회를 제공한다. 따라서 방화는 이러한 방화범들이 보여주는 부적응적 행동의 집합체를 구성하고 있는 하나의 요소에 불과하다.[5)]

4. 방화의 동기

방화는 사람이 고의로 화재를 발생시킨 경우로서 방화범의 동기와 기술에 따라서 다양한 방법으로 나타난다. 방화죄는 동기범이라고 할 정도로 다른 범죄보다도 그 동기가 뚜렷할 뿐만 아니라 범죄 후 증거가 남지 않는 것이 보통이기 때문에 사건의 입증이나 범죄의 단서를 포착하는데 동기의 파악이 특히 중요하다. 동기가 발견되는 경우 연고감 · 지리감에 의한 감수사의 대상이 되기도 한다. 대체로 방화의 동기는 재산상의 이득, 복수, 방화광, 정신질병, 범죄은폐, 공공시설 파괴 등으로 구분된다.

---

5) Ibid, p.509.

(1) 재산상의 이득

재산상의 이득을 위한 방화는 거의 대부분 보험사기와 관련된다. 특별한 시설이나 구조물의 소유자가 합법적인 거래보다는 보험금을 통해서 더 큰 이득을 얻을 수 있다는 결론을 내릴 경우에 방화를 일으킨다. 이러한 방화행위는 일반적으로 방화행동의 발각을 회피하는 전문 방화범이나 준전문 방화범에 의해 저질러진다. 결과적으로 이러한 동기의 방화에 대한 공식자료와 통계치는 거의 없는 실정이다. 그러나 이러한 방화로부터 얻는 이득은 너무 크고, 발각될 확률은 너무 낮기 때문에 실제사건은 통계적으로 보고된 것보다 훨씬 많이 발생하는 것으로 믿어진다.

보험금을 노리고 경제성이 없거나 무가치한 자신의 건물, 시설 등에 보험계약을 체결하고 방화하는 경우 등이 보험사기 방화에 속하며 이 유형의 방화범은 공범자가 있는 경우가 많다. 보험 이외에 채권, 채무, 납품, 납세 등의 유예 및 변제, 구상 등을 목적으로 방화하는 경우가 포함된다. 이러한 경우에 공범이 있는 경우가 많다. 이러한 현상은 주택이나 기업모두에 적용된다.[6] 공범은 범행을 주도하는 주범과 고용된 방화범(torch for hire)으로 구성되고, 고용된 방화범은 보통 남성이고, 25~40세의 나이로 실업자인 경우가 대부분이다. 고용된 방화범은 주거침입절도, 폭력, 약물중독 등 다양한 범죄전력의 소유자인 경우가 많다.

(2) 복수

출처 : 뉴시스

복수는 모든 범죄유형에 공통되는 동기이다. 가해자의 타인에 대한 증오, 원한, 또는 질투 등이 작용하여 피해자의 재산에 불을 지르는 복수의 형태로 나타난다. 증오에 의한 방화는 어떤 분쟁이나 원한 때문에 발생한다. 배신한 연인, 반목하는 이웃, 직장의 해고나 개인간의 재산분쟁, 종교적, 인종적. 정치적 분쟁이 증오화재의 원인이 된다. 사회와 정부당국에 대한 분

6) Gilbert, op.cit., p.431.

노와 증오가 방화의 동기가 되기도 하고 방화광에 의한 방화의 원인이 되기도 한다. 이러한 경우에 방화광은 특이한 정신질병에 관계없이 중요건물이나 시설에 방화함으로써 사회와 정부당국에 복수를 하게 된다.[7] 복수에 의한 방화는 타인 주택뿐만 아니라 국가의 중요시설, 국보급문화재, 열차나 지하철 또는 자동차 등 교통수단도 대상으로 한다.

(3) 쾌락 목적의 방화

아이들의 호기심에 의한 불장난이나 연쇄방화 등은 쾌락 목적의 방화에 해당한다. 쾌락목적의 방화범들은 불을 지르는 그 자체와 불에 수반되는 모든 흥미진진한 것을 목격함으로써 만족할 수 있는 자극을 갈망하기 때문에 방화를 자행한다. 이 경우에 방화범은 흔히 화재진압과 수사를 안전하게 관찰할 수 있는 좋은 위치를 선택하여 즐기는가 하면, 때때로 불을 구경하는 군중들에 섞여 군중들의 언동을 듣고 군중들의 흥분을 느끼기도 한다. 연쇄방화범들은 상습적으로 불을 지르고 재산이득이나 범죄은폐 같은 전통적인 동기와는 무관하다. 그들의 동기는 쾌락, 정신병이나 복수 등과 같은 다양한 요인에 의해 동기부여된다. 쾌락목적의 방화범은 보통 청소년 또는 청년들로서 실업자이며 부모들과 함께 사는 것이 특징이다.

연쇄방화범은 다발성(mass), 활성(spree), 또는 반복(recurring)의 어느 한 가지에 해당되는 아주 충동적인 방화범이다. 다발성 방화(Mass arson)는 단일범이 극히 제한된 시간 동안에 동일한 장소의 여러 곳에 불을 지르는 경우를 말한다. 활성 방화(Spree arson)는 한정된 시간 안에 분리된 여러 장소에 불을 내는 것을 말하고, 반복적인 방화(Recurring arson)는 며칠, 몇 주, 또는 심지어 몇 년 간격을 두고 반복적으로 불을 지르는 것을 말한다.[8]

연쇄방화의 구체적인 특징은 다음과 같다. ① 증거가 남을 확률이 높다. ② 방화의 대상은 한정되어 있지 않다. ③ 단독범인 경우가 많다. ④ 방화 자료는 현장에서 조달하는 경우가 많다. ⑤ 범행시간은 심야와 새벽이다. ⑥ 범인이 방화 장소와 동일지역 내에 거주하는 경우가 많다. ⑦ 연쇄방화를 기도한 경우 목적달성 시 까지는 쉽게 포기하지 않는다.

---

7) Gilbert, op.cit., p.431.
8) Ibid., p.437.

(4) 방화광에 의한 방화

DSM-Ⅳ에 의하면, 방화광(Pyromania)이란 의도적이고 고의적인 다양한 형태의 방화를 하는 사람을 말한다. 방화광이란 불꽃에 강렬한 환상을 가지고 불을 지르는 저항 불가능한 충동이나 열정을 의미하는 정신병리학적 용어이다. 더욱이 방화광은 방화를 하기 전에 고도의 긴장이나 정서적 자극상태에 있으며, 방화를 할 때 이러한 긴장의 제거나 감소현상이 발생한다. 방화광은 자기 이웃이나 공동체에서 화재가 발생하면 규칙적인 구경꾼이다. 또한 허위 화재경보를 울리고 화재진압 장비에 비상한 관심을 보인다.

출처 : http://blog.naver.com dug3922

방화광에 의한 방화는 실질적인 원인이나 방화행위로 인한 물질적 이익에 대한 고려 등 특별한 동기없이 단지 감각적인 만족이나 성적 쾌감을 얻기 위해 방화한다. 방화벽(pyromaniac)을 가진 방화광(fire-bugs)은 방화에 의해서 이웃 전체를 공포속에 몰아넣고 체포되어 교정시설에 구금되지 않는 한 방화는 계속되는 특징이 있다.[9)]

(5) 정신병에 의한 방화

어떤 방화는 개인의 특유한 정신병적 이유로 발생한다. 정신분열증 환자는 어떤 목소리가 불을 지르도록 지시를 하는 망상증 때문에 건물에 불을 지를 수 있으며, 어떤 정신병자는 화재 대상물 안에 있는 사람들이 자신에게 불리한 음모를 꾸미고 있다는 믿음으로 불을 지를 수 있다.[10)]

(6) 공공시설의 파괴

일반적으로 공공시설의 파괴로서의 방화는 단순히 쾌감을 얻거나 제도에 대한 전반적인 저항으로서 발생한다. 학교시설과 화재보험에 가입하지 않은 자동차와 구조물에 대한 높은 화재발생률은 바로 공공시설 파괴의 동기를 반영한다. 정치분쟁, 정치보복

9) Weston & Lushbaugh, op.cit., p.254.
10) Ibid., p.432.

또는 노사문제의 제기를 위하여 방화하는 경우도 이러한 유형의 방화사건에 포함될 수 있다.

(7) 범죄은폐

방화범은 강도나 살인같은 다른 범죄행위의 증거를 제거하기 위하여 불을 지른다. 범인은 자신의 동일성에 관한 모든 유죄증거를 파괴하거나 최초의 범죄발생 증거를 파괴하기 위하여 방화행위를 한다. 모든 방화범들의 7~9%에 해당하는 이 유형은 보험목적의 자살을 숨기기 위해서 저질러지기도 한다. 범인은 다른 사람들의 주의를 분산시키기 위해 방화를 하고 다른 건물이나 주택에 주거침입 절도를 자행한다.

(8) 여성 방화범

여성방화범들은 남성들보다 약간 나이가 많다. 그들은 보통 알코올과 약물 남용 경력 소유자이며, 교육수준이 낮고, 결혼한 일이 없다. 그들의 범행동기는 대체로 복수였으며, 복수는 그들 가족에 대한 위협이나 잘못에 대한 반응으로서 충동적으로 행동하는 경향이 있다. 여성방화범들은 대부분 조급하게 행동하기 때문에 자기가 사는 집 근처나 공공장소에서 인화물질을 사용해서 방화를 한다.

Section 2 증오범죄

1. 들어가며

노르웨이 테러 용의자 브레이빅 연쇄살인마 사건

출처 : 연합뉴스

인간사이의 분노와 미움에 의한 증오범죄는 인간역사 만큼이나 오래된 역사를 가지고 있다. 개인이나 특정집단에 대한 미움이나 편견에서 비롯되는 증오는 원시사회는 물론이고 오늘날에도 상대방에 대한 적대감의 원인이 되고 있지만, 특히 최근에는 상대방에게 물리적 공격을 가하는 범죄의 형태로 나타나고 있다. 미국의 경우 국가적 형사법체계에 의한 증오범죄는 주로 증오집단에 의해 인종, 민족, 성, 종교, 성적 지향과 관련된 특정인 또는 불특정 다수를 희생시키는 범죄를 의미한다. 우리나라의 경우에 보통 원한이나 치정, 복수 등이 동기로 작용하여 성폭력이나 살인 등이 발생하였을 경우에 이를 증오범죄라고 하고 감수사라는 수사기법(knowledge investigation technique)이 활용되고 있다.

그러나 전통적인 범죄수사에서 말하는 원한이나 복수에 의한 범죄는 개념적으로는 증오범죄라고 볼 수는 있으나 형사법체계에서 말하는 증오집단의 증오나 편견이 동기가 되어 발생하는 증오범죄와는 근본적인 차이가 있다. 특히 미국의 경우에 증오범죄는 인종, 종교, 성적 지향, 민족과 국적, 그리고 신체장애에 관한 편견이 동기가 되어 저질러진 범죄를 법적으로 증오범죄라는 독립적인 폭력범죄로 규정하고 형사사법체계에서 별도로 처리하고 있다. 드물기는 하지만 성차별(gender bias)에 의한 범죄도 증오범죄로 취급하고 있기도 하다. 우리나라는 증오범죄를 미국과 같은 개념으로 다루지는 않는다. 즉, 인종, 종교, 성적지향, 민족이나 국가, 신체장애 등에 의한 편견이 동기가 된 범죄를 증오범죄로 유형화하여 별도로 다루지는 않는다. 단지 우리나라에서 증오범죄라면 실무적으로 특정 개인이나 집단 또는 전체사회에 대한 원망이나 불만, 개인간의 원한이나 치정에 의한 보복 등이 동기가 된 범죄를 의미한다.

최근에 범죄학자들은 물론이고 미국을 비롯한 일부 국가에서는 증오범죄를 폭력범죄의 새로운 하나의 유형으로 다루기 시작했다. 따라서 이 새로운 폭력범죄 형태인 증오범죄에 대한 실태 분석과 대책에 대한 연구가 필요하다고 생각된다.

2. 이론적 배경

(1) 증오범죄의 개념

증오범죄 또는 편견 범죄(bios crime)는 단지 범죄대상들이 특이한 인종적, 민족적, 종교적, 또는 성적인 정체성을 소유하고 있다는 편견에 의해 증오의 대상이 되어 폭력이 가해지는 반사회적 행위를 말한다.[11] 증오범죄는 증오뿐만 아니라 편견에 의한 동기로 행해지는 범죄이며, 이 적대감은 복잡하고 방대하며 모호한 개념으로 쉽게 정의하기가 어렵다는 것이 특징이다.[12]

증오범죄는 특정집단의 사람들이 행위자의 이익이나 행복에 실제 장애요소가 될 경우도 있겠지만, 실제로는 자신의 이익이나 삶에 아무런 관계가 없으나 단지 특정집단에 대한 편견에 의해 폭력이 가해지는 범죄를 의미하는 것으로 정의하는 것이 더 정확할 것 같다. 따라서 미국의 경우에 증오범죄는 백인만 사는 지역에 이주해온 소수민족의 교회나 묘지의 훼손 또는 괴롭힘과 같은 형태로 발생하기도 하며 주로 저항능력이 없는 다루기 편리하고 힘없는 대상들을 공격 표적으로 삼는다. 증오범죄의 또 하나의 표적이 되는 대상은 동성애자들이다. 동성애자에 대한 공격(gay bashing)은 미국 사회에서 공통적인 현상이다.[13]

또한 특정 종교에 소속된 사람들은 줄곧 공격의 표적이 되어 왔으며, 외국의 근로자들이나 인디안 이주자들이 증오 범죄의 표적이 되어 온 것은 오래된 일이다. 캘리포니아에서 멕시코 근로자들이 공격받아 살해되었으며, 뉴저지에서 인디안 이주자들이 인종적 증오의 대상이었다.[14]

미국의 경우 특정집단의 구성원은 증오범죄의 대상이 되지만, 한국의 경우 범죄자가 특정집단을 대상으로 하는 것이 아니라 가진 자를 대상으로 증오범죄를 범하거나 여성에 대

---

11) Ibid., p.345.
12) James B. Jacobs & Kimberly Potter, *Hate Crimes,* Oxford University Press, 1998, p.11.
13) Ibid., p.345.
14) Charles Patrick Ewing, When children kill)Lexington, Mass:Lexington Books), 1990, pp.65-66.

한 증오심으로 불특정 여성에 대해서 범행을 한다는 점에 차이가 있다. 또는 한국형 증오범죄는 사회 전반에 대한 불만이 동기가 되어 불특정 다수를 범죄대상으로 함으로써 길거리의 행인, 공원의 학생, 여성 등 비교적 저항능력이 없는 대상에 대해서 가리지 않고 범행을 한다는 것이 특징이다. 따라서 한국형 증오범죄는 "대상자를 특정하지 않는 경향을 보이며 행위자의 사회전체에 대한 주관적 분노에 기인하여 주로 인신에 대한 공격을 주된 요소로 삼는 폭력범죄"라고 정의할 수 있다.[15] 지금까지의 논의를 종합해 보건대, 증오범죄란 개인이나 특정집단의 사람들이 행위자의 이익이나 행복에 실제 장애요소가 될 경우도 있겠지만, 실제로는 자신의 이익이나 삶에 아무런 관계가 없으나 단지 분노와 편견의 대상이 되는 특정・불특정 개인, 집단 또는 전체사회에 대해 폭력을 가하는 범죄를 의미하는 것으로 정의할 수 있다.

(2) 증오범죄의 유형

증오범죄의 유형은 레빈과 맥데빗(Levin & McDevitt)의 유형과 바우먼(Bouman)의 유형이 대표적이다.[16] 맥데빗은 증오범죄 유형을 스릴 추구적 증오범죄, 반응적 증오범죄, 사명적 증오범죄 등 세 가지로 분류하였고, 바우먼은 증오범죄의 유형을 스릴추구형, 조직화 유형, 사명적 유형, 반응적 유형, 그리고 자기정체성 갈등 유형 등 다섯 가지로 분류하였다.[17] 바우먼의 유형 중 세 가지는 맥데빗t의 유형과 유사하므로 조직화 유형과 자기 정체성 유형만을 추가로 살펴보기로 한다.[18] 한편, 한국의 경우 특이한 사회상황을 고려할 때, 사회나 국가정책에 대한 불만으로 발생하는 사회불만형, 특정인에 대한 편견에 의해 발생하는 복수형, 노숙인, 동성애자, 그리고 장애자 등 사회적 소수자에 대한 증오범죄 유형을 생각해볼 수 있다.

---

15) 김진혁, 한국형 증오범죄에 관한 연구, 한국범죄심리연구 제6권 제1호, 2010, 37면.
16) Jack Levin and Jack McDevitt, *Hate crime: The rising Tide of Bigotry and Bloodshed*, New York: Plennum, 1993, pp.30-33. Walter Bouman, "Best Practices of a Hate/Bias Crime Investigation", *FBI Law Enforcement Bulletin, 63, no.5*, 2003, p.2.
17) Bouman, 앞의 책, 21-23면.
18) Levin and McDevitt, 앞의 책, 30-33면. Bouman, 앞의 책, 2면.

1) 미국

① 스릴 추구적 증오범죄(thrill-seeking hate crimes)

스릴추구적 증오범죄란 범죄행위에서 짜릿짜릿한 스릴을 즐기기 위해 보통 젊은 사람들에 의해 자행되고 주로 특정집단을 공격의 표적으로 삼는 것이 특징이다. 특히 아직은 어리고 일탈성향이 있는 청소년들은 폭력적인 수단을 사용하거나 다른 사람들에게 고통을 가하는 가학적인 폭력으로 짜릿한 스릴을 추구한다. 그들은 불특정다수를 피해자화하고 흔히 사용하는 범죄수법은 증오를 상징하는 낙서, 언어폭력이나 물리적 폭력을 가하는 것이 특징이다. 레빈과 맥데빗은 보스톤 경찰국의 기록을 기초로 한 연구를 통하여, 스릴추구 범죄가 전체의 58%에 해당할 정도로 증오범죄의 가장 공통적인 현상으로서 대부분 폭력을 동원한다고 주장했다.[19)]

② 반응적 증오범죄(reactive hate crimes)

반응적 증오범죄란 범죄자들이 다른 집단들로부터 자신들의 이익이나 안전을 침해받고 있다고 믿을 때 발생한다. 그러나 실제로는 특정집단이 증오집단의 이익이나 안전을 침해한 일은 거의 없다. 이러한 형태의 증오범죄는 일반적으로 경제적, 심리적 또는 영역적 위협과 관련이 있다. 공격자들은 오히려 피해자들이 자신들의 공동체와 삶의 터전을 위협하기 때문에 이를 방어하는 차원에서 피해자에 대한 공격이 불가피하다고 합리화한다. 비행집단의 십대들은 자기 지역에 이주해오는 다른 인종이나 소수민족들이 자신들의 이익을 침해하는 나쁜 사람들이기 때문에 그들을 저지하기 위해서 반응적인 증오범죄를 범한다고 주장한다. 반응적 증오범죄는 예기치 않은 시간과 장소에서 우발적으로 피해자들에게 폭력을 행사하는 것으로 나타났으며 전체의 약 42%를 차지했다.[20)]

③ 사명적 증오범죄(missionary hate crimes)

사명적 증오범죄란 이 세상의 최고의 권력이 증오범죄자들로 하여금 증오범죄를 범하도록 하는 권한을 주었다고 믿거나 자신들을 최고권력과 동일시하는 경우에 발생한

---

19) Levin & McDevitt, 앞의 책, 33면.
20) Siegel, 앞의 책, 345면.

출처 : 중앙일보

다. 그들은 병적일 정도로 증오심에 불타고 있으며 살인을 포함하는 아주 폭력적인 범죄를 범할 수 있다. 성격장애자 범죄자들이라고 할 수 있는 그들은 증오범죄를 세계의 악을 제거하기 위한 자신들의 사명이라고 주장하는 가장 잔인하고 강력한 증오집단이다.

1970년대의 스킨헤드나 쿠클랙스 클랜 그리고 백인 지상주의 같은 비밀결사 집단들은 다른 신앙과 종교를 가진 민족의 사람들이 그들의 인종적 순수성을 위협하기 때문에 그들의 종교적 신앙을 지키기 위해 공격하는 것이 하나의 사명이라고 확신한다. 사명적 증오범죄자들은 피해자들을 야구 방망이로 무차별 공격하는 것과 같이 가장 폭력적인 수단을 동원하는 것으로 밝혀졌다.21)

④ 조직화된 유형(organized hate crimes)

조직화된 증오범죄란 개인이 범행을 계획하거나 조직의 리더의 지시에 따라 범행하는 경우를 의미한다. 따라서 개인이 단독으로 또는 집단적으로 범행을 하고 범행대상은 주로 소수민족이 된다. 증오범죄를 범하기 위해서 그들은 그들의 범행을 조직화하고 격려할 역할 모델이나 리더를 찾는 것이 특징이다. 범인은 과거에 발생한 증오범죄자들의 범죄행위를 모방하여 계획적으로 범죄를 범할 수도 있고, 증오집단을 구성하여 리더의 지시에 따라 범죄를 조직적으로 진행시킬 수도 있다.

⑤ 자기 정체성 갈등 유형

어떤 증오범죄자들은 범행시에 자기 정체성 갈등상태(identity conflict)에 빠질 수 있다. 대표적인 사례는 동성애자들에게서 찾을 수 있다. 동성애자들 중에 상당수가 자신을 미워하거나 우울증에 빠지거나 자살충동을 느낀다고 한다. 이러한 유형은 동일집단에 속하는 사람들 간에 증오범죄가 저질러지는 경우를 의미한다. 즉, 동성애자가 다른 동성애자를 공격하고 노숙자가 다른 노숙자를 공격하듯이, 어떤 증오범죄자가 자신과 공통적인 특성을 소유하고 있는 다른 사람을 피해자화하는 정도에 따라서 깊은 자기증오 상태에 빠질 수 있다.

21) Levin & McDevitt, 앞의 책, 30-33면.

2) 한국

한국의 증오범죄 유형은 한국의 사회상황에 맞는 증오범죄 개념에 따라서 분류해 보면, 사회불만형, 복수형, 사회 소수자형, 그리고 미국의 자기 정체성 갈등 유형이 해당될 것으로 보인다.

① 사회불만형

사회불만이나 분노형 증오범죄는 사회적 약자의 위치에 있는 사람들이 자신의 처지가 사회의 제도나 국가의 정책 때문이라는 불만이 증폭되고 이는 분노로 발전되어 불특정 개인이나 국가시설이나 문화재 등을 공격하거나 파괴, 또는 방화를 하는 경우를 말한다. 사회불만형 증오범죄는 사회나 직장에서의 좌절에 의한 분노로 인하여 살인 같은 중범죄를 범하거나 대형 화재사건으로 사람을 살상하거나 중요시설을 불태우는 것이 특징이다. 사회불만형은 사회에 대한 복수라고도 볼 수 있겠지만 사회에 대한 불만으로 '적절한 대상이 없는 증오범죄' 혹은 '이유 없는 증오범죄'이기 때문에 복수의 대상이 특정되어 있지 않는 것이 특징이다.

② 복수형

복수형 증오범죄는 사회불만형과 중복적이라는 문제가 있다. 그러나 사회불만형은 자신의 처지를 사회에 대한 원망으로 돌려 주로 불특정인이나 사회전체를 대상으로 증오범죄를 범하지만, 복수형은 경제적으로 부유한 가진자나 자신을 무시하거나 배신한 여성을 특정하거나 전체 여성이라는 범주를 한정하여 증오범죄를 범한다는 점에 차이가 있다. 지존파가 야타족과 같은 가진자나 여성을 특정하여 범죄를 범하거나 어릴 때 어머니의 학대나 여성의 자신에 대한 무시, 또는 여성의 배신 등에 의해 증오심이 생겨 범죄를 범한 유영철의 연쇄살인이 대표적이다. 또는 사업관계나 채권·채무관계, 직장에서의 푸대접, 범죄행위에 대한 신고나 고소·고발, 재판과정에서의 불리한 증언 등에 의한 복수의 차원에서 자행되는 범죄 역시 이러한 유형에 해당하고 범죄의 대상이 특정되어 있다는 점이 특징이다.

③ 사회적 소수자형

한국의 경우에 편견이나 증오에 관련된 범죄나 반사회적 행위 유형은 사회적 소수자를 대상으로 하는 차별이나 범죄를 생각해 볼 수 있다. 사회적 소수자란 신체적 또는 문화적 특징 때문에 사회의 다른 성원에게 차별을 받는 집단이라고 정의할 수 있다. 사회적 소수자는 신체 또는 문화적으로 차이가 있고 사회·경제적 권력면에서 열세에 놓여 있으며, 차절적 대우를 받는 것이 특징이다. 예를 들자면, 우리사회에서 노숙인, 동성애자, 그리고 장애인 등은 사회적 소수자라고 볼 수 있다. 그들 집단은 다른 집단과는 신체·문화적으로 차이가 분명하고, 사회적으로 상대적인 차별을 받는 위치에 있기 때문이다. 이러한 사회적 소수자에 대한 편견이나 증오는 범죄로 나타날 수도 있고, 차별의 형태로 나타날 수 있다.

(3) 증오범죄의 특징

증오범죄는 비합리성, 잔인성, 대량성, 불특정 대한 무차별성, 지속성, 모방성, 보복범죄 유발성 등이 특징으로 거론되기도 한다.[22] 이러한 특징을 좀 더 구체화하고 새로운 특징을 살펴보기로 한다.

1) 특정집단의 불특정 다수에 대한 범죄

증오범죄는 특정인을 대상으로 하는 것이 아니라 주로 이해관계나 면식관계가 없는 불특정 다수를 대상으로 발생하는 것이 하나의 특징이다. 범죄대상은 그 동기에 따라서 특정집단의 구성원이 범죄의 표적이 되지만 그 구성원이 구체적으로 누구이냐는 문제가 되지는 않는다. 세계적으로, 특히 미국의 경우에 인종편견. 종교적 신념에 의한 편견, 성적 지향에 대한 편견, 그리고 민족·국가에 대한 편견, 장애자 편견 등으로 해당집단의 불특정인을 대상으로 증오범죄가 저질러진다.

반면에 우리나라에서 발생하는 증오범죄는 빈부격차 같은 사회적 불만, 또는 개인적 원한이나 치정 등과 같은 것이 범죄의 동기가 되고 있는 경우가 대부분이다. 특히 인종편견이나 종교편견, 성적지향, 민족이나 국가편견 등과 같은 것이 범죄의 동기로 작용하는 경우는 거의 찾아보기 힘들다. 그러나 사회불만, 가진 자에 대한 반감, 여성의 냉대에 대한 여성혐오 등이 범죄의 동기로 작용할 경우에 그 동기에 따라서 특정집단의 불특정 다수가 범죄의 대상이 된다.

2) 증오집단의 존재

증오범죄는 주로 특정 증오집단에 의해서 저질러지는 사건이 많다는 점이 특징이다. 특히 미국을 비롯한 대부분의 서구국가에서 발생하는 증오범죄는 증오집단이 조

---

22) 김진혁, 앞의 책, 35-37면.

직화되어 지속적으로 특정대상들만을 골라 범행을 자행하는 것으로 밝혀지고 있다.

증오집단이란 유사한 견해를 가진 사람들로 결성된 조직으로서 어떤 형태의 조직구조를 갖추고 있으며 편견이나 증오의 대상이 되는 피해자들에 대한 차별 또는 폭력을 지지하거나 참여하는 사람들로 구성되어 있다. 증오집단에 의해 자행되는 증오범죄는 모든 증오범죄의 10-15% 정도를 차지하지만, 범행은 가장 잔인하고 지속적이다. 이러한 증오집단은 전 세계에 걸쳐 인종차별, 국적이나 민족차별, 성차별, 동성애 혐오증 등 다양한 동기와 관련되어 일종의 조직의 형태로 존재한다. 따라서 증오범죄자들은 두 명 이상이 범죄를 함께 저지르게 되는 경우가 많고, 다수의 피해자가 발생하고 피해 역시 심각한 수준에 이른다.[23] 미국에서 활동중인 증오집단은 2000년에 602개에서 2008년는 926개로 50%이상의 증가된 양상을 보이고 있다. 미국의 증오집단은 일반적으로 여섯 개의 범주로 분류될 수 있다. 즉, Klan, 신나치주의(Neo-Nazi), 스킨헤드(Skinhead), 기독교 일체성주의자(Christian Identity), 흑인 분리주의자(Black Separatist), 신 남부연합주의자(Neo- Confederate) 등으로 구분된다.

Klan은 KKK(Ku Klux Klan)의 전통적인 이념을 추종하는 집단으로서 백인 분리주의와 백인의 우월성, 반카톨릭(Anti-Catholic)과 반유태주의(Anti-Jewish)를 강조한다. KKK는 1865년 미국의 남북전쟁 직후 결성되어 노예생활을 하던 흑인들을 협박하고 범죄를 저지르기 시작한 인종편견 증오범죄 집단이다. 비록 오늘날 그 세력이 약화되어 Klan으로 그 명맥이 유지되고 있기는 하지만 여전히 강력한 증오집단이다.

신나치주의는 아돌프 히틀러를 강력하게 추종하는 집단으로서 나치의 인종주의와 반유태주의 신념을 신봉한다. 한편, 머리를 삭발한 스킨헤드는 신 나치주의와 유사한 신념을 추종하지만 그 구성원 자격을 십대와 젊은 사람들에게만 한정한다는 것이 특징이다. 신 백인우월주의 집단인 스킨헤드는 1960년 영국의 노동자 집단이었으나 그 이후에 고등학교를 중퇴한 10대와 20대들로 구성되어 독일, 미국, 러시아에서 백인 이외의 타 인종집단을 집

23) 한종욱, “신종범죄: 증오범죄②”, 수사연구, 제11울호, 110-113면.

중적으로 공격대상으로 삼는다. 특히 러시아에서 가장 적극적으로 활동하고 있는 이들의 표적은 자국 내의 유색인종만이 대상이 아니라 전 세계의 흑인, 유태인을 비롯하여 아시아인들, 심지어 게이, 레즈비언같은 동성애자, 낙태지지자들도 포함된다.

기독교 일체성주의자들의 구성원들은 성경에서 선택한 민족으로서 백인만을 구성원 자격을 인정하고 유대인을 사탄(악마)과 동일시 한다. 한편, 신 남부연합주의자들은 남북전쟁 전에 남부에서 추종하던 인종주의 원칙을 부활하려는 집단이다. 이러한 증오집단의 구성원들이 최근에 보고된 다양한 증오범죄의 대부분을 범한 것으로 밝혀졌다.[24)]

서구사회에서 부각되고 있는 또 하나의 증오집단은 동성애자들을 대상으로 하는 사람들이다. 이 집단은 주로 게이 남성을 목표로 범죄를 범하고 있으며 남자 동성애자 학대라는 의미의 게이 배싱(gay-bashing), 또는 페그 배싱(fag-bashing), 퀴어 비팅(queer-beating) 등으로 표현할 정도로 남성 동성애자들을 범죄표적으로 삼고 있다. 게이를 표적으로 하는 증오범죄는 살인 · 약탈과 같은 강력범죄에서부터 다양한 형태의 폭력이 가해진다.[25)]

3) 저항불능자의 피해자화

증오범죄자들이 증오를 불러일으킨 동기에 따라서 특정집단의 구성원들을 범죄의 대상으로 선택한다. 그러나 그 구성원들 중에 맞붙어 저항할 수 없는 편리하고 힘없는 사람들을 범죄의 표적으로 삼는다는 것이 특징이다. 특히 여성들을 이나 노인들을 대상으로 하는 사건이 많고, 대체로 사회불만이나 여성혐오 같은 증오나 복수심이 범죄의 동기라는 점이 특징이다.

연쇄살인범들이 어린이나 노인 또는 부녀자들을 사회불만이나 반감이라는 증오의 대상으로 삼아 범죄를 범하는 것은 그 동기와 관련하여 분석할 때 별로 설득력이 없다. 사회불만과 관련된 증오의 대상은 젊고 유능한 정치인이나 재벌, 또는 권력자들이 될 개연성이 높다. 어린이나 노인 또는 부녀자는 사회적 불만과 관련된 주된 증오의 대상이 아닌데도 단지 그들이 범죄자와 맞서 격투를 벌일만한 힘이 없는 유약한 존재이기 때문에 주로 증오범죄의 대상이 된다.

---

24) James N. Gilbert, *Criminal Investigation, seventh edition*, Pearson Prentice Hall, 2007, p.427.
25) 조철옥(1), 포스트모더니즘 범죄이론에 의한 동성애 합법화분석, 공안행정학회보 제6권 제2호, 2007, 231-232면.

4) 증오범죄자와 범행장소의 특성

미국의 경우 증오범죄자는 13-25세 사이의 청소년이 68%를 차지하고 있을 정도로 연소화 되어 있고, 모르는 사람을 범행대상으로 하는 경우가 70%에 해당한다. 범죄자의 인종은 백인 69%, 흑인 17%, 히스패닉 19%로 나타났으며, 아시아인이나 인디안은 없다는 것이 특징이다. 증오범죄자 수는 대인범죄의 경우 비증오범죄에 비해 2명 이상의 다수범죄자의 비율이 46% 대 17%의 비율로 중범죄의 비율이 높고, 대물범죄의 경우 68% 대 33%로 역시 증오범죄의 비율이 높다. 범행장소는 비증오범죄의 경우 대체로 피해자의 생활영역 안에서 발생하지만, 증오범죄는 공공장소(60%)나 피해자의 집밖에서 발생하는 것으로 나타났다.[26] 따라서 증오범죄자들은 비증오범죄자들보다 나이가 어리고, 다수의 범죄자가 모르는 사람을 대상으로 공공장소나 집밖에서 범행을 하는 특징을 갖고 있다.

5) 인터넷 증오사이트의 확산

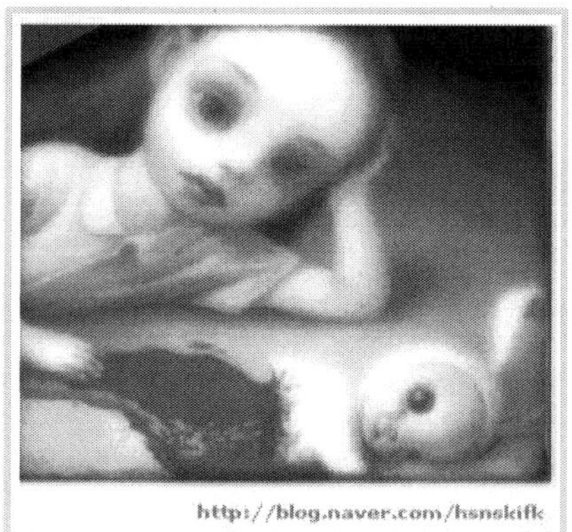

출처 : http://blog.naver.com/hsnskifk

인터넷을 통한 의사소통이 일상화되면서 익명성을 통한 상대방을 비난하거나 비웃는 글들이 특정대상에 대한 증오심을 유발하는 도구로 이용되고 있다. 악성댓글 또는 악성 리플(reply)은 인터넷을 통한 대표적인 부정적인 의사소통도구화 되고 있다. 특히 이러한 악플이 상대방에 대한 편견이나 증오심의 발로라는 점이 문제이다. 2005년 이후 우리나라는 이러한 악플로 인하여 자살을 유발하는 사고가 유명 연예인들을 중심으로 빈발하였다.

인터넷에는 음란사이트에 이어 "증오사이트"가 증가하면서 전 세계적으로 증오심을 확산시키는 중요한 도구로 이용되기 시작했다. 이러한 증오사이트는 전 세계의 백인들에게 우월주의를 심어주고 유색인종들에게 조롱과 멸시, 조소를 퍼붓는다.[27] 중국의

26) 최응렬 · 정승민, 미국에서의 인종차별에 의한 증오범죄에 관한 연구, 피해자학연구 제13권 제2호, 2005.10, 377면.

27) 임미혜, 불특정 다수를 향한 증오범죄의 원인에 관한 연구, 광운대 정보복지대학원, 마약범죄정보학 석사논문. 2006. 27-28면.

한 20대 사업가가 만든 '반 CNN사이트'(anti-cnn.com)는 티베트에 우호적인 해외언론 및 기업의 사례를 취합함으로써 그들에 대한 증오감을 조장하고 관련 기업 제품의 불매운동과 시위를 주도하기도 하였다. 또는 증오집단은 이슬람에 대한 증오를 조장하기 위해 무슬림이 등장하는 '자살폭탄게임'을 제공하는가 하면, 미국에 대한 증오를 부채질하기 위해 미국으로 불법 월경하는 멕시코인에게 총격을 가하는 '보더 패트롤'(border patrol)이라는 온라인게임 사이트도 등장하였다. 우리나라의 경우 2008년 봄에 벌어진 미국 쇠고기 수입반대 촛불시위 역시 미국을 증오하는 인터넷 증오사이트의 영향이라고 분석되기도 한다.

국경도 없고 경계선도 없는 사이버 세상에서 청소년들뿐만 아니라 인터넷을 접할 수 있는 모든 사람들이 차별과 편견으로 가득한 증오에 노출되어 있는 것이 오늘날의 사회적 현실이다. 가장 큰 문제는 인터넷을 가장 많이 사용하는 청소년들이 이런 증오사이트에 현혹되고 있다는 사실이다. 세계적으로 곳곳에서 활동하고 있는 KKK단이나 스킨헤드, 또는 독일의 신나치주의자들 같은 증오집단의 주된 구성원들이 10대와 20대로 구성되어 있으며 이들이 가장 과격하고 폭력적인 행동대원들이 되고 있다. 이들 사이트 중에는 평화분위기를 가장하여 회원을 유치하지만, 한 번 가입한 회원은 마음대로 탈퇴할 수도 없다.

3. 증오범죄에 대한 대책

(1) 미국

1) 증오와 편견에 관한 특별법 제정

1989년 미국 의회는 FBI로 하여금 증오나 편견범죄에 관한 자료를 수집할 수 있는 권한을 법제화하였다. 그 법은 1990년 4월 부쉬 대통령(George Herbert Bush)의 서명을 받은 「증오범죄 통계법」으로서 FBI로 하여금 인종, 종교, 성적 지향, 또는 민족으로 인한 편견이 동기가 되어 어떤 개인이나 집단에게 가해지는 폭력범죄, 협박, 방화, 또는 재산 침해에 관한 자료를 수집할 것을 요구하는 내용이 중심을 이루고 있다. 그러나 이 연방법률은 성차별적 편견에 의한 증오범죄를 법률상의 증오범죄로 포함시키지 않았다.[28]

또한 1994년 9월에 「폭력범죄 통제와 단속법(Violent Control and Law Enforcement Act)」

28) Curt Bartol, and Anne M. Bartol, Criminal Behavior, Pearson Education, Inc., 2008. 426면.

은 「증오범죄 통계법」에 물리적 · 정신적 장애를 증오범죄의 범주에 추가하였으며, 이러한 장애자 편견 자료 수집은 1997년 1월에 시작되었다. 또한 1994년에 의회는 증오범죄에 해당되는 범죄로 인정될 경우에 보다 장기형을 선고하는 「증오범죄 선고강화법(Hate Crimes Sentencing Enhancement Act)」을 통과시켰다.

뒤이어 증오범죄와 관련된 법제화는 더욱 광범하게 이루어졌다. 1991년 10월과 1996년 5월 사이에 110건의 교회방화사건이 연방정부 당국에 보고되었는데 화재는 유대교회당(synagogues), 이슬람사원(mosques) 그리고 남부의 흑인 교회당을 대상으로 발생했다. 이 사건은 증오집단의 행위라고 판단하여 「교회 방화 예방법」을 제정하는 계기가 되었으며, 미국 의회는 증오범죄 통계법에 교회방화와 관련된 자료를 수집하는 조항을 포함시키게 되었다. 또한 1999년에 의회는 연방 정부 당국이 성적지향, 성별, 또는 신체적 장애를 이유로 증오범죄를 수사하고 기소하도록 하는 「증오범죄 예방법(Hate Crime Prevention Act)」을 통과시켰다. 이 법으로 증오범죄에 관한 처벌의 범위는 더욱 확대되었다.

이러한 연방법에 추가하여 40개 이상의 주정부와 콜롬비아 자치구는 증오 또는 편견법규를 제정하였다. 거의 모든 주 정부는 인종, 종교, 민족, 그리고 국적에 기초한 편견을 포함하는 법을 통과시켰으나 몇몇 주는 성별, 신체장애, 또는 성적 지향에 기초한 편견을 포함시키는 법을 제정하였다.

2) 증오범죄법 제정 추진

미국은 2011년 들어 증오범죄와 증오집단을 단속하기 위한 법 제정을 추진하고 있다. 최초의 흑인 출신 법무장관인 에릭 홀더는 최근 "정치적 행동주의를 가장한 폭력을 막기 위해 강력한 내용의 증오범죄를 제정해야 할 것"이라는 입장을 천명했다. 또한 동성연애자, 성전환자, 양성애자 등 성적 지향 차이에 따른 증오범죄 대책도 마련되고 있다. 해리 리드 상원 민주당 대표는 10년전 동성애자라는 이유로 폭행을 당해 사망한 '매튜 세퍼드'라는 사람의 이름을 딴 증오범죄법안인 "매튜 세퍼드 법안"을 제출하겠다고 밝혔다. 매튜 세퍼드 사건은 미국사회에 엄청난 충격을 준 사건으로서 1998년 가을 동성애 대학생인 매튜 세퍼드(Matthew Shepard)가 납치되어 심한 폭행을 당한 후 와이오밍(Wyoming)의 대농장 울타리에 영하의 기온 속에서 묶여져 있다 의식이 없는 상태로 발견되어 5일 후에 사망한 사건이다. 세퍼드 사건은 동성애자들을 증오하는 사람들에 의해 살해된 증오범죄 사건이라는 점에서 동성애를 증오범죄의 대상에 포함시키게 된 계기가 되었다.[29] 한편, 매사추세츠 주는 동성애자 등의 권리를 보장하는 내용의 법안 HB 1728호의 제정을 추진하고 있으며, 이 법안에는 성전환자가 남성용이나 여성용 공중 화장실을 제한 없이 사용할 수 있는 권리를 부여하는 내용도 포함되어 있다.[30]

3) UCR과 NIBRS의 증오범죄 자료관리

미국의 경우에 증오범죄의 자료수집과 통계적 관리를 위한 법을 제정하고 FBI에서 자료수집 프로그램을 채택하여 관리하고 있다는 사실은 국가적으로 얼마나 증오범죄를 심각하게 인식하고 있는가를 입증한다. 미국은 증오범죄와 관련된 자료수집과 자료이용을 위한 「증오범죄 통계법(the Hate Crime Statistics Act)」을 제정하고 이 법을 준수하기 위해 FBI가 「UCR(the Uniform Crime Reporting) 증오범죄 자료수집 프로그램」을 확립하여 주와 지방정부의 법 집행기관들에 대한 증오범죄의 자료수집을 통제하고 관리하고 있다.[31]

증오범죄 통계법과 더불어 증오범죄 자료수집은 11개 전통적인 범죄를 대상으로 하고, 두 개의 주요 범주로 구분되고 있다. 즉, 두 개의 주요 범죄의 범주는 사람에 대한 범죄와 재산에 대한 범죄로 구분된다. 또한 사람에 대한 범죄는 살인, 강간, 중폭행, 단순폭행, 협박 등이 해당된다. 한편 재산에 대한 범죄는 강도, 침입절도, 치기사범, 자동차 절도, 방화, 그리고 재물 손괴 등이 포함된다. 주와 시·군의 법집행기관은 복사본, 플로피 디스크, 마그네틱 테이프, 또는 전자적인 방법과 같은 다양한 수단에 의하여 자료를 UCR에 제출하는 것으로 법제화하고 있다.[32]

FBI의 증오범죄 보고 프로그램은 UCR의 분기별 사건보고 형태와 NIBRS(National Incident-Based Reporting System) 형태의 두 가지로 이루어지는데 대부분의 경찰기관이 증오범죄에 대해 분기별 보고, 즉, UCR보고를 하지만 거기에는 가해자와 피해자에 대한 정보가 거의 없다. 대신에 NIBRS는 증오범죄 사건, 관련 가해자와 피해자, 피의자, 재산피해, 그리고 그 이상의 많은 정보를 수집한다. 따라서 NIBRS는 1995년과

29) Siegel, 앞의 책, 343-344면.
30) 국기연 특파원, 기승 부리는 미 증오범죄, 인종·종교 다르다는 이유로 '무차별테러', 세계일보, 2009.7.19.
31) http://www.as.wvu.edu/%7Ejnolan/nibrshatecrime.html. Analysis of NIBRS Hate Crimes (1995-2000).
32) Bartol & Bartol, 앞의 책, 426면.

2002년 사이에 주와 지방 정부의 활용도가 지속적으로 증가하고 있으며, 법 집행기관들은 1995년에 단지 5%만이 NIBRS에 증오범죄 자료를 보고했으나 2002년도에는 거의 20%가 자료를 보고했다는 점에서 증오범죄 자료 수집과 활용의 중심으로 자리 잡고 있다.[33)]

4) 증오범죄 수사 전담기관의 설치

증오범죄의 심각성과 광범성 때문에 미국의 많은 법집행기관들은 증오범죄의 확산을 예방하기 위해 특별한 노력을 기울여 왔다. 증오범죄 수사의 초점은 범죄자의 동기 입증에 있으며, 그 동기 입증 책임은 수사기관에 있다. 따라서 수사관들이 발생한 범죄에 대하여 증오범죄 여부를 결정해야 하는 경우에 고도의 전문성을 갖추고 있어야 한다. 인종, 종교, 성적 지향, 기타 보호되는 요인들을 소유하고 있다는 이유로 특정인이나 집단을 피해자화하는 범죄자의 심리적 구조를 이해하고 범죄에 대한 질문기술을 개발해야 한다. 또한 증오범죄 수사관들은 후배 수사관들에게 새로 출현하는 증오범죄 관련 법규와 수사기술을 교육하는 책임을 져야 한다.

이러한 변화에 따라서 많은 경찰기관들은 증오범죄 여부를 결정하고 수사하는 특별수사팀을 설치하여 증오범죄 수사를 전담시키고 있다. 1980년에 보스톤과 뉴욕 경찰당국은 편견에 의한 범죄수사를 담당할 부서를 설치하여 증오범죄 혐의가 있는 곳에서 수사를 개시하고, 또한 피해자들을 원조하고 보호하기 위해 '인권위원회(the Comission on Human Rights)' 와 '게이 · 레즈비언 협의체 (the Gay and Lesbian Task Force)' 등과 같은 관련 조직들과 협력체계를 유지하고 있다. 또한 뉴욕시 경찰국 증오범죄사건 전담팀은 22명의 수사관으로 구성되고, 로스엔젤리스 경찰국의 증오범죄 전담팀은 19명의 수사관으로 구성되어 있다.[34)]

5) 증오범죄의 가중처벌

미국의 거의 모든 주는 증오범죄를 억제하기 위한 법안을 제정했다. 39개주는 폭력적인 증오범죄 처리 법률을 통과시켰으며, 19개 주는 특별히 증오범죄 자료 수집을 강제하는 조항을 추가했다. 또한 거의 모든 주의 법률과 연방법은 편견이나 증오범죄를

33) http://www.as.wvu.edu/%7Ejnolan/nibrshatecrime.html. Analysis of NIBRS Hate Crimes (1995-2000).

34) Gilbert, 앞의 책, 429면.

범하여 기소된 범인에 대하여 가중처벌 조항을 입법화했다.[35]

그런데 문제는 증오범죄를 복수나 탐욕, 또는 분노에 의한 범죄보다도 엄하게 처벌하는 것에 대한 타당성에 관하여 의문이 제기된다는 점이다. 어떤 사람들은 증오범죄를 다른 범죄보다 엄격하게 처벌하는 것이 불공정한 처사라고 비판한다. 분노나 탐욕에 의한 고의적인 살인과 증오에 의한 살인은 모두 고의적으로 타인의 생명을 빼앗은 결과를 초래한 것이므로 후자를 더 중하게 처벌할 이유가 없다는 것이다. 마찬가지로 다른 이유로 백인이 백인 여성을 강간한 것이나 증오를 이유로 백인이 다른 인종의 여성을 강간한 것이 범행의 결과에 있어서 차이가 없는데도 증오에 의한 강간범을 더 무겁게 처벌할 이유가 없다

그러나 Lawrence는 그의 저서 「미국의 법률 하에서의 증오범죄처벌」(Punishing Hate: Bias Crimes Under American Law)에서 증오범죄자들을 다른 동기로 동일한 유형의 범죄를 범하는 사람들보다 다음과 같은 이유로 더 엄격하게 처벌해야 한다고 주장한다.[36] 즉, 증오범죄는 다른 범죄보다 더 폭력적이고 피해자에 심각한 육체적・정신적 피해를 초래하고 특정 공동체도 해치는 결과를 초래함으로써 이질적인 사회의 인종적, 종교적 조화를 저해하기 때문이다.

(2) 한국

우리나라는 증오범죄에 관한 법률이 전무한 실정이다. 따라서 증오범죄를 범죄의 종류로 분류하지 않고 있으며, 전담수사기관이나 자료관리 체계가 확립된 것이 없는 상태이다. 그러나 미래의 사회에서는 다양한 요인으로 인한 증오범죄가 증가할 것으로 예상되므로 미래에 대비하는 제도적인 대응책을 제시하고자 한다.

1) 증오범죄 관련법의 제정

다양한 형태의 보복범죄와 일반사회에 대한 불만으로 인한 증오범죄의 증가추세, 외국인 체류자가 130만 명을 넘어서면서 민족간 편견이나 불만의 발생, 국제결혼의 증가 등으로 인해 태어난 다문화가정의 청소년들의 언어 및 문화적 갈등과 이들에 대한 보이지 않는 사회적 편견 등의 문제를 놓고 보면 증오범죄의 발생을 우려하지 않을 수 없다.

---

35) Bartol, and Bartol, 앞의 책, 19면.
36) Frederick Lawrence, Publishing Hate: Bias Crimes Under American Law (Cambridge, Mass., Harvard University Press), 1999, pp.39-42.

출처 : 오마이뉴스

또한 노숙인들의 증가와 사회문제화, 동성애자와 트렌스젠더에 대한 성적인 합법화 요구 등과 관련된 증오범죄의 발생이 우려된다. 우리나라에서도 동성애자들과 트렌스젠더에 대한 법적인 결혼과 가족의 인정, 재산상속과 입양, 그리고 이름의 개명 등 합법화 조치가 이루어지고 있다. 예를 들자면, 1996년 6월에 대법원은 트렌스젠더에 대한 선고공판에서 생물학적인 성적 개념보다는 사회통념이라는 진보적인 성 구별개념을 제시히기 시작했으며, 이러한 변화에 의해 2002년 트렌스젠더 하리수는 인천지법에서 남성에서 여성으로 호적정정과 개명 허가를 받음으로써 혼인신고와 입양, 재산상속도 가능하게 되었다. 2006년 6월 22일 대법원은 전원합의체 판결에 의해 행복추구권을 들어 트렌스젠더의 성전환 후의 성인 남성으로의 호적 정정을 허용했다. 다양한 동성애자 인권단체의 출현과 활동으로 동성애의 비범죄화와 합법화가 이루어지고 있지만, 그만큼 이성애주의자들은 동성애자들이나 트렌스젠더들을 혐오하거나 증오하는 현상이 벌어지고 있다.[37)]

따라서 우리나라도 미국과 같은 증오범죄 관련 특별법의 제정을 서두를 필요가 있다고 본다. 이를테면 인종, 종교, 성적 지향, 민족편견, 물리적 · 정신적 장애까지 포함하는 미국의 「폭력범죄 통제와 단속법」 및 증오범죄에 대해 가중처벌하는 「증오범죄 선고강화법」등을 벤치 마킹할 필요가 있다. 2007년부터 논쟁의 대상이 되어 온 「동성애자 차별 금지법」의 입법도 종교계의 의견을 수렴하여 재검토해 볼 필요가 있다. 문제는 동성애를 죄라고 하는 사람에 대한 처벌 규정인 것 같다. 또한 증오범죄의 수사와 기소에 관한 특별법인 증오범죄 예방법이나 미래의 문화충돌인 종교충돌로 인한 증오범죄를 예방하기 위해 이슬람 사원이나 유대교회당 사찰 등에 대한 「교회 · 사찰 방화 예방법」을 제정하는 것도 필요하다고 본다.

2) 증오범죄 자료관리 체계 확립

우리나라도 미국의 FBI가 UCR 증오범죄 자료수집 프로그램을 확립하여 주와 지방정부의 법집행기관들에 대한 증오범죄 자료수집을 통제하고 관리하듯이 경찰청 수사

37) 조철옥(1), 앞의 책, 230-231면.

국에 증오범죄 자료수집 프로그램을 운용하고 관리하는 시스템을 갖출필요가 있다. 미국은 연방국가이기 때문에 FBI에서 자료관리 프로그램을 통제하고 관리하는데 어려움이 있을 수 있으나 우리나라의 경우에는 국가경찰로서의 중앙집권적인 정보와 자료 통제와 관리를 할 수 있기 때문에 보다 효과적일 수 있다는 장점이 있다. 또한 검찰이나 국정원 같은 다른 사법기관이나 정보기관과의 증오범죄 정보와 자료의 연계관리도 용이하므로 구태여 미국과 같은 FBI의 단일 시스템을 운용할 필요도 없어 보인다. 문제는 전국적인 증오범죄 자료 시스템을 확립하고 운용할 수 있는 법적 근거 마련이 요구된다는 점이다.

3) 전담 수사부서와 전담 정부기구의 설치 · 운용

증오범죄의 발생시에 이를 수사하기 위한 전담 수사부서를 경찰청과 지방경찰청, 그리고 경찰서에 설치하고 수사업무를 전담시키는 수사부서의 개편작업이 요구된다. 문제는 증오범죄는 살인, 강도, 상해, 납치, 폭행 같은 강력범죄라는 점에서 경찰관서의 강력팀과 차별화의 어려움이 있다는 점이다. 그러나 초동수사과정에는 모든 부서가 출동하므로 그 과정에서 범죄자나 범죄의 동기를 확인할 수 있으므로 그 특징이 증오범죄에 해당하면 심층수사단계에서 증오범죄 수사팀이 수사를 전담하면 별 문제는 없을 것으로 보인다.

또한 전담수사기관은 국가인권위원회, 정치색을 띠지 않은 인권단체나 동성애자 인권단체 등과 협력체계를 확립하여 사회적 약자에 대한 증오범죄 관련 정보를 수집함으로써 증오범죄를 예방하고 범죄수사의 효율성을 제고함과 동시에 피해자를 원조할 필요가 있다. 최근에 사회갈등의 요인으로 부각되고 있는 반다문화 정서에 대비하여 다문화 정책을 통합적으로 다룰 수 있는 '이민청'을 비롯한 전담정부기구의 설치와 아울러 초중고 교과과정에 외국 문화에 대한 이해를 확대하는 등 내국인에 대한 체계적인 다문화 교육체계의 확립이 요구된다.

4) 증오범죄 우범자에 대한 상담 · 치료프로그램 개발

많은 국가의 증오범죄대책에도 불구하고 세계적으로 증오범죄는 지속적으로 발생하고 있다. 문제는 증오범죄를 예방할 결정적인 대책이 없다는 점이다. 대체로 증오범죄자의 경우 안데르스 베링 브레이비크나 조승희 사건 처럼 초범으로 중대범죄를 범하고 형사처벌의 대상이 되거나 자살 등으로 사회에서 사라지기 때문에 특별예방도

소용이 없다. 우리나라의 경우 사회냉대에 대한 불만으로 17명을 연쇄살인한 김대두, 6명을 연쇄살인한 지춘길, 9명을 연쇄살인한 정두영, 그리고 가진 자와 여성에 대한 증오심으로 21명을 연쇄살인한 유영철 등은 사형을 당하였거나 사형선고를 받아 복역 중이므로 사실상 특별예방 효과는 없다.

따라서 가장 효과적인 방법은 증오범죄자들이 초범으로 유기징역이나 가벼운 형벌로 석방된 경우에 이들을 대상으로 한 상담이나 치료프로그램을 통하여 증오범죄를 방지하는 시스템의 개발이 요구된다. 또한 어떤 연구에 의하면, 58명의 증오범죄자 중 60%는 약물남용과 20% 이상은 정신과 치료를 받은 경험이 있는 것으로 밝혀져 범죄자들이 정신병리학적 이상성격상태에 있다는 것을 알 수 있다.[38] 따라서 이러한 이상성격 상태에 있는 범죄자들과 평소 사회에 대한 원망이나 욕구불만을 보이거나 반사회적 성향을 보이는 '은둔형 외톨이'들에 대해 다양한 수단을 통하여 관찰하고 이들을 상담이나 치료를 통하여 증오범죄를 방지하는 시스템의 개발이 요구된다.

5) 증오범죄 신고자 보상체계 도입

경찰은 1995년「범죄신고자 보호 및 보상에 관한 규칙」을 제정하여 2006년 개정을 통하여 시행하고 있다. 이 규칙은 5억에서 1백 만 원까지 범죄신고자에게 보상금을 지급하는 것으로 규정하고 있다.[39] 대체로 불법선거운동이나 살인. 조직폭력, 강도, 강간, 유괴, 성폭력, 방화 등 강력사건을 신고 보상대상으로 규정하고 있는 바, 증오범죄를 신고보상범죄로 규정하는 것이 미래의 증오범죄예방을 위해 합리적일 것으로 보인다.

또한「특정범죄 신고자등 보호법」에 의해 보호받는 신고자를 증오범죄도 포함하는 것이 합리적이다.「특정범죄 신고자등 보호법」은「특정 강력범죄의 처벌에 관한 특례법」 제2조의 범죄,「마약류 불법거래 방지에 관한 특례법」 제2조2항의 범죄,「폭력행위등 처벌에 관한 법률」 제4조 및「특정범죄 가중처벌등에 관한 법률 」제5조의8의 단체구성원의 동 단체의 활동과 관련된 범죄,「국제형사재판소 관할 범죄의 처벌 등에 관한 법률」제8조부터 제16조까지의 죄 등에 대한 범죄신고자 등을 보호대상으로 규정하고 있다.[40] 특히 증오범죄 신고자는 보복의 위험이 아주 높으므로 신변보호가 긴요하다.

---

38) 최응렬 · 정승태, 앞의 책, 379면.
39) 조철옥(2), 범죄수사학총론, 21세기사, 2009, 58-59면.
40) 위의 책, 59-60면.

Section 3 스토킹

1. 들어가며

스토킹(stalking)이란 행위는 무슨 원인이든 간에 상대방이 싫다고 하는데도 의도적으로 반복해서 몰래 따라다니는 등 정신적 또는 신체적으로 괴롭히는 행위를 말한다. 스토킹은 단순한 열정 또는 사소한 경범죄가 아니라 타인의 사생활에 대한 중대한 침해행위이며 피해자에게 심각한 정신적·육체적 충격을 가져다주는 명백한 반사회적 행위이다.

최근들어 점차 스토킹이 미치는 사생활 침해나 정신적 피해의 심각성이 알려지고, 나아가 폭행, 납치, 강간, 살인 등의 중범죄로 발전할 위험성이 높은 것으로 밝혀지면서 스토킹에 대한 규제의 필요성이 강력하게 대두되고 있다.

출처 : 기타 칼럼 (58) / 남성학 칼럼

사실 스토킹이란 행위는 전혀 새로운 현상이 아니며 그 역사는 인간의 역사 만큼이나 오래된 것이라 할 수 있다. 미국에서도 스토킹이란 용어가 보편화되고 법률에 의해 범죄로 규제되기 까지 스토킹은 괴롭힘, 성가시게 함, 어떤 때에는 단지 가정폭력으로 다루어졌다. 특히 구애형 스토킹은 사회문제나 범죄로 거론되지 않고 단순히 열정적이고 집요한 구애행위로 여겨질 뿐이다.

스토킹이 사회의 관심을 불러일으킨 대표적인 사건은 미국에서 1989년 여배우 레베카 셰퍼(Reveca Scheffer)가 극렬 팬에게 살해된 사건, 일본에서는 TV의 프로그램에 나온 여자 아나운서를 사랑한 남자가 살해한 사건과 우리나라의 경우 특정 연예인에 대한 스토킹 사실이 보도되면서 사회의 관심을 불러일으키게 되었다. 미국에서는 레베카 셰퍼 사건을 계기로 1990년 캘리포니아 주에서 세계 최초의 스토킹방지법이 제정되었으며 이후 미국의 모든 주, 캐나다, 영국, 호주, 일본 등 여러 국가에서 이미 법제화 되었다. 그러나 우리나라의 경우 1999년 제15대 국회에서 스토킹처벌 특례법안과 2003년 스토킹방지 법안이 국회에 상정되었으나 통과되지 못하고 폐기되었다.

2. 개념적 정의

(1) 스토킹

출처 : http://blog.naver.com/kkamja79

원래 영어의 스토크(stalk)는 '적이나 사냥감에 몰래 접근하다', '가만히 누구의 뒤를 밟다', '사냥감을 찾아다니다' 라는 뜻을 가지고 있는 말이며, 스토커(stalker)는 명사형으로 '밀렵꾼'이라는 뜻을 가지고 있다.[41]

스토킹에 대한 개념은 미국의 연방법에 "어떤 사람에 대해 2회 이상 그 개인이나 가족구성원에 대한 죽음이나 신체상해 또는 신체상해의 상당한 공포감을 주는 행위" 라고 규정하고 있고, 캘리포니아주의 스토킹법에는 "의도적이고 악의를 가지고 타인을 반복적으로 따라다니거나 괴롭히는 것"으로 정의하고 있다. 영국의 경우에는 "단순히 타인을 괴롭히는 행위" 라고 규정하고 있으며, 일본의 스토킹행위 등의 규제에 관한 법률에서는 "동일한 자에 대하여 따라다니기 등을 반복하여 행하는 것"이라고 규정하고 있다.

한편, 우리나라의 경우 제15대 국회에 제출되었으나 통과되지 못한 스토킹행위에 관한 처벌 특례법안에 보면 "특정한 사람을 그 의사에 반하여 반복적으로 미행하거나 편지, 전화, 모사전송기, 컴퓨터 통신 등을 통해 반복하여 일방적으로 말이나 글 또는 사진이나 그림을 전달함으로써 심각한 공포심이나 불안감을 유발하는 행위"라고 규정하고 있다.[42] 학문적으로는 스토킹(stalking)이란 "육체적・시각적 근접성, 일방적 의사전달, 또는 보통의 사람이면 두려움을 일으키기에 충분한 언어・글 등에 의한 위협을 포함하는 반복적인 일련의 행동과정"이라고 정의하고 있다.[43]

그런데 스토킹의 개념은 다음과 같은 3가지 요건의 충족과 관련이 있다. 즉, ① 상대방의 의사와는 전혀 관계없는 일방적 행위일 것, ② 원치 않는 일련의 접촉이 2회 이상 지속적, 반복적, 의도적일 것, ③ 통상의 판단능력을 가진 사람이라면 누구나 자신 또는 가족의 생명, 신체의 안전위협을 느낄만한 행동일 것 등을 필요로 한다는 견해도 있다. 따라서 스

41) 조철옥, 앞의 책, p.460.
42) 이건호, 김은경, 황지태, 스토킹 피해실태와 입법쟁점에 관한 연구, 형사정책연구원, 2002.12, PP.29-30.
43) Siegel, op.cit, p.348.

토킹은 "2회 이상 의도적, 반복적으로 행하여 정상적인 판단능력이 있는 일반인이라면 누구나 공포나 불안을 느낄만한 일련의 행동(편지, 전화, 전자우편, 모사전송기, 선물, 미행, 감시, 집과 직장방문, 기물파손, 납치, 위협 및 폭력행위 등)으로 특정인이나 그 가족들에게 정신적, 육체적 피해를 입히는 일방적이고 병적인 행동"을 말한다.[44)]

(2) 사이버 스토킹(cyber stalking)

사이버스토킹은 사이버공간을 매개로 하여 특정인을 지속적으로 괴롭히거나 또는 특정인에 대한 접근을 시도하는 형태의 신종범죄를 말한다. 사이버스토킹은 앞에서 제기된 스토킹의 3가지 요건을 충족시키면서 사이버공간에서 타인에게 원치 않는 접근을 계속적·반복적으로 시도함으로써 상대방에게 공포심이나 불안감을 유발하는 행위를 말한다.[45)]

3. 스토킹의 특징

(1) 일반적인 특징

스토킹은 짝사랑이나 순애보와는 차이가 있으며, 대부분의 스토킹 행위는 상대방의 단순한 사생활을 침해하는 정도에서 그치는 것이 아니라 신체적·정신적 피해를 주고 심하면 폭행이나 강간, 그리고 살인에 이르는 위험한 범죄행위에 까지 이르게 된다. 스토킹은 모르는 사람 사이에 이루어지는 경우도 있지만, 특히 여성은 서로 잘 아는 사이에서 발생한다는 것이 특징이다.[46)]

여성들에 대한 스토커는 현재의 배우자, 헤어진 배우자, 동거인, 심지어 애인까지도 포함된다. 이들은 여성의 행동과 육체적, 정서적 통제는 물론이고 성적 희롱의 목적으로 스토킹을 한다. 이와는 대조적으로 남성들에 대한 스토킹은 낯선 사람사이에 또는 잘 아는 사람 사이에 발생한다.[47)]

스토킹에 의한 남녀 피해자들은 모두 스토킹이 자신들을 정서적으로 통제하고 육체

---

44) 이건호, 김은경, 황지태, 앞의 책, P.31.
45) http://user.chollian.net/~wanlaw/ccrf/bkh-cyberstalking.html, 백광훈, 사이버스토킹과 그 처벌법규 및 문제점, 동국대 대학원 신문 게재 글, 2001, pp.1-4.
46) 조철옥, 앞의 책, pp.461-462.
47) Ibid, p.348.

적으로 학대하는 행동과 결합되고 있다는 사실을 발견하게 된다. 피해자들에 의하면, 스토킹은 애완동물을 살해하는 것으로 위협하거나 공공 재산을 파괴하는 등으로 겁을 주는 행동 등으로 정신적・육체적으로 피해자를 통제하려고 시도한다. 그러나 범죄학자 Mary Brewster가 발견한 것처럼, 언어폭력으로 위협하는 스토커들은 결국 그들의 피해자들을 물리적으로 공격할 가능성이 높은 사람들이다.[48)]

스토킹은 대부분 1-2년 내에 끝나지만 피해자들에게 미치는 사회적・심리적 결과는 아주 오랫동안 지속되는 것이 그 특징이다. 피해자들의 약 3분의 1이 심리적 치료를 받고 있으며, 약 5분의 1이 직장 일을 쉬거나 결국 복귀하지 못하는 사람들도 있다. 스토킹의 중단은 대체로 피해자가 멀리 떠나버리거나 경찰의 관여가 있을 때, 또는 또 다른 애정 대상을 만났을 때 나타나는 경우가 대부분이다.

스토킹은 명확한 범죄행위로 입증되지 아니한 이상 수사기관의 개입과 처벌이 곤란하고 또 개인의 애정문제 또는 가정문제 정도로 생각하여 별다른 관심을 보이지 않게 되는 경우가 많다. 또 이러한 스토킹 행위에 선불리 경찰이 공식적으로 개입하게 되면, 피해자가 스토커의 보복을 받아 협박, 폭력, 강간, 살인 등 생명을 위협하는 수준까지 발전될 우려가 있는 것이 바로 스토킹 범죄의 특징이다. 그러므로 스토킹이 심각한 범죄로 발전되기 이전단계에서 미연에 방지되어야 하는 것이 최선의 대책이지만 법적으로도 신중하게 대응할 필요가 있다.

(2) 사이버 스토킹의 특징

사이버공간에서 일어나는 공격적 행위는 그것이 전파되는 대상이 불특정 또는 다수인 이라는 점에서 피해의 규모가 크다는 특성도 가지고 있지만, 아무리 공격적 행위라 하여도 현실세계에서의 물리적 움직임을 수반하지 않기 때문에 주로 언어적 폭력에 제한된다는 성격을 가진다. 즉, 사이버폭력행위라는 것과 형법상 폭행죄의 폭행과의 기본적 차이점은 후자가 주로 사람의 신체에 대한 유형력의 행사라고 규정하고 있는데 비하여, 전자는 주로 무형력에 의존한다는 점이다.[49)]

또한 폭행죄의 폭행이 주로 신체의 완전성에 대한 위협이라는 효과를 가지는 데 비해 사이버공간에서의 사이버폭력은 대부분 피해자의 의사결정의 자유나 명예와 같은

---

48) Mary Brewster, "Stalking by Former Intimates: Verbal Threats and Other Predictors of Physical Violence", *Violence and Victims 15*, 2000, pp.41-51.

49) 백광훈, 앞의 논문, p.5.

출처 : http://blog.naver.com/com……0.blogme

보호법익에 피해를 주게 된다. 사이버스토킹을 뜻하는 여러 가지 행위에는 괴롭힘이나 계속 따라다니며 귀찮게 하거나 불쾌함감을 주는 요소를 포함하고 있다는 것도 사이버스토킹이 현실세계의 폭력과는 다른 보호법익적 측면을 지니고 있다는 점에 기인한다고 볼 수 있다.[50)]

미국의 법무부장관 보고서에서는 스토킹과 사이버스토킹의 유사점과 차이점을 분명하게 하고 있다.[51)] 유사점은 ① 대부분의 사례에서 지면이 있거나 과거의 친밀한 관계에 있는 자들에 의해서 스토킹이 일어난다. ② 대부분의 피해자는 여성이고 스토커들은 남성이다. ③ 스토커들은 일반적으로 피해자를 통제하고 싶은 욕망을 범행동기로 삼는다는 점이다. 차이점으로는 ① 스토킹은 스토커와 피해자가 동일한 지역에 존재하는 데 비해 사이버스토커는 어디에서든 존재한다. ② 사이버스토커들은 사이버공간을 통하여 잘 모르는 제3자들을 괴롭히거나 피해를 줄 수 있다. ③ 사이버스토커들은 신체적으로 피해자를 대면하지 않아도 되기 때문에 발각의 두려움이나 죄의식 없이 쉽게 행위를 저지를 수 있다.[52)]

4. 스토킹의 유형

스토킹의 유형은 조나(Zona) 등의 스토커와 피해자의 관계에 의한 분류유형이 가장 대표적이다.[53)]

(1) 단순집착형(simple obsessional type)

이 유형은 흔히 피해자와 가해자가 이전에 서로 알고 있는 관계에서 발생되며, 가장 흔하게 발생하면서도 가장 위험하고 불행한 결과도 이러한 유형에서 발생한다. 비록 단

50) 조철옥, 앞의 책, p.463.
51) 앞의 논문, p.6.
52) 앞의 논문, pp.5-6.
53) M. a,. Zona, K. K. Sharma, J. Lane, "A Comparative Study of Erotomatic and Obsessional Subjects in a Forensic Sample", *Journal of Forensic Sciences, 38*, 1993, pp.894-903,

출처 : http://cafe.naver.com/pokemoonmaniac

순집착형이 늘 친밀한 관계에서 발생하는 것은 아니지만, 상당수의 경우 전 남편, 혹은 전처, 옛 애인과의 관계에서 발생한다.

따라서 단순집착형은 가정폭력의 연장선상에서 이루어진다. 배우자 관계에 있었던 자, 동거하거나 동거했던 자, 애인관계에 있었던 자 등은 대부분 피해자인 상대방이 관계를 단절하려고 할 때 스토킹이 발생하며, 스토커의 과도한 집착으로 인해 기물을 파손하거나 최후에 신체적 위해를 가하기도 한다. 스토커는 자신의 애인, 아내나 파트너를 지배하고 위협함으로써 자신의 손상 받은 자존심을 보상받으려 한다. 이러한 유형의 동기는 관계를 회복하기 위한 것 또는 복수를 위해 단순히 괴롭히고자 하는데 있다. 복수의 경우에 폭행, 성폭력, 살인 등의 심각한 범죄로 발전할 가능성이 많다.

한편, 단순히 안면관계로 직장에서도 종종 발생하는데, 대표적인 형태는 호감있는 직장동료에게 친밀한 관계를 만들려는 시도가 좌절되었을 경우에 발생한다. 기타 다양한 비친밀한 관계속에서도 단순집착형 스토킹이 발생할 수 있는데 대체로 직업적인 관계, 흔히 환자와 의사, 심리치료사와 고객, 선생님과 학생, 사업파트너 사이 등에서 일어나는 경우가 많다. 그러나 단순집착형은 순수한 로맨스를 위한 연애망상형이나 순수한 강박과 같이 망상적 장애를 가지는 것은 아니다.[54)]

(2) 연애집착형(love obsession)

연애집착형은 스토커와 피해자 사이에 이전에 특별한 교류가 없어 서로 잘 모르는 관계에서 발생한다. 스토커는 피해자와 로맨틱한 관계 또는 순수한 사랑(idyllic love)을 성취하는 관념으로 사로잡혀 있는 상태에 빠져 있다. 이러한 형태의 사랑에 빠져있는 사람은 상대방에게 자신을 알리기 위해 온갖 방법을 동원하게 된다. 예를 들어 소극적인 방법으로는 편지, 전화, 선물공세, 이메일 등의 방법이 있으며, 적극적인 방법으로는 쫓아다니기, 반복하여 찾아가기, 피해자나 주변의 사람에게 위협을 가하는 등의 방법을 사용한다.

54) 조철옥, 앞의 책, p.464.

조나 등에 의하면, 연애집착형은 만약 기회가 주어진다면 상대가 나를 결국 사랑하게 될 것이라고 하는 희망을 확신 한다.[55] 연애집착형은 피해자가 자신과 사랑에 빠지거나 친밀한 관계를 원하게 될 것이라고 믿는 것을 필요로 하지 않는다. 따라서 피해자들은 사회 저명인사나 연예인 등이다. 이러한 유형의 스토커는 다중성격과 정신분열증이나 양극성 애정장애와 같은 정신장애를 겪고 있는 경우가 많다. 스토킹의 방법은 주로 전화를 걸어 데이트를 신청하며, 거절되며 점차 화를 내거나 위협적인 언행을 행사하지만 대부분 단순 집착형보다는 위험도가 낮은 편이다.

(3) 연애망상형(erotomania)

연애망상형은 일종의 정신장애로서 상대방이 자신의 존재를 전혀 의식하지 않고 있는데도 불구하고 자신은 그 사람으로부터 사랑을 받고 있다고 망상을 하고 있다는 점에서 연애집착형과 구별된다. 이 유형은 타인의 성적 매력보다는 타인과 자신 사이에 낭만적 사랑과 영적 결합이 있다고 망상하는데서 주로 발생한다. 연애 망상형 스토커는 대부분이 여성이라는 점이 특징이며 높은 사회적 지위나 저명인사로 알려진 중년남성을 주요대상으로 삼는다. 또한 이런 유형을 가지고 있는 사람의 대다수는 정상적인 직업을 가지고 있으며 결혼 등 비교적 정상적인 사회적 관계를 형성하고 있다. 하지만 Meloy는 비록 연애망상형이 정신병리로 인한 진단을 받은 것은 아니지만, 그들은 종종 정신병리적인 특징과 연관된 일부의 특징을 소유하고 있는 증거를 보인다고 주장한다.[56]

연애망상형은 다음과 같은 두 개의 장애유형으로 구분되기도 한다. 하나는 크렘볼트 증후군(de clerambault's symdrome)이고 또 하나는 비망상적 또는 경계선적 연애망상(non-delusional or borderline erotomania)이다. 연애망상형은 가끔 크램볼트 증후군으로 불리고 있는데, 그 이유는 이 유형이 역사적으로 볼 때 여성들에게 자주 나

---

55) M. A. Zona, K. A. Shama, & J. Lane, op.cit, p.896.

56) J. R. Meloy, "A Clinical Investigation of the Obsessional Followers", in Schleginger. L. (ed.), *Exploration in Criminal Psychopathology*, 1997, pp.9-32.

타나는 장애로 알려져 있기 때문이다. 그러나 남성들, 특히 폭력행위를 하는 경향을 지닌 남성들이 겪는 장애로 보고되기도 한다. 두 장애를 구별할 수 있는 뚜렷한 특징 중의 하나는 크램볼트증후군이 연애망상을 상대방이 먼저 관계를 주도하였다는 생각을 가지고 있는 사람들이며, 이에 비해 경계선적 연애망상은 스토커와 피해자의 정서적 유대감이나 관계로부터 연애망상이 형성되지만, 가끔 스토커는 피해자가 자기와 같은 마음을 가지고 있지 않다는 것을 완전한 인식을 하고 망상적 사고를 하지 않는 경우가 있다.[57] 연애망상형 스토커는 피해자와 관계를 맺기 위해 매우 폭력적 성향을 띠지만, 실제 신체적 위해를 가하는 경우는 적은 편이다.

(4) 허위피해 망상형(false victimization syndrome)

허위피해 망상형은 실제 스토커가 존재하지 않음에도 불구하고 피해자 자신이 스토킹 피해를 당하고 있다는 허위상황을 설정하여 발전시키는 것이다. 이런 허위 피해망상을 갖는 피해자들은 주로 히스테릭한 인지부조화 상태에 있는 경우가 많고, 대부분 여성들이며 이전의 관계를 회복하고자 하는 바람에서 그 동기를 찾을 수 있다.

5. 스토커의 특성

먼저 스토커의 인구통계학적 특성을 보면, 이들의 대다수는 남자들이라는 점이다. 스토커의 나이는 모든 연령대에 골고루 분포하고 있지만, 다른 범죄자들보다 나이가 더 많다는 증거가 있다. 캐나다의 연구에 의하면, 스토킹 범죄자의 연령은 15세에서 76세까지이고, 평균연령은 37세라고 한다. UCR자료에서는 12살 이하에서부터 50세 이상인 사람까지 있으며, 평균연령은 34세로 밝혀져, 폭력혐의로 구속된 범죄자의 평균연령보다 4살 정도가 높게 나타났다.[58]

스토커는 대인관계의 미숙이나 결혼 등에 실패한 사람이 많다. 즉, 스토커 중에서 단지 5내지 15%만이 자신의 의사대로 결혼을 하였고 나머지 대다수는 제때 결혼을 하지 못한 것으로 밝혀졌다.[59]

57) 김상균, "스토킹범죄에 대한 형사사법적 대응", 법학연구, 한국법학회, 제5권, 2000. 6, pp.257-276.
58) 조철옥, 앞의 책, pp.466-467.
59) 김상균, 앞의 논문, p.263.

출처 : http://cafe.naver.com/pokemonmaniac

스토킹범죄에 있어서 스토커의 직업과 경력에 관한 정보는 부족한 실정이나, 캐나다 법무부의 자료에 의하면 스토커의 60%가 직업이 없다고 하며, 스토커의 세부적인 직업유형은 비숙련노동이 30%, 판매 및 서비스 종사자가 22%, 숙련노동자가 16%, 학생15%, 전문직업인 8%, 관리자 또는 행정가가 6%, 성직자 4% 등으로 비숙련직에 종사하는 자가 상대적으로 많음을 알 수 있다.

멜로이와 고타드(Meloy & Gothard)는 스토커의 대다수가 직업이 없거나 직업이 불안정하며 또 죄를 범하는 시점에 불안정한 직업경력을 가지고 있다고 보고한 바 있다.[60) 그리고 스토커의 교육수준은 평균이상인 것으로 밝혀졌다. 즉, 하몬(Harmon) 등에 의하면, 스토커 중에서 거의 80%가 고등학교 졸업이상으로 밝혀져 일반집단의 28.3%와 비교해서 높았다. 멜로이와 고타드(Meloy & Gothard)의 연구에서도 역시 교육수준이 상대적으로 높았으며, 정신장애형 범죄자 집단보다 교육수준은 높은 것으로 나타났다. 이처럼 스토커가 일반인보다 지능이 높기 때문에 피해자의 소재지를 파악하여 추적하거나 피해자 마음대로 조종하는 등 지능적이고 교활하여 스토킹 관련 범죄수사에 유죄의 입증을 하기가 상당히 어렵고 수사의 장기화를 초래할 가능성이 높다.

한편, 스토커의 심리적 특징을 살펴보면, 일반적으로 스토커는 심각한 정신질환을 가지고 있다는 것이다. 그러나 아직 이러한 인식을 지지할 만한 연구는 거의 없는 실정이다. 그 이유는 지금까지의 연구들이 대부분 범죄자 개인보다는 주로 범죄행위에 초점이 맞추어졌으며, 범죄자의 심리적 기능에 관심을 둔 자료는 미흡하기 때문이다. 캐나다 법무부의 보고에 따르면, 경찰조사기록의 14%가 범죄자의 정신적 또는 심리적인 문제가 있는 것으로 보고하고 있지만 구체적인 기록에 의해 입증된 것은 아니다.

다른 범죄에서도 범죄자들이 폭력의 잠재성을 가지고 있겠지만 특히 스토커들은 잠재적인 폭력범이라고 해도 과언이 아니다. 그들 중 일부는 심한 정신병, 편집증, 지나친 소유욕, 그리고 매우 불안정 성격을 가지고 있어 범죄의 우려성이 대단히 높다. 스

60) 앞의 논문, p.263.

토킹범죄는 단순한 스토킹으로 끝나는 것이 아니라 살인이나 상해를 초래하는 경우를 많이 볼 수 있다.

따라서 잠재적 또는 현실적으로 피해를 당하고 있는 사람들은 이러한 가능성을 결코 무시해서는 안 될 것이며, 더구나 스토커가 되는 사람은 일부 사회계층, 즉, 저학력이거나 비이성적인 사람들에게서만 나타난다고 알려져 있다. 그러나 사실 스토커는 어떤 계층이나 사회적 배경 하에서도 발생한다. 스토커들은 부자일 수도 있고, 가난한 자일 수도 있으며, 전문직 종사자일 수도 있고, 일반 노동자일 수도 있다. 그러나 그들의 직업과 삶이 어떻든 간에 스토커들의 한 가지 특성은 끈질기게 따라 다니는 진드기와 같은 존재라는 사실이다.

이상의 연구결과를 토대로 스토커의 일반적인 특성을 요약하면, 스토커는 ① 상대방의 거절을 "NO"라고 생각하지 않고, ② 지나치게 집착적인 성격, ③ 평균 이상의 지능, ④ 대인관계의 부족, ⑤ 행동에 있어서 당황하거나 불안해하지 않으며, ⑥ 낮은 자아존중감, ⑦ 반사회적인 사고, ⑧ 비열함과 고립, 그리고 외로움에 대한 부적응적 반응을 보인다.[61] 따라서 스토킹의 방지를 위해서는 스토킹행위에 대한 강력한 처벌과 병행하여 스토커의 심리적 특성파악을 통한 대처와 성격적 장애에 대한 치료가 우선되어야 한다.

6. 스토킹 피해자의 특징

폭력과 같은 대인범죄는 가해자와 피해자의 상호작용과정에서 발생하는 경우가 대부분이다. 즉, 가해자의 일방적인 특성에 의해 발생하는 경우도 있지만 대부분의 범죄는 피해자가 범죄유발을 촉진한 결과로 발생하는 피해자 유발형 범죄도 있다. 대부분의 스토킹이 사건 이전부터 가해자와 피해자가 서로 알고 있는 사이에서 발생하고 있음을 볼 때, 피해자의 특징이 어떠한 지를 알아보는 것은 스토킹 피해방지를 위한 대응방안 탐색을 위한 상당한 단서를 제공할 것으로 생각된다.[62]

스토킹이 인기 있는 연예인들과 관련된 경우가 많지만, 부자와 유명인사에 한정된 것은 아니다. 스토킹의 가해자가 남성인 것과 반대로 스토킹의 피해자들은 대부분 여성인 경우가 많다. 여성의 비율은 표본의 약 80%이상을 초과하는 것으로 관찰되었

---

61) R. L. Snow, Stopping a stalker, (New York: Plenum Trade, 1998), p.185.

62) 조철옥, 앞의 책, pp.468-469.

다.[63] 또 스토킹 가해자의 연령분포와 마찬가지로 피해자의 연령도 12세의 아동에서부터 중년이 넘은 50세 이상의 여성까지 그 범위까지 아주 다양하다. 성별에 따른 피해자의 연령에 대한 분석을 보면, 여성 피해자는 남성피해자들보다 나이가 어린것으로 나타났다. 즉, 여성 피해자의 44%가 30세 이하인 반면에 남성 피해자의 33%만이 30세 이하로 약 10% 정도 여성이 많았다.

스토킹 사례에서 확인된 중요한 특징 중의 하나는 스토킹 가해자와 피해자의 관계이다. 사실 상당히 많은 스토킹 유형이 피해자와 스토커의 관계에 기초하여 구분된다. 이들의 연구 결과는 다음과 같이 요약될 수 있다. ① 피해자와 가해자는 일반적으로 가해자의 괴롭힘이 발생하기 이전부터 알고 지내는 사이이다. 가해자들은 피해자와 현재, 또는 이전부터 아는 사이이며, 가족, 친한 친구 또는 직업상으로 알고 지내는 경우가 많다. 상대적으로 낮은 비율인 10%이하만이 낯선 사람인 것으로 밝혀졌다.[64] ② 각 집단에 포함된 사례의 비율에 따라 범주들의 관계를 구분할 때 유사한 유형들이 도출 되었다. 가장 큰 집단은 과거 또는 현재 친밀관계를 가지고 있는 사람들이고 다음이 보통의 친구, 낯선 사람, 직업상의 관계 순이었다. ③ 피해자와 가해자가 동성의 관계인 경우도 간혹 있지만 대부분의 피해자와 가해자의 관계는 이성간의 관계임이 밝혀졌다. 즉, 이것은 스토킹이 애정이라는 기본적인 인식을 가지고 출발하는 사건이라는 특성을 가지고 있기 때문이다. 남성피해자의 경우에, 거의 반수가 알고 지내는 사람들로부터 피해를 당했고, 대부분의 가해자들은 예전의 친한 관계나, 가족관계, 직업상의 관계, 그리고 낯선 사람의 관계로 골고루 분포하는 것으로 밝혀졌다. 이에 비해, 여성피해자의 경우에는 대다수의 가해자는 전에 남편이나 애인 등 친밀한 관계이거나 친한 동료인 경우가 많음에 비해서 상대적으로 적은 숫자만이 낯선 사람이거나 직업상의 알고 지내는 사이라는 특징을 가지고 있어 남녀 피해자간에 가해상대방의 관계에서 차이가 있다는 특징을 가지고 있다.

63) 김상균, 앞의 논문, p.265.
64) 앞의 논문, p.266.

7. 스토킹 방지를 위한 외국의 입법례

(1) 미국

1) 주 정부의 스토킹 방지법

미국에서 가장 먼저 제정된 캘리포니아 주의 「스토킹방지법」은 스토킹 행위를 다음과 같이 규정하고 있다. 스토킹 범죄란 고의로, 악의적으로 타인을 뒤쫓거나 또는 괴롭히는 행위를 반복적으로 행하는 것 및 생명 또는 신체에 대한 상당한 위해를 가할 것처럼 위협함으로써 타인으로 하여금 공포심을 느끼게 하는 행위라고 규정하고 있다.[65] 또한 괴롭힘이란 특정한 사람을 심하게 놀라게 하거나 괴롭히거나 또는 고통을 주는 행위로 어떠한 정당한 목적도 지니지 않은 고의의 악의적인 일련의 행위를 말한다.

이러한 일련의 행위는 합리적인 사람에 대해서 중대한 감정적인 괴로움을 야기할만한 것으로 또한 실제로 그 사람에 대해서 중대한 감정적인 괴로움을 가하는 것이어야 한다. 다른 주들도 캘리포니아의 스토킹 방지법을 모델로 하여 제정되는 경우가 많았지만, 이러한 입법 중에 위협에 관한 규정이나 주관적 요건에 대한 규정들이 실제로 소송과정에서 입증되기 어렵다는 이유로 스토킹 행위자들을 규제하기에 충분하지 못하다는 문제가 제기되고 있다.

플로리다 주의 스토킹방지법은 스토킹을 경죄 스토킹과 중죄 스토킹으로 구분하고 있다. 경죄스토킹은 악의로 반복해서 다른 사람을 쫓아다니거나 괴롭히는 경우로서 행위자는 1년 이하의 징역형에 처해진다. 중죄 스토킹은 스토킹 행위의 고정에서 다른 사람의 생명 또는 신체에 대한 안전을 위협함으로써 그 사람으로 하여금 상당한 공포를 느끼게 하거나 또는 법원이 부과한 금지명령을 위반하고 스토킹 행위를 계속하는 경우로서 가중된 스토킹이라고도 한다. 가중된 스토킹의 경우에 행위자는 5년 이하의 징역형에 처해 진다.[66]

미국은 모든 50개의 주들과 컬럼비아특별구가 스토킹 처벌법을 시행중에 있으며 이들 중에는 그 규정의 추상성으로 인해 여러 차례에 걸쳐 위헌소송이 제기되기도 하였지만, 스토킹 행위를 규제하기 위한 특별법을 제정하여 대응하고 있다는 점에 대해 주목할 필요가 있다.

---

65) 이건호, "스토킹 행위에 대한 형사법적 대응과 그 한계," 형사정책 16권 제2호, 한국정책학회, 2004, pp.121-163.

66) 앞의 논문, p.148.

2) 연방정부의 스토킹방지법

주 정부의 스토킹처벌법 중에 명시적으로 사이버스토킹을 규제할 수 있는 주의 법은 채 3분의1도 되지 않으며 캘리포니아 주에서 조차 사이버스토킹을 포함할 수 있도록 법률 개정을 한지가 1999년 4월을 넘어서면서였다.

연방법은 사이버스토킹을 처벌하는 여러 주요규정들을 두고 있다. 연방법은 다른 주의 피해자에게 상해를 한다는 위협을 담은 주간 또는 다른 주의 통신을 전송한 자는 5년 이하의 징역과 25만 달러 이하의 벌금에 처할 수 있다고 규정하고 있다.[67]

이 규정은 통신수단의 종류에 차별을 두지 않고 있기 때문에 전화, 전자우편, 호출기 또는 인터넷이 여기에 포함될 수 있다. 다만, 이 규정은 사실상의 위협을 내용으로 하는 통신에만 적용되며, 사이버스토커라 하더라도 일정한 협박없이 단지 타인을 괴롭히거나 귀찮게 하는 의도를 가진 경우에는 적용되기 어렵다. 또한 전자게시판이나 대화방에 타인으로 하여금 피해자를 괴롭히거나 귀찮게 하라는 것을 유도하는 메시지를 올리는 행위에 적용될 수 있는가는 불분명하다.

미연방의 스토킹방지법은 1996년에 주간스토킹방지법이 클린턴대통령에 의해 서명되어 법률로서 제정된 것이 그 시초이다. 이 법에 의해 위험한 스토커가 다른 주로 이동하는 것을 금지하게 되었다. 다만, 이것은 스토커가 다른 주의 경계를 신체적으로 넘어갈 것을 요구하기 때문에 광범위하게 적용되기는 어렵다는 문제가 있었다.

좀 더 강력한 연방 스토킹방지법은 1999년 9월 29일 미 상원을 통과한 「스토킹방지및피해자보호법」이다. 이 법은 스토킹이란 어떤 사람의 2회 이상 특정개인에 대한 죽음이나 신체상해 또는 그 개인의 가까운 가족 구성원에 대한 죽음이나 신체상해의 상당한 공포감을 주는 행위에 관여하고 또 그러한 행위가 위의 공포감을 준다고 믿을 만한 상당한 이유가 있거나 그러한 이유를 알고 있는 경우에는 그 개인을 스토킹하는 것이라고 규정하고 있다.[68] 이 법은 폭력범죄의 전과가 있는 자가 이러한 스토킹을 가한 경우 일전 요건 하에 보석을 불허하는 규정과 양형기준의 강화규정을 두고 있다. 미국은 이러한 연방법이 사이버 스토킹을 처벌하기 위한 본격적인 입법이라고 보기 어렵다고 보고 사이버스토킹을 본격적으로 처벌하기 위한 「사이버스토커처벌법」의 제정을 추진하고 있다.

---

67) 백광훈, 앞의 논문, p.8.
68) 앞의 논문, p.9.

(2) 영국

영국은 스토킹 행위와 관련하여 1988년 「부당통신법」을 제정하여 타인에게 고통 또는 근심을 야기할 의도로 음란하거나 심히 모욕적인 메시지 또는 위협 등의 정보를 전달하는 편지 또는 글을 보낼 경우를 규제하고 있다.[69]

영국은 1997년에 보다 광범위한 스토킹행위에 대한 민사적 구제와 형사처벌조항을 담은 희롱방지법이 제정되어 누구든지 고의 또는 과실로 타인을 괴롭히는 일련의 행위를 한 경우 징역 또는 벌금형에 처할 수 있도록 하고 있다. 여기서 괴롭히는 것이라 함은 타인을 놀라게 하는 것 또는 그 사람을 고통스럽게 하는 것을 포함한다. 이 법에 의하면, 희롱금지조항을 위반한 자는 피해자에 대한 희롱금지명령을 법원에 청구할 수 있다. 또한 타인에 대하여 2회 이상 폭력의 공포에 빠뜨리는 일련의 행위를 한 자는 징역 또는 벌금에 처하도록 규정하고 있다. 다만 희롱방지법은 그 행위수단으로서 컴퓨터 통신이나 전자우편 혹은 인터넷 등의 매체를 규정하지 않고 있다는 점에서 사이버스토킹을 특별히 규정하는 입법이라고 보기는 어렵다. 그러나 컴퓨터통신이나 인터넷을 이용한 일련의 행위로 타인을 괴롭히거나 최소한 두 번 이상 타인으로 하여금 그가 폭력을 당할 것이라는 공포에 빠뜨리는 등의 행위에 이 법이 적용되지 않는다고 보기 어렵다는 점에서 사이버스토킹에 대하여 적용될 수 있는 가능성은 존재한다고 볼 수 있다.

(3) 일본

일본은 2000년 5월 18일 「스토커행위등의규제에관한법률」을 제정하여 5같은 해 11월 24일부터 시행하고 있다. 이 법은 스토커 행위 등을 처벌하는 규제를 행하는 것과 피해자에 대한 원조 등에 대하여 규정하고 있는 데 규제대상은 따라다니기 등과 스토커 행위의 2가지이다.

따라다니기 등이라 함은 특정인에 대하여 특정인에 대하여 연애감정 등의 호의적 감정 또는 그것이 충족되지 않은데 대한 원한의 감정을 충족할 목적으로 그 특정인 또는 그 가족 등에 대하여 행하는 행위라고 한다.[70] 이러한 따라다니기는 8가지의 행위로 구체화되어 있다. 즉, ① 따라다니기, 잠복하여 기다리기, 진로에 막아서기, 주거

---

69) 앞의 논문, p.12.
70) 정완, "스토킹범죄의 형사입법동향," 형사정책연구, 2000년 가을호, p.270 이하.

·근무처·학교 기타 그 통상 소재 하는 장소 부근에서 지켜보거나 주거 등에 들이닥치는 것, ② 그 행동을 감시하고 있다고 짐작케 하는 사항을 알리거나 또는 그 알 수 있는 상태에 두는 것, ③ 면회, 교제 기타 의무 없는 일을 행할 것을 요구하는 것, ④ 현저히 거칠고 품위가 없거나 난폭한 언동을 행하는 것, ⑤ 전화를 걸어 아무 말도 하지 않거나 또는 거절하였음에도 불구하고 연속하여 전화를 걸거나 혹은 팩시밀리 장치를 사용하여 송신하는 것, ⑥ 오물, 동물의 사체 기타혐오의 정을 느끼게 하는 물건을 송부하거나 또는 그 알 수 있는 상태에 두는 것, ⑦ 그 명예를 해하는 사실을 알리거나 또는 그 알 수 있는 상태에 두는 것, ⑧ 그 성적 수치심을 해하는 사항을 알리거나 혹은 그 알 수 있는 상태에 두거나 그 성적 수치심을 해하는 문서, 도화 기타 물건을 송부하거나 혹은 그 알 수 있는 상태에 두는 것 등이다.

한편, 이 법은 동일한 자에 대하여 따라다니기 등을 반복하여 행하는 것을 스토커 행위로 규정하여 벌칙을 두고 있는데, 우선 따라다니기 등을 당하면 곧바로 집에서 가장 가까운 경찰서나 경찰본부에 상담함으로써 이 신청에 따라 경찰이 행위자에게 경고할 수 있고, 나아가 경고에 따르지 않을 경우에는 도도부현 공안위원회가 금지명령을 행할 수 있다. 금지명령에 위반하여 스토커행위를 하면 1년 이하의 징역 또는 100만 엔 이하의 벌금이 부과된다. 또한 스토커행위의 피해자는 위의 경고를 신청하는 외에 상대방을 고소하여 처벌을 구할 수 있으며, 이 경우에는 6개월 이하의 징역 또는 50만 엔 이하의 벌금에 처할 수 있다.[71)]

일본의 법제도는 컴퓨터통신 등의 매체를 구체적으로 지정하고 있지 않다는 점에서 사이버스토킹을 처벌하기 위한 본격적 대응법규라고 보기에는 어려움이 있다. 다만 법 규정에 따라다니기 등의 행위 유형 중에서 특히 그 명예를 해하는 사실을 알리거나 또는 그 알 수 있는 상태에 두는 것과 그 성적 수치심을 해하는 사항을 알리거나 혹은 그 알 수 있는 상태에 두거나 그 성적 수치심을 해하는 문서, 도화 기타 물건을 송부하거나 혹은 그 알 수 있는 상태에 두는 것에는 사이버스토킹 행위가 적용될 수 있는 여지가 존재한다고 볼 수 있다.

71) 앞의 논문, p.271이하.

8. 한국의 처벌장치

(1) 현행법상의 처벌법규

아직까지 우리나라에서는 「스토킹처벌법」이 마련되어 있지 않은 상태에서 법적인 처벌이 미미하다고 해서 스토킹을 방치할 수 없는 입장이다. 날로 스토킹 관련 범죄가 증가하고 있는 마당에 「스토킹처벌법」이 제정되기 전이라도 현행법률의 엄격한 적용이 있어야 할 것으로 생각한다.

1) 형법

출처 : 아시아 투데이

통신수단을 통한 반복적인 괴롭힘 등으로 인하여 피해자의 건강상태가 나빠지거나 신경쇠약이 발생할 경우 형법 제257조1항의 상해죄를 적용할 수 있으며, 피해자로 하여금 두려움이나 외포심을 가지게 하는 행위로 직접적인 협박뿐 아니라 이메일, 휴대폰 문자메시지를 이용한 행위에 대해서는 제283조제1항의 적용이 가능하다. 또한 인터넷 게시판 등에 공연히 사실 또는 허위의 사실을 적시하여 피해자의 명예를 훼손할 경우 제307조의 명예훼손죄로 처벌이 가능하다. 스토커가 피해자 거주 주택이나 직장 등에 동의 없이 침입하거나 그 퇴거요구를 받고도 이에 응하지 않을 경우 제319조의 주거침입 및 퇴거불응죄로 처벌이 가능하다.

2) 정보통신망 이용촉진 및 정보보호등에 관한 법률

정보통신망을 이용하여 피해자의 연락처 등을 게시판에 게재함과 동시에 음란한 사진을 첨부하거나 애인을 구한다는 등의 허위내용을 피해자 명의로 게재하는 경우나 피해자의 이메일을 열람하여 그 내용을 누설하는 경우 제49조에 의해 처벌이 가능하다. 비방할 목적으로 정보통신망을 통하여 공연히 사실 또는 허위의 사실을 적시할 경우 제61조에 의해 형법상 명예훼손보다 가중처벌이 가능하다. 또한 피해자에게 음란한 사진을 전송하거나 성적 수치심을 자극하는 문언을 전송하는 행위, 협박성 내용의 문언이나 사진영상 등을 반복적으로 피해자에게 전송하는 행위에 대해 제65조제1

항에 의해 처벌이 가능하다. 또한 정보통신망을 이용하여 일반에게 공개를 목적으로 제공된 정보로 인하여 법률상 이익이 침해된 자는 해당 정보를 취급한 정보통신 서비스 제공자에게 당해 정보의 삭제 또는 반박내용의 게재를 요청할 수 있다.

3) 성폭력범죄의 처벌 및 피해자보호등에 관한 법률

제14조 통신매체이용 음란죄에서 자기 또는 다른 사람의 성적 욕망을 유발하거나 만족시킬 목적으로 전화, 우편, 컴퓨터 기타 통신매체를 통하여 성적 수치심이나 혐오감을 일으키는 말이나 음향, 글이나 도화, 영상 또는 물건을 상대방에게 도달시 처벌한다.

4) 경범죄처벌법

경범죄처벌법 제1조제53호에 정당한 이유 없이 다른 사람에게 전화 또는 편지를 여러 차례 되풀이하여 괴롭힌 자에게 10만원 이하의 벌금, 구류 또는 과료의 형을 가하고 있다.

(2) 스토킹처벌법률의 제정을 통한 범죄억제

스토킹은 이제 유명인사의 전유물이 아니라 일반시민으로까지 급속히 확산되어가고 있는 범죄임에 틀림없다. 더구나 대부분의 스토킹 피해자가 여성들이라는 점은 스토킹을 신체적 약자인 여성에 대한 또 하나의 성폭력으로 간주하여 이에 대한 적극적인 법적 조치가 마련되어야 할 것으로 보인다. 특히 컴퓨터 등 통신매체의 발달은 사이버공간에서도 다양한 스토킹 사례가 빈발하는 등 시·공간을 초월한 확산성과 익명성을 가진 사이버범죄로 자리 잡고 있는 실정으로 그 심각성은 날로 증가하고 있는 실정이다.

우리나라에서 발의된 바 있는 「스토킹처벌특례법안」은 스토킹범죄의 구성요건을 "편지, 전화, 모사전송기, 컴퓨터통신 등을 통해 반복하여 일방적으로 말이나 글 또는 사진이나 그림을 전달하여 특정한 사람 또는 그 가족에게 심각한 공포심이나 불안감을 유발하는 행위"라고 규정하고 있다. 이 중에서 특히 "컴퓨터통신 등을 통해 반복하여 일방적으로 말이나 글 또는 사진이나 그림을 전달하여 특정한 사람 또는 그 가족에게 심각한 공포심이나 불안감을 유발하는 행위"가 사이버스토킹에 해당한다. 따라서 날로 확산되고 있는 다양한 형태의 사이버스토킹범죄에 비추어 현행법으로서는 처벌이 불가능한 범죄유형에 대해서는 처벌이 가능하도록 특별법의 제정이 요구된다 할 것이다.

따라서 우리나라도 선진외국의 입법사례에서 보듯이 특별입법이 필요한 시점에 도달해 있다고 생각한다. 「스토킹처벌법」의 입법 상에는 법제정의 취지와 외국에서의 시행 상의 문제점을 토대로 신중한 입법이 필요하다.

CHAPTER

03 사이버범죄

Section 1 사이버범죄의 출현과 범람

1. 컴퓨터 네트워크의 확산과 사이버 범죄의 증가

2012년 2월 현재 우리나라의 모든 기업체는 물론이고 대부분의 가정이 컴퓨터를 생활필수품이라고 할 정도로 대중화 되었다. 개인들은 휴대용 노트북을 대부분 소유하고 있으며, 최근들어 i-Phone과 같은 인터넷 접속장치와 결합된 모바일기기 및 i-Pad와 같은 무선통신수단을 갖춘 휴대용 컴퓨터의 출현은 컴퓨터 네트워크 사회를 확대하고 가속화 시키고 있다. 또한 SNS와 트위터의 급속한 확산은 여러 가지 사회문제를 야기하고 있다.

컴퓨터 사용의 대중화와 네트워크의 확산은 인간생활을 유익하게 하는 긍정적인 측면도 크지만, 컴퓨터 네트워크와 관련된 범법행위의 양산을 초래하여 사회와 개인에게 심대한 해악을 미치는 부정적인 결과를 야기하고 있다.

사이범 범죄는 지난 20년에 걸쳐 계속 증가해 왔다. 미국의 경우 '2009 인터넷범죄 보고서'에 따르면, 범죄에 의한 피해가 47.3% 증가한 것으로 나타났다. 우리나라의 경우 경찰청 사이버테러대응센터에서 제시한 통계자료에 의하면, 2005년도에 72,421건에 불과하던 사이버범죄가 5년후인 2009년도에는 147,069건으로 2배 이상 증가하는 추세를 보이고 있다. 이러한 사이버 범죄의 증가현상 속에서 사이버 범죄기법은 기술적으로 발전을 거듭하여 범죄에 대한 더 큰 우려를 낳고 있다. 우리나라의 경우 전 국민에게 충격을 준 사이버 범죄사건이 발생하였다. 즉, 2011년 현대캐피탈의 해킹으로 인한 개인비밀정보 유출사건과 농협 전산망 해킹사건은 금융업무가 마비되고 고객의 피해가 대량으로 발생하는 등 실로 충격적인 사건이었다. 인터넷망에 악성 바이러스가 유포되어 전산프로그램이 파괴되거나 마비되는 일이 빈발하고, 정부 전산망이 해킹 또는 사이버테러를 당하여 마비되는 등 사회불안이 확산되자 이는 북한의 사이버테러에 의한 사건이라는 논쟁이 끊이지 않았다. 따라서 사이버범죄에 대응할 수 있는 기술과 시스템의 개발 및 법적 대응체계를 확립해야 할 필요성이 더욱 높아지게 되었다.

2. 사이버 범죄의 개념

사이범 범죄는 컴퓨터와 관련된 범죄이다. 그러나 엄격하게 정의한다면, 사이버범죄는 여러 대의 검퓨터가 연결된 네트워크 시스템에서 발생하는 범죄이다. 대표적인 사이버범죄는 인터넷공간에서 발생하는 범죄이다. 따라서 개별 컴퓨터를 대상으로 발생하는 범죄는 사이버범죄라고 볼 수 없다. 예컨대, 네트워크 상태에 있지 않은 개인 컴퓨터를 무단사용하거나 자료 뽑아내기. 컴퓨터나 단말기 절취, 컴퓨터 파괴나 바이러스 투입 등은 사이버 공간 상의 범죄가 아니므로 사이버범죄가 아니라 컴퓨터 범죄라고 하는 것이 더 정확하다.

3. 사이버 범죄의 특징

(1) 행위자 측면

컴퓨터범죄의 행위자는 주로 컴퓨터 전문가 또는 경영 내부인이 많으며 행위자의 연령이 낮고 초범이 많다.[1] 컴퓨터 범죄는 특수한 기술이나 전문지식이 필요하고 전통적인 범죄의 전과자들이 이러한 기술이나 지식을 쉽게 습득하기 어렵기 때문이다. 그러나 최근에 누구든 독자적인 소프트웨어를 만들 능력이 없는 경우에도 최신식 악성 소프트웨어를 쉽게 얻을 수 있다. 따라서 사이버 범죄인은 반드시 전문가일 필요가 없다.

사이버범죄는 전통적인 범죄인 살인이나 강도 같이 사람을 직접 대상으로 하는 행위가 아니기 때문에 범죄자의 죄의식이 희박하고 범죄행위 그 자체를 즐기는 경향이 강하다. 행위자와 피해자 사이에 인간이 아닌 기계가 개입되어 있다는 점이 가장 큰 이유이다.

---

1) 노종만, 형법상 컴퓨터범죄에 관한 연구, 호남대학교 석사학위 논문, 2002, p.15.

(2) 범행측면

1) 발각과 고의 입증의 곤란성

컴퓨터조작은 단시간에 처리되는 양이 대단히 많기 때문에 부정조작의 경우 이를 사후에 자세히 검토하여 범죄사실을 증명하는 것은 사실상 불가능하다. 또한 단순한 자료의 변경, 멸실 등은 고의가 아닌 실수로 발생한 것이라고 변명할 경우 고의를 입증하기 어렵다.2)

2) 범행의 광역성

오늘날 컴퓨터는 대부분이 통신기능을 보유하고 있고 원격지에 있는 터미널장치를 통신회선으로 연결해서 정보의 전달과 처리를 신속·정확하게 행할 수 있는 데이터통신시스템에 접속되어 있다. 따라서 이러한 통신 시스템을 이용하여 원격지에서 범행할 수 있게 되어 범죄가 광역화되고 있다.3)

3) 범행의 자동성과 계속성

컴퓨터 범죄는 한번 행위를 명령하고 나면 그것을 다시 정지시키지 않는 한 그 행위는 자동적이며 반복적으로 계속된다. 행위자가 다른 어떤 행위를 하지 않더라도 불법한 프로그램을 삽입할 경우나 불법 변경된 고정자료를 호출할 때마다 범죄행위가 유발되기 때문이다.4)

4) 실행의 용이성

사이버공간의 기본적인 커뮤니케이션 수단인 인터넷은 단지 한 번의 클릭만으로 상대방과의 의사소통을 가능하게 하므로 이용자는 별다른 어려움 없이 즉흥적으로 특정 또는 불특정의 상대방에게 직접 정보를 발송할 수 있다. 따라서 사이버공간에서의 범죄행위는 현실세계에서 보다 더욱 쉽게 발생할 수 있다.5)

---

2) 이철, 컴퓨터범죄의 법적 규제에 대한 연구, 경희대학교 박사학위논문, 1991, p.30.
3) 정진섭, 정보사회와 컴퓨터범죄 동향, 이형국교수 회갑논문집, 1998, p.522.
4) 박윤해, 컴퓨터범죄에 관한 연구, 숭실대 대학원 박사학위논문, 2005, p.26.
5) 이윤, 형법상 컴퓨터범죄에 관한 연구, 경희대 석사학위논문, 2001, p.11.

(3) 범행동기 측면

① 컴퓨터가 게임의 대상이 되면서 범죄와 무관한 게임이나 단순한 유희의 동기에서 범행이 자행되거나, ② 회사에 대하여 불평불만을 가진 자나 사적인 원한관계로 인한 보복의 목적으로 범행을 하거나, ③ 정치적 목적이나 산업경쟁에서 이기기 위하여 범죄를 저지르는 경우도 있다. ④ 해커들이 자신의 기술적인, 지적인 능력을 시험해보기 위하여 행정부나 기업에 설치된 컴퓨터의 안전장치의 결점을 찾아내보려는 동기에서 범죄를 저지르거나, ⑤ 산업스파이나 현금의 무단인출 등을 통한 경제적 이득의 취득 등이 특징이다.[6)]

(4) 컴퓨터 기술과 범죄기술의 혁신

컴퓨터 정보기술의 비약적인 발전은 사이버범죄 역시 수법적으로 발전하고 양적으로 증가해 왔다. 사이버범죄자들의 범죄기술이 크게 발전한 것에 비해 기업이나 국가기관 및 수사기관의 대응능력은 사이버범죄자들의 범죄기술을 따라잡지 못하고 있다.

Section 2 사이버 범죄의 유형

1. 유형의 다양성

오늘날 컴퓨터는 다양한 목적으로 사용되고 따라서 범죄유형도 다양한 양상으로 나타나고 있다. 그러나 사이버 범죄유형은 크게 세 가지 유형, 즉, 1) 컴퓨터를 대상으로 한 범죄, 2) 컴퓨터를 이용한 범죄, 3) 범죄정보를 위한 컴퓨터의 사용범죄 등으로 분류할 수 있다. 이러한 분류는 사이버범죄를 억제하기 위한 범제화에 유용하다는 이점이 있다.

6) 장영민 · 조영관, 컴퓨터범죄에 관한 연구, 한국형사정책연구원, 1993, p.24.

2. 유형

(1) 컴퓨터를 대상으로 한 범죄

사이버 범죄는 컴퓨터 네트워크를 이루고 있는 컴퓨터를 대상으로 한 범죄라는 점에서 네트워크 범죄라고 한다. 따라서 인터넷이나 다른 사람의 컴퓨터와 연결되어 정보를 교환하지 않는 개인 컴퓨터를 대상으로 하는 범죄는 해당되지 않는다.

컴퓨터 네트워크에 결합된 컴퓨터에 저장된 정보나 기능에 관련된 범법행위는 전부 범죄행위에 포함된다. 구체적인 범죄유형으로는 분산 서비스거부(DDos 공격),바이러스와 악성 코드 유포, 사이버 테러로 지칭되는 해킹 등으로 상대방 컴퓨터의 기능마비나 프로그램파괴, 또는 정보를 유출해 가는 유형을 찾아 볼 수 있다.

(2) 사이버테러

사이버테러란 최첨단 정보통신기술을 이용하여 사회 중추신경인 전산망을 파괴하거나, 해킹으로 타인의 비밀정보를 획득하여 불순한 목적에 이용하거나 바이러스를 유포하여 타인의 컴퓨터 프로그램을 파괴하는 행위를 말한다.

1) 해킹

출처 : 한국IT전문학교 정보

해킹이란 컴퓨터를 이용하여 무단으로 다른 사람의 정보처리장치 또는 정보처리조직에 침입하여 수록된 정보를 빼내거나 시스템을 파괴하는 행위를 말한다. 경찰청에 의하면, 단순침해, 사용자 도용, 파일 등 삭제나 변경, 자료유출, 스팸메일, 서비스 거부 공격(DDos) 등으로 구분하고 있다.

주요 해킹 기술은 원격지에서 각종 사용자 ID나 비밀번호를 알아내는 기법인 스누핑(snoofing), 정보사용자의 패스워드를 알아내는 스니핑(sniffing), 호스트의 IP 주소를 바꾸어서 이를 통해 해킹하는 스푸핑(spoofing), 메일폭탄(E-mail bomb), 스팸메일, 스비스

거부, 고출력 전자총, 스캔공격, 전자기폭탄 등을 이용하는 방법과 백오리피스,[7] 논리폭탄, 트로이목마, 인터넷웜,[8] 컴퓨터 바이러스, 플레임[9] 등과 같은 악성프로그램을 이용하는 방법들이 있다.

2) 컴퓨터 바이러스 유포

컴퓨터 바이러스란 다른 사람의 컴퓨터 프로그램이나 사용자가 실행할 수 있는 전자기록 등에 자신 또는 그 변형을 복제할 수 있도록 고의로 제작된 명령어들의 집합을 말한다. 따라서 컴퓨터 바이러스는 컴퓨터에서 실행되는 프로그램의 일종이다. 그러나 다른 유용한 프로그램들과는 달리 자기복제를 하며, 컴퓨터 시스템을 파괴하거나 작업을 지연 또는 방해하는 악성 프로그램이다.

출처 : 건강정보 (189)
http://blog.naver.com/kkH7698

컴퓨터 바이러스에 바이러스란 말의 이름이 붙은 것은 생물학적인 바이러스와 같이 자기복제 능력이 있기 때문이다. 악성 프로그램에는 컴퓨터 바이러스 외에 웜, 트로이 목마 등이 있다. 트로이 목마는 복제능력이 없기 때문에 컴퓨터 바이러스라고 볼 수는 없지만, 정상적인 기능을 하는 프로그램으로 가장해 다른 프로그램 안에 숨어 있다가 프로그램이 실행될 때 대신 작동하는 악성 프로그램을 말한다. 트로이 목마의 가장 대표적인 형태는 백 오리피스(Back Orifice)로서 종래의 트로이 목마는 실행시 하드 디스크를 포맷해 버리는 등 그 자체로 피해를 주는 형태가 주종을 이루었지만, 최근의 백 오리피스는 백 도어(Back Door) 방식으로 시스템이나 사용자 정보를 몰래 빼오는 형태로 발전하였다.

웜은 이 메일에 웜이 첨부된 메일만 보내어 인터넷 등의 속도나 시스템에 무리를 주거

7) 상대방의 컴퓨터를 사용자보다 우선하여 제어권을 확보하여 해커가 원격적으로 시스템을 자신의 컴퓨터를 사용하는 것처럼 사용할 수 있다. 시스템 및 모든 자료의 파괴, 자료를 빼내거나 피해자가 입력하는 모든 입력값을 알아낼 수 있다. 인터넷을 사용하는 계좌번호, 비밀번호, 시용카드 번호 탈취 등이 가능하다.
8) 인터넷웜은 바이러스와 같은 성질의 프로그램이지만 일반 바이러스와 달리 스스로 감염대상 컴퓨터를 찾아다니며 대상 컴퓨터에 도착하면 즉시 컴파일된 후 자신을 복제시키고 다른 대상 컴퓨터를 물색하여 이동한다.
9) 토론방에 기업, 개인의 악성루머를 유포하여 곤경에 빠뜨리는 기법이다.

나 특정파일을 0바이트로 만들거나 재부팅하면 하드 디스크를 포맷하고, 사용자 정보를 빼내가기도 한다.

(3) 컴퓨터를 통한 범죄

사이버 범죄는 일반사회에서 일어나는 범죄를 컴퓨터를 도구로 이용하여 발생할 수 있다. 범죄자는 컴퓨터를 이용하여 사기범죄를 범할 수 있고 각종 음란물의 유포나 타인정보를 훔치고 금전을 갈취하는 피싱, 불법복제, 명예훼손 등은 전형적인 컴퓨터를 도구로 이용한 범죄유형이다.

1) 전자상거래 사기

인터넷을 통한 온라인 쇼핑물은 통상 선결재라는 인터넷 결재의 특성을 악용하여 유명한 상품을 시중가격보다 싸게 파는 것 처럼 광고 후 고객으로부터 선불금을 받은 뒤 잠적해 버리거나 돈만 받고 연락을 끊어버리는 등의 수법을 이용하는 사기사건이 전형적인 전자상거래 사기 유형이다.

2) 불법복제

타인의 컴퓨터 프로그램이나 인터넷 영화 또는 음반 등은 저작권이 인정된다. 최근에 인터넷을 통하여 이러한 프로그램이나 영화, 음반 등을 불법으로 복제하여 타인의 저작권을 침해하는 사이버 범죄가 네티즌 들 사이에 죄의식 없이 유포되고 있다. 이러한 불법복제에 의한 유포는 사이버범죄에 해당된다.

3) 불법 · 유해 사이트

인터넷에 불법 · 유해 사이트를 개설하여 범죄를 유발하는 경우도 사이버 범죄에 해당한다. 자살 사이트나 도박 사이트, 마약거래 사이트, 청부살인이나 폭력사이트를 개설하여 일반사회 범죄를 유발할 수 있다.

4) 사이버 명예훼손

사이버명예훼손이란 불특정 또는 다수인이 열람하는 게시판이나 전자우편 또는 채팅방 등 정보통신망을 이용하여 타인에게 인격적 모독이나 비방 혹은 허위사실을 유포하거나 사실을 구체적으로 표시하여 사람의 사회적 평가를 저하시킬 위험상태에 빠뜨리는 일체의 행위를 말한다.

사이버 명예훼손행위는 기본적으로 형법상의 명예와 신용에 관한 죄의 규정과 이론들이 그대로 적용된다. 즉, 개인간의 전자메일이나 PC통신, 또는 인터넷 대화방에서의 명예훼손 등의 경우에도 형법상 명예훼손의 공연성의 판단에 따른 이론이 적용된다. 형법상 명예훼손죄의 성립에 중요한 공연성은 불특정 혹은 다수인이 인식할 수 있는 상태를 의미하고 명예훼손죄가 추상적 위험범이라는 점에서 불특정 또는 다수인이 명예훼손의 내용을 인식하여야 성립하는 것이 아니라 인식할 가능성이 있으면 성립한다. 사이버 명예훼손죄는 「정보통신망이용촉진 및 정보보호등에관한 법률」이 적용되고, 언어폭력 등 사이버 공간상에서 심하게 발생하는 모욕행위나 사자명예훼손행위에 대한 적용 규정이 없다. 따라서 사이버공간상의 심한 욕설 같은 언어폭력의 경우는 「형법」상의 모욕죄 규정(제311조)이 적용된다.

출처 : http://chunpil.wo.tc

5) 사이버 절도

사이버 절도는 인터넷 게임상의 아이템 절도를 말한다. 아이템이란 인터넷 게임상에서 물품의 형태로 사용되는 것으로서 이들을 습득하면 게임을 효과적으로 수행할 수 있다. 인터넷 게임상에서 아이템이 현실세계에서 고가로 거래되고 있으며, 이를 얻기 위해 해킹 등의 방법으로 타인의 ID와 비밀번호를 알아내어 타인의 아이템을 온라인 게임상의 자신의 캐릭터에게로 옮기는 범죄가 증가하고 있다. 아이템 절도의 절도죄 성립여부에 대한 견해가 엇갈리지만, 아이템의 재물성은 인정되기 어렵다.[10]

6) 피싱(phishing)

가장 최근에 출현한 ID절도수법은 피싱이라는 것으로서 2003년과 2004년 초기에 처음으로 현저하게 드러나기 시작했다. 피싱은 개인자료(private data)와 낚시(fishing)의 합성조어이다. 피싱은 실제의 유명한 합법적인 사업체, 금융기관, 또는 정부기관인 것처럼 보이기 위해 설계된 이메일과 웹 사이트를 개설하고 사용하는 것이 특징이다. 범죄자들은 인

10) 사법연수원, 앞의 책, p.45.

터넷 사용자들에게 속임수를 써서 은행계좌번호나 비밀번호와 같은 개인정보를 알아냄으로써 범죄목적을 위해서 그러한 개인 정보를 사용한다. 피싱은 개인의 계좌번호와 비밀번호를 이용하여 돈을 인출하는 수법으로서 ID절도와 함께 사기범죄를 구성한다.[11] 피싱피해의 단서는 개인의 은행계좌에서 불법인출, 개인의 신용카드 계산서에 없는 대금 인출, 피해자가 모르는 계산서에 대한 신용업자의 빈번한 대금지불 요청 등이 있을 경우이다.

메신저란 인타넷에서 실시간으로 메시지와 데이터를 주고 받을 수 있는 소프트웨에로서 대표적인 것이 네이트온(Nateon)이다. 메신저 피싱(messenger phising)은 타인의 인터넷 메신저 ID, 비밀번호를 입수하여 로그인한 후 네이트온, 대량쪽지 발송 등에 이미 등록되어 있는 가족, 친척, 친구, 지인에게 1:1대화를 시도하여 금전을 인터넷뱅킹으로 송금받는 사기 수법이다. 범인들은 재미있는 동영상이나 뉴스를 인터넷상에 올려진 자료들의 주소인 URL(Uniform Resource Locater)을 통해 전달하고 메신저 사용자가 이를 클릭하면 아이디와 비밀번호를 로그인하라고 명령하여 이를 입력하면 메신저 피싱에 이용하게 된다. 개인정보 침해선터의 조사결과에 따르면, 이들은 인터넷메신저를 통하여 ① 부모님 수술비 부족, ② 은행보안카드 분실, ③ 교통사고 합의금 등을 이유로 텔레뱅킹을 요구한다.

이를 예방하기 위한 대처법은 ① 금전요구시 반드시 전화로 본인임을 확인하기, ② 메신저를 통해 휴대전화번호, 주민번호 등 개인정보 알려주지 않기, ③ 정기적으로 메신저 비밀번호 변경하기, ④ 공공장소에서 메신저 사용자제하기, ⑤ PC보안 프로그램을 최신으로 업데이트 유지하기 등이다.

보이스 피싱(voice phishing)은 음성(voice), 개인정보(private data), 낚시(fishing)를 합성한 신조어로서 범인들이 개인의 은행계좌번호와 비밀번호, 주민번호, 신용카드번호 등을 속임수 등 불법적인 수법으로 알아낸 후 이를 범죄에 이용하는 사기범죄이다. 보이스 피싱은 전화를 사용하여 범행을 하는 것이 특징이다.

7) 사이버 성범죄

사이버 성범죄는 사이버 공간에서 발생하는 성폭력으로서 인터넷이나 PC통신의 대화방에서의 성희롱이나 전자우편으로 보내어지는 음란정보가 이에 해당한다. 이러한 행위는 통신매체이용음란죄, 즉, 자기 또는 다른 사람의 성적 욕망을 유발하거나 만족시킬 목적으로 전화, 우편, 컴퓨터 기타 통신매체를 통하여 성적 수치심이나 혐오감을

11) Ibid., p.335.

일으키는 말이나 음향, 글이나 도화, 영상 또는 물건을 상대방에게 도달하게 한 자는 1년 이하의 징역 또는 300만원 이하의 벌금에 처한다는 「성폭력범죄 특례법」 제14조에 의해 규율할 수 있다. 독일 형법은 사이버 음란정보에 대해서는 데이터저장장치의 표현물도 문서와 동일하게 보고 음란문서 등 반포죄의 행위객체로 새로이 규정하고 있으며, 특히 어린이를 성적 악용의 대상으로 삼고 있는 포르노물에 관하여 규율하고 있다.[12)]

출처 : 부산일보

8) 스팸메일

스팸메일은 종래의 광고전단과 같은 것으로 전자우편을 통하여 자신의 사이트나 상품을 광고하는 것을 말한다. 그러나 이러한 행위가 실제 인터넷 사용자에게는 통신비 부담, 생활장애, 업무방해 등 많은 피해를 야기하고 있다. 이러한 스팸메일은 누구든지 전자우편 그 밖에 대통령령이 정하는 매체를 이용하여 수신자의 명시적인 수신거부의사에 반하는 영리목적의 광고성 정보를 전송하여서는 아니된다는 규정에 의해 규율된다(정보통신망이용촉진 및 정보보호등에 관한 법률 제50조 및 제76조 제1항).

또한 특정한 프로그램을 이용하여 수천통의 전자우편을 발송함으로써 웹서비스의 이용자 혹은 서비스제공자의 시스템을 마비시키는 것과 같은 행위는 스팸메일을 이용한 사이버테러의 한 형태이다. 이러한 행위는 형법 제314조의2에 의한 컴퓨터방해죄로 규율할 수 있다.

9) 사이버스토킹

인터넷 게시판, 대화방, e-mail 등 정보통신망을 통하여 상대방이 원하지 않는 접속을 지속적으로 시도하거나 욕설이나 협박 등을 담고 있는 메일의 송신행위를 지속하는 것을 말한다. 물리적 공간에서 이루어지던 스토킹이 이메일, 인터넷채팅, 인터넷게시판, 문자 등의 가상공간을 통하여 글이나 음향, 부호 등을 반복하여 보냄으로써 상대방에게 공포심이나 불안감을 주는 일탈행위를 사이버스토킹이라 한다. 특정인의 이메일 ID로 수많은 메일

---

12) 박윤해, 앞의 논문., P.90.

을 보내는 등 사이버활동을 방해하는 것도 스토킹에 해당한다.

(4) 범죄정보를 위한 컴퓨터 사용

범죄에 이용하기 위한 정보를 컴퓨터에 저장하는 것도 사이버 범죄에 해당한다. 마약거래상의 노트북에 저장된 고객명단, 은행 사기범의 노트북에 저장된 부정한 은행계좌, 컴퓨터에 저장된 음란물이나 증오범죄 정보 역시 사이버 범죄 유형이다.

CHAPTER

04 피해자 없는 범죄

Section 1 공공질서 범죄와 피해자 없는 범죄

1. 개념적 정의

대부분의 사회는 사회적 규범, 관습, 그리고 가치에 반하는 행동을 제한하거나 금지해 왔다. 우리는 오만, 탐욕, 색욕, 분노, 대식, 시기, 나태 같은 것들을 소위 칠대 죄악(deadly sins) 이라 부르면서도, 그것들을 통제하거나 금지하는 어떤 실정법도 없다. 또는 물에 빠져 구원을 요청하는 사람을 못 본채하고 무시하는 것은 아주 냉혹하고 비도덕적인 행동일지라도, 이를 범죄로 규제하는 나라는 없다. 이러한 행동들은 흔히 공공질서 범죄(public order crime) 또는 피해자 없는 범죄라고 불리어져 왔다.[1)]

공공질서 범죄는 사회의 도덕·윤리규범을 침해하고 사람이 사람답게 살아가는 길을 방해하는 행동과 관련이 있다. 달리 말하자면, 강도, 강간 같은 일반 형사법 위반 범죄들은 본질적으로 나쁘고 해악이 되는 것으로 비난받지만, 공공질서 범죄 같은 행동들은 사회정책, 지배적인 도덕규범, 그리고 사회여론과 갈등상태에 있기 때문에 금지된다. 그렇다면, 성매매, 음란물이나 마약의 제조나 유통 그리고 동성애 같은 공공질서 범죄들은 법적인 차원에서의 논쟁의 대상이기보다는 사회정책이나 사회여론, 또는 사회의 도덕규

출처: 아고라

1) Siegel, op.cit., p.417.

범에 따라서 범죄도 될 수 있고 그렇지 않을 수도 있다는 말이 된다.

공공질서 범죄는 엄밀히 따지고 보면, 비도덕적 행위의 참여자들에게 사실상 피해를 주는 것은 없다. 음란물이나 성매매 같은 행위들은 비록 비도덕적 행위일지라도, 행위자들 모두가 자발적으로 기꺼이 참여한 것이므로 피해자들을 동정하기도 어렵고, 심지어 비도덕적 행위의 피해자들을 확인하기도 어렵다는 문제가 있다. 그러나 전체로서 사회는 이러한 범죄들의 피해자이다. 성매매나 동성애, 마약복용, 그리고 음란물 제작과 유통 등은 사회규범이나 사회 구성원들의 도덕성을 침해하는 현상을 야기한다.

2. 비도덕성과 사회적 해악

공공질서를 유지하기 위해 제정된 법규들은 도덕적으로 문제가 되는 재화와 서비스, 즉, 음란물의 제조와 유통, 성매매, 그리고 마약의 제조와 유통같은 행위를 금지한다. 또한 정치적 권력을 쥐고 있는 몇몇 사람들이 도덕적으로 문제가 있다고 제기하는 동성애 같은 행동도 금지의 대상이 될 수 있다. 이와 같은 법규들이 없다면 범죄자가 되지 않을 수많은 사람들을 범죄자로 만들기 때문에 부분적으로 논쟁의 대상되고 있다. 또한 이러한 법규들은 바람직한 재화와 서비스, 그리고 행동들을 선별적으로 금지하기 때문에 논쟁의 대상이 될 수 있다.

사회의 도덕성을 강조하는 사람들은 미켈란젤로의 작품인 다비드 상이 나신이라는 이유로 음란물로 간주하고 어린이들의 접근이 금지되어야 한다고 주장할 수 있다. 그러나 다비드 상은 세계적으로 공인된 예술작품이기 때문에 음란물의 대상이 아니라는 유권해석에 의해 계속 일반 시민들에게 공개되고 있다. 사회에는 예술이라는 이름으로 발표된 많은 작품들이 외설이나 음란성을 이유로 일반에 대한 공개가 금지되고 있다. 다비드 상은 일반에 공개해도 좋은 예술작품이고 다른 작품들은 외설물이라고 판정하는 기준은 무엇이며, 그 기준의 타당성에 대한 의문이 제기되지 않을 수 없다. 우리 사회에 자신들을 개방주의자라고 자처하는 사람들은 성적으로 그려진 작품들에 대한 폭넓은 예술성의 인정을 강조한다.

그러나 음란물, 성매매, 그리고 마약 사용 같은 행동들은 사회의 도덕 정서를 훼손한다는 것이 학자들의 일반적인 견해이다. 법학자 델빈(Patric Delvin)은 법에서 도덕성의 기능을 다음과 같이 말한다.

"정치, 도덕, 그리고 윤리에 관한 공감대가 없으면, 어떤 사회도 존재할 수 없다. 인간이 선악에 대한 근본적인 동의가 없는 사회를 창조하려고 한다면, 그들은 실패하고 말 것이다. 공통적인 동의에 의해 비도덕적인 사회를 창조하려 하고, 그러한 동의가 계속된다면, 그 사회는 붕괴될 것이다. 사회는 육체적으로 결합되어 유지되는 존재가 아니라 보이지 않는 공통적인 사상의 유대에 의해 유지된다. 만약 그러한 유대가 아주 느슨해진다면, 구성원들은 뿔뿔이 흩어질 것이다. 공통적인 도덕성은 결속의 부분이고 결속은 사회 가격의 부분이다. 사회를 필요로 하는 인간은 그 가격을 지불해야 한다".[2)]

이러한 관점에 의하면, 소위 피해자 없는 범죄는 형사법의 기능과 밀접한 관련이 있다. 일반적으로 형사법은 사회를 보호하고 사회적으로 해악이 되는 행위를 억제하는 것이 주된 기능인 것으로 인식되고 있으나 또 하나의 중요한 기능은 형사법이 사회 일반적으로 공유하고 있는 도덕성에 대한 인식을 반영하고 있다는 사실이다. 따라서 피해자 없는 범죄는 바로 형사법에 반영된 보편적인 도덕성에 의해 그 존재 가치가 인정된다고 말할 수 있다. 비도덕적 행위를 통제하는 목적은 그러한 행위를 하는 사람들보다 그들의 행위를 비난하는 사람들의 도덕적 우월성을 보여주기 위한 것이다.[3)]

비도덕적 행위는 그것에 의해 초래되는 사회적 해악을 기초로 하여 범죄와 구별될 수 있다. 일반 시민들에게 피해가 클수록 그것은 범죄에 해당하고, 피해가 경미할수록 비도덕적 행위에는 해당하지만 범죄는 아니다. 또한 일반적으로 행위자 자신에게만 피해를 초래하는 행위는 사회에서 관용을 베푸는 경향이 있다. 그러나 반드시 그렇지만은 않은 것 같다. 어떤 행위들은 사회 전체에 엄청난 해악을 초래하는데도 법적으로 아무런 문제가 되지 않는 경우도 있다. 흡연과 음주가 사회 전체에 해악이 된다는 명백한 증거가 있음에도 불구하고, 이들에 대한 생산과 판매는 법적으로 통제할 방법이 없다. 자동차의 주행속도는 보통 65마일 전후이지만, 자동차 회사들은 시속 100마일 이상으로 달릴 수 있는 자동차를 계속 생산하여 판매하고 있다. 많은 사람들이 해마다 불법적인 마약복용으로 보다는 음주, 흡연, 그리고 자동차 사고로 훨씬 많이 사망한다. 그러나 음주, 흡연, 그리고 자동차 판매는 비도덕적인 행위에 해당하지는 않는다. 그러므로 공공질서 범죄는 사회적 해악만으로 규정될 수는 없고, 그 비도덕성과 함께 사회적 해악의 초래라는 두 가지 요소를 필수로 한다.

---

2) Sir Patrick Delvin, The Enforcement of Morals, New York: Oxford University Press, 1959, p.20.

3) Joseph Gusfield, "On Legislating Morals: The Synbolic Process of Designating Deviancy", *California Law Rebview 50*, 1968, pp.58-59.

Section 2 프로노그래피

1. 포르노그래피와 음란물

(1) 포르노그래피

출처 : http://blog.naver.com/pink.queen.44

포르노그래피(pornography)는 성매매를 의미하는 그리스어의 포르네(porne)와 문서 또는 기록을 의미하는 그라파인(graphein)이 결합하여 형성된 합성어이다. 따라서 포르노그래피는 성매매에 관련된 문서나 기록물을 의미하지만, 모든 명백한 성적 행동들이나 성적 행동을 상상하게 하는 책, 잡지, 그림, 사진, 비디오나 테이프, 도색영화를 비롯한 영상물 같은 음란물을 의미한다.[4] 사전적인 의미로는 "심미적이고 감정적인 느낌보다는 애로적 자극을 의도하는 문학, 영화 등을 통하여 성행위를 명시적으로 묘사하거나 나타내는 것으로 표현하고 있다.

'포르노그래피'는 일반적으로 우리의 법규정에는 사용되지 않는 개념이다. 이는 법규범보다 현실사회에서 통용되는 용어로 일반적인 음란물의 개념보다는 더욱 노골적이고 상세한 성행위의 표현 혹은 재연을 의미한다. 따라서 성표현의 강도 측면을 중심으로 성표현물의 범위를 살펴본다면, 저속(indecency)이 가장 약한 강도의 최광범위의 개념이고, 음란과 포르노그래피가 순차적인 강도의 증가와 더불어 범위는 축소된다. 캐나다 형법전 제163조8항은 포르노의 정의를 내리기 위해 세 가지의 카테고리로 나누고 있는데 첫째, 폭력을 동반한 성교의 묘사, 둘째, 폭력은 없지만 인간의 품위를 떨어뜨리거나 비인간적인 성교의 묘사, 셋째, 품위를 떨어뜨리지 않고 비인간적이지도 않은 성교의 묘사가 바로 그것이다.

4) Siegel, op.cit, p.427.

포르노그래피는 다시 하드코어(hardcore) 포르노그래피와 소프트코어(softcore)포르노그래피로 나누어질 수 있다. 이는 주로 선진 외국에서 사용하는 분류법으로 하드코어 포르노그래피는 성행위에 대한 노골적이고 명백한 묘사 혹은 재연을 의미하며 통상 성기의 노출을 수반한다. 이와 같은 하드코어 포르노그래피는 교육용 혹은 치료용 등 그 사용이 제한적이다. 반면, 소프트코어 포르노그래피는 명백한 성교장면 혹은 성기의 노출은 없으나 그 표현이 성적 흥미 유발을 목적으로 하고 성적 수치심을 자극하는 것을 의미하는데 이는 음란의 개념과 유사하여 미국, 영국, 독일 등의 국가에서는 음란과 동일한 개념으로 파악하고 있다.

(2) 음란물

우리의 법률체계 내에서 성표현과 관련한 용어의 사용에 있어 음란과 저속의 개념이 혼재되어 있으며, 여러 학문과 실무 영역에서는 성표현의 개념에 포르노그래피라는 개념이 같이 포함되어 논의되고 있다. 따라서 포르노그래피는 음란의 개념속에서 파악될 필요가 있다.

음란이나 외설(obscenity)은 음란물을 의미하는 라틴어 캐늠(caenum)으로부터 유래된 용어로서 웹스터 사전에서는 육욕이나 악행을 불러일으키기 위한 것, 즉, 도덕성이나 예의범절에서 크게 벗어나는 것으로 정의된다.

음란물에 대한 경찰이나 법집행기관의 통제는 음란물에 대한 개념이 중요하다. 음란물이라고 명백하게 인정되는 것들만이 단속의 대상이 될 수 있기 때문이다. 문제는 음란이란 개념이 사회와 시대적 변화에 따라 변동하는 유동적이라는 점이다. 예를 들자면, 우리 대법원은 종래 "음란물이란 공연히 성욕을 흥분 또는 자극시키고 또한 보통인의 정상적인 성적 수치심을 해하고 선량한 성적 도의관념에 반하는 것"이라고 판시하였으나 2008년 들어 "표현물을 전체적으로 관찰・평가해볼 때 단순히 저속하다거나 문란한 느낌을 준다는 정도를 넘어서서 존중・보호되어야 할 인격을 갖춘 존재인 사람의 존엄성과 가치를 심각하게 훼손・왜곡하였다고 평가할 수 있을 정도로 노골적인 방법에 의하여 성적부위나 행위를 적나라하게 표현 또는 묘사한 것으로서 사회통념에 비추어 전적으로 또는 지배적으로 성적 흥미에만 호소하고 하등의 문화적, 예술적, 과학적, 의학적, 교육적 가치를 지니지 아니하는 것을 뜻한다고 볼 것이라고 판시하였다.[5] 이는 헌법재판소가 "음란

5) 대법원 2008.3.13. 선고 2006도3558 판결.

이란 인간존엄 내지 인간성을 왜곡하는 노골적이고 적나라한 성표현으로서 오로지 성적 흥미에만 호소할 뿐 전체적으로 보아 하등의 문화적, 예술적, 과학적 또는 정치적 가치를 지니지 않은 것"이라고 판시한 것과 크게 다르지 않다.[6]

(3) 아동포르노그래피

출처 : http://cafe.naver.com/cafevugho/7

아동포르노란 국제미아착취아동보호센터에 의하면 18세 이하의 아동이나 청소년을 출연시켜 제작된 포르노그래피를 말한다. 즉, 실제 아동이 관련되었거나 시뮬레이션화된 성행위에 대한 표현을 포함하면서도 거기에 국한되지 않으며, 같은 목적으로 아동의 신체부위를 표현하거나 그러한 표현을 위해 아동을 이용하는 것과 그러한 관련행위들을 포함한다. 따라서 출연하는 아동이 실재이거나 혹은 가상의 인물이거나를 불문한다. 또한 인터넷과 신기술의 등장으로 인한 모든 관련물, 즉, 필름, DVD, CD-ROM, 디스켓, CD-R 등과 그 밖의 전자매체를 포함시켜야 한다고 명시하고 있다. 아동은 남녀를 불분하고 아동의 동의와는 무관하다.

한편, 1996년 스톡홀름 세계회의에서는 아동 포르노그래피를 성행위에 관련된 상황에서 어린이를 이용한 시각적 및 청각적 매체로 규정하였고. 유엔보고서는 청각적 아동 포르노그래피와 구별되는 시각적 아동 포르노그래피를 실제 또는 가상의 노골적인 성행위에 가담하고 있는 아동에 대한 시각적 묘사 또는 성기의 음란한 노출로 규정하였다. 유럽의회는 아동 포르노 그래피를 보다 광의로 해석하여 성행위와 관련된 상황에 아동을 이용하는 시청각 표현물로, 인터폴은 아동의 성행위 및 성기에 초점을 두고 유엔은 아동의 성적 악용에 대한 시각적 묘사라고 규정하였다.

아동포르노는 일단 인터넷을 통해 유포되면 확대 재생산되고 반복 유포되어 당사자에게는 크나큰 상처로 남게 됨에도 불구하고, 인터넷의 발달과 함께 폭발적으로 증가, 확산되고 있다. 세계의 아동 포르노 인터넷 사이트는 2001년을 기준으로 10만 개였으

---

6) 헌법재판소 2009.5.28. 선고 2006헌바109 결정.

나 2003년에는 그 숫자가 배로 늘어났고, 미국 내에서만 인터넷을 제외한 아동과 아동, 아동과 성인의 성행위를 다룬 잡지 264종이 생산·판매되고 있다.

또한 포르노에 출연하는 아동도 점점 저연령화 추세에 있다. 최근 미국의 어느 연구에 의하면, 아동 포르노소지죄로 체포된 자들의 83%가 6-12세의 아동들의 영상물을, 39%는 3-5세, 19%는 평균 3.5세 이하의 유아가 등장하는 포르노를 소유하고 있었다. 또한 영상의 내용은 성인 포르노와 비교하여 하등의 차이를 발견하지 못할 정도로 저질스럽고 폭력적이었다. 이들 중 92%가 성기 또는 명시적인 성행위 이미지였고, 80%는 오럴 섹스를 포함한 삽입행위 이미지 였으며, 21%는 강간이나 고문을 묘사한 폭력적 이미지를 담고 있었다.

이미 아동 포르노는 국제사회의 큰 문제거리로 부각되었으며, 세계 각국은 아동 포르노를 대표적인 사회악으로 규정, 국제공조를 통하여 집중단속을 벌이고 있다. 인터넷감시기구의 발표에 의하면, 아동포로노는 50% 이상이 미국에서 생산되고 있으며, 다음으로 러시아 14.9%, 일본 11.7%, 스페인 8.8%, 태국 3.6% 순이었다. 이 단속은 유럽연합 회원국 사법조정기구와 중남미 경찰조정기구를 통한 합동작전이었다.

이러한 아동 포르노의 심각성은 우리나라도 예외는 아니다. 인터넷감시기구의 발표에 의하며, 한국도 아동 포르노의 주요 제작국가중 하나로 포함시키고 있다. 이 보고에 의하면, 한국은 국내에서의 유통은 이루어지고 있지 않지만, 해외사이트에 아동 포르노 컨텐츠를 판매하는 형태로 수익을 창출하고 있으며, 전세계 아동 포르노 생산의 2.16%를 차지하고 있다는 것이다.[7)]

실제 우리나라는 아동 포르노문제에서 무풍지대나 마찬가지다. 동유럽이나 남미에서 아동 포르노물이 스펨메일이나 개인 홈페이지를 통해 마구 들어오고 있고, 마음만 먹으면 외국에 개설된 음란사이트에 들어가 얼마든지 아동 포르노를 볼 수 있는데도 불구하고, 아동 포르노에 대한 처벌조항 조차 제대로 마련하지 못하고 있어 아동 포르노와 관련 작발된 사례도 거의 없다. 그 결과 우리나라는 국제미아착취아동보호센터(ICMEC)로부터 아동 포르노방지 입법이 미흡한 국가로 분류되었다.

7) 박기범, 아동성범죄와 인터넷상의 아동포르노그래피, 형사정책연구 제18권 제1호, 2007, 148-154면.

2. 인터넷 포르노그래피

(1) 개념

인터넷 포르노그래피에 대한 일반적이고 일치된 개념이나 정의는 아직까지 정립된 것이 없고 견해도 다양하다. 일반적으로 인터넷 포르노그래피라고 하면 인터넷을 통해 사이버공간에 존재하는 텍스트나 이미지 및 영상 등의 디지털 형태의 파일을 의미한다. 야한 동영상, 즉, 야동으로 더 잘 알려져 있는 인터넷 포르노그래피는 「정보통신망 이용촉진 및 정보보호 등에 관한 법률」 제44조의7에 배포, 판매, 임대 및 공공연한 전시를 금지하는 대상이 되는 불법정보의 내용 중 "정보통신망을 통한 음란한 부호, 문언, 음향, 화상 또는 영상"이라는 표현과 동일한 맥락이라고 볼 수 있다.[8)]

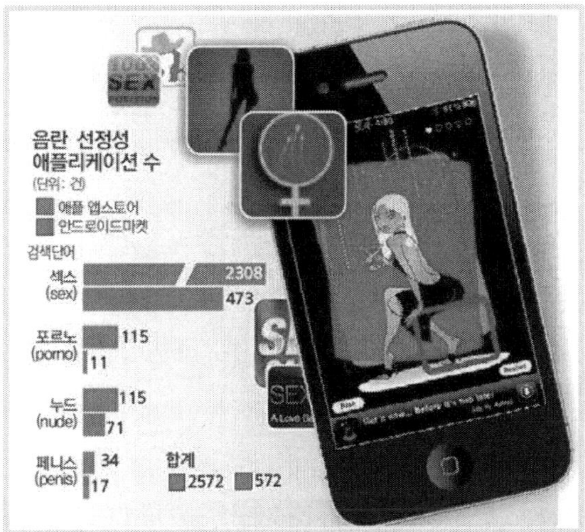

출처 : http://blog.naver.com/angelapp

이는 음란물의 존재형식과 배포 등의 방식이 컴퓨터 프로그램 파일 및 정보통신망을 통한 전송이라는 점에서 기존의 음란물과 큰 차이를 보이고 있다. 따라서 기존의 음란물에 대해 적용해 왔던 형법 제243조의 해석상 음란물의 존재형식으로 규정되어 있는 "문서, 도화, 필름 기타 물건"에 포함될 수 없다.

(2) 음란물과 인터넷 포르노그래피의 차이

인터넷 포르노그래피가 기존의 음란물과 다른 첫 번째 특성은 인터넷에 동영상 혹은 이미지 파일의 디지털 형태로 존재하여 유포된다는 점이다. 따라서 인터넷 포르노그래피는 접근 및 유포의 용이성, 유포의 신속성 및 대량성 등의 특성을 가지게 된다. 인터넷 포르노그래피는 음란물의 존재형태가 기존 음란물의 유통형태인 직접적인 주고받음의 한계를 뛰어 넘어 복사 및 전송이 손쉬워 대량으로 유통될 수 있고, 언제나 접근가능한 상태로 존재하기 때문에 유통의 시간적 제한이 없으며, 대량의 복사와 전

8) 이권철 · 박혜진, 음란물의 저작권 인정과 저작권 위반의 형사책임, 한국형사정책연구원, 2010, 41면.

송이 가능하다. 이러한 특성은 인터넷을 통한 정보교환의 익명성과도 깊은 연관성이 있다. 인터넷을 통한 정보 유포의 익명성은 정보유포의 용이성과 더불어 의사소통의 쌍방향성을 가능하게 함으로써 음란물 교류를 더욱 활성화 시키는 요인으로 작용하고 있다.

3. 음란물의 규제에 대한 논쟁

(1) 보수주의

출처 : 파이낸셜뉴스

음란물의 규제에 대한 보수주의적 입장은 음란물 자체가 부도덕한 것이기 때문에 음란물의 사회에 미치는 유해성과는 관계없이 금지되어야 하다는 것이다. 한편으로는 음란물의 부도덕성과는 관계없이 음란물의 혐오감 유발이나 사회에 유해한 행위 유발 가능성 때문에 규제되어야 한다는 주장을 펴기도 한다.

보수주의는 한 단계 진보하여 음란물의 반사회적 행위유발 가능성에 무게를 두고 음란물에 대한 규제의 논거를 제시한다. 이는 음란물이 사회의 전반에 미치는 부정적 영향이 음란물 규제의 근거가 된다는 것이다. 말하자면, 음란물이 성욕을 자극하여 성적인 측면에서 강간 등의 성범죄를 유발하고 이와 같은 과정에서 폭력 등의 반사회적인 행위가 유발된다는 것이다. 이와 같은 보수주의적 입장은 성범죄 및 관련 범죄와 같은 구체적인 행위 유발 가능성 이외에도 간접적으로 사회일반에게 두루 미치는 음란물의 부정적 영향의 규제 및 금지의 근거로 보고 있다.

(2) 페미니스트

페미니스트는 보수주의적 관점과 기본적인 출발점은 다르나 규제와 금지에 대해서는 유사한 견해를 표명하고 있다. 여성주의는 보호법익을 일반인 혹은 사회전반의 성도덕 및 성풍속의 보호를 중심으로 보는 기존의 입장과는 달리 이들은 여성의 존엄성 혹은 인간성을 보호해야 한다는 입장이다. 따라서 포르노그래피가 여성에 대한 폭력 혹은 차별을 불러일으켜 그 존엄성을 해하기 때문에 규제되어야 한다는 것이다.

페미니스트의 입장에 따르면, 음란이라는 개념은 남성주의적 관점에서 이루어진 것으로 도덕성, 윤리, 선악의 판단과 관련된 개념이며 성행위 묘사의 정도, 성적 자극의 유발 등이 판단의 주된 내용이지만, 포르노그래피는 성차별적 내용의 유무가 주된 관심사이며 판단의 기준이다. 따라서 포르노그래피는 사진이나 글 등에서 여성의 종속을 성적으로 표현한 것으로 보아 도덕 및 윤리의 개념이 아닌 남녀 간의 지배와 복종, 지배권력과 피지배권력 간의 정치적인 것으로 보았다. 따라서 여성주의자들은 포르노그래피를 통한 영리를 목적으로 여성들에게 성관계가 강요되고, 신체가 결박되고 손상을 당하고 여성이 일종의 물건과 유사하게 취급당한다는 것이다. 포르노그래피를 통해 여성에 대한 폭력과 종속이 가중되고 여성의 성이 왜곡된다면 과연 그러한 성표현물이 설사 예술적인 가치를 가지고 있다고 해도 실제로는 그 가치의 소용이 없어 규제 및 금지의 대상이라는 입장이다.[9)]

(3) 자유주의

자유주의는 음란물과 관련한 규제의 법익을 사회 일반의 성풍속으로 보기보다는 개인의 자기결정권으로 보고, 개인의 권리측면을 중시하여 국가의 규제에 대해 반대한다. 랜달(Richard S. Randall)은 자유주의적 입장, 즉, 성에 대한 일반의 관심은 자연스러운 인간성의 발현이며 이러한 관점에서 음란물은 사회의 규범과 질서에 대한 위해가 아니고 인간으로서 가지는 정당한 관심의 대상이라는 것이다.[10)] 음란물은 개인의 자유의 결과이므로 형법이 이러한 인간고유의 자유를 제한하는 것은 문제되며 동시에 표현의 자유 또한 보호하는 측면에서 포르노그래피는 규제되어서는 안 된다는 것이다.

자유주의 중 급진적 개혁주의는 성에 대한 관심이 자연스럽고 인간적이라는 것을 넘어 음란물은 성적 억압이 존재하는 사회에서 일반인에게 건전한 도피처를 제공하고 대체적인 성기회를 제공하는 것이라는 주장으로 규제에 반대한다. 한편, 진보적 개량주의는 음란물의 사회 내 기능을 급진적인 긍정의 눈으로 바라보는 급진적 개혁주의와는 달리 음란물이 바람직하다고 보지는 않는다. 동시에 전면적인 규제에 대해서도 반대한다. 사회에 대한 음란물의 해악성이 밝혀지지 않은 상황에서 관습적이고 보수적인 입장에서 그 해

9) 위의 책, 31-32면.
10) Richard S. Randall, Freedom and Taboo- Pornography and the Politics of a Self Divideds, University of California Press, 1988, p.121.

악성을 가정하고 규제하는 것은 타당성이 없다는 것이다. 따라서 진보적 개량주의는 광범위한 성교육관련 프로그램을 통해 건전한 성에 대한 태도 및 성질서 확립을 고취할 것을 주장한다. 이는 음란물이 가지는 사회적 해악 가능성을 일면 인정하면서도 음란물의 자유로운 유통이 성적 억압을 제거하고 종국적으로는 음란물의 필요성마저 제거하는 방법이 된다는 것이다.

4. 포르노그래피에 대한 규제

(1) 법률에 의한 규제

현행법상 포르노그래피를 포함하는 음란물을 규제하는 법적 근거는 형법 제243조의 음화반포의 죄를 살펴 볼 필요가 있다. 형법 제243조는 "음란한 문서, 도화, 필름 기타 물건을 반포, 판매, 또는 임대하거나 공연히 전시 또는 상영한 자는 1년 이하의 징역 또는 500만원 이하의 벌금"에 처하도록 규정하고 있다. 본 규정은 행위의 객체로서 음란한 문서, 도화, 필름 및 기타 물건을 규정하고 있는데 인터넷 환경에서 주요 문제가 되는 객체는 그 형태의 측면에서 일반적인 문서, 도화, 필름 등과는 달리 전자화된 텍스트, 이미지, 혹은 동영상이기 때문에 이와 같은 인터넷 포르노그래피가 과연 제243조에서 규정하고 있는 객체에 포함될 수 있는지에 대한 논쟁이 벌어질 수 있다. 이에 대해 대법원은 컴퓨터 프로그램 파일은 문서, 도화, 필름, 기타 물건에 해당하지 않고 따라서 인터넷 포르노그래피에 대해서는 본 규정을 적용할 수 없다고 판시하고 있다.

이처럼 형법 제243조를 통해 인터넷 포르노그래피를 규제할 수 없으나 「정보통신망 이용촉진 및 정보보호 등에 관한 법률」은 정보통신망을 통하여 음란한 부호, 문언, 음향, 화상 또는 영상을 배포, 판매, 임대하거나 공공연하게 전시하는 행위를 금지하고 있으며, 이를 위반한 자는 1년 이하의 징역 또는 1천만원 이하의 벌금에 처하도록 규정하고 있다.

「게임산업진흥에 관한 법률」은 온라인게임을 규제대상에서 제외하고 있지 않으므로 온라인 포르노그래피가 포함된 게임영상 또한 규제를 할 수 있다. 이 법은 "범죄, 폭력, 음란 등을 지나치게 묘사하여 일반인이 범죄심리 혹은 모방심리를 통해 사회질서를 문란하게 할 우려를 발생시킬 가능성이 있는 게임을 제작하거나 반입하는 경우 2년 이하의 징역이나 2천만원 이하의 벌금에 처해질 수 있다고 규정하고 있다.

위에서 살펴본 법률들이 인터넷 포르노그래피 이용자의 계층을 고려하지 않고 일반인 전체를 대상으로 음란물에 대한 규제를 하고 있음을 알 수 있다. 그러나 「청소년보호법」에서는 청소년의 보호를 목적으로 일정 음란물을 청소년유해매체물로 정의하고 이에 대한 유포 및 판매 등을 처벌하고 있다. 이 법은 규제의 대상이 되는 매체물을 영화 및 비디오물의 진흥에 관한 법률의 규정에 의한 비디오물, 「게임산업진흥에 관한 법률」에 의한 게임물 및 「음악산업진흥에 관한 법률」에 의한 음반, 「공연법」과 「영화 및 비디오물의 진흥에 관한 법률」의 규정에 의한 영화, 연극, 음악, 무용 기타 오락적 관람물과 「전기통신사업법」 및 「전기통신기본법」의 규정에 전기통신을 통한 부호, 문언, 음향 또는 영상정보 등으로 종류를 제한하고 있다. 이와 같은 매체물 중 청소년유해매체물로 결정하기 위해 제시된 기준 중에 음란성과 관련한 규정은 "청소년에게 성적인 욕구를 자극하는 선정적인 것이거나 음란한 것을 들 수 있다. 이와 같은 매체물은 청소년유해 매체물로 지정되어 판매, 대여, 배포하거나 시청, 관람, 이용에 제공되는 것이 금지되고, 이를 어긴 경우 3년 이하의 징역 또는 2천 만원 이하의 벌금에 처해진다. 다만, 이 법은 제2항에서 심의기준을 적용함에 있어서 일반적인 통념을 기준으로 심사하되 해당 매체물의 문학적, 예술적, 교육적, 의학적, 과학적 측면과 그 매체물의 특성을 동시에 고려할 것을 요구함으로써 심의의 기준에 헌법재판소의 결정례에 입장을 반영하고 있다.

한편, 「성폭력범죄의 처벌 등에 관한 특례법」은 통신매체를 이용한 음란행위를 처벌할 수 있도록 규정하고 있다. 그러나 위에서 살펴본 「정보통신망 이용촉진 및 정보보호 등에 관한 법률」의 규정 혹은 「청소년 보호법」의 규정이 사회적 입장에서 그 규제를 바라보는 것과는 달리, 「성폭력범죄의 처벌 등에 관한 특례법」은 음란물을 상대방에게 도달하게 한 행위를 처벌함으로써 일종의 자기결정권을 보호법익으로 보고 있다. 즉, 이 법 제12조는 전화, 우편, 컴퓨터, 그 밖의 통신매체를 통하여 성적 수치심이나 혐오감을 일으키는 말, 음향, 글, 그림, 영상 또는 물건을 상대방에게 도달하게 한 사람을 처벌할 수 있도록 규정하고 있다. 다만, 자기 또는 다른 사람의 성적 욕망을 유발하거나 만족시킬 목적이 존재하여야 하며 이는 피해자의 고소에 의해 공소가 제기될 수 있는 친고죄로 규정되어 있다.

(2) 행정적 규제

인터넷 포르노그래피의 제작 및 유통 등의 행위에 부과되는 형사적 책임 이외에 행정적 명령 혹은 지도의 의무를 국가와 관련 기관 및 관련 종사자에게 부여하고 있다. 온라인 게임물과 관련하여 게임물 관련 사업자는 게임물 및 컴퓨터 설비 등에 문화체육관광부장관이 고시하는 음란물 차단 프로그램 또는 장치를 설치하여야 하도록 게임산업 진흥에 관한 법률로 규정하고 있으며, 본 규정을 위반하는 경우 1천만원 이하의 과태료에 처해진다.

국가정보화 기본법 시행령은 건전한 정보통신 윤리의 확립을 위해 불특정 다수인이 이용하여 정보를 검색, 저장, 송신 또는 수신할 수 있는 장비를 국가기관이 설치한 경우 음란물 등 불건전한 정보에 대한 접속을 금지하기 위해 행정안전부 장관이 해당 기관의 장에게 필요한 장비 및 소프트웨어의 설치 및 보안을 권고할 수 있도록 규정하고 있다. 또한 방송통신위원회는 정보통신망을 통해 유통되는 음란 정보 등의 유해정보로부터 청소년을 보호하기 위하여 내용 선별 소프트웨어 및 청소년 보호기술의 개발과 보급을 위한 시책을 마련해야 하는 의무를 지고 있다.[11)]

Section 3 성매매

1. 성매매의 역사

(1) 고대 그리스와 로마

성매매는 수천년의 역사를 가진 것으로 알려져 있다. 성매매와 관련된 역사적 기록은 고대 메소포타미아 문명에서 찾아볼 수 있다. 당시에 성매매는 범죄가 아니었지만, 20세기 이후에는 성매매가 범죄로 규정되고 오늘날에는 성매수자까지도 범죄자로 처벌된다는 점에 분명한 차이가 있다.

고대에는 매춘이 특정한 종교적 위치를 차지하고 있었음을 알 수 있는데, 다산(多

11) 이권철, 박혜진, 앞의 책, 44-47면.

産)의 여신 '이나나'와 관련이 있다. 당시 성직자들이 공동체의 다산을 촉진하기 위해 성생활을 했다. 모든 여성들은 외관 남자들과 성행위 후에 사원에 헌금을 해야 하는 것으로 기대 받는 사원의무를 다 해야 했다.[12] 또 청동기시대의 고전 수메르의 길가메쉬(Gilgamesh)도 매춘부가 등장한다. 이 작품에서 영웅 길가메쉬는 숙적 엔키두(Enkidu)를 매춘부를 이용해 굴복시킨다. 엔키두는 창부와 어울려 지내느라 들판에 나가 사냥할 시간이 없었다. 결국 방탕의 늪에 빠진 엔키두는 길가메쉬에게 무릎을 꿇고 만다.[13]

출처 : http://cafe.naver.com/qkghcotjs

현대의 상업적 성 매매는 고대 그리스에 그 뿌리를 두고 있다. 기원전 5세기에 당시 아테네의 입법가 솔론(Solon)은 집창촌 면허제도를 입법화하였다. 많은 도시국가가 매춘종사자에게 세금을 부과하고 있을 정도였으며, 그리스의 매춘사업으로 들어오는 돈은 아프로디테(Aphrodite) 신전을 위한 예산 마련에 도움이 되었다. 고대 그리스의 최고급 매춘부인 헤타이라(hetaira)는 고등교육을 받은 지적이고 미적인 여성만이 가능했다. 헤타이라는 귀족, 부자, 그리고 지성인을 고객으로 하였고, 개중에는 권력자를 뒤에서 조종하는 가하면, 예술가에게 영감을 불러일으키기도 했다. 때로 상대를 선택하는 권리를 가질 정도로 남성중심의 고대사회에서 전문직업인으로서의 대우를 받았다.[14] 그

12) V. Bullogh, *Sexual Variance in Society and History* (Chicago: University of Chicago Press, 1958), pp.143-144.

13) 길가메쉬란 수메르 에레크시의 전설적인 왕의 이름이다. 후일에 서사시와 전설상으로 탁월한 영웅이 된 실제 역사상의 위인이다. 그는 기원전 4천년기(4000-3001년) 말이나 기원전 3천년기(3000-2001년) 초에 남쪽 메소포타미아에서 살았음이 틀림없다. 엔키두는 하늘에서 길가메쉬를 치기 위해 보낸 영웅이었으나 서로 친구가 된다. 엔키두는 길가메쉬 대신으로 죽는다.

14) Spencer Rathus, *Human Sexuality* (New York: Holt, Reinehart and Winston, 1983), p.463. 국회인권포럼, 여성의 성매매 방지를 위한 정책연구 보고서, 국회의정연구회, 2004, 14-15.

리스 사람들은 매춘을 수치스럽게 생각하지 않았다. 그들은 매춘을 건강과 활력에 도움을 주는 긍정적인 요소로 받아들였고, 당시 그리스에서의 결혼은 열정이 결여된 것으로, 단순히 혈통을 지키기 위한 일종의 사업 같은 것으로 인식되었다.

아테네의 번영기에 사창가도 같이 번성했다. 크세나르쿠스는 희곡 '5종 경기'에서 아테네의 섹스시장을 다음과 같이 적나라하게 표현했다.[15]

> "사창가에는 아름다운 여자들이 햇빛 아래 가슴을 드러내고 전투대형으로 줄지어 있다. 그들은 모두 두려움 없이 저녁때까지 손님이 원하는 대로 무엇이든 한다."

기원전 8세기 무렵 지중해 일대에 제국을 건설한 로마도 그리스와 마찬가지로 여성은 중요한 존재였으며, 그리스에 비해 보다 강하고 상당한 자유를 누리고 있었다. 로마 남성들은 매춘여성에게 로맨틱한 동경을 품지 않았으며, 뿐만 아니라 매춘을 필요악으로, 매춘여성을 하층계급의 인간으로 멸시했다.

초기 로마 사회의 매춘부들은 여자늑대 또는 밤나방, 주사위, 다리의 여인, 구더기 단지, 고기썰기, 달리는 여자, 갇힌 여자 등으로 불리면서도 상당히 전성기를 누렸다. 그러나 기독교가 수용되면서 매매춘에 대한 사회적 인식은 바뀌게 되었다. 기독교는 성적으로 노골적인 감정을 드러내는 여성에게는 혐오의 눈길을 보내는 한편, 남성의 성적 방종에 대해서는 관대했다. 남자들이 기독교의 고매한 이상에 따라서 살 수 있을 때까지 매춘은 한 방편으로 받아들여졌다.[16]

(2) 서구의 기독교 문화권

초기 기독교의 종교지도자였던 성 아우구스티누스(St.Augustine)와 토마스 아퀴나스(St. Thomas Aquinas)는 성매매를 필요악으로서 인정했을 지라도, 이러한 관용은 종교개혁과 함께 사라졌다.

중세의 종교개혁이 전개되기 까지 로마교회는 성직자들이 성매매의 단골손님이 될 정도로 성매매에 대한 교회의 관용이 이루어졌다. 11~12세기 유럽의 여러 도시에는 성매매 업소가 우후죽순처럼 생겨났고 교회는 여자들이 매춘부로 변하는 원인을 연구했다. 그리고 참회한 매춘부들은 막달라 마리아의 이름을 딴 '막달라 하우스'라는 갱생

15) http"//blog.naver.com/jdekim.
16) 조철옥, 앞의 책, pp.51-511.

원으로 보내어지기도 했다. 하지만 타락한 여자들을 다른 방식으로 대했던 사제들도 많았다. 13세기 프랑스 디종(Dijon)에서는 매춘부들의 단골 중 20%가 성직자였던 것으로 추정된다.

영국도 마찬가지였다. 역시 매춘부의 성행위 상대는 주로 성직자나 수도자인 경우가 많았다. '성직자의 매춘부' 라는 말도 이때 생긴 것으로 전해지고 있다. 프랑스·영국·이탈리아·독일 어디든 성매매업소는 손님들로 넘쳤다. 이를 본 신학자 토마스 아퀴나스는 저서에서 '매춘은 왕궁의 하수구' 라고 표현했다. 그것을 없애면 왕궁 전체가 오물로 가득해질 것이기 때문에 필요악으로 인정했다. 계산이 빠른 성직자 중에는 성매매업으로 재정적 이득을 취하기도 했다. 영국의 사우스워크에 있던 사창가 중 몇몇 업소는 윈체스터 주교 관할이었다. 셰익스피어는 그 매춘부들을 '윈체스터의 거위' 라고 불렀다.[17]

출처 : 한국일보

이처럼 성매매 여성과 성직자의 협력관계가 지속되면서 성매매에 대한 다양한 별명이 등장한다. 매춘굴은 '수녀원', 마담은 '수녀원장', 그리고 매춘부들은 '수녀' 라고 부르는 조소적인 은어들이 생겨나기도 했다. 그러나 1517년 종교개혁 이후에 마틴 루터(Martin Ruther)는 성매매에 대한 성직자들의 관용에 도전장을 던졌다. 루터는 가톨릭 교회를 향해 '바빌론의 매춘부' 라고 비난하면서 도덕적인 우월성을 기초로 하여 성매매 제도의 폐지를 주장했다. 루터의 교리는 성매매 여성을 신앙을 파괴하기 위하여 보내진 악마의 사자로 규정하기도 하였지만,[18] 그것으로 성매매를 잠재우기에는 역부족이었다.

성매매는 오히려 이를 비웃듯 유럽 전역으로 확산되어 16세기 들어 매독이 발병하면서 유럽의 많은 나라는 수많은 사창가를 폐쇄하는 조치를 내리게 되었다. 하지만 성매매의 역사는 끝나지 않고 계속되었으며, 그 어떤 것도 성매매의 발전 속도를 늦추게 할 수는 없었다. 19세기에 영국의 대형 양조장의 융성은 성매매업과 결합된 결과였다. 그들이 관리하는 술집들은 성매매 여성들을 고용하여 손님들에게 봉사하도록

17) 이선경, "거부하기 힘든 성욕이 부른 매춘, 그 끈질긴 역사," 월간중앙 347호, 2004. 10.1
18) Annette Jolin, "On the Backs of Working Prostitutes: Feminist Theory and Prostitution Policy", *Crime and Delinquency 40*, 1994, pp.60-83.

했다. 그 당시 신대륙인 아메리카로 건너온 유럽인들은 성매매 업도 미국에 가지고 갔다. 양조장과 성매매 업의 결합관계는 시카고 같은 미국의 대도시에서 되풀이되었다.[19] 또한 대도시 뉴욕으로 넘어온 유럽의 여자들은 남자들과 달리 일자리를 구하기 힘들었다. 결국 여자들은 성매매로 생활을 유지했고, 당시 막일을 하는 노동자들은 주급으로 2달러를 받았지만 예쁘고 수완이 좋은 성매매 여성은 단 하룻밤에 무려 100달러를 벌었다고 한다.[20]

(3) 동양 문화권

힌두교는 성을 긍정하는 종교의 범주에 들어가지만, 여성의 삶의 방법으로서 결혼 이외의 길을 인정하려고 하지 않았으며, 결혼 이외의 형태로 남자와 성관계를 가지 유부녀와 딸에 대해서는 엄격했다. 그것은 필연적으로 성매매 여성의 증가를 초래했다. 실제로 여성은 결혼 생활, 즉, 남편에게만 철저히 몸을 바쳐야 한다는 생각이 일반적이었기 때문에 남편을 잃은 경우 장례식의 화장 장작더미 속으로 스스로 몸을 던지는 순사가 아내의 이상적인 행동이 되었고, 그것을 실천하는 여성도 적지 않았다. 순사를 감행하는 용기가 없었던 많은 여성들은 생계를 위해서 성매매 여성의 길로 뛰어 들었다.

중국의 성매매는 문화적으로 시인되고 있는 사실이었다. 중국에서 고급 성매매 여성은 고대 그리스의 헤타이라에 필적하는 지위를 차지하고 있었다. 중국인은 아내에게 순결을 강조했으나 남성은 그것에 구속되지 않았다. 오히려 성을 불로불사의 비술로 간주하는 사상이 널리 퍼져 성행위가 장려되었다. 뛰어난 재능을 지닌 성매매 여성은 값이 비쌌고, 따라서 그녀의 손님은 상류계급에 한정되었다. 그러나 하급 유곽의 성매매 여성들은 그렇게 화려하지 못했다. 형의 일부로서 공창으로 전락한 여자 범죄자들도 있었고, 범죄자의 친척도 있었다. 형벌에 근친 전부를 노예로 한다는 조항이 있었기 때문이다. 그런 경우에 여자 근친은 성매매 여성으로 전락하는 것이 보통이었다. 전쟁에서 포로가 된 여인은 단순한 노예가 되기도 했으나 성매매 여성이 되는 경우가 많았다. 이러한 하급 유곽의 여자는 낮은 계급에 속했고, 그 지위는 법률로 규제되어 있었다. 하급 성매매여성은 범죄자나 하층계급과 주로 상대했고, 고급, 하급을 불문하고 대다수의 성매매 여성은 양친이나 보호자에 의해서 팔려 왔다. 유괴되어 온 처녀도 적지 않았으며, 유곽의 포주에게 팔려 성매매 여성이 되었다.[21]

---

19) Siegel, op.cit., p.423.
20) 이선경, 거부하기 힘든 성욕이 부른, 매춘, 그 끈질긴 역사. 월간중앙 제 347호, 2004년 10월 1일
21) 국회인권 포럼, 앞의 책, pp.16-17.

2. 성매매의 개념과 원인

(1) 개념

성매매(prostitution)는 '노출하다', '면전에 멈추게 하다(to cause to stand in front of)'를 의미하는 라틴어 프로스티투에레(prostituere)에서 유래한다. 성매매는 자신의 몸을 팔기 위해서 공공연히 자신의 몸을 제공하는 행위(publicly offering)를 의미한다.[22] 말하자면, 성매매는 일반적으로 금전 기타 경제적 이익 등을 대가로 성행위 등 성적 서비스를 제공하는 행위를 말한다. 그러나 성매매는 시대에 따라서 윤락, 매춘, 매매춘, 매음, 성적 노동 등으로 사용됨으로써 그 개념정의가 분명하지 않다.

윤락이라는 개념은 여성이 타락하여 몸을 파는 처지에 빠졌다는 성도덕적, 성윤리적 판단이 전제되어 성을 파는 사람에게는 윤리적으로 나쁘고, 성을 사는 사람에게는 즐김을 강조하는 의미를 담고 있어서 그 사용을 꺼리게 되었다. 매춘은 성매매를 봄이라는 자연현상처럼 성욕을 자연적, 필연적인 것으로 포장할 위험이 있다는 점에서 비판의 대상이 되었다. 한편, 매매춘도 파는 사람과 사는 사람사이란 양당사자 관계에만 초점을 맞춤으로써 고용주 등 중간매개자를 비가시화한다는 점에서 비판이 제기되었다. 따라서 비가시적인 제3자, 즉, 고용주 등을 처벌하기 위해서 등장한 개념이 성매매이다.

최근에 페미니스트들의 여성해방운동 등의 영향으로 성매매에 대한 심각성이 높아지면서 성매매의 개념은 더욱 구체화되었다. 그 개념은 다양하지만, 일반적으로 성매매자, 고객, 그리고 고용주가 금전적 보상을 조건으로 상호 동의하에 혼외적인 성행위를 허용하는 것으로 정의된다.[23] 이러한 정의는 성매매의 주체가 여성과 남성은 물론이고 게이도 포함될 수 있기 때문에 성적으로 중립적이다. 전통적으로 성매매의 주체는 여성만을 대상으로 다루었으나 그 주체를 남성과 게이까지도 포함시키고 있다는 점이 개념적 특징이며, 오늘날 대부분의 국가에서 이에 동의하고 있다.

사회학자들은 성매매자들을 다른 유사한 서비스 산업 활동과 마찬가지로 길거리 성노동자로 정의한다. 따라서 그들의 정의는 성매매를 상업적인 성 거래로 본다. 즉, 성매매는 고객들을 위한 성적으로 유의미한 활동이며, 오랄 섹스에서 성교에 이르기까지 모든 성행위를 포함한다. 여기에서 경제적 거래는 반드시 돈이 아니라도 경제적 가치가 있는 무엇과 성행위가 교환되는 것을 의미하고 또한 성매매 행위의 상호간에

22) Siegel, op.cit., p.423.
23) Siegel, op.cit., p.423.

는 애정과 같은 감정과는 무관하다. 말하자면, 단속 경찰관이 성매매를 묵인하는 대가로 성 상납을 받는 행위도 성매매에 포함되며, 서로 아는 사이일지라도, 그들의 성행위는 경제적 교환의 차원에서 이루어지고, 서로의 애정과는 아무런 관계가 없다면 성매매에 해당된다.[24)]

한편, 성매매는 금전적 보상을 포함하는 물질적 보상뿐만 아니라 파티나 댄싱, 그리고 고급 레스토랑에서 식사를 즐기는 것과 같은 사회적 보상, 또는 특별한 호의 등을 원인에 포함시켜야 한다는 주장도 제기된다.[25)] 또한 최근에는 인신매매 등에 의한 강요된 성매매(sex trafficking) 역시 성매매의 개념에 포함시키고 있다. 즉, 성매매자의 자발성 및 상대방과의 상호 동의 없이 외부의 강요에 의해 이루어진다는 점이 일반적인 성매매행위와는 구별된다. 따라서 성매매는 성매매자와 상대방이 유형적인 보상이나 특별한 호의(favors)를 제공하거나 제공하기로 약속하고 그들 사이의 감정과는 관계없이 상호동의 하에 이루어지는 모든 성행위는 물론이고 인신매매 등에 의한 강요된 성행위 등을 포함하는 개념으로 정의되기도 한다.[26)]

(2) 원인

1) 심리적 동기

성매매에 관한 초기 심리학적 연구는 성매매 여성을 자아도취적, 불감증상태, 남성증오, 레즈비안에 대한 공포, 또는 엘렉트라 콤플렉스(electra complex)에 따른 아버지에 대한 해결되지 않은 과도한 성적 고착 등이 원인이라고 주장했다. 또한 프로이드 이론 추종자들은 성매매를 여성은 아버지, 그리고 남성은 어머니에 대한 어린 시절 성적인 사랑의 고착의 결과라고 보았다. 프로이드 이론적 관점은 성매매를 사회현상으로 보다는 개인적 정신병리현상으로 보는 것이 특징이다.[27)] 그러나 이러한 견해는 경험적인 연구에 의해 검증을 받지 못했다.

---

24) Charles McCaghy, Deviant Behavior(New York: Mcmillan, 1976), pp.348-349.
25) Bartol & Bartol, op.cit., p.482.
26) 조철옥, 앞의 책, pp.514-515.
27) Ibid., p.483.

2) 빈곤

사회학자들은 성매매란 가난에서 비롯되는 돈의 필요가 원인이라고 주장한다. 미국의 경우에 남녀 성매매자들은 극한적인 갈등과 적의감으로 특징지어지는 문제성 가정, 그리고 가난한 도시지역이나 시골지역 출신들이 대부분이다. 그들은 대부분 이혼, 별거, 또는 사별가정, 아버지 없는 빈곤한 가정에서 성장한 사람들이다. 가난한 하위계층의 성매매 여성들은 학교당국과의 갈등, 성적불량, 과도하게 통제된 학교생활을 경험한 것으로 밝혀졌다.[28)]

여성의 성매매 동기는 한국의 경우에도 대체로 10대의 성장기에 경험한 가정빈곤에 기인한 열악한 성장환경이 가장 핵심적인 요인으로 작용한다. 2006년 성매매 집결지 여성들에 대한 실태조사에 의하면, 10대에 열악한 환경속에 성장한 여성들은 교육기회의 박탈, 취업능력부족, 성윤리의식이나 인생의 자존감 결여 또는 왜곡 등으로 성매매의 길을 선택하는 것으로 밝혀졌다. 집결지 여성들의 89.8%가 현재 또는 과거에 가족에게 다양한 형태의 금전지원을 한 일이 있다고 응답했다. 그 지원 형태를 보면, 주거와 생계비 46.1%, 치료비, 17.2%, 합비 8.6%, 주거비 지원 6.6% 등이었다.[29)]

3) 아동 성폭력과 성매매

성매매자들 중의 상당수가 10세-12세 정도의 어린 나이에 가족들에 의해서 성 추행이나 성 폭행을 당한 경험을 가지고 있었다.[30)] 성에 대한 조기경험은 그들의 몸이 가치 있고, 성적 접촉이 애정, 권력, 또는 돈을 얻는데 사용될 수 있다는 사실을 알 수 있게 한다. 이스트(Richard J. Estes) 등은 아동 성폭력 문제가 과거에 알고 있거나 기록에 의한 것 보다 훨씬 광범하다는 것을 발견했다. 그들은 매년 25,000명의 미국 아린이들이 어떤 형태의 성폭력을 당하고 있다고 지적했다.[31)]

---

28) D. Kelly Weisberg, Children of the night:A study of adolescent prostitution(Lexington, Mass.:Lexington Books), 1985, pp.44-55.
29) 서울종암경찰서, 서울 성북구 하월곡동 성매매 집결지 실태조사 보고서, 2006, pp.9-11.
30) Siegel, op.cit., p.426.
31) Richard Estes and Neil Alan Weiner, The commercial sexual exploitation of children in the U.S., Canada and Mexico(Philadelphia, Pa., University of Pennsylvania), 2001, pp.185-187.

4) 국제적인 인신매매

모든 여성들이 자발적으로 성매매를 하는 것은 아니다. 여성들은 납치, 해외유혹, 그리고 강요에 의한 성매매를 한다. 2000년대에 접어들면서 성매매를 자발적이 아닌 인신매매에 의한 강요된 성매매에 관심을 기울이기 시작했다. 미국에서 인신매매는 고도의 수익시장이 되고 있다. 미국은 독일 다음으로 성 산업을 위한 여성과 아동 인신매매 목표국가가 되고 있다.[32] 미국의 불법 소개업자들은 법적인 금지에도 불구하고 매년 5만 명의 여성과 아동들을 인신매매 형태로 수입한다.[33]

제3세계의 부모들은 그들의 아이들을 인신매매업자들에게 팔아넘기고 이 아이들은 성매매를 위해서 다른 나라로 고가로 팔려나간다. 주로 동남아시아와 동구로부터 수천 명의 여성과 아동들이 좋은 벌이의 희망으로 다른 나라로 팔려가지만, 집창촌에 끌려가는 것으로 끝나거나 노동자 집합소에서 일을 기다리는 여행자로 전락한다. 인신매매에 의한 성매매 여성들은 강간, 성적 약탈과 학대, 상해, 마약중독, 우울증, 만성적 신체장애, 그리고 에이즈 위험에 노출되는 등 심각한 건강문제에 직면한다.[34] 또한 그들은 사기, 착취, 공갈, 돈세탁, 공무원에 대한 뇌물, 마약오용, 문서위조, 그리고 도박 등과 같은 불법적인 활동에 시달린다.

3. 사회적 변화와 성매매에 대한 통제

(1) 2000년대의 변화

2000년대에 접어들면서 집창촌을 찾는 남자들의 수는 급감하는 현상을 보이고 있다. 이러한 현상은 어느 나라에서나 발견되는 사회적 특징이다. 미국은 지난 20년 동안 인구는 증가했으나 성매매 행위로 체포되는 사람들의 수는 급격하게 감소한 것으로 나타났다.[35] 한국은 정확한 공식적인 통계가 없어서 구체적으로 자료를 제시하지 못하지만 아마 미국의 현상과 비슷한 흐름을 보이고 있을 것으로 추정된다.

---

32) E.J. Schauer & E.M. Wheaton, Sex trafficking into the United States: A literature review, Climinal Justice Review, 31, 146-169.

33) David Enrich, "Trafficking in people", U.S. News & Work Report 131, July 23, 2001, p.34.

34) S.E. Cook, Forced prostitution, In N.A. Rafter(Ed.), Encyclopedia of women and crime, Phoenix:Oryx Press, 2000, p.212.

35) Siegel, op.cit., p.423.

출처 : 연합뉴스

집창촌을 찾는 남성들의 수가 감소한 이유는 세 가지로 압축될 수 있다. 첫째, 남성들이 성 개방이라는 혁명적 성문화의 영향으로 적법하게 접촉 가능한 여성들의 수가 증가하고, 둘째, 에이즈 등 성 관련 질병의 전염에 대한 두려움이 크게 확산된 결과이며, 셋째, 성매매 행위를 범죄화하고 여성 피해자의 인권보호와 상대 남성에 대한 처벌, 그리고 성매매 업주에 대한 엄격한 처벌을 요구하는 남녀 평등주의적 사회운동의 확산과 처벌법규의 제도화 등이 성매매 감소화의 원인이라고 볼 수 있다.

그렇지만, 미국의 UCR보고는 매년 약 9만 명이 성매매로 체포된다고 지적하고 있고, 더욱 놀라운 일은 2000년에 성매매로 체포된 2,000명 중에서 약 천명이 18세 이하의 청소년들이었으며, 그 중에서 15세 이하의 미성년자들 120명이 포함되는 것과 같은 성매매 여성들의 연소화라는 사실이다.[36]

한국은 성매매에 대한 정확한 통계자료가 없다. 한 연구에 의하면, 1980년대에 한국 남성의 87%가 혼전 성경험이 있다고 대답했으며, 이중 50%가 성매매 여성들과의 경험이라고 대답했다. 1990년대에 군인들을 대상으로 조사한 결과 68%에 해당하는 젊은 군인들이 혼전 성 경험을 이야기했고, 그중 22%가 그들의 첫 성관계가 성 매매 여성들을 상대로 이루어졌다고 응답했다. 또한 약 백만 명의 여성들이 성매매 산업에 종사하는 것으로 추정되고 있으며, 이 숫자는 15세에서 29세 사이의 전체 여성 중 20%에 달하는 숫자이다.[37]

성매매 여성들의 연소화는 1990년대 후반에 고조된 10대 소녀들을 대상으로 한 원조교제에 비추어 볼 때, 상당히 심화되었을 것으로 추정된다. 실제로 성매매 행위로 검거된 여성들 중에 상당수의 미성년자들이 발견된다. 이처럼 성매매 행위에 미성년자들의 분포가 높아지는 변화는 성매매가 자발적으로 이루어진다면, 피해자 없는 범죄이기 때문에 허용되어야 한다고 주장하는 사람들에게 아주 불리하게 작용하고, 금지주의자들에게는 아주 강력한 공격의 무기가 되고 있다. 미성년자의 성매매는 도덕

36) Ibid., p.423.
37) 장필화, 조형, 한국의 성문화: 남성 성문화를 중심으로, 한국 여성연구원 엮음, 여성학 논집 제8집, 1991, pp.127-170.

성의 타락이라는 아주 치명적인 증거로서 명백한 사회악이며 죄악으로 인정하기에 충분하기 때문이다.

(2) 성매매의 범죄화에 대한 쟁점

성매매에 관한 국내외의 관점은 크게 섹스 존중론(pro-sex), 성노동론, 폐지론 등 세 가지로 분류된다.

1) 섹스 존중론과 성노동론

섹스 존중론은 성매매 산업으로의 유입이 여성 스스로의 선택에 의한 것이라는 전제를 갖고 있으며, 여성이 성매매를 통해 세력화를 추구한다는 입장을 견지한다. 둘째, 성노동론은 성매매를 기본적으로 직업적 성격을 갖는 노동으로 파악하고, 성매매는 서비스를 제공하는 노동행위로 간주한다. 따라서 성매매 여성을 성 노동자로 간주하지 않으면 노동시장의 다른 계약조건에 적용되는 보호와 통제를 받을 수 없게 된다는 입장을 주장한다. 셋째, 폐지론은 여성이 강제적으로 성매매 산업으로 유입된다는 관점이다.

섹스 존중론과 성노동론은 본질적으로 성매매에 대해 관용적인 입장을 취한다고 볼 수 있다. 다시 말해, 성매매를 여성들의 자발적인 하나의 산업으로 보고 또한 서비스 제공 노동자로 인정하며, 그 활동과정에서 불법적인 사건이 발생하면, 형사법으로 처벌하면 된다는 입장이다. 그러나 폐지론은 성매매 여성들이 자발적으로 참여하는 것이 아니라 강제적인 힘에 의하여 착취당하고 피해를 입고 있다는 견해를 취한다.

2) 성매매 폐지론

성매매 폐지론은 페미니즘 이론(feminism)의 갈등적인 관점에 기초하고 있다.[38] 페미니즘은 두 가지 입장으로 나누어진다. 하나는 여성들이 남성의 억압으로부터 해방됨으로써 남녀평등을 달성해야 한다는 성 평등주의(sexual equality) 입장이다. 성 평등주의 관점은 성매매 여성을 남성지배의 피해자로 보는데 이는 가부장적 사회에서 남녀 사이의 지배-복종 관계와 연결된 관점이다. 가부장적 사회에서 여성은 남성에게 복종하고 착취당하는 피해자이듯이 성매매 역시 이러한 착취와 복종의 산물이라고 보

---

38) Siegel, op.cit., p.426.

는 것이다.

또 하나의 관점은 남녀평등을 개인의 자유의지와 관련시킨 것으로서 여성이 어떤 다른 사람들의 강요된 의지에 의해서가 아니라 자신의 자유의지에 따라서 행동선택을 할 수 있는 제도적 승리에 의해 남녀평등을 성취해야 한다는 자유선택 관점(free choice view)이다. 그러므로 자유선택 관점은 성매매란 여성이 자유롭게 선택한 것이라면, 여성평등의 표출이며, 복종의 증후군은 아니라고 보는 것이다. 그렇다면, 페지론자들은 가부장적 사회제도 하에서의 남성의 억압으로부터 여성을 해방하는 차원에서의 성 평등주의 입장을 추종하고, 자신의 의지에 의한 자유선택적 관점은 오히려 섹스 존중론이나 성노동론의 근거 논리가 될 수 있다.

(3) 스웨덴과 네델란드의 법적 대응

페미니즘 지지자들은 어느 입장을 취하든 모두 성매매 여성에 대한 처벌은 최소화되거나 비범죄화(decriminalization) 되어야한다는 것이 그들의 공통된 주장이다. 그들은 이미 절망적인 여성들에게 추가적인 법적 처벌은 너무나 가혹하기 때문에 성매매 여성들에 대한 처벌은 비범죄화되는 것이 마땅하다고 주장한다. 오늘날 대부분의 국가들은 성매매를 벌금이나 단기 징역형으로 처벌할 수 있는 범죄로 다루고 있다. 미국은 네바다 주를 제외한 모든 주에서 성매매를 불법적인 행위로 처리하고 있다.[39] 한국도 성매매를 범죄행위로 규정하고 여성을 피해자의 차원에서 보호하고 상대 남성과 업주를 엄하게 처벌하는 방향으로 가고 있다.

페미니즘의 두 가지 견해는 각 국의 성매매 정책에 유의한 영향을 끼쳤다. 스웨덴의 페미니스트들은 성매매를 엄격하게 제한하고, 성을 사는 모든 활동을 범죄화하는 법률안 통과에 성공했다.[40] 이 법은 성매매를 여성에게 가하는 폭력으로 정의한 후, 세계 최초로 성매매 피해여성을 비범죄화하고 포주와 성매매 남성은 범죄자화하고 있다. 스웨덴에서 이 같은 법안이 통과될 수 있었던 것은 스웨덴 의회와 행정부 내의 여성비율이 50%에 육박했기 때문인 것으로 보인다. 성매매를 보는 시각에는 성매매 피해여성의 시각이 반영되어야 하며, 그것을 정책으로 반영시킬 수 있기 위해서는 여성정치세력이 결집되어 있어야 한다는 것을 스웨덴의 사례가 잘 보여주고 있다. 그러나

39) Ibid., p.426.

40) Arthur Gould, "The Criminalisation of Buying Sex: The Politics of Prostitution in Sweden", *Journal of Social Policy 30*, 2001, pp.437-438.

무엇보다 성매매 폐지론을 지지해야하는 이유는 성매매 피해여성들의 희망과 꿈을 우선적으로 고려해야 하기 때문이다.

스웨덴과는 대조적으로 네델란드는 2001년에 공창제를 합법화했다. 물론 업주들은 엄격한 지침에 따라서 사업을 하도록 규제되고 있다. 새 법은 네델란드에서 성매매에 종사하고 있는 3만 명 이상의 여성들을 보호하고 보험정책과 실업수당 그리고 일반시민들이 향유할 기본적 권리를 향유할 기회를 제공하기 위해 제정되었다.[41] 다시 말해, 성노동론을 전제로 하는 성매매 합법화는 성매매 피해여성의 복지를 위한 대안이라는 점을 강조한다.

그러나 공창제를 도입한 네델란드와 호주의 성매매 운영은 원래의 법적 취지와는 다른 방향으로 가고 있다는 것이 밝혀졌다. 연구자들의 보고에 의하면, 업주들은 정부의 엄격한 규제를 회피하고, 수입에 비해 적은 세금을 지불하고 그리고 지하조직들과의 거래에 의해 사업을 운영한다는 것이다. 결과적으로 성매매 사업은 기업화되고 업주는 폭리를 남기며, 성매매가 합법화된 상태에서 성매매는 당사자 간의 계약관계라는 전제하에 당당한 소비행위로 사회인식이 변하게 되었다.

또한 성매매의 폭력적 성격에 대한 주장은 소수의견으로 내몰리고, 국제적 인신매매, 불법체류를 빙자하여 외국인 성매매 여성에 대한 착취와 같은 현상이 발생하고, 성매매의 합법화는 개인의 자유 선택에 의한 행위를 전제로 하므로 성매매 피해여성에 대한 사회적 혐오감을 촉발시켜 이 여성들은 사회로부터 더욱 배제되고 소외되었다. 또한 업소에서 당하는 폭력(구타, 강간)은 성매매의 한 상품항목이 되므로 이것을 막을 수 있는 방법이 없다는 것이다.

이처럼 네델란드의 경험은 성매매에 대한 정부 규제가 쉬운 일이 아니라는 것을 보여주는 하나의 교훈이다. 그렇다고 스웨덴의 성매매 정책은 선이고, 네델란드의 정책은 악이라고 규정할 수는 없다. 스웨덴의 정책은 그 나라의 사회적 여건이나 국민들의 도덕감정, 그리고 정부의 정책에 대한 관련 당사자들의 호의적 반응 등이 정책시행에 긍정적으로 작용했을 가능성을 배제할 수 없다. 또한 네델란드의 성매매 정책은 성매매의 합법화를 선택할 수밖에 없는 사회적 여건이나 국민적 여론 등이 크게 작용했을 것이다. 그러므로 네델란드의 정책이 시행초기에 많은 부작용을 초래하고 있지만, 다른 보완책을 마련하거나 사회적 여건이 성숙되면 폐지정책 쪽으로 방향을 바꿀

41) Siegel, op.cit., p.426.

수도 있을 것이다. 사회의 문제해결 정책은 혁명적 공학이 아니라 점진적 공학이다.

(4) 한국의 성매매 근절 정책

1) 성매매 근절 및 성매매 여성 인권보호 정책

출처 : http://blog.naver.com/freeview

우리나라는 성매매를 일체 허용하지 않는 금지주의를 취하고 있다. 성매매는 여성의 몸을 대상화하고 상품화하여 남성우위의 가부장제를 유지시키는 근간을 이루고 있으며, 성도덕의 문란을 초래하고 성매매 산업을 확산시키며, 성매매를 합법화 시킬 경우 여성의 성을 남성에게 예속시켜 남녀 불평등을 심화시킨다. 또한 성매매 여성들은 중간 알선업자에 의해 착취당하고 성을 사는 사람에 의해 인권유린을 당하게 된다.

따라서 한국은 성매매·성매매 알선 행위 및 성매매 목적의 인신매매를 근절하고, 성매매 피해자 및 성을 파는 행위를 한 자의 인권보호와 자립을 지원하기 위해 2004년 3월 22일 「성매매알선 등 행위의 처벌에 관한 법률」과 「성매매방지 및 피해자보호 등에 관한법률」을 제정하여 시행하고 있다.

우선 성매매 근절을 위하여 이 특별법은 금지행위를 폭넓게 규정하고 있다. ① 성매매, ② 성매매알선행위, ③ 성매매 목적 인신매매, ④ 성을 파는 행위를 하게 할 목적으로 타인을 고용, 모집하거나 성매매가 행하여진다는 사실을 알고 직업을 소개, 알선하는 행위, ⑤ 성매매, 성매매 알선행위, 그리고 성매매 직업 소개 및 알선 행위가 행하여지는 업소에 대한 광고행위 등이다.

아울러 관련 특별법들의 특징은 성매매 근절과 여성인권보호 측면의 규정을 강화하고 있다. 첫째, 이 법률들은 '윤락'이란 용어 대신에 '성매매'란 용어를 사용하고 있다. 과거 「윤락행위등방지법」은 윤락행위를 성을 파는 여성에게만 적용함으로써 성을 파는 여성을 도덕적으로 타락한 여성으로 규정하여 성매매의 책임을 전가했으며, 성매매의 문제를 사회학적 관점에서 바라보지 못하고 개인적, 윤리적 잣대만으로 적용한다는 비판을 받았다. 그러므로 성을 파는 사람뿐 아니라 성을 사는 사람까지 포함하는 '성매매'란 용어를 채택했다. 둘째, 성매매 행위자에 해당하지만 '성매매피해자'는 법적으로 처벌하지 않고 「보호 · 지원」하는 내용을 법제화하고 있다. 셋째, 청소년, 외국인, 장애인은 동의여하를 불문하고 성매매 피해자로 규정하여 성매매 여성의 인권침해를 최소화하고자 한다.

2) 성매매 피해자 보호 · 지원정책

「성매매알선 등 행위의 처벌에 관한 법률」제2조 4항에 의하면, 성매매 피해자는 ① 위계 · 위력 그 밖에 이에 준하는 방법으로 성매매를 강요당한 자, ② 업무, 고용 그 밖의 관계로 인하여 보호 또는 감독하는 자에 의하여 마약류에 관한 법률 제2조의 규정에 의한 마약, 향정신성의약품 또는 대마에 중독되어 성매매를 한 자, ③ 청소년, 사물을 변별하거나 의사를 결정할 능력이 없거나 미약한 자 또는 대통령령이 정하는 중대한 장애가 있는 자로서 성매매를 하도록 알선 · 유인된 자, ④ 성매매 목적의 인신매매를 당한 자. ⑤ 청소년, 외국인, 장애인은 동의여하에 불문하고 성매매피해자로 규정된다.

성매매 피해자 보호는 성매매 알선행위에 의한 피해자까지 포함시키고 있는데 법 제2조 1항 2호에 의하면, ① 성매매를 알선, 권유, 유인 또는 강요행위, ② 성매매 장소 제공행위, ③ 성매매에 제공되는 사실을 알면서 자금, 토지 또는 건물 제공행위 등으로 규정된다. 그리고 성매매 목적의 인신매매행위 역시 성매매 피해자 보호에 포함시키고 있는데 ① 성을 파는 행위 또는 형법 제245조의 규정에 의한 음란행위를 하거나 성교행위 등 음란한 내용을 표현하는 사진, 영상물 등의 촬영대상으로 삼을 목적으로 위계, 위력 그 밖의 이에 준하는 방법으로 대상자를 지배, 관리하면서 제3자에게 인계하는 행위 ② 성을 파는 행위 또는 음란물 제작 목적으로「청소년보호법」제2조 제1호의 청소년, 사물을 변별하거나 의사결정을 할 능력이 없거나 미약한 자 또는 대통령령이 정하는 중대한 장애가 있는 자나 그를 보호, 감독하는 자에게 선불 등 금품 그 밖의 재산상의 이익을 제공, 약속하고 대상자를 지배, 관리하면서 제3자에게 인계하는 행위 등이 법 제2조 1항 3호에 명시되어 있다.

또한 성매매 피해자의 성매매 행위는 일체 처벌되지 않으며, 성매매와 관련된 불법원인 채권은 무효로 한다(성매매알선행위 등의 처벌에 관한 법률 제10조). 이는 계약 형식이나 명목과 무관하며, 채무양도나 인수인계를 한 경우에도 무효이다. 수사기관은 피해자의 사생활과 신변보호를 위해 수사의 비공개, 친족 또는 지원시설, 성매매 피해상담소에의 인계 등 그 보호에 필요한 조치를 다해야 한다(성매매알선 등 행위의 처벌에 관한 법률 제6조 및 8조). 법원 역시 신고자를 증인으로 신문 시에 사생활과 신변보호를 위해 필요시 비공개 심리를 할 수 있다. 피해자에게 상당한 이유가 있을 경우 법정대리인, 친족 또는 변호인에게 비공개 심리를 할 수 있다는 사실을 통지해야 하며, 피의자나 친족들의 사생활 보호를 위해 부득이한 사유가 있는 경우에는 통지하지 아니할 수 있다.

다른 법률에 규정이 있는 경우를 제외하고는 신고자 등의 인적 사항이나 사진 등 그 신원을 알 수 있는 정보나 자료를 인터넷 또는 출판물에 게재 또는 방송매체를 통하여 방송해서는 아니 된다. 수사기관은 신고자 등을 조사하는 때에 직권 또는 본인, 법정대리인의 신청에 의해 신뢰관계에 있는 자의 동석하게 할 수 있으며, 청소년, 또는 사물변별력이나 의사결정 능력이 없거나 미약한 자 또는 대통령령이 정하는 중대한 장애가 있는 자 등의 경우에는 법정대리인이나 친족 등의 신청이 있을 때에는 신뢰관계에 있는 자를 동석시켜야 한다.

수사기관은 외국여성이 성매매에 관련된 범죄신고를 하거나 피해자로 수사대상이 되었을 경우에는 당해 사건을 불기소 처분하거나 공소제기 때까지 출입국관리법 제4조에 의한 강제퇴거 명령과 제51조의 보호집행을 하여서는 아니 된다(성매매알선 등 행위의 처벌에 관한 법률 제11조). 또한 수사기관은 외국인 여성을 조사 시 「소송촉진 등에 관한 특례법」에 따른 배상신청을 할 수 있음을 고지해야 하며, 출입국관리사무소에 당해 외국인 여성의 인적 사항 및 주거를 통보해야 하며. 강제퇴거 명령 집행행위 또는 보호의 일시 해제 기간 중에는 지원시설을 이용하게 할 수 있다.

피해자 보호는 기존의 선도보호를 폐지하고 강제적인 시설입소가 아니라 본인의 의사에 따라 긴급보호시설과 자립시설을 이용할 수 있도록 하고 있다. 그리고 시설을 이용하는 동안 「국민기초생활보장법」상의 관련법령에 따른 수급권을 보장하고 이와 관련된 급부 및 각종 기술교육, 취업교육, 의료지원들을 받을 수 있도록 하였다. 이처럼 정부는 성을 파는 행위를 한 자의 보호와 자립 지원을 위한 법적·제도적 장치의 마련과 함께 필요한 행정적·재정적 지원 등 국가적 책임을 명시하고 있다. 이러한 맥락에서 본다면, 한국의 성매매 특별법은 스웨덴의 성매매 폐지정책을 모델로 삼고 있다.

Section 4 병적인 성적 일탈행동

1. 노출증

(1) 개념

노출증(exhibitionism)이란 성적 만족을 위해 다른 사람에게 의도적으로 성기를 노출하는 행동을 말한다. 미국과 캐나다에서 노출증은 모든 성범죄의 약 3분의 1에 해당하고, 영국의 경우에는 모든 성범죄의 4분의 1에 해당한다. 관음증 같은 비교적 가벼운 범죄와 함께 노출증은 공식적으로 기소된 성범죄의 상당한 수를 차지하지만, 이러한 범죄로 유죄판결을 받은 사람은 거의 구속되지 않는다. 노출증은 또한 정신보건시설에서 치료받는 두 번째로 공통적인 성적 일탈이다. 자기 노출증은 서구에서 아주 흔하지만, 동양에서는 아주 드문 현상이다.[42)]

노출증 환자들은 거의 항상 남자들로서 목격하는 다른 사람에게 놀라움과 충격을 준다. 스트리퍼는 경제적 소득을 위하여 나체가 되지만, 노출증환자들은 성적 만족을 위하여 노출한다는 점에 차이가 있다.

(2) 피해자 특징

노출증 환자의 대다수는 잘 모르는 피해자를 선호하며, 동일한 피해자에게 두 번 이상 거의 노출하지 않는다. 범죄자들이 선호하는 피해자는 보통 여성이며, 때로는 성인남자와 남자 아동을 대상으로 노출행동을 한다. 성인여성을 선호하는 노출증 범죄자들은 보통 개별적으로 노출행동을 하지만, 아동을 선호하는 노출증 범죄자들은 2-3명의 집단 앞에서 노츨행동을 한다. 대부분의 성인 여성 피해자는 10대 후반이거나 20대 초반이다. 사실상 많은 노출증 범죄자들은 예측이 가능하여 신고만 되면 쉽게 체포할 수 있다.

42) Bartol & Bartol, op.cit., pp.440-441.

(3) 가해자 특성

대부분의 노출증환자들은 15세에서 30세 사이의 청년기에 노출행동을 한다. 30세 이후의 초범은 아주 드물다. 다만, 뇌손상으로 인한 정신장애는 30세 이후에 처음으로 노출행동을 촉발한다. 일반사람들에 비교할 때, 노출증환자들은 보통 적어도 평균지능, 교육수준, 직업관심과 경력을 가지고 있다.

노출증환자들은 일반사람들보다 더 정신병질이나 정신장애 상태에 있는 것이 아니다. 노출증은 관음증과 강간을 비롯한 다른 성범죄 행동의 평균 이상으로 많이 발생한다. 그러나 노출증 환자들은 피해자를 폭력으로 공격하거나 성폭력을 가하지는 않는다. 피해자가 성행위에 관심을 표명하면 대부분의 노출증환자들은 놀라고, 당황하고, 도망간다. 노출증의 주된 동기는 피해자의 충격, 놀람, 가볍게 도망하는 행동에서 얻는 성적인 흥분이다. 반대로, 노출행동에도 불구하고 피해자가 놀라지 않고 도망가지 않고 무관심한 표정을 지을 경우에 범죄자는 실망하고 자존심에 상처를 받게 된다.[43)]

많은 노출증 환자들이 결혼을 하지만, 대부분은 자신이나 주변 사람들로부터 사회적, 성적으로 부적합한 사람으로 인식된다. 대부분은 내성적이고, 수줍음이 많고, 대부분의 사회상황에서 불안감을 느끼는 소극적인 인간이다. 일반적으로 노출증 환자들은 자신감 결여, 자기주장 결여, 수동적이고 소심한 것이 특징이다. 노출행동은 유약한 자신감을 날려버리려는 욕망의 작용이다.

노출증은 다른 성범죄와 마찬가지로, 성적 흥분과 뒤이은 자위행동을 통한 긴장감소에 의해 강화되는 학습된 행동유형이다. 많은 노출증 환자들은 청소년기 이전의 성적 놀이를 통해서 처음으로 노출행동을 학습하게 되었다고 인정한다.

노출증 범죄자들은 많은 소아성애자들과는 반대로 흔히 그들의 노출행동을 고쳐야 한다는 의지를 표명한다. 그들은 수많은 노출행동을 한 경우에도 한번 경찰수사대상이 되면 정신적 치료를 받으려고 한다. 더욱이 그들은 노출행동으로 체포되기 전에 전문가의 도움을 찾는다. 또한 노출행동을 촉진시킬 수 있는 우울증이나 실직과 같은 요인과 함께 성적 자극을 감소시키기 위한 약물 치료 등의 도움을 받는다. 반앤드로전 약물이 노출증, 소아성애, 페티시즘(이성의 옷이나 모발에서 성적 자극을 받는 변태성욕자) 등의 경우에 효과적이다.

---

43) Ibid., pp.442-443.

2. 관음증과 페티시즘

(1) 개념

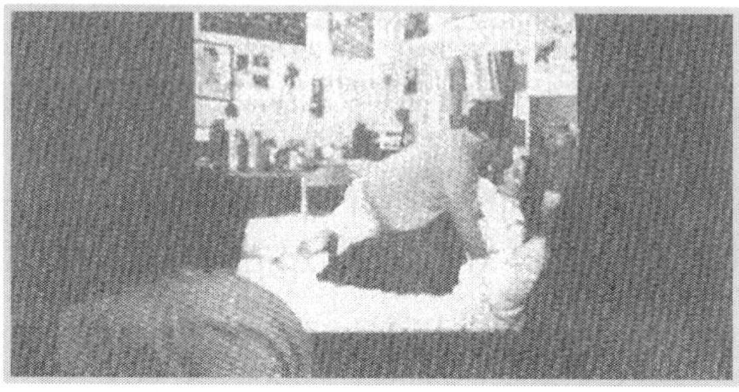

관음증(voyeurism)은 남의 나체나 성행위를 보고 성적 쾌감을 느끼는 증상을 말하고 이를 스코포필리아(scoptophilia 또는 scopophilia)라고 한다. 한편, 페티시즘(fetishism)은 사람보다는 여성의 옷이나 모발같은 비생물적인 물건에 특히 성적 매력을 느끼는 증상을 말한다. 페티시즘은 무릎과 같은 성적 자극과 관계없는 인간해부적인 어떤 부분에 과장된 성적 관심을 표명하는 물질 편집성 성도착증(partialism)과는 구분된다. 물질 편집성 성도착자는 부츠, 핸드백, 스타킹, 팬티, 모피, 심지어 자동차의 배기관을 보고 성적으로 자극된다. 그들은 편집성 물질에 키스, 애무, 냄새 맡기, 또는 바라보는 행동을 한다.[44)]

(2) 특징

관음증과 페티시즘은 사람을 해치지 않기 때문에 경미한 성범죄에 지나지 않는다. 피해자가 자신도 모르게 관찰되고 있고, 개인의 소유물이 일탈적인 목적으로 사물화되기 때문에 관음증은 타인의 사생활에 대한 범법행위이다. 관음증과 페티시즘은 타인 괴롭히기, 물건 훔치기, 타인주거 침입을 할 경우에는 범법행위가 된다.

관음증은 노출증을 초래하고 그 반대도 성립한다. 그러나 관음증이나 페티시즘은 노출증보다 강간이나 다른 폭력범죄를 할 가능성은 아주 낮다. 관음증이나 페티시즘은 피해자의 신체를 해하지 않고, 수동적이고 내성적이며 수줍어 하고 남을 해치지 않으며, 강력한

44) Ibid., p.444.

이성애적 걱정과 미성숙으로 고통을 겪는다.

관음증은 학습된 행동으로서 어릴 때 여성의 나체를 보는 동안 성욕 자극의 경험이 정신세계 속에 영상으로 자리잡은 결과이다. 관음증과는 반대로 페티시즘은 행위자의 집이라는 사적 공간에서 발생한다. 타인의 물건에 성적 애착을 느끼는 사람은 사기행위나 절도나 침입절도에 의해서 그 물건을 확보하는 경우도 있다. 페티시즘은 여자의 속옷, 구두, 부츠, 스타킹, 란제리, 인형, 튜브, 여성의 비옷 같은 고무제품이나 여성애장품을 보고 성적 자극을 느낀다.

Section 5 동성애

1. 들어가며

피해자 없는 범죄라고 하면 대체로 성매매, 포르노그래피, 약물오·남용 등이 거론된다. 이러한 행위는 사회의 지배적인 도덕규범을 침해함으로써 사회 해악을 끼치는 피해자 없는 반사회적 행위임에 분명하다. 특히 대부분의 국가에서 이러한 행위들을 형사법에 범죄로 규정하고 제재를 가하기 때문에 범죄학 교재에서 범죄의 유형으로 취급하고 있다. 그러나 동성애(Homosexuality)가 비록 사회의 도덕규범과 갈등상태에 있는 행위로서 비난의 대상이 되거나 사회의 각 분야에서 차별적 대상이 되기는 하나 피해자 없는 범죄(victimless crime)의 유형의 하나로서 범죄학 교재에 포함되기 시작한 것은 놀랄만한 일이다.[45)]

동성애 행위는 자연에 반한 성행위, 하늘을 거스르는 죄악, 성도착이나 변태성욕과 같은 정신질환이라는 이유로 혐오와 차별의 대상이 되어 왔으며, 특히 미국이나 유럽처럼「동성애 금지법(Sodomy Act)」이 입법화되어 있는 국가의 경우에 동성애자들은 사형과 같은 중벌을 받는 범죄자로 규제 받아 왔다.

그러나 이러한 차별과 억압에도 불구하고 2차 대전 후인 1950년대에 들어서면서「동성애금지법」의 폐지에 의한 동성애의 비범죄화와 동성애자들의 권리보호를 위한

45) Siegel, op.cit, pp.421-422

합법화를 요구하는 인권단체가 나타나기 시작했다. 특히 1969년 6월 27일 발생한 게이들의 「스톤월 항쟁(Stonewall riots)」을 계기로 동성애자의 커밍 아웃(coming out)의 확산, 동성애자 인권운동단체의 급증, 동성애행위의 비범죄화, 동성애자들의 결혼, 취업, 입양, 재산상속, 그리고 사회보장 등 다양한 권리를 인정하는 합법화가 이루어지는 변화가 유럽과 미국 등 서구 국가를 중심으로 세계의 곳곳에서 일어나기 시작했다. 동성애 인권단체들은 해마다 스톤월 항쟁을 기념하는 세계적인 "게이 축제행사(Gay Pride Parade)"를 개최하고, 1982년부터 4년마다 게이 올림픽경기를 개최함으로써 공개적으로 동성애의 차별과 억압에 맞서고 있다.[46] 오늘날 동성애자들은 점점 증가하는 추세를 보이고 있다. 2000년에 미국의 통계국이 실시한 조사에 의하면, 미국의 미혼 동성애 가구의 수가 60만 가구에 달한 것으로 나타났으며, 1990년도의 14만 5천명에 비하면 무려 314%나 증가한 것으로 확인되고 있다.[47]

우리나라는 아직 동성애를 범죄화하거나 차별화하는 법률이 제정된 일은 없다. 하지만 동성애자들은 도덕적으로 사회에 해악이 되는 존재로 인식되고 따라서 사회적으로 다양한 차별이나 불이익을 받아 왔다. 그러나 20세기 후반에 들어서면서 우리나라 역시 동성애자들의 공개적인 커밍 아웃의 증가와 더불어 1997년에 동성애자들의 인권보호를 위한 민간인권단체인 "한국동성애자 연대"가 결성되어 동성애자들의 권리보호를 위한 인권운동을 전개하고 있다.

그러면 그 동안 차별과 억압의 대상이던 동성애 행위가 2차대전 후인 1950년경부터 왜 동성애를 합법화하고 관용하는 인식태도가 나타나기 시작했는지에 대한 문제를 제기하지 않을 수 없다. 역사적으로 형성되어 온 동성애 행위에 대한 편견과 혐오가 사라진 것일까, 또한 사회의 지배적인 도덕규범에 일치하는 행위로 인정된 결과일까, 동

46) 윤가현, 동성애의 심리학, 학지사, 1999, 189-191면.
47) Siegel, op.cit, pp.421-422.

성애자들을 사형으로까지 처벌했던 서구의 「동성애금지법」이 폐지되고 동성애 행위가 비범죄화되는 현상은 무엇으로 설명할 수 있을까하는 의문을 제기하지 않을 수 없다.

동성애에 대한 범죄화와 비범죄화, 그리고 합법화 현상은 특정 사회의 인식태도를 지배하는 가치관이나 세계관의 변화에 따른 결과이다. 다시 말해, 동성애 행위에 대한 사회적 인식태도의 변화는 시대에 따른 패러다임의 전환의 결과라고 보는 것이다. 동성애의 비범죄화와 합법화의 시대적 분기점이라고 생각되는 1950년을 기준으로 볼 때, 그 이전에는 모더니즘적 세계관이 세상을 지배하고 있었으며, 1950년 이후에는 모더니즘적 세계관의 해체와 해방을 강조하는 포스트모더니즘적 세계관이 서서히 세상을 지배하기 시작했다고 볼 수 있다. 따라서 포스트모더니즘(Postmodernism)은 과거에 동성애를 차별하고 억압한 사회적·종교적·법적인 규범과 제도를 비판하고 그것들로부터의 해방과 해체를 정당화하는 세계관이 되고 있다.

2. 동성애의 개념

(1) 동성애의 관련 개념

동성애는 동일한 또는 동종(same)이라는 의미를 가진 희랍어 호모스(homos)라는 말에서 유래한 것으로 일반적으로 자신과 동일한 성을 가진 사람에 대한 성적인 관심을 가지는 것을 의미한다.[48] 그러나 동성애적인 행동을 한다고 해서 반드시 동성애자라고 할 수는 없다. 어떤 사람들은 사실은 이성애자인 데 군대에서와 같이 이성의 상대자가 없기 때문에 동성애 행동을 하는가 하면, 교도소의 수형자들처럼 자신은 싫지만 상대방의 강요에 의해서 어쩔 수 없이 동성애 행동에 가담하는 사람들도 있다. 또한 어떤 청소년들은 사실은 이성에게 관심이 있으면서도 실험 삼아 동성애 행동을 해보는 경우도 있다. 또는 동성애자이지만, 동성의 상대방과 성행위를 하지 않는 사람들도 있을 수 있다.

따라서 동성애의 개념은 '성적 지향성(Sexual orientation)'이라는 측면에서 정의되고 있다. 성적 지향은 특정한 성별의 상대에게 성적, 감정적 그리고 애정적인 관심을 의미한다.[49] 따라서 동성애는 동성에 대한 성적인 매력과 함께 정서적인 매력에 의해

48) Ibid, p.421.
49) 윤가현, 앞의 책, 32-34면.

끌리는 현상을 말하고, 동성애자는 동성의 사람에게 정서적으로나 성적으로 끌리는 성 지향성을 가진 사람을 지칭한다. 반대로 이성애자는 자신의 성과는 반대되는 성의 사람에게, 양성애자는 동성과 이성의 사람에게 정서적, 성적으로 끌리는 성 지향성을 가진 사람을 뜻한다.

일부에서는 동성애와 동성연애를 구분하기도 한다. 동성애는 동일한 성의 소유자에 대해 성적・애정적 끌림이라는 존재(being)의 문제이고 동성연애는 기본적으로 동성의 상대자와 어떤 성적인 경험 내지는 성행위를 전제로 하는 행위(doing)의 문제로 구분된다.[50] 동성애는 정신적 사랑을 내포하는 말이지만, 동성연애는 육체적 성행위만을 추구하는 것으로서 동성애를 삶 그 자체로 보기보다는 삶의 어떤 선택적인 행위 경험을 의미하는 말로서 동성애자를 폄하하는 의미의 용어라고 한다. 그러나 동성애와 동성연애는 개념적으로 차이는 있지만, 동성애가 정신적 애정으로 인한 육체적 성행위 자체도 포함하는 것이 타당할 것 같다. 이성애와 이성애 행위를 분리할 수 없듯이 성적 지향성에 의한 감정 상태와 그에 의한 행위를 별도로 구분할 실익이 없으며, 성적 지향성을 결론적으로 정의할 수 있는 성적인 존재와 행위를 객관적으로 구분하기 어렵거나 불가능할 수도 있다. 동성에게 정신적 끌림이라는 존재만 있고 그로 인한 행위 자체가 배제되는 경우는 사실상 거의 불가능하다고 볼 수 있다. 그리고 동성애자들의 권리나 지위의 합법화라는 것 자체가 동성애자들의 정서적 성 지향성뿐만 그와 결합된 행위를 보호하기 위한 노력이라는 데 그 실익을 찾을 수 있다.[51]

동성애의 개념 정의와 관련된 또 하나의 개념은 성 정체성(Sexual identity)이라는 용어이다. 성 정체성은 동성애를 애정적 성향과 행위까지 포함시켜 개념 정의한다. 성 정체성이란 자신이 성적으로나 정서적으로 누구에게 끌리는지를 스스로 어떻게 생각하느냐 하는 것을 말한다. 성 지향성이 본인의 의식이나 자각과는 상관없이 개인의 내부에 이미 존재하는 성향이라면, 성 정체성은 그러한 성 지향성을 개인적으로 자각하고 자신을 그렇게 규정하는 것을 가리킨다. 성 지향성이 본인의 의지나 선택과는 상관없이 주어지는 것이라면 성 정체성은 본인의 인식이나 의지가 작용하는 선택적 행위라는 차이점이 있다. 여기에서 동성애의 성 지향성을 내재적으로 소유하고 있는 사람이 자신은 동성애자가 아니라고 규정할 경우에 동성애자가 아니냐하는 문제가 생

50) Somjaree Pikulthong, 한국동성애 및 한국인의 동성애에 대한 태도 연구, 한국외국어 대학교 석사학위논문. 2002, 7면.

51) 강달천, 동성애자의 권리보호, 한국법제연구원, 법제연구 제23호. 2002, 86-87면.

길 수 있다. 이러한 문제에 대한 해답은 동성애적 성 지향성을 가진 자가 실제로 그 성향대로 행동에 옮기는 가의 여부에 의해 결정될 수밖에 없다. 따라서 동성애자는 동성의 사람에게 명백하고 우선적인 성적인 매력에 의해 성인생활의 동기를 부여하고, 반드시는 아닐지라도 보통 그들과 명백한 성관계를 가지는 사람을 의미한다. 따라서 동성애는 동성의 사람에게 정서적 · 성적인 매력에 의해 동기부여되어 반드시는 아닐지라도 보통 동성과 성관계를 가지는 것을 의미한다.

3. 동성애 관련 용어

(1) 호모(Homo)

호모는 동일하다는 의미의 그리스어 호모스(Homos)에서 유래하는 말로서 동성애자를 지칭하는 가장 일반적인 용어이지만 보통 경멸과 비하의 의미로 사용된다. 본래 동성애를 종교적 또는 도덕적으로 경멸하는 소도미(Sodomy)라는 용어가 사용되었으나 의학적으로 동성애를 경멸하는 의미로서 호모를 사용하게 되었다. 따라서 호모는 정신병리학적으로 하나의 질병 상태라는 의미를 내포하고 있다.[52)]

(2) 게이(Gay)

게이(Gay)는 즐거운, 유쾌한, 기쁜, 행복한 등의 의미를 가진 말로서 1960-70년대에 미국과 서유럽을 중심으로 여성인권운동, 흑인인권운동과 더불어 동성애자 인권운동이 전개되면서 호모라는 경멸적인 용어 대신에 새롭게 동성애자를 지칭하는 게이라는 말이 등장했다. 호모섹슈얼은 성별이 동일한 상대와의 성행위만을 의미하는 반면에 게이는 그 성행동을 위시하여 자신의 사고 및 감정, 생활양식 그리고 자신을 동성애자로 여기는 생각이나 태도 등을 뜻한다

게이는 동성애자 스스로 자신의 정체성을 긍정적 · 적극적으로 수용한 결과 나타난 말로 호모 등의 정신분석학적 용어와는 구별되는 용어이다. 한국에서는 레즈비언에 대응하여 남성 동성애자를 지칭하는 경우에 게이를 주로 사용하고 있으나 원래 게이는 남녀 동성애자 모두를 지칭하는 용어이다.

---

52) Pikulthong, 앞의 책, 8면.

게이와 관련하여 조심해야 할 부분은 동성과 성관계를 유지하면서도 자신을 게이나 레즈비언으로 여기지 않는 사람들이 있는가 하면 다른 사람들은 게이나 레즈비언이라고 인정하면서도 동성과 성관계를 시도하지 않기도 한다는 점이다. 그래서 게이는 동성과의 성행동을 결부시킨 차원으로만 해석해서는 안 된다.[53)]

(3) 레즈비언(Lesbian)

레즈비언은 같은 여성에게 정서적, 성적인 이끌림을 느끼는 여성 중 자신의 그러한 정체성을 받아들인 여성을 말한다. 레즈비언이라는 말은 그리스 에게해(the Aegean Sea)의 레스보스(Lesbos)라는 섬의 여인이라는 뜻으로서 그 섬의 수도였던 미틸렌(Mytilene)에 거주하던 여성들의 동성애에서 유래했다. 또는 기원전 6세기 경에 그 섬에서 태어나 여성을 흠모하고 동경하는 서정시를 아홉권이나 발표했던 고대 그리스 최대의 여류시인 사포(Sappho)라는 이름도 여성들간의 동성애를 표현하는 용어로 사용되고 있다.

레스보스 섬의 동성애를 뜻하는 레즈비언이즘(Lesbianism)이나 사포(Sappho)와 같은 사람들이라는 뜻에서 유래된 사피즘(Sapphism)은 모두 여성동성애자를 지칭하는 말로 사용되고 있다. 레즈비언 사이에서도 성역할이나 능동성 또는 수동성에 따라 다이크(Dyke), 부치(Butch), 펨(Femme)으로 구분하여 부르기도 한다. 다이크와 부치는 여성동성애자 가운데 능동적이며 흔히 여성 동성애적 관념에서 남성역을 맡는 여성을 의미하고, 펨은 여성동성애자 가운데 여성역을 맡는 이들을 가리키는 용어이다. 한국에서는 여색, 음모가 없는 여성 생식기를 서로 접촉한다는 뜻의 밴대질, 궁녀들 사이의 성관계를 비유한 대식이라는 속어가 있다.[54)]

53) 윤가현, 앞의 책, 25-28면.
54) 위의 책, 23-28면.

(4) 퀴어(Queer)

남성의 동성애자를 가르키는 속어로서 생김새나 외모를 여자처럼 꾸민 남자를 시씨(sissy), 여자처럼 화장하고 코르셋을 입은 남자들의 모습을 풍자한 드래그 퀸(drag queen), 정상의 범주에서 벗어나서 이상하다는 점을 강조하는 퀴어(queer), 전통적인 성역할의 고정관념에서 여성적인 면을 보이거나 남자와의 관계에서 여성의 역할을 맡는다는 의미의 패그(fag)나 페어리(fairy), 피쉬(fish) 등이 사용되고 있다. 한국의 경우 남성간의 동성애를 남색, 단수, 계간, 비역, 미동치기 등 변태성욕의 일종이라고 표현하고 있다.[55)]

퀴어는 처음에는 동성애자들을 비하하는 의미로 사용됐지만 1980년대 이후 긍정적인 의미로 사용되기 시작했다. 퀴어는 동성애자들만이 아니라 성적 소수자들, 즉, 양성애자, 성전환자 등을 모두 포함하는 소수집단이라는 의미로 사용되고 있다. 게이가 남성 동성애자만을 뜻했다면 퀴어는 모든 성적 소수자를 포함한다. 1980년대 미국의 에이즈 문제로 기존의 주류 동성애 인권운동이 타격을 받고 나서 새로운 모습으로 나타난 인권운동의 상징적인 단어이기도 하다.

(5) 이반(Second class)

한국의 동성애자들은 이성애자를 일반인이라고 지칭하고 자신들을 이반인이라고 호칭한다. 그들은 이등시민이라는 것이다. 서울 낙원동을 중심으로 한 동성애 문화권에서 사용된 남성동성애자를 뜻하는 은어로서 이성애자를 지칭하는 '일반'에 대응하여 자생적으로 사용된 단어이다.

1990년대 중반 우리나라에서 동성애자 인권운동이 시작될 당시 동성애자 인권운동가들은 비하적인 의미를 담고 있는 동성연애를 동성애자로 바꾸는 언어 교정 작업을 함과 동시에 '이반'이라는 단어를 알리기 시작했다. 대학가를 중심으로 동성애 운동가들에 의해 이 용어가 적극적으로 수용되어 영어의 퀴어(Queer)에 해당하는 모든 소수자들을 포함하는 의미로 사용되고 있다.

---

55) 위의 책, 22-24면.

(6) 커밍아웃(Coming-Out)

커밍아웃은 'come out of closet'에서 유래한 말로서 동성애자들이 자신의 성 지향성을 외부에 공개적으로 드러내는 것을 의미한다. 'Closet'은 벽장을 의미하는 단어로서 서구에서는 동성애자가 자신의 성 지향성을 숨기고 살아가는 것을 벽장 속에 사는 것으로 표현한다. 그래서 동성애자들이 자신의 성향을 긍정하고 드러내는 것을 '벽장 속에서 나오다'로 표현한다. 따라서 커밍아웃은 동성애자 스스로 자신의 성적 정체성을 긍정하고 주위에 있는 사람들에게 자신의 성적 지향과 더 나아가서는 자기 자신이 누구인지에 대해서 솔직하게 공개하는 것을 말한다.

하지만 사람들마다 커밍아웃의 의미를 다르게 이해할 수 있다. 처음으로 동성애 사회에 발을 들여 놓은 것도 커밍아웃이고, 사회, 직장, 학교는 물론, 친한 친구들 몇 명에게 자신의 첫 동성과의 성경험을 이야기하는 것도 커밍아웃이 될 수 있다. 심지어는 자신이 동성애자라는 것까지도 커밍아웃이라고 하는 사람들도 있다. 결론적으로 커밍아웃은 동성애자가 자신이 동성애자임을 사회에 공개적으로 밝히는 행동을 의미한다.

(7) 트랜스젠더(transgender)와 트랜스베스티트(transvestite)

트렌스젠더는 생물학적으로 남성 또는 여성이면서도 수술을 통해서 성을 바꾸는 성전환자를 말한다. 성전환자는 자신의 생물학적 성기관을 혐오한다는 측면에서 게이와 구별된다. 성전환자들은 생물학적으로 다른 성으로 바꾸려는 욕망이 강하여 수술까지 받아 본래의 성과는 반대의 성으로 전환한 자이지 동성애자는 아니다. 물론 트랜스젠더가 성을 전환한 후에 누가 성적인 상대자가 되는가에 따라 동성애 또는 이성애로 구분될 수 있다. 물론 법적인 차원에서 해석은 달라질 수 있다.

트랜스베스티트는 이성의 복장을 함으로써 성적 만족을 느끼는 성도착의 일종이

다. 트랜스베스티트는 이성처럼 가장하는 것 자체에서 흥분과 만족을 느끼는데 이러한 행위를 하는 사람들은 대부분 남성들이다. 그러나 동성애에 대한 억압이 심한 사회에서는 일부 게이들 중에서 화장이나 의복을 통하여 자신의 성별을 감추는 사람도 있는데 이는 본래의 트랜스베스티트와는 구별되어야 한다. 우리나라에서는 여장 남자(drag queen)나 남장여자(drag king)의 경우는 순수한 트랜스베스티트라기 보다는 게이들이 그런 모습을 하고 있는 것에 지나지 않는다.[56] 드랙퀸이나 드랙킹은 남녀 동성애자들이 이성복장을 하고 일종의 유희를 벌일 경우 자주 쓰는 용어이기는 하지만 그것은 동성애자와는 달리 선택적인 것이고 일종의 라이프 스타일에 지나지 않는다. 다시 말해, 트랜스베스티트는 동성애에 해당하지 않는다.

(8) 동성애 공포증과 증오범죄

동성애 공포증은 오늘날 객관적인 근거 없는 편견으로 인한 동성애자에 대한 혐오감, 두려움 또는 증오심을 의미한다. 또는 게이들의 생활양식이나 사고구조에 대하여 매우 부정적으로 반응하는 현상을 동성애 공포증 또는 혐오증이라고 한다. 동성애 공포증은 심리치료가인 동시에 작가였던 와인버그(George Weinberg)가 1967년 처음 사용한 용어이다. 동성애 공포증은 게이들에 대한 일종의 고정관념으로서 누가 게이라는 사실을 알게 되거나, 게이가 눈에 보이거나 회상되기만 해도 두려움이나 혐오를 느끼는 현상을 말한다.[57]

우선 이러한 공포증은 서구사회뿐 아니라 우리나라 역시 이성애가 동성애보다 자연스럽고 우월하다고 믿는 가치체계와 깊은 관련이 있다고 보여진다. 특히 가부장제적 특성이 강하게 반영된 문화권일수록 인간관계의 틀이 대부분 이성애적 관점에 의해 지배되어 왔다. 남성과 여성이 결합하여 남자는 가족의 생계를 위한 경제활동을 하고, 여성은 자녀양육 등 가계살림을 책임지는 형태의 가부장제도를 가장 정상적인 형태의 가족제도라는 것이다. 이러한 가부장제도는 전형적인 모더니즘적 세계관의 표상으로서 이성애적 틀에 입각한 차별이나 편견을 의미하는 이성애적 차별주의의 원천이다. 따라서 동성애 행위는 종족보존이라는 가부장적인 가치체계에서 벗어난 부도덕한 행위로 혐오의 대상이 된다.

---

56) 위의 책, 29-31면.

57) George Weinberg, Society and the healthy homosexuals, Boston: Alyson Publications. 1972, pp.20-25.

다음으로 동성애 공포증은 대체로 종교적인 신념이나 동성애자들의 생활스타일, 정신적 · 육체적 건강에 대한 불신이나 두려움이 원인인 것으로 분석되고 있다. 기독교 같은 보수적인 종교집단의 지도자들은 동성애를 죄악이라고 규정하고 있는 성서 때문에 동성애 행위를 혐오하고, 또한 일부의 호모포비아들은 동성애를 전염병으로 보거나 게이들이 그들의 성적 정체성을 확립하지 못하고 있다는 이유로 뿌리깊은 증오심을 갖고 있는 것으로 밝혀지고 있다. 경험적 조사에 의하면, 일부의 남성들은 그들이 증오하거나 혐오하는 동성애자들의 성적 이미지에 의한 자극 때문에 동성애 공포적인 태도를 취하고 있는 것으로 밝혀졌다.[58]

4. 동성애의 역사

(1) 동성애의 차별과 억압의 역사

1) 범죄화

우리나라의 경우에도 고대부터 동성애가 존재했으며, 또한 동성애는 사회적으로 금기시 되고 반사회적 행위로 인식되어 왔다. 특히 유학이 전래되면서 동성애자는 사회적 차별의 대상이 되었으며, 조선 말기에 들어온 기독교 또한 동성애에 대한 부정적 사회문화 형성에 크게 작용했다. 그러나 동성애를 법적으로 범죄화하거나 처벌하는 기록은 보이지 않는다. 단지 조선조의 세종이 궁녀들간의 동성애에 대한 금지령을 내리고 위반한 자에 대해 형장 70대씩을 치게 하였으나 금지되지 않아 100대씩을 치게 하니 없어졌다하는 기록이 있으나 이는 궁중 내부의 규율을 확립하기 위한 오늘날의 직무명령에 유사하고 일반국민 전체를 대상으로 한 범죄화나 형사법적인 조치는 아니었다.

그러나 서구 국가들은 관용과 억압의 역사를 통하여 끊임없이 동성애에 대한 범죄

58) Henry Adams, Lester Wright, and Bethany Lohr, "Is Homophobia Associated with Homosexual Arousal?" Journal of Abnormal Psychology 105, 1996, pp.440-445.

화나 형사법적인 제재의 역사로 점철되고 있다. 역사적으로 유럽은 고대 희랍과 중세 초기의 로마 시대에는 관용적이었으나 13세기에 들어서면서 점점 혐오의 분위기로 바뀌고 범죄화의 양상을 보여준다. 고대 히브리인들은 게이들을 동물로 취급하고 죽인 것으로 알려져 있다.[59] 14세기부터 서유럽은 동성애를 가장 끔찍한 범죄로 인식하고 맹목적이고 깊은 증오심의 대상으로 삼았다. 14세기에 소도미 범죄의 공식형벌로 화형을 규정하였으며, 소도미는 동성애, 수간, 이성간의 항문성교와 같은 자연에 반한 성행위, 그리고 이단, 주술적 행위, 반역 등과 같은 하느님과 국가에 대항하는 범죄를 의미하는 것으로 사용되었다. 이러한 분위기는 소도미가 거의 전 유럽에 걸쳐 세속 법률적인 관점에서 중죄로 간주되는 16세기에 그 절정을 이루었다.[60]

유럽국가의 형사법에 의한 범죄화를 보면, 프랑스에서는 1791년, 영국은 1861년, 그리고 스코틀랜드는 1889년까지 동성애자들을 사형시키는 법이 제정되어 시행되는 것과 같이 종교적 차원을 뛰어넘어 사회적 범죄화가 이루어졌다. 미국의 경우에도 독립전쟁이 있기까지 영국의 식민지였던 미국 동부의 13개주는 동성애자를 사형으로 처벌했다. 사실 미국은 청교도적 전통이 있는 나라로서 서구의 다른 나라들보다 보수적인 색채가 더욱 강하여 1960년까지 거의 모든 주마다 「동성애금지법(Sodomy Act)」이라는 것이 있어서 구강과 항문에 의한 성적 행위를 범법행위로 규정하고 있었다.[61]

동성애 행위에 대한 형사법적 범죄화에 의한 강력한 제재는 유럽을 지배한 기독교의 역사와 깊은 연관이 있다. 구약성서 레위기 20장 13절에 "여자와 한 자리에 들 듯이 남자와 한 자리에 든 남자가 있으면, 그 두 사람은 망측한 짓을 했으므로 반드시 사형을 당해야 한다. 그들은 피를 흘리고 죽어야 마땅하다"고 적혀 있으며, 이는 기독교 성서 속의 동성애 처벌을 명시한 유일한 기록이다. 또한 14세기 중반에 흑사병이 창궐하던 시기에 이탈리아의 베네치아(Venezia)에서는 성직자들이 흑사병(pest)과 동성애를 하느님이 인간에게 내린 재앙으로 동일시하고 동성애를 가장 심각한 성범죄로 다스렸다.[62] 흑사병으로 국가 출생률이 낮아지면서 출산을 저해하는 동성애는 곧 국가에 대한 범죄로 간주되었다.

17세기 중엽에 혼자 사는 여인을 기독교적 관점에서 성적 이상행동이라는 죄명을 악용하여 제재를 가한 마녀재판 역시 동성애와 무관하지 않다. 이렇게 본다면, 기독교

59) Siegel, op.cit, pp.421-422.
60) 이상빈 역, 동성애의 역사, 이마고, 2007, 20-24면.
61) Siegel, op.cit, pp.420-422.
62) 이상빈 역, 앞의 책, 22-24면.

문화권에 속하는 대부분의 서구 국가는 동성애 금지법을 입법화하여 동성애자들을 처벌하고 억압해 왔다는 것을 추론할 수 있다. 실제로 제2차 세계대전 이전까지는 미국에서도 유럽에서와 마찬가지로 동성애는 중대한 범죄로 취급되었다. 2차 세계 대전은 특히 동성애자들이 자신들의 권리를 자각하게 만든 역사적 전환점이 되었다.

2) 정신질환으로서의 동성애

중세이후 18세기까지 동성애 행위는 범죄나 원죄로 취급하고 차별하였으나 19세기에 들어오면서 근대의학은 동성애 행위를 정신질환의 일종으로 분류하였다. 이후 1940년까지는 동성애는 편집증이나 성격장애 등으로 논의되면서 정신의학자들은 동성애를 치료할 수 없는 정신질환이라는 입장을 취했다. 결국 1942년 미국정신의학회(American Psychiatric Association)는 동성애를 질병이라고 선언했으며, 1952년「정신장애의 진단 및 통계편람 제1판(DSM-1: Diagnostic & Manual of Mental Disorders)」을 출간하면서 동성애를 사회병질적 성격장애의 범주 중에 성적 일탈의 일부로 분류하였다.[63)]

그러나 정신질환을 진단하는 기준도 시대에 따라 달라지는데, 1965년 미국정신의학회가 발간한 DSM 제2판에서는 성격장애 내지 성적 편차에 대한 설명이 DSM-1보다 더 구체적이고, 성격장애 범주 내에 성적 일탈이라는 9개의 영역 중에 다시 동성애가 포함되었다. 이처럼 정신질환자로 취급된 동성애자들은 은폐되고 위축된 생활을 할 수밖에 없었다.

동성애 행위를 정신질환으로 진단한 DSM 제2판은 1969년 6월 27일의 '스톤월 항쟁'으로 동성애 조항을 삭제하게 되는데, 1973년에 동성애라는 말 대신에 성적 지향성 장애라는 말로 바뀌게 된 것이 바로 그것이다. 또한 1974년 미국 정신의학회는 동성애자들이 성적 지향에 잘 적응하고 있으며, 그들로부터 정신병리학적 흔적을 찾을 수 없다는 수정된 내용을 발표했다. 1980년에 발간된 DSM-Ⅲ에서는 동성애를 진단기준에서 삭제하는 대신에 보다 제한적인 '자아 이질성(ego-dystonic) 동성애'라는 새로운 조항이 수록되었으며, 1987년도의 DSM-Ⅲ의 수정판에는 '자아 이질성 동성애'라는 조항이 삭제되어 동성애를 진단하는 범주가 완전히 사라지게 되었다. 1994년에 발간된 DSM-Ⅳ에서도 동성간의 성관계에 대한 단어가 아예 존재하지 않는다.

---

63) 강달천, 동성애자의 기본권에 관한 연구, 중앙대학교 박사학위 논문. 2000, 38-59면.

3) 정치적인 박해와 억압

출처 : 소수와 약자를 위하여 (11)

동성애자들은 정치적인 이유로 억압의 역사를 경험하기도 했다. 나치 정권이 나타나기 바로 전에 독일 내무부에서 출간한 「독일 결혼 십계명」은 특히 출산의 중요성을 강조함으로써 동성애자들은 아무런 가치 없는 존재로 인식되었다.[64] 즉, "설득력 있는 명확한 사유 없이 후손을 생산하지 않는 채 미혼으로 머물러 있는 자는 인류 존속의 사슬을 끊는 자이다. 개인의 삶은 한시적인 현상에 지나지 않는다. 하지만 인종과 민족은 영원하다. 우리들 정신과 육체의 삶은 아이들을 통해 다시 태어난다." "오늘날 의 독일인들은 강인하고 슬기로우며 건강미 가득한 정신과 육체의 자연스럽고 당당한 아름다움이 우리 민족의 거룩한 기상과 삶의 의욕을 불러일으키는 전통적인 독일 여성을 다시 원하고 있다." 1928년 나치정당은 " 너와 내가 반드시 살아야 할 필요는 없다. 하지만 독일 민족은 반드시 생존해야 한다. 또한 독일 민족은 싸우고자 하는 의지 없이 살아갈 수 없다. 삶이 곧 투쟁이기 때문이다. 그리고 전쟁터에서는 남자가 아니고서는 싸울 수가 없다. 호모 혹은 레즈비언 관계를 즐기는 자들은 우리의 적이다. 가장 강한 것은 곧 옳은 것이고 강한 자는 언제나 약자 반대편에 있다."[65] 나치의 동성애에 대한 이러한 인식태도는 동성애자들을 탄압하는 근거가 되었다.

따라서 1933년 히틀러가 나치 독일의 수상이 되면서 동성애자들이 드나들던 업소들이 전면 폐쇄되었고, 일체의 활동과 간행물 출판이 금지되었다. 나치는 게르만 민족의 우월성을 유지하고 독일의 군사적 힘을 약화시키는 것을 예방한다는 명분아래 5만 명의 동성애자들을 생매장했고, 점령국의 동성애자들을 4만 명 이상 처형했다.[66] 특히 나치는 동성애자들의 가슴에 분홍색 트라이앵글(pink triangle)[67]을 붙이고 가스실

64) 이상빈 역, 앞의 책, 151-152면.
65) 위의 책, 151-153면.
66) Siegel, op.cit, pp.420-422.
67) 분홍색 트라이앵글은 원래 나찌 독일이 수용소에서 동성애자를 식별해서 그 탄압을 유용하게 하

에서 처참하게 학살했다.

2차대전 후인 1950년에 미국 공화당의 메카시(Joseph R. McCarthy)의원은 " 만약 누군가가 정신적으로 병들었다면, 그는 도덕적으로 병든 것이다. 성적으로 문제가 있다면, 정치적으로도 문제가 있다는 것을 의미한다"고 주창한 후 동성애자들은 공산주의자들과 함께 탄압의 대상이 되었다. 공산주의자로 몰아 동성애자를 탄압한 이러한 '마녀사냥'은 1950년대 영국에서 동성애자 탄압에도 크게 영향을 미쳤다. 동성애자들은 공산주의, 반역, 국가안보에 대한 위협 같은 위해론의 대상이 되었으며, 1951년에 두 명의 동성애자가 소련을 위해 간첩활동을 한 죄로 체포되면서 정부 부처 내의 동성애자들을 선별하는 대대적인 색출작업이 전개되기도 했다.

(2) 동성애자 인권운동

1) 스톤월 항쟁과 근대적 동성애자 인권운동

출처 : 비밀스런 절대광자 다이어리

대부분의 동성애자 권리보호 활동가들은 1969년 6월 27일 이른바 '스톤월 항쟁(Stonewall Riots)'을 근대 동성애자 인권운동의 시초로 보고 있다. 1969년 6월 27일 뉴욕경찰은 맨하탄 'Greenwich Village'에 위치한 'Stonewall Inn'이라는 무허가 게이 바(gay bar)를 급습하였고, 대부분 동성애자였던 그 술집의 고객들은 경찰의 급습에 항거했으며, 여기에서 스톤월 항쟁이라고 알려진 3일 동안의 항쟁이 시작되었다. '드래그 퀸(drag queen)'들을 앞세운 바의 단골손님들은 모두 한 자리에 모여 맥주병과 벽돌을 손에 든 채 '우리는 스톤월의 여인들'을 합창하며 경찰과 대치했다. 현장을 지켜 보았던 어떤 사람은 훗날 "보게, 그들은 너무나 아름다웠네. 게이들이 10년 전에 가지고 있던 피해의식이라곤 전혀 찾아 볼 수가 없었지"라고 회상했다.

스톤월 사건은 동성애 지지투쟁, 동성애 은폐와 피해자화 전략의 종결과 같은 한 시

기 위해 사용된 것인데 그 이후에 동성애 운동과 게이 프라이드의 상징 마크로 널리 사용하게 되었다.

대의 종말을 예고했다. 이제 동성애자들은 '벽장에서 나오다'를 의미하는 대대적인 커밍 아웃(coming-out)을 하게 되었으며 동성애금지법은 그 존재여부가 공개적으로 논란의 대상이 되기 시작했다. 또한 대부분의 동성애자 인권운동가들은 이 사건을 기념하기 위해 매년 6월 27일에 세계적인 "게이축제(gay pride parade)"를 개최하고 있으며, 이 사건을 근대동성애자 인권운동의 시초로 인정할 정도로 의미를 부여하고 있다. 이 사건 이후 동성애금지법에 의해 동성애를 금지하는 주는 거의 반으로 감소했다.

동성애자들은 스톤월 항쟁을 기념하기 위해 매년 6월 28일에 '게이 프라이드'행사를 개최하고 있으며, 1주년 행사인 1970년 6월 28일 뉴욕에서 개최된 행사에는 약 2만 명 가량의 사람들이 참석해 뉴욕 시가지에서 행진을 벌여 전국 언론의 관심을 끌기에 충분했다. 이 행사의 규모는 점점 커져 1988년 워싱턴 행사에는 약 60만 명 이상의 게이들이 모여 당시까지 미국 역사상 최대 규모의 시민운동으로 기록되었다. 동성애 단체들은 4년마다 '게이올림픽경기'를 개최하여 동성애자 인권운동을 확산시키고 있으며, 1982년에 개최된 제1회 대회에서는 1,300여 명의 선수들이 참석했다. 1986년도의 제2회 대회에서는 3,482명의 선수가 참석했고, 1990년 캐나다의 밴쿠버에서 개최된 제3회 대회는 경쟁보다는 참여라는 슬로건을 내걸었던 국제적으로 공인된 체육행사였으며, 당시 선수 7천여 명과 문화행사 관계자 8천여 명, 그리고 관중도 5만 명 이상 참석하여 1990년 미국 시애틀에서 개최된 '굳윌 게임(Good Will Games)'을 압도하는 1990년도에 개최된 세계 최대규모의 체육행사로 평가받았다.

동성애자 해방운동 단체의 가장 가시적인 성공은 1974년에 '미국 정신의학회'에서 공식적으로 동성애를 정신질환 목록에서 삭제했다는 사실이다. 결과적으로 서구문화에서 동성애자들은 인권을 부당하게 침해해 왔던 정신병 굴레에서 벗어나게 되었으며, 따라서 본격적인 커밍 아웃을 감행하면서 취업과 결혼, 그리고 군복무 등 일반인들과 동등한 권리를 요구할 수 있게 되었다. 뒤이어 1975년에 미국 정부는 동성애자라는 이유로 취업을 거부하지 못하도록 했다.[68)]

4) 한국의 동성애자 인권운동

우리나라 최초의 공식적인 게이 인권단체는 1994년 1월 '초동회'라는 모임으로 출발했다. 당시 레즈비언 3명과 게이 4명으로 구성된 '초동회'는 레즈비언과 게이 간의 심각한 내분으로 한달 만에 해체되었다. '초동회'가 해체된 후 나타난 단체는 '친구사이'

68) 윤가현, 앞의 책, 184-190면.

라는 남성동성애자 모임이다. 이 단체는 게이 7명이 1994년 2월 7일 재조직한 남성동성애자 모임으로서 회원수가 1996년에는 120명으로, 2000년에 들어선 최근에는 약 300명으로 증가했다. 한편, 레즈비언들은 1994년 11월 27일 '끼리끼리'라는 여성동성애자 모임을 출범시켰다.[69]

1995년에 대학의 캠퍼스에 게이학생 모임의 출현할 정도로 한국 사회의 동성애에 대한 태도변화가 나타나기 시작했다. 첫 캠퍼스 게이모임은 1995년 4월 1일 연세대학교에서 생긴 한국 캠퍼스 연합인 '컴 투게더'이다. 이 단체는 사회학을 전공하는 한 대학원생이 게이 임을 커밍 아웃하고 1995년 3월 학교신문에 게이 학생 연합을 형성한다는 광고를 낸 것이 발단이 되었다. 결과적으로 7명의 학생이 참여하여 '컴 투게더'를 만들었으며, 이 단체의 영향을 받은 서울 대학교 학생인 양성애자는 학교신문에 연세대와 비슷한 광고를 내려고 했으나 거절당하자 그 대신 학교에 포스터를 붙였고 성적 소수자의 억압에 대한 권리에 전념하기 위한 모임인 '마음001'을 만들었다.

이 두 캠퍼스 모임의 설립에는 수많은 논쟁이 있었지만 3번째 캠퍼스 모임인 '사람과 사람사이'가 고려대학교에서 창설되었으며, 찬 · 반에 대한 논쟁이 없이 비교적 조용하게 진행되었다. 1996년 7월에 고려대학교에는 게이 학생모임이 5개 이상으로 늘어났다.

이러한 동성애자 단체들이 행한 가장 두드러진 공개활동은 소식지 발행과 배포였다. 초동회가 1994년 1월 소식지 제1호를 발간, 배포한 이후 다른 단체들은 레즈비언 전문 소식지인 '친구사이', '보릿자루'와 같은 다양한 소식지와 잡지를 발행하고 있다. 몇몇 출판사들은 동성애 전문 출판사로 등록했으며, 1998년 3월에는 처음 동성애자 전문 잡지인 '버디'가 출판되었다. 또한 이 단체들은 매년 8월에 '여름 인권학교'를 3일 동안 개설하고 있는데, 1995년 8월 첫 인권학교에는 여자 10명, 남자 40명으로 약 50명의 동성애자와 양성애자가 참가했다. 1996년 이후에 동성애자 인권운동단체가 계속 결성되고 활동도 상당히 조직적으로 이루어지는 양상을 보여주기 시작했다. 1996년 3월 22일 '마음001', '컴투게더', '사람과 사람' 등 3개 대학 동성애자 인권모임이 민우회에서 '한국동성애자 인권운동협의회'를 발족했으며, 1997년 11월 2일 '대학 동성애자 인권연합'이 발족되었다. 1998년 6월 27일 '한국 동성애자 단체협의회'가 탑골공원에서 발족되었으며, 200년에는 '퀴어 문화제 조직위원회'를 발족하여 동성애자 문화제를 개

69) Pikulthong, 앞의 책, 23-24면.

최하기도 했다.

또한 동성애자 단체들은 세계적 네트워크를 만들어 동성애자 인권운동을 국제적인 동성애자 단체와 연대화를 시도했다. 1995년 2월 '컴투게더'는 뉴욕에 있는 레즈비언, 게이 연구센터에 가입했고, '끼리끼리'는 1995년 8월 11일부터 14일까지 대만에서 열린 '아시아 레즈비언 네트워크 (Asian Lesbian Network)'회의에 회원들을 참가시켜 다른 나라 레즈비언과 교류를 하기 시작했다. 이러한 활동으로 1999년 5월 12일 '친구사이', '끼리끼리'는 '국제 게이, 레즈비언 인권위원회(International Gay Lesbian Human Rights Commission'의 '세계 동성애자 인권운동상'을 공동 수상했다. 한국 사회에서 또 하나의 변화는 게이 단체의 후원으로 게이 바의 수가 급증했다는 점이다. 한 때는 이런 게이 바들이 이태원, 금호동, 약수동, 종로 지역 같은 중심지 유흥가에만 제한적으로 있었지만, 지금은 학교 근처에서 생겨나는 경향이 있다[70]. 또한 인터넷 사이트는 동성애자들 사이의 의사교환이 더욱 활발하게 전개될 수 있게 하는 촉진제가 되었음은 물론이다.

한편, 게이 인권단체의 활동이 공개적으로 이루어지면서 게이를 반대하는 사람들이 출현하고, 미래에 우리나라에도 게이들을 증오하는 폭력범죄가 나타날 우려를 배제할 수 없다. 이러한 우려는 실례에서도 입증된다. 즉, 연세대학교의 '컴 투게더'에서 계획된 저녁 축제는 이 학교 기독교 단체에 속한 학생들에 의해 저지되었다. 이런 추세는 아마 동성애자 인권운동이 확산될수록 반대집단의 공개적 저항이나 심지어 폭력적인 증오범죄행동으로 나타날 수 있다.

5. 동성애의 비범죄화와 합법화

(1) 유럽

1) 동성애의 비범죄화

유럽 국가에서는 동성애 관련 입법의 변화 과정과 속도에 차이는 있지만, 그 변화 과정은 대체로 동성애금지법에 의한 차별, 동성애금지법의 철폐, 그리고 동성커플 보호법률제정의 순서를 거치고 있다. 1500년대 초 유럽의 독일과 영국 등에서, 1800년대에는 러시아에서, 1768년과 1830년에는 오스트리아에서 동성애금지법을 제정했다. 이러

70) Pikulthong, 앞의 책, 45-50면.

한 동성애 금지입법은 20세기 말까지 계속 유지되었다.

이러한 동성애 금지 입법에 반하여 1791년 프랑스는 형법에서 동성애 금지 규정을 폐지하였고 이는 많은 유럽국가에 영향을 미쳤다. 그 결과 벨기에, 룩셈부르크, 네델란드, 이탈리아의 일부에서 중세적 동성애 금지 형법은 사라지게 되었다.

이와 같은 변화 속에서 1950년에 채택되고 1953년에 발효된 「유럽인권협약」은 유럽전역에 동성애에 대한 비범죄화에 결정적인 영향을 미쳤다. 이 협약의 제8조는 '사생활과 가족생활의 권리'에 대한 규정을 하고 있는데, 이 규정에 의해 동성애자의 성적 지향성을 이유로 한 차별은 사생활의 자유를 침해하는 것이며, 동성애 행위가 사적인 동성간 성행위, 동성커플관계 또는 동성커플과 그 자녀의 관계에 기인한 것인지에 상관없이 국가는 개인의 동성애 행위 선택 여부에 대하여 간섭을 할 수 없다는 주장이 가능했다.

2) 동성애자 권리의 합법화

유럽인권협약의 영향으로 1980년대에는 노르웨이, 덴마크, 스웨덴, 아일랜드, 프랑스, 그리고 1990년대에 네델란드, 핀란드, 슬로베니아, 스페인, 룩셈부르크 등 유럽 각국은 동성애적 성적 지향성을 인종 등의 차별금지 조항에 삽입하는 입법을 하였다. 이러한 변화의 물결 속에서 1989년 유럽에서는 덴마크가 세계최초로 동성커플을 합법화하는 "동성커플등록에관한법률"을 제정하기에 이르렀으며, 이 법에 의해 동성애자들은 부부관계, 친자관계, 상속, 사회복지, 세금과 연금 등의 보호를 받게 되었다. 덴마크의 동성커플 결혼 입법의 영향으로 노르웨이(1993), 스웨덴(1995), 아일랜드(1996), 네델란드(1998), 프랑스(1999), 독일(2000) 등에서도 똘레랑스(Tolerance, 관용)의 정신으로 동성커플의 권리를 보장하는 법안을 통과시켰다[71].

특히 프랑스는 1999년 10월 13일 결혼하지 않고 사는 모든 형태의 동거 부부에게 법적 지위를 부여하는 「시민연대협약(PACS)」을 의회에서 통과시켰는데, 이 협약서는 동거를 원하는 이성 또는 동성 커플이 동거계약서를 법원에 제출하는 것만으로 사회보장, 납세, 유산상속, 임대차계약, 채권채무, 재산증여 등에서 결혼에서와 같은 권리·의무를 보장받을 수 있도록 규정하고 있다[72]. 그러나 프랑스와 스웨덴에서는 자녀 입양권은 허용하지 않고 있다.

---

71) 강달천, 앞의 책, 38-50면.
72) 한겨레신문, 1999.10.14.

또한 영국은 1999년 10월 파트너 명의의 국가 보조아파트에 동성애자가 계속 거주할 수 있도록 판결함으로써 동성애자간의 상속권을 인정했다. 영국의 노동당 정부는 동성 커플에게 자녀 입양권을 허용하는 법안을 추진하고 있다. 또한 유럽연합(EU)의회는 「권리장전」 제21조에 "성별, 인종, 민족, 유전적 형태, 언어, 종교 또는 신앙, 정치적 혹은 기타 견해, 소수자, 재산, 출생, 무능력, 나이 또는 성적 지향성에 의한 모든 차별은 금지된다"고 규정함으로써 동성애자의 성적 지향성에 의한 차별을 명문화했다.[73]

이처럼 유럽전역에서는 동성애자 보호입법 제정의 영향으로 스웨덴은 2002년 6월 그 동안 금지되었던 동성부부의 자녀 입양을 허용하는 법안을 통과시켰으며, 2002년 7월 많은 논란 끝에 독일연방헌법재판소는 동성부부등록에 관한 법에 대해 합헌판결을 내렸다. 이 판결에 의해 독일의 동성애자들의 결혼이 허용되고 상속과 건강보험 수급권 등 이성애 부부와 거의 동일한 권리를 보장하는 것을 내용으로 하고 있다.

(2) 미국

1) 동성애의 비범죄화

미국은 우리나라와는 달리 「동성애금지법(Sodomy Act)」을 제정하여 동성애를 법적으로 범죄화해 왔으며, 아울러 동성간의 결혼금지, 고용의 차별, 상속권 불인정, 군복무불허 그리고 사회보장혜택의 불인정 등과 같은 동성애자에 대한 차별을 법제화했다. 그런데 1960년에 접어들면서 동성애금지법의 폐지 내지는 완화와 더불어 동성간의 결혼과 가족관계 등을 합법화하는 변화의 조류가 강력하게 흐르기 시작했다.

사실 1960년까지 미국의 모든 주는 이른바 동성애 금지법(일명 비역금지법)을 제정하여 이성애적 생식기(genital)에 의한 성행위가 아닌 구강, 항문, 그리고 모든 다른 형태의 성행위를 금하였다.[74] 부연한다면, 이 법은 이성간의 성기에 의한 성교만을 허용하고 남성간, 여성간, 그리고 남성과 여성사이의 모든 구강 및 항문성교나 변태적인 성행위를 금지한다는 것을 의미한다. 이러한 동성애 금지법이 비록 그 실효성은 의문스러울지라도, 이들 법의 존재는 고용, 결혼, 자녀양육, 재산상속권이나 군복무 등의 문제에서 성적 지향성을 이유로 한 차별을 정당화하는데 사용되어 왔다.

---

73) 강달천(2002), 앞의 책, 85-90면.
74) 위의 책, 91-94면.

그러나 1962년에 미연방 대법원이 동성애의 합법화를 인정하는 판결을 내림으로써 동성애 금지법에 의한 범죄화에 제동이 걸리기 시작했다, 미연방 대법원은 1962년 Robinson v. California 사건에 관한 판결에서 누구든 마약 중독자나 동성애자 같은 지위 때문에 기소될 수 없다는 판결을 내린 것이다[75]. 그러나 이러한 결정에도 불구하고, 대부분의 주 정부와 연방정부는 동성애자들의 생활 스타일과 활동들을 범죄화 하고 어떤 주나 지방 정부도 동성애자들의 결혼을 허용하지 않고 있으며, 동성애자들은 그들의 관계를 합법화하기 위한 결혼 승인서를 발급 받을 수가 없었다.

이미 앞에서 살펴 본 바와 같이 동성애 합법화 운동의 전기는 1969년 6월 27일 미국 뉴욕에서 발생한 이른바 게이들의 「스톤월 항쟁(Stonewall Riots)」이다. 'Stonewall Inn'이라는 게이 바(gay bar)의 뉴욕 경찰 단속과정에서 발생한 게이들의 스톤월 항쟁은 동성애자들의 대대적인 커밍 아웃, 동성애금지법의 존재여부에 대한 논란, 근대 동성애자 인권운동의 조직화를 초래했다. 이 사건 이후 미국에서 동성애금지법을 유지하는 주는 거의 반으로 감소했다

미국의 동성애금지법과 관련한 입법적 개혁은 1955년 미국 법률협회(American Law Institute)에서 주장한 모든 개인적 합의에 의한 성인의 성행위는 비범죄화 하여야 한다는 임시적 권고 역시 상당한 영향을 미친 것으로 볼 수 있다. 이 권고 이후 1961년에 일리노이 주가 구강 및 항문성교를 최초로 비범죄화 했으며, 1969년에는 코네티컷 주, 1970년대에는 20개 주가 뒤를 따랐다. 1983년에는 위스콘신 주가, 그리고 10년이 흐른 1993년에 네바다 주와 콜럼비아 특별구에서 동성애금지법을 무효화했다.

2) 동성애자 권리의 합법화

출처 : 월드토픽 (449)

동성애의 합법화와 관련하여 중요한 쟁점의 하나는 동성간의 결혼에 대한 법적 허용의 문제이다. 1993년 하와이주 대법원이 동성혼인을 인정하는 취지의 판결을 내렸으나 1999년 하와이 의회에서 통과된 수정조항, 즉, 혼인은 두 사람의 남녀간에 의해 이루어진다는 조항을 근거로 동성간의 혼인은 법적으로 인정되

75) Siegel, op.cil, pp.422-424.

지 않았다. 시겔(Siege에 의하면, 미국의 어떤 주 정부나 지방정부도 동성간의 결혼을 허용하지 않고 있으며, 동성애자들은 그들의 관계를 합법화하기 위한 결혼인정서를 받아낼 수가 없다는 것이다. 실제로 26개 주는 동성간의 결혼을 금지하고 있으며, 1996년에 의회는 이성간의 결혼만을 인정하는 혼인수호법(the Defence of Marrige Law)을 의결했는데 이 법은 다른 주에서 동성간에 이루어진 결혼을 어떤 주에서도 인정해서는 안 된다는 것을 선언했다.

그러나 버몬트(Vermont)주의 대법원은 1997년 동성애자의 결혼 인정요구에 대한 판결에서 완전한 동성간의 혼인의 권리를 인정하지는 않았지만, 의회로 하여금 동성애자들의 가족제도를 인정하는 조치를 취할 수 있게 하는 길을 열어주었다. 이러한 대법원의 판결에 따라 2000년 4월 버몬트주 의회는 「시민결합에 관한 법(An Act Relating to Civil Unions)」을 제정, 주지사 Howard Dean이 서명함으로써 2000년 7월 1일부터 시행되었다. 또한 2003년 11월 18일 매사추세츠 주 대법원은 동성간 결혼을 금지하는 법률이 위헌이라는 결정을 내렸다.

1997년을 넘어서면서 미국 국민들은 게이들의 결혼, 가족관계와 입양, 고용, 재산상속, 그리고 군복무 문제에 관해 관용적인 태도변화를 보이고 있다. 게이·레즈비안 국가 연구팀(National Gay and Lesbian Task Force, 1998)에 의하면, 미국의 대다수의 사람들은 게이의 군복무와 평등고용, 가족관계, 상속권, 그리고 사회보장혜택을 지지한다. 동성애 관계에 대한 반대는 1987년의 75%에서 1997년에는 56%로 19%나 감소했으며, 동성결혼에 대한 반대비율은 감소추세에 있다. 또한 미국의 반 이상에 해당하는 주는 게이 학대를 증오범죄로 규정하고 있다(American Civil Liberties Union, 1998). 이러한 변화는 게이에 대한 미국 국민들의 관용적인 태도로의 변화 조류를 읽을 수 있으나 한편으로는 반 이상에 해당하는 보수적인 사람들은 여전히 게이에 대해 부정적인 태도를 고수하고 있다는 것을 알 수가 있다.

미국의 군대는 게이의 입대를 금지하지만, 불문(don't ask, don't tell)정책으로 타협하고 있다. 즉, 군대는 개인의 성적 지향에 대해 묻지 않고, 게이는 자신이 동성애자라고 말하지 않는 한 군 복무를 계속할 수 있다. 1996년에 미 연방대법원은 1994년에 자신이 동성애자라고 공개한 결과 해임된 해군중위 Paul Thomasson이 제기한 사건을 기각함으로써 불문정책을 승인했다.

(3) 기독교문화권

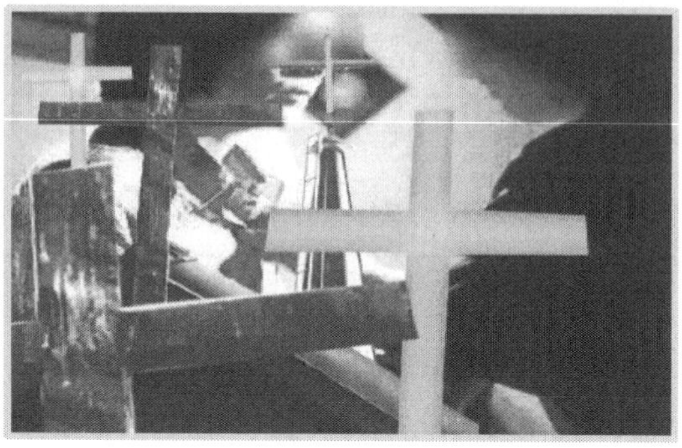

출처 : 브레이크뉴스

동성애에 대해 가장 부정적인 인식태도를 취해 왔던 기독교에서 게이 해방운동이 강력하게 전개되기 시작한 1970년대 초반 이후 동성애에 대해 상당히 관용적인 태도로 바뀌었다는 점에서 볼 때, 이는 포스트모더니즘적 세계관의 영향의 결과라고 볼 수 있다. 가톨릭의 경우에 아직도 로마 교황청은 동성애 행위에 대해 부정적이지만, 1980년대부터 젊은 사제들을 중심으로 동성애가 개인, 사회 그리고 종교에 어떠한 영향을 미치고 있는가를 이해하려는 변화가 나타나기 시작했다. 기독교의 율법이 절대적인 진리가 아니라 상대적이라는 포스트모더니즘적 가치관이 작용하기 시작한 것이다.

신교인 기독교의 경우는 1964년 '동성애자와 종교에 관한 위원회(the Council on Religion & the Homosexual)'라는 기구를 창설하여 게이 공동체와 기독교 지도자들간의 공개적인 대화를 통해 1968년 게이들을 위한 MCC(Metropolitan Community Churches)라는 교회를 설립했으며, 1992년까지 미국에만 230여 곳에, 세계적으로는 17개 국가에서 291개의 교회 및 32,000명의 회원이 등록할 정도로 크게 성장했다. 1972년에 그리스도 연합교회에서는 게이 남성을 최초로 성직자로 임명하고, 1977년 1월에 영국의 성공회는 최초로 레즈비언을 성직자로 임명했다. 또한 몇몇 교회에서는 이성애자들의 결혼식에 해당되는 게이 커플들의 언약식을 거행하기도 했다. 물론 미국에서 가장 큰 장로교회를 비롯한 몇몇 교파들은 아직도 동성애에 대해 부정적이지만, 기독교의 거의 반에 해당하는 교파들이 동성애에 대해 관용적인 태도를 취하면서 동성애의 비범죄화와 합법화를 지지하는 것으로 알려져 있다

(4) 한국

한국은 1990년대 중반까지만 해도 동성애자들이 그들의 성적 지향성을 공개적으로 커밍 아웃할 수 없을 정도로 사회적 분위기는 동성애자들을 혐오하고 금기 시 했다. 이러한 동성애자들에 대한 부정적인 사회분위기 속에서 동성애에 관한 우리의 법은 눈을 감고 있었다. 물론 우리나라엔 동성애를 금지하거나 범죄화하는 법률 규정은 없

었을 지라도 합법화하는 법률 규정도 없기 때문에, 동성애자들의 사회와 직장에서의 소외, 해고, 냉소, 성도착증환자 등과 같은 차별을 받는 인권사각지대에 놓여 있었다.

그러나 2000년대에 접어들면서 동성애자에 대한 사회인식의 태도가 점차 호전되고 있는 양상을 보여주고 있다. 이 같은 변화는 동성애자들과 그들의 단체가 일찍부터 법의 이름으로 자신들의 권리를 찾으려고 노력한 결과이다. '동성애자 인권운동연합'과 남성 동성애자들의 단체인 '친구사이'. 여성 동성애자들의 '끼리끼리' 등은 최근 사이버 공간을 통해 동성애에 대한 일반의 편견을 바로잡는 작업과 함께 각종 동성애자 권익향상을 위한 활동을 벌이고 있다. 이들은 "동성간의 사랑이나 성행위는 에이즈 등 각종 부작용을 일으키는 불건전한 성문화의 하나이다"라는 식의 동성애를 비하하는 교과서 문구에 대하여 1999년 7월 교육부에 수정신청서를 제출하여 교육부로부터 2천년에 개정 발행되는 교과서에서는 동성애 비하문구를 삭제하겠다는 결정을 받아내기도 했다.

이러한 변화와 함께 동성애자들의 성적 지향에 대한 차별을 규제하는 법규가 제정되었다. 이러한 법규는 「국가인권위원회법」과 「청소년보호법 시행령」 및 「영화진흥법」 등이다.

Section 6 마약류 범죄

1. 마약류와 관련된 논쟁

마약류를 논의하기 위해서는 약물(drug)에 관한 이해가 필요하다. 약물은 마약류를 포함하는 보다 넓은 개념이다. 약물은 질병을 예방하고 치료하기 위해 사용되는 물질을 지칭하며, 신체기능을 변화시키는 물질을 말한다. 따라서 마약류를 제외한 다른 물질들도 약물에 포함된다. 약물 그 자체가 질병의 예방과 치료 목적으로 의학적인 처방에 따라 사용된다면 아무런 문제가 되지 않는다. 실제로 중환자들에게 투약되는 약물에는 아주 소량의 마약성분이 함유되어 있는 것으로 알려져 있다. 그러므로 약물은 필요 이상의 오・남용으로 신체 기능상의 이상증세를 초래하고 그로 인해서 각종 범

죄를 유발할 수 있기 때문에 문제가 되는 것이다. 또한 마약거래자들이 주로 폭력집단으로 구성되어 있거나 마약 복용자들이 마약을 구하기 위해 폭력범죄를 범하는 일이 빈번하게 발생한다는 것이 문제가 되고 있는 것이다.

약물 오·남용은 세계적인 문제가 되고 있다. 미국의 대도시는 약물 오·남용과 관련된 범죄발생으로 고통을 받고 있으며, 시골지역은 약물 생산과 지역간의 유통과 관련되어 문제가 되고 있다.[76] 호주의 소년원에 수용된 청소년들의 19%와 성인 수형자들의 40%가 적어도 한번 이상은 헤로인을 복용한 일이 있다고 보고했다. 캐나다는 코카인 사용으로, 남아프리카는 코카인과 헤로인 남용으로, 영국과 태국 역시 헤로인의 남용으로 심각한 사회문제화 되고 있다. 미국의 경우에 마약범죄로 검거된 피의자의 수는 1977년에 50만 이하였으나 2001년에 150만 이상으로 늘어났다.[77] 마찬가지로 마약범죄로 구금된 수형자들의 비율이 1986년 이래 300% 까지 증가했다는 사실을 보여준다.

또한 정맥주사에 의한 마약 투약이 에이즈의 위협과 밀접한 관련이 있다는 주장도 제기되고 있다. 1981년에 시작한 에이즈 확산에 대한 추적 조사에 의하면, 애틀란타 질병 통제센터에 보고된 모든 에이즈 환자의 약 4분의 1이 정맥주사 마약 투약자 사이에서 발생했다는 것이 밝혀졌다. 모든 정맥 주사 마약투약자의 약 3분의 1이 에이즈 보균자들인 것으로 추정되고 있다. 에이즈와 마약 사용 사이의 관계가 있다고 추론하는 이유는 정맥주사 마약 투약자들이 주사바늘을 공동으로 사용하고 있다는 습관이 있다는 점에 근거를 두고 있다.

롱쇼어(Douglas Longshore)에 의해 수행된 로스앤젤레스의 정맥주사 마약투약 장소에 대한 연구에 의하면, 마약 투약자들의 약 25%에 해당하는 사람들이 폐건물이나 개인 아파트 등에서 정맥주사로 마약투약을 받는 다는 사실을 발견했다.[78] 그들 중 약 72%

76) Ralph Weisheit, "Studying Drugs in Rural Areas: Notes from the Field", *Journal of Research in Crime and Delinquency 30*, 1993, pp.213-232.

77) Siegel, op. cit., p.432.

78) Douglas Longshore, "Prevalence and Circumstances of Drug Injection at Los angeles Shooting Galleries", *Crime and Delinquency 42*, 1996, pp.21-35.

출처 : http://cafe.naver.com/talesrumners

가 주사 바늘을 공동으로 사용했다. 물론 일부는 질병 감염을 우려하여 소독제를 사용했지만, 대다수는 이러한 안전조치를 무시한 것으로 드러났다. 결과적으로 지역에 따라서 마약사용자들을 돕기 위한 구제 프로그램을 개발하는가 하면, 주사바늘과 주사기를 소독하는 법을 가르쳐 주기도 하고, 그들에게 무균 주사바늘을 제공하는 노력이 제공되기 시작했다.

이처럼 마약문제의 심각성에도 불구하고, 어떤 학자들은 마약범죄를 피해자 없는 공공질서 범죄의 하나의 유형으로 분류한다. 따라서 마약사용의 합법화와 알콜의 통제에 대해 학자들 사이에 찬반 논쟁이 뜨겁게 전개되고 있다. 어떤 사람들은 마약사용을 사적인 문제라고 주장하고, 마약 사용에 대한 통제는 개인의 사생활을 정부가 침해하는 또 하나의 사례라고 비판하기도 한다.

더욱이 마약사용의 합법화는 불법적인 마약판매에 의한 이익을 감소시킬 수 있으며, 불법적인 약물 공급자들을 시장에서 몰아낼 수 있다는 점에서 순기능적일 수 있다는 주장이다.[79] 이에 대해 다른 사람들은 약물사용자들의 범죄활동이 심각한 사회문제가 되고 있는 상황에서 약물남용이 피해자 없는 범죄라고 말하는 것은 적합하지 않다고 비판한다. 또 다른 견해는 모든 약물과 알콜의 소유와 사용은 합법화되어야 하지만, 약물의 판매와 유통은 엄격하게 처벌되어야 한다고 주장하기도 한다.

2. 마약류의 의의

(1) 개념

마약류란 일반적으로 사람의 느낌, 생각, 행태에 변화를 줄 목적으로 섭취하는 물질을 말한다. 마약류를 좁게 정의한다면, 인간의 중추신경계에 작용하여 인간의 신체·

79) Siegel, op.cit., p.432.

정신에 영향을 주는 물질 중에 생산・판매・사용이 금지된 약물만을 의미한다. 광의의 마약류는 담배, 알코올, 카페인 등 비의료물질도 인간의 정신에 영향을 준다는 점에서 마약류라고 정의된다.

마약류는 「마약류관리에 관한 법률」의 규정에 따르면 더욱 분명해진다. 이 법률에 의하면, "마약류란 인체의 중추신경계에 작용하는 약물로서 장기간 사용하면 사용자에게 의존성, 내성, 금단증상을 초래하게 되는 약물 또는 물질로서 「마약류관리에 관한 법률」상의 마약, 향정신성 의약품, 대마를 말한다.[80] 아울러 마약류는 아니지만 마약류와 유사한 환각작용을 일으키는 유해화학물질인 접착제(본드)와 부탄가스 역시 마약류로 취급한다.

이러한 마약류의 법적 규정은 세계보건기구(WHO)의 다음과 같은 마약에 관한 정의에 영향을 받은 것으로 보인다. 즉, 마약이란 "사용하기 시작하면 사용하고 싶은 충동을 느끼고(의존성), 사용할 때마다 양을 증가시키지 않으면 효과가 없으며(내성), 사용을 중지하면 온몸에 견디기 힘든 이상을 일으키며(금단증상), 개인에게 한정되지 않고 사회에도 해를 끼치는 물질"을 말한다.[81]

3. 관련 용어

(1) 약물의 정의

약물이란 본래 질병을 예방하고 치료하기 위해 사용하는 물질을 지칭하며, 신체기능을 변화시키는 물질을 말한다. 오늘날 약물이란 단어는 함축성이 있는 용어로서 두 가지 의미가 있다. 그 하나는 긍정적인 면으로 의학에서 약물 본래의 의미를 갖는 것이고, 다른 하나는 부정적인 측면으로 약물남용으로 인한 자기파괴의 의미를 갖는 것이다.

(2) 약물남용(drug abuse)

약물남용은 약물의존(drug dependence)과 거의 같은 의미로 쓰이는 용어로서,헤로인이나 필로폰, 아편, 코카인, 대마 등과 같은 불법으로 규정된 마약류나 신경안정제

80) 마약류관리에관한 법률 제2조, 법률 제9024호, 2008.3.28.
81) 조철옥, 현대범죄학, 대영문화사, 2008, p.530.

같은 합법약물을 의학적 지도·감독 없이 사용하는 행위를 말한다. 약물남용을 의학적으로 정의하면 특정 물질을 규칙 적으로 그리고 과다하게 사용함으로써 개인의 건강이 손상되고, 대인관계가 위협을 받으며, 그 과정에서 사회 전체에 피해를 초래하는 상태를 의미한다. 결국 약물남용이란 일정기간 동안 의사의 처방 없이 자신의 정신적 쾌락을 추구하기 위해 약물을 사용하는 것을 의미한다.

이 정의는 어떤 약물의 사용이 약물남용인지 여부는 약물의 종류나 약물 사용량에 의해서가 아니라 약물사용 방법과 목적에 따라 결정된다. 이와 같은 약물남용 정의는 실제적으로 문제가 되는 약물남용 행위를 줄이거나 예방하기 위한 목적으로 약물남용자를 판별하고자 할 때에는 분명한 판단기준이 되지 못하는 경우가 많다. 규칙적으로 과다하게 약물을 사용하면서도 건강에 손상을 입지 않고 대인관계도 원만하게 유지하는 복용자의 경우 약물남용으로 정의할 수 없다는 단점이 발생한다. 따라서 현실적으로는 사용하는 약물의 종류를 보고 약물남용 여부를 판단하는 방법이 널리 사용된다. 우리나라의 경우 "마약류'에 해당하는 약물, 즉, 천연마약, 향정신성의약품, 대마, 그리고 본드나 부탄가스 같은 유해화공약품 등의 복용이나 섭취는 약물남용에 해당된다.

1) 약물중독(drug addiction)

약물중독은 아편이나 향정신성의약품, 대마, 신경안정제 또는 알코올과 같은 약물에 대한 신체적인 반응을 지칭한다. 약물은 마약류에 한정시킨다면 신경안정제나 알코올은 제외된다. 따라서 약물중독은 마약류의 내성, 금단증상 및 의존성 이라는 세가지 차원에 의해 결정되는데 때로는 약물의 사용으로 인한 통제력의 상실을 의미하기도 한다.

2) 약물의존(drug dependence)

약물의존이란 약물이 없으면 견딜 수 없는 신체적, 정신적 의존상태를 나타내는 용어로서 최근에는 약물남용이나 약물중독이란 용어대신 많이 사용되고 있다. 계속적인 약물사용으로 인해서 사회적, 직업적, 정신적, 신체적 문제를 가지는 상태를 말한다.

3) 약물오용(drug misuse)

약물오용은 치료적으로 마약이 사용되었는가의 여부와는 관계없이 잠재적 위험성을 증가시킬 수 있는 용량이나 상황에서 복용 또는 투여될 때를 말한다. 이는 합법약물에 대한 정확한 지식이 없이 약물을 사용하는 경우를 강조한다.

4. 마약류의 특징

(1) 의존성

마약류는 그 사용을 하는 사람이 계속하여 약물을 사용하지 않을 수 없도록 하는, 즉, 견딜 수 없는 의존성의 특징을 가지고 있다. 의존성은 정신적 의존성과 신체적 의존성으로 구분되며, 두 가지 현상이 동시에 발생하는 경우도 있고 한 가지만 일어나는 경우도 있다.

1) 정신적 의존성(psychic dependence)

약물 사용자는 약물을 복용하거나 섭취하면 정신적인 쾌감을 얻고 사용하지 않으면 참을 수 없는 불쾌감에 빠진다. 따라서 약물사용자는 정신적 쾌감을 얻고 불쾌감을 제거하기 위하여 계속적 또는 주기적으로 약물을 사용하는 현상을 정신적 의존성이라고 한다.

2) 신체적 의존성(psychic dependence)

약물사용을 중지할 경우에 신체적 · 정신적 이상증세로 약물을 사용하지 않으면 죽을 것 같은 금단증상이 나타나기 때문에 약물에 계속 의존하게 되는데 이를 신체적 의존성이라고 한다.

(2) 내성

내성이란 사람의 인체가 약물에 적응하여 사용하면 할수록 그 효과가 감소되는 현상을 말한다. 말하자면, 술을 잘 못하는 사람은 처음에는 한 잔에도 취했으나 계속 마시다보면 여러 잔을 마셔야 취하게 되는 것과 같은 논리이다. 따라서 약물을 사용하는 사람이 처음에는 적은 량을 사용하고도 쾌감을 얻을 수 있었으나 사용회수가 늘어날수록 더 많은 량의 약물을 사용해야 쾌감을 얻을 수 있게 된다. 약물을 사용할수록 사람의 몸에 약물의 효과가 나타나지 않기 때문에 더 많은 약물을 사용할 수밖에 없다.

(3) 금단증상

금단현상이라 약물사용을 중단하거나 사용량을 줄였을 때 생기는 신체적·정신적 이상증상으로서 극도의 불안, 불면증, 구토, 설사, 복통, 식은 땀, 호흡장애, 졸도, 헛소리, 간질 등 다양한 증상이 나타난다. 심한 경우 폐인이 되거나 사망하는 경우도 있다. 대마초는 금단증상이 나타나지 않기 때문에 일부의 사람들은 대마초 사용의 합법화를 주장하기도 한다. 한편, 알코올은 마약류에 포함되지 않지만, 중독자의 경우 금단증상은 극심하다.

(4) 플래쉬백 현상(flashback)

플래쉬백 현상이란 환각제 남용자가 환각제 복용을 중단하였음에도 불구하고 복용당시 경험하였던 환각상태를 다시 경험하게 되는 현상을 말한다. 플래쉬백 현상은 약물을 중단한 지 일주일 만에 또는 수년 후에도 나타날 수 있고 지속시간 또한 수초에서 수 시간까지 일정치 않다. 플래쉬백 현상은 반드시 마약 복용을 경험한 이상징후나 두려움만 나타나는 것이 아니고 즐거운 경험도 재현된다는 것이 특징이다. 따라서 즐거움을 유발하는 경우에는 별 문제가 없으나 공포와 두려움을 자아내거나 비참한 경험이 재발될 경우에는 심한 감정억제를 일으켜 자살을 기도하는 일도 벌어진다.

5. 마약류의 종류

마약류와 마약은 다른 개념이다. 마약은 양귀비에서 추출한 생아편과 그 합성물, 그리고 코카나무 잎사귀에서 추출한 코카인과 그 제재 등을 말하고, 마약류는 마약, 향정신성의약품, 대마초, 유해화학약품을 포함하는 더 넓은 개념이다.

(1) 마약

1) 개념

마약(narcotics)이란 무감각을 뜻하는 그리스어 나르코티코스(narcotikos)에서 유래한 것으로 인체의 중추신경계에 대한 억제작용을 하는 약물을 말한다. 따라서 마약은 인간의 중추신경계에 작용하여 통증과 그것에 대한 두려움을 완화시키며 수면을 취하게 하는 의학적 작용을 하는 물질을 말한다. 천연마약은 보통 양귀비 추출물에서 만든 생아편, 모르핀, 헤로인을 말하고 코카인 잎사귀에서 추출한 코카인 제재도 포함하는 개념이다.

「마약류관리에 관한 법률」에 의하면, ① 마약이란 양귀비, 아편 또는 코카엽, ③ 양귀비, 아편 또는 코카엽에서 추출되는 모든 알카로이드로서 대통령령이 정한 것, ④ 앞에서 열거된 것을 함유하는 혼합물질 또는 혼합제재, 다만, 다른 약물이나 물질과 혼합되어 천역마약 내지 합성마약으로 다시 제조 또는 제재할 수 없고, 그것에 의하여 신체적 또는 정신적 의존성을 일으키지 않는 화외마약은 제외한다.[82)]

2) 양귀비 제재 계열

양귀비는 5-6월에 흰색, 홍색, 홍자잭, 자색 따위의 예쁜 꽃이 피는 일년살이로서 앵속이라고도 한다. 이 양귀비의 덜 익은 열매 껍질에서 뽑은 액체 그 자체가 천연마약이 된다.

① 생아편(opium)

생아편은 앵속의 설익은 껍질에 상처를 내어 자극을 가하면 알카로이드가 함유된 우유빛의 액체가 흘러나오는데 이것을 긁어모아 60℃이하에서 말리면 암갈색 또는 검은 색의 생아편(opium)이 된다. 이러한 과정을 거쳐 만든 생아편이 바로 불법적으로 생산된 천연마약이다. 이 생아편 속에 20여종의 아편 알카로이드라는 성분이 들어 있는데 이 생아편 자체가 중추신경계의 억제작용을 하는 강한 효과가 있다.

생아편은 일반적으로 많은 동구국가에서 남용되지만, 미국에서는 비교적 그 남용이 드물다. 미국에서 유통되는 생아편, 모르핀과 헤로인 등은 중동과 동남아시아, 그리고 멕시코에서 밀수출된 것으로 알려져 있다.

남용자들은 보통 파이프 담배형태로 생아편을 가장 많이 흡입한다. 생아편, 모르핀, 헤로인, 코데인 등 아편 알카로이드 마약은 흡연, 입이나 코를 통한 흡입, 또는 주사기에 의해 투여된다. 이 중에서 주사기에 의한 정맥주사가 가장 강력한 효과가 있다.[83)]

아편으로 합성된 다른 마약과 마찬가지로 생아편 섭취는 전반적인 행복감을 주고

82) 마약류관리에 관한 법률 제2조, 법률 제9717호, 2009.5.27.
83) Weston & Lushbaugh, op.cit., p.350.

즐거운 꿈을 꾸면서 편안한 잠에 빠지게 한다. 말은 어눌하고 장황하며 동공은 수축된다. 남용은 내성(tolerance), 신체적 의존성, 궁극적으로 중독상태(drug addiction)를 초래한다. 따라서 마약 사용을 중단하면 금단증상(withdrawal symptoms)이 나타난다. 금단증상은 내성의 정도가 강할수록 그 만큼 심각하고 아주 고통스럽다. 하루에 몇 번에 걸쳐 마약을 사용하는 사람은 마지막 사용 후 대략 10시간 이내에 금단증상을 경험하고 3일(72시간) 후에 최고조에 달한다. 그 증상은 극도의 불안감, 땀흘리기, 근육경련, 구토 등으로 나타난다. 중독은 약물의 반복적인 사용으로 생기는 만성적인 의존상태를 말하고, 신체적으로는 내성과 금단증상, 정신적으로는 심리적인 의존상태의 발생을 의미한다.[84)]

② 모르핀

모르핀은 생아편에서 알카로이드를 뽑아내어 화학적으로 불순물을 제거하고 더욱 정제한 약물을 말한다. 모르핀은 생아편에서 추출한 약 10%의 알카로이드로 아편보다 효력이 강력하고 가장 강력한 진통제이다. 따라서 생아편 10파운드에서 모르핀 1파운드가 생산된다.

모르핀의 색깔은 알약이나 백색가루 형태이지만, 황갈색이나 커피색도 있으며 백색은 어두운 색깔보다 보다 정제된 것이다. 모르핀은 생아편보다 3배정도 강력한 진통효과가 있으며, 피부나 근육에 직접 주사로 투입된다. 그러나 중독자들은 모르핀을 직접 피하주사기를 사용하여 혈관에 주사한다. 모르핀 중독은 "병사의 질병(soldier disease)이라고 할 정도로 미국의 남북전쟁과 그 이후의 전쟁이 있을 때마다 중독자는 계속 증가하는 양상을 보여주었다.[85)]

모르핀은 코데인으로 전환되고 헤로인의 주원료로 사용되며 의학적으로도 진통, 진정, 진해, 최면효과가 뛰어난 반면, 부작용으로 구토, 발한, 발열, 설사 등과 함께 정신적·신체적 의존성을 유발하여 사용 중단시 심한 금단증상을 일으킨다. 모르핀 중독자들은 보통 하루에 3회 정도 투약하며 1회 투약량은 10-20㎎정도이지만, 하루에 120㎎을 투약하기도 한다. 1회에 200㎎ 이상을 투약하면 거의 모든 사람이 호흡장애를 일으켜 사망하게 된다.[86)]

84) Ibid., pp.346-347.
85) Ibid., p.347.
86) 마약류범죄백서, 대검찰청, 2007, p.6.

③ 헤로인

디아세틸모르핀(diacetylmorphine)이라고도 하는 헤로인은 독일의 바이엘사가 진통제 약품으로 개발한 것으로서 모르핀을 원료로 하여 무수초산과 염산, 에테르 등을 화학적으로 합성하여 아세틸화한 천연마약이다. 모르핀 1파운드는 정확하게 헤로인 1파운드를 생산하지만, 그 효능은 5-10배에 달한다. 원재료가 생아편이기 때문에 양귀비의 작황에 따라 화학물질을 원료로 하는 야바와 달리 안정적인 밀조여부가 결정된다.

1874년에 영국에서 개발된 이 마약은 모르핀 중독자의 치료제로서 광범하게 사용되어왔다. 주된 생산지는 콜롬비아, 멕시코, 아시아 지역이다. 헤로인의 독성은 모르핀보다 적어도 5배 이상 강하고 금단증상도 매우 강하다.[87] 1년 동안 규칙적으로 헤로인을 사용한 사람은 단지 2시간에서 5시간 동안만 행복감을 경험하지만. 처음 사용자는 보다 장시간 동안 행복감을 느낀다. 대략 5시간 후에 중독자들은 신체적·정신적 불안감에 빠진다. 마약 섭취후 추가 투약 없이 10시간이 경과하면, 가벼운 금단증상이 나타나고 12시간에서 24시간 이내에는 강력한 금단증상이 나타난다.

통상 냄새가 없고. 순백색, 우유색, 암갈색이나 흑색을 띠는데 순백색이 가장 순도가 높고 효과도 강하다. 헤로인은 주사, 흡입, 담배형태로 흡수된다. 헤로인은 코카인과 섞어서 사용되며. 스피드 볼(speed ball)은 강력한 흥분효과를 내기 위하여 헤로인에 코카인을 혼합하여 정제한 것이다.

3) 코카나무잎 제재 계열

① 코카인

코카인은 코카나무의 잎사귀에서 추출한 마약이다. 코카나무는 양귀비와 전혀 무관하고 코카인은 생아편과는 무관한 마약이다. 코카나무는 중남미 안데스 산맥을 중심으로 콜롬비아, 페루, 볼리비아 등이 주산지이며 이 코카나무의 잎사귀에 들어 있는 0.06%-1.18%의 코카 알카로이드를 추출해서 만든 것이 코카인이다.

1885년에 코카잎은 안전한 것으로 인정되어 코카인의 향긋하고 톡 쏘는 맛을 원료로 합성한 코카콜라가 힘이 솟는 음료수로 출현했다. 그러나 1910년에 코카인은 위험한 약물로 인정되어 그 사용이 법적으로 금지되었다.[88] 코카인은 코카나무 잎을 씹거

87) West & Lushbaugh, op.cit., p.347.
88) Ibid., pp.351-352.

나 코카페이스트를 흡연하기도 한다. 그러나 대부분의 남용자들은 분말을 흡입하거나 혈관주사로 투약한다.

코카인은 중추신경계에 작용하는 아주 강력한 각성제이다. 코카인을 섭취한 사람은 즉각적인 심리적・신체적 쾌감(rush sensation)을 느끼게 된다. 코카인 사용자의 행동은 메스암페타민 사용자와 아주 비슷한 행동을 보이기 때문에, 코카인 또는 메스암페타민을 사용한 것인지를 식별하기 어렵게 하는 문제를 야기하기도 한다.

코카인은 국소・국부마취에 효과가 있어 치과나 이비인후과 수술에 널리 사용하고 적량 사용하면 말이 많아지고 힘이 넘치며 피로감을 느끼지는 못한다. 심장박동의 증가, 혈압상승, 동공의 확장 등의 현상이 발생한다. 코카인은 그 약효가 빠르고 강력한 중추신경자극제이다. 그러나 코카인으로부터 얻는 쾌감은 아편을 원료로 하는 마약만큼 그 지속시간이 길지는 않다. 흔히 1시간 이내에 마약의 효과는 사라지고 기분의 침체와 실패감을 느끼게 된다. 특히 크랙으로부터 얻는 쾌감은 5-15분 정도로 지속될 정도로 아주 짧다. 또한 상당히 많은 사용자들은 환각증상과 피해망상증을 경험한다. 물론 그러한 현상은 많은 양의 코카인을 섭취하거나 순도가 높은 코카인의 섭취 경우에 발생한다.[89]

오・남용의 경우에 코의 점막 손상에서부터 심장과 폐의 치명적인 손상이 발생한다. 미국의 경우에 코카인 남용자들은 다른 마약 남용자들에 비하여 병원의 응급실에 실려 오는 숫자가 전체의 36%에 달할 정도로 가장 많고, 1년에 2,500명이 사망한다.[90] 어떤 중독자는 과도한 공격적 행동, 때로는 신체적 학대를 하는 것과 같은 반사회적 행동을 한다.

코카인은 고도의 중독성이 있는 아편과 함께 천연마약으로 분류될지라도, 그 내성과 중독성(의존성)에 대해서는 주장이 엇갈린다. 즉, 내성은 있지만 신체적 중독성은 없다는 주장이 있는가 하면, 내성과 신체적 중독성이 모두 존재한다는 주장이 있다. 그러나 전문가들은 코카인 사용자의 심리적인 의존성 존재에 대해서는 의심하지 않는다.

② 프리베이스 코카인

코카인은 1970년대와 80년대 초기 까지 백색의 결정체 가루형태로 사용되었다. 그러나 1974년에 캘리포니아에서 프리베이싱(freebasing)이라는 새로운 코카인 사용방

89) Ibid., p.354.
90) Ibid., p.354.

법이 확산되기 시작했다. 프리베이싱이란 백색의 결정체 가루로부터 순도 높은 코카인을 정제하는 화학과정을 말한다. 그 과정은 백색 코카인 가루를 잘게 부수고 그것에 화학적 촉매제를 작용시켜 거의 순수한 코카인을 추출하게 되는 것으로서 그 결과물이 프리베이스 코카인이다. 프리베이스 코카인은 순도가 높아 사용자들에게 극도의 쾌감을 주지만, 에테르와 아세틸렌이나 부탄램프를 사용하는 불안전한 화학적 과정을 통하여 생산된다는 문제를 안고 있다. 1980년대 이후 마약중독자들의 10-20% 정도가 프리베이스 코카인을 사용하고 있다.[91)]

③ 크랙

크랙(crack)은 프리베이스 코카인의 또 다른 형태이다. 그러나 본래의 프리베이스 코카인과는 달리 크랙 프리베이스는 보다 값싸고, 단순하고 안전한 과정을 통하여 생산된다. 프리베이스 코카인은 에테르를 가열하는 과정에서 폭발할 위험이 있지만, 크랙 베이스 코카인은 스토브나 커피 자판기 또는 전자레인지 같은 간단한 가열장치를 사용한다. 그것은 코카인에 베이킹 파우더를 섞어 단단하게 하여 담배형태로 피울 수 있게 만든 것인데 가격이 저렴하여 미국 흑인들에게 애용되고 있다.

크랙은 가장 순도높은 코카인으로서 가루형태의 코카인보다 적어도 5배 정도 강력한 마약효과가 있다. 미국 마약국(DEA)은 크랙 남용자 중의 75%가 3회 사용후 중독자가 되고, 50%는 1회 사용후 중독자가 될 수 있다고 경고했다. 그러나 1999년부터 경찰이 주로 길거리에서 판매되는 크랙에 대한 강력한 단속을 함으로써 잠재적인 젊은 사용자들의 사용은 감소하고 주로 과거에 중독된 사람들에 의하여 사용되고 있다.[92)] 크랙 중독자들은 다른 코카인 중독자들보다 더 폭력적이거나 정신병적인 행동을 보인다.[93)]

④ 스피드 볼

코카인은 대부분 가루형태로 사용되지만 때로는 헤로인과 섞어 만든 스피드 볼(speed ball) 형태로 사용되기도 한다. 스피드볼은 약물 의존자가 코카인과 헤로인, 또는 암페타민과 헤로인을 혼합하여 복용하는 것을 말하는데 두 개의 약물이 합친 황홀감이 하나의 경우보다 더 크며 헤로인은 황홀감을 연장하는데 도움이 된다.

91) Ibid., p.352.
92) Ibid., pp.352-353.
93) Ibid., 354.

(2) 향정신성의약품

1) 개념

위험한 마약이라고도 하는 향정신성의약품은 남용의 경우에 사람의 몸을 해칠 잠재력이 있는 종합적이고 자연적인 약물을 말한다. 향정신성의약품은 인간의 중추신경계에 작용하는 것으로서 이를 오용 또는 남용할 경우 인체에 현저한 위해가 있다고 인정되는 억제제(depressants), 흥분제(stimulants), 환각제(hallucinogents) 등을 말한다.

2) 향정신성의약품의 분류

① 필로폰: 메스암페타민

메스암페타민은 1888년 일본 도꾜대학 나가이 나가요시 교수가 천식치료제인 마황으로부터 에페드린을 추출하는 과정에서 처음으로 발견한 물질로서 1893년 최초로 합성에 성공하였다.

필로폰은 일본의 대일본제약회사가 히로뽕이라는 상품명으로 잠을 쫓고 피로감을 없애주는 각성약물로서 판매하였으며, “일하는 것을 사랑한다”는 의미의 희랍어 “Philoponos"에서 유래되었다. 메스암페타민은 초기에는 우울증, 비만이나 체중조절, 만성적인 피로, 수면발작 등의 치료제 또는 진정제 과다복용에 따른 각성제 등으로 사용되었다. 전쟁중에는 군인 및 군수공장 등에서 일하는 노동자들의 피로회복과 전투의욕, 작업능력, 생산능력 등을 제고하는 수단으로 이용되었다.

필로폰은 염산에페트린·클로로포름·지오닌을 2:1:1의 비율로 혼합하여 황색으로 응고하면 여기에 에테르, 아세톤을 첨가하여 백색의 고체상태로 변한다. 무미, 약간의 쓴맛, 백색을 띠며, 제조과정에서 암모니아를 사용하기 때문에 제조공장 주변에는 악취가 발생한다. 또는 제조공장에는 에테르 같은 상쾌한 냄새, 달콤한 냄새나는 물질이 존재한다.[94]

94) Gilbert, op.cit., p.358,

메스암페타민은 정맥주사, 음료수 등과 복용, 흡연, 가열하여 연기를 입으로 흡입하는 방법으로 투여한다. 정맥주사 방법이 가장 효과적이지만 주사흔적이 남고, 연기흡입 방법은 사용량이 다소 많다는 단점이 있다. 필로폰의 1회 투약량은 보통 0.02g-0.05g이지만 심한 중독상태에서는 0.1g까지 사용한다.

필로폰은 코카인과 비슷한 성능을 가지고 있으며 마약인 헤로인보다 더욱 강한 각성효과를 갖고 있다.[95] 복용 시에는 즉각적이고 강력한 쾌감의 발생, 행복감의 지속, 피로감 감소, 흥분을 유발한다. 오・남용하면 식욕이 감퇴하고 모든 종류의 운동성 및 정신활동이 증가하며 불면상태에 빠진다. 또한 심장에 영향을 미쳐 혈압 상승 현상이 발생하고, 어떤 사람은 정신분열증이나 정신병 증상을 보이기도 한다.[96] 남용하면 내성, 의존성, 금단증상이 일어나 육체적, 정신적 부작용을 초래하고 폐인이 되거나 사망에 이르게 된다.

② LSD(Lysergic Acid Diethylamide)

LSD는 1938년 스위스의 생화학자인 알버트 호프만(Albert Hofmann) 박사가 호밀과 소맥(밀)에서 자라고 있는 깜부기 병균에서 추출한 물질로서 무색, 무미, 무취의 액체, 정제 또는 분말 상태의 중추신경을 흥분시키는 환각제이다. LSD는 전형적으로 불법적인 마약 제조공장이나 실험실에서 생산되는 마약류이다.[97]

환각제 중에서 최고의 효능을 가지며 정제, 캡슐, 액체형태로 사용된다. 수사관은 각설탕, 초콜릿과자, 토마토쥬스 등 LSD 액체를 주입시킨 물질, 또는 정제나 젤라틴을 입힌 압착정제 등을 발견할 수 있다. 또한 우표, 압지, 만화, 그림 등에 LSD 액체를 흡수시킨 상태로 사용된다.

LSD 25㎍이면 성인 1명을 환각상태에 빠지게 할 수 있다. 환각경험은 기분좋은 경험과 공포, 불안 등 나쁜 경험(bad trip)이 있다. LSD 1파운드는 360만명 분의 복용약을 만들 수 있다. LSD는 환각작용과 내성이 강하지만 의존성과 금단증상은 일으키지 않는다.[98] 현재 100세에 이른 호프만 박사는 LSD를 중독성이 없는 치료약이라고 주장하고 있다.

1온스(약 28g)의 양으로 30만 회의 복용분을 만들 수 있을 정도로 강력하며, 메스

95) Weston & Lushbaugh, op.cit., p.309.
96) Ibid., p.359.
97) Weston & Lushbaugh, op.cit., p.360.
98) Ibid., p.361.

칼린보다는 4,000배, 사일로사이빈보다는 250배, 코카인보다는 100배, 메스암페타민 보다는 300배나 강하다. LSD의 효과는 8-12시간 정도 지속된다.

LSD 사용자는 정신분열증, 정신병질, 망상증 등과 같은 정신질병 상태에 빠질 수 있다. 동공이완, 창백함, 안면홍조, 체온상승, 혈압상승, 심장박동증가. 오한, 수전증, 식욕저하, 오심, 마비, 경련, 호흡곤란 등의 증상이 나타난다. 심할 경우 전신마비와 함께 사망에 이른다. 또한 어떤 사용자들은 LSD에 의하여 초래되는 사고로 인하여 중상을 입거나 사망할 수도 있다.

③ 사일로사이빈

사일로사이빈(Psilocybin)은 미국과 멕시코에서 자생하는 검고 작은 버섯에서 추출한 알카로이드이다. 사일로사이빈, 또는 사일로신(psilocin)은 환각적인 반응과 다양한 행동변화를 초래하는 약물이다.[99] 그것은 헤로인과 마찬가지로 환각물질로 분류돼 있으나 중독성과 독성이 없다.

토착 인디언과 히피들이 환각과 비슷한 의식상태의 경험을 얻기 위해 사용하던 "마법의 맛"이 사일로 사이빈을 복용하는 실험결과 실제로 그 같은 신비한 효과를 보이는 것으로 밝혀졌다. 참여자들은 매우 직접적이고 개인적인 저 너머의 경험을 맛보았다고 표현하면서 참여자의 60%는 신비한 경험, 첫 아이를 얻었을 때와 부모 사망시의 충격과 비슷한 강력한 정신적 경험을 했다고 대답했다. 참여자들은 환각작용이 강하게 나타나고 이들 중 79%는 2개월이 지나도 만족감을 느낀다고 대답했다.

사일로 사이빈과 사일로신은 액체, 정제, 가루 또는 자연버섯 상태 그대로 사용된다. 환각효과는 메스칼린에 아주 유사하지만, 보다 적은 양으로 환각효과를 경험할 수 있다. 약물중독, 극심한 통증, 우울증 치료에 사용할 수 있는 잠재력을 가진 것으로 밝혀졌다.

④ 엑스터시(Ecstasy)

MDMA(Methylenedioxy amphetamine)는 엑스터시, XTC, Eve, Clarity, Decadence, M & M 등으로 불리기도 하며, 메스암페타민과 메스칼린의 합성물로서 1949년 독일에서 식욕 감퇴제로 개발되었으며 향정신성의약품으로 지정되어 있다. 「마약류관리에 관한 법률」에서 메스암페타민과 같이 각성제로 분류하고 있으나 약리적인 성분을 기준으로 본다면 환각제에 더 가깝다.

일반적으로 '사랑마약'이라고 하는 합성마약인 엑스터시의 성분은 환각제인 메스칼

99) Ibid., p.362.

린에 유사하지만 또한 메스암페타민의 효능도 가지고 있다. 복용하면 에너지의 증가, 타인에 대한 감정이입과 감수성 증가로 인하여 기분이 좋아지는 효과가 발생한다. 따라서 기분이 좋아지는 약, 포옹마약, 클럽마약, 도리도리라고도 하며 정제나 알약으로 만들어져 사용하기 간편하고 가격도 염가여서 젊은 층이 많이 사용하는 것으로 알려지고 있다.

약리적 작용은 복용후 20-60분 정도 경과하면 입이 마르고 동공이 확대되는 등 극적인 흥분감을 경험한다. 그러나 혈압과 심장박동의 증가, 기억력 손상, 갑작스런 발작을 일으키기도 한다. 심장마비, 탈수, 탈진으로 사망에 이르기도 한다. 복용자는 복용후 급속하고 무서울 정도로 몸이 뜨거워지기 때문에 철야 테크노 클럽이나 라이브 바 또는 파티장 등에서 막대사탕을 물고 있거나 많은 량의 물을 계속 마신다. 일반적으로 사용자는 심하게 이를 갈기 때문에 어린아이 젖꼭지를 물고 다니거나 가지고 다닌다. 복용 후 3-4시간, 심지어 8시간 동안 도취감에 빠지게 하는 부드러운 환각제이다. 복용여부는 간이시약 검사에 의해 판별가능하다.[100)]

⑤ 야바(Yaba)

야바는 세계 최대의 마약 밀매조직인 쿤사가 개발한 MDMA계열의 신종 마약으로서 카페인·에페드린·밀가루 등에 필로폰을 혼합하여 제조된다. 중추신경계에 작용하는 각성제이지만 순도는 필로폰보다는 20-30% 정도로 낮다. 야바는 원재료가 화공약품인 필로폰인 관계로 양귀비의 작황에 의존하는 헤로인과는 달리 안정적인 생산이 가능하다.

태국에서는 야바를 말처럼 힘이 솟고 정력에 좋은 약이라고 해서 '홀스 메디신(horse medicine)'이라고도 한다. 야바는 종래 야마(yahmah), 즉, '원기 나는 약'으로 불리어졌으나 최근에 필로폰의 해악에 대한 경계심에서 야바, 즉, '미치게 하는 약'으로 호칭되고 있다.

가격은 필로폰의 1/5에 불과하나 효과는 더욱 강력한 각성제이다. 흰색의 기존 필

100) Ibid., p.362.

로폰과는 달리 노란색이나 붉은 색, 오랜지색, 보라색, 갈색 등의 알약 또는 캡슐로서 복용하기가 편리하고 가격이 필로폰보다 훨씬 저렴하여 젊은 층을 중심으로 확산되는 추세에 있다. 한번 복용하면 3일간 잠을 자지 않을 정도로 각성효과가 강하고 중독성도 강하다.

⑥ GHB

일명 물뽕이라고도 하는 GHB(gamma hydroxy butyrate)는 1980년대에 유럽에서 외과 수술용 마취제로 개발하였으나 통증억제효과가 시원치 않아 사용이 중지되었다. 그러나 인체에도 존재하는 GHB는 성장 호르몬 촉진, 근육발달과 수면유도 효과가 있다는 평가로 인해 의사의 처방없이 영양보강제로 약국에서 판매되어 왔다. 특히 운동선수나 보디빌더들이 애용해 온 약물이다.[101]

GHB의 주 성분은 페인트의 신나로서 무색・무취, 그리고 짠 맛이 나는 액체형태이다. 소다수 등 음료에 타서 복용하기 때문에 물같은 히로뽕이라는 뜻에서 일명 물뽕이라 한다. 필로폰이나 엑스터시보다는 의존성이 적어 의료용으로 쓰이지만, 복용시 억제력이 소멸되어 외향적인 행동, 친밀감, 성적 적극성 등이 발생한다. 또한 오・남용할 경우 어지럼증, 구토, 혼수상태, 일시적인 기억상실증 등의 부작용이 발생한다.

미국, 캐나다, 유럽 등지에서 로히프놀과 유사한 방법으로 성범죄용으로 악용되고 있으며, 데이트하면서 상대방 몰래 음료수에 타서 마시게 함으로써 강간에 이용한다는 점에서 데이트 강간약물로도 불리고 이지 레이(easy lay)라고도 부른다. 대체로 사용 15분후 효과가 발생하고 3시간 지속된다.

⑦ 카리소프로돌

S정이라고도 하는 카리스포로돌은 중추신경계에 작용하여 골격근육을 이완시키는 효과가 있으나, 도취감이나 환각작용이 나타나기 때문에 마약대용으로 오・남용되는 약물이다. 오・남용시 온몸이 뻣뻣해지고 뒤틀리며 혀 꼬부라진 소리 등을 하고 호흡장애나 실신을 초래할 수 있다.

101) Ibid., pp.355-356.

(3) 대마

1) 의의

「마약류관리에관한법률」상 대마란 대마초(카나비스 사티바:Cannabis sativa)와 그 수지 및 대마초 또는 그 수지를 원료로 하여 제조된 일체의 제품을 말한다. 천연 대마초는 잎, 꽃대, 줄기, 열매의 부분들을 포함하지만, 고품질의 대마초는 잎과 꽃대부분만 포함시키고 줄기와 종자는 제외된다. 따라서 대마초의 종자, 뿌리 및 성숙한 대마초의 줄기와 그 제품은 제외한다.[102] 그러나 종자의 껍질은 포함한다.

대마초는 1년생 식물로 삼베의 원료가 되며 5-7월이 주된 성장기간으로 집중단속이 요구되는 시기이다. 누구도 허가 없이 재배, 소지, 수수, 운반, 보관하거나 이를 사용해서는 안 된다.

출처 : 일요신문

2) 특징

① 내성의 존재와 의존성의 부존재

마리화나의 남용은 내성을 형성하게 되지만, 신체적인 의존성은 생기지 않는다. 일부의 사용자들은 환각을 경험하지만, 대마초의 강도가 아주 높은 경우를 제외하고는 대부분의 사용자들은 환각을 경험하지는 않는다.[103]

② 일반적인 증상

대마초 사용자들은 일반적으로 지각능력의 변화, 특히 색깔, 소리, 그리고 맛에 관한 감각이 변화한다. 적은 량을 복용하였을 때에는 풍족감, 이완감을 수반한 꿈꾸는 듯한 느낌이나 공복감 등을 느끼고 시각, 후각, 촉각, 미각 등도 오묘하게 변한다. 많은 량을 복용하였을 때에는 공중에 뜨는 느낌과 함께 빠른 감정의 변화를 경험하며 집중력의 상실, 자아상실, 환각, 환청 등이 나타난다. 어떤 사용자들은 큰 소리, 공격적인 행동을 보이거나 전반적으로 말이 많아진다. 다른 사람들은 말이 없고 졸리고 내향적이 된다. 일반적으로 어떤 문제에 대해 신속히 반응하고 결정하는 능력은 저하된다. 따라서 대마초 남용자는 운전 중에 반응능력의 결여로 인하여 심각한 교통사고

102) 마약류관리에 관한 법률 제2조 5호, 법률 제9024호, 2008.3.28.

103) Gilbert, op.cit., p.364.

를 발생시킬 잠재력을 가지고 있다.[104] 대마의 남용이 위험한 것은 환각상태에서 강력범죄를 저지를 수 있다는 점이다.

3) 종류

① 대마초

포르투칼어로 마리화나(Marijuana)라고 하는 대마초는 미국 인디안의 카나비 사티바(Cannabis sativa)라고 하는 대마의 잎과 꽃대 윗부분을 건조하여 담배형태로 만든 것을 말한다. 대마는 전 세계적으로 온난한 기후를 가진 지역, 즉, 멕시코, 남미, 자마이카, 미국, 동남아시아 등에서 자생하는 식물이다. 어떤 문화에서는 대마초를 먹고 껌처럼 씹기도 한다. 그러나 대부분 대마초는 주로 대마의 꽃대 윗부분과 잎을 건조시켜 담배 형태로 종이에 말아서 또는 파이프에 넣어 피우는 물질이다.[105]

대마초의 사용자가 쾌감을 얻게 되는 마약성 물질은 THC로서 암컷 대마에만 포함되어 있으며, 이 물질 때문에 도취, 환각상태가 높게 나타난다. THC의 량은 대마의 종류와 재배방법, 성장지역에 따라서 약 20%정도의 차이가 날정도로 비교적 저수준에서 고수준까지 아주 다양하다. 야생의 대마초는 THC수준이 1%수준에 지나지 않지만, 적절하게 경작된 대마초는 3%수준까지 상승한다. 콜롬비아나 하와이에서 생산한 대마초는 THC수준이 4-6%수준이고, 씨없는 대마초인 신세밀라(Sinsemilla)는 8-14% 수준이다. 또한 해쉬쉬(Hashish)는 THC수준이 8-14%이고 해쉬쉬 오일은 15-50% 수준으로 가장 높다.[106]

② 대마수지(해쉬쉬)

성숙한 대마의 꼭대기에 있는 꽃대 부분이나 상부의 잎을 두드리거나 긁어서 THC 함유량이 아주 높은 수지를 추출할 수 있다. 또는 대마수지는 대마 꽃대 부분의 수지

104) Ibid., pp.364-365.
105) Ibid., p.363.
106) Weston & Lushbaugh, op.cit., p.309.

성 분비물을 알코올로 채취하여 가마솥에 증류함으로써 건조・농축한 제품이다. 보통 마리화나보다 10배 정도로 효과가 강하다.[107] 찌꺼기가 말려진 덩어리 형태로서 색깔은 갈색, 암갈색, 흑색 등이다. 해쉬쉬는 그냥 피거나 흡입할 수도 있는데 흡입시 마취성이 있어 혼수상태에 빠질 수 있다.

③ 해쉬쉬 미네랄 오일

해쉬쉬는 대마에서 기름성분의 액체형태로 추출될 수 있다. 품질이 좋은 마리화나에 용제를 넣어 가열하면 THC가 농축된 해쉬쉬 오일이 추출된다. 해쉬쉬 오일은 기름형태의 대마수지를 농축 또는 건조하지 않고 병이나 캔 속에 넣어 두고 사용하는 기름을 말한다. 해쉬쉬 오일은 주로 알코올, 설탕, 꿀, 향로 등을 타서 복용한다. 미네랄 오일도 마리화나보다 10배 이상 강한 효과가 있다.

(4) 환각작용을 일으키는 유해화학물질

인체에 유해성이 있는 화학물질로서 사용하면 환각작용을 일으키는 물질로서 마약류에 포함시켜 흡입자는 처벌된다. 대표적인 것으로 일반 시중에서 판매되고 있는 접착제(본드)와 부탄가스, 메틸알코올, 신나 등이 있다.[108]

본드와 부탄가스의 경우 처음에는 몇 번 냄새를 흡입함으로써 취한 기분을 느낄 수 있지만 점점 내성이 생기게 되며 효과는 흡입한 양의 농도에 따라 15분에서 수 시간에 이르기까지 다양하다.

유해화학물질의 사용습관은 다음 두 가지 이유 때문에 위험성이 있다. ① 조직손상의 위험성으로서 심할 경우 생명에 위험을 초래할 수 도 있다. ② 이들 용제에 중독된 청소년들은 공격적이거나 충동적이 되어 범죄행위나 생명에 위협이 되는 행동을 할 수도 있다.

6. 마약류에 대한 과학수사 기법

마약범죄 수사는 수사의 대상이 된 약물이 마약인지, 그것을 생산한 곳은 어디인지, 마약이 섭취한 사람의 몸속에서 발견된 것인지에 대한 것을 증명하여야 한다. 이

107) Ibid., p.367.
108) 유해화학물질관리법 제43조, 법률 제8951호, 2008.3.21

러한 사안은 바로 전문가인 과학수사학자들에 의하여 입증되어야 한다.

(1) 마약의 출처 식별(Source identification)

수사의 대상이 된 마약의 출처를 확인하는 것이 필요하다. 이른 바 마약 정제에 대한 탄도학 검사(ballistics examination)는 마약의 출처 식별을 위한 공통적인 방법이다. 이 검사방법은 마약 제조업자를 식별하기 위하여 시도하는 마약 정제와 캡슐에 대한 화학적 분석과 도구흔 검사의 결합에 의해 이루어진다. 즉, 마약의 화학적 성분을 분석하고 정제와 캡슐을 제조하기 위하여 사용한 특이한 도구의 자국을 검사하여 마약제조업자를 식별하는 검사방법이다. 이러한 검사로부터 얻어진 자료는 마약 회사로부터 확보한 샘플과 비교됨으로써 불법 제조실험실에서 생산된 마약인지를 확인할 수 있다.[109)]

(2) 약물식별과 분석(Substance identification and analysis)

법의 화학자는 수사대상이 된 약물이 마약 또는 위험한 합성마약인지 여부를 결정하여야 한다. 이러한 결정을 위하여 일반적으로 질적·양적 분석이 수행된다. 질적 분석은 약물을 구성하고 있는 요소들을 결정하고, 양적 검사는 약물의 순도를 결정한다.

보통 결정체 침전검사방법(Crystalline precipitation tests)이 아편 함유마약과 코카인을 식별하기 위하여 사용된다. 그러한 분석은 약물내에 결정체를 형성하는 화학물질들을 이용한다. 결정체의 형성구조는 마약의 종류에 따라서 특이하기 때문이다.

또한 스펙트럼 사진기 분석(spectrographic analysis)을 통하여 약물의 칼라 스펙트럼을 검사할 수 있다. 바르비탈염 제제같은 약물은 엑스레이 회절에 의하여 식별되고 비교될 수 있다. 최근에 개발된 소어즈 그로쓰 테크닉(Sores-Gross technique)법은 사람의 혈액속에 마리화나의 존재와 양을 결정할 수 있는 기법으로 알려져 있다. 이 기법은 마리화나 섭취후 2시간 이내에 방사선면역 측정을 통하여 혈액속에 THC존재여부를 측정할 수 있다.[110)] 양적 분석은 마약의 양과 순도를 결정하는 것으로서 일반적으로 화학적 분석을 통하여 검사된다.

---

109) Weston & Lushbaugh., op.cit., pp.386-387.
110) Ibid., p.387.

(3) 섭취 약물 검사(Substsnce detection in body)

법의 화학자들은 마약류의 존재여부를 검증하기 위한 생리적 증거에 대한 검사 의뢰를 받는다. 이러한 검사는 수사단서를 확보하기 위하여 의뢰된다는 점에서 중요하다.

보통 혈액과 소변, 그리고 모발이 약물 섭취여부에 대한 검사시료가 된다. 혈액과 소변 검사는 의료기관과 부속 실험실에서 주로 이루어지지만, 모발검사는 흔히 범죄 실험실에서 이루어진다. 마약의 흔적은 머리카락 줄기(hair shaft) 속에 무한정으로 존재하기 때문에 혈액이나 소변보다는 훨씬 장기간 동안 탐지가 가능하다. 머리카락 1인치는 대략 60일간의 약물사용 검사 시료가 된다. 흡수된 마약은 혈관을 통하여 순환하고 머리카락의 모낭에도 영양분을 제공한다. 따라서 머리카락의 핵심 줄기 속에 도달된 마약의 흔적은 섭취한 마약의 양에 비례한다. 그 흔적은 씻거나 탈색에 의해서도 없어지지 않는다.[111] 그러나 소변속의 약물농도는 소변배출을 통하여 급속히 희석되며, 대부분의 경우에 소변속의 마약의 증거는 3일이 지나면 제거될 수 있다.[112]

(4) 마약류 투약 감정을 위한 생체시료

1) 소변

마약류에 사용되는 생체시료는 소변, 혈액, 모발, 손톱, 발톱, 땀, 타액 등이 있다. 이 중 소변은 시료채취가 용이하고 감정기법의 신뢰도가 높아 투약여부 감정에 주로 이용되고 있는 시료이다.

소변은 시료채취가 용이하고 양이 충분하며 약물이 다량 함유되어 배설된다. 또한 혈액에서보다 오랜 시간 동안 약물이 머물러 있으며, 수용성이기 때문에 약물이 쉽게 추출되어 분석하기 쉽다는 장점이 있다. 따라서 약물복용 여부 감정에 가장 널리 사용된다.

소변 중 약물의 배설량은 소변량에 따라 달라 그 양을 정확히 계산할 수 없고 소변 중 약물 농도가 약리작용과는 일치하지 않아 약물의 사용정도를 예측할 수 없다. 또한 시험결과 양성반응은 채취 전에 한 번이라도 약물을 사용한 것을 뜻하는 것으로 만성중독 여부 등에 대하여는 알 수 없다.

또한 소변의 구성성분이 음식의 종류에 의해 영향을 받고 약물의 배설정도가 소변

111) Ibid., pp.387-388.
112) Ibid., p.387.

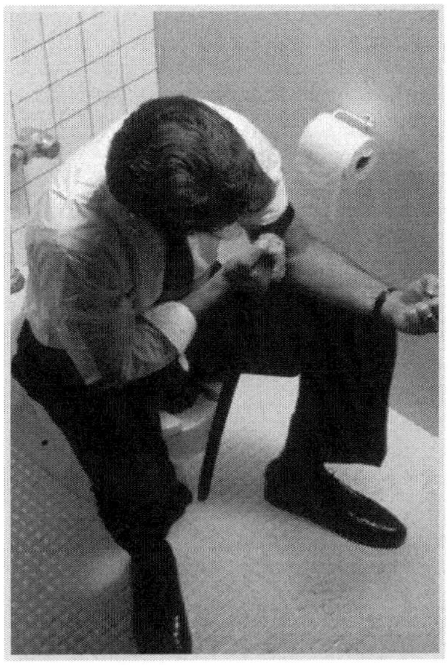

출처 : http://cafe.naver.com/wissislim/11616

의 PH에 따라 크게 달라진다. 즉, 알카리성 음료를 마시면 알카리성 약물 배출은 지연되고 산성음료를 마신 경우에는 그 반대의 현상이 생긴다. 따라서 약물을 복용한 소변의 배설시간은 모든 사람에게 일률적으로 적용하기는 어렵다. 소변 시료의 가장 큰 단점은 투약 후 3-4일 후면 대부분 배설된다는 점이다. 또한 소변은 채취시 주변의 물 등에 의한 고의적 희석우려, 시료보관과 운송 등이 쉽지 않다.[113)]

마약, 환각제, 대마의 남용여부를 증명하기 위한 생체시료는 뇨가 가장 적당하고 가급적 빠른 시간내에 채취하여야 하며 채취량은 여러 가지 검사가 필요한 경우 증거물량을 30ml이상 채취하여야 한다.

마약사범의 생체시료로서 소변의 채취시간은 ① 메스칼린은 24시간 이내, ② 헤로인 40시간 이내, ③ 메사돈과 페치딘, 그리고 LSD는 48시간 이내, ④ 대마, 모르핀, 필로폰 그리고 생아편은 72시간 이내이다.

그러나 소변 채취시기는 초심자와 중독자로 나누어 구분하기도 한다. 즉, ① 필로폰은 초심자의 경우 2-3일 이내, 중독자는 7-10일 이내, ② 대마는 초심자의 경우 7-10일 이내, 중독자는 약 30일 또는 36일 이내, ③ 코카인(메스칼린)은 초심자의 경우 1일 이내, 중독자는 2-3일 이내, ④ 헤로인은 초심자의 경우 2-3일 이내, 중독자는 5-7일 이내이다.[114)]

2) 혈액

혈액은 빠른 시간 내에 약물이 혈액 속으로 이동하므로 약물 투여량과 혈액 중 약물농도가 비례할 뿐만 아니라 전문가에 의해 채취되므로 시료가 바뀔 염려가 없다는 장점이 있다. 그러나 혈액은 많은 양의 시료채취가 어렵고 혈액 중에는 측정하고자 하는 약물과 화학적 결합을 하는 단백질 등이 있어 약물분석이 어렵고 복잡하다. 또한 혈액 중에 약물의 빠른 순환으로 약물농도가 낮게 검출된다는 단점이 있다.[115)]

113) 경찰수사보안연수소, 마약류범죄수사.,2006, pp.18-20.
114) 사법연수원, 과학수사론., p.198.
115) 앞의 책, pp.19-21.

3) 타액 및 땀

타액은 약물 검출이 가능하고 시료채취가 간편하다는 장점이 있다. 그러나 시험에 필요한 양의 타액을 채취하기가 어렵고, 정량검사가 불가능하다는 단점이 있다. 또한 혈액과 마찬가지로 단 몇 시간 동안만 약물이 검출되므로 일정시간 경과 후에는 약물이 검출되지 않는다. 땀의 경우에도 타액과 마찬가지이다.

4) 모발

① 모발감식의 역사

법과학 분야에서 모발감식은 50여 년 전부터 시작되었으나 남용약물에 대한 모발감식은 1980년대부터 그 기법이 개발되었다. 법과학 분야에서 모발감식은 독극물에 의한 사인이나 환경 오염물질에 대한 노출정도의 측정 수단, 또는 모발의 형태학적 특징이나 DNA검출에 의해 범죄인이나 개인의 신원 확인 수단으로 활용되고 있다.

모발감식이 마약류 남용 감식에 소변감식과 더불어 약물 복용여부를 판별할 수 있는 기법으로 채택되게 된 것은 몇 년 되지 않는다. 1978년 봄가트너(Baumgatner) 등이 모발 중의 모르핀 성분 분석에 관하여 보고한 것을 시발로 여러 나라에서 모발 감식기법을 연구하여 현재는 모발감식을 마약류 복용 감정에 대한 가장 유력한 수단으로 활용하고 있다.[116)]

② 약물의 모발 축적

사람이 복용한 약물은 혈액을 통하여 모발에 축적된다. 모발에 축적된 약물은 모발을 인위적으로 제거하지 않는 한 모발 속에 남아 있어 남용자의 모발속에 있는 약물의 종류와 양을 감정할 수 있는 시료가 된다. 사람의 모발은 머리카락, 턱수염, 겨드랑이 털, 체모, 눈썹, 음모 등으로 구분할 수 있으나 마약류 감정에는 일반적으로 머리카락을 이용한다. 머리카락을 채취하기 어려운 경우는 다른 모발도 감식시료로 사용할 수 있다.

116) 사법연수원, 과학수사론., p.211.

③ 장점

ⓐ 장기복용 약물 감정 시료

약물복용 검사를 위한 소변이나 혈액 시료는 약물복용후 일정시간 내에 약물이 체외로 배설되므로 어느 정도 시일이 경과한 후에는 약물복용여부의 시료로서의 가치를 잃게 된다. 그러나 모발은 특별한 환경적 요인이나 인위적 손상을 가하지 않는 한 수개월 혹은 수년이 경과하여도 투약한 약물을 검출할 수 있다. 마약의 흔적은 머리카락 줄기(hair shaft) 속에 무한정으로 존재하기 때문에 혈액이나 소변보다는 훨씬 장기간 동안 탐지가 가능하다. 머리카락 1인치는 대략 60일간의 약물사용 검사 시료가 된다. 흡수된 마약은 혈관을 통하여 순환하고 머리카락의 모낭에도 영양분을 제공한다. 따라서 머리카락의 핵심 줄기 속에 도달된 마약의 흔적은 섭취한 마약의 양에 비례한다. 그 흔적은 씻거나 탈색에 의해서도 없어지지 않는다.[117] 또한 시료수집 및 운송이 용이하고 보관 등의 외부조건에 영향을 받지 않는 안정성 등의 장점이 있다.[118]

ⓑ 모발의 길이에 따른 복용량 감정

모발의 자라는 부위에 따라 약물농도가 달라 약물사용 시기를 추정할 수 있다. 투약 시기 추정을 위한 시료는 모발이 적당하며 모발이 1개월에 평균 1cm 정도 성장함을 기준으로 하여 모근으로부터 일정간격(약 3-5cm)으로 잘라 각 부분을 시험하여 판정한다. 또한 모발에 축적된 마약류의 량은 일반적으로 복용량에 따라 비례하는 것으로 알려져 있다.

예를 들어, 마약류 사범 수사과정에서 피의자가 7개월 전에 약물을 복용하였다고 진술할 경우에 모발감정은 모근부위로부터 6-8cm 부분의 모발을 잘라 감식해야 한다. 또한 진술이 없더라도 모근 부위로부터 2cm 간격으로 잘라서 감정한 결과 4-6cm 부위에서 필로폰 양성반응이 나오면 피의자는 시료채취일로부터 4-6개월 사이에 필로폰을 복용한 것으로 추정할 수 있다.[119]

④ 단점

모발 중에는 약물이 극소량 함유되어 있으므로 약물을 검출하기 위하여 숙련된 고도의 기술이 요구되고, 모발의 길이에 따른 농도분포, 개체간의 자라는 비율, 환경에

117) Ibid., pp.387-388.
118) 마약류 범죄수사, 경찰수사보안연수소, 앞의 책, pp18-19.
119) 사법연수원, 과학수사론., pp.214-215.

의한 오염, 머리손질, 모발 채취부위 등 여러 요인에 따라 농도의 변화가 생기는 단점이 있다. 또한 약물이 모발에 축적되는 정도가 인종별 모발의 색에 따라 커다란 차이가 있다는 점도 단점이다. 또한 대마초와 같이 흡연에 의해 남용되는 약물은 간접흡연에 의해 땀을 통하여 약물이 모발에 흡수될 수 있다는 문제도 제기된다.[120)]

⑤ 모발에 의한 감정 가능 약물

현재 모발에서 약물검출여부를 위한 감정기법이 확립된 마약류는 메스암페타민과 MDMA(엑스터시), 그리고 최근에는 대마도 가능하다.[121)] 머리카락 채취는 머리 정수리 부분에서 채취하며, 머리카락을 손으로 당겨서 뽑거나 두피에 가깝게 가위로 자른다. 모발 중 메스암페타민 검증을 위해서는 50-80수를 채취해야 한다. 짧은 스포츠형의 두발인 경우 100수 정도가 필요하다. 다만, 투약시기 감식의 경우 머리카락을 100-200 수 이상 채취하여 모근부위를 감식관이 알 수 있도록 표시하여 감정의뢰한다.[122)] 대머리이거나 삭발처럼 두발채취가 곤란한 경우에는 음모, 겨드랑이 털 등 기타 체모를 채취한다. 그러나 두발 이외의 체모는 메스암페타민 검출만 가능하다.[123)]

120) 마약류 범죄수사., 경찰수사보안연수소., pp.31-33.
121) 사법연수원, 특수수사론, p.262.
122) 사법연수원, 과학수사론., p.216.
123) 마약류 범죄수사, 경찰수사보안연수소., 2006, p.32.

Section 7 약물남용과 범죄

1. 일반적인 논의

특별한 약물에 대한 범죄화의 주된 이유는 약물남용과 범죄 사이의 결합 가능성 때문이다. 경험적 연구는 범죄자들 대다수가 약물을 광범하게 사용한 경험이 있으며, 마약 사용자들이 많은 범죄를 범한다는 사실을 지적하고 있다. 또한 과잉 음주 역시 범죄와 밀접한 관련이 있다는 것으로 밝혀졌다. 폭력범죄의 약 40%와 치명적인 교통사고는 음주와 관련이 있다. 이러한 범죄유형은 미국에만 존재하는 특이한 현상이 아니다. 영국에서 수행된 실태 연구는 체포된 범죄자들 중의 약 61%가 적어도 한 가지 이상의 약물 양성반응을 보였는데 이는 미국의 통계와 거의 비슷한 수준이다.[124)]

약물 사용과 범죄 사이의 강력한 상관성이 존재할지라도, 약물남용이 범죄행동의 원인이라는 의미에서의 상관성은 확신하기 어렵다. 왜냐하면, 많은 범죄자들이 약물 남용에 손을 대기 전에 범죄활동의 역사를 가지고 있기 때문이다. 다시 말해, 범죄활동으로 발생한 심적인 고통과 두려움을 극복하기 위해 약물을 남용하기 시작한 것이라면, 오히려 범죄가 약물남용의 원인이 된다는 측면에서 서로간의 상관관계의 의미는 다르다. 대체로 약물 남용자들이 범죄에 손을 대는 것이나 상습적인 범죄자들이 약물남용을 시작하는 사례는 거의 비슷한 것 같다.

약물과 범죄간의 관계는 행동의 선후 관계의 측면에서 구조화될 수 있다는 증거가 있다. 경험적 연구는 약물 중독 전에 심각한 범죄행위를 한 사람들은 약물을 사용하기 시작한 후에 계속해서 폭력과 절도 같은 범죄를 범하는 아주 위험한 하위집단을 구성한다는 것이다.[125)] 이와는 대조적으로 약물 중독 후에 범죄행위를 시작한 사람들은 다양한 유형의 범죄에 손을 대지만, 폭력범죄를 범하는 일은 별로 없고 대신에 주로 피해자 없는 범죄를 범하는 것으로 밝혀졌다.[126)]

---

124) Siegel, op.cit., p.440.

125) David Nurco, Thomas Hanlon, Michell Balter, et al., "A Classification of Narcotic Addicts Based on Type, Amount and Severity of Crime", *Journal of Drug Issues 21*, 1991, pp.429-448.

126) David Farabee, Vand뭄 Joshi, and M. Douglas Anglin, "Addiction Carrers and Criminal Specialization", *Crime and Delinquency 47*, 2001, pp.196-220.

아울러 사용하는 약물의 종류에 따라서 범죄의 종류도 달라진다는 점이다. 코카인과 헤로인에 의존하는 사람들은 알코올 의존적인 사람들보다 폭력범죄를 적게 범한다는 주장도 있다.[127] 그러나 적법한 시민이 될 사람이 약물사용을 할 경우에 범죄자가 될 개연성이 높다는 증거는 여러 연구에서 발견되었다.

2. 약물과 범죄의 관계

(1) 약물사용자 실태조사

많은 연구는 마약 사용자들이 범죄에 광범하게 연루된다는 사실을 발견했다. 과잉음주 습관이 있는 청소년들 역시 그들 시기에 폭력범죄를 범하는 경향이 아주 강하고, 오랜 음주습관이 있는 성인들 역시 폭력범죄를 아주 범하기 쉽다.

이 분야에서 많이 인용되는 인샬디(James Inciardi)의 연구에 의하면, 마이애미의 약물중독자 356명을 대상으로 인터뷰한 결과, 그들이 12개월 동안 11만 8천여 건의 범죄를 범한 것으로 밝혀졌으며, 그 중에서 2만 7천여 건은 살인, 강도 같은 5대 범죄였다.[128] 그렇다면, 매이애미 주의 3십만에서 7십만으로 추정되는 헤로인 사용자들이 모든 범죄 발생 건수의 상당수에 대한 책임이 있다.

영국에서 최근에 100명의 약물사용자들을 대상으로 조사를 한 결과, 그들 중의 반 이상이 바로 전 달에 범죄에 관여한 것으로 밝혀졌다. 대체로 그들은 절도나 장물범죄, 그리고 가게 물건 훔치기 등의 재산범죄였으며, 폭력범죄는 비교적 적었다는 것이다.[129]

한국의 경우에 2010년 대검찰청 범죄통계에 의하면, 형사범 1,118,253건 중에 마약류 복용 형사범은 303건, 음주 형사법은 54,425건으로 마약류 사용자의 형사법 위반이 예상외로 적었으며, 형사범 중에 재산범죄가 128건, 폭행과 상해를 포함한 강력범죄가 96건 기타 79건으로 재산범죄가 많고 강력범죄는 상대적으로 적었다. 마약류 복용 범죄자중 특별법 위반사범은 9,387건(마약 2,091건, 대마 1,292건, 향정의약품 5,998, 유해물질 6건), 그리고 음주 6,797건으로 특별법 위반사범의 경우에도 음주자의 범법행위가 훨씬 많았으며, 마약류의 경우에는 향정의약품 복용자의 범법행위가 많았다.[130]

127) Ibid., pp. 196-220.
128) James Inciardi, "Heroin Use and Street Crime", *Crime and Delinquency 25*, 1979, pp.335-346.
129) Siegel, op.cit., p.440.
130) 대검찰청, 범죄분석, 2010, pp.381-382.

(2) 범죄유발 요인에 의한 접근

1) 구조적 요인

브라운스타인(Henry Brownstein)등은 실증적 연구를 통하여 마약의 판매, 마약유통이 폭력행동과 관계가 있다는 사실을 발견했다. 어떤 지역에서 마약제조자들은 아주 안정적인 기업조직처럼 마약거래를 한다. 마약제조, 유통, 그리고 거래기능은 조직화되고, 생산기능과 유통기능은 조직의 관리지침에 따라 엄격하게 통제된다. 이러한 지역에서 마약 관련 조직은 폭력에 거의 손을 대지 않는다.[131)]

그러나 안정된 조직을 구성하여 사업을 운영하지 못하는 지역의 마약제조, 유통, 그리고 거래를 하는 자들은 각자 독자적으로 행동하며, 그들을 통제하는 어떤 조직 계층구조는 없다. 그들은 고객에 접근하기 위해 서로 경쟁하므로 폭력을 사용할 가능성이 높다. 1980년대에 뉴욕시의 마약제조자들은 아주 불안정한 상태에 있었으며, 따라서 폭력 의존비율이 아주 높았다. 그러나 1990년대에 뉴욕시의 마약생산자들은 안정적인 기업조직형태를 갖춤으로써 폭력 의존비율 역시 감소했다.

2) 개별적 약물요인

콜롬비아 대학교의 폭력연구 및 예방센터의 페이건(Jeffery Fagan) 등은 청소년들의 폭력행동과 관련된 상황적 틀을 구성하기 위한 연구를 수행했다. 폭력행동에 연루된 일이 있는 16-24세의 청소년들과 살인률이 가장 높은 뉴욕시 근처의 2개 지역에 살고 있는 청소년들을 표본으로 조사한 결과, 음주는 폭력행동에 강력한 영향을 미치지만, 마약의 폭력행동 영향은 그렇게 분명하지 않다는 사실을 발견했다.[132)]

대마초는 어떤 사용자들의 폭력행동을 억제하는가 하면, 다른 사용자들은 학대나 지배대상의 피해자들을 찾는다. 또 다른 유형의 사용자들은 망상에 빠지게 되고 인간과의 접촉을 회피하거나 적대적 행동을 보이고, 방어적인 회피행동을 하기도 한다. 그러나 환각상태에 빠진 마약사용자들도 싸움이 벌어지면 자신을 방어하기 위해서 즉시 환각상태에서 벗어난다. 결론적으로 어떤 마약은 폭력적인 충동에 직접적이고 상대방

---

131) Henry H. Brownstein, Susan M. Crimmins, and Barry J. Spunt, "A conceptual framework for operationalizing the relationship between violence and drug market stability", Contemporary Drug Problems 27, 2000, pp.867-893.

132) Jeffery Fagan, "Adolescent violence:A view from the street", NIJ Reaserch Preview (Washington D.C.:National Institute of Justice), pp.54-60.

을 겁먹게 하는 효과가 있지만, 다른 마약들은 사용자로 하여금 자신을 유능한 인간이라는 감정을 갖게 하여 사내다움이나 자존심을 입증하기 위해 폭력적인 공격 사용 필요성을 감소시킨다.[133)]

3. 마약의 합법화에 대한 논쟁

(1) 합법화의 논거

미국은 마약 통제를 위한 예방, 억제, 교육, 그리고 치료 전략과 같은 엄청난 노력에도 불구하고, 약물남용과의 전쟁은 성공적이지 못한 것으로 증명되었다. 사람들은 마약거래에서 얻을 수 있는 거대한 이윤 때문에 마약문화에서 벗어나기 어렵다. 약물남용자들은 교육에 의한 태도 변화도 어렵고, 성공적인 치료전략도 별로 발견되지 않고 있다. 지난 20년 동안 미국에서 전개된 마약과의 전쟁은 약 5천억 달러의 예산을 투자할 정도로 많은 비용이 들었으며, 오늘날 마약 단속은 매년 300억불 이상의 예산이 소요된다.[134)]

따라서 어떤 사람들은 일부 약물에 대한 합법화 또는 비범죄화를 요구하고 있다. 나델만(Ethan Nathelman)은 기분전환 약물의 사용이 거의 모든 인간사회에서 상용화되고 있으므로 약물합법화는 정당화될 수 있다고 주장한다.[135)] 사람들은 항상 정신활성적인 약물을 희구해 왔으며, 그것을 얻는 방법들을 발견해 왔다. 약물금지는 폭력을 표준운영절차의 일부분으로 사용하는 많은 제조업자들과 유통업자들의 연결망을 형성하게 한다. 어떤 사람들은 약물사용이 비도덕적이라고 주장할지라도, 나델만은 그것이 제약없는 흡연과 음주보다 더 나쁜 것인지는 의심스럽다고 주장한다. 매년 사람들은 불법적인 약물 남용보다는 음주와 흡연같은 합법적인 물질의 남용으로 더 많이 죽어간다는 사실을 주목할 필요가 있다.[136)]

나델만은 1920년대의 금주정책이 조직범죄의 증가만 초래하고 알코올 유통 금지에는 실패한 것과 마찬가지로 약물 금지 정책 역시 실패할 수밖에 없으며, 또한 20세기

133) Howard Kaplan, Glen Tolle Jr., and Takuji Yoshida, "Substance use-induced longitudinal perspective", Criminology 39, 2001, pp.205-224.
134) Ibid., p.448.
135) Ethan Nathelmann, "America's Drug Problem", *Bulletin of the American Academy of Arts and Sciences 65*, 1991, pp.24-40.
136) Ibid., p.24.

초에 약물사용이 합법화되고, 자유롭게 이용가능 했더라면, 미국의 약물 사용자들의 수는 지금보다는 훨씬 줄어들 것이라고 주장한다.[137]

약물이 합법화된다면, 가격과 유통은 정부에 의해 통제될 수 있을 것이다. 이와 같은 통제는 사용자들의 현금수요를 감소시킬 것이며, 결과적으로 사용자들이 그들의 약물사용 습관을 유지하기 위한 많은 현금을 필요로 하지 않기 때문에 범죄율은 감소할 수밖에 없을 것이다. 정부 통제로 인해 주사바늘의 공동 사용과 에이즈의 확산을 감소시키기 때문에 약물관련 사망도 역시 줄어들 것이다. 합법화는 마약수입 관련 기업연합과 폭력조직의 해체를 초래할 것이다.

약물공급과 판매가 공개적으로 이루어지기 때문에 정부는 그 동안 포착하지 못했던 세원의 확보에 의하여 세수 증가에 도움이 될 것이다. 물론 약물 유통은 알코올과 마찬가지로 청소년들의 사용을 불허하고, 경찰과 항공기 조종사 그리고 범죄자들에게는 규제되어야 한다. 합법화를 지지하는 사람들은 약물 합법화를 하고 비교적 범죄도 없는 나라로서 네덜란드의 사례를 지적한다.

(2) 합법화의 결과

약물 사용의 합법화는 단기적으로는 범죄를 감소시키는 효과가 있을지 모르지만, 장기적으로는 심각한 사회문제를 야기할 수 있다. 합법화는 비생산적인 대규모 집단의 출현을 초래하고, 사회의 보호를 받아야 할 약물 의존적인 사람들의 증가와 같은 현상을 초래할 가능성이 높다.

약물 합법화는 마약 사용자들의 일일 사용량의 유의한 증가를 초래할 것이다. 약물의 가격이 낮고 쉽게 구할 수 있는 이란과 태국 같은 국가들은 마약 사용률이 대단히 높다. 역사적으로 저가의 마약 이용가능성은 19세기 중국에서 영국과 미국의 상인들이 아편을 판매한 사례에서 볼 수 있듯이 마약 사용의 범람을 초래할 것이다.[138] 정부가 합법적인 약물에 세금을 부과함으로써 세수를 올리려고 한다면, 주류와 담배에서 볼 수 있듯이 세금지불을 피하기 위한 마약 밀수를 고무하고, 밀수된 마약은 청소년들의 손에 들어갈 것이다. 따라서 약물의 비범죄화 또는 합법화는 가까운 미래에는 가능할 것 같지는 않지만, 더 많은 연구가 요구된다.

---

137) Ethan Nathelmann, "Should We Legalize Drugs?History Answers Yes", *American Heritage(February/March 1993)*, pp.41-56.

138) Siegel, op.cit., p.448.

CHAPTER

05 범죄대책론

Section 1 화학적 거세제도

1. 서론

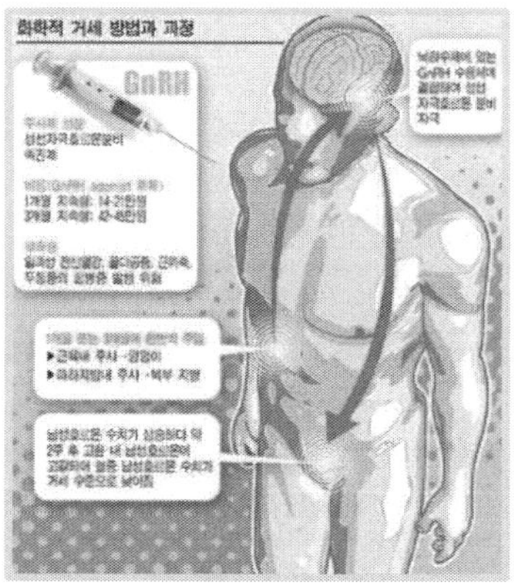

출처: 스포츠조선

우리나라는 성폭력범죄에 대한 처벌을 강화하는 다양한 법적인 제도를 채택하여 시행하고 있음에도 성폭력범죄자에게 인위적으로 특수약물을 주입시켜 남성호르몬인 테스토스테론의 생성을 억제하여 성충동을 약화시키는 이른 바 “화학적 거세”, 또는 “성충동 약물치료”방안이 지속적으로 논의되어 왔다. 그 이유는 최근에 비인간적이고 잔인한 아동 성폭력범죄가 빈발함에 따른 범죄자에 대한 비난여론의 확산과 더불어 범죄자에 대한 처벌의 강화나 행동의 통제만으로는 아동성폭력범죄를 효과적으로 예방할 수 없다는 데에 인식을 같이 하고 있기 때문이다.

아동 성폭력 범죄자에 대한 화학적 거세의 필요성에 대한 적극적인 논의는 2007년 12월 경기 안양시에서 발생한 혜진, 예슬 두 초등학생 살해사건에서 시작되었다. 이 사건으로 2008년 9월 한나라당 박민식 의원은 “상습적 아동성폭력범의 예방 및 치료에 관한 법률안”을 발의하기에 이른다. 하지만, 2008년 11월 열린 국회 법제사법위원회 법안심사소위에선 “아무리 범죄자라도 형벌과 별도로 부작용이 있을지 모르는 약물을 인체에 주입하는 것은 인권침해다”라는 주장이 제기되면서 입법화는 이루어지지 못하였다.

그러나 2009년 9월 한국사회 전체의 공분을 불러일으킨 “조두순 사건”의 보도와 더불어 2010년 1월 “김길태 사건”의 발생, 뒤이어 2010년 6월 초 학교 안에서 초등학생을 납치해 성폭행한 "김수철 사건"의 발생은 국회의 화학적 거세법안의 도입을 촉진하는 결정적인 계기를 제공했다. 뒤이어 2010년 6월 28일 서울 동대문구에서 발생한 초등생 성폭행 사건이 언론에 대대적으로 보도되면서 6월 29일 국회에서「성폭력범죄자의 성충동 약물치료에 관한 법률(이하 "성충동 약물치료법")」이 통과되어 2011년 7월 24일부터 시행되고 있다.

이처럼 화학적 거세에 대한 관련법안은 발의 후 1년 10개월 동안 인권침해 논란으로 논의의 대상에서 제외되었으나 아동·청소년에 대한 성폭력 사건이 잇따라 발생하자 2010년 6월29일 하루 만에 법사위 소위, 법사위 전체회의, 본회의 모두를 통과하여 제정되었다. 법안이 졸지에 통과되면서 제대로 된 심의를 거치지 못해 위헌논란을 피할 수 없게 되었다는 비판도 제기된다. 지금까지의 논의를 종합해 보면 법안은 통과되었지만 법안 그 자체에 많은 문제점이 내포되어 있으며 시행과정에서도 여러 가지 논란이 제기될 것으로 예상된다.[1)]

2. 거세에 대한 개념적 논의

(1) 물리적 거세

물리적 거세(physical castration), 또는 외과적 거세(surgical castration)는 성적 충동과 관련된 테스토스테론(testosterone)을 생성하는 남자의 고환을 제거하는 시술에 의해서 성기능을 제거하는 것을 말한다.[2)] 외과적 거세는 대상이 된 사람의 성기능이 회복 불가능하다는 점이 특징이다.

인류가 거세를 형벌의 하나로 시행한 역사는 아주 깊다. 성경과 신화에서도 찾을 수 있으며, 신체형을 중시하던 중세는 물론이고 20세기 들어서도 물리적 거세는 어떤

---

1) 조철옥, 아동 성폭력범죄자의 화학적 거세에 관한 고찰, 치안정책연구, 제24권 제2호, 2010.12. 105-132면. 성충동약물치료법은 성폭력범죄자 전부를 대상으로 하는 것이 아니라 16세 미만의 사람을 대상으로 성범죄를 저지른 19세 이상의 성도착증 환자로서 재범위험성이 있는 자를 대상으로 한다. 따라서 본 논문은 아동성폭력범죄자를 연구의 대상으로 하였다. DSM-Ⅳ에서는 "소아 성애자(pedophile)는 보통 13세 미만의 아동들을 대상으로 하고, 13세에서 15세 사이의 청소년들과의 성애를 청소년 성애자(hebephilia)"라고 구분하고 있으나 그 성도착증상이 거의 유사하다는 점에서 모두 소아 성애자(pedophile)로 다루어도 문제가 없을 것으로 보인다. Curt R.Bartol & Anne M. Bartol, Criminal Behavior: A Psychological Approach, 8th edition, Pearson Education, Inc., 2008, p.421.

2) *ibid.*, p.179.

나라에서는 형벌의 하나로 사용되었다. 외과적 거세는 남성의 성기능을 수술로 불능화 시키는 조치로서 당사자의 동의를 전제로 독일, 덴마크, 스웨덴, 체코, 핀란드, 노르웨이 등 일부의 나라에서 오늘날에도 시행하고 있는 것으로 알려져 있다.[3] 또한 미국의 텍사스 주는 1997년에 17세 미만의 아동대상 외설행위. 성폭력행위 등의 재범자로서 21세 이상의 범죄자에 대해서 범죄자의 동의를 전제로 치료목적의 외과적 거세를 입법화하였으며, 캘리포니아 주에서는 1996년에 13세 미만의 아동대상 항문・구강성교자, 강제협박에 의한 음란행위자, 도구를 이용한 성범죄자를 대상으로 본인의 선택시에 외과적 거세를 처벌적 목적으로 시행하고 있다.[4]

(2) 화학적 거세

오늘날 성폭력범죄자, 특히 아동 성폭력범죄자에 대한 형벌로서 화학적 거세를 입법화하고 있는 나라가 증가하고 있다. 화학적 거세란 성 호르몬의 구성물질과 기능에 유사한 약물을 사용하여 성적 공격성을 치료하는 것을 말한다. 아동 성폭력범죄자에게 루프론(Lupron)이나 데포 푸로베라(Depo Provera)와 같은 특정 약물을 주사하여 남성호르몬인 테스토스테론의 생성을 억제시켜 성충동을 치료하려는 방법이 바로 화학적 거세이다. 화학적 거세는 치료가 진행되는 동안에만 거세효과가 나타나고, 약물주사를 중지하면 성기능이 회복가능하다는 점이 특징이다. 따라서 화학적 거세는 물리적 거세처럼 성기능을 영원히 상실하게 하는 것이 아니라 일시적으로 정지시키는데 지나지 않으므로 덜 잔인한 치료방법 또는 처분이라는 점에서 물리적 거세의 대안으로 인식되고 있다.

화학적 거세는 여성 호르몬인 프로제스테론(progesterone)에 화학적으로 유사한 데포 프로베라(Depo-Provera)라는 약물이 주로 사용되고 있으며, 테스토스테론 수준을 낮추는데 아주 명백하게 효과적인 것으로 확인되었다. 데포 프로베라는 뇌하수체에 직접 작용하여 테스토스테론의 생성을 억제하고 심지어 성욕을 제거하는 일시적인 거세효과를 가져올 수 있다. 말하자면, 높은 수준의 데포 프로베라 투여는 성적충동과 성적 욕구를 성공적으로 감소시킨다는 것이다. 화학적 거세약물은 다른 치료방법에 반응하지 않는 환자와 자신의 삶과 타인의 안전에 계속해서 심각한 문제를 야기하는 환자에게 주요 치료요법으

3) 김희균, 상습적 아동 성폭력범에 대한 화학적 거세 도입 가능성에 대한 연구, 형사법연구 제21권 제4호 통권 제41호, 2009, 겨울, 275면.
4) 최창봉 기자, 화학적 거세법, 성폭력 막을 묘약인가 인권침해 독약인가, 동아일보, 2010. 7.1. A6.

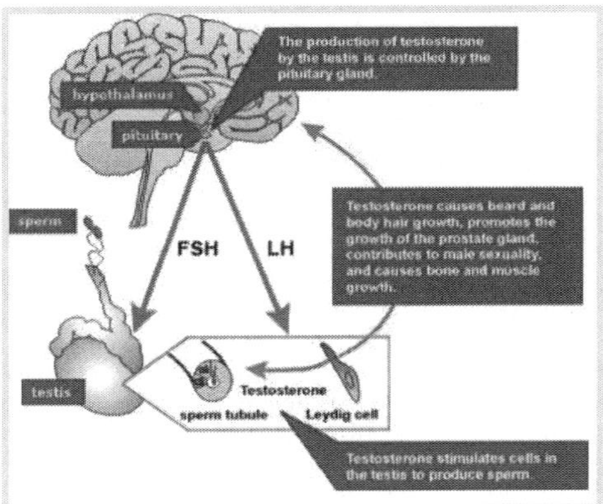

출처 : 블로그>나는 사랑을 꿈꾼다

로 사용될 수 있다.[5)]

화학적 거세는 성범죄에 대한 처벌수단 내지 형벌수단으로 행해질 수 있는 데 이를 사법적 거세(judicial castration)라 부르기도 한다. 한편, 화학적 거세는 성도착증 환자와 같이 질병과 관련되어 있을 때 그 질병에 대한 치료수단으로서의 성격을 가진다.[6)]

일반적으로 아동 성폭력범죄자에 대한 약물투여는 처벌수단이 아니라 보안처분으로서의 치료수단이라고 주장된다. 여기에서 말하는 보안처분이란 범죄로부터 사회를 방위하고 범죄자를 재사회화하기 위한 방법으로서 특정 범죄자에 대하여 형벌부과만으로는 형사제재로서의 목적달성이 부적합할 경우에 시행하는 처분을 의미한다.[7)] 화학적 거세가 보안처분이라는 주장은 아동 성폭력범죄가 재범의 위험성이 높기 때문에 이러한 범죄로부터 사회를 방위할 필요성이 인정되며, 또한 성도착증이라는 질병으로부터 대상자를 치료하여 사회에 복귀시켜야 한다는 점에서 그 타당성이 인정된다.

3. 성충동 약물치료법의 주요내용

(1) 약물치료의 대상

1) 16세 미만 대상 성범죄자 중 성도착증 환자

성충동 약물치료는 모든 성폭력범죄자를 대상으로 하는 것이 아니라 16세 미만의 사람을 대상으로 성범죄를 저지른 19세 이상의 성도착증 환자로서 재범위험성이 있는 자를 대상으로 한다. 법원은 성도착증 환자를 정확히 판별하기 위해 정신과 전문의의 진단과 감정을 거쳐 약물 치료 여부를 결정해야 한다(법 제1조, 제4조제1항, 제4조제2항, 제9조).

약물 치료는 19세 미만 성장기 청소년의 신체적 성장을 저해하지 않도록 하기 위해 19세 이상인 성도착증 환자에 한하여 치료명령을 청구하여 집행할 수 있도록 규정하고

---

5) Bartol & Bartol, *op.cit.,* p.178.
6) 황성기, 상습적 성범죄 예방수단으로서의 거세에 관한 헌법적 고찰, 공법학연구 제9호 제3권, 2008, 123-124면.
7) 박상기, 형사정책(제3판), 형사정책연구원, 2009, 335면.

있다. 이러한 대상자에 대한 나이 제한은「청소년보호법」에서 청소년을 19세 미만으로 규정하고 있고,「특정범죄자에 대한 위치추적 전자장치 부착 등에 관한 법률」이 19세 미만자에 대하여는 전자발찌 부착을 금지하고 있는 규정을 근거로 삼았다. 또한 화학적 거세 약물은 18세 이하의 청소년에게는 뼈와 고환의 성장에 영향을 미치는 위험이 있기 때문에, 18세 이하의 청소년에게는 사용되어서는 안 된다는 의학적인 근거도 있다.[8)]

2) 성폭력범죄 재범 위험성 있는 초범과 수형자 및 가종료자

법 제4조제1항은 16세 미만의 사람에 대하여 성폭력범죄를 저지른 성도착증 환자로서 성폭력범죄를 다시 범할 위험성이 있다고 인정되는 19세 이상의 사람에 대하여 약물치료명령을 청구할 수 있도록 규정하고 있다. 이 조항은 성폭력 범죄의 재범자를 대상으로 하는 것이 아니라 재범의 위험성이 있는 성도착증 환자이면 초범도 약물치료 대상으로 분명하게 규정하고 있다. 약물치료의 결정은 상대방의 동의여부와는 관계없이 법원의 판결에 의하여 강제적으로 결정된다(법 제8조제1항).

또한 법 제22조제1항에 의하면, 검사는 16세 미만의 사람에 대하여 성폭력범죄를 저질러 징역형 이상의 형이 확정되었으나 법원에 의한 치료명령이 선고되지 아니한 수형자 중 성도착증 환자로서 성폭력범죄를 다시 범할 위험성이 있다고 인정되고 약물치료를 받는 것을 동의하는 사람에 대하여 그의 주거지 또는 현재지를 관할하는 지방법원에 치료명령을 청구할 수 있다. 법 제25조제1항은 성폭력범죄자 중 성도착증 환자로서 치료감호의 집행 중 가종료 또는 치료위탁되는 피치료감호자나 보호감호의 집행 중 가출소되는 피보호감호자(가종료자)에 대하여 보호관찰 기간의 범위 내에서 치료감호심의 위원회는 정신과 전문의의 진단 또는 감정결과를 참작하여 치료명령을 부과할 수 있다. 수형자에 대한 약물치료는 대상자의 동의를 필요로 하지만, 가종료자에 대한 약물치료는 대상자의 동의를 요하지 않는다.

(2) 약물치료와 심리치료의 병행

법 제2조제3호는 성충동 약물치료란 비정상적인 성적 충동이나 요구를 억제하기 위한 조치로서 성도착증 환자에게 약물투여 및 심리치료 등의 방법으로 도착적인 성기능을 일정기간 동안 약화 또는 정상화하는 치료를 말한다고 규정하고 있다. 또한 법 제14조제

8) Bartol & Bartol, op.cit., p.178.

1항에 의한 치료명령은 「의료법」에 따른 의사의 진단과 처방에 의한 약물투여, 「정신보건법」에 따른 정신보건전문요원 등 전문가에 의한 인지행동 치료 등 심리치료 프로그램의 실시 등의 방법으로 집행한다고 규정하고 있다.

이처럼 성폭력범죄자에 대한 약물치료는 테스토스테론 조절을 통해 성기능을 일시적으로 약화시키는 성충동 약물치료와 인지행동 치료 등 심리치료 프로그램을 반드시 병행하도록 하여 약물효과 뿐 아니라 자발적인 성충동 조절능력을 향상시켜 재범을 방지하려고 한다.

(3) 치료대상자의 의무와 준수사항 및 형사처벌

「성충동 약물치료법」 제15조에 의해 치료명령을 받은 사람은 치료기간 중 상쇄약물의 투약 등의 방법으로 치료의 효과를 해하여서는 아니 되며, 형의 집행이 종료되거나 면제, 가석방 또는 치료감호의 집행이 종료, 가종료 또는 치료위탁되는 날부터 10일 이내에 주거지를 관할하는 보호관찰소에 출석하여 서면으로 신고하여야 한다. 또한 주거 이전 또는 7일 이상의 국내여행을 하거나 출국할 때에는 미리 보호관찰관의 허가를 받아야 한다.

치료대상자들은「성충동 약물치료법」제10조제1항의 보호관찰관의 지시에 따라 성실히 약물치료에 응하고, 정기적으로 호르몬 수치검사를 받아야 하며. 보호관찰관의 지시에 따라 인지행동 치료 등 심리치료 프로그램을 성실히 이수해야 한다. 또한 치료기간 동안 「보호관찰 등에 관한 법률」 제32조제2항의 주거지 상주와 생업 종사, 범죄를 저지를 염려가 있는 사람과 교제하거나 어울리지 말 것, 보호관찰관의 지도・감독에 따르고 방문시 응대할 것 등의 준수사항을 준수해야 한다.

「성충동 약물치료법」제35조는 이러한 약물치료 대상자의 의무위반이나 도주시 7년 이하의 징역 또는 2천만원 이하의 벌금에 처하고, 준수사항을 위반한 때에는 3년 이하의 징역 또는 1천만원 이하의 벌금에 처하는 벌칙규정을 두고 있다.

(4) 약물치료 비용부담

1) 대상자 동의없이 치료명령 선고시

법 제4조제1항에 의하여 법원이 성폭력범죄자에게 유죄판결이나 치료감호와 함께 약물치료명령을 선고한 경우에는 대상자의 동의를 요하지 않고 약물투여 명령을 하고 국가가 예외 없이 비용을 전부 부담한다. 한편, 보호관찰관은 치료명령을 집행하기 전에 약물치료의 효과, 부작용 및 약물치료의 방법, 주기, 절차 등에 관해 충분히 설명하도록 법 제14조제2항에 규정하고 있다.

2) 수형자의 동의에 의한 치료명령 부과시

법 시행 전에 형이 확정되었거나 법 시행 후 치료명령이 선고되지 않은 성폭력 수형자의 경우 형법 제72조제1항의 가석방 요건을 갖춘 자가 약물치료에 동의함으로써 치료명령이 선고된 경우 비용은 원칙적으로 본인이 부담하되 경제적으로 어려운 경우에는 국가가 부담하도록 한다(법 제22조제1항, 제24조제1항). 검사는 성폭력 수형자에 대하여 약물치료의 내용, 방법, 절차, 효과, 부작용, 비용부담 등에 관하여 설명하고 동의를 확인한 후 정신과 전문의의 진단이나 감정을 받아 법원에 치료명령을 청구할 수 있다고 규정하고 있다(법제22조제2항제5호).

4. 성충동 약물치료법과 관련된 문제점

(1) 성도착증 환자의 판별

「성충동약물치료법」제1조에 의하면, 성충동 약물치료는 모든 성폭력범죄자를 대상으로 하는 것이 아니라 16세 미만의 아동을 대상으로 성범죄를 저지른 19세 이상의 성도착증 환자로서 재범위험성이 있는 자를 대상으로 한다. 또한 법 제2조 제1호는 "성도착증 환자"란 「치료감호법」제2조제1항제3호의 소아성기호증, 성적가학증 등 성적 성벽이 있는 정신성적 장애자로서 금고 이상의 형에 해당하는 성폭력범죄를 저지른 사람 및 정신과 전문의의 감정에 의하여 성적 이상 습벽으로 인하여 자신의 행위를 스스로 통제할 수 없다고 판명된 사람을 말한다고 규정하고 있다.

이 규정에서 성도착증 환자를 어떻게 정확하게 판별할 수 있는가라는 문제를 제기하지 않을 수 없다. 비록 법원은 성도착증 환자를 정확히 판별하기 위해 정신과 전문의의 진단과 감정을 거쳐 약물 치료 여부를 결정해야 하는 것으로 규정하고 있지만, 전문의가 초범자, 특히 13세 이상 16세 미만의 아동에게 범행을 한 초범자를 대상으로 의학적으로 성도착증 환자인 지 여부를 정확하게 감정할 수 있을 것이라고 단정지을 수는 없다. 또한 성도착증 환자는 정신과 전문의 진단을 기초로 법원이 결정하는 것이므로 의학적 성도착증 환자가 법적인 성도착증 환자가 아니 될 수도 있다.

출처 : 대덕넷

우리는 성도착증에 대해서 범죄심리학적으로 접근해 볼 필요가 있다. 성도착증(paraphilia)이란 성행위 대상이나 성행위 방식에서 비정상성을 나타내는 장애로서 변태성욕증이라고도 한다. 성도착증의 진단적 기준은 "부적절한 대상이나 목표"에 대해서 강렬한 성적 욕망을 느끼고 성적 상상이나 행위를 반복적으로 나타내는 증상을 말한다. 부적절한 성적 대상이나 목표에 대한 성도착증은 ① 동물이나 물건 같은 비인간적인 목적물을 대상으로 한 동물애, 물건 음란증, ② 아동이나 기타 승낙하지 않는 사람들을 대상으로 성행위를 하는 경우로서의 소아 성기호증(pedophilla), ③ 자신이나 상대방이 고통이나 굴욕감을 느끼게 하는 성행위방식으로서의 성적 가학증, 성적 피학증, 노출증이나 관음증 등으로 구분된다. 이러한 부적절한 대상이나 목표에 대한 성적 상상이나 행위가 적어도 6개월 이상 반복적으로 발생하고 이러한 증상으로 인하여 스스로 심각한 고통을 받거나 현저한 사회적, 직업적 부적응을 나타낼 때 성도착증이라고 진단된다. 마사츄세츠 치료센터(Massachusetts Treatment Center:MTC)의 연구에 의하면, 소아 성애자는 소아를 성적 대상으로 하는 자 뿐만 아니라 그 중에 아동을 납치하여 가학적 성적 만족을 추구하는 가학적 유형(sadistic type)도 소아성애에 포함시키고 있다.[9)]

소아 성애자에 대해서는 DSM-Ⅳ의 정의를 살펴볼 필요가 있다. DSM-Ⅳ에서는 "소아 성애자란 적어도 6개월 이상 반복적으로 보통 13세 미만의 아동들을 대상으로 강렬한 성적인 자극을 유발하는 환상, 성적 욕망 또는 성적 활동을 포함하는 행동을 하는 증상"이라고 정의한다.[10)]

지금까지의 논의를 종합해 보면,「성충동약물치료법」에 의한 치료대상자인 성도착증 환자는 13세 미만의 아동을 대상으로 한 적어도 6개월 이상 반복적인 성폭력행동을 하는 사람이어야 한다는 사실을 알 수 있다. 그러나 「성충동약물치료법」 제4조제1항은

---

9) M. Cohen, T. Seghorn, & W. Calmas, Sociometric study of the sex offender, *Journal of Abnormal Psychology, 74*, 1969, pp.249-255.

10) Bartol & Bartol, *op.cit.,* p.421.

약물치료 대상자를 "16세 미만의 사람에 대하여 성폭력범죄를 저지른 성도착증 환자로서 성폭력범죄를 다시 범할 위험성이 있다고 인정되는 19세 이상의 사람"이라고 규정하고 있다. 문제는 성충동 약물치료법이 13세가 아니라 13세 이상 16세 미만의 청소년을 대상으로 하고 있다는 점이다.

이러한 청소년에 대한 성폭력범죄자가 성도착증 환자로 판정되기 위해서는 자신이나 상대방이 고통이나 굴욕감을 느끼게 하는 성행위방식으로서의 성적 가학증, 성적 피학증 환자에 해당한다는 증거와 진단이 있어야 한다. 결과적으로 성폭력범죄 피해자를 13세 미만이 아니라 16세 미만으로 확대함으로써 성도착증 환자에 대한 판정은 상당한 논란이 제기될 것으로 예상된다. 더욱이 약물치료 대상자를 재범자가 아닌 초범을 대상으로 하고 본인의 동의를 묻지 않고 강제적인 약물치료의 대상으로 규정하고 있다는 점이 적어도 6개월 이상 반복적인 성범죄를 범한 자를 성도착증 환자라고 규정하고 있는 성도착증 진단기준이나 DSM-Ⅳ의 정의와는 거리가 있어 법의 시행에 있어서 많은 문제가 발생할 소지를 안고 있다.

(2) 재범의 위험성에 대한 평가

「성충동 약물치료법」제4조제1항은 "검사는 16세 미만의 사람에 대하여 성폭력범죄를 저지른 성도착증 환자로서 성폭력범죄를 다시 범할 위험성이 있다고 인정되는 19세 이상의 사람에 대하여 약물치료명령을 법원에 청구할 수 있다"고 규정하고 있다. 이 규정의 본질은 성도착증 환자와 성폭력범죄를 다시 범할 위험성이라는 개념이다. 성충동 약물치료법은 아동 성폭력범죄자로서 성도착증 환자에 해당하는 초범으로서 재범의 위험성이 있는 사람에 대해서는 강제적으로 약물치료명령을 할 수 있다. 따라서 재범의 위험성을 객관적으로 평가할 수 있는 척도를 마련하는 것이 자기결정권의 침해나 과잉금지의 원칙, 또는 신체를 훼손당하지 아니할 권리의 침해라는 논란에서 벗어날 수 있다는 점에서 아주 중요하다.

출처 : 블로그>내(만의) 비(법)

소아성애자가 소아 성폭력을 학습한다면, 재범을 할 가능성이 상당히 높을 것이라고 예상할 수 있다. 그러나 소아성애자의 재범률을 정확하게 확인하기는 어렵다. 아동 성폭력범죄자의 재범률에 대한 경험적인 연구에서도 재범률이 일반 강간범죄의 재범률보다 그렇게 높지 않다는 사실을 보여준다. 4천 5백명 이상의 아동 성폭력범죄자들을 대상으로 한 핸슨(R.K.Hanson)의 연구에 의하면, 가족을 제외한 소아 성애자들의 5년 동안의 평균 재범률이 19%였으며, 강간범의 재범률은 17%였다. 1994년에 교도소에서 출소한 4,295명의 아동 성폭력범죄자들에 대한 랭간 등(P.A.Langan et.al))의 연구에 의하면, 출소 후 3년 이내에 재체포된 범죄자는 39%였다. 그러나 이 수치는 성범죄만을 대상으로 한 것이 아니고 성범죄 외의 모든 범행을 포함하여 재체포된 범죄자들을 대상으로 한 것이다. 아동 성범죄로 재체포된 사람들만을 대상으로 한다면, 단지 3.3%만이 3년 이내에 재체포된 것에 지나지 않는다.[11] 또 프리스비(L.V. Frisbie)의 연구에 의하면, 5년 이상의 기간 동안 재범률은 이성간 소아성애자의 경우에 18.2%, 동성간 소아성애자는 34.5%였다.[12]

이처럼 경험적인 연구는 아동 성폭력범죄자의 재범률이 그렇게 높지 않다는 것을 보여주지만, 아동 성폭력범죄자들은 재범시에 범죄수사가 불가능할 정도로 치밀한 주의를 기울이기 때문에 재범으로 체포되는 경우는 그렇게 많지 않을 가능성을 배제할 수 없다는 점에서 초범의 재범위험성을 객관적으로 정확하게 평가할 수 있는 척도를 마련하는 것이 중요한 과제이다.

(3) 이중처벌과 소급입법 금지원칙 위반

전체 성폭력범죄 발생건수는 '05년도에 11,757건에서 '08년도에는 14,919건으로 약 26.9% 증가하였으며, 16세 미만의 성폭력범죄 피해자는 '05년도에 1,282명에서 '08년도에는 1,958명으로 52.7% 증가하여 전체 성폭력범죄의 증가율보다 더 큰 증가 추세를 보이는 것으로 확인되었다.[13]

이러한 성폭력범죄의 증가, 특히 아동 성폭력범죄 증가현상은 2008년 이후 성폭력범죄에 관한 입법화가 강화되는 결과를 가져왔다. 2008년 9월1일부터 일명 전자발찌법이라고도 하는 「특정범죄자에 대한 위치추적 전자장치 부착 등에 관한 법률」이 시행되어 그 이후 재개정절차를 거쳐 전자발찌 부착대상의 범위를 넓히는 등의 입법화가 이루어졌다. 또한 성폭력범죄자의 신상정보에 대한 인터넷공개제도가 2010년 1월

11) Bartol & Bartol, *op.cit.,* p.437.
12) L. V. Frisbie, Treated sex offenders who reverted to sexually deviant behavior, *Federal Probation, 29*, 1965, pp.52-57.
13) 법무부 범죄예방정책국 보호법제과, 설명자료, 2010.7.7. 2면.

부터 시행되고 있으며, 2010년 4월14일 「성폭력범죄의 처벌 등에 관한 특례법」이 제정되어 성폭력범죄자, 특히 13세 미만의 아동을 대상으로 한 성폭력범죄에 대한 형량이 최고 무기징역까지 강화되고, 음주 또는 약물로 인한 심신장애 상태에서 아동 성폭력범죄를 범한 자에 대해서는 형 면제나 감경의 규정을 적용하지 아니할 수 있도록 규정하였다. 또한 2010년 7월 26일부터 성폭력범죄자와 범죄현장증거물에서 DNA지문을 감식하여 데이터베이스를 구축함으로써 범죄수사에 활용하는 「디엔에이 신원확인정보의 이용 및 보호에 관한 법률」을 시행하고 있다.

이처럼 성폭력범죄에 관한 다양한 입법을 통하여 범죄자를 처벌할 수 있음에도 16세 미만의 아동에 대한 성폭력범죄자를 대상으로 하는 「성충동 약물치료법」의 입법화는 이중처벌이라는 문제가 제기될 수 있다. 성충동 약물치료는 처벌이 아니라 치료라는 것이 이 법의 취지이지만, 그 치료효과를 인정한다 하더라도 성범죄자에 대한 징벌적 효과 역시 무시할 수 없다. 특히 우리나라의 경우 초범을 대상으로 동의를 요하지 않고 강제적으로 대상자의 신체에 약물을 투여하고 의무와 준수사항의 이행, 그리고 불이행시 형사처벌을 과한다는 입법내용을 고려해 볼 때 '감시 및 처벌의 강화'흐름 속에 있는 정책이라는 점을 부인하기 어렵다.

「성충동 약물치료법」제14조제3항은 "약물치료 명령을 받은 사람이 징역형이나 금고형의 집행이 종료되거나 면제 · 가석방 또는 치료감호 집행의 종료 · 가종료 또는 치료위탁으로 석방되는 경우 석방되기 전 2개월 이내에 치료명령이 집행된다고 규정하고 있다. 이러한 규정은 헌법 제13조제1항의 "모든 국민은 행위시의 법률에 의하여 범죄를 구성하지 아니하는 행위로 소추되지 아니하며, 동일한 범죄에 대하여 거듭 처벌받지 아니 한다"는 이중처벌금지의 원칙에 반한다는 문제를 제기하지 않을 수 없다. 우리나라 형법상 자유형에는 징역형과 금고형이 있을 뿐 신체기능을 마비시키는 형벌은 없다. 강제적인 약물 투여는 분명히 개인의 신체의 자유를 침해하는 행위에 해당한다. 특히 징역형이나 금고형의 종료나 치료감호 집행의 종료로 석방된 초범에 해당하는 사람에 대하여 본인의 동의 없이 약물치료 명령을 집행한다는 것은 자유형과 신체형의 처벌을 병과하는 이중처벌이라는 논란에서 자유로울 수가 없고 위헌이라는 문제를 야기할 수 있다.

또한 「성충동 약물치료법」제22조제1항은 "검사는 16세 미만의 사람에 대하여 성폭력범죄를 저질러 징역형 이상의 형이 확정되었으나 치료명령이 선고되지 아니한 수형자 중 성도착증 환자로서 성폭력범죄를 다시 범할 위험성이 있다고 인정되고 약물치료를 받는 것을 동의하는 사람에 대하여 그의 주거지 또는 현재지를 관할하는 지방법원에 치료명령을 청구할 수 있다"고 규정하고 있다. 이 규정에 의하면, 이 법 시행 전에 형이 확정된 사람에 대해서도 법원은 본인의 동의를 받아 치료명령을 할 수 있다. 따라서 헌법에 규정된 소급입법금지의 원칙에 반할 수 있다는 논란에 직면할 수 있다.

(4) 약물치료의 효과성과 부작용

출처: yupdealer factory

화학적 거세의 가장 큰 문제는 약물 사용과 관련된 부작용이다. 종래 화학적 거세에 사용되어 온 데포-프로베라는 여성 피임약으로 사용될 때에도 "체중증가, 긴장, 무기력, 식은 땀, 악몽, 붉은 반점, 근육통 등 여러 가지 부작용이 발생되었으며, 비글이라는 개와 원숭이에 대한 임상실험에서 유방암 발생 가능성을 높이는 등 장기적인 부작용"우려가 보고되었다. 더욱이 화학적 거세에 사용되는 주사 양은 피임제로 쓰이는 양보다 약 43배나 많기 때문에 그 장기적인 부작용이 얼마나 클지 현재로서는 가늠하기 어렵다.[14] 또한 두통, 우울증, 당뇨, 고혈압, 남성의 여성유방화 등의 부작용도 발생한다. 미국의 경우 장기 복용자가 여성의 신체로 변형돼 우울증으로 자살하거나 약물주입을 중단하자 성호르몬이 과다 분비되는 부작용이 발생하는 사람도 있었다.[15]

화학적 거세에 사용되는 약물들이 인간의 뇌하수체에 직접 작용하여 테스토스테론 생성을 억제한다는 데에 약물의 부작용은 뇌에 까지도 나타날 수도 있다는 우려를 낳고 있다. 테스토스테론 생성과 억제는 뇌와 밀접한 관련이 있다. 뇌의 시상하부(hypothalamus)는 보다 상위의 피질 및 다른 피질하 구조와 광범위하게 연결되어 있고, 테스토스테론 합성과 관련되는 뇌하수체 호르몬을 조절하여 성기능을 통제하는 대뇌중추로 알려져 있다.[16] 시상하부의 내측 시신경교차전 부위(medical preoptic area: MPOA)는 남성의 성적 동기와 행동을 조절하는 중요한 역할을 한다고 알려져 있으며,[17] 이러한 사실은

14) 김희균, 앞의 책, 276면.
15) 이수진 기자, 일간 대한뉴스, 내년 7월부터 시행되는 화학적 거세, 그러나 그 효용은? 단 하루만에 입법화, 일간 대한뉴스, 2010.7.25.
16) 시상하부는 뇌의 주요 부분으로 원추형의 구조로서 호르몬 분비의 조절 기능을 한다.
17) 시신경교차전부위는 대뇌로 연결되는 좌우시신경이 엇갈려 있는 곳의 바로 앞쪽에 위치한 신경조직을 말한다.

MPOA에 남성 호르몬인 안드로겐(androgen)[18]이 있는 신경들이 밀집되어 있어 남성 호르몬이 성행동과 밀접한 관계가 있음을 시사해 주고 있다.[19]

좀 더 구체적으로 살펴보면, 남성의 성충동과 관련 있는 테스토스테론 생성은 시상하부에서 분비되는 황체형성호르몬방출호르몬(LHRH)으로부터 촉진된다.[20] LHRH는 뇌하수체가 황체호르몬(LH)을 만들도록 작용하고, 이 LH가 혈관을 타고 이동하면서 고환을 자극해 테스토스테론의 분비를 촉진한다. 이처럼 테스토스테론의 분비는 뇌의 기능에 의하여 영향을 받는다는 것을 알 수 있다. 테스토스테론의 생성을 억제하기 위한 약물투여가 뇌하수체의 황체호르몬 형성기능에 어떤 영향을 미칠 수 있으며, 이 약물이 뇌의 기능에 부작용을 초래할 수 있는지에 대한 전문적인 분석이 요구된다. 일반적으로 뇌 기능이 손상되거나 장애가 발생하면 반사회적인 행동이 발생할 가능성이 높다고 지적된다.

가벼운 뇌기능 장애(minimal brain dysfunction : MBD)의 경우에도 반사회적 행동, 분노통제 메커니즘의 불균형, 그리고 뇌의 화학적 이상상태를 유발하는 것과 같은 심각한 현상을 초래할 수 있다. MBD는 순간적으로 폭발하는 분노, 격정성의 원인이 되어 배우자 구타, 어린이 학대, 자살, 공격성 그리고 동기없는 살인 등의 행동을 초래한다는 연구결과도 있다.[21] 따라서 성충동 약물치료의 효과성은 단순히 테스토스테론 생성억제에 의한 성폭력범죄 예방으로 끝나는 것이 아니다. 약물투여 결과 뇌기능 장애가 발생하여 자살이나 배우자 구타, 심지어 동기없는 살인 같은 범죄가 발생한다면, 약물치료는 실패한 것이 된다. 약물투여로 인한 뇌기능 장애는 궁극적으로 뇌수술의 문제를 야기할 수 있다.

---

18) 안드로전은 남성호르몬의 총체를 말하고 테스토스테론은 남성의 성기능 및 신체활동에 중요한 작용을 하는 안드로전의 일종이다.

19) 송상국, 남성호르몬이 성적흥분과 관련되는 대뇌중추에 미치는 영향:기능적 자기공명영상법, 전남대학교 의학과, 박사논문, 2007.2, 6면.

20) 황체란 여성의 생식계에 있는 노란색의 호르몬 분비체를 말하고, 황체형성 호르몬이란 여성의 뇌하수체가 여성 호르몬인 에스트로겐의 자극을 받아 방출하는 호르몬으로서 이 호르몬이 성숙한 여포(난소안에 있는 주머니 모양의 세포)를 자극하여 난자를 방출하게 함으로써 생식활동이 일어난다.

21) Larry J. Siegel, *Criminology*, Wadsworth, a division of Thompson Learning, Inc. 2003, p.145.

(5) 약물치료와 심리치료 프로그램의 효과성의 한계

「성충동 약물치료법」제2조제3호는 성충동 약물치료란 약물투여 및 심리치료의 병행을 규정하고 있으며, 제14조제1항은 치료명령이란 「의료법」에 따른 의사의 진단과 처방에 의한 약물투여, 「정신보건법」에 따른 정신보건전문요원 등 전문가에 의한 인지행동 치료 등 심리치료 프로그램의 실시 등의 방법으로 집행한다고 규정하고 있다.

소아 성애자에 대한 약물치료와 심리치료의 결합이 재범을 방지하는데 효과적이라는 다음과 같은 연구 결과도 있다. 캐나다에서 다양한 성범죄자들을 지원하기 위해서 심리적 치료를 제공하는 프로젝트를 통한 연구에 의하면, 프로젝트 완료 후 3.5년 동안 치료를 받지 않은 소아성애자의 32%가 성범죄로 재체포되었으나 치료를 받은 성범죄자들의 재체포율은 14%에 지나지 않았다.[22)]

그러나 심리치료 프로그램인 인지행동 치료법이 반드시 소아 성애자의 성도착 증상의 치료에 성공할 것이라는 과학적인 근거는 없다. 인간의 심리적 세계는 인지적, 정서적, 동기적 요인들이 복합적으로 상호작용하는 역동적 세계라고 할 수 있는 데, 인지적 행동치료는 모든 심리현상을 인지적 요인만으로 설명하려는 단순화 현상에 빠진다는 한계에 직면한다. 또한 인지치료는 일반적으로 지능이나 학력이 낮고 심리적인 내성능력이 현저하게 부족한 내담자에게는 효과가 없는 것으로 알려져 있다.[23)]

(6) 약물치료 거부 또는 도주시의 형사처벌의 형평성 문제

「성충동 약물치료법」제10조제1항은 보호관찰관의 지시에 의한 치료대상자의 약물치료 순응, 정기적 호르몬 수치검사 준수, 심리치료 프로그램 이수, 법 제15조는 치료대상자의 상쇄약물 투약 금지, 보호관찰소 출석·서면신고를 의무와 준수사항으로 하고 있다. 또한 이러한 의무와 준수사항 이행을 담보하기 위해 법 제35조는 의무위반이나 도주시 7년 이하의 징역이나 2 천만 원 이하의 벌금에 처하고, 준수사항 위반시 3년 이하의 징역이나 1 천만 원 이하의 벌금에 처하는 형사처벌을 규정하고 있다.

이러한 법 규정은 일단 두 가지 측면에서 문제를 제기하지 않을 수 없다. 첫째, 법 제31조에 의하면, 보호관찰소의 장은 치료명령 등 집행전담 보호관찰관을 지정하여 치료 대상자의 의무와 준수사항 이행여부를 확인하고 지도·감독 및 원호 업무를 전

22) Bartol & Bartol, *op.cit.*, pp.437-438.
23) 권석만, 현대 이상심리학, 학지사, 2003, 88면.

담하여 수행하도록 하고 있으나 보호관찰관 인력이 부족하여 이러한 업무를 제대로 수행할 수 없다는 점이다. 통계자료에 의하면, 보호관찰제도가 생긴 1989년에 보호관찰대상자는 8,389명이었으나 2008년에는 184,813명으로 '89년 대비 무려 2,103% 증가했으며, 보호관찰관은 89'년에 230명이었으나 '09년에는 971명으로 89'년 대비 322.2% 증가하였다. '89년에 비해 보호관찰관의 수가 '09년에는 많이 증가했으나 보호관찰대상자의 증가에 비한다면 상당히 부족하다는 것을 알 수 있다.[24] 따라서 보호관찰소는 전담직원을 임명한다 하여도 부족한 인력으로 치료대상자의 상쇄약물 복용여부, 약물치료를 피한 도주방지, 기타 의무와 준수사항 이행여부를 제대로 확인하기는 어려울 것으로 판단된다.

둘째, 성충동 약물치료법이 성폭력범죄자에 대한 처벌이 아니라 치료와 사회복귀를 목적으로 하고 있다고 하면서도 의무나 준수사항 위반자에 대한 형사처벌 규정은 법제정 취지나 목적에 부합하지 않고, 더욱이 7년 이하의 징역이나 3년 이하의 징역에 처한다는 규정은 다른 형벌법과 비교하여도 형평성에 문제가 제기될 수 있다.

5. 정책적 제언

(1) 법률 명칭의 명확화

「성폭력범죄자의 성충동 약물치료에 관한 법률」은 16세 미만의 사람에 대하여 성폭력범죄를 저지른 성도착증 환자로서 성폭력범죄를 다시 범할 위험성이 있다고 인정되는 19세 이상의 사람에 대한 강제적인 약물치료와 사회복귀를 촉진하는 것을 목적으로 한다. 이 규정은 분명히 16세 미만의 아동에 대한 성폭력범죄자를 대상으로 하고 있으나 법률 명칭은 성폭력범죄자라고 명시하고 있어 모든 성폭력범죄자들이 약물치료의 대상이 된다는 오해를 불러일으킬 수 있다.

「성충동 약물치료법」이 태생적으로 13세 미만의 아동에 대한 성범죄자를 대상으로 하다 그 범위가 16세 미만으로 확대되었지만, 분명히 16세 미만의 아동에 대한 성범죄자만을 치료의 대상으로 하고 있다는 점에서 법률의 명칭을 아동 성폭력범죄자라고 변경할 필요성이 제기된다.

---

24) 보도자료, 보호관찰제도 도입 20년 성과와 미래비전, 법무부 범죄예방정책국 보호관찰과, 2009.8.31.

(2) 초범의 동의 및 재범의 강제적 약물치료

성충동 약물치료법은 16세 미만의 사람에 대하여 성폭력범죄를 저지른 성도착증 환자로서 성폭력범죄를 다시 범할 위험성이 있다고 인정되는 19세 이상의 사람을 약물치료의 대상으로 하고 있다.

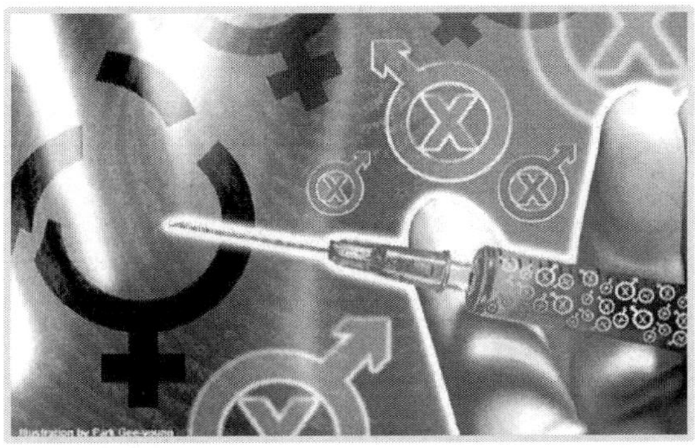

출처 : KP통신

이러한 규정은 16세 미만의 아동에 대한 성폭범죄자가 모두 소아 성기호증을 가진 성도착증 환자인가라는 의문을 제기하게 만든다. 성도착증은 일반적으로 소아 성기호증을 가진 자를 말한다. 그러나 소아 성애자는 일반적으로 선호적 소아성애자(preferential pedophile)와 상황적 소아성애자(situational pedophile)로 대별될 수 있다. 선호적 소아성애자는 태생적으로 소아를 성적대상으로 선호하는 성도착증 환자이다. 그러나 상황적 소아 성애자는 성인과의 성관계를 통하여 만족을 추구하지만, 다양한 이유로 성공하지 못하고 아동을 성인의 대용물로서 성욕 충족을 추구하기 때문에 근본적으로 소아 성애자가 아니다.[25] 이러한 관점에 의하면, 아동에 대한 초범의 성폭력범죄자의 경우에 소아 성기호증을 가진 성도착증 환자가 아닌 상황적 소아성애자일 수 있다는 문제가 발생할 수 있다.

또한 앞에서 논의되었듯이 초범일지라도 재범의 위험성이 인정되는 경우에는 강제적인 약물치료의 대상으로 하기 때문에, 재범 위험성을 판정하는 객관적인 기준을 마련하는 것이 아주 중요한 과제이다. 그러나 현실적으로 그러한 기준을 마련하는 것이 대단히 어렵고 또한 상당한 논란의 대상이 될 수밖에 없다. 따라서 소아성기호증과 재범위험성을 판별하기 어렵다는 이러한 문제점들을 해소하기 위해서는 초범의 경우에는 대상자의 동의를 전제로 약물치료를 하고, 재범의 경우에는 강제적 치료를 하는 방안을 채택하는 것이 합리적일 것으로 판단된다.

우리나라보다 화학적 거세를 앞서 법제화한 외국의 화학적 거세에 대한 입법례를 보면 대부분 재범 이상의 상습범죄자를 대상으로 하거나 대상자의 동의나 신청에 의

---

25) Ana Alicea-Diaz, *Child Abuse: Problems in Investigating*, The Detective, (Winter, 1989), pp.14-15.

한 임의적 방법을 채택하고 있다. 미국에서 1996년에 최초로 화학적 거세를 도입한 캘리포니아주는 13세 미만의 아동을 대상으로 재범 이상의 성범죄를 저지른 사람에 대한 강제적 화학적 거세를 실시하고 있으며, 뒤이어 1997년의 몬타나주, 조지아주, 플로리다주, 루이지애나주 등 역시 상습적 성범죄자를 대상으로 화학적 거세제도를 도입하였다.[26] 한편, 유럽의 경우에 2009년 9월 화학적 거세법을 제정한 폴란드를 제외한 덴마크, 독일, 스웨덴, 핀란드, 노르웨이, 체코공화국 등은 본인의 동의나 신청이 있을 경우에만 화학적 거세나 외과적 거세를 허용하고 있다는 사실을 고려해 볼 필요가 있다.

(3) 재범위험성 평가를 위한 객관적 척도의 개발

성폭력범죄자의 재범위험성 평가가 약물치료 대상자 선별에 아주 중요한 요소가 되고 있다. 성범죄자에 대한 전자발찌 착용자를 판정할 때에 한국 성폭력 범죄자 위험성 평가척도인 KOSRAS(Korean Sex Offender Risk Assessment Scale)라는 것을 개발하여 적용하고 있다.[27] 이 척도를 사용하여 2009년 9월 성폭행 피의자 519명을 대상으로 평가한 결과, 재범예측률이 86.1%에 달한 것으로 평가되었다.[28] 그러나 성충동 약물치료는 전자발찌와는 달리 대상자의 몸에 특정 약물을 강제적으로 주사한다는 점에서 일종의 신체형에 해당하고 따라서 인권침해의 소지가 다분히 존재하므로 전자발찌 대상자의 재범위험성 평가척도보다 더 전문적이고 객관적이며 과학적인 평가척도 마련과 평가과정이 요구된다.

미국, 영국, 캐나다, 호주 등 외국에서는 성범죄자의 재범위험성 평가도구로 성범죄자의 재범위험성을 평가한다. 성범죄자의 성범죄 재범위험성을 평가한다는 것은 단순히 성범죄자가 얼마나 위험한 지에 대한 평가뿐만 아니라 재범 위험성의 정도 및 성범죄 치료프로그램을 통해 치료되어야 할 위험요인, 그리고 보호관찰이나 교도소 수감 중 교도 및 감독하는데 있어서 어떤 점에 관심을 기울여야 할지에 대한 방향을 제

26) 황성기, 상습적 성범죄 예방수단으로서의 거세에 관한 헌법적 고찰, 공법학 연구 제9집 제3호, 2008. 116-127면.

27) KOSRAS는 ① 피의자 연령, ②피의자혼인관계, ③ 최초 경찰인건 연령, ④ 성범죄 유형, ⑤ 성범죄 전력, ⑥ 폭력범죄 전력, ⑦ 총 시설수용기간, ⑧ 수용기간 동안의 문제행동, ⑨ 피해자 유형, ⑩ 피해자와의 관계, ⑪ 피해자의 성별, ⑫ 피해자의 수, ⑬ 피해자와의 연령차, ⑭ 현저한 폭력사용, ⑮ 책임 수용 등 15개 항목으로 구성되어 있다. 이 척도에 의한 평가점수는 0-29점이며 13점 이상이면 재범위험성이 높다고 평가된다.

28) 정은주 기자, 서울신문, 성폭력 재범위험성 평가 어떻게?, 2009.12.30.

시하는 역할까지 포함하는 작업이다.[29]

일반적으로 통계적 성범죄 재범 위험성 평가표는 이를테면 성범죄자의 범죄경력이나 피해자와의 관계처럼 객관적인 측정이 가능한 위험요인들을 대입하여 위험성을 평가할 수 있도록 구성되어 있다. 미국, 영국, 캐나다, 호주 등지에서 이미 개발되어 사용되고 있는 통계적 위험성 평가도구로는 미네소타 성범죄자 선별도구(The Minnesota Sex Offender Screening Tool-Revised : MnSOST-R), 성범죄 재발위험성 간편 평가(Rapid Risk Assessment for Sexual Offender Recidivism : PRASOR), Static-99, 성범죄자 위험평가 지침(The Sex Offender Risk Appraisal Guide:SORAG), 그리고 구조화된 단계적 임상판단(Structured Anchored Clinical Judgement : SACJ) 등이 있다.[30]

이 중에서 Static-99는 1999년도에 PRASOR와 SACJ-Min을 보완해서 제작한 성범죄 재발위험성 평가 도구로서 높은 재범예측력을 가지고 있는 것으로 밝혀졌다. 1,200여 명의 캐나다 및 영국 성범죄자를 대상으로 한 핸슨과 손튼(Hanson & Thornton)의 연구에서 Static-99가 PRASOR나 SACJ보다 재범위험성 예측력이 높은 것으로 확인되었다.[31] 그러나 이러한 도구는 아동 성폭력범죄만을 대상으로 하는 것이 아니라 모든 성범죄자와 살인, 강도 같은 폭력범죄자의 재범위험성 평가 도구이고, 외국의 사회환경과 문화에 적합한 도구이므로 한국의 아동성폭력범죄자의 재범위험성을 평가하는데는 한계가 있을 것으로 보인다. 그러나 아동성폭력범죄자의 재범위험성 평가를 위한 객관적인 평가척도를 개발하기 위한 좋은 참고자료가 될 수 있다.

(4) 심리적 프로그램과 생물학적 평가의 결합

성충동 약물치료법은 약물치료와 심리 프로그램의 병행을 규정하고 있다. 그러나 성도착증상과 비정상적인 인간행동은 심리적인 측면뿐만 아니라 생물학적인 요인에 의해 발생될 수도 있으므로 생물학적인 평가에 의해 치료되어야 한다는 주장이 제기된다. 말하자면, 소아 성애는 심리적 요인에 의해 발생되는 것이 아니라 유전적 요인이나 뇌의 구조적 손상, 뇌의 생화학적 이상의 결과일 수도 있다는 것이다.

---

29) 박광배・고민조, 한국 성범죄자들의 재범예측을 위한 가능한 위험인자에 대한 연구, 충북대, 2006, 79면.

30) 앞의 책, 81-85면.

31) R. K. Hanson & D. Thornton, Improving risk assessment for sex offenders: A comparatison of three actual scales, *Law and Human Behavior, 24*, 2000, pp.119-337.

물론 약물치료법이 생물학적 치료의 주된 방법이기는 하나 소아 성애자의 경우에 테스토스테론의 과잉분비만이 성도착증상을 보인다는 과학적인 근거는 없다. 따라서 소아 성애자에 대한 약물치료와 심리치료는 그 원인에 대한 심리적인 평가와 더불어 생물학적인 평가의 필요성이 제기된다. 그렇지 않고 단순히 테스토스테론의 생성억제를 위한 약물투여와 인지행동 프로그램의 사용은 실패를 초래할 수 있다. 따라서 성도착증 환자에 대한 유전적 요인, 뇌의 구조나 생화학적 요소에 대한 생물학적인 평가가 이루어져 종합적인 프로그램이 마련되어야 한다.

(5) 이중처벌과 소급입법에 대한 재검토

앞에서 논의되었듯이 성충동약물치료법은 형벌을 받은 자에 대한 이중처벌과 법이 시행되기 전의 행위자에 대한 처벌이라는 점에서 이중처벌과 소급입법이라는 논란이 제기될 수 있다.

이중처벌금지와 관련하여 헌법재판소는 처벌이란 원칙적으로 범죄에 대한 국가의 형벌권 실행으로서의 과벌을 의미한다는 관점에서 형벌과 동시에 보안처분인 보호감호나 보안관찰을 병과하는 경우 이중처벌금지의 원칙을 위반한 것이 아니라고 판시하였다.[32] 또한 전자발찌 부착이 보안처분이라는 이유로 형기 종료후 전자발찌를 부착하는 것이 일사부재리의 원칙을 위반하는 것이 아니라는 대법원 판례도 있다.[33] 이러한 판례를 근거로 법무부와 일부 학자들은 형기를 종료한 성범죄자에 대한 약물치료명령은 형벌이 아니라 사회내 보안처분에 해당하고, 따라서 이중처벌이 아니라고 주장한다.

그러나 「성충동 약물치료법」은 화학적 거세를 본인의 의사와는 관계없이 법원의 명령에 의해 강제적으로 인체에 약물을 투여하는 신체형을 인정하고, 대상자의 가족관계를 유지할 자유까지 박탈할 수 있다. 이처럼 화학적 거세는 전자발찌 장치와는 달리 신체기능의 일부를 일시적으로 불능화하는 조치이므로 그 조치의 목적 및 효과와 부작용에 대해서 정확한 이해를 수반한 동의가 필요하다[34]는 점에서 과연 약물치료가 보안처분에 합당한 지 재 검토를 거쳐 이중처벌이 아니라는 사실을 국민들을 대상으로 적극적으로 이해시킬 필요가 있다.

---

32) 황성기, 앞의 책, 135면.
33) 2009.9.10. 대판 2009도6061, 대한민국헌법 제13조 판례 no.13
34) 김희균, 앞의 책, 281면.

또한「성충동 약물치료법」제22조제1항은 이 법 시행 전에 형이 확정된 사람에 대해서도 법원은 본인의 동의를 받아 치료명령을 할 수 있다고 규정함으로써 소급입법의 논란이 제기될 수 있다. 비록 동의를 전제로 하지만 반드시 이러한 규정이 아동·청소년 성폭력범죄 예방에 필수적인지 재검토할 필요가 있다.

(6) 약물치료 거부 또는 위반자에 대한 형사처벌의 완화

「성충동 약물치료법」제35조의 약물치료 대상자가 도주하거나 정당한 사유 없이 의무위반이나 도주시 7년 이하의 징역 또는 2천만원 이하의 벌금에 처하고, 준수사항을 위반한 때에는 3년 이하의 징역 또는 1천만원 이하의 벌금에 처한다고 규정하고 있다. 이러한 처벌규정은 13세미만의 아동에 대하여 성폭력범죄를 범한 범죄자에 대한 처벌규정에 비추어 볼 때 가혹한 형벌이라고 볼 수 있다.

「성폭력범죄의 처벌등에 관한 특례법」제7조는 ① 13세미만의 여자에 대한 강간이나 준강간의 경우 7년 이상의 유기징역, ② 구강이나 항문 등 신체(성기는 제외)의 내부에 성기를 넣는 행위, 또는 성기, 항문에 손가락 등 신체(성기 제외)의 일부나 도구를 넣는 경우 5년 이상의 유기징역, ③ 강제추행이나 준강제추행의 경우 3년 이상의 유기징역 또는 1천만원 이상 3천만원 이하의 벌금에 처한다고 규정하고 있다.[35)]

이러한 처벌규정에 비하여「성충동 약물치료법」제35조의 처벌규정은 너무 무거워 처벌의 형평성의 문제가 제기된다. 약물치료가 처벌이 아니라 치료수단이라고 하면서 실제로 아동성폭력범죄를 재범한 것도 아닌데 단지 치료거부를 위해 도주하거나 의무위반을 했다고 해서 실제 아동성폭력범죄를 범한 행위자와 같은 수준이나 더 무거운 처벌을 받을 수 있는 벌칙규정은 보다 완화되어야 할 것이다.

(7) 약물선택과 부작용에 대한 대책 강구

화학적 거세에 사용될 약물로는 전립생암 치료제인 루프론(Lupron)과 여성용 피임주사약인 데포 프로베라(Depo Provera)가 거론된다. 특히 루프론과 데포 프로베라는 모두 테스토스테론의 생성을 억제하기 위하여 뇌하수체에 작용하는 약물이므로 장기간 동안 사용할 경우 뇌의 기능장애를 초래할 개연성이 농후하다. 이 약물들은 이미 우울증, 간 기능 이상, 발열증세, 심혈관계 질환, 골밀도 저하 등의 부작용을 유발한

35) 성폭력범죄의 처벌등에 관한 특례법 제35조, 법률 제10258호, 2010.4.15.

것으로 보고되고 있다. 따라서 약물은 뇌가 아니라 직접 전립선에 작용하여 남성호르몬의 생성을 억제하는 보다 안전한 치료제가 선택되어야 한다.

또한 약물사용의 결과 발생한 부작용에 대한 대책이 강구되어야 한다. 사람의 체질은 서로 다르므로 의학적으로 부작용이 없는 약물은 존재하기 힘들다. 이 법 제14조 제2항과 제3항은 "보호관찰관은 대상자에게 약물치료의 효과, 부작용, 약물치료의 주기, 절차, 방법 등에 대해 사전에 설명하고, 치료명령을 받은 사람이 형의 집행이 종료되거나 면제, 가석방 또는 치료감호의 집행이 종료, 가종료 또는 치료위탁으로 석방되는 경우 석방되기 전 2개월 이내에 치료명령을 받은 사람에게 치료명령을 집행하여야 한다"(법 제14조제3항)고 규정함으로써 약물투여의 효과 또는 부작용 등의 확인을 위한 규정을 명시하고 있다. 그러나 부작용이 발생했을 경우에 어떻게 하겠다는 명시적인 규정은 없다. 따라서 예상되는 부작용에 대한 치료나 구제방안을 시행령이나 시행규칙에 명시할 필요가 있다.

Section 2 범죄자 DNA데이터베이스 제도

1. 서론

2008년 12월 8세 여아를 성폭행하고 대법원에서 12년 징역형을 선고받은 '조두순 사건'은 그 범행의 잔혹함과 파렴치함에 비해 형량이 너무 낮다는 사회적 파문이 확산되면서 이러한 흉악범들의 조기검거와 재범을 막기 위하여 DNA데이터베이스 구축을 위한 법제화의 필요성이 강력하게 제기되었다. 결과적으로 2009년 12월29일 「디엔에이신원확인정보의 이용 및 보호에 관한 법률(이하 '디엔에이데이터베이스법')」이 국회를 통과하여 2010년 7월 26일부터 시행되기에 이르렀다.

개인의 신원식별에 결정적인 역할을 하는 DNA 지문을 데이터베이스화하는 입법은 연쇄살인, 아동성폭력범죄 등 흉악범의 조기검거에 의한 추가피해방지, 무고한 사람들에 대한 수사배제와 무죄입증, 범죄예방 효과를 기대할 수 있게 되었다.

지문이 범죄수사에 있어서 증거의 왕이라고 하나 최근에는 범인들이 범죄현장에 지문을 남기는 경우가 아주 드물고, 17세 미만의 범죄자의 경우 지문자동 검색시스템에 지문을 수록하고 있지 않으며, 지문은 그 형태가 완전할 경우에만 개인식별이 가능하다는 한계가 있다.

그러나 DNA지문은 범인이 자신도 모르게 범행현장에 남긴 극소량의 체액이나 모발 등에서도 검출이 가능하므로 이제 증거의 왕은 DNA지문이라고 할 수 있다.[36] 따라서 첫째, DNA데이터베이스의 본질이라고 할 수 있는 DNA지문이 과연 무엇인지 살펴보고, 둘째, 우리나라 DNA데이터베이스법은 어떤 내용을 담고 있으며, 셋째, DNA데이터베이스의 효율적인 구축과 활용을 위해 문제점을 파악하고 개선방안을 검토하고자 한다.[37]

2. 이론적 배경

(1) DNA지문의 본질

1) 비 코드화된 영역

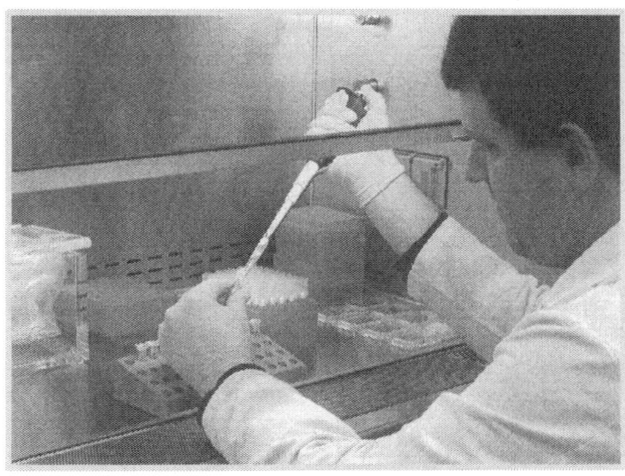

DNA로 구성되는 게놈(Genom) 가운데 약 2-5%만이 개체의 생물학적 특성을 결정하는 정보를 담고 있는 유전자이다. 이를 DNA의 코드화된 영역(coding region)이라고 한다. 이 코드화된 부분은 개인의 유전정보를 담고 있어서 자손에게 신체적·정신적으로 특이한 형질이나 성질을 물려주는 기능을 한다.[38]

한편, 유전자의 총 집합체인 게놈(genome)의 약 95-98%를 차지하는 DNA 염기배열은 단백질을 코드화하지 않은 영역(noncoding region)으로서 정크 DNA(Junk DNA)라고 한다.[39] 정크 DNA는 유전정보를 담고 있지 않아 유전자로서의 기능을 하지 못하는

---

36) James N. Gilbert, *Criminal Investigation*, seventh edition, Upper Saddle River, New Jersey, 2007.

37) 조철옥, 범죄자 DNA데이터베이스 구축에 관한 고찰, 경찰학연구, 제10권 제3호, 2010.11, 53-81면.

38) 강인숙, 형사절차에서 DNA분석에 대한 규범적 통제, 전북대학교 대학원 박사논문, 2004. 13-14면; 과학수사론, 사법연수원, 2009, 126면.

쓸모없는 DNA를 말한다. DNA 다형성(polymorphism) 중에 약 5%(또는 2%)는 유전자로서의 부호가 부여되지만, 나머지 95%(또는 98%)는 유전자로서 기능을 하지 못하기 때문에 유전자 부호가 부여되지 않는 흔히 쓰레기 또는 정크 DNA로 불리어진다. 비코드화된 정크DNA는 유전정보를 담고 있지 않으며, 진화의 폐기물에 지나지 않는다.[40]

유전자 연구자들은 바로 이 비부호화된 영역의 길이 다형성(유전자의 서로 다른 길이형태)에 의해 개인마다 특이하다는 사실을 발견하였는데,[41] 이것이 오늘날 DNA 지문(DNA Fingerprints), 또는 DNA 프로필이라고 부르는 개인식별 증거자료이다.

2) 핵 DNA와 미토콘드리아 DNA

체세포의 염색체 DNA는 세포의 핵속에 나선형으로 존재한다. 핵은 세포내에 한 개 존재하고 따라서 한 개의 핵 DNA를 복제할 수 있다. 일반적으로 DNA분석은 핵 DNA를 대상으로 한다. 핵 DNA분석은 대체로 STR 다형성 PCR방법을 사용하고 있으며,[42] 미국의 FBI나 캐나다 등의 대부분의 국가와 우리나라의 국립과학수사연구소 역시 국제적인 표준화가 진행 중인 점과 외국인 범죄에 대한 수사 등을 고려하여 세계적으로 가장 보편화 되어 있는 CODIS 시스템과 호환될 수 있도록 STR형 유전자 마커 13종을 사용하고 있다.[43] STR 다형성 PCR 기법은 오염된 시료나 오래된 시료, 극미량의 시료

39) DNA는 뉴클레오티드(Nucleotid)가 일렬로 결합되어 배열된 것으로서 하나의 뉴클레오티드는 탄수화물의 일종인 5탄당 디옥시리보스(deoxyribose), 인산그룹(phosphate) 및 염기(base) 등 3가지 물질이 화학적으로 결합된 것이다. 이 중 염기는 DNA의 경우 아데닌(Adenine), 구아닌(Guanine), 타이민(Thymine), 사이토신(Cytosine)의 4종류로서 A, G, T, C의 이니셜로 표기한다. 화학구조상 A는 T와 G는 C와 결합이 가능하다. 예를 들어 ATGC 또는 ATTGCCTTGGCCAATTGC 등의 형태로 일렬로 배열되어 존재한다. 이러한 염기배열의 길이는 아주 다양한 형태로 존재한다. 조성용, 형사소송법상 DNA지문감식의 허용과 한계, 형사정책연구 제15권 제2호(통권 제58호, 2004·여름호), 73면; 과학수사론, 사법연수원, 2009, 143-144면.

40) Vernon J. Geberth, *Practical Homicide Investigation, Tactics, Procedures, and Forensic Techniques, 4th edition*, CRC Taylor & Francis, 2006, p.539.

41) DNA 부분 중 특정 STR 마커에서 반복염기서열의 반복횟수의 차이에 따라 생기는 길이의 차이를 길이 다형성(length polymorphism)이라 하고 개인식별에 사용한다.

42) PCR 방법(Polymerase Chain Reaction)은 타크 폴리멜라아제(Taq polymerase)라는 DNA중합효소를 이용하여 염색체의 특정염기순서만을 인체 밖에서 거듭 복제시키는 기법이다. PCR은 세포의 DNA 자기복제능력의 원리, 즉, DNA는 세포 내에서 자연적으로 자신을 복제하고, 따라서 인간의 조직세포 내에 존재하는 DNA는 전부 동일하다는 원리를 이용한 기법이다. Geberth, 앞의 책, 548-550면.

43) STR(Short Tandem Repeat)이란 DNA의 비코드화 영역, 즉, 98%의 유전정보를 포함하지 않는 부분에 특정한 염기서열이 무의미하게 반복되어 있는 부분을 말한다. 예를 들어, TATG라는 4개

에서도 DNA지문 검출이 가능하며, 자동화가 가능하여 많은 량의 증거물을 단기간 내에 처리할 수 있고 변별력이 높은 기법이다.[44)]

한편, 미토콘드리아 DNA(mitochondria DNA)는 세포의 세포질 속에 존재하고, 핵 DNA에 비하여 분자크기가 훨씬 작고 그 구조는 나선형이 아니라 원형이다. 미토콘드리아는 세포질속에 존재하기 때문에 하나의 세포 안에 여러 개의 미토콘드리아가 있고 각 미토콘드리아 마다 여러 개의 DNA 분자가 존재한다. 하나의 세포 안에 수백 또는 수천 개의 미토콘드리아 DNA를 검출할 수 있다. 미토콘드리아 DNA검출 역시 PCR기법을 활용하여 이루어지며, 친모관계나 형제자매관계의 규명에 유용하고, 하나의 세포 안에 많은 미토콘드리아가 존재하기 때문에 조직, 뼈, 치아, 모발 등 핵 속의 DNA의 양이 매우 적은 경우에도 미토콘드리아 DNA를 검출할 수 있다.[45)]

3. DNA 데이터베이스 시스템

(1) DNA 데이터베이스의 개념

DNA 데이터베이스는 DNA 감정을 통해 얻은 많은 사람들의 정크 DNA 다형성, 즉, 다양한 정크 DNA 유형을 저장한 데이터베이스를 말한다. 따라서 범죄자 DNA 데이터베이스는 범죄현장에서 채취한 DNA 감식시료나 법적으로 규정된 강력사건의 수형자나 구속된 범죄자로부터 채취한 DNA감식시료를 대상으로 전문감정기관의 DNA 감정을 통해 얻은 범죄자들의 DNA 지문(프로필)을 저장한 데이터베이스를 말한다.[46)]

DNA데이터 베이스와 유전자정보은행은 개념적으로 구별된다. 지금까지 이루어진 대부분의 선행연구는 DNA데이터베이스와 유전자정보은행을 같은 개념으로 다루었지

의 염기서열이 5번 반복되어 있다면 그 STR 부분은 TATGTATGTATGTATGTATG의 염기서열로 나타나고, 이 STR 부분에서 반복횟수에 따라 '5'라는 대립유전자를 지니고 있다고 말하게 된다. STR은 체세포염색체나 성염색체 할 것 없이 모두에 존재하며, 그 종류는 수천 가지로 알려져 있다. 발견된 수천 가지의 STR 중 현재 법과학에 쓰이고 있는 STR 유전자좌(STR marker)의 종류는 20여 가지 정도이며 미국과 영국, 캐나다 등 대부분의 국가는 물론 우리나라의 경우도 STR 마커 13종을 사용함으로써 호환이 가능하다. 과학수사론, 사법연수원, 2009, pp.143-146; Geberth, 앞의 책, 555-558면.

44) Paqul B. Weston & Charles A. Lushbaugh, *Criminal Investigation*, Peason Education, Inc., 2006. pp.71-72.

45) 사법연수원, 앞의 책, 137-138면.

46) 한면수, 유전자감식정보 수집 및 관리 법률의 필요성, 대한법의학회지, 제29권 제2호, 2005년 10월, 228면.

만, 이는 개념적 오류이다. DNA 데이터베이스는 국가기관이 범죄수사목적으로 개인 식별을 위하여 정크 DNA를 감식한 결과를 저장한 DNA지문(프로필)을 의미하며, 이 DNA지문에는 개인의 유전자 정보는 포함되지 않는다.

그러나 범죄수사와 관련 없이 개인의 유전자 정보를 파악하기 위하여 정크 DNA 뿐만 아니라 유전정보를 담고 있는 코드화된 DNA를 포함한 검사를 통하여 그 결과를 저장하는 것은 유전자정보은행에 해당된다. DNA데이터베이스는 정크 DNA를 감식하여 범죄수사목적으로 구축되지만, 유전자 정보은행은 개인의 모든 특징적인 유전자정보를 기초로 과학적 연구와 새로운 치료방법의 개발 등을 목적으로 한 생명공학 및 의료관련 연구소나 의료기관 또는 유전자 정보의 분석을 이용하여 상업적인 이익을 얻으려는 민간사업체에 의해 수집되는 것을 말한다.[47] 물론 유전자정보은행은 광의의 개념에서 본다면 DNA 데이터베이스를 포함한다고 볼 수 있지만, 범죄자 DNA데이터베이스와는 엄격하게는 구분되어야 한다. 따라서 유전자정보은행은 개인의 인권침해의 소지를 안고 있지만, DNA데이터베이스는 개인의 인권침해라는 비판에서 벗어날 수 있다.

(2) DNA데이터베이스의 필요성

범죄자에 대한 DNA 데이터베이스의 필요성은 다음과 같이 요약될 수 있을 것으로 보인다. 첫째, 강력범죄해결의 효율성에 찾을 수 있다. 즉, DNA 데이터베이스에 수록된 개인식별정보를 토대로 대량검색을 통하여 범죄현장의 증거물에서 검출한 DNA지문과 비교하여 극복하고 범인을 조기에 체포함과 아울러 강력범죄의 검거율을 높일 수 있다.

둘째, 상습적이거나 재범률이 높은 살인, 강도, 강간 등 강력범죄의 경우 DNA데이터베이스화가 법적으로 구축될 경우 범죄자들에 대한 재범예방효과가 있다. 강력범죄로 자신의 DNA지문이 데이터베이스에 수록된 범죄자들은 범행시 체포의 두려움으로 범죄를 범하는 것을 포기하게 될 것이다.

셋째, DNA데이터베이스화가 인권침해나 사생활침해의 소지가 있다는 문제점이 제기되지만, 범인의 자백이 아니라 DNA지문이라는 객관적이고 과학적인 물증에 의한

47) 이상용, 범죄수사목적의 유전자정보은행 설립에 대한 비판적 검토, 형사정책 연구 제15권 제3호(통권 제59호, 2004, 가을호), 130면.

수사는 무고하게 범죄자로 추정된 사람의 무죄를 입증할 수 있는 강력한 증명력을 가지고 있어 진정한 인권수사에 기여할 수 있다.[48]

(3) DNA 데이터베이스의 구성

1) 범죄자 DB(offender DB)

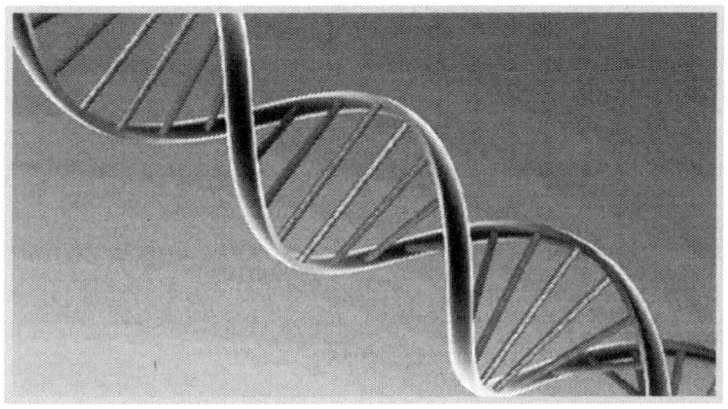

출처 : 서양의학사 (95)

범죄자 DB란 범죄자들의 DNA 유형이 입력·저장되어 있는 DB를 말한다. 어떤 사람들을 입력대상으로 할 것인지는 법률에 의한 유죄확정자만을 할 것인지, 피의자도 포함시킬 것인지, 또는 특정 강력범죄나 상습범이 많은 범죄만을 대상으로 할 것인지, 모든 범죄자를 대상으로 할 것인지는 법률에 규정되어야 한다. 데이터베이스의 효과는 입력된 범죄자 수가 많을수록 증가하므로 너무 적은 규모의 DB로는 실효를 거두기 어렵다.

일반적으로 대부분의 국가는 살인, 강도, 성폭력 등의 강력범죄만을 DB의 대상으로 하고 있으나 영국은 모든 범죄자를 DB의 대상으로 하고 있다. 영국의 경우 자유형의 실형이 선고될 수 있는 범죄는 모두 DNA데이터베이스화 대상범죄에 포함시키고 있으며 분석에 사용된 시료도 보존하도록 하고 있다. 피고인은 물론이고 피의자도 대상으로 하고 있다.[49]

2) 미제사건 DB(forensic DB)

미제사건 DB란 범죄현장의 혈흔, 정액, 타액, 모발, 피부, 살점, 대소변이나 땀 등으로부터 범인의 것으로 추정되는 DNA 유형을 확보하였으나 용의자를 특정하지 못한 경우 범죄현장의 증거물로부터 감정한 DNA 유형을 사건코드와 함께 입력한 것을 말한다. 이 때 범죄현장의 증거물로부터 감정한 범죄자 DNA유형 외에 피해자의 DNA도 검출되는 경우 피해자의 DNA유형은 데이터베이스에 수록하지 않는다.

---

48) Vince L. Pascali, Giampietro Lago and Marina Dobosz, The dark side of the UK National DNA database, *The Lancet, 362*, 2003, p.834; 한면수, 경찰초동수사 목적의 유전자감식정보 검사 및 관리, 형사정책 제18권 제2호, 한국형사정책학회, 2006.12, 115-116면.

49) 한면수 2005, 앞의 책, 231-232면.

DNA 데이터베이스 검색을 통하여 미제사건 DNA 유형과 일치되는 DNA 유형이 발견될 경우 DB에서 용의자의 인적 사항을 확인한 후 추적하여 체포할 수 있다. 용의자의 신병이 확보되면 다시 용의자로부터 구강에서 혈흔을 채취하여 범죄현장의 DNA 지문과 용의자의 DNA지문이 일치하는지 여부를 확인하기 위한 DNA 지문 감정을 실시하여야 한다. 또한 미제사건 DB는 추가될 때 마다 미제사건 DB내에 일치하는 DNA 유형을 확인할 수 있기 때문에 특정범죄자의 여죄를 확인할 수 있다.[50)]

3) 보조 데이터베이스

범죄자 DNA 데이터베이스를 이용하여 범죄수사에 가장 성공적이라는 영국의 DNA 데이터베이스는 주력 데이터베이스와 보조 데이터베이스로 구축되어 운영되고 있다. 주력 데이터베이스는 ① 범죄현장 증거물에서 검출한 DNA 지문, ② 피의자 및 피고인 DNA지문, ③ 범죄를 저지르지 않았지만 미제사건과 대조를 위해 채취된 자발적인 용의자의 DNA지문이 입력되어 있다.

여기에서 특이한 것은 보조 데이터베이스이다. 이 보조 데이터베이스는 범죄현장 증거물의 오염방지 및 감정결과의 신뢰성 보증을 위하여 구축된다. 감정 대상은 범죄자들이 아니라 경찰관과 감정기관의 요원들로서 ① 감식관련 경찰관 데이터베이스(감식인력 5만 여 명 분석자료), ② 분석관련자 데이터베이스(1,500명의 감정관 분석자료)로 구성되어 있다.[51)]

4. 우리나라의 DNA 데이터베이스 시스템

(1) DNA데이터베이스의 구축 실태

1) 경찰청: 국립과학수사연구소

경찰청은 1991년 8월 그 산하에 국립과학수사연구소 유전자분석실을 설치하여 DNA지문을 감정하여 데이터베스화하기 시작하였다. 통계자료에 의하면, 1992년부터 2005년까지 12만4,933건에 대한 DNA지문 감정을 하였고,[52)] 2006년 36,179건, 2007년

50) 조철옥, 범죄수사학 총론, 21세기사, 2009, 441-442면.
51) 장전배, 유전자를 이용한 범죄수사에 관한 연구, 동국대학교 경찰행정학과 박사논문, 2004. 75면.
52) 한면수, 2006, 앞의 논문, 112면.

52,309건, 2008년 69,894건으로 2008년까지 283,315건을 감정하는 등으로 2007년을 기점으로 감정건수가 급증하는 추세를 보여주고 있다.[53)]

이 과정에서 1996년까지 1,500건의 DNA지문감정자료를 데이터베스화 하였고,[54)] 2001년부터 2003년까지 미제사건의 현장증거물에서 확인된 DNA프로필(지문)을 자료로 구축한 결과, 전체 약 3,000건의 현장 DNA프로필이 미해결 사건 2건 이상에서 확인된 것이 총 568건이었으며, 최대 18건의 미검 성범죄사건에서 동일 DNA프로필이 확인되었다.[55)] 2004년 말을 기준으로 국립과학수사연구소에는 범죄현장 증거물에서 감정한 DNA 지문데이터베이스가 5,600여건 보관되어 있으며, 현장과학수사요원 600여명을 대상으로 자발적으로 제공한 시료를 분석한 보조 DNA데이터베이스에 600건이 보관되어 있다.[56)]

이러한 통계자료에 의하면, 국립과학수사연구소는 범죄현장의 미제사사건에 대한 DNA프로필을 데이터베이스화하고 있으며, DNA 데이터베이스는 일반적인 시스템 구성원리에 따라 ① 범죄현장에서 채취한 DNA 감정정보 데이터베이스, ② 일정유형의 범죄경력자(피고인과 구속된 피의자)의 DNA 데이터베이스, ③ 보조 데이터베이스로 현장감식요원과 감정요원 등 업무담당자의 DNA 데이터베이스로 구성되어 있다. 영국과는 달리 범죄를 저지르지 않았지만 미제사건과 대조를 위해 채취된 자발적인 용의자에 대한 DNA 지문은 데이터베이스의 구성요소가 아니다. 그러나 국립과학수사연구소에서 구축한 DNA 데이터베이스는 법적 근거의 미비로 범죄경력자의 DNA 감식정보를 데이터베이스화 할 수 없으므로 법적 근거가 필요 없는 범죄현장에서 채취한 증거물에서 채취한 DNA감식정보와 보조 데이터베이스만을 실무적으로 구축하고 있는 것으로 파악된다.

2) 검찰청: 과학수사과 유전자 감식실

1991년 5월 대검찰청 중앙수사부 과학수사운영과 산하에 유전자감식실을 설치하고, 서울대학교 의과대학 법의학교실과 공동으로 유전자 감식기법 개발에 착수하여 국내 최초로 유전자감식기법을 개발함으로써, 1992년 3월부터 유전자 감식업무를 수행하고 있다.

---

53) 국립과학수사연구소 홈페이지, 2010.7.
54) 유영찬・장영민, 경찰과학수사의 발전방안에 관한 연구: 유전자은행의 설립과 활용을 중심으로, 치안논총 제14집, 1998. 447-454면.
55) 국립과학수사연구소 홈페이지, 2010.7.
56) 장전배, 앞의 논문, 110-111면.

검찰은 1994년에 "유전자정보은행 설립에 관한 법률안"을 마련하였으나 이는 입법화되지 못하였다. 그러나 검찰은 1992년부터 수사기관에서 의뢰한 사건 감정물인 DNA 샘플을 감정 후에도 10년간 냉동보관하고 있으며, DNA 샘플과 유전자감정의 결과인 감정서를 새로운 용의자가 검거되어 다시 확인할 필요가 있는 경우를 대비해서 보관한다고 밝히고 있다.[57] 그렇다면 이것은 사실상 범죄수사 목적으로 유전자데이터베이스라고 할 수 있는 것이며, 사실상 법적 근거없이 유전자 데이터베이스를 설치하여 운영하고 있다는 것을 알 수 있다.[58]

(2) DNA 데이터베이스 법의 주요 내용

1) 대상범죄

「디엔에이신원확인정보의 이용 및 보호에 관한 법률」[59](이하 '디엔에이데이터베이스 법')제5조 제1항에 의하면, 살인, 아동・청소년 상대 성폭력범죄, 강간・추행, 강도, 방화, 약취・유인, 상습폭력, 조직폭력, 마약, 특수절도 등 11개 유형의 강력범죄 또는 강력범죄로 발전할 수 있는 범죄는 DNA데이터베이스 구축의 대상범죄이다.

2) DNA감식시료의 채취대상

① 수형자

「디엔에이데이터베이스법」 제5조 제1항에 의하면, 디엔에이 데이터베이스 대상범죄로 형의 선고를 받은 자, 「형법」 제59조의2에 따른 보호관찰명령, 「치료감호법」에 따른 치료감호선고, 「소년법」제32조제1항제9호 또는 제10호에 해당하는 보호처분결정을 받아 확정된 사람 등을 대상으로 한다. 이 경우 채취의 주체는 검사(군검찰관 포함)가 된다.

② 구속피의자

「디엔에이데이터베이스법」제6조에 의하면, DNA감식시료채취는 법 제5조1항 각 호의 어느 하나에 해당하는 죄 또는 이와 경합된 죄를 범하여 구속된 피의자 또는 「치료

---

57) 법무부, 2001년 임시국회 예산결산위원회 제출자료, 2001년 4월.

58) 이상용, 범죄수사목적의 유전자정보은행 설립에 대한 비판적 검토, 형사정책 연구 제15권 제3호(통권 제59호, 2004, 가을호), 138면.

59) 「디엔에이신원확인정보의 이용 및 보호에 관한 법률」, 법률 제9944호, 2020.1.25.

감호법」에 따라 보호구속된 치료감호대상자로부터 채취할 수 있다. 이 때 시료채취의 주체는 검사 또는 사법경찰관(군사법경찰관 포함)이다.

③ 범죄현장 유류물

「디엔에이데이터베이스법」제7조제1항 및 제2항에 의하면, 검사 또는 사법경찰관은 ① 범죄현장에서 발견된 것, ② 범죄의 피해자 신체의 내·외부에서 발견된 것, ③ 범죄의 피해자가 피해 당시 착용하거나 소지하고 있던 물건에서 발견된 것, ④ 범죄의 실행과 관련된 사람의 신체나 물건의 내·외부 또는 범죄의 실행과 관련한 장소에서 발견된 것 등에서 DNA감식시료를 채취할 수 있다. 채취한 DNA감식시료에서 얻는 DNA신원확인정보는 그 신원이 밝혀지지 아니한 것에 한하여 데이터베이스에 수록할 수 있다.

3) DNA 감식시료 채취방법 및 관리

① 대상자에 대한 사전 고지 및 동의

수사기관은 디엔에이 감식시료를 채취할 때에는 채취대상자에게 미리 디엔에이 감식시료의 채취이유, 채취할 시료의 종류 및 방법을 고지해야 한다. 이 때 채취대상자가 동의하는 경우에는 영장 없이 디엔에이감식시료를 채취할 수 있다. 이 경우 미리 채취대상자에게 채취를 거부할 수 있음을 고지하고 서면으로 동의를 받아야 한다. 디엔에이 감식시료의 채취는 구강점막에서의 채취 등 채취대상자의 신체나 명예에 대한 침해를 최소화하는 방법을 사용하여야 한다(법 제9조, 및 법 시행령 제8조).

② 압수·수색영장에 의한 채취

「디엔에이데이터베이스법」제8조에 의해 수사기관은 대상자가 디엔에이 감식시료의 채취에 부동의시 법관이 발부한 압수·수색영장에 의해 디엔에이감식시료를 채취할 수 있다. 디엔에이감식시료 채취영장은 검사의 지휘에 의해 사법경찰관리가 집행하며, 다만, 수용기관에 수용되어 있는 사람에 대한 디엔에이감식시료 채취영장은 검사의 지휘에 의해 수용기관 소속 공무원이 행할 수 있다.

③ DNA데이터베이스 관리

「디엔에이데이터베이스법」제10조제1항에 의해 검찰총장은 대검찰청의 과학수사기획관을, 경찰청장은 국립과학수사연구소장을 디엔에이신원확인정보담당자로 위임 또는 위탁하여 DNA데이터베이스를 관리할 수 있다. 위임 또는 위탁하여 관리할 수 있는 대상은 법 제5조부터 제9조까지의 규정에 따라 채취된 디엔에이감식시료의 감식 및 데이터베이스에의 디엔에이신원확인정보의 수록, 디엔에이데이터베이스의 관리 등이다.

④ DNA감식시료의 폐기

디엔에이신원확인정보 담당자가 디엔에이신원확인정보를 데이터베이스에 수록한 때에는 법 제5조 및 6조에 따라 채취된 디엔에이감식시료와 그로부터 추출한 디엔에이를 지체 없이 폐기하여야 한다. 감식한 시료와 그로부터 추출한 디엔에이 및 감식과정에서 생긴 부산물을 폐기하는 경우 정해진 장소에서 소각하거나 화학적 처리방법 등에 의해 시료의 재분석이 불가능하도록 하고, 그 폐기 일시와 장소, 폐기한 시료의 종류 등을 기재한 자료를 보존해야 한다(법 제12조 및 제13조).

4) 디엔에이신원확인정보의 삭제

① 수형인

디엔에이신원확인정보담당자는 수형인 등이 재심에서 무죄, 면소, 공소기각 판결 또는 공소기각 결정이 확정된 경우에는 직권 또는 본인의 신청에 의하여 법 제5조에 따라 채취되어 데이터베이스에 수록된 디엔에이신원확인정보를 삭제하여야 한다(법 제13조제1항).

② 구속피의자등

㉠ 디엔에이신원확인정보담당자는 구속피의자등이 검사의 혐의없음, 죄가 안됨, 또는 공소권없음의 처분이 있거나 법 제5조제1항의 디엔에이데이터베이스 대상범죄로 구속된 피의자의 죄명이 수사 또는 재판 중에 채취대상범죄 외의 죄명으로 변경되는 경우, 다만, 죄가안됨 처분을 하면서 「치료감호법」제7조제1호에 따라 치료감호의 독립청구를 하는 경우는 제외한다(법 제13조 제2항 1호).

㉡ 법원의 무죄, 면소, 공소기각 판결 또는 공소기각결정이 확정된 경우, 다만, 무죄판결을 하면서 치료감호를 선고하는 경우는 제외한다(법 제13조 제2항 제2호).

㉢ 법원의 「치료감호법」 제7조제1호에 따른 치료감호의 독립청구에 대한 청구기각 판결이 확정된 경우는 삭제대상이다(법 제13조 제2항 제3호).

③ 대상자의 사망

디엔에이신원확인정보담당자는 수형인등 또는 구속피의자등이 사망한 경우에는 법의 규정에 따라 채취되어 데이터베이스에 수록된 디엔에이신원확인정보를 직권 또는 친족의 신청에 의해 삭제하여야 한다(법 제13조 제3항).

④ 신원확인된 대상자

디엔에이신원확인정보담당자는 법규정에 따라 채취되어 데이터베이스에 수록된 디엔에이신원확인정보에 관하여 그 신원이 밝혀지는 등의 사유로 더 이상 보존·관리가 필요하지 아니한 경우에는 직권 또는 본인의 신청에 의하여 그 디엔에이신원확인정보를 삭제하여야 한다(법 제13조제4항).

⑤ 삭제 사실에 대한 통보

디엔에이신원확인정보담당자는 법 규정에 따라 디엔에이신원확인정보를 삭제한 경우에는 30일 이내에 본인 또는 신청인에게 그 사실을 통지하여야 한다(법 제13조제5항).

5) 심의기구

데이터베이스의 관리·운영에 관한 사항을 심의하기 위하여 국무총리 소속으로 위원장 1명을 포함한 7명 이상 9명 이하의 디엔에이신원확인정보데이터베이스 관리위원회를 둔다(법 제4조제1항).

5. DNA데이터베이스 구축과 관련된 문제점

(1) DNA데이터베이스 관리의 이원화로 인한 비효율성

1994년과 2006년 2차에 걸쳐 DNA데이터베이스 법률의 입법화가 무산된 가장 근본적인 이유는 데이터베이스의 구축과 관리에 관한 경찰과 검찰의 주도권 경쟁 때문이었다. 데이터베이스의 관리주체에 대한 주장은 국가기관에 따라서 서로 다르다.

2006년 12월 국회 법제사법위원회의 유전자감식정보의 수집 및 관리에 관한 법률안 검토보고서에 의하면, 대검찰청은 첫째, 수형자에 대한 인정사항은 법무부 산하 교정국내에 전산 수록되어 있고, 범죄 피의자 단계에서의 인정사항은 경찰청 전산시스템이 관리하고 있다는 점에서 양 기관이 분리하여 관리하는 것이 효율적이고, 둘째,

경찰과 검찰이 감식정보 데이터베이스를 분리하여 가지고 있으면 일정한 샘플을 정기적으로 교환하여 시험기관간 정확도 테스트를 할 수 있다는 점에서 데이터베이스의 신뢰를 기할 수도 있다고 밝히고 있다.

그러나 경찰청은 국과수라는 국내 최대의 유전자감정기관을 사실상 소속으로 두고 있고 범죄사건의 98%를 실제 수사하고 있다는 점을 내세워 당연히 경찰청이 DNA데이터베이스의 관리주체가 되어야 한다는 관리기관의 일원화를 주장한다. 법원 역시 관리의 일원화 입장이다. 법원은 유전자감식시료의 채취주체와 유전자감식정보의 관리주체는 단일화 되어야 하고, 구체적으로 독립된 기관이나 영국의 법과학연구소 등과 같이 수사기관과 분리된 기관이 이를 담당해야 한다고 주장한다. 한편, 대한변호사협회는 유전자감식정보의 관리주체의 이원화에 반대하지만 검찰중심의 일원화를 주장한 바 있다.

2010년 7월 26일부터 시행되는 「디엔에이데이터베이스법」의 제5조, 제6조 및 제7조에 의하면, 검사는 수형자뿐만 아니라 구속피의자, 범죄 현장 유류물로부터 감식시료를 채취하여 디엔에이신원확인정보, 즉, DNA프로필(지문)을 감정할 수 있다. 경찰은 수형자를 제외한 구속피의자 및 범죄현장 유류물로부터 디엔에이감식시료를 채취하여 DNA프로필을 감정할 수 있다. 또한 법 제10조에 의하면, 검찰총장 및 경찰청장은 "디엔에이신원확인정보담당자", 즉, 검찰은 대검찰청의 과학수사기획관실을, 경찰은 국립과학수사연구원에게 법 규정에 따라 채취되는 디엔에이감식시료의 감식 및 데이터베이스에 디엔에이신원확인정보의 수록, 데이터베이스의 관리업무를 위임 또는 위탁할 수 있다. 이러한 규정에 의하면, 경찰과 검찰이 디엔에이신원확인정보를 수록한 데이터베이스를 별도로 관리하는 이원화체계로 되어 있다는 것을 알 수 있다.

일부에서는 검찰은 수형자 자료를, 경찰은 구속된 피의자와 범죄현장 유류물에서 감정한 DNA자료를 관리하는 이원화형태로 이해하고 있으나 법 규정에는 검찰이 수형자는 물론이고 구속된 피의자 그리고 범죄현장 유류물 감정자료 역시 채취하고 관리할 수 있는 것으로 규정하고 있다. 따라서 검찰의 감정시료 채취와 DNA데이터베이스 관리의 범위가 더 넓다. 물론 경찰이 더 많은 범죄현장 유류물 채취와 구속피의자를 취급한다는 점에서 전체 DNA데이터베이스 규모는 크겠지만, 검찰이 구속피의자와 범죄현장 유류물도 감정하여 관리한다는 점에서 시행과정에서 부작용이 발생하거나 효율적인 데이터베이스관리가 안 될 수도 있다.

(2) 정크 DNA와 DNA의 오 · 남용가능성

국내의 권위 있는 법의학자는 DNA데이터베이스에 수록되는 DNA지문에는 개인의 유전정보나 질병정보가 전혀 없는 정크DNA이며, 개인 식별 DNA지문만 저장되므로 개인 특유의 민감한 유전정보가 유출될 가능성이 없다고 주장한다. 하지만, 이러한 주장은 부분적으로 맞고 부분적으로는 오류이다. DNA감정을 위한 시료에는 유전정보가 들어 있는 DNA와 유전정보가 없는 정크DNA 모두가 포함되어 있다. 따라서 감정과정에서 유정정보가 있는 DNA를 검출하여 보유할 수 있다는 문제가 있다. DNA신원확인에 사용되는 DNA부위와 다른 유전정보의 분석에 이용되는 DNA부위가 서로 분리되어 존재하는 것은 아니다. 다만, 분석위치가 다를 뿐이다. 즉, 마음만 먹으면 수거된 DNA에서 다양한 정보를 추출할 수 있다. 또한 감정결과인 DNA지문 그 자체에 유전정보나 질병정보가 들어 있지 않다하더라도 개인이나 그 가족을 식별할 수 있기 때문에 법적으로 보호받아야 할 매우 민감한 정보이다.[60)]

나아가 국가가 개인의 신상정보는 물론 생체정보까지 관리하게 될 경우 범죄수사 목적이외의 다른 목적으로 오 · 남용되어 유전질병 등에 관한 개인정보가 유출될 수 있다.[61)] 만약 DNA감정기관이 감식 후 DNA감식시료를 완전히 폐기한다면 유전정보의 오남용 위험성은 줄어들겠지만, 일반적으로 차후의 검증목적이나 신기술 적용을 위해 계속 보관하려고 하는 것이 전문기관의 생각이다. DNA데이터베이스법이 제정되기까지의 논의과정에서 대검찰청 과학수사과의 보건연구관은 잔여검체의 보관문제에 대해서는 차후의 재검사에 대비하여 폐기하지 않고 보관을 계속하고자 하는 것이 유전자정보은행 설립을 추진하는 국가기관의 입장이라고 밝힌 바 있다.[62)]

(3) 현장감식 인력 부족

DNA데이터베이스가 구축되어 강력범죄를 예방하고 범죄자의 조기검거를 위해서는 범죄현장에서 DNA감식시료를 과학적으로 정확하게 채취하여 감정기관에 의뢰하여야 한다. 감식시료를 채취하지 못하거나 잘못 채취하면 DNA데이터베이스 구축은 무용지

---

60) 김병수, 신원확인 유전자정보은행 설립을 둘러싼 쟁점연구, 과학기술연구 3권2호, 2005, 95면.

61) Gamero Joaquin-Jose et al, Some social and ethical aspects of DNA analysis and DNA profile databases, *International Congress Series, 1288*, 2006, pp.774-776.

62) 이승환, 여성 성폭력예방을 위한 유전자정보은행 신설제안, 여성폭력근절을 위한 심포지엄 자료집, 2002. 11.21. 52면.

물이 된다. 범죄현장에서 DNA감식시료인 유류물을 발견하고 채취하는 사람들은 일선 경찰의 과학수사요원, 즉, 감식요원들이다. 현장감식작업이 무엇보다 중요한데도 경찰의 현장감식역량이 부족하다는 것이 DNA데이터베이스의 효율적인 구축에 장애가 된다는 문제점으로 지적될 수 있다.

2004년 이후 강력범 발생현황을 보면, 전체발생건수는 15,000건에서 18,000건 사이에서 등락을 하고 있으나 강간과 방화가 해마다 증가하는 추세를 보이고 있다.[63] 2008년 통계에 의하면, 강력범 17,758건, 마약류사범 5,106건, 기소된 특수절도범 31,536건, 상습폭력과 조직폭력 100 여건을 합하면 DNA 데이터베이스 대상범죄건수는 매년 55,000건이 넘어서는 숫자이다.[64] 또한 경찰청에서 제공한 2007년과 2009년의 서울지역 16개 구에서 발생한 살인사건 통계를 비교분석한 결과 2007년 127건, 2009년 152건으로 19.7% 증가했으며, 강간의 경우 같은 기간 1325건에서 1478건으로 12.4% 증가한 것으로 나타났다. 한편, 강도사건은 같은 기간 673건에서 898건으로 무려 33.4% 증가했다. 서울의 '범죄시계'의 경우 살인은 2007년 2일 20시간 58분 35초에서 2009년에는 2일 9시간 37분 53초로, 강간은 2007년 6시간 39분 41초에서 2009년 5시간 55분 36초로 범죄시계의 속도가 눈에 띄게 빨라졌다.[65]

그러나 이러한 대상범죄의 감식시료를 채취하는 경찰의 현장감식인력은 별다른 증원이 없는 아주 열악한 상황에 있다. 2010년 3월 경찰청 과학수사센터의 자료에 의하면, 전국적으로 1,225명이 과학수사팀에 근무하는 것으로 확인되고 있으나 이 인원은 현장감식인력과 내근요원 그리고 전산자료실 요원까지 포함한 통계이다. 실제로 범죄현장에 나가서 현장감식을 하는 순수감식요원은 전국적으로 629명이 근무하고 있는 실정으로서 경찰청에서 순수현장감식 적정인력으로 보고 있는 1,135명보다는 많이 부족한 상황이다.[66]

(4) DNA 분석역량의 부족

현장감식인력의 부족과 아울러 국립과학수사연구소의 한정된 예산과 감정인력 부족은 DNA감식시료에 대한 신속한 감정을 어렵게 한다는 문제도 제기된다. 경찰에서

63) 2008 경찰통계연보 제52호, 경찰청, 2009, 134-135면.
64) 2008 경찰통계연보 제52호, 경찰청, 2009, 134-135면.
65) 정현용 · 백민경 기자, [서울범죄지도 달라졌다] 살인 이틀에 한건…강간 5시간 30분에 한건…, 서울신문, 2010.9.24, junghy77@seoul.co.kr.
66) 경찰청 과학수사센터 자료실 제공, 2010.7.

의뢰한 DNA감식시료를 감정할 전문인력은 국립과학수사연구원와 검찰 양 기관을 합하여 40명(국과수 35명: 과장급 1, 연구관 12, 연구사 21, 보건원 1, 검찰 4명: 연구관 1, 연구사 3)에도 못 미치고 그 지위도 상대적으로 열악한 실정이다.[67)]

우수한 감정인의 확보는 전문적이고 학술적인 분야이므로 매우 중요하고도 어려운 문제이며, 특히 감정인의 주관적 전문경험에 의존도가 높은 분야일수록 더욱 그러하다. 현재 우리나라 여건상 학교에서 감정인을 양성하지 못하고 관련 분야의 해당기관에서 직접 양성하고 있으나 열악한 근무환경과 체계적인 교육과정의 미비 등으로 인해 많은 문제점을 노출하고 있다. 경찰은 이러한 감정역량과 예산부족 문제를 극복하기 위해 유전자 감식 외부위탁사업을 시행하여 중요사건 외의 DNA감정물에 대해서는 외부 전문기관과의 업무협약을 통해 위탁감정하고 국립과학수사연구소에서는 신속성이 요구되는 중요사건 위주로 감정하게 하여 업무 효율성을 극대화 하는 시도를 하고 있다.

국내의 민간 유전자감식업체는 휴먼패스, 코젠바이오텍, 다우진, 진코텍, 서린바이오사이언스, 디엔에이링크, 아이디진 등 10여개 업체가 있는 것으로 알려져 있으며, 이 중에 휴먼패스, 코젠바이오텍, 다우진, 디엔에이링크 등 4개 업체가 2006년도부터 2010년 까지 경찰/국과수의 DNA외부위탁감정기관으로 선정되어 업무협약을 체결하고 경찰청과 지방경찰청 및 경찰서에서 국과수에 감정의뢰한 감정물을 국과수에서 시행업체에 위탁감정을 의뢰한 경우에 DNA감정을 하고 있다.

「디엔에이데이터베이스 법」이 시행되고 있는 이 시점에서 외부기관에 유전자 감정업무를 위탁하는 것은 DNA데이터베이스 구축의 효율성 향상에 기여할 수 있는 하나의 대안이 될 수도 있다. 그러나 한편으로는 비록 아직까지는 국과수에 비해 민간 위탁업체의 감정건수가 극소량이기는 하지만 또 하나의 문제가 야기될 수 있는 소지가 있다. 정부기관과 외부민간업체의 협약에 의한 업무위탁관계는 일종의 네트워크 구조로서 이러한 구조는 태생적으로 정부기관이 위탁업체를 직접적으로 감독하기 어렵다는 한계가 있다.[68)] 따라서 민간업체의 DNA감정시에 DNA감식시료의 유출이나 오·남용 위험성이 존재하고, 또한 DNA감식시료의 폐기에 대한 직접적인 통제가 어려울 수도 있다는 문제가 상존한다.

---

67) 한면수 2006, 앞의 논문, 112면.
68) 조철옥, 경찰학총론, 21세기사, 2010, 353면.

(5) 분석의 신뢰성

「디엔에이데이터베이스 법」이 시행되면 DNA감정기관의 감정결과는 범죄수사와 형사재판에 있어서 결정적인 영향을 미칠 수 있다. DNA지문은 객관적·과학적 감정기법에 의해 검출된 물적 증거라는 점에서 그 증명력은 거의 절대적이다.

그러나 DNA감식결과에 오류가 발생할 가능성을 배제할 수는 없다. 즉, 분석에 사용한 방법, 실험과정 및 해석, 감식시료의 특성 등에 의해 오류가 발생할 수도 있다. 우리나라의 국립과학수사연구원 등 국가기관의 DNA감정기술은 세계적으로 인정받고 있다. DNA감식기법은 다른 나라와 호환이 가능한 CODIS 유전자 STR 13마커(marker)를 사용하고 있다. 그러나 분석절차나 기법의 표준화와 오류발생률에 대한 공개, 감정인 및 감정시설에 대한 숙련도 검사의 실시와 그 결과의 공개, 이들에 대한 적정한 자격요건의 설정, 분야별 전문 감정인으로서의 인증취득 및 갱신제도 등이 전무하다는 점 등이 문제로 지적된다. 우리나라의 경우 아직 국제공인 인증을 받지 못한 유전자분석기관이 많고, 또한 인증을 받은 국과수 자체에서도 만성적인 전문인력의 부족문제로 인해 모든 분석에서 품질관리(Quality Control)가 이루어지지 못함으로써 일부 중요 사건에서만 엄격한 관리절차를 거치고 있는 실정이다.[69]

6. 정책적 제언

(1) 데이터베이스 시스템 관리의 일원화

출처 : 한국우사회

DNA 데이터베이스의 관리를 두고 경찰과 검찰이 대립하고 있는 배경에는 DNA감식정보를 먼저 확보하는 기관이 향후 과학수사의 중심에 설 수 있고, 또한 경찰의 수사권 독립 문제와도 연결될 수 있기 때문인 것으로 보인다. 결국 법적으로 두 기관이 독자적으로 DNA데이터베이스를 구축하고 비록 타 기관의 자료에 접근할 수 있는 "형사사법정보시스템"을 활용한다 하여도 그만큼 DNA감식정보의 오·남용 및 유출의 위험성이 증가될 수 있으며, 중복

69) 장전배, 앞의 책, 123-124면.

관리에 따른 비효율과 부담은 고스란히 국민의 몫이 된다. 관리의 주체를 정하는 문제는 개인의 인권보장과 관리의 효율성을 우선적으로 판단하여 결정해야 한다. 따라서 DNA데이터베이스의 관리는 수사기관과 분리된 독립기관에서 통합·관리하는 것이 합리적이다. 미국은 FBI데이터베이스인 NDIS, 영국은 법과학연구소, 캐나다는 왕립경찰 NDDB, 독일은 연방중앙수사국을 중심으로 일원화된 관리를 하고 있는 등으로 세계 어느 나라에서도 DNA데이터베이스를 이원적으로 분리하여 관리하는 국가는 찾아 볼 수 없다.[70)]

(2) DNA 오·남용 방지를 위한 실질적인 통제장치 도입

DNA 검출시료와 감정된 DNA는 유출되어 개인정보 감정에 오·남용될 위험성을 안고 있다. 이러한 위험성에 대비하기 위해 법 제17조에 벌칙을 규정하고 있다. 법 제17조는 채취한 디엔에이 감식시료를 인멸, 은닉 또는 손상하거나 그 밖의 방법으로 그 효용을 해친 사람에 대한 5년 이하의 징역 또는 700만 원 이하의 벌금, 디엔에이 감식시료 또는 디엔에이 신원확인정보를 업무목적 외에 사용하거나 타인에게 제공 누설한 사람에 대한 3년 이하의 징역 또는 5년 이하의 자격정지형에 처하고, 디엔에이감식시료와 추출한 DNA를 폐기하지 아니하거나 디엔에이신원확인정보를 삭제하지 아니하는 등 데이터베이스의 관리규정을 위반한 사람에 대해서는 1년 이하의 징역이나 금고 또는 3년 이하의 자격정지에 처한다는 벌칙을 규정하고 있다. 그러나 이러한 벌칙은 위반사실이 밝혀지지 않으면 통제장치로서의 기능을 할 수가 없다. 사실 DNA 보관방법의 특성이나 관리주체가 쉽게 접근하기 어려운 수사기관이라는 특성으로 인해 삭제나 폐기에 대한 관리감독도 쉽지 않다는 문제를 지적하지 않을 수 없다.[71)]

한편,「디엔에이 데이터베이스법」제14조에 국무총리 소속으로 설치된 관리위원회가 DNA감식시료나 DNA의 오·남용에 대한 통제기능을 수행할 수 있는 장치라고 볼 수 있다. 그러나 관리위원회에서 디엔에이감식시료의 수집, 운반, 보관 및 폐기에 관한

70) 각국의 DNA데이터베이스 관리기관을 보면, 영국 법과학연구소, 미국 FBI NDIS, 독일 연방중앙수사국, 캐나다 왕립경찰 NDDB, 뉴질런드 과학기술부 ESR, 독일 연방중앙수사국, 오스트리아 중앙유전자연구소, 스웨덴 국립법과학연구소, 노르웨이 국립경찰 법의학연구소, 벨기에 국립범죄과학연구소, 네덜런드 법과학연구소, 핀란드 국립수사국, 덴마크 코펜하겐대학 법의학연구소, 스위스 법의학연구소 등으로 관리기관이 일원화되어 있으며 대부분 수사기관에서 분리된 법의학연구소 또는 경찰수사기관에서 관리하고 있다. 한면수 2005, 앞의 책, 237면.

71) 김병수, 앞의 책, 96-97면.

사항 및 데이터베이스 수록 및 삭제에 관한 사항을 기술적으로 확인하고 심의할 수 있을 것인가에 대해서는 의문의 여지가 남는다. 단지 검찰이나 경찰에서 제출한 자료만을 대상으로 심의하거나 디엔에이신원확인정보담당자의 의견을 듣는 것이 전부일 가능성이 크다. 말하자면, 서류심사에 지나지 않는다는 것이다.

특히 외부 민간업체에 대한 DNA위탁감정은 경찰과 국과수의 직접적인 감독이 어렵다는 점에서 감식시료나 감정된 DNA의 오·남용의 위험성을 방지하기 위한 통제장치의 마련이 요구된다. 따라서 감식시료나 DNA의 오·남용을 예방하고 인권침해나 사생활 침해의 소지를 사전에 제거하기 위해서는 DNA감정기관의 감식요원과 데이터베이스 관리요원의 윤리의식의 제고를 위한 주기적인 교육과 윤리강령의 제정, 데이터베이스 관리위원회 산하에 DNA감정 전문가들로 구성된 실무소위원회와 같은 장치를 도입해야 할 것이다.

(3) 범죄현장 감식요원과 DNA감정전문가 적정인력 확충

2009년 경찰통계연보에 의하면, 강력범은 2008년과 2009년에는 18,000건에 가깝게 발생하였으며, 특히 강간과 방화사건이 증가하는 추세를 보이고 있다. 특히 DNA데이터베이스 구축의 대상범죄인 특수절도와 마약사범, 상습폭력과 조직폭력 사범을 포함하면 경찰의 현장감식과 DNA감정 사건의 범위는 보다 광범해진다. 그러나 경찰의 범죄현장 감식인력은 629명으로 별로 변화가 없으며 경찰에서 적정인력으로 보고 있는 1,135명에 비해서는 훨씬 못 미치는 숫자이다. 경찰은 이러한 감식인력부족에 대해 행정안전부에 526명을 증원해 주도록 요청해 놓고 있는 상태이다.

한편, 경찰의 DNA 감정의뢰기관인 국립과학수사연구원의 인력은 35명에 지나지 않으며, 검찰의 경우에는 감정인력이 단 4명에 지나지 않는다. 국과수의 DNA감정실적은 2009년 말 현재 2004년도에 비해 약 5배 증가하였으나 DNA감정에 필요한 전문인력은 변화가 없고, 외국에 비해 아주 열악한 실정이다.[72] 이러한 전문인력의 부족으로 국립과학수사연구원은 외부전문기관에 DNA감정을 의뢰하고 있다. 외부전문기관에 대한 DNA감정의뢰는 예산절약이나 기술의 발전이라는 측면에서 장점이 될 수 있

72) 각국의 유전자 분석인력 통계를 보면, 미국 약 1,500명(인구19만7천명당 1인), 영국 700여명(인구8만6천명당 1인), 캐나다 약100명(인구32만8천명당 1인), 뉴질런드 약45명(인구8만9천명당 1인), 일본 200여명(인구6만3천7천명당 1인), 홍콩 28명(인구24만6천명당 1인), 한국 34명(인구160만명당 1인) 등으로 우리나라의 분석인력 수준은 외국에 비교할 때 대단히 열악하다는 사실을 알 수가 있다. 한면수 2005, 앞의 책, 236면.

으나 DNA 감식시료와 DNA의 오·남용을 방지하기 위한 통제의 측면에서는 단점이 될 수 있다. 따라서 DNA 데이터베이스의 효율적 구축과 신뢰성 확보를 위해서는 경찰의 현장감식인력을 경찰청에서 산정한 1,135명 수준으로 충원하고, 국립과학수사연구원의 DNA 분석인력을 우리나라 인구를 5천만으로 하여 홍콩이나 캐나다 수준의 인구비례로 계산한다면, 150명에서 200명이 적정인력이다.

(4) DNA 감정기관 품질관리 및 인증제도 강화

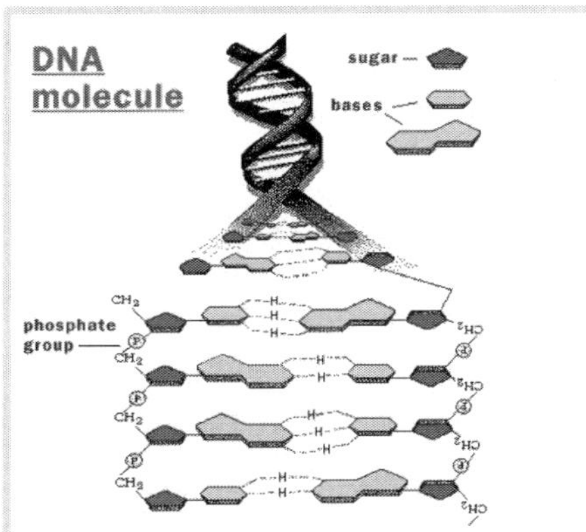

출처 : Useful Info (17)

DNA감식결과에 오류가 발생할 가능성을 배제할 수는 없다. 즉, 분석에 사용한 방법, 실험과정 및 해석, 감식시료의 특성 등에 의해 오류가 발생할 수도 있다. 우리나라의 국립과학수사연구원 등 국가기관의 DNA감정기술은 세계적으로 인정받고 있다. DNA감식기법은 다른 나라와 호환이 가능한 CODIS 유전자 STR 13 마커를 사용하고 있다. 그러나 분석절차나 기법의 표준화와 오류발생률에 대한 공개, 감정인 및 감정시설에 대한 숙련도 검사의 실시와 그 결과의 공개, 이들에 대한 적정한 자격요건의 설정, 분야별 전문 감정인으로서의 인증취득 및 갱신제도 등이 전무하다는 점 등이 문제로 지적된다. 이러한 인식아래 DNA 분석의 신뢰성을 확보하기 위한 몇 가지 방안을 제시하면 다음과 같다.

① 감정인 및 감정기관에 대한 주기적인 숙련도 테스트를 실시하고, 그 결과를 공개하며, 감정인의 자격 요건의 설정과 인증 및 인증의 주기적 갱신제도 등이 실시되어야 한다.[73] ② DNA분석의 신뢰성을 확보하기 위해서는 첫째, 일관된 유전자 마커로 데이터베이스의 확립. 둘째, 변별력이 입증된 표준화된 데이터베이스의 구축, 셋째, DNA감정기관의 인증 및 실험자 자격화를 제도화해야 한다.[74] 최근에 DNA감정기관의 품질관리와 품질보증프로그램으로 미국 법과학연구소장 협회의 ASCLD(American Society

73) 황만성, 유전자감식 정보의 형사절차상 활용방안, 형사정책연구 제18권 제1호(통권, 제96호, 2007·봄호), 208-210면.

74) Peter D Martin, National DNA databases- practice and practicability, *International Congress Series, 1261*, 2004, pp.1-8.

of Crime Lab Director), 국제표준화기구의 ISO 17025(International Organization for Standardization), 한국 실험인증표준화 협회의 KOLAS 등이 운영되어 국제공인기관으로 인정받을 수 있다.[75] ③ DNA감식용 시료는 가능한 둘 이상으로 나누어 추가검증 및 결과의 재현이 가능하도록 규정화해야 한다. ④ 실험자 및 관리자의 자질향상을 위하여 지속적인 직무수행능력평가 등 직원의 전문성을 확보하기 위한 제도적 장치를 마련해야 한다.[76]

Section 3 강력범죄자의 정신이상 항변 검증

1. 서론

범죄의 원인은 다양하다. 범죄의 원인이 중요한 이유는 강간살인이나 강도살인, 방화살인 또는 유괴살인, 아동성폭력범죄 등과 같은 흉악범죄의 경우에도 그 원인에 따라서 형벌이 감면되거나 극형을 피할 수 있고, 치료·교화의 대상이 되기 때문이다. 특히 흉악범죄자가 정신장애를 이유로 한 정신이상항변을 주장할 경우에 그 형사처벌의 적정성에 관련하여 논란의 대상이 되고 있다. 오늘날 정신장애는 정신분열증, 망상증, 정동장애, 충동조절장애, 해리성정체성 장애, 그리고 심지어 반사회적 인격장애나 사이코패스도 그 유형에 포함시켜 정신이상항변으로 형사처벌의 면제나 감면을 대상으로 해야 한다는 주장이 제기되고 있다.

현대사회의 범죄는 점점 잔인화·흉포화의 길로 내달리고 있다. 최근에 발생한 조두순 사건, 강호순사건, 김수철사건, 김길태 사건의 경우에 재판과정에서 범죄자가 범행시에 정신장애 상태에 있었다고 항변함으로써 면책이나 감형을 시도한 것으로 알려져 있다. 이처럼 연쇄살인, 아동성폭력살인이나 아동성폭력범죄 등과 같은 흉악범죄자들이 정신장애를 이유로 범죄행위시에 책임무능력 상태였다고 항변하는 일이 빈번하게 발생한다는 점이다. 하지만, 이러한 정신장애 상태를 전문 감정인들이나 법관들

75) 한면수 2006, 앞의 책, 118-119면.
76) 앞의 책, 119면.

이 정확하게 판단할 수 있는 객관적인 기준이 확립되어 있지 않다는 것이 문제로 지적된다.77)

2. 이론적 배경

(1) 정신장애와 정신이상 항변

정신장애와 정신이상은 개념적으로 본질적인 차이가 있다. 정신이상은 정신장애로 인하여 행위의 본질과 성질을 알지 못하거나 만약 알았다고 하더라도 자신의 불법적인 행위가 옳지 않다는 것을 알지 못하는 상태를 말한다. 정신이상은 생물학적 요인과 심리학적 요인에 의한 정신장애자 중에서도 옳은 것과 옳지 않은 것을 판단할 실질적 능력이 부족한 사람이라고 할 수 있다.78) 따라서 정신장애자라 하여도 반드시 정신이상으로 인정받는 것은 아니므로 정신이상은 정신장애 보다 더 좁은 개념이다. 이러한 정신이상 상태에 있는 자가 형의 면죄나 감경을 요구하는 것을 정신이상 항변이라고 한다. 정신이상은 정신병리학적 또는 심리학적 용어가 아니라 법적인 용어이다. 따라서 이는 범죄행동의 맥락에서만 사용되어야 하고 범행 당시의 개인의 마음상태를 말한다. 사람이 정신이상을 이유로 무죄라고 주장하는 정신이상 항변을 할 때, 판사나 배심원은 당사자가 범행 당시에 정신이상 상태여서 책임이 없다는 사실을 판단해야 한다.

우리나라 형법 제10조의 "심신장애로 인하여 사물을 변별할 능력이 없거나 의사를 결정할 능력이 없는 자의 행위는 벌하지 않는다. 그리고 그러한 능력이 미약한 자의 행위는 형을 감경한다"고 한 규정은 심신상실자에 대해서는 형사책임을 면제하고 심신미약자는 형사책임을 감경한다는 것을 의미한다. 따라서 형법 제10조는 심신장애 상태에서 범행을 한

77) 조철옥, 강력범죄자의 정신이상 항변에 관한 연구, 치안정책연구, 제25권 제1호, 2011.6. 115-155면.

78) Roger George Frey, "*The Guilty But Mentally Ill Verdict and Process*," 92 Yale L.J, 1983, p.475.

후 기소된 피고인들의 정신이상 항변의 근거가 된다. 물론 심신장애가 정신장애와 같은 의미인 지는 분명하지 않지만, 심신장애로 인하여 범행시에 심신상실이나 심신미약을 이유로 형의 면제나 감경을 요구할 수 있다. 이러한 요구는 일종의 정신이상 항변에 해당한다.

한편, 정신이상의 원인인 정신장애의 개념은 일단은 현행의 형법에서 사용하고 있는 심신장애의 개념에서 도출되어야 할 것으로 보인다. 심신장애는 심신상실이나 미약을 판단하는 규범적 개념이라는 측면에서 정신장애와 구분하는 견해가 있는가 하면, 심신상실이나 미약을 판단하는 생물학적 요소로서의 사실적 개념으로 분류하는 견해도 있다. 후자의 사실적 개념은 정신장애와 같은 의미라고 볼 수 있다. 그러나 생물학적 장애란 본래 신체기관의 질병 및 기타 결함을 의미한다. 형법 제10조의 심신장애는 정신분열, 조울증, 간질 등 대부분 신체기관 특히 뇌기능과 관련된 질병에 의한 경우가 해당된다. 그러나 백치 등 극단적인 저능 또는 심한 불안과 흥분, 강한 정신적 충격 등에 의한 판단력 및 의사결정능력 상실 내지 감퇴 등과 같이 신체기관의 질병에 의한 것이 아닌 경우도 흔히 있다. 또한 알코올과 마약복용 등에 의한 일시적 정신장애는 신체기관의 기능손상 내지 결함과 무관하다. 이를 종합해 보면, 형법 제10조 1항은 생물학적 방법만으로 책임무능력을 규정하고 있는 것이 아니다.[79] 따라서 정신장애는 생물학적 장애와 심리적 장애, 그리고 알코올과 약물복용 등에 의한 일시적 장애를 포함하는 개념으로 보아야 한다. 정신장애는 심신장애보다 더 넓은 개념으로 파악되어야 한다.

(2) 정신장애에 대한 법적인 논의

1) 정신장애에 대한 판단기준

우리형법 제10조 제1항의 심신장애는 생물학적 요인으로서 정신장애를 뜻한다.[80] 심신장애는 신체적 장애를 제외한 정신장애를 의미하지만, 현행 형법은 구체적으로 무엇이 이에 속하는 가에 대한 규정을 두고 있지 않다.[81] 형법 제10조 제1항과 제2항은 심신장애로 인하여 사물의 변별능력이 없거나 의사결정 능력이 없는 책임무능력자 또는 한정책임무능력자의 행위를 벌하지 않거나 형을 감경한다고 규정하고 있을 뿐 구체적 판단기준이 제시되어 있지 않다.[82] 또한 형사소송법 제169조의 감정이 형법상

79) 한정환, 심신장애와 책임능력, 형사법연구 제15호, 2001.6, 80면.
80) 김성돈, 형법총론, 성균관대학교 출판부, 2009, 337면.
81) 이인영, 책임능력에 대한 판단과 정신감정절차, 홍익법학 제11권 제2호, 2010.6. 157-190면.

의 책임무능력 판정에 어떤 관련성이 있는지 분명하지 않고, 법원 또는 수사기관에서 피고인 또는 피의자의 책임능력 평가를 위하여 어떤 기준을 적용하는지가 분명하지 않다.[83]

그러나 심신장애에 대한 구체적인 유형이나 기준을 제시하지 않고 있는 우리 형법과는 달리 판례는 심신장애의 유형을 통상 정신병, 정신박약 또는 비정상적 정신상태의 몇 가지로 분류하고 있다.[84] 첫째 유형은 정신병 즉, 병적 정신장애를 들고 있는데 내인성 정신병에 해당하는 정신분열증과 조울증, 외인성 정신병에 해당하는 뇌연화증, 뇌손상, 간질 등을 들고 있다.[85] 한편, 강박증 등 정신적·심리적 원인에 의한 정신병도 해당하는 것으로 본다.[86] 둘째 유형은 백치, 치매와 같이 증명할 수 없는 지능박약을 의미하는 정신박약, 세 번째 유형은 실신, 마취, 혼수상태, 깊은 최면상태, 극도의 과로상태, 심한 충격이나 극도의 격정상태, 명정상태 등과 같은 비정상적인 정신상태의 유형으로서 심한 의식장애를 들고 있다.[87] 특이한 것은 판례는 명정상태를 심신장애로 인정함으로써 주취항변을 가능하게 하고 있다는 점이다.

2) 심신상실과 심신미약의 기준

정신장애와 관련하여 형법 제10조 제1항 및 제2항의 심신상실과 심신미약이 무엇인가에 대한 구체적인 규정이 없다. 심신상실이라고 하기 위해서는 심신장애로 인하여 사물을 변별할 능력 또는 의사를 결정할 능력이 없는 상태를 의미한다. 따라서 심신상실은 심신장애라는 생물학적 요소와 사물의 변별력과 의사결정능력이라는 심리학적 요소를 혼합하여 규정하고 있다. 그러나 심신장애가 생물학적 요인이라는 의미도 불분명하고, 사물의 변별력과 의사결정능력이 심리적 요인이라는 설명도 부정확할 뿐 아니라 심신장애, 사물을 변별할 능력, 의사를 결정할 능력 등의 개념이 정의되지 않아 심신상실이 무엇을 의미하는가는 이론이나 판례에 의해 해석되거나 규정되고 있을 뿐이다.[88]

형법상의 심신장애는 정신장애 또는 정신기능의 장애를 의미하는 것으로서 ⅰ) 진

82) 박상식, 정신장애범죄자의 형사책임능력판단 기준에 관한 연구, 형사정책연구 제18권제1호(통권 69호, 2007.봄호), 103-144.
83) 신동일, 심신장애자 판정의 문제점과 비교법적 검토, 형사정책연구소식 제92호, 2005.11/12월호, 18-22면.
84) 1984.8.18. 대판 92도1425.
85) 1984.8.21. 대판 84도1510, 84 감도229.
86) 이재상, 형법총론, 박영사, 2008, 305면.
87) 신동운, 형법총론, 법문사, 2001, 341면.
88) 한정환, 앞의 책, 80-81면.

출처 : 범죄심리 (15) 여성사이코패스

행성뇌연화, 노인성 치매나 뇌손상에 의한 창상성 정신병, 음주 및 약물중독 등에 의한 외인성 정신병과 정신분열증, 조울증, 간질과 같이 정신기능의 변화만을 가져오는 내인성 정신병 등 정신병, ii) 백치나 치매 등 정신박약, iii) 명정, 최면상태 등 중대한 의식장애, iv) 감정·의사 또는 성격장애 등 그 정도가 심하여 병적 가치를 인정받을 수 있는 정신병질 등을 그 내용으로 한다는 것도 법이론적 해석이나 판례에 의해 규정될 뿐이다.[89]

한편, 형법 제10조 제2항의 심신미약 역시 생물학적 요소와 심리학적 요소로 구성되고, 생물학적 기초는 심신상실의 경우와 같이 심신장애로서 다만 심신장애의 정도에 차이가 있다고 할 수 있다는 것으로 해석될 뿐이다. 따라서 순수한 정신병도 포함되고 경미한 뇌성마비 또는 간질 등이 해당된다. 또한 음주 또는 약물중독, 그리고 극히 예외적인 경우에만 책임무능력으로 될 수 있는 정신병질, 노이로제 또는 충동장애 역시 심신미약으로 인정될 수 있다.[90] 심리적 요소는 사물을 변별할 능력 또는 의사결정 능력이 미약할 것을 요한다. 이러한 능력이 미약한가의 여부도 법적·규범적 관점에서 판단해야 한다.

3) 정신병질에 대한 정신장애 인정 여부

정신병질이란 정신분열증이나 망상증 등과 같은 정신질병은 아니지만, 정신적인 결함으로 인하여 비정상적인 공격행동 또는 무책임한 행동을 함으로써 의료적 치료를 요하는 상태를 말한다. 정신병은 분명히 정신장애에 해당하지만, 정신병질이 정신장애에 해당하는 지에 대해서는 견해가 엇갈린다.

특히 범죄와 관련하여 정신장애 여부에 대한 논란의 대상이 되는 정신병질 유형은 자기 자신이나 타인에게 해가 될만한 행동을 하려는 충동, 욕구, 유혹을 억제하지 못하는 충동조절 장애이다. 우리 형법 제10조의 해석상 심신미약으로 인정되는 충동조절장애는 의학상으로는 간헐적 폭발성장애, 병적 도벽, 병적 방화벽, 병적 도박, 발모벽, 달리 명시되지 않는 충동조절장애 등의 6가지 유형으로 구분된다.[91] 독일 형법 제

89) 이재상, 앞의 책, 303-304면.
90) 위의 책, 308-309면.

20조에 규정된 '다른 중대한 정신이상'의 해석에는 인격장애, 신경증 및 충동장애를 포함하고 있다.[92] 다만, 이와 같은 정신이상만 존재하면 되는 것이 아니라 '중대한' 것이어야 하고, 중대한 것의 의미는 앞에서 열거한 정신병 유형에 상응하는 질병을 가진 것이어야 한다는 의미로 해석되고 있다.[93]

우리 대법원의 판례 역시 독일 형법의 해석과 같이 중대성의 의미를 전형적인 정신병과 동일시 할 수 있는지 여부에 따라 평가하고 있다. 즉, 대법원은 정상인도 자신의 충동을 억제하지 못하여 범죄를 저지르게 되는 현상을 얼마든지 찾아볼 수 있으므로, 특단의 사정이 없는 한 원칙적으로 충동조절장애와 같은 성격적 결함은 전형적인 정신병의 일종으로 볼 수 없다고 판시하였다.[94] 다만, 생리기간 중에 심각한 충동조절상태에 빠져 절도범행을 저지른 병적 도벽이나 성도착증에 의한 소아기호증의 경우 그러한 성격결함이 매우 심각하여 원래의 의미의 정신병을 가진 사람과 동등하다고 평가할 수 있다든지 또는 다른 심신상실사유와 결합된 경우에는 심신장애를 인정할 여지가 있다고 판시하였다.[95]

출처 : 이슈 (9) 사이코패스테스트 http://blog.naver.com/yookki1224

정신병질의 대표적인 증상인 반사회적 인격장애는 정신장애로 인정할 것인 가에 대해 찬반의 논란이 있다. 반사회적 인격장애의 유형으로 분류하는 사이코패스의 경우에도 정신병과 동등하다고 평가될 정도로 심각한 정도이면 재범의 가능성 및 치료감호처분의 필요성 등과 관련해서 정신장애에 포함시킬 수 있는지에 대한 신중한 논의가 필요하다. 사이코패스의 경우 치료가 어렵고 재범의 위험성이 높은 상태에서는 형사면책을 거의 인정하지 않는다. 사이코패스는 사유능력(reasoning facilities), 즉, 사물변별능력이 반드시 손상된 것이 아니어서 자신이 무슨 행동을 하는 가를 알 수 있고 자신과 주변에 대한 정상적인 관심을 가지고 있기 때문이다.[96]

91) 이정균 · 김용식 편저, 정신의학, 일조각, 2000, 436면.
92) 이인영, 앞의 책, 167면.
93) 위의 책, 167-168면.
94) 2006.10.13. 대판 2006도5360.
95) 신동운, 앞의 책, 343면.

판례 역시 사이코패스에게는 온전한 시비변별능력과 의사결정능력이 인정되기 때문에 원칙적으로 형사책임능력이 인정될 수밖에 없다고 판시하고 있다.[97] 미국 모범형법전(Model Penal Code) 제4조 1항은 "일반적인 정신질환에 대하여 자신의 행동의 잘못됨을 깨닫지 못하거나 자신의 행동을 법이 요구하는 것에 충족시키지 못할 때에 행한 범죄행위에 대하여 책임능력을 인정함"과 동시에 동 조 제2항은 "정신질병이나 결함으로 인하여 어떤 반복적인 범죄나 반사회적 행위 등을 한 자에 대해서는 정신이상항변을 인정하지 않는다."[98]

최근에 관심을 끌고 있는 '다중인격장애', 즉, '해리성 정체성장애' 역시 정신장애 인정 여부의 대상이 되는 정신병질 유형이다. 오늘날 해리성 정체성 장애(Dissociative Identy Disorder:DID)라고 하는 다중인격은 한 사람의 내면에 두 가지 이상의 각기 다른 정체성을 지닌 인격이 존재하는 것을 말하고, 각각의 인격이 교대로 반복해서 그 사람의 행동을 통제하는 증상을 말한다. 미국의 경우에 DID는 때때로 범죄의 책임을 면하기 위한 조건으로 사용되어 왔다. 일반적으로 DID항변은 성공적이지 못하였다.[99] 하지만 미국 형사판례에서 피고인이 형사면책 사유로서 해리성정체성장애 항변을 활용하였다는 사실을 확인할 수 있다.

정신장애 인정여부와 관련하여 논란의 대상이 되는 유형은 외상후 스트레스 장애 증후군이다. 미국 정신의학협회의 진단・통계 지침서인 DSM-Ⅳ에 의하면, 외상후 스트레스 장애(Posttraumatic Stress Disorder:PTSD)란 극한적인 육체적・정신적 상처를 입은 후 스트레스의 발생과 관련된 특징적인 증후군, 또는 실제 죽음이나 죽음의 위협 또는 심각한 상해나 기타 육체의 보전에 대한 위협을 포함하는 사건을 개인적으로 직접 경험함으로써 발생하는 특징적인 증후군을 말한다.[100] DSM-Ⅳ의 개정판은 PTSD를 해리성 정체성 장애의 광범한 범주로 인정하고 있다. 미국의 경우에 PTSD 증후군의 존재여부는 법정에서 정신이상 항변의 대상이 되어 법적인 책임이 감경된다는 점에서 중요한 의미를 가진다. 미국 법원은 PTSD 증거를 점점 받아들이는 추세를 보이고 있다.[101]

96) 위의 책, 222면. 안성조, 사이코패스의 형사책임 능력, 형사법연구 제20권 제4호, 2008, 168-169면.
97) 1995.2.24 대판 94도3163.
98) 이인영, 앞의 책, p.169.
99) Curt R. Bartol & Anne M. Bartol, Criminal Behavior -A Psychosocial Approach-, 8th Edition, Pearson International Edition, 2008, pp.252-253.
100) 위의 책, 248-249면.
101) 위의 책, 249-250면.

3. 정신이상 항변관련 정신감정에 대한 논의

(1) 판례의 태도

범죄자의 정신장애 여부에 대한 최종적인 판단은 법관에게 달려 있다. 대법원은 형법 제10조 소정의 심신장애의 유무 및 정도를 판단함에 있어서 반드시 전문가의 감정에 의존하여야 하는 것이 아니고, 범행의 경위, 수단, 범행 전후의 피고인의 행동 등 기록에 나타난 관계 자료와 피고인의 법정 태도 등을 종합하여 법원이 독자적으로 판단할 수 있다고 판시하였다.[102] 이 판례는 감정을 법관의 독자적 판단에 의한 재량사항으로 보고 있다. 한편, 정신감정을 법관의 의무사항으로 판시한 판례도 있다. 즉, 피고인의 병력, 가족관계, 성장환경, 그 동안의 전력, 피고인의 범죄 횟수 및 그 시간적 간격, 각 범행 전후의 정황, 피고인에 대한 정신감정 결과 등에 비추어 피고인의 각 범행이 매우 심각한 충동조절장애와 같은 성격적 결함으로 인하여 심신장애 상태에서 순간적으로 저지른 것일 가능성도 있는데도, 원심판결이 객관적인 정신감정기관을 통하여 자세한 정신감정을 다시 실시하는 등의 방법으로 심신장애 여부를 심리하지 아니한 것은 위법하다고 판시하였다.[103] 시기별로 보면, 1950년대의 판례는 전문가의 감정을 거치지 않고 유죄판결을 선고함은 심리미진의 위법이 있다고 판시하였고,[104] 그 이후의 1980년대 초반까지의 판례는 수사기록에 나타난 제반자료와 공판정에서의 피고인의 태도 등을 종합하여 판단하여도 무방하여 반드시 전문의사의 정신질환 유무의 감정에 의한 필요가 없다는 입장이었다.[105]

그러나 1980년대 후반의 판례에서는 범죄자의 정신장애 여부에 대하여 전문의의 감정을 의무화하는 입장을 취하고 있다는 것을 확인할 수 있다. 대표적인 판례를 보면, 제1심법원이 감정을 거치지 않고 진술조서만 가지고 피고인의 심신장애의 주장을 배척한 것은 잘못이고, 원심에서 이를 간과하고 아무런 판단을 하지 않은 것도 잘못이라고 판시하였으며,[106] 정신병으로 여러 차례 입원한 경력이 있는 자가 범행당시에 심신장애의 상태에 있었는지의 여부에 관하여 정신과 전문의로 하여금 감정하지 않거나 객관적 정신감정기관을 통하여 자세한 정신감정을 다시 실시하는 등의 방법으로

102) 1998.3.13, 대판 98도159.
103) 2006.10.13, 대판 2006도5360.
104) 1955.11.29. 대판 4288형상315.
105) 1987.7.21. 대판 87도1141, 87감도102.
106) 1988.12.13. 대판 88도1792, 1999.4.27. 대판 99도693, 99감도17.

심신장애 여부를 심리하지 아니한 것은 위법하다고 판시하였다.[107]

(2) 감정인과 법관의 정신장애에 대한 판단의 불일치

형법 제10조에 규정된 심신상실자와 심신미약자에 대한 해석에 의해 재판과정에서 어떻게 그들을 구분할 수 있느냐가 논쟁의 대상이다. 정신장애에 대한 판단은 비전문가인 법률가가 자의적으로 판단할 수 있는 성질의 것이 아니다. 따라서 학계와 대법원은 정신장애 판단에 관하여 정신의학 전문가 등에게 정신감정을 의뢰하는 것이 필요하다고 인정한다. 하지만 감정인은 전문적인 진찰소견과 의학적인 입장만 제시할 뿐이며 법적인 책임능력의 최종적 판단은 법관에게 달려 있다.[108]

선행연구에 의하면,[109] 75명의 정신장애범죄를 감정의가 44명(58.7%)을 심신상실, 26명(34.7%)을 심신미약, 5명(6.6%)을 책임능력이 있다고 감정한 반면, 법원은 심신상실 16명(21.3%), 심신미약 44명(58.7%), 책임능력이 있다고 판정한 경우는 15명(20%)이었다. 감정의가 제시한 의견과 법관의 판결이 일치한 경우는 심신상실 44명 중 16명(36.3%), 심신미약 26명 중 19명(73.%), 형사책임능력 인정 경우는 5명 중 5명(100%) 전부였다. 전체 75명 중 40명(53.3%)이 일치하였으며 일치하지 않은 35명(46.7%)의 경우 법관이 감정의 보다 형사책임능력을 무겁게 부과시켰으며, 가볍게 부과시킨 경우는 1명도 없었다.

이처럼 감정결과와 판결이 일치하지 않는 이유는 첫째, 법관들은 판결시 정신장애자들의 병적인 심신상태 이외에도 외부로 표현되는 언행, 과거 경력, 재범가능성 등에 대한 고려, 둘째, 감정인은 현재의 정신장애를 치료할 수 있는가 하는 관점에서 과거의 병력을 참조하여 현재의 정신질병으로부터 범행당시의 질병상태를 추정하지만, 법관은 최후·보충적인 책임능력의 규범적 기준을 전제로 하여 행위자의 범행 당시의 구체적인 책임무능력 존재여부를 규명하려는 시각의 존재, 셋째, 정신의학계에서 정신장애에 관하여 법적 설득력을 가지는 감정척도를 계량화·정량화하지 못함으로써 형사책임 능력 여부를 결정할 수 있는 구체적 기준의 부존재 때문인 것으로 분석된다.[110] 또한 심신상실로 무죄를 선고하게 되면 별도의 치료감호절차가 개시되어야 한

---

107) 2006.10.13. 대판 2006도5360.

108) 박상식, 앞의 책, 132면. 이재상, 앞의 책, 307면.

109) 최윤정·조지희·권정화, 형사적 정신감정결과와 법원판결에 관한 고찰, 신경정신의학 제37권제5호, 1995, 907면.

110) 이인영, 앞의 책, 183-184면.

다든지, 대부분의 경우 검찰의 상소로 현실적인 번거로움이 있고 일정한 반사회적 행위를 저지른 자를 무죄방면하는 것보다 제재적 응징을 하는 것이 법감정에 일응 부응하는 것으로 생각하는 법 현실적 이유를 들어 볼 수 있다.[111)]

4. 강력범죄 문제점과 해결방안

(1) 문제점

지금까지의 논의와 실태분석을 통하여 범죄자의 정신이상항변에 관한 몇 가지 문제점을 지적하지 않을 수 없다.

첫째, 우리나라의 경우 정신장애 범죄자들의 정신이상에 대한 판단기준이 명확하게 규정되어 있지 않다는 것이 문제이다. 현행 형법이 제정된 지 50여 년이 지났지만, 일부 조항들은 부분적으로 개정되었음에도 불구하고 형법 제10조의 책임능력 규정은 한 번도 개정되지 아니하였다. 심신장애라는 용어 역시 무엇을 의미하는 지 분명하지 않다. 그로 인하여 이 조항이 과연 현대사회에서 점차 문제화되고 있는 정신장애자들의 범법행동을 객관적으로 평가할 수 있는지에 대한 문제가 제기된다. 판례의 경우에도 어떤 기준으로 책임무능력과 한정책임능력을 인정하는지 분명치가 않다. 우리나라 판례에서 인정하는 다양한 기준들은 어떤 특정한 기준에 의해 일괄적으로 정리하기 어렵다. 이처럼 정신장애에 대한 객관적인 평가기준이나 법적 미비는 강력범죄자들의 정신이상 항변 성공률이 미국보다 높게 나타나는 원인이 되고 있는 것으로 분석할 수 있다.

둘째, 실태분석에서 볼 수 있듯이 우리나라의 경우 살인이나 강도, 강간, 방화 등과 같은 흉악범들의 정신이상 항변 성공률은 미국보다 높고, 또한 2004년 이후 정신이상 항변과 주취항변 성공률은 점점 증가하는 추세를 보이고 있다. 또한 현대사회는 다양한 형태의 정신병의 출현, 논란의 대상이 되고 있는 반사회적 인격장애나 사이코패시, 해리성 정체성 장애, 외상후 스트레스 증후군 등의 정신병질, 명정이나 치매, 백치 등 정신이상 항변의 대상이 될 수 있는 정신장애 유형이 다양한 형태로 존재한다. 이러한 상황 속에서도 우리나라는 미국이나 독일 등과는 달리 정신이상 항변과 관련된 정

111) 손용근, 정신장애자와 사법절차-그 일반론 및 몇 가지 현실적인 문제점들-, 신경정신의학, 제32권 제1호, 1993, 9면.

신장애 유형이 법적으로 확립되어 있지 못하다는 문제점을 안고 있다.

셋째, 강력범죄의 정신이상 항변에 대한 또 다른 문제점은 정신장애 감정 그 자체에 대해서 형법에 아무런 규정이 없다는 점이다. 단지 형사소송법 제169조에 "법원은 학식·경험있는 자에게 감정을 명할 수 있다"고 규정함으로써 감정을 법원의 재량에 맡기고 있다. 정신감정에 회부하는 조건도 전적으로 법원의 재량사항이고 감정결과에도 전혀 구속되지 않는다.[112] 따라서 정신장애 범죄자에 대한 전문감정인의 감정결과와 법관의 판단이 일치하지 않는 경우가 많다. 물론 법관들은 범죄자에 대해 처벌 중심으로 판단하고 전문감정인들은 치료위주로 판단을 하는 경향이 있다는 점에서는 이해할만하다. 법관이 법적으로 전문감정인의 감정결과에 구속되는 것도 아니므로 독자적으로 판단하는 것도 문제가 되지는 않는다.

그러나 형사소송법상의 정신장애 감정이 형법상의 형사책임무능력 판정과 어떤 관련성이 있는지 분명하지 않고 이러한 감정은 정신장애자 판정의 경우 매우 형식적으로 진행된다는 생각을 떨쳐버릴 수 없다. 형사절차의 실무에 있어서 검사나 법관이 정신감정을 요구하는 사항도 범위가 일정치 않고 정형화 되어 있지 않다. 대체적으로 범죄시와 감정시의 정신장애의 유무와 정도, 책임능력, 치료의 필요성, 재범의 위험성을 감정한다.[113] 판례를 보면 단순히 '피감정인의 정신상태', '정신감정'이라고 막연히 기재하기도 하고, '범행당시의 정신상태 및 현재의 정신상태에 대한 정신의학적 의견'이라고 표현하는 등 추상적이고도 일관적이지 못하다.[114] 또한 이를 판단할 때에 전문가에의 감정의뢰가 필수적인 것이 아니라는 주장에 문제가 있다.

넷째, 실태분석에서 볼 수 있듯이 살인, 강도, 강간, 방화 등 강력범죄자들의 주취항변 성공률이 30%에 이르고 있고, 강력범죄자 중 전과자의 주취항변 성공률이 40%에 이른다는 사실은 주취항변을 판정하는 객관적인 기준 없이 피의자의 일방적인 진술에 의존하는 형사절차의 문제점을 지적하지 않을 수 없다. 물론 수사과정에서 ① 피의자의 평소의 주량, ② 당일의 음주량, ③ 범행에 전후하여 일어난 다른 사실의 기억여부, ④ 피의자에게 유리한 사실의 기억여부를 신문하여 주취항변에 대한 입증자료를 확보하지만, 이 역시 피의자의 진술에 거의 의존한다는 문제를 안고 있다. 특히 실태분석에서 확인된 주취항변 성공빈도는 명정상태에서 가장 흔히 발생하는 것으로 알려진 폭력범죄를 제외한 살인,

112) 한정환, 앞의 책, 85면.
113) 박상식, 앞의 책, 130-131면.
114) 2006.10.13. 대판 2006도5360.

강도, 강간, 방화 같은 강력범죄를 대상으로 하였다는 점에서 문제의 심각성이 인정된다.

판례에서도 주취항변의 경우에 정신감정서에 대한 언급을 찾아 볼 수 없다.[115] 대법원 판례는 심신미약으로 형사책임을 감경한 사례에 있어서도 감경이유에 대해서는 '기록에 나타난 제반자료를 종합하여 피고인의 범행 당시의 심신장애의 정도가 심신미약이라고 인정할 수 있는 이상 반드시 피고인에 대한 정신감정을 하여야 할 필요가 없다'고 판시하였고,[116] 책임 감면을 부정한 사례에서도 '형법 제10조 소정의 심신장애의 유무 및 정도를 판단함에 있어서 반드시 전문가의 감정에 의존하여야 하는 것이 아니고, 범행의 경위, 수단, 범행 전후의 피고인의 행동 등 기록에 나타난 관계 자료와 피고인의 법정 태도 등을 종합하여 법원이 독자적으로 판단할 수 있다'고 판시하고 있다.[117]

(2) 해결방안

1) 정신장애에 대한 판단기준의 구체화

우리형법 제10조 제1항과 제2항은 심신장애로 인하여 사물의 변별능력이 없거나 의사결정 능력이 없는 책임무능력자 또는 한정책임능력자의 행위를 벌하지 않거나 형을 감경한다고 규정하고 있을 뿐 구체적 판단기준이 법규화되어 있지 않다. 그러나 미국은 정신이상을 이유로 한 항변에 대응하기 위해 생물학적인 요소와 심리학적인 요소인 인식능력을 기초로 하는 '맥노튼규칙'(M'Naghten Rule), 생물학적인 요소를 기초로 하는 '더럼규칙'(Durham Rule), 저항불능의 충동원칙까지 포함한 '모범형법전'(Model Penal Code Rule)이라고도 하는 브론너규칙(Brawner Rule), 정신장애 범죄자의 인식능력만을 기초로 정신이상을 판정하자는 '정신이상 항변 개혁법', 정신이상으로 판단되면 무죄로, 정신질환으로 판단되면 유죄로서 치료감호를 통한 치료 후에 처벌하자는 '유죄이나 정신질환 인정 원칙' 등을 법제화하여 그 기준을 분명히 하고 있다.[118] 따라서 흉악범의 경우에 법관이 정신감정을 기초로 하여 정신질환에 의한 정신이상 항변을 받아들일 때에 무죄로 하지 말고 치료 후에 형을 살게 하는 '유죄이나 정신질환 인정 원칙'의 도입이 합리적이라고 본다. 그러나 정신장애에 대한 표준화

115) 정세종, 명정범죄의 형사책임에 관한 고찰, 한국범죄심리학연구 제6권 제1호, 2010, 246면.
116) 1983.7.12. 대판 83도1181.
117) 1998.3.13. 대판 98도159.
118) Bartol & Bartol, 앞의 책, 244-248면.

작업은 현실적으로 쉽지 않다. 강력범죄자의 정신이상항변에 관한 실태분석에서 보았듯이 살인, 강도, 강간, 방화 등의 흉악범의 경우에 전과자의 정신장애 판결과 주취자항변이 초범들 보다 높거나 거의 같은 수준으로 성공하고 있는 것을 알 수 있다. 이러한 전과자에 대해서는 정신이상항변을 들어주지 않고 형사처벌을 하는 것을 원칙으로 하는 방안도 생각해 볼 수 있다. 특히 동일 흉악범죄의 재범자, 아동성폭력범죄자로서 소아성기호증을 가진 성도착증 환자의 경우에 동일범죄 전과가 있거나 재범의 위험성이 높은 자에 대해서는 정신이상항변을 받아주지 않고 형벌을 부과하는 것을 하나의 기준으로 고려해 볼 수 있다. 이러한 전과자들이 정신감정에 의해서 정신장애가 분명한 경우에도 면책이나 감면하지 않고 치료시설에서 치료를 한 후에 형사처벌을 받도록 하는 제도화가 정신이상항변과 형사정의에 합당하다고 본다.

2) 정신장애와 치료에 관련된 법규정의 체계화

① 정신장애 유형의 법제화

외국의 입법례의 경우 정신장애의 유형을 예시 내지 열거하는 형태의 규정을 두고 있다. 예를 들자면, 독일 형법 제20조는 정신장애의 유형을 병적 정신장애, 심한 의식장애 또는 정신박약, 기타 중한 정신이상으로 규정하고 있으며, 프랑스 형법 제122-1조는 정신장애 또는 신경성 정신장애로, 오스트리아 형법 제11조는 정신병, 정신지체, 심한 의식장애 또는 이에 상응하는 다른 중한 정신이상으로 유형을 제시하고 있다.[119)]

우리 형법상의 심신장애는 정신장애 또는 정신기능의 장애를 의미하는 것으로서 i) 노인성 치매나 정신분열증 등 정신병, ii) 백치나 치매 등 정신박약, iii) 명정, 최면상태 등 중대한 의식장애, iv) 심한 신경쇠약 등 정신병질을 포함하고 있으나 이는 형법에 명문화되어 있는 것이 아니라 법이론적 해석이나 판례에 의해 판시된 것이다. 특히 형법 제10조 제2항의 심신미약 역시 생물학적 요소와 심리적 요소로 구성되고, 생물학적 기초는 심신상실의 경우와 마찬가지로 심신장애로서 다만 심신장애의 정도에 차이가 있다는 것으로 해석될 뿐이다. 따라서 순수한 정신병도 포함되고 경미한 뇌성마비 또는 간질 등도 포함된다. 또한 음주 또는 약물중독, 그리고 정신병질, 노이로제 또는 충동장애 역시 심신미약으로 인정될 수 있다.[120)]

최근에 정신이상항변 신청대상으로 부각되고 있는 충동조절장애, 반사회적 인격장

---

119) 이인영, 앞의 책, 166면.

120) 이재상, 앞의 책, 303-309면.

출처 : 브레이크 뉴스

애와 사이코패스, 해리성정체성 장애와 외상후 스트레스장애 등의 정신병질을 정신장애 유형에 포함시킬 것인지에 대하여 형법에 열거 내지 예시하는 규정을 두는 입법화의 노력이 요구된다. 이러한 정신병질을 정신장애로 인정해야 한다는 주장이 제기되고 있다는 점에서 정신이상 항변의 남용을 방지하기 위하여 입법화가 필요하다는 것이다. 모오스(Morse)는 사이코패시도 도덕적 이성을 결여 하여 그 정도가 심한 정도에 이를 때에는 형사면책이 가능하다고 주장하는가 하면,[121] 사이코패시는 그 질환의 심각성이 인정되는 한 심신장애 상태가 인정되는 정신질환과 동등한 것에 해당하며 정신질환자가 향유해야 할 여러 권리를 행사함에 있어 차별이 없어야 한다는 주장도 있다.[122] 한편, 사이코패스에게는 한정책임능력을, 중증의 사이코패스에게는 한정책임능력 또는 책임무능력을 인정하여 현행 치료감호시설을 개선하는 입법적 조치를 하거나 현행 치료감호법이 허용하고 있는 치료감호시설 외에서의 위탁치료를 통해 정신병질이 치료될 수 있도록 처우한다면, 사이코패스의 책임능력 제한은 오히려 현행법 하에서 매우 합리적인 형사정책적 해결책이 될 수 있다는 제안도 있다.[123]

따라서 형법과 형사소송법, 그리고 정신보건법과 치료감호법의 정신장애와 치료감호의 규정을 연결시켜 정신장애와 정신병질을 구체적으로 세분화 하고 체계화하는 작업이 요구된다. 우선 형법 제10조의 심리학적으로 전문적인 용어라고 볼 수 없는 심신장애라는 용어를 심리학이나 정신분석학적인 정신장애라는 용어로 바꾸어서 전문감정인의 감정을 기초로 정신장애 여부를 판정하도록 해야 할 것이다. 말하자면, 심신장애의 개념을 정신분석학이나 신경정신학적으로 정립된 정신장애의 종류를 기준으로 표준화하는 작업이 요구된다. 따라서 형법 제10조는 "① 정신장애로 인하여 행위의 옳고 그름을 판단할 능력이 없거나 그 판단에 따라 행위할 능력이 없는 자의 행위는

121) Stephen J. Morse, Psychopathy and Criminal Responsibility, Neuroethics, vol.1, 2008, p.210.
122) 박용철, 정신질환자 중 사이코패스에 대한 형사법적 대처방안, 형사정책 제19권제2호, 2007, 320면.
123) 안성조, 앞의 책, 191-192면.

벌하지 아니한다. ② 정신장애로 인하여 전항의 능력이 미약한 자의 행위는 형을 감경한다. ③ 위험의 발생을 예견하거나 할 수 있었음에도 자의로 정신장애를 야기한 자의 행위에는 전 2항의 규정을 적용하지 아니한다. ④ 정신장애는 정신분열증, 망상증, 조울증, 간질 등의 정신병, 백치, 치매 등의 정신박약, 주취나 약물 등에 의한 심각한 의식장애, 기타 심각한 정신병질을 포함한다"로 개정할 것을 제안한다.

한편, 정신보건법 제3조제1호는 "정신질환자라 함은 정신병(기질적 정신병을 포함한다), 인격장애, 알코올 및 약물중독 기타 비정신병적 정신장애를 가진 자를 말한다"고 규정하고 있는데 이 규정 또한 정신장애를 구체화한 내용으로 보기에는 미흡하므로 형법 제10조의 규정과 내용의 통일을 기할 필요가 있다. 형법 제10조의 정신장애에 해당하는 판결을 받아 정신의료기관이나 정신요양시설에서 치료감호를 받아야 하는 경우에 법 규정상의 괴리가 생겨서는 안 될 것이기 때문이다. 또한 형법 제10조제1항 및 제2항에 의해 정신장애 판정을 받아 형의 면제나 감경을 받은 범죄자에 대한 특수한 교육·개선 및 치료를 규정하고 있는 치료감호법 제1조 및 제2조의 규정 역시 형법 제10조와 그 내용의 통일을 기할 필요가 있다. 즉, 치료감호법 제1조는 '치료감호대상자를 심신장애 상태, 마약류·알코올이나 그 밖의 약물중독 상태, 정신성적 장애가 있는 상태 등에서 범죄행위를 한 자로서 재범의 위험성이 있고 특수한 교육·개선 및 치료가 필요하다고 인정되는 자'로 규정하고 있고, 제2조제1항제1호는 치료감호대상자를 '형법 제10조제1항에 따라 벌할 수 없거나 같은 조 제2항에 따라 형이 감경되는 심신장애자로서 금고 이상의 형에 해당하는 죄를 지은 자', 제1항제3호는 '소아성기호증, 성적가학증 등 성적 성벽이 있는 정신성적 장애자로서 금고 이상의 형에 해당하는 죄를 지은 자'로 규정하고 있다. 이러한 치료감호법 제1조, 제2조제1항제1호 및 제3호는 형법 제10조제1항에서 정신장애의 종류를 구체화한다면, 통합·조정될 수 있을 것으로 본다.

② 정신감정의 의무화

미국 역시 정신이상 여부는 정신의학 전문의의 진단을 기초로 법관에 의해 최종적으로 결정된다는 점에서 우리나라와 별다른 차이가 없다. 또한 피고인의 정신이상 유무를 정신의학적으로 진단하고 이 정신이상 상태가 행위 당시에 사물변별 능력이나 의사를 결정할 능력에 영향을 미쳤느냐를 기본 요소로 하여 법관이 최종적으로 판단한다는 혼합적 방법을 채택하고 있다는 점에서도 이론적으로는 큰 차이를 발견할 수가 없다.

그러나 미국의 대부분의 주에서 시행하고 있는 정신이상 여부의 감정절차는 우리나라 제도와 차이를 보이고 있다. 첫째, 검사는 주정부에서 고용한 심리학자에 의뢰하여 법원의 명령에 의한 감정서를 얻을 수 있다. 피고인 또한 정신감정에 의한 우세한 증거를 제시할 수 있고, 정부 고용 심리학자의 지원을 받을 수 있다. 둘째, 미국의 법원은 법원에서 추천한 전문감정인으로부터 피고인의 감정이 이루어지도록 한다. 셋째, 전문 감정인은 피고인의 병력, 범행의 동기, 범죄사실과 관련 환경, 심리학 내지 의학적인 검사 등의 다양한 정보에 근거하여 범행 당시의 피고인의 정신상태와 그것이 법원 관할 내에서 사용되는 정신이상 테스트의 요소를 충족하는지에 대한 의견을 제시한다. 넷째, 전문가인 심리학자들에 의해서 감정이 행해진 후에 보고서가 작성되고 그 보고서 및 부본은 법원, 검사, 피고인에게 제공된다. 이 보고서는 재판의 결과에 매우 중요한 영향을 미친다. 감정결과가 자격을 갖춘 전문가에 의해 이루어지고 그러한 감정이 공정하고 객관적인 경우를 전제로 법적으로, 윤리적으로 받아들여지고 있다.[124] 따라서 우리나라도 정신장애로 인하여 사물을 변별할 능력이 없거나 의사를 결정할 능력이 없는 자를 객관적으로 판단할 수 있도록 정신감정을 표준화하는 작업이 요구된다.

외국의 예를 보면, 판단능력 및 의사결정능력의 판단기준에 대해서는 일정한 정신질환이 확인되면 판단능력 및 의사결정능력 역시 부정되어야 한다는 견해, 행위에 대해서 어느 정도 속죄하고 책임질 수 있는 능력, 즉, 수형능력이 있으면 판단력과 의사결정능력이 있다는 견해, 평균적·정상적 능력의 사람을 기준으로 해야 한다는 견해 등이 있다.[125]

그러나 범죄자의 정신감정은 임상적 직관에 의존해 평가하지 않고 계량적인 지표를 활용하여 평가하는 것이 무엇보다 중요하다. 정신장애 범죄자에 대한 객관적인 평가척도는 해어(R.D.Hare)의 PCL-R(Psychopathy Checklist-Revised)을 비롯하여[126] PCL-R의 변형으로서 비범죄 집단에 사용하거나 범죄자 집단에서 정신병질을 선별하기 위해 개발된 PCL-SV(Psychopathy Checklist:Screening Version), 청소년 범죄자에게 사용하기 위한 PCL-YV(Psychopathy Checklist:Youth Version), 정신병질적 특징들

124) 이인영, 앞의 책, 177-178면.
125) 위의 책, 86면.
126) R.D. Hare, Psychopathy: A clinical construct whose time has come, Criminal Justice and Behavior, 23, 1991, pp.25-54.

에 대한 비임상적 측정도구인 P-SCAN(P-Scan:Research Version), 아동기의 정신병질에 대한 전조를 측정하기 위한 APSD 등이 개발되었으며,[127] 그리고 MCMI-Ⅲ(Million Clinical Multiaxial Iventory-Ⅲ)[128] 등이 개발되어 정신이상 항변 타당성 평가에 활용되고 있다. 특히 한국판 PCL-R이 개발되어 사이코패스의 재범위험성 평가에 있어서 그 예측력이 검증되었으며,[129] 한국판 다축임상성격질문지인 MCMI-Ⅲ가 개발되어 인간의 성격을 정신병리적인 임상적 증상들뿐 아니라 지속적인 성격의 기능장애에 이르기까지 성격과 관련된 정신병리를 광범위하게 평가할 수 있게 되었다.[130]

어떤 방법론을 택하든 판단능력과 의사결정능력에 관한 판단 역시 결국은 과학과 의학에 기초한 객관적이고 전문적인 감정에 근거할 수밖에 없으며, 판사의 주관으로만 결정할 수 있는 문제가 아니다.[131] 따라서 정신장애 여부가 의심스러운 사정이 인정되는 경우에는 법원은 반드시 정신감정을 받도록 해야 한다. 또한 행위자가 범죄를 저지를 당시 자기판단능력이나 통제력, 의사결정능력이 결여된 상태가 의심스러운 경우에는 반드시 전문가 또는 전문기관을 통한 감정이 요구된다. 스위스 형법은 "행위자의 책임능력을 의심할만한 정당한 사유가 있는 때에는 수사기관 또는 법원은 감정인의 감정을 명한다"는 제20조의 규정을 두어 입법론적으로 해결하고 있다.[132]

따라서 우리 형법 제10조제1항의 "정신장애로 인하여 사물을 변별할 능력이 없거나 의사를 결정할 능력이 없는 자의 행위는 벌하지 아니한다" 에 단서조항인 "다만 이러한 경우에 반드시 전문인이나 전문기관의 정신감정을 받아야 한다"를 추가하여 개정할 것을 제안한다. 아울러 형사소송법 제169조의 "법원은 학식・경험있는 자에게 감정을 명할 수 있다"는 규정을 "법원은 형법 제10조제1항에 해당하는 경우에 반드시 학식・경험있는 전문인이나 전문기관의 정신감정을 받아야 한다"는 내용으로 개정할 것을 제안한다.

---

127) 이수정・김범준・고려진, 재범위험성 평가도구 개발과 구형요인으로서의 활용가능성 탐색, 대검찰청, 2008, 41--42면.
128) 최영안, 한국판 MCMI-Ⅲ의 요인구조, 한국심리학회지 건강, 제7권2호, 2002, 241-242면.
129) 이수정・김범준・고려진, 앞의 책, 94-96면.
130) 최영안, 앞의 책, 241-255면.
131) 김영환 역, 책임능력판정에서의 심리학자와 형사법률가, 한양대학교 법학논총, 1994, 391면.
132) 이인영, 앞의 책, 180면.

③ 법정전문가 양성 제도화

미국의 경우에 전문적인 지식이 필요한 재판에서 해당 분야의 전문가로서 사실을 감정하는 법정전문가 제도를 채택하고 있다. LA카운티법정은 2010년에 한인 5명을 포함하여 총 320명을 법정전문가로 뽑았다. 이 법정전문가들은 탄도학, DNA지문, 정신이상, 필적, 독물학, 사건현장 재구성 등 41개 분야에 걸쳐 재판과정에 참여하여 대상자에 대한 감정을 실시한다.[133] 앞에서 살펴보았듯이 정신감정을 위한 다양한 객관적인 척도가 개발되고 있지만, 범죄자가 자신은 정신이상 상태여서 아무것도 모른다고 주장할 경우에 인간의 정신상태나 심리상태를 객관적으로 정확하게 감정하는 것은 용이한 일이 아니다. PCL-R 척도에 의한 감정의 경우에도 훈련을 받은 전문가가 평가하도록 되어 있다. 다른 척도 역시 훈련 받지 않은 사람이 관련 분야 전문가라는 이유로 정신이상 여부를 평가하는 것은 감정의 신뢰성을 보장하기 어렵다. 외국에서 개발된 다양한 척도는 문화와 법규범 인식이 다른 우리나라에 적용하는 데는 한계가 있으므로 한국판 PCL-R이나 한국판 MCMI-Ⅲ와 같은 척도에 의해 실제로 법정에서 범죄자의 정신상태를 감정할 수 있는 법정전문가 양성의 제도화가 요구된다. 따라서 국가에서 제도적으로 법정전문가 양성과정을 운영하는 기관을 공인하는 법제화가 요구된다.

3) 흉악범죄자의 정신이상항변 배제

미국의 경우에 많은 주는 반사회적 인격장애와 사이코패스에 대해서는 정신장애로 인정하지 않음으로써 정신이상항변 대상에서 제외하고 있다.[134] 모범형법전(Model Penal Code)에 기초한 브론너 규칙(Brawner Rule)은 정신질병이나 결함으로 인한 어떤 반복적인 범죄나 반사회적 행위를 정신이상항변 대상에서 제외한다. 특히 이 규칙은 사이코패스에 대한 정신이상항변을 불허한다. 또한 정신이상항변을 시도한 성폭력범죄자들 역시 거의 면책이 되지 않고 대부분 기소된다.[135] 1982년 레이건 전 대통령 암살미수 사건으로 기소된 힝클리(Hinkley)를 정신이상을 이유로 사면한 결과 몬타나, 이다오, 유타, 네바다 그리고 캔자스 등 5개 주는 정신이상 항변을 폐지하였고, 정신이상 항변을 제한하는 1984년의 정신이상항변 개혁법을 제정하게 만들었다.[136] 이처

133) 정구현 기자, [‘제3의 증인’ 법정전문가 패널-1] 임상심리학자 오정열 박사, USA 중앙일보, 중앙방송, 2010. 10.28.

134) R. E. Cochrane, T. Grisso, & R. I. Frederick, 앞의 책, 565-582면.

135) J. I. Warren, B. Ronsenfeld, W. L. Fitch, & G. Hawk, 앞의 책, 377-390면.

136) 조철옥, 새 범죄심리학, 21세기사, 2010, 180-181면.

럼 살인이나 성폭력범죄에 대한 정신이상 항변은 법제적으로 제한하고 있다는 것을 알 수 있다.

흉악범죄에 대한 정신이상항변 실태분석에 의하면, 흉악범, 특히 살인과 강간에 대한 정신이상항변이 증가하는 추세에 있다. 더욱이 살인, 강도, 강간, 방화 등의 강력범죄의 경우에 초범이나 전과자의 정신이상 항변 인정빈도가 거의 동일하다는 것은 형사정책적 차원에서도 설득력이 부족하다. 강력범죄의 전과자가 정신이상항변을 주장하는 것은 거짓으로 정신장애를 변명의 수단으로 이용하고 있다고 볼 상당한 이유가 있으므로 정상인과 동일한 처벌을 하는 것이 마땅하다. 특히 형법 제10조 제3항의 "위험의 발생을 예견하고 자의로 심신장애를 야기한 자의 행위에는 형을 면제하거나 감경하지 않는다"는 규정은 전과자의 정신이상 항변을 배제할 수 있는 명문규정임에도 불구하고 전과자의 정신이상 항변 성공률이 높은 것은 이 규정을 엄격하게 적용하지 않는 것으로 분석된다.

출처 : http://blog.anver.com/newpark76

또한 미국의 경우에 반사회적 인격장애자와 사이코패스 등의 정신병질을 이유로 한 반복적인 범죄자와 성폭력범죄자들의 정신이상항변을 받아들이지 않는다. 따라서 우리나라에서도 살인, 강간 등의 강력범죄 전과자와 재범위험성이 높은 사이코패스의 연쇄살인범, 성폭력범죄자, 특히 아동성폭력범죄에 대해서는 객관적인 척도에 의한 평가를 통하여 정신이상 여부를 감정함으로써 정신이상항변을 받아들이지 않고 형벌을 가하는 법제화가 요구된다고 본다. 아울러 흉악범죄를 범한 사이코패스와 해리성 정체성 장애같은 정신병질자에 대해서는 형을 살리기 전에 치료감호를 통하여 치료를 마친 후 남은 형기를 살리는 방안도 검토할 필요가 있다.

또한 명정이라는 이름으로 주취항변을 정신장애로 인정하여 면책이나 감면을 인정하고 있는 사법처리 현상을 놓고 볼 때 연쇄살인범이나 아동성폭력범죄자에 대한 정신이상 항변 배제는 반드시 법제화되어야 한다고 본다. 흉악범들의 주취항변에 대한 분석에서 볼 수 있듯이 흉악범죄자 전체의 주취항변이나 흉악범 전과자의 주취항변 모두 매년 증가하는 추세를 보이고 있고, 전과자의 주취항변이 더 많이 인정되고 있다는 실태를 놓고 보면 주취항변의 남용을 지적하지 않을 수 없다.

물론 조두순 사건 후 2010년 4월15일 신설된 「성폭력범죄의 처벌 등에 관한 특례법」이 제정되면서 동법 제19조에 "음주 또는 약물로 인한 심신장애 상태에서 동법 제3조에서 제11조까지의 성폭력범죄에 대하여는 형 면제나 감경의 규정을 적용하지 아니할 수 있다"고 규정함으로써 성폭력범죄에 대한 주취항변은 앞으로 많이 감소될 것으로 예측된다. 그러나 이 규정이 의무규정이 아니라 임의규정이라는 점에서 성폭력범죄의 경우에도 주취항변의 성공 가능성은 여전히 존재한다. 또한 2009년 9월 이후 '성폭력범죄에서 음주 등의 경우 가중처벌하는 안', '성폭력범죄에서 책임무능력과 한정책임무능력을 배제하는 안', '성폭력범죄에서 음주 등의 경우 한정책임능력을 배제하는 안' 등이 제출되었으나 법제화되지 못하였다.[137)]

명정범죄에 대해서 미국과 영국은 알코올, 마약 기타 약물을 사용하여 고의 또는 과실로 자신의 명정상태를 야기하여 범죄를 범한 경우는 원칙적으로 주취항변이 될 수 없다는 태도를 보이고 있고, 스스로 명정상태를 야기하지 않은 비자초명정은 행위의 본질, 시비선악을 구별할 수 없게 하는 이상 범죄에 대한 항변으로서 인정하고 있다. 영국의 경우 자초명정은 많은 판례에서 범죄자의 형사책임을 감경하기 보다는 오히려 가중처벌 대상이 된다.[138)]

독일의 경우 자초명정범죄는 독일 형법에 규정이 없으나 '원인에 있어서 자유로운 행위'의 이론으로 포섭하여 실행된 명정범죄에 대한 고의 또는 과실범으로 처벌하고, 고의·과실이 없이 명정상태가 되어 명정범죄를 범한 비자초명정범죄는 명정으로 초래된 정신장애의 정도에 따라 책임감면을 받게 된다. 다만, 독일은 책임무능력 또는 한정책임능력의 판단시 특징적인 것은 판례에 의해 형성된 혈중 알코올 농도를 일차적인 명정정도 판단의 기준으로 사용한다는 점이다. 즉, 독일은 혈중 알코올 농도가 0.2%이상이면 한정책임능력자로, 0.3%이상이면 완전주취로서 책임무능력자로 인정한다.[139)] 독일은 형법 제323조a에 의해 자초명정범죄가 책임능력이 부정될 경우 처벌할 수 있는 근거를 마련하고 있다.

우리나라는 명정정도를 확인할 수 있는 기준이나 법적 근거가 없다. 피고인의 평소 주량과 마신 술의 종류 및 양은 음주로 인한 책임능력을 판단하는 핵심적 요소임에도 불구하고 기존 실무업무는 통상 별도의 증거 없이 일반적으로 피고인의 진술에 의해 그 해당여부를 인정하고 있다. 현재 책임능력과 관련하여 실무상 가장 많이 제기되는

137) 한상훈, 명정범죄자의 형사책임과 개선방안, 한국형사정책연구원, 연구총서 09-18, 2009, 14면.
138) 정세종, 앞의 책, 248면.
139) 김형준, 명정범의 형사책임에 관한 연구, 중앙대학교 대학원 박사학위논문, 1992, 80면.

문제가 주취로 인한 심신미약 주장이나 그 해당여부를 판단하기 위한 심리절차는 따로 진행하지 않는 것이 일반적인 관행이다. 규범적 판단을 지나치게 강조함으로써 법관의 자의에 의한 판단이라는 비판에 직면한다. 따라서 주취항변의 경우 피고인의 동의와 전문감정인의 주도하에 진행되는 판결전 조사를 통하여 그 결과를 법원에 보고하는 방안을 검토할 필요가 있으며,[140]

자초 또는 비자초 명정범죄자의 주취항변에 대하여 독일처럼 혈중알코올 농도를 측정하여 일차적인 명정판단기준으로 하고 그 다음으로 판결전조사를 통하여 명정을 판단하는 절차가 요구된다. 판례는 음주운전의 경우 위드마크(Widmark) 공식에 의한 혈중알코올 농도의 증명력을 인정하였으므로 범행 후 90분 이상 상당시간이 경과된 후 조사를 받게 된 피의자가 주취항변을 주장하는 경우 위드마크 산법에 의하여 명정상태의 판별을 검토할 필요가 있다.[141]

한편 자초명정자의 경우에는 주취항변을 인정하지 않고 정상인과 같이 처벌하는 것을 원칙으로 하되 책임능력이 부정되는 경우에 대해서는 별도의 처벌근거를 마련하는 법제화가 요구된다. 즉, '정신장애 상태에서의 범행을 예견하였거나 예견할 수 있었음에도 스스로 정신장애를 야기한 자의 행위는 형의 감경을 적용하지 아니한다'. 한편, 자초명정이든 비자초명정이든 살인, 강도, 방화, 강간, 그리고 아동성폭력범죄의 재범자의 경우에는 범행의 고의를 배제할 수 없으므로 정신이상항변에서 제외하고 정상인과 동일한 형벌을 과하는 법제화가 요구된다. 이러한 경우에 가중처벌하는 것은 그 구체적인 근거나 이유가 없고 인간의 존엄성, 평등권, 법치주의, 과잉금지원칙 등에 반하는 위헌의 가능성이 대단히 높다. 따라서 '알콜, 마약, 기타 약물을 사용하여 명정상태에서 살인, 강도, 강간, 방화, 아동성폭력범죄를 범한 자는 정상인과 동일한 형에 처한다'는 내용의 법제화를 제안한다.

---

140) 한상훈, 앞의 책, 141면.
141) 2005.2.25. 대판 2004도 8387.

Section 4 범죄자 프로파일링

1. 개념

범죄자 프로파일링(criminal profiling)이란 범죄현장의 유형·무형의 증거에 기초하여 범죄자의 성격 유형을 분석하고 다른 범죄들과의 유사성을 밝힘으로써 수사선을 설정하고 용의자를 선정하기 위한 수사기법을 말한다 이처럼 범죄자 프로파일링은 근본적으로 범죄현장에서 1차적으로 수집되는 정보들에 근거하여 행위자의 성격을 비롯하여 기타 교육정도, 경제적 상태, 사회성, 가족구성, 주거지역의 특성, 취미 등 인구사회학적 특성을 파악할 수 있다는 것이다.

범죄자 프로파일링은 이러한 전제에 기초하여 범죄현장, 특히 연쇄살인이나 강간같은 사건현장에서 범인의 특정이나 범행동기를 확인할 수 있는 유형적 증거나 수사자료가 부족한 경우에 무형의 증거, 즉, 심리적 증거를 찾아서 범죄자 유형을 분석하는데 효과적이다. 수사관은 범죄자 성격유형을 통하여 범인의 성장과정, 직업, 성격, 습관, 연령대, 현재의 가족환경 등 범인의 유형을 추정할 수 있다.

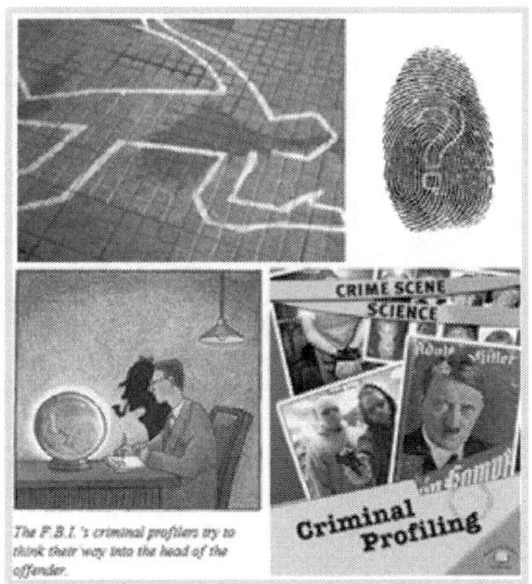

출처 : 영어토픽: Criminal Profiling

프로파일링 증거는 범행패턴의 유사성을 확인하여 이를 개인에 대한 동일성 식별 증거 또는 동일범에 의한 범행을 입증하기 위한 단서로 활용하는 경우를 의미하기도 한다. 또한 무형의 증거물로 수사방향을 설정하고 용의자를 축소할 수 있도록 하는 과학수사 기법으로 파악되기도 한다.[142] 따라서 범죄자 프로파일링은 범죄수법이나 범죄유형에 나타난 범인의 성격을 기초로 범인의 유형과 범죄유형분석을 위한 수사기법을 말한다.

142) 권창국, 범죄자 프로파일링 증거의 활용과 문제점에 관한 검토, 형사정책연구원, 형사정책연구 제13권 제4호, 2002 겨울호, pp.119-120.

2. 범죄자 프로파일링의 목적

범죄자 프로파일링은 미지의 용의자가 체포될 수 있도록 그 성격유형을 수사관에게 제공하는 것이 목적이다. 범죄심리학자들은 심리학적 관점에서 범죄현장을 연구함으로써 범죄현장의 증거항목들을 식별하고 해석할 수 있다. 그러한 범죄현장의 증거항목들은 범죄자들의 성격유형이나 범죄자들에 대한 단서들을 제공할 수 있다. 범죄현장의 어떤 단서들은 분노상태, 증오, 애정, 두려움, 비합리성에서 볼 수 있듯이 그 성질상 보통의 증거수집기법으로는 수집되기 어렵다. 전문적인 프로파일러들은 사회학적, 심리학적 전문 지식에 근거하여 범죄자 유형을 분석한다.[143)]

3. 프로파일링의 종류

(1) 심리적 프로파일링(psychological profiling)

심리적 프로파일링이란 일반적으로 범죄자나 비범죄자를 불문하고 사람 또는 사람들에게 내재하는 특이한 심리적 행동유형을 말한다. 심리적 프로파일링은 제2차 세계대전 중에 전략정보국이 적국의 지도자들과 그들의 기질에 대한 유형을 분석하기 위해 처음으로 사용되었는데 그 내용은 적국의 지도자들이 선호하는 전략과 사고방식의 특이성에 관한 것이었다.[144)]

따라서 심리적 프로파일링은 범죄자의 성향을 설명하기 위해 필수적으로 개발된 것이 아니고, 어떤 분야의 사람들의 경향, 결점, 선호, 관심, 강점 등에 관한 광범위한 행동적 특징을 설명하기 위해 고안된 것이다. 그러나 심리적 프로파일링은 연쇄살인사건과 강간사건 수사, 그리고 아동 성폭력, 방화, 유괴사건 수사에 있어서 아주 성공적인 것으로 증명되고 있다. 전문적인 수사기법에 의한 범죄수사를 대신할 수는 없으나 심리적 프로파일링은 범죄수사를 위한 유익한 정보를 제공할 수 있다.

모든 범죄자들은 범행수법 뿐만 아니라 특이한 심리적 유형을 소유하고 있다. 따라서 수사관들은 범행현장의 상황과 범행수법, 범행현장과 그 주변의 특징, 범행현장의 사진, 물리적 증거, 피해자나 목격자의 증언, 용의자에 대한 수사단서 등을 분석함으로써 범죄자에 대한 심리적 유형을 분석할 수 있다. 심리적 유형 분석은 범죄사건과

143) Ibid., p.774.
144) Bartol & Bartol, op.cit., pp.334-335.

관련된 자료들이 부족한 경우에도 심리학적 지식과 이론들을 기초로 상당히 정확하게 범죄자의 심리적 유형분석을 할 수 있다.

(2) 범죄자 프로파일링

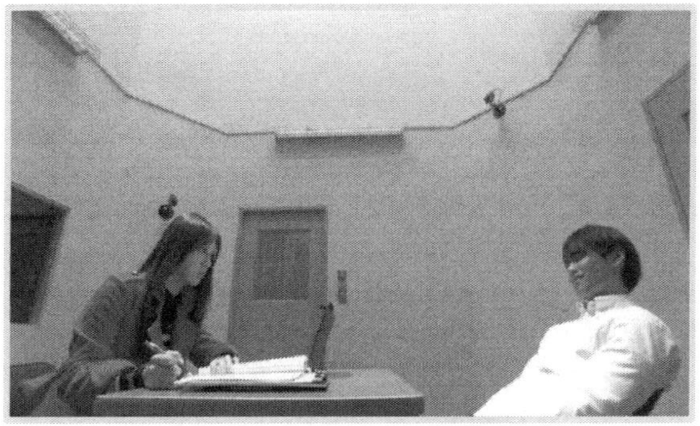

범죄자 프로파일링(criminal profiling)은 범죄의 특징을 기초로 범죄자의 성격 특징, 행동 유형, 지리적 습관, 인구사회적 특징을 확인하는 과정을 말한다. 그것은 수사심리학의 부분으로서의 기술이나 활동이라고 볼 수 있다. 따라서 수사심리학은 범죄를 해결하기 위해 심리학적 연구와 원칙을 광범하게 적용하는 것을 말하고, 범죄자 프로파일링은 범죄자에 대한 신체적 특징, 심리적 특성, 습관에 초점을 두는 보다 좁은 활동을 의미한다. 범죄자 프로파일링은 범행현장 분석 또는 범죄수사분석과 같은 의미로 사용되기도 한다.[145]

1) FBI의 이분법적 프로파일링

범죄자 프로파일링은 FBI에서 1960년대 후반 증가하는 연쇄성 범죄에 대응하기 위한 수사기법으로 실무에 활용되기 시작했으며, 1972년 설립된 FBI 행동과학부를 중심으로 강력 범죄자들에 대한 자료 수집 및 교도소에 수감된 연쇄살인범들과의 인터뷰를 통하여 범죄자의 유형을 분류하고자 하였다.

FBI의 범죄자 유형 분류는 체계적/ 비체계적 유형에 근거하는 범죄자 프로파일링의 고전적 기법으로서 살인, 방화, 성범죄, 연쇄범죄 등에 대한 범죄자 분류 및 강력범죄자의 범행수법(Modus Operandi)과 서명 또는 인증(Signature)에 대한 개념적 정의 및 사례, 수사방안 등을 제시하고 있다.

2) 동기론적 프로파일링

FBI의 체계적/비체계적 프로파일링이 이분법적 분류체계로 인하여 다양한 유형분류가 불가능하다는 한계가 있었다. 동기론적 접근은 범죄자의 유형을 보다 세분화하였다는 점

145) Ibid., p.335.

에서 차이를 보이고 있다. FBI에서 1978년에 실시한 교도소에 수감된 연쇄 살인범들에 대한 인터뷰를 토대로 수집된 자료를 분류하면서 1992년에 폭력범죄분석센터를 중심으로 범죄분류 매뉴얼을 제작하였다. 이 매뉴얼은 범죄자에 대한 광범위한 정보, 피해자 정보, 수사정보 등의 자료를 바탕으로 하여 범행동기를 파악함으로써 범죄를 분류하고 있다.

그러나 범죄동기는 범죄자가 검거된 이후에야 명확해지기 때문에 검거 이전의 프로파일링으로는 유용하지 못하다는 한계가 있다. 때로는 범죄자 자신도 자신의 범행동기를 진술하지 못하는 경우도 있다. 따라서 최근의 연구동향은 동기에 의한 프로파일링보다는 범죄현장에서 발견할 수 있는 범죄자의 행동에서의 차이를 근거로 프로파일링을 분류하려는 추세를 보이고 있다.

3) 수사심리학 프로파일링

수사심리학이란 범죄수사에 있어서 심리학적 이론과 기법을 적용하는 분야를 말한다. 연쇄살인이나 연쇄강간범은 범죄현장이나 수법, 또는 피해자와의 관계에서 심리학적 특징을 남기게 되므로 이를 프로파일링화하여 범인을 특정하고 범인을 검거할 수 있다고 보는 것이다.

수사심리학적 프로파일링은 범죄현장의 범죄자 행동 특징과 피해자와의 상호관계에서 나타난 특징 등을 변수화하여 경험적 연구를 수행함으로써 기존의 프로파일링들이 통계적으로 타당한가를 검증하는 방식을 취한다. 일반적으로 통계적 분석은 검거된 범죄자에 대한 정보와 해결된 사건을 통해 얻어진 정보를 근거로 하여 다양한 범죄자들의 특징에 대한 일반적 구조를 산출해내는 방식을 취하게 된다. 또한 특정 사건에서 수집된 피해자 진술 및 범죄현장의 특징에 대한 통계적 검증을 적용하여 분석이 이루어진다. 따라서 수사심리학 프로파일링의 작성에 중요한 변수는 첫째, 범죄자의 사람들과의 관계설정능력, 둘째, 시간과 장소의 상징성, 셋째, 범죄의 특징, 넷째, 범죄경력, 다섯째, 법과학에 대한 경계 등이다.

수사심리학은 다수의 사건들에 걸쳐 공통적으로 나타나는 심리적 변수들의 특징들을 분석해 내고 이러한 특징들에 따른 유형을 범죄자의 특성과 연결짓는 것이다. 인간의 타인에 대한 태도는 상당히 일관성을 유지하고, 자신이 심리적으로 편한 시간과 장소를 선택한다. 범죄자들은 범죄심리상 가장 잘하는 수법을 반복적으로 사용하는 특징을 보여주기도 한다. 또한 범죄현장에서 DNA 검출물질을 수집하지 못하도록 현장을 훼손하거나 성범죄의 경우 콘돔을 사용하는 반복적인 수법은 범인의 특정에 유용한 자료가 된다.

4) 지리적 프로파일링

출처 : mlon

지리적 프로파일링은 다양한 범행장소의 위치 및 범행장소 사이의 공간적 관계에 기초하여 식별되지 않은 범죄자의 다음 범행의 가능한 주거지나 범행지역을 식별하는 방법이다. 범죄자는 집, 직장, 학교, 사회적 활동지역 등 평상시 범죄자에게 친근하고 익숙한 곳을 범죄현장으로 정할 것이라는 가정에 기초한다. 지리적 프로파일링의 기본 가정은 첫째, 범죄자들이 범행을 위하여 움직이는 거리나 방향은 일정하다는 것, 둘째, 연쇄적으로 발생하는 범죄발생 장소들에 대한 검토를 통하여 범죄자의 거주지를 추정할 수 있다는 것, 셋째, 거리에 대한 지각에 영향을 미치는 심리적, 환경적 요인을 고려해야 한다는 것 등이다. 이러한 요인들 중에서 범죄자가 범행장소를 선택하는 데 있어서 결정요인으로 작용하는 것은 장소에 대한 친숙성이다. 따라서 지리적 프로파일링은 수사관으로 하여금 범죄자에 의한 다음 범행이 발생할 가능성이 높은 장소나 지역을 수색함으로써 식별되지 않은 범죄자에 대한 범죄수사에 도움을 줄 수 있다.

범죄자는 자신이 익숙한 지역을 찾아서 그곳에서 피해자를 찾아 범행을 하는 것이 더 안정적이라는 생각을 가지고 있다는 데에서 지리적 프로파일링이 성립한다.[146] 지리적 프로파일링은 연쇄살인범의 추적뿐만 아니라 연쇄주거침입 절도와 같은 재산범죄자의 추적에도 유용하다.

5) 의심스러운 주검분석(Equivocal death analysis)

의심스러운 주검 분석은 변사자의 정서적 생활, 행동유형, 인지적 특징에 대한 재구성을 말한다. 이러한 의미에서 그것은 사후 변사자의 심리분석이며, 흔히 심리적 부검(psychological autopsy)이라고도 한다. 심리적 부검은 변사자의 주검이 자살인지, 자살이라면 그 이유가 무엇인지를 규명하려고 하는 것이다. 그것은 두 가지 측면, 즉,

---

146) R. T. Guerette, Geographical profiling, In D. Levingson(Ed.), Encyclopedia of crime and punishment, Thousand Oaks, CA:Sage, 2002, pp.30-37.

① 프로파일링이 변사자를 대상으로 한다는 점, ② 사람의 신원이 이미 확인 되었다는 점에서 범죄자 프로파일링과는 다르다.[147)]

6) 인종적 프로파일링

인종적 프로파일링은 범행을 한 특정 개인의 행동이나 범행정보 보다는 인종, 민족, 또는 국적에 기초한 경찰 주도적인 활동 유형을 말한다. 범죄에 관한 다양한 프로파일링은 결국 인종, 민족 국적에 따라 다르다는 것이 인종적 프로파일링의 개념이다.[148)]

4. 프로파일링 접근방법

(1) 귀납적 접근법

1) 개념

귀납적 프로파일링이란 어떤 사건에서 특별한 몇 개의 증거, 현재의 사건과 과거사건의 연계성, 자신의 경험 등에 의해서 범죄자를 추정하는 기법을 말한다. 즉, 귀납적 프로파일링(inductive criminal profiling)이란 강간살인이나 연쇄살인 등의 범죄가 발생한 경우 이미 확인된 유사한 유형의 범죄를 범한 범죄자의 특성과 관련된 경험적인 통계자료를 기초로 그 범죄자 유형을 분석하는 기법을 말한다. 따라서 귀납적 프로파일링은 과거사례, 범죄통계자료, 교육수준, 직업, 가족구성, 거주지역 등 인구사회학적 각종 지표에 대한 통계자료 및 심리학적 성격유형자료 등이 기초가 된다.[149)]

2) 통계적 기법

귀납적 방식은 과거의 유사한 사건의 통계를 기초로 프로파일링을 작성한다는 측면에서 통계적 프로파일링이라고도 한다. 따라서 이 접근방식은 여러 변수를 결합하여

---

147) D. A. Brent, The psychological autopsy: Methodological issues for the study of adolescent suicide, Suicide and Life Threatening Behavior4, 19, 1989, pp.43-57.

148) D. RamireZ, J. McDevitt, & A. Farrel, A resource guide on racial profiling data collection systems: Promising practices and lessions learned, Boston, MA:P Northeastern University Press, 2000, p.3.

149) Brent E. Turvey, Criminal Profiling: An introduction to behavioral evidence analysis(Sandiego:Academic Press, 1999), p.16.

분석하는 다변량 분석 등의 기법에 의하여 자료를 확보한다.

3) FBI의 실무기법

귀납적 프로파일링은 1980년대 미 FBI에서 심리학, 법과학 등의 전문가들이 일반수사관들을 대상으로 프로파일링 기법을 교육시킬 목적으로 개발되었으며, 프로파일링에 대한 연방 및 각 주등 수사기관의 관심증대 및 보급필요성에 따라 다양한 형태로 발전하게 되었다.[150] 1985년 영국의 캔터 교수가 개발한 '수사심리학적 프로파일링', 즉, 리버풀 프로파일링 역시 귀납적 프로파일링 유형에 속하는 것으로 보인다.

4) 전제조건

귀납적 프로파일링의 전제조건으로서 ① 과거에 발생한 범죄와 관련한 제 특성은 현재 발생한 범죄 및 미지의 범인에게도 그대로 타당하여야 하며, ② 비교대상의 과거에 발생한 범죄의 범인과 현재의 범인은 동일한 환경조건의 영향 하에 있어야 하며, ③ 인간의 행동에는 일정한 법칙성이 있고, 이를 통계적인 방법 등에 의하여 추측할 수 있어야 하며, ④ 동일한 범인의 연속범죄의 경우에 범인의 동기, 행동패턴 등에는 변화가 없어야 한다.

5) 장점[151]

① 범죄자 행동연구 또는 범죄수사에 필요한 법과학적 지식, 교육, 훈련 등에 숙달되지 않은 사람들도 활용하기 쉽다. ② 비교적 짧은 시간에 그다지 힘들이지 않고 일반적인 프로파일이 정리될 수 있다. ③ 귀납적 프로파일링은 유사한 범죄현장으로부터 추론이 간단히 제시된다는 점에서 시간이 오래 걸리지 않으므로 범죄의 잠재적 특성에 관한 빠른 프로파일 산출을 가능하게 한다.

6) 단점[152]

① 프로파일에 사용된 정보가 제한된 인구통계학적 샘플들로부터 일반화되어지는 경우가 있으며, 특정한 단일사건과는 무관할 수 있다. 부분을 가지고 전체를 일반화하

---

150) Ibid., pp.145-146.

151) 김성문, 강력범죄 우범자 관리를 위한 프로파일링 기법적용에 관한 연구, 강원대학교 박사학위논문, 2007, pp.84-86.

152) 앞의 논문, pp.84-86.

는 통계학상의 오류이다. ② 가장 일반적으로 지적되는 단점은 귀납적 프로파일들이 오직 알려진 사람들, 즉, 검거된 범죄자들로부터 수집된 제한된 데이터를 활용하여 일반화되고 평균화된다는 점이다. 하나의 귀납적 범죄자 프로파일은 미검 상태인 현재의 범죄자들을 충분하고 정확하게 포함하지 못한다. 이러한 특성으로 인해 귀납적 범죄자 프로파일은 지속적으로 법집행기관에 발각되지 않고 있는 교활하고 영리한 범죄 모집단 자료를 놓치고 있다. ③ 모든 일반화가 그렇듯이 귀납적 범죄자 프로파일이 부정확성의 문제를 안고 있다. 이러한 부정확성은 무고한 사람들을 범죄에 연루시키는 오류를 범할 수 있다. ④ 이러한 현상은 비전문적인 프로파일러에 의해 프로파일링이 이루어질 때 발생할 가능성이 높다. ⑤ 수사적 관점에서 가장 중요한 단점은 귀납적 범죄자 프로파일이 부적절할 수 있으며, 개별적인 범죄자에 적용시킬 수 있을 만큼 세부적이지 못한 경향이 있다.

(2) 연역적 프로파일링

1) 개념

연역적 프로파일링(deductive profiling)이란 일정한 범죄사건 또는 일련의 범죄사건들과 관련된 각종 물적 증거 또는 범인의 행태적 증거를 분석하여 범인의 성격 등 제반 특성을 추론하는 기법을 말한다.[153] 즉, 모발, 정액, 지문, 혈흔 같은 물적증거와 범죄자가 현장에 남긴 행동습관과 성격의 흔적 같은 행태적 증거를 수집하여 범죄자를 추정하는 기법이다.

2) 특징

귀납적 기법과 달리 일정한 범행유형과 성격유형 등을 설정하지 않고 개별 사건별로 파악되는 객관적 자료를 분석함으로써 구체적인 프로파일링을 확보한다. 연역적 프로파일링은 범행현장분석을 핵심으로 법과학적·행태적 증거에 근거한 범행재구성 자료, 피해대상 및 피해자의 성격, 일상활동행태, 범행 시 활동내용 등 피해자학적 자료 등의 분석을 통하여 프로파일링 자료를 확보한다. 따라서 수사관의 개별 경험에 바탕한 자료수집, 분석 등 경험적 요소가 중요하다.[154]

---

153) Brent E. Turvey, op.cit., pp.35-52.
154) 권창국, 앞의 책, pp.128-130.

연역적 접근법 중에서 가장 대표적인 방법론은 터비(Brent E. Turvey)가 개발한 '행동증거분석기법'이다.[155] 행동증거분석 기법은 시간이 많이 걸리고 수사실무부서들 사이에 고도의 노력과 협조가 필요하다는 점 등으로 인해 수사실무자들이 쉽게 활용하기 힘든 단점이 있지만, 프로파일링에 관한 경험적인 기초연구가 부족하고 범죄자 유형을 구분할 수 있을 만큼 자료가 축적되지 않은 상태인 한국사회의 수사현실에 보다 적합한 기법일 수 있다. 따라서 한국에서 주로 사용하는 기법이다.

3) 전제

범죄수법은 범인이 범행에 더욱 익숙해지고 환경적 변화에 따라 적응하는 형태로 변화함으로써 범죄수법의 진화형태를 보인다. 그러나 범인의 만족을 위한 특정행동과 범인의 심리상태는 변하지 않는 항상성을 갖는다. 프로파일러는 범인의 심리상태와 결합된 행동패턴의 분석을 통하여 범인의 성격 등 범인의 개별적 특성을 확인한다. 따라서 프로파일링은 심리학, 범죄학, 피해자학, 사회학, 법과학 등 종합적인 지식이 요구된다.

4) 프로파일 작성과정[156]

① 제1단계: 자료수집 및 평가단계

프로파일러는 범행현장증거, 피해자관련 자료, 법과학적 분석자료, 수사기관의 각종 보고서, 사진 등의 영상이미지 자료 등을 수집하고 평가한다.

② 의사결정 및 평가단계

프로파일러는 지금까지 수집 및 평가된 자료를 기초로 소위 의사결정단계 및 범죄 평가단계로서 범행상황을 재현하는 단계이다. 이 단계에서 프로파일러는 지금까지 확보한 자료를 조직화하여 범행유형, 범인의 1차적 의도, 피해자의 위험요소 및 정도, 범인의 위험감수의도, 범행시간, 장소선정의 이유 등 범행과 관련된 제 요소의 형태와 그 이유를 합리적으로 설명하는 노력을 한다.

---

155) Brent E. Turvey, op.cit., p.1.
156) Ibid., p.35.

③ 가설설정 단계

위에서 확보된 자료를 기초로 구체적인 프로파일링 자료를 작성하는 단계이다. 이 자료에는 범인의 성격 이외에도 교육수준, 지능 기타 정신적 기능, 범죄경력, 군복무 경력, 가족관계, 습관, 사회적 관심과 대상, 주거지와 그 환경, 차량 등 이동수단, 타인과의 사회적 관계 기타 수사상 조언 등이 포함된다.

④ 피드백 과정

작성된 프로파일링 내용은 객관적 자료와 비교하는 환류과정(feedback)을 거쳐 최종적으로 일선 수사기관에 배포되고, 프로파일러는 수사진행과정에서 확보되는 추가 자료 등을 고려하여 항시 프로파일자료의 불일치성을 해소하기 위하여 점검한다.

5) 장점[157)]

① 피해자학에 따라서 피해자를 대상으로 구체적으로 관련자료를 수집하고, 범죄현장과 범죄자 간 상호작용의 성질을 탐구하기 때문에 아주 기괴하거나 혹은 외관상 중요하지 않은 범죄들에서도 개별 범죄자의 동기들을 매우 정확하게 지적할 수 있고 또한 계속적으로 발생하는 개별 범죄자들의 행동을 조사할 수 있다. ② 프로파일을 만들기 위하여 통계적 추론을 사용하지 않기 때문에 범죄행동을 평가할 때 비교문화적 측면에서 다양한 문화에서도 적용이 가능하다.

6) 단점[158)]

① 범죄현장 증거 등의 분석 및 프로파일 작성과정에 프로파일러의 개인적인 역량에 지나치게 의존하게 됨으로써 이것이 객관적 기준에 따른 판단결과인지 여부에 대한 검증이 어려우며 전문 프로파일러의 양성에 많은 시간과 비용이 든다. ② 방대한 자료에 대한 분석과정을 통해 프로파일이 작성되므로 많은 시간이 소요된다. ③ 귀납적 프로파일링과 마찬가지로 일선 수사기관의 경험적 판단에 따라 유효성을 검증하는 관계로 객관적인 유효성 검증이 어렵다. ④ 프로파일의 정확도가 분석가의 이용가능한 정보의 양에 의해 직접적인 영향을 받는다.

---

157) 김성문, 앞의 논문, pp.84-86.
158) 앞의 논문, pp.84-86.

5. 범죄자 프로파일 작성

범죄자 프로파일링은 아직 특정되지 않은 범죄자가 어떤 형태의 정신병리적인 범죄를 범한 경우에 주로 생산된다. 즉, 가학적인 성폭력, 내장적출, 토막살인, 무동기 방화, 색정범죄와 의식적인 범죄 등은 범죄자 프로파일링 대상범죄이다. 실무적으로 이용가능한 증거에 비추어 볼 때 특정되지 않은 범죄자가 정신적, 정서적 또는 성격적 일탈현상을 보이는 범죄의 경우에 범죄자 프로파일링은 수사관에 수사의 범위를 좁힐 수 있는 정보를 제공하는 도구가 될 수 있다. 범죄 그 자체가 아니라 범죄현장에서 증명된 범죄자의 행동특징이 범죄자 프로파일링을 위한 사건의 적합성 정도를 결정한다.

프로파일러들은 초동수사단계에서 확보한 수사자료, 범죄현장 사진, 수사기관에서 제공한 범죄에 관한 예비정보를 기초로 하여 특정되지 않은 범죄자의 대략적인 신장, 몸무게, 체형, 나이, 직업, 가정환경과 같은 세부사실을 수사요원에게 제공한다. 범죄자 유형을 생산하는 프로파일러들은 현장사진에만 의존하지 말고 범죄현장을 반드시 방문해서 현장의 특이한 느낌과 범행지역의 특성을 잘 아는 사건 담당 경찰관들과 의견교환을 하는 것이 중요하다.[159)]

159) Turvey, op.cit, pp.774-775.

CHAPTER 06

형사사법 제도에 의한 범죄억제

Section 1 재판 전 갈등해결 제도

1. 보석제도

(1) 의의

우리나라는 부당한 구속을 없애기 위해 영장제도 및 구속요건 자체를 엄격히 제한하고 있고, 부당한 구속의 사후 구제제도로 구속적부심사, 보석, 구속의 취소, 구속의 집행정지 등 여러 제도를 규정하고 있다. 특히 구속적부심사제도와 보석제도는 구속의 사후구제제도로서 가장 중요한 비중을 차지하고 있다.

보석이란 일정한 보증금의 납부를 조건으로 하여 구속의 집행을 정지함으로써 구속된 피고인을 석방하는 제도를 말한다. 보석은 구속의 집행만을 정지하는 제도라는 점에서 광의의 구속집행정지에 속한다. 그러나 보석은 보석금의 납부를 조건으로 한다는 점에서 구속 집행정지와 구별된다. 이러한 의미에서 보석은 보증금의 몰수라는 경제적 고통을 보증으로 하는 구속의 집행정지라고 할 수 있다. 보석은 구속의 집행정지에 불과하므로 구속영장의 효력에는 영향을 미치지 않는다. 따라서 보석이 취소된 때에는 정지되어 있던 구속영장의 효력이 당연히 부활된다는 점에서 보석은 구속의 취소와 다르다. 개정 형사소송법은 보증금 납입조건부 피의자석방제도를 신설함으로써 피의자도 보석대상이 되었다.[1)]

1) 이재상, 형사소송법, 박영사, 2005, 259-260면.

미국의 경우에 보석제도(bail)는 재판에 피고인을 출두시키는 것을 보장하기 위해 법원에 제공된 돈이나 어떤 다른 보증요인에 의해 피고인을 가석방하는 것을 말한다.[2] 보석이 허용되지 않은 피고인들은 재판 때까지 당연히 구금된다. 보석을 결정한 사람들은 재판 전에 피고인을 추적할 책임이 없다.

(2) 구속 적부심사제와 보석제도의 차이

영장에 의하여 수사기관에 체포 또는 구속되었다고 하더라도 피의자는 적부심사절차에 따라 다시 법원으로부터 체포 또는 구속의 적부여부를 심사 받을 수 있다. 이 절차에서 체포 또는 구속이 부당하다는 결정에 의해 법원이 석방을 명하면 피의자는 즉시 석방되며, 이에 대하여 검사는 항고를 하지 못한다.

체포 또는 구속적부심사 청구와 보석청구는 피의자 본인이나 변호인은 물론 배우자, 직계 친족, 형제자매, 호주, 가족, 나아가 동거인이나 고용주도 피의자를 위하여 청구할 수 있다는 점에서 별 차이가 없다. 체포 또는 구속적부심은 사건이 경찰에 있는가, 검찰에 있는가를 가리지 아니하고 검사가 법원에 기소를 하기 전이면 청구할 수 있다는 점에서 피의자와 기소된 피고인에 대하여 인정되는 보석제도와는 다르다.

(3) 보석제도의 연혁

1) 영미 국가

보석제도는 고대 앵글로색슨족의 볼모제도에서 그 기원을 찾을 수 있으며, 그 후 이 제도는 볼모가 직접 잡혀 있는 대신에 속죄금을 내겠다는 약속으로 변모했다.[3] 볼모제도란 당시의 전술중의 하나로서 인질을 상대방의 약속이 실현되거나 원하는 결과가 이루어질 때까지 볼모로 잡아 두는 것을 말

2) Ibid., p.527.

3) James B. Hoddad, James B. Zagel, Gay L. Starkman, William J. Bauer, Criminal procedure,(Mincola, N.Y.:The Foundation Press), 1987, p.822.

하며, 속죄금이란 볼모대신에 속죄금이라는 돈을 내는 것을 말한다. 이 속죄금을 전장이 아니라 법정에서 이행한 것이 바로 보석제도이다. 한편 중세의 원시적인 복수를 대체하였던 속죄금 제도, 즉, 피해자에게 범죄로 인한 피해와 사망에 대한 배상으로 속죄금을 지불한 제도는 그 후 점차 보증금제도로 발전하였다.[4)]

보석제도는 중세 영국에서 피고인의 인권보장과 더불어 발달하였다. 보석제도의 초기형태는 1066년 노르만 정복이후 영국에서 채택된 공동체연대책임제도, 즉, 상호보증제도에서 유래한다. 원래 이 제도는 지역주민 10인을 한 조(Tithing)로 하여 14세를 넘는 시민의 법률 위반행위에 대하여 공판정에의 출석을 보증하거나 공동책임을 지는 제도를 의미한다. 즉, 지역공동체의 한 일원이 범죄혐의를 받으면, 그 공동체 전체가 피고인의 공판정 출석을 보증하기 위하여 그들의 재산을 담보로 제공하고 피고인은 공동체의 다른 구성원들의 재산손실을 초래한다는 부담감 때문에 그 지역을 벗어나지 못하고 재판에 출석한다. 그러다가 결국 공동체책임이라는 개념은 사라지고 보증금을 납부하고 재판을 받을 수 있는 보석금 제도로 바뀌었다.

보석에 관한 최초의 법제는 1275년의 「웨스터민스터법」이며, 찰스 1세가 5명의 기사를 보석 허가 없이 재판 전에 구금한 사건을 계기로 1628년의 권리청원(the Petition of Right)은 보석이 가능한 범죄의 경우에 보석을 청구할 권리를 인정하였다. 1679년의 인신보호령(Heas Corpus Act)은 법률상으로 인정한 보석권을 이행하는 절차를 명백히 규정했다. 그러나 실무상 대부분의 판사들이 납부가 불가능한 과다한 보석금을 요구하는 문제가 발생하여 1689년의 권리장전(The Bill of Rights)은 과다보석금 금지의 규정을 두었다.[5)]

미국에서의 보석제도는 영국의 제도를 모법으로 하여 인정되었다. 하지만 영국의 보석제도가 미국에 그대로 전수된 것은 아니다. 미국의 식민주의자들은 정부의 자의적인 재량을 불신임하되 입법된 보석의 절대적인 권리를 더 선호하였다. 따라서 1789년 연방 사법법은 증거가 명백하여 유죄를 선고 받을 가능성이 있는 사형범죄를 제외하고는 모든 형사피의자들은 보석이 허가된다는 규정을 두어 보석의 절대적인 권리를 인정하였다.

보석의 기원은 1641년의 매사츄세츠 자유장전, 1682년의 펜실베니아 입법, 1776년의 북 캐롤라이나와 버지니아선언, 1787년의 북서조례, 1789년의 연방사법법 등에서 찾아볼 수 있다. 특히 1789년의 연방사법법(Federal Judiciary Act)은 증거가 명백하여

4) 형사정책 연구원, 보석제도 운영과 개선방향에 관한 연구, 형사정책연구원, 1993, p.29.
5) 정신철 · 전용득, 보석제도 고찰, 동의법정 제15호, 동의대법정연구소, 1999, pp.37-61.

유죄를 선고받을 가능성이 있는 사형범죄를 제외하고는 형사사건으로 체포된 모든 사람은 보석이 허가된다는 규정을 두어 보석의 절대적인 권리를 인정하였으며, 대부분의 주들이 이를 채택하고 있다.[6] 1791년의 권리장전(Bill of Rights)에 포함된 미국헌법수정 제8조는 과다한 보석금이 요구되어서는 안 된다고 규정하고 있다. 1984년의 보석개혁법은 피고인의 사회에 대한 잠재적인 위험성에 근거한 구속, 즉, 예방적 구속(preventative detention)의 인정, 개인의 재판전 구금을 초래하는 과다한 금전적 조건부과 불인정 등을 규정했다.[7]

2) 한국

외국의 보석제도와 유사한 제도로 우리나라의 고대 형사제도 중에는 보방(保放)이 있다. 보방은 죄수에게 보증인을 세우게 하고 석방하여 주는 제도로서 고려시대부터 운용되어왔다. 보방은 상을 당한 자식으로서 대역죄와 같은 범죄인이 아니면 보증인을 세우고 7일 내지 30일간 휴가를 주어 석방을 하며, 특히 여자로서 임신을 하여 분만달에 임박하면 만 20일 이상 30일 이내의 석방을 허가하고, 더운 달에는 경미한 죄를 범한 자의 석방을 허가한다. 조선시대는 대명률(大明律) 형률 부인경범죄 조에 의하면, 무릇 부인이 범죄를 저지르면 간음죄 및 사형에 해당하는 죄를 지어 구금된 자를 제외하고는 남편이나 유복친족 혹은 가까운 이웃사람이 책임지고 보호・감독을 하는 조건하에 석방되었다.

그 후 1543년의 대전후속록(大典後續錄), 속대전(1746년), 대전회통(1865년) 등에 보방에 관한 규정을 두고 있다. 1907년 8월에 대한제국이 성립된 후에 보방에 관한 법령으로 보방조례조회통첩식(保放條例照會通牒式)이 제정・시행되었는데 보방조례 제1조는 보방을 형사피고인으로 하여금 보증인을 세우고 보증금을 내게 하여 심문중에 구금을 면하게 하는 것이라고 정의하고 있다.[8]

(4) 보석제도의 비교

영미법계에서는 보석권을 피의자 또는 피고인의 절대적인 권리로 인정하고 있다. 오히려 미국은 피의자를 석방하기 위한 제도로서의 의미가 강하다. 미국의 보석은 통

---

6) Franklin E. Zimring and Richard S. Frase, The criminal justice system(Boston and Toronto:Little, Brown and Company), 1980, p.297.

7) Wayne R. Lafive and Jerold H. Israel, Criminal procedure, (St.Paul, Minn.:West Publishing), 1985, p.534.

8) 형사정책연구원 1993, 앞의 책, pp.34-36.

상적으로 피의자를 최초로 유치한 시점에서 치안판사에 의해 결정되고, 주에 따라서 체포장을 발부하는 치안판사가 체포장에 보석금을 정해두거나 경죄의 경우에는 소위 경찰보석이라고 하여 피의자가 치안판사에게 인치될 필요없이 경찰서에서 보석일람표에 정하여진 금액을 납부함으로써 보석을 허가하고 있다.[9] 영국 역시 치안판사가 발부한 체포장에 피의자 보석을 허가하는 기록이 있으면, 경찰은 피의자 체포 즉시 그 조건에 따라 석방할 수 있다.[10]

반면에 대륙법계에서는 가진 자의 특권을 인정하는 것이라는 이유로 영미에서와 같이 널리 활용되지 못하고 있다. 그러므로 여기에서는 미국과 우리나라의 보석제도를 비교·고찰해 보기로 한다.

1) 미국

미국은 수정헌법 제8조 뿐만 아니라 대부분의 주에서는 주 헌법에 보석의 권리를 인정하고 있으며, 그 절차에 관하여 연방법과 각 주의 절차법이 있다. 여기에서는 현행 규정인 1984년의 보석개혁법에서 규정하고 있는 보석제도를 중심으로 살펴보고자 한다. 재판전 석방은 금전에 의한 보석과 비금전적인 석방으로 나누어진다. 피고인의 공판정 출석을 보장하기 위하여 금전에 의한 보석이 널리 이용되었으나 1966년의 보석개혁법 이후부터 서약에 의한 석방이 인정되었으며, 또한 필요한 경우에 일정한 조건을 부과하여 석방을 명할 수 있다. 그러나 원칙적으로 금전에 의한 보석과 비금전적 석방 중에서 어떠한 유형의 석방을 선택할 것인지는 법관의 재량에 속한다.

① 금전에 의한 석방

ⓐ 현금전액 지급조건부 보석

법원은 재판전 석방으로 피고인의 출석을 합리적으로 보장하지 못하거나 시민이나 사회의 안전을 위협한다고 판단하지 않는 한, 일정한 금액의 납부를 조건으로 석방을 명할 수

9) Joel Samaha, Criminal Justice,(St.Paul, Minn.:West Publishing), 1988, p.352.
10) David Barnard, The Criminal Court in Action(London:Butterworths), 1988, p.187.

있다. 피고인은 석방되기 위해서는 법원에 보증금을 전액 지불해야 하며, 이후 피고인이 재판기일에 법정에 틀림없이 출석하면 위 보석금은 환부되고 불출석하면 몰수된다.

ⓑ 예치금 제공조건부 보석

피고인은 법원에 보증금 전액의 통상 10% 정도를 예치금으로 지불하고 이후 피고인이 재판기일에 출석하지 않으면 나머지 보증금을 법원에 지불해야 한다. 피고인이 재판기일에 법정에 빠짐없이 전부 출석하면 법원은 지불받은 일부 금액 중에서 소정의 수수료를 공제한 후 환부한다.

ⓒ 보증조건부 보석

미국은 보석보증금을 자력으로 확보하기 어려운 가난한 피고인들을 위하여 직업보증 대리인 제도를 채택하고 있다. 일반적으로 보석금을 대신 지불하는 전문적인 직업보증인은 사실상 보석금의 90%를 분담하고, 나머지 10%를 피고인이 지불하는데 이를 보증보석(surety bond)이라 한다.[11] 보증보석의 경우에 피고인이 재판정에 출석하면, 보석금은 반환되는데 이 보석금 전부를 대행기관이 가져간다. 그러나 피고인이 법정에 출석하지 않는 경우에는 보석대리인이 전체 보석금을 지불해야 한다. 피고인이 지불한 10%가 보석금 대행에 대한 수수료가 되는 것이다. 대리인은 지불위험을 줄이기 위해 피고인, 친구 또는 친척들을 대상으로 담보를 받거나 보험에 가입하기도 한다.[12]

ⓓ 재산제공조건부 보석

재판 전 석방의 조건으로서 피고인의 법원에 하는 약속에 포함되는 것으로서 피고인이 재판에 출석하는 것을 보장하기 위해 보증금 전액에 상응하는 가치를 가진 재산을 법원에 제공할 것을 요구하는데, 담보제공 조건부 보석이라고도 한다. 이후에 재판에 피고인이 출석하지 않으면 그 재산은 몰수된다.

② 비금전적 조건에 의한 석방

ⓐ 서약에 의한 석방(Release on Recognizance: ROR)

법원은 피고인의 출석을 합리적으로 보장하지 못하거나 타인이나 사회의 안전을 위협한다고 결정하지 않는 한, 금전적 보증없이 피고인의 서약에 의해 석방을 명할 수 있다. 서약에 의한 석방은 피고인의 무자력으로 인하여 구금되는 결과를 회피하고 직업보증인제도

11) Siegel, op.cit., p.527.
12) Ibid., p.527.

의 폐해를 방지하기 위한 것이다.

1984년의 보석개혁법은 「서약에 의한 석방(Release on Recognizance: ROR)」 개념을 기초로 이루어졌다는 점이 하나의 특징이다. ROR은 어떤 금전적 요구조건을 부과하지 않고 피고인의 재판시에 출석약속에 근거하여 석방하는 것을 의미한다.[13] 이 경우의 석방은 감시나 특별한 조건을 부과하지 않는 완전히 무조건적이다. 단지 피고인은 재판 일정에 따라 법정에 출석만 하면 된다.

ⓑ 조건부 석방(Conditional release)

조건부 석방은 피고인이 법률에 규정된 일정한 조건을 준수할 것을 약속함으로써 석방되는 것을 말한다. 즉, 법원은 보석이 피고인의 출석을 합리적으로 보장하지 못하거나 타인이나 사회의 안전을 위협한다고 판단할 때에는 피고인의 출석과 타인 및 사회의 안전을 합리적으로 보장할 수 있다고 판단되는 최소한의 제한적인 조건을 부과하여 석방을 명할 수 있다. 즉, 피고인이 주택이나 고용현장에 머무는 것과 같은 현상유지조건(status quo conditions), 피고인의 관할이탈금지 · 고소인과의 접근금지 · 야간외출금지와 같은 제한조건(restrictive sonditions), 피고인의 전화보고나 석방프로그램 참여와 같은 접촉조건(contact conditions), 마약이나 알코올 치료프로그램 참여와 같은 문제지향적인 조건(problem-oriented conditions) 등이 부과되기도 한다. 물론 보석금 예탁과 같은 금전적 석방도 이루어진다.[14] 법원은 언제든지 조건을 변경하거나 다른 조건을 추가할 수 있으며 감시 · 감독이 없는 조건하에서의 석방보다는 지휘감독을 받는 조건을 부과한 석방일 때에는 보석의 효과가 한층 크다.

ⓒ 보석금 지불 약속조건부 보석

법원이 일정한 보증금의 금액을 결정하고 피고인이 법원에 당장 그 보증금을 지불하지는 않으나 석방된 후에 재판에 출석하지 않는 등 다른 석방조건을 위반하게 되면 보증금 전액을 지급하겠다고 약속하고 석방되는 경우이다. 따라서 피고인이 출석하지 않으면 보증금 전액을 납부해야 한다.

③ 보석의 제한: 예방적 구속

1789년의 연방사법법은 사형에 처해질 범죄의 경우에는 보석이 제한될 수 있다고

---

13) Siegel, op.cit., p.528.

14) Andy Hall, Pretrial Release Program Options(Washington, D.C.:National Institute of Justice), 1984, pp.32-33.

규정하고 있다. 미국의 40개 주 이상의 헌법들은 보석이 증거가 명백하여 유죄를 선고받을 가능성이 있는 사형에 처해질 범죄를 제외하고는 모든 피고인에게 활용될 수 있다고 규정하고 있다.

그러나 보석기간 동안 피고인의 범법행위의 위험성 때문에, 약 30개주가 범행후 도주경력 범죄자, 상습범죄자, 또는 상습폭력 범죄자 등에 대한 보석을 제한하고 있다. 유사한 맥락에서 1984년 보석개혁법은 도주의 위험성이 크거나 타인과 사회의 안전에 위협이 되는 피고인의 보석을 제한하여 예방적 구속(preventative detention)을 할 수 있다는 근거를 마련했다. 이 법에 의하면, ① 폭력범죄, ② 형의 상한이 무기징역, 또는 사형인 범죄, ③ 약물규제법, 규제약물의 수출입에 관한 법, 또는 1980년 9월 15일 법률 제1조에 형의 상한이 10 년 이상으로 규정되어 있는 범죄, ④ 위에서 언급된 유형의 범죄로 2회 이상 유죄판결을 받은 피고인의 중죄사건의 경우에 검사의 청구에 의해 예방적 구속 심리를 한다. 또한 법원은 ① 피고인이 도주할 위험성이 아주 큰 경우, ② 피고인이 사법절차의 방해 내지 방해시도, 장래의 증인이나 배심원에 대한 협박이나 침해 또는 그러한 시도를 행할 위험성이 심각한 경우에는 직권으로 구속 심리를 할 수 있다. 법원은 심리의 결과, 피고인의 출석과 타인 및 사회의 안전을 합리적으로 보장할 수 있는 석방의 조건이 존재하지 않는다고 판단되면 피고인의 구속을 명해야 한다.[15)]

예방적 구속은 어떤 범죄로 기소된 피고인이 자기 자신을 방어할 기회없이 상당한 기간 동안 구속되기 때문에 찬반 논란이 뜨거운 쟁점이 되고 있다. 물론 예방적 구속이 증거인멸을 방지하고 범죄자들의 추가범죄를 감소시킬 수 있다는 점에서 지지되기도 한다. 미국 대법원은 United States v. Salerno사건에 대한 판결에서 보석개혁법의 예방적 구속 조항의 목적이 공공 안녕을 목적으로 한다는 이유로 그 합헌성을 인정했다.

2) 한국

현행 형사소송법은 보석청구의 유무에 따라 청구보석과 직권보석으로 나누고 있다. 또한 구속된 피의자(구속적부심사 청구후 공소제기된 자 포함)에 대하여 피의자의 출석을 보증할 만한 보증금의 납입을 조건으로 하여 법원은 결정으로 석방을 명하는 피의자 보증금납부 조건부 석방제도 역시 보석제도에 포함시키고 있다.

---

15) Lloyyd L. Weinerb, Criminal Process cases, comment, questions, (Mineola, N.Y.:The Foundation Press), 1988, pp.683-684.

청구보석은 피고인의 보석청구에 의해 법원이 보석결정을 하는 경우를 말하고, 법원이 직권으로 보석결정을 하는 것을 직권보석이라 한다. 또한 보석은 보석결정에 대한 재량의 유무에 따라 필요적 보석과 임의적 보석으로 구분된다. 전자는 보석청구가 있으면 법원이 반드시 보석을 허가해야 한다는 점에서 권리보석이라 하고, 후자는 보석의 허가여부가 법원의 재량에 의하므로 재량보석이라 한다.[16] 필요적 보석은 청구보석에 대해서만 인정되고 임의적 보석은 청구보석과 직권보석에 모두 인정된다. 형사소송법은 필요적 보석을 원칙으로 하고, 임의적 보석을 보충적으로 인정하고 있다.[17] 법원이 보석을 허가하는 경우에는 보증금액을 정해야 하며, 보증금을 납입한 후가 아니면 보석허가결정을 집행하지 못한다. 재판장은 보석에 관한 결정을 하기 전에 검사의 의견을 물어야 한다(형소법 제97조 1항).

① 필요적 보석

법원은 보석의 청구가 있는 때에는 일정한 제외사유가 없는 한 반드시 보석을 허가해야 한다. 피고인 보석은 필요적 보석을 원칙으로 한다. 그러나 다음과 같은 사유에 해당하는 경우에는 보석이 허용되지 아니 한다. ⓐ 법정형이 사형, 무기 또는 장기 10년이 넘는 징역이나 금고에 해당하는 죄를 범한 경우, ⓑ 피고인이 누범에 해당하거나 상습범인 죄를 범한 때, ⓒ 피고인이 죄증을 인멸하거나 인멸할 염려가 있다고 믿을만한 충분한 이유가 있는 때, ⓓ 피고인이 도망하거나 도망할 염려가 있다고 믿을만한 충분한 이유가 있는 때, ⓔ 피고인의 주거가 분명하지 아니한 때, ⓕ 피고인이 피해자, 당해 사건의 재판에 필요한 사실을 알고 있다고 인정되는 자 또는 그 친족의 생명・신체나 재산에 해를 가하거나 가할 염려가 있다고 믿을 만한 충분한 이유가 있는 때 등에 해당되면 보석은 허용되지 아니 한다.[18]

② 임의적 보석

임의적 보석은 보석의 허가여부가 법원의 재량에 맡겨져 있는 경우를 말한다. 현행 형사소송법은 필요적 보석의 제외사유에 해당하는 경우에도 상당한 이유가 있는 때에는 직권 또는 보석청구자의 청구에 의하여 결정으로 보석을 허가할 수 있다고 규정하고 있다. 형소법 제96조에 의하면 필요적 보석의 제외사유에 해당하는 때에도 절대로 보석이 허가되지 않는 것이 아니라 법원의 재량에 의해 허가될 수 있다. 법원이 그와

16) 김희옥, 보석제도 연구, 형사소송법 연구, 사법행정학회, 1986, p.110.
17) 진계호, 형사소송법, 형설출판사, 2004, pp.300-311.
18) 형사정책연구원, 앞의 책, pp.73-77.

같은 재량을 행사함에 있어서는 직권으로도 할 수 있고, 보석청구권자의 청구에 의하여서도 할 수 있다. 따라서 제96조는 직권보석 이외에 청구보석을 포함하고 있고 양자는 모두 임의적 보석에 해당하므로 임의적 보석을 규정한 것이라고 보아야 한다.

임의적 보석의 상당한 이유로는 피고인의 건강을 이유로 보석을 허가하는 이른바 병보석이 여기에 해당한다.[19)]

③ 구속된 피의자 보증금 납부 조건부 석방

법원은 구속된 피의자(구속적부심사 청구후 공소제기된자 포함)에 대하여 피의자의 출석을 보증할만한 보증금의 납입을 조건으로 하여 결정으로 석방을 명할 수 있다. 다만, 다음의 경우, 즉, 1) 죄증을 인멸할 염려가 있다고 믿을만한 충분한 이유가 있는 때, 2) 피해자, 당해 사건의 재판에 필요한 사실을 알고 있다고 인정되는 자 또는 그 친족의 생명, 신체나 재산에 해를 가하거나 가할 염려가 있다고 믿을만한 충분한 이유가 있는 때에는 석방하지 아니한다. 석방을 결정한 경우에는 주거의 제한, 법원 또는 검사가 지정하는 일시, 장소에 출석할 의무 기타 적당한 조건을 부가할 수 있다. 또한 피의자 보석은 보석조건의 결정시 고려해야 할 사항, 즉, 1) 범죄의 성질 및 죄상, 2) 증거의 증명력, 3) 피고인의 전과, 성격, 환경 및 자산, 4) 피해자에 대한 배상 등 범행 후의 정황에 관련된 사항 등을 고려해야 한다(형소법 제99조). 또한 형소법 제98조의 보석의 조건을 충족시켜야 한다(형소법 제214조의2 제5항 내지 7항). 법원은 피고인의 자력 또는 자산정도로는 이행할 수 없는 조건을 정할 수 없다.

(5) 보석제도의 문제점

1) 가진 자의 특권 인정하는 제도

보석제도의 가장 큰 문제는 보석보증금이 있어야 보석신청이 가능하기 때문에 빈곤한 피고인들은 보석을 신청하기가 어렵다는 점이다. 따라서 보석제도는 가진 자의 특권을 인정하기 위한 제도라는 비판을 받는다.

보석제도는 보석금을 지불할 능력이 없는 가난한 범죄자들을 처벌하기 때문에 아주 논란이 많은 제도이다. 보석이 거절된 범죄자들은 지루하고 위험한 구치소에서 구금생활을 해야 하기 때문에 만일 그들이 죄 없는 사람들일지라도 형사사법체계의 피해자가

19) 앞의 책, p.80.

될 수밖에 없다. 미국은 피고인의 서약에 의한 석방과 조건부 석방제도와 같은 비금전적 석방제도를 채택함으로써 돈이 없어 보석을 신청하지 못하는 문제를 상당히 해소할 수 있다. 우리나라도 피고인의 출석을 합리적으로 보장할 수 있다면 비금전적 보석제도를 고려해 볼 필요가 있다.

2) 필요적 보석 제외사유의 광범성과 추상성

현행 형소법 제95조는 보석의 청구가 있는 때에는 일정한 제외사유가 없는 한 원칙적으로 보석을 허가하도록 규정하고 있다. 필요적 보석 원칙의 제외사유가 너무나 광범하고 추상적이어서 오히려 필요적 보석이 예외적으로 이루어지고 있다는 문제가 제기된다. 따라서 제95조의 제외사유를 부분적으로 제한하거나 수정하여 필요적 보석원칙이 지켜지도록 해야 한다.

3) 직권보석의 활용률 저조

형소법 제96조는 필요적 보석의 제외사유에 해당되어도 직권으로 보석을 허가할 길을 열어 두었으므로 직권보석이 충분히 활용된다면 필요적 보석의 문제점을 어느 정도 시정할 수 있다. 그런데 직권보석의 활용율은 지난 10년간 평균 0.3%에 불과하여 실무에서 거의 활용되고 있지 않음을 알 수 있다. 그리고 직권보석이 활용된다 하더라도 보석청구가 있을 경우에 당연히 허가를 받았을 경미한 사건이나 피고인을 석방할 수 밖에 없는 부득이한 경우에만 활용되고 있다.[20]

실무상 보석의 청구가 있더라도 심문기일을 정하여 피고인을 심문하는 예가 거의 없는 편이다. 보석청구가 있는 경우라도 구속된 피고인을 심문하지 않기 때문에 법원은 공판기일 전까지 구속된 피고인에게 직권보석 또는 구속의 집행정지 사유가 있는지를 전혀 알 수가 없다.

---

20) 앞의 책, p.165.

4) 보석보증금의 문제

① 보증금의 상당성

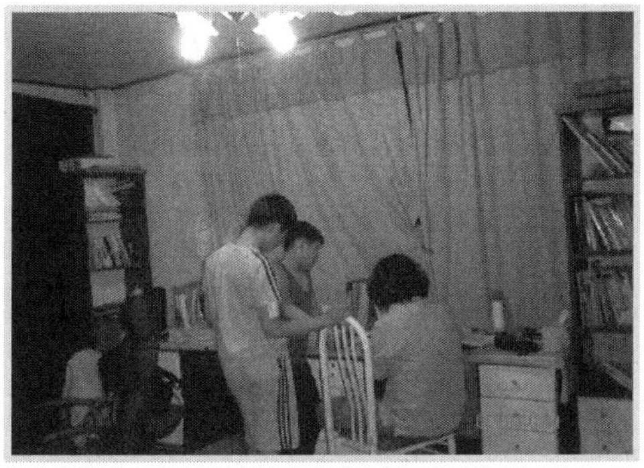

출처 : 관점 (248) 보석상태의 피의자

보석보증금은 피고인의 출석을 담보할만한 금액임과 동시에 피고인의 자산정도에 비추어 납입가능한 금액이어야 한다. 그런데 현재 법원에서 보석허가시에 결정되고 있는 보증금액의 상한과 하한은 최고 5,000만원에서 최저 10만원으로 그 격차가 엄청나다.

극히 일부이기는 하나 현재 결정되고 있는 10만원 및 그 이하의 보증금액은 피고인의 도망을 방지하고 출석을 담보할 수 있을지가 의심스러울 정도로 과소하여 그 상당성을 결여한다고 볼 수 있다.[21] 실무에서도 최근 몇 년간 법원에서 결정하고 있는 보증금의 정도가 과소하다고 평가한 법관의 비율이 적정하다고 평가한 법관의 비율보다 상대적으로 높게 나타났다. 그리고 과거에 보증금이 변호인에 대한 사례금으로 되는 경우가 많아 피고인의 경제적인 부담을 고려하여 거의 형식적으로 결정되었던 보증금액에 관한 관행도 역시 그 상당성을 결여한다고 볼 수 있다. 따라서 보증금의 결정을 위한 제반사항을 심사하는 보석심사위원회를 설치하여 구체적이고 합리적인 보증금액을 결정하는 자료를 제공하도록 하거나 또는 보증금의 산정에 관한 기준표를 작성하는 방안 등을 고려할 수 있다.[22] 미국의 보석심사 위원회는 1961년 뉴욕의 베라(Vera)재단에 의해 창설된 것으로 1964년 이래로 Vera재단과 법무부의 후원으로 운영되고 있다.

② 빈곤한 피고인의 보증금 문제

보석보증금은 다액일수록 피고인의 출석을 확보하는데 효과적이다. 1992년 11월 서울형사지법이 보증금을 1 천만 원 이상으로 인상 조정한 후 과다한 보증금은 빈곤한 피고인에게 보석청구를 어렵게 한다는 문제가 제기되고 있다. 이 결정으로 1,000만원 이상의 보증금이 1991년에 0.1%에서 1992년에는 9.8%로 크게 증가하였다. 결과적으로 빈곤한 피

---

21) 형사정책연구원, 앞의 책, p.169.
22) 김희옥, 앞의 책, p.128.

고인에게 보증금의 납부가 큰 부담으로 작용할 수도 있고, 피고인이 보석 청구를 주저할 수도 있다.[23)]

미국은 수정헌법 제8조에 과다한 보증금의 요구를 불허하는 규정을 두고 있다. 그러나 미국의 과다한 보석금은 피고인의 자력범위를 초과하는 높은 보증금을 의미하는 것이 아니라 비록 피고인의 자력범위를 초과한다 하더라도 그 보증금이 피고인의 공판정에의 출석을 보장하는 합리적인 금액이라면 결코 과다한 금액이 아니다.[24)]

우리나라는 피고인의 자산정도로 납입하기 불가능한 보증금액을 정할 수 없다고 규정하고 있기 때문에 피고인의 출석을 보장하는데 합리적인 금액이지만, 그것이 피고인의 자력을 초과한 때에는 과다한 보증금이라는 문제가 발생한다. 따라서 보석의 허용범위가 축소되고, 경우에 따라서 법원이 출석을 담보할만한 합리적인 수준이라고 결정하는 금액은 빈곤한 피고인의 자력범위를 초과하기 때문에 법원은 이 경우 보석 자체를 허가하지 않으려고 하게 된다. 그러므로 서약에 의한 석방 및 조건부 석방, 보석보증보험 증권 활용이나 직업보증인 제도 등의 방안이 적극적으로 활용되어야 한다.

보석보증보험증권 제도는 실무에서 피고인에게 가장 유리한 제도로 평가하고 있으며, 이를 적극적으로 활용하면 빈곤한 피고인의 보증금 문제를 해결할 수 있는 제도로 분석된다. 이 제도는 법원으로부터 보증서제출 허가결정을 받은 보석청구권자가 법원이 결정한 보증금의 1%를 납부하고 대한보증보험주식회사로부터 발급받은 보석보증보험증권을 첨부하여 보증서를 관할 검찰청에 제출함으로써 보증금의 납부에 갈음하는 제도이다. 서울 형사지방법원에 의하면, 보석보증보험증권의 활용은 1991년의 5.4%, 1992년의 27.5%로서 그 활용률이 저조하였지만, 점점 그 활용률이 증가하는 추세를 보이고 있다.[25)]

한편, 미국에서 발전한 직업보증인(bail bonding agent) 제도는 보석금을 납부할 자력이 없는 사람들에게 법원이 정한 보증금을 납부하고 그 대신 일정한 수수료를 받고 보석증권을 발행하는 제도이다. 직업보증대리인들과 관련된 심각한 문제는 그들이 보석대상자 추천을 확보하기 위하여 경찰관과 법원직원에게 뇌물을 주는 것과 같은 파렴치한 행위로 피소되기도 하는가 하면, 피고인이 재판에 출두하지 않는 경우에 보석금을 되돌려 받기 위하여 도망자를 추적하기 위한 채무수색원(skip tracers) 또는 복귀대리인(recovery agent)

---

23) 형사정책연구원, 앞의 책, pp.170-171.

24)Stephen A. Saltzburg, American criminal procedure, (St.Paul, Minn,:West Publishing),1988, p.690.

25) 형사정책연구원, 앞의 책, pp.171-172.

들을 고용하기도 한다. 채무수색원들은 경찰과는 달리 직업보증인에게 포괄적인 권력을 부여하는 1873 대법원 규칙에 의거 영장 없이 혐의자의 집에 들어가서 수색을 할 수 있다. 이 보상금 사냥꾼들은 국가 보석 집행기관의 자료에 의하면, 매년 25,000명을 붙잡는다고 한다. 이러한 직업 보증인 제도의 폐해를 방지하기 위한 개선방안으로 1966년의 연방보석 개혁법은 피고인의 서약에 의하여 보석 제도를 채택했다.[26]

이처럼 직업보증인 제도는 여러 가지 문제를 안고 있기 때문에 가난한 피고인에게는 그 이용이 쉽지 않은 제도이다. 우리나라는 보석보증보험증권이 이를 대체할 수 있기 때문에 직업보증인 제도는 필요하지 않다는 견해가 우세하다.[27]

5) 보석의 절차상 문제점

① 보석권의 고지 의무화 규정 미비

우리나라는 구속기소된 피고인이 보석을 청구하는 비율이 지난 10년간 평균 20.9%로서 저조하다. 이에 반해 일본의 보석청구율은 지난 9년간 평균 56.1%로 상당히 높은 편이다. 이처럼 한국에서 보석청구율이 저조한 이유 중의 하나로서 구속된 피고인이 보석제도를 충분히 알지 못하여 이를 청구하지 않고 있음을 지적할 수 있다. 특히 신체구속을 받고 있는 피고인에게 권리보석이 보장되어 있다는 것을 고지해 주는 것이 중요하다. 그러나 실무에서는 대부분의 법관들이 피고인에게 보석권리를 고지하지 않고 있다.[28] 현행 형소법은 피고인을 구속한 때에는 즉시 공소사실의 요지와 변호인을 선임할 수 있음을 고지하도록 의무화하고 있으나 보석권의 고지를 의무화하는 규정은 없다. 다라서 구속된 피고인에게 권리보석을 인정하고 있는 이상 보석을 받을 권리가 있음을 고지하는 입법을 고려할 필요가 있다. 미국은 예비심문의 서두에서 치안판사로 하여금 보석권을 고지하게 되어 있다.

② 검사의 즉시항고권

현행 형소법은 보석허가 결정에 대해 검사에게는 집행정지의 효과가 있는 즉시항고권을 인정하고, 보석기각결정에 대하여는 피고인에게는 보통항고권을 인정하고 있다. 이는 당사자주의 소송구조라는 측면에서 불균형 입법일 뿐 아니라 피고인의 보석권을 보

26) Timothy M. Ito, "Wild West Saga:Have gun, Wilson shoot", U.S. News & World Report 123, 15 Sep. 1997, p.7.
27) 형사정책연구원, 앞의 책, pp.172-173.
28) 앞의 책, p.174.

장한다는 취지에 반한다고 볼 수 있다.[29] 따라서 필요적 보석에서 검사의 즉시항고권을 폐지하여 피고인과 같이 보통항고권을 인정하는 입법을 고려할 필요가 있다.

6) 피고인 도망의 문제

보석중인 피고인이 도망할 가능성을 배제할 수 없다. 피고인이 도망할 경우에 보증금의 전부 또는 일부를 몰수 할 수 있지만, 이것으로 피고인의 도망을 완전히 방지할 수 있는 것은 아니다. 따라서 보석중인 피고인의 도망이나 증거인멸을 방지하기 위한 보증금 몰수 이외의 다른 대책이 요구된다.

7) 보석 피고인에 대한 가벼운 처벌

일반적으로 보석을 받지 못하고 구금된 피고인들은 기소의 가능성이 훨씬 높고 기소 후에 더 장기 구금형을 받는다는 것도 문제이다. 미국의 경우에 보석이 허용되지 않아 구금된 피고인들 중의 87% 중 50%는 징역형에, 38%는 구류형에 처해졌다. 이와는 반대로 보석으로 석방된 피고인들의 51%중 19%가 징역형(Prison term)에, 32%가 구류형(Jail term)에 처해졌다.[30] 이는 보석으로 석방된 피고인들의 대다수가 징역형보다는 구치소의 구류형 같은 단기형으로 끝난다는 것을 의미한다.

(6) 보석제도의 개선 방향

1) 서약서에 의한 석방

현행 형사소송법에서의 보석은 법원에서 반드시 보증금을 결정하고 그 납부에 의해 이루어진다는 점에서 보증금 보석을 말한다. 따라서 보증금을 보석허가의 유일한 수단으로 할 것인가에 대하여 근본적인 재검토가 필요하다. 즉, 보증금 이외에 다른 방법에 의해서도 충분히 피고인의 출석을 합리적으로 보장할 수 있다면 보석허가 시에 그러한 방법들을 우선적으로 고려해야 할 필요가 있다. 이와 관련하여 개선방안으로 피고인의 서약에 의한 석방이나 조건부 석방 같은 비금전적 석방이 대안이 될 수 있다.

앞에서 논의된 것처럼 미국의 경우에 뉴욕의 베라 재단(Vera Foundation)에서 개발한 프로젝트인 서약보증서에 의한 석방(ROR)은 대단한 성공을 거두고 있다. 이 프로

29) 이재상, 형사소송법, 박영사, 1991, p.282.
30) Siegel, op.cit. p.527.

젝트에 의하면, 그들 자신의 서약서를 제출하고 석방된 피고인들은 94.8%가 공판일에 복귀했다.[31] 이 출석률은 보석보증금으로 석방된 사람들의 출석률보다 높은 것으로 나타났다. 이러한 성공적인 조사결과에 의해 서약에 의한 석방은 1966년의 연방보석개혁법 이래로 1984년의 보석개혁법에도 명문화되어 있다. 특히 경한 범죄를 범한 피고인이 직업이나 주거가 안정되어 도주할 우려가 없는 경우에는 피고인의 서약에 의한 석방을 인정할 수 있을 것이다.

2) 조건부 석방

현행 형소법은 보석을 허가하는 경우에 임의적 조건으로서 피고인의 주거를 제한하고 기타 적당한 조건을 부과할 수 있다고 규정하고 있다. 기타 주거제한, 소환된 경우의 출석의무, 여행제한, 증거인멸행위 금지 등도 포함된다. 이러한 조건의 부과는 보증금 보석을 전제로 이루어진다.

그러나 앞에서 살펴 본 바와 같이 미국의 경우에 보증금보석의 대체수단으로 조건부 보석이 채택되고 있으며 독일과 프랑스도 채택하고 있다.[32] 미국의 법원은 보석이 피고인의 출석을 합리적으로 보장하지 못하거나 타인이나 사회의 안전을 위협한다고 판단할 때에는 피고인의 출석과 타인 및 사회의 안전을 합리적으로 보장할 수 있다고 판단되는 최소한의 제한적인 조건을 부과하여 석방을 명할 수 있다. 즉, 피고인이 주택이나 고용현장에 머무는 것과 같은 현상유지조건(status quo conditions), 피고인의 관할이탈금지 · 고소인과의 접근금지 · 야간외출금지와 같은 제한조건(restrictive sonditions), 피고인의 전화보고나 석방프로그램 참여와 같은 접촉조건(contact conditions), 마약이나 알코올 치료프로그램 참여와 같은 문제지향적인 조건(problem-oriented conditions) 등이 부과되기도 한다. 우리나라도 이러한 조건부 석방을 검토할 필요가 있다고 여겨진다.

또한 미국의 위스콘신, 네브라스카, 오레곤, 일리노이스, 켄터키 등 많은 주에서 채택하고 있는 보석금 일부를 공탁(약 10%)하는 공탁금보석 제도(deposit bail system) 또한 검토의 대상이다.[33] 보석금의 일부를 공탁하고 석방된 뒤에 재판일에 복귀하지 않으면 전체 보석금을 징수하는 공탁제도는 돈이 없어서 보석신청을 하지 못하거나 보석금 대행기관의 폐단을 막을 수 있어서 효과적이다. 우리나라에서 보석금 대행기관이 활동하고 있

31) Siegel, op.cit., p.527.
32) 형사정책연구원, 앞의 책, p.157.
33) Ibid., p.528.

는 지 분명하지 않지만 미래에 이런 대행기관이 나타날 가능성을 배제할 수가 없다.

3) 필요적 보석과 직권보석의 적극화

현행 형사소송법은 필요적 보석을 인정하여 피고인에게 보석권을 인정하고 있지만, 지나치게 광범위하거나 추상적인 제외사유를 인정하여 필요적 보석이 오히려 예외가 되지않을 수 없게 하고 있다. 따라서 제95조의 제외사유를 부분적으로 제한하거나 수정·삭제할 필요가 있다.

형사소송법 제96조는 필요적 보석의 제외사유에 해당되어도 상당한 이유가 있는 경우에는 직권으로 보석을 허가할 수 있지만, 실무에서는 직권보석이 거의 활용되고 있지 않다. 따라서 보석청구시에 법원이 형사소송규칙 제54조의2에 따라 구속된 피고인을 지체없이 심문기일을 정하여 심문한다면, 해당 피고인에게 직권보석의 사유가 있는 지 여부를 정확하게 파악할 수 있으며, 이것이 법관으로 하여금 직권보석의 활용을 적극적으로 고려할 수 있게 하는 계기가 될 수 있다.

4) 보석보증금의 합리적 산정

법원으로 하여금 합리적이고 적정한 보증금을 결정하도록 하기 위하여 이에 필요한 자료를 법원에게 제공할 수 있는 여러 방안들을 강구할 필요가 있다. 그 예로서 보증금의 결정을 위한 제반사항을 심사하는 보석심사위원회를 설치하여 구체적이고 합리적인 보증금액을 결정하는 자료를 제공하도록 하거나 또는 보증금의 산정에 관한 기준표를 작성하는 방안 등을 고려할 수 있다.[34] 다시 말해, 범죄유형과 전과 또는 죄질의 심각성 등과 같은 요인들을 기초로 하여 보증금 가이드라인(Bail guidelines)을 만들어 활용하면 피고인의 신분이나 지위에 따른 불평등 문제가 해소될 수 있을 것이다.[35]

보증금은 보석허가결정의 필수적 요소로서 피고인의 출석을 확보하기 위하여 다액일수록 효과가 크지만, 과다한 보증금은 실질적으로 보석제도를 무의미하게 할 우려가 있다. 그러므로 특히 빈곤한 피고인의 보석권을 보장하기 위하여 보석보증보험증권을 첨부한 보증서의 적극적인 활용을 모색할 필요가 있다.

---

34) 김희옥, 앞의 책, p.128.
35) Siegel, op.cit., 528.

2. 플리 바게닝

(1) 의의

출처 : 아시아투데이

플리바게닝은 배심제를 채택하고 있는 영미법 계통의 사법체제에서 피고인이 유죄를 인정하는 사건까지 배심제를 거치게 하는 것은 불합리하다는 취지에서 도입된 제도이다.

유죄협상(plea bargaining)은 피고인에 대한 공소가 제기된 후에 일반적으로 검사와 피고인측 사이에 재판에 갈 필요 없이 사건을 해결하기 위하여 벌이는 협상을 말한다. 미국의 경우 피고인이 소추된 때에는 정식재판 절차이전에 피고인에게 공소사실 인정여부를 확인하기 위한 절차로서 기소인부 절차를 진행한다. 이 절차에서 피고인은 무죄답변, 유죄답변, 불항쟁답변을 할 수 있다. 피고인이 어떤 답변을 하느냐에 따라 이후의 절차는 완전히 달라진다.

피고인이 무죄답변을 하면 기소인부절차는 종결되고 정식재판으로서의 배심재판이 개시되며, 이 경우 배심재판을 포기하면 판사에 의해 재판을 받게 된다. 피고인이 유죄답변을 하면 법원은 답변을 수용하기에 앞서 답변이 임의적인지 여부와 답변에 사실적 기초가 있는지 여부를 확인한다. 이러한 과정을 거쳐 법원이 유죄답변을 수용하면 절차는 양형단계로 넘어간다. 피고인이 혐의를 인정하면 그 대가로 가벼운 범죄로 기소하거나 가벼운 형량을 선고받을 수 있도록 약속하거나 다른 협의에 대해 불기소처분 또는 공소의 취소를 약속하는 유죄답변거래이다.

미국의 경우 플리바게닝은 중죄는 물론 경죄에 대해서도 폭넓게 인정하고 있다. 경미범죄의 경우에는 피고인이 치안판사에 의한 재판을 받을 것에 동의하는지 여부와 상관없이 치안판사가 피고인으로부터 유죄답변이나 무죄답변을 들어 그 답변이 그밖의 증거조사 결과에 따라 유·무죄가 인정된 피고인에 대해 형량을 결정한다. 경미범죄 이외의 경죄에 대해서는 피고인이 치안판사에 의해 재판받을 것에 동의해야 유죄답변 절차를 진행할 수 있다.

(2) 유죄협상의 장·단점

1) 장점

유죄협상을 지지하는 사람들은 이 제도가 다음과 같은 측면에서 국가와 피고인 모두에게 실제로 이익이 된다고 주장한다.[36] ① 형사소송의 전반적인 비용이 감소되며, ② 법정의 행정능률이 크게 증가하며, ③ 검찰은 더 중요하고 심각한 사건에 더 많은 시간을 투자할 수 있게 되며, ④ 피고인은 가능한 구금과 장기적인 재판을 피할 수 있으며 형량이 약화된다.

또한 현재 형사실무에서 암암리에 이루어지고 있는 유죄답변들을 공식화하고 변호인 참여권과 사법적 통제를 강화한다면 피고인의 권리보호는 물론 절차의 투명성도 제고할 수 있다. 따라서 유죄협상을 지지하는 사람들은 효과적인 사법행정이 작동되는 곳에서 유죄협상을 채택하는 것이 적합하다고 믿는다.

2) 단점

유죄협상은 피고인들이 헌법상 인정된 재판상의 권리를 포기하게 만든다는 비판을 받는다. 또한 실제 재판의 결과보다는 훨씬 낮은 형량을 받게 됨으로써, 이는 형량의 불균형을 초래하는 부작용이 있다는 비판도 받는다. 정식재판을 포기하고 플리바게닝을 선택한 피고인은 정식재판을 선택한 피고인에 비해 훨씬 더 가벼운 형－가령 2배, 4배, 심지어는 6배 정도의 가벼운 형－을 선고받기도 한다. 특히 일반대중의 눈에는 유죄협상이 피고인들로 하여금 형사사법 체계를 무력화하고, 더 나아가 사법처리 과정을 퇴색시키고 있는 것으로 비친다. 또한 유죄협상은 선량한 사람들로 하여금 범죄를 범하게 하는 동기부여를 할 수 있다는 주장도 제기된다. 즉, 그들이 공식적인 재판에 따른 엄한 형벌보다 유죄협상의 결과로 가벼운 형벌을 받는 것이 더 낫다고 믿게 되면, 범죄를 범한 후에 유죄협상을 시도하려는 동기부여화될 수 있다. 유죄협상은 위험한 범죄자들이 처벌을 모면할 수 있게 함으로써 형사법의 범죄억제 효과를 약화시키며 또한 법에 대한 공공의 신뢰를 저해할 수 있다. 또한 유죄답변 협상은 검사의 권한을 기소편의 주의가 허용하는 범위를 넘어서까지 확장시키며, 협상에는 통상 피의자·피고인과 검사가 당사자로 참여하게 되는데, 이러한 과정은 형사소송 주체의 하나인 피해자를 배제시키는 것이어서 부당하다. 협상은 공판중심주의를 형해화하고,

36) Ibid., p.530.

무죄추정원칙의 위반, 법관에 의한 재판을 받을 권리침해, 피해자의 재판상의 진술권 침해, 적법절차 침해 등의 문제가 발생한다.

(3) 유죄협상에 대한 통제

유죄협상이 가까운 미래에 없어지거나 감소될 가능성은 거의 없는 것 같다.[37] 그것에 대한 완전한 폐지를 지지하는 사람들은 소수이다. 그러나 협상의 남용으로 인해 여러 가지 병폐가 지적되고 있기 때문에 유죄협상 활동을 개선하기 위한 노력이 이루어지고 있다. 이러한 개혁은 통일적인 유죄협상 실시기준의 개발, 협상동안 상담의 실시, 그리고 협상 기간의 한정 등을 핵심적인 과제로 한다. 사실 검사와 변호사 사이의 협상은 어떤 기준이나 제약도 없다. 재판 전에 양측의 협상이 성사되면, 그에 따라 재판 없이 사건의 처리는 종결되는 것이다.

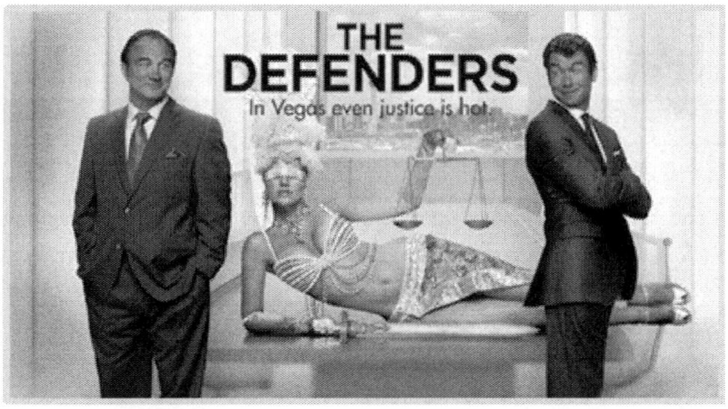

출처 : 굴뚝토끼's TFC

우리나라에 플리바게닝 제도의 도입시 고려해야 될 선결보건으로서 ① 협상절차에의 변호인의 필요적 참여 보장, ② 협상절차에서 증거개시권의 보장, ③ 범죄피해자의 권익보호방안 마련, ④ 피의자·피고인의 유죄답변의 임의성 담보 및 유죄인정의 사실적 기초에 대한 법원의 심사, ⑤ 객관적 양형기준의 정립 등이 이루어져야 한다.

따라서 최근에는 유죄협상을 더 가시적이고, 이해가능하며, 공정한 처리과정으로 전환하려는 노력이 이루어지고 있다. 적정과정을 위반하는 것을 예방하고, 순수한 피고인들이 강제력에 의해 유죄협상을 하지 않도록 보장하기 위해 많은 관할에서 보호수단과 가이드라인을 개발했다. 예컨대, 판사는 피고인에게 유죄협상을 허락하기 전에 유죄협상 사실여부에 대하여 피고인들에게 질문하고, 변호사는 피고인의 권리를 제시하고 충고할 수 있다. 검사와 변호사는 피고인 및 범죄에 대한 모든 정보를 제공받아 유죄협상에 관한 공개토론을 벌인다. 유죄협상의 공정성을 보장하기 위해서는 사법부의 감시가 효과적인 통제 매카니즘이다.

---

37) Ibid., p.530.

(4) 현실적인 문제

재판에 관여하는 행위자들은 서로 다른 동기에 의해 유죄협상에 참여한다. 어떤 피고인들은 검사의 강경한 태도를 깨닫고 형량을 최소화하기 위해 유죄협상을 함으로써 유죄판결로 인한 해로운 결과를 피하려 하는가 하면, 또 다른 피고인들은 혼자 모든 죄를 뒤집어씀으로써 공범이나 공모자들을 보호하기 위해서 유죄협상을 하기도 한다.

변호사 역시 여러 가지 이유로 유죄협상에 적극적일 수 있다. 어떤 사람은 자신이 특정 사건에 관여하는 것을 제한하기 위해서 협상을 추진할 수 있으며, 또 다른 변호사들은 자기가 맡은 사건의 피고인이 분명히 유죄라는 것을 알고 자신의 변호노력을 최소화함으로써 활동 수입을 많이 올리려는 의도아래 유죄협상을 시도할 수도 있다. 또 다른 경우에 변호사들은 대부분의 미국의 형사법정에 존재하는 유죄협상에 호의적인 관료제적 구조에 적응하고 싶기 때문에 협상을 추진하기도 한다. 어떤 변호사들은 자신의 고객을 비범죄적 처벌, 즉, 치료프로그램에 참여시키고 싶기 때문에 이러한 것을 조건으로 피고인에게 유죄협상을 권유할 수 있다.

검사 역시 유죄협상으로부터 이익을 얻을 수 있다. 검사는 재판이 승산이 없다고 생각될 정도로 맡은 사건이 취약하다는 점에 대해 불안해한다. 이를테면, 검사는 공판 전에 경찰관이 수집한 증거가 절차적으로 오류를 범했다는 사실을 발견했을 경우에 재판의 승산이 없다고 생각할 수 있다. 이러한 경우에 피고인이 유죄협상을 하면 그 사건에 존재하는 이전의 법적인 오류는 모두 사라지게 된다. 또한 검찰 측에서 아무리 확실한 물증 등을 확보하고 있다할지라도, 배심원들이 검찰에게 불리한 결정을 언제든지 할 수 있는 기회는 존재한다. 검사들은 또한 고발자들과 공동 피고인들의 협조를 얻기 위해 협상을 할 수도 있다.

Section 2 양형구조

1. 들어가며

법 질서 유지는 법 위반 행위에 대한 처벌이 이루어져야 가능하다. 따라서 법질서의 유지를 위해 범법자에 대한 처벌은 불가피하다. 양형이란은 범법행위로 유죄가 인정된 피고인에게 판사가 형벌을 부과하는 것을 말한다. 이 때 중요한 것은 형벌의 양을 어떤 기준에 의해 정하여야 하는 것이다.

일반적으로 형사 피고인에 대한 형벌 부과는 범죄에 따라서 형법에 형량되어 있다. 이를 법정형이라고 한다. 이러한 법정형의 범위 내에서 구체적인 사건에 대하여 얼마만큼의 형을 선고하느냐 하는 것은 법관의 재량에 속한다. 따라서 양형은 범죄의 유형에 따른 법정형과 선고형으로 나누어진다. 법률에 의해 범죄의 형벌이 정해지고, 판사는 이를 기준으로 개별적 사건에 대한 구체적인 형벌을 결정하게 된다. 따라서 양형과정은 선고형을 놓고 보면 법관의 자유재량에 속하는 것으로 여겨지게 되어 관심의 대상이 되고 있다. 특히 동일한 범주에 속하는 범죄에 대하여 선고형량이 법관에 따라 차이가 많다는 점이 양형제도에 대한 논란을 증폭시키고 있다.

형사사법체계의 선진국인 미국의 경우에도 재판과정 동안 모든 단계에서 법관의 자유재량이 행사됨으로써 유사한 범죄를 범한 범죄자들이 아주 다른 처벌을 받는 현상이 발생한다. 또한 피고인과 피해자, 검사와 변호사, 그리고 법관과 증인 등 다양한 사람들이 재판에 관여함으로써 유사한 범죄의 양형은 달라진다. 범죄자의 처벌에 대해 서로 가치를 달리하는 철학적 관점을 가진 사람들은 처벌위주의 양형, 교화·치료 프로그램의 선호, 국가형벌체계의 불간섭이나 형벌의 최소화 주장 등에 의해 양형제도에 대한 견해를 달리한다.

2. 부정기형 제도

(1) 내용

형벌법규에서 일정한 범죄에 대한 법정형으로 형기의 구금형만을 규정한 경우에는 법관이 아니라 입법자가 형기를 결정하는 것이 된다. 그러나 장·단기에 의한 일정한 범위의 구금형을 법정형으로 규정한 경우에는 법관이 양형절차에 따라 선고형을 정하면서 형기를 결정한다. 그러나 범죄인이 실제로 복역해야 할 기간이 형선고시에 특정되는가에 따라 정기형과 부정기형으로 구분된다. 부정기형은 법관의 형선고시에 형기를 특정하지 않고 행형단계에서 행정기관에 의해 석방시기가 결정되는 것이다. 부정기형에는 형선고시 형기의 장·단기조차 이에 정하지 않는 절대적 부정기형과 형기의 장·단기를 정하는 상대적 부정기형이 있다. 부정기형이 선고된 경우 수형자는 형선고시에 석방시기를 미리 알 수 없고, 복역중 가석방이나 부정기형집행 종료결정이 있거나 장기간 경과한 때 석방된다.

미국은 19세기 후반에 들어 개혁자들은 인간행동에 대해 진보적인 견해를 가지기 시작하면서 소위 형사법의 근대화라고 불리는 형벌체계의 변화를 시도했다. 아울러 이민 증가 등으로 인한 범죄자의 증가는 교도소의 포화상태를 가져왔다. 따라서 교도소 포화문제를 해결하고 재사회화의 형벌목적을 달성하기 위하여 비교적 사회에 위험성이 적은 피고인들을 대상으로 집행유예와 보호관찰을 시행하게 되면서 부정기형 제도가 도입되게 되었다.[38] 그 이후 50년 동안 발전된 것은 최 단기에서 최장기에 걸쳐 형을 선고하는 부정기형(indeterminate sentences)의 채택이었다. 부정기형은 수형자의 수감생활기록에 의해 사회복귀를 가능하게 할 정도로 교화되었다는 결론이 내려지면 곧 바로 피고인을 석방하는 장점이 있는 제도이다.

부정기형은 미국의 대다수의 주에서 채택하고 있으며, 피고인이 공동체 감시형을 내리기 어려운 중죄인일 경우에 반드시 의무적으로 복역해야 할 단기형과 아울러 장기적으로 봉사할 수 있는 한계기간으로서의 장기형을 선고한다.[39] 즉, 법관은 강도범에게 단기 1년에서 장기 10년의 형을 선고할 수 있는 것이다.

---

38) Sandra Shane-DuBow, Alice P Brown & Erick Olson, Sentencing Reform in the United States:History, Contents, Effect 1-4, 1985, pp.4-5.

39) Ibid., p.536.

(2) 목적

부정기 형의 근본 목적은 수형자의 교화를 위해서 형량을 개별화하자는 것이다. 부정기 형은 부과되는 형량의 유형뿐만 아니라 복역기간의 길이에 대한 신축성을 허용한다는 장점이 있다. 부정기형 제도는 인간적인 절차로서의 양형, 양형의 목적으로서의 재사회화와 사회방위, 수형자와 직접 대면하는 하부기관에 권한을 이양함으로써 정확하고 현실적합한 결정의 가능성, 판사와 교정기관의 역할분담에 의한 전문화, 감정적 사회여론으로부터 단절 등을 어느 정도 기대할 수 있다는 긍정적인 면이 있다.[40]

그러나 지나친 재량은 자의적이고 예측하기 어려운 양형과 형벌의 불균형 등을 초래하였으며, 양형기관의 편견과 세계관에 의해 양형이 좌우된다는 비판이 제기되었다. 또한 이론과는 달리 현실은 예산과 전문인력의 부족으로 교육의 질과 내용이 뒤떨어져 재사회화의 성과가 별로 없고, 양형이 비공개로 이루어져 범죄에 대한 사회적 평가를 양형에 반영할 길이 없다는 문제점이 발생했다. 궁극적으로 형벌이 범죄인 교화에 효과적인가에 대한 의문이 제기되었다. 또한 판사가 선고하는 양형과 수형자가 실제로 복역하는 형기 사이에 격차가 너무 크다는 비판이 제기되었다.

한국은 부정기형을 인정하는 제도가 없다. 죄형 법정주의에 철저한 한국은 본래 부정기형에 부정적인 입법태도를 견지해 왔다. 따라서 절대적 부정기형은 물론 상대적 부정기형도 금지되고 있다. 수형자들에 대한 가석방이나 사면이 대통령의 정치적 결단에 의해 이루어지고 있는 현실을 놓고 볼 때, 때때로 특정인들을 사면해 주기 위해 다른 사람들이 포함된다는 느낌을 불식할 수가 없다.

그러나 상대적 부정기형은 수형자들의 복역 성적과 태도에 의해 조기 석방으로 사회복귀를 가능하게 한다는 객관성을 검토해볼 필요가 있을 것으로 보인다. 물론 교정기관이 수형자들을 심사하여 석방하는 것에 대하여 그 능력이나 공정성에 대해 불신하기 때문에 부정기형 제도는 불가능하다고 주장할 수도 있다. 그렇다면, 전문가들도 포함된 심사위원회를 구성하여 엄격하게 심사하는 절차 등을 마련하면 그렇게 어렵지 않을 수도 있을 것이다. 그러나 정기형은 법관의 권한에 의해 형량이 결정되고, 그 선고에 따라 복역해야 되므로 법관의 권위가 크게 부각되지만, 부정기형은 교정기관의 권력이 커진다는 점에서 형사사법 기관사이의 권력차이에 의해 그 채택은 역시 어려울 것으로 보인다.

---

40) 이상원, 외국의 양형제도연구:미국의 주 양형제도의 변천과 현황, 법원행정처, 2003,p.10.

3. 정기형 제도

정기형(determinate sentences)이란 법관이 형법에 규정된 한계 내에서 개인적・전문적 판단에 의해 형량을 부과할 수 있는 형벌선고 제도이다.[41] 형법에서 강도는 20년 이하의 징역에 처할 수 있다고 규정하고 있으면, 법관은 초범에 대해서는 5년의 실형을, 재범자에 대해서는 10년을, 그리고 3회 이상의 재범자와 무기를 휴대한 범죄자에 대해서는 20년을 선고할 수 있게 되는 것이다 따라서 우리나라의 양형제도는 원칙적으로 정기형에 속한다. 부정기형에서는 수형자의 석방이 교정기관의 권한에 의해 결정되지만, 정기형에서는 형량을 선고하는 법관에 의해 결정되는 선고형량 그 자체가 복역기간의 전부이므로 교정기관의 권한이 적용될 여지가 전혀 없다.[42]

정기형과 부정기형 모두 법관이 피고인에게 집행유예를 선고할 수 있고, 또 다른 피고인에게는 장기 실형을 선고할 수 있다는 점에서는 본질적으로 별로 차이가 없다. 이러한 법관의 무제한적인 자유재량권은 재판과정에서 차별과 불공정성을 초래할 수 있다. 교정기관의 재량권은 수형자 수를 조절할 수 있다는 측면에서 유용하다.

이러한 평가의 결과로서 1970년대 후반 캘리포니아, 일리노이, 그리고 메인 주 등 많은 주 정부는 재량적 가석방 권한을 가진 부정기형 제도를 재량적 가석방 권한이 없는 단일 형기의 특징을 가진 정기형 제도로 대체했다. 다시 말해, 부정기형은 단일 형기의 정기형으로 대체되었다. 그러나 정기형의 경우에도, 어떤 경우에 모범적인 행동으로 시간 점수를 획득한 수형자들은 형기의 반까지 감형 받을 수 있다. 이러한 정기형의 현대적인 개념은 치료와 교화보다는 응보, 억제, 그리고 평등 지향적이다. 대부분의 관할 사법부는 특별한 범죄에 대해 적절한 형량을 제시함으로써 재판부의 의사결정을 구조화하려는 노력을 시도해 왔다.[43]

---

41) Ibid., p.537.

42) 조철옥, 앞의 책, p.586.

43) Thomas Marvell and Carlisle Moody, "Determinate Sentencing and Abolishing Parole : The Long Term Impacts on Prisons and Crime", *Criminology 34*, 1996, pp.105-128.

4. 구조화된 양형체계

(1) 들어가며

미국의 형사사법체계는 1970년대까지 부정기형 양형제도를 받아들였다. 특히 부정기형은 범죄인에 대한 차별적 처우가 장래의 범죄를 예방하는데 기여할 것이라는 전제 아래 1950년대에 그 전성기를 구가했다. 그러나 1970년대에 들어 재사회화 모델의 효과에 대해 의문이 제기되고 양형의 목적에 관한 논의가 새롭게 이루어지고, 형의 불평등 문제가 양형개혁의 명분으로 등장했다.

출처 : 뉴시스

1971년 '정의를 향한 투쟁'이라는 공식 보고서는 양형불평등에 대한 비판을 제기하면서 미국사회는 정기형제도, 양형기준제, 양형위원회, 상급심에 의한 양형통제 등이 그 해결책으로 제시되었다. 당시 미국이 범죄인 교화에 의한 범죄감소를 위한 부정기형 제도는 범죄율 증가로 인해 비판을 받으면서 보다 엄한 양형제도의 출현을 불가피하게 했다.

범죄자는 환자가 아니라 심사숙고한 끝에 합리적으로 범행을 결정한 자라고 전제하고, 범죄에 상응하는 정당한 형벌을 부과하기 위한 노력과 입법적 장치에 의해 법관의 재량을 제거하기 위한 운동이 전개되었다. 결과적으로 1975년을 시발점으로 하여 미국의 많은 주는 다양한 양형개혁을 시도하게 되었고, 정기형제도나 형기의 하한제도, 양형의 정직성 규정 등을 채택하여 양형의 공정성 제고와 양형 불평등의 완화 등을 실현하고자 했다. 미국의 대부분의 주는 새로운 형태의 정기형 제도를 발전시키기 위하여 재판과정을 구조화하고, 더 합리적으로 운영하기 위해서 양형지침(sentencing guidelines)을 개발하려고 노력하기 시작했다.[44]

44) 조철옥, 앞의 책, pp.587-588.

(2) 양형개혁법과 양형위원회

1984년 미국 연방의회는 양형불평등을 줄이기 위하여 양형개혁법(Sentencing Reform Act)을 제정하였다. 양형개혁법의 목적은 범죄의 죄질에 적합한 실질적인 양형의 확립, 양형의 불평등 감소, 양형 상 법관의 재량을 통제할 양형지침서를 개발하기 위한 양형위원회의 설립 등이었다.

연방양형위원회 위원은 대통령이 지명하는 7명의 의결권이 있는 위원과 법무부장관 혹은 그가 지명한 사람은 당연직으로 투표권이 없는 위원으로 구성되었다. 의결권이 있는 위원의 임기는 6년이며, 적어도 3명은 미국 연방 사법회의에서 대통령에게 추천한 6명의 연방판사 중에서 임명하며, 의결권자 중 4명은 같은 정당에서 나올 수 없도록 하였다.

연방양형위원회는 양형지침을 만들 때 확실성과 공정성을 갖춘 양형정책과 관행을 수립하는 것이었다. 위원회는 다음과 같은 3가지 기본목적을 달성하고자 하였다. 첫째, 특정한 범죄에 대하여 가석방 또는 선행보상제도에 의해 형기를 단축할 수 없는 정기형을 확정함으로써 양형의 정직성을 달성하고자 하였다. 둘째, 전국의 모든 연방법관에게 자세한 양형지침서를 제공함으로써 양형의 통일성을 달성하고자 하였다. 셋째, 범죄의 죄질에 따라서 형벌의 종류 및 정도에 적절한 비례관계를 유지하고자 하였다.

양형개혁법은 양형위원회가 양형기준을 정할 때 준수하여야 할 기준도 상세히 규정하고 있다. 징역형에 관한 기준을 정할 때 그 범위의 상한은 하한의 25% 또는 6개월을 초과하여서는 안 되고, 다만 하한이 징역 30년 또는 그 이상인 경우 상한은 무기징역일 수 있다. 양형위원회가 양형기준에 적용할 범죄의 유형을 정할 때 ① 범죄의 등급, ② 범죄의 중대성을 가중하거나 감경할 수 있는 범죄의 정황, ③ 범죄가 재산, 사람, 공공의 신용 등에 대하여 끼치는 해악의 본질과 정도, ④ 범죄의 중대성에 대한 사회의 의견, ⑤ 양형의 일반적 예방효과, ⑥ 지역사회와 전국의; 범죄발생빈도를 고려하여야 한다. 피고인의 유형을 정할 때에도 1) 나이, 2) 교육, 3) 언어능력, 4) 피고인의 책임을 경감시키는 범위 내에서 정신적, 감정적 상태, 5) 약물 의존도를 포함한 육체적 상태, 6) 이전의 고용기록, 7) 가족적 유대와 책임, 8) 지역사회와의 관계, 9) 범죄에서의 역할, 10) 전과, 11) 생계가 범죄에 의존하는 정도를 고려해야 한다.

(3) 양형지침서

구조화된 양형의 핵심은 양형지침의 개발과 깊은 관련이 있다. 양형위원회는 양형지침서를 만들 때 범죄통제와 정당한 응보라는 두 가지 가치를 모두 고려한다. 정당한 응보를 강조하는 사람들은 범죄인의 책임과 범죄에 의해 야기된 손해를 반영해서 형벌을 과하여야 한다는 관점에 서 있었다. 이러한 관점에서 보면, 범죄인에게 비난가능성이 적으면 적을수록 형벌이 가벼워져야 한다. 반면에 범죄통제를 강조하는 사람들은 범죄인에게 장래의 범행가능성을 줄일 수 있는 형벌이 부과되어야 한다고 보았다. 그러나 위원회는 어느 관점도 선택하지 않았으며, 대신에 경험적 접근방법을 활용하였다. 따라서 위원회에서 개발한 지침서는 상당부분 연방법원에서 적용해 온 그 동안의 양형관행을 반영하였다. 이러한 패턴들은 1만 개의 판결전조사 보고서와 당시 최근 사례에서 뽑은 것이었다.

구조화된 양형은 이 처럼 양형지침을 개발하여 양형기관의 양형과정을 체계화하여 법관의 재량을 통제하기 위한 것이다. 양형지침은 다양하지만, 일반적으로 범죄의 심각성 수준(severity level of offence)과 범죄자의 범죄경력 점수(criminal history score)를 기초로 하고 있다.[45] 즉, 범죄가 심각하고 범죄자의 범죄경력이 광범할수록 지침은 더 장기의 형량을 선고해야 한다고 권고한다. 양형지침은 범죄의 심각성 수준과 범죄경력 점수를 합산하여 결정된다. 즉, 초범으로 과도한 폭력이나 흉기를 사용하지 않은 강도범에 대해서는 5년형이 주어져야 한다고 규정하지만, 흉기를 사용하고 전과가 있는 사람은 3년이 더 추가되어야 한다고 규정하고 있다. 동일한 강도 범죄에 대해서 전과 유무에 따라 징역형 또는 보호관찰 대상 여부가 결정되기도 한다.

양형지침은 교정기관의 재량적 석방권한을 인정하지 않지만, 모범적인 행동으로 시간점수를 획득한 범죄자들로 하여금 감형이 될 수 있게 하고 있다. 법관의 재량권을 제거함으로써 이 지침은 인종적·성적 불평등을 감소하는 방향으로 설계되었다.[46]

(4) 유죄협상(plea bargaining)

양형지침서는 연방형사절차에 관한 규정을 근거로 유죄인정에 의한 양형동의를 계속해서 허용하고 있다. 유죄협상은 법률상의 유죄협상을 증진하며, 부당한 양형의 불균형을 영속시키는 것이 아니라는 정책적인 이유로 승인된다. 지침서는 유죄협상을 승인하거나 거부하기 위한 특별한 절차를 마련하고 있지 않다.

---

45) Siegel, op.cit, pp.538-539.

46) Jo Dixon, "The Organizational Context of Criminal Sentencing", *American Journal of Sociology 100*, 1995, pp.1157-1198.

유죄협상이 법원을 구속하는 것은 아니지만, 이에 의해 지침서의 적용이 영향을 받게 된다. 지침서에 의해 피고인이 받게 될 형이 예측가능하며 특히 지침서가 종래에 일반적으로 선고되어 오던 형벌보다 다소 무거운 형벌을 규정하고 있기 때문에 기소범위의 축소와 감형을 미끼로 유죄답변이 쉽게 이루어지는 경우가 많다. 이러한 점에서 양형과 관련하여 검사의 영향력이 지나치게 커졌다는 지적도 있다.[47]

(5) 판결전 조사제도

판결전 조사제도는 법관이 특정사건의 판결을 하기 전에 유죄가 인정된 피고인에 대하여 소질, 환경 등 모든 양형인자를 조사하게 하여 이를 적정한 양형의 기초자료로 삼을 수 있게 하는 제도이다.[48] 미국의 경우에 판결전조사와 이에 대한 보고절차를 양형준비 절차라 한다.

일단 피고인의 유죄협상(plea bargaining)이 있거나 배심원의 유죄평결이 내려지면 보호관찰관은 형을 선고하기 전에 판결전조사보고서를 법원에 제출해야 한다. 판결전조사보고서는 ① 피고인의 전과기록, ② 범죄실행 상황과 피고인의 행위에 영향을 미치는 상황에 관한 진술, ③ 범죄피해자의 원상회복 요구를 포함하여 법관의 양형선고에 도움이 될 정보들이 기재된다. 법원은 필요한 경우 더 자세한 조사를 요구할 수 있으며, 피고인으로 하여금 정신감정을 받도록 할 수도 있다. 판결전조사보고서는 피고인의 유죄자백이나 유죄평결이 내려지기 전에 공개되지 않는다. 이는 유・무죄 확정절차와 양형절차를 분리하고 있는 미국의 소송절차에서 판결전조사 보고서가 미리 공개되면 양형자료가 유・무죄의 확정에 영향을 미칠 우려가 있기 때문이다.[49]

피고인의 연기신청이 없는 한 법원은 최소한 형의 선고 10일 전까지 판결전조사보고서를 피고인, 변호인, 그리고 검사에게 공개해야 한다. 다만, 법관은 피고인의 서면동의가 있으면, 언제든지 열람가능하다. 법원은 판결전조사보고서에 대한 검토후 피고인과 변호인 역시 판결전조사보고서를 검토하고 논의하였다는 사실을 확인해야 한다. 법관은 피고인에게 형벌부과의 근거가 된 사실을 알려주어야 하며, 형을 선고하기 전에 피고인에게 이의제기의 기회를 주어야 한다. 이러한 절차를 거친 후 법원은 지체없이 양형절차를 수행해야 한다.[50]

---

47) 오병수, 양형실태 및 합리화 방안 연구, 한양대 박사학위 논문, 2001, pp.86-87.
48) 하태훈, 양형기준과 양형과정의 합리화 방안, 형사법연구 제9호, 한국형사법학회, 1997, p.248.
49) 이재홍, 미국의 양형제도와 그 한국적 조명, 사법연구자료 제17집, 법원행정처, 1990, p.450.

5. 의무적인 양형제도

(1) 의의

의무적인 양형제도(Mandatory sentences)는 법관의 재량권을 제한하기 위해 특정범죄로 유죄가 입증된 모든 피고인들에 대하여 무능력화, 즉, 구금형을 요구하는 의무적인 선고(최소형)제도를 말한다. 즉, 마약거래나 총기범죄를 범한 범죄자들은 적어도 보호관찰(probation)의 가능성에서조차 배제되도록 하는 의무적인 양형체계를 만들자는 것이다. 또한 어떤 범죄자들은 가석방(parole)의 고려대상이 되지 못하도록 의무적인 양형제도를 만들려고 하는 것이 의무적인 양형제도이다. 의무적 양형체계는 입법부에 의해서 권한이 부여된 경우를 제외하고는 법관으로 하여금 어떤 형벌을 의무적으로 부과하도록 함으로써 법관의 재량권을 제한한다.

출처 : 판례 및 법률뉴스 (40)

의무적인 양형체계는 부정기형의 형벌 구조를 보완하거나 구조화된 형벌의 특징이 될 수 있다.[51] 예컨대, 부정기형을 채택하고 있는 곳에서 미등록 총기를 휴대한 범죄자에게 최소 1년의 징역형을 의무적으로 선고하게 하는 것과 같은 것이다. 의무적 형벌선고는 법관의 권한을 과도하게 제약하고 형벌이 너무 가혹하기 때문에 검사와 변호사는 강제적 형벌체계에 따르기를 싫어한다. 경험적인 연구에 의하면, 총기를 휴대한 마약거래상은 총기휴대 부분에 대해서는 처벌을 받지 않는다는 것이 확인되었다. 그 이유는 법관과 검사들이 이미 마약거래에 대한 처벌이 주어졌기 때문에 총기휴대 부분에 대해 추가적인 형벌을 부과하는 것은 과잉처벌의 문제가 될 수 있다고 믿기 때문이다.[52]

50) 오병수, 앞의 책, pp.80-81.
51) Ibid., p.538.
52) 조철옥, 앞의 책, pp.593-594.

(2) 양형 진실법

1984년에 제정된 양형 진실법(Truth in Sentencing Laws)은 의무적인 양형을 요구하는 법적인 장치이다. 양형의 정직성과 관련된 의무적인 양형체계는 의무적인 양형지침을 확립하면 재판과정에서 법관이 그 지침에 따라서 양형선고를 할 수 밖에 없고, 따라서 양형의 공정성과 투명성을 확보할 수 있다는 측면에서 양형의 정직성에 대한 요구를 충족시키고 양형불균등을 감소시킨다. 양형 진실법은 범죄자들이 형기의 상당 부분을 교도소에서 복역해야 하고, 가석방 자격과 형기감면 선행점수제는 제한되거나 제거되어야 한다는 점을 강조한다.

양형 진실법 운동은 과밀상태의 국가 구금시설로부터 재소자들을 조기 석방할 수밖에 없는 교도소 과밀현상에 대비하기 위해 출현했다. 1994년 형법에 규정된 폭력범죄자 무능력화와 양형 진실운동 지원 프로그램은 주 정부가 장기 징역형을 선고할 경우에 발생하는 비용을 지원하기 위한 기금을 마련했다. 주 정부는 이 기금을 확보하기 위해 징역형을 선고받은 중범죄 폭력범죄자들이 형기의 85% 이상 복역했을 경우에만 가석방 자격을 부여했다. 많은 서구 국가들이 벌금과 공동체 봉사명령과 같은 적당한 처벌정책을 채택하고 있는 것과는 달리 미국이 과도하게 처벌위주의 형사정책을 채택하고 있다는 사실은 이상한 일이다.[53)]

(3) 삼진아웃법

삼진아웃법은 범죄의 유형이나 심각성에 관계없이 세 번째 유죄가 인정되면 장기실형을 받도록 강제적으로 규정한 법이다. 예컨대, 캘리포니아에서 리그스(Michael Riggs)라는 전과 8범은 20불짜리 비타민 한 병을 가게에서 훔친 것으로 체포되어 가석방 자격을 얻기 전에 최소한 20.8년 동안 교도소 생활을 해야만 하는 25년의 징역형을 선고받았다. 삼진법이 없었다면 그는 기껏해야 6개월 형에 처해지고, 살인죄를 범했을지라도 17년형을 받았을 것이다. 그는 1999년에 대법원에 상고했으나 재판부는 상고를 기각하고 원심을 확정했다.[54)]

이처럼 삼진법은 전과자에게 무거운 형벌을 가하는 것을 목적으로 한다. 특히 세

---

53) Michael Tonry, "Parochialism in U.S. Sentencing Policy", *Crime and Delinquency 45*, 1999, pp.48-65.

54) Siegel, op.cit., p.540.

번에 걸쳐 중범죄로 유죄판결을 받은 범죄자의 경우에 사법부는 세 번째 범죄가 심각하거나 폭력범죄가 아닐지라도 최하 25년 징역형을 선고하거나 심지어 종신형을 선고하는 경우도 있다.[55] 1994년에 연방형법은 삼진법을 도입하여 3회에 걸친 중범죄로 유죄판결을 받은 피고인에 대해 의무적인 종신형을 요구하는 입법을 했으며, 22개 주정부도 연방형법의 뒤를 따랐다.[56]

삼진법은 폭력범죄의 대책을 찾는 보수주의자들의 환영을 받았을지라도, 가벼운 범죄를 범한 사람도 장기 징역형을 받을 수 있기 때문에 논쟁의 대상이 되고 있다. 어떤 법관은 삼진법에 의한 처벌이 너무 가혹하기 때문에 그 법의 조항들을 무시하고 있다는 보고가 있다. 랜드 연구소의 경우에 삼진법은 중범죄율을 22-34%까지 실제로 감소시킨다는 경험적 증거를 제시했다. 그러나 그 감소비용이 캘리포니아 한 개 주에서만 매년 45억에서 65억불 정도로 증가하고 있다는 것이 문제이다.[57] 삼진법은 지금 법적으로 위헌이라는 도전을 받고 있기 때문에 그 미래는 불확실하다. 그러나 미국의 중범죄 억제를 위한 형벌대책은 단호하고 엄격하다.

6. 한국의 양형구조 개혁

(1) 양형원리의 부재

출처 : 뉴스한국

우리 형법체계는 법관의 양형부과에 대한 근거규정이 부족하다. 현행법상 양형에 관한 규정은 형법 제 51조의 양형조건, 제 53조의 작량감경, 제59조의 선고유예, 제 62조의 집행유예 등의 조항이 있을 뿐이다. 형법 제51조는 양형의 조건이라고 하지만, 양형의 목적이나 기본원칙들에 관한 지도원리와는 무관하게 ① 범인의 연령, 성행, 지능과 환경, ② 피해자에 대한 관계, ③ 범행의 동기, 수단과 결과, ④ 범행 후의

55) Michael Vitiello, "Three Strikes: Can We Return to Rationality?" *Journal of Criminal Law and Criminology 87*, 1997, pp.395-481.
56) 조철옥, 앞의 책, pp.595-596.
57) Siegel, op.cit., p.540.

정황 등의 몇몇 사유를 예시하고 있을 뿐이어서 이러한 내용이 작량감경이나 형의 유예 여부에 다시 반복적으로 사용되어 지나치게 단순하고 추상적인 선언만 하고 있다. 판례 역시 작량감경과 관련하여 법원의 완전한 자유재량에 속하는 사항으로 그 이유조차 밝힐 필요가 없는 것으로 보고 있어 사실상 우리나라에는 양형에 대한 원리나 지침이 없는 상황이다.[58] 결국 우리나라는 법관의 개인적 판단에 따라 양형의 결과가 달라질 수밖에 없다.

또한 양형의 온정주의라고 할 수 있는 관대한 양형의 경향, 특히 집행유예 판결의 비율이 지나치게 높다는 것도 문제로 지적될 수 있다. 미국의 양형개혁이 시작된 것도 부정기형이 많이 선고되고, 그에 따라 가석방이 너무 잦아 형벌의 확실성이 침해되었다는 사실 때문이라는 점을 음미해볼 필요가 있다. 우리의 경우에도 집행유예 판결이 남용된다면, 형벌의 확실성이 침해되고 있는 것으로 평가할 수 있다. 우리나라는 구속여부에 대한 기준이 명확하지 않아 일반인은 물론이고 검사, 변호사의 입장에서도 구속여부에 대한 예측이 어려우며, 재판부간의 큰 양형편차 등도 문제점으로 지적된다.[59]

형법과 특별법의 법정형 범위가 지나치게 넓다는 것도 양형의 불균형을 초래하는 요인이 되고 있다. 특히 특별법의 불균형적인 법정형과 중형주의는 실제 선고형과 괴리현상이 나타나 양형의 불균형을 초래한다. 또한 우리나라의 형사재판은 양형결정을 위한 자료와 심리과정이 불충분하다는 점도 문제이다. 공판과정에서 법관은 적극적인 양형심리를 진행하기 보다는 피고인 및 변호인에게 양형에 관한 의견진술, 양형자료의 제출, 양형증거의 조사를 위한 기회 제공 등의 소극적인 방법에 의존한다. 특히 양형요소에 대한 심리는 대부분 사법경찰관이 작성한 제1회 피의자신문조서에 기재된 형식적인 사항(직업, 연령, 가족관계, 재산정도 등)과 범죄경력조회서 및 수사자료조회서에 나타난 피고인의 전과 및 전력, 범행동기에 관한 피해자의 진술, 합의서 제출여부 등에 의존한다. 사실 사법경찰관과 검찰은 피고인에게 유리한 정상참작자료 조사와 수집에 소극적이다. 따라서 양형요소에 대한 정보부족상태에서 양형이 결정된다. 자백사건의 경우 통상 공판절차는 1회의 심리로 종결되는데 피고인이나 변호인이 양형자료를 제출하지 않는 한 법관은 불충분한 양형자료만으로 형의 종류와 양을 결정하는 문제가 발생한다.[60]

양형통제 장치가 미비하다는 것도 법제적 미비점이다. 형소법은 현실오인 또는 법령 위반에 기한 양형부당을 항소이유의 하나로 규정하고 있음으로써 항소심은 구체적

58) 최준, 양형구조에 관한 연구, 경상대 대학원 박사학위 논문, 2006, pp.129-133.
59) 앞의 책, p.101.
60) 최준, 앞의 책, pp.130-133.

인 사건의 양형에 대한 시정기능을 한다. 그런데 현행법상 판결문에는 범죄의 정상이나 양형의 이유를 명시할 필요가 없다. 실제 선고된 형에 이르게 된 이유를 기재하도록 의무화하고 있지 않아 사후 심사를 어렵게 한다. 또한 현행 형소법은 양형부당에 대한 상고를 사형, 무기 또는 10년 이상의 징역이나 금고가 선고된 사건으로 제한하고 있다.

(2) 양형구조 개혁

우리나라의 양형개혁 역시 양형실태를 분석하여 양형원칙의 부존재, 법정형의 불균형, 양형의 불공정, 형사특별법의 남용, 그리고 법관의 양형심리의 불충분, 상소심에서 양형통제의 불충분, 법관별 양형격차 등의 문제점을 도출하는 과정이 필요하다.

양형개혁은 법관이 구체적 형의 선고를 함에 있어서 일반적 양형요소의 분류가 우선 이루어져야 하고, 나아가 개별 범죄의 특수한 양형요소를 범죄의 형태와 특성을 고려하여 제시할 필요가 있다. 또한 최종적으로 이러한 개별적 양형조건을 체계화한 양형법의 제정이 필요하다고 본다.

또한 양형구조의 효율화를 위하여 공판절차를 두 단계로 나누어 유・무죄여부를 가리는 절차와 형의 결정을 다루는 절차로 구분하는 양형구조의 체계화가 요구된다. 또한 양형의 과학화를 위하여 판결전조사제도의 도입, 객관적인 양형기준제도의 도입, 양형 데이터베이스 시스템의 구축이 요구된다. 양형의 정당화를 위하여 양형위원회 같은 협의체 제도의 도입, 시민참여 양형, 양형에 대한 상소심에 의한 통제가 확립되어야 한다.

미국식 양형제도를 도입하고자 하는 경우 실제로 유죄협상제도의 도입여부, 배심제와의 연관성 여부, 또한 양형자료를 조사하여야 하는 양형조사관의 수는 어느 정도 필요한 것인지의 여부, 판결전조사보고서 작성 대상 범죄의 범위 등에 대한 신중한 검토가 요구된다.[61]

61) 대검찰청 미래기획단, 앞의 책, pp.102-103.

Section 3 현대 형벌체계의 대안적 수단

1. 보호관찰

(1) 보호관찰의 의의

보호관찰제도는 원래 영미법계에서 발달한 Probation system만을 의미하지만, 일반적으로는 같은 차원에서 발달한 Parole system까지 포함한 개념으로 사용되고 있다. 즉, 보호관찰은 보호관찰부 형의 선고유예 및 집행유예를 뜻하는 Probation과 '보호관찰부 가석방'에 해당하는 Parole과 같은 사회내 처우제도를 말한다.

일반적으로 보호관찰이란 유죄가 인정된 범죄인을 교도소나 소년원 등 교정시설에 수용하여 처벌하는 대신 일정기간동안 범죄를 저지르지 않을 것을 조건으로 형의 선고 또는 집행을 유예하거나 형의 집행을 중지하여 사회에서 자유롭게 활동할 수 있도록 하는 한편, 국가에서는 보호관찰관의 개별적인 지시와 감독 그리고 원호를 통하여 사회복귀가 용이하도록 도와주는 형사사법 제도이다.

보호관찰관은 보호관찰대상자의 상담자로서 감독・보호하는 역할을 수행한다. 감독은 보호관찰대상자가 준수사항을 지키도록 하는 일체의 활동을 말하고, 필요하면 지시와 통제를 가하여 보호관찰대상자가 준수사항을 지키도록 하는 기본적인 제약요소이다. 한편 '원호'는 보호관찰대상자의 사회복귀를 지원하는 것으로 비권력적인 작용으로 대상자에게 부조를 제공하여 자립할 수 있는 역략을 함양시키기 위한 목적으로 숙소를 제공하거나 취업을 알선하고 직업훈련을 받을 기회를 제공하며, 환경의 개선활동 등을 의미한다. 한편, 보안관찰 제도는 「국가보안법」 등 특정범죄를 범한 자에 대해 보안관찰처분 등의 사안을 결정하고 이를 집행함으로써 재범의 위험성을 예방하고 사회복귀를 촉진하는 한편, 국가의 안전과 사회의 안녕을 유지하기 위해 형성된 제도를 말한다.

(2) 우리나라의 보호관찰제도

1) 법적인 측면

우리나라는 범죄인에 대한 사회내 처우제도를 확대적용하고 이를 체계화함으로써 범죄인의 건전한 사회복귀를 촉진하고 재범을 방지하기 위하여 1988년 12월 보호관찰법이 제정되었다. 그 후 이법은 출소자 사후관리법령을 통합하여 체계적이고 효율적인 재범방지업무의 추진기반을 조성하기 위하여 1995년 1월 그 명칭을 보호관찰등에 관한 법률로 개정하였으며, 1996년, 1997년, 2004년, 2005년, 2008년, 2010년에 각각 개정되어 오늘에 이르고 있다.

보호관찰 등에 관한 법률 제3조는 보호관찰 대상자, 사회봉사 또는 수강명령 대상자, 갱생보호대상자 등에 관한 규정을 두고 있다. 또한 동법 제3조제1항은 보호관찰을 받을 대상자를 형법 제59조의2에 따라 보호관찰을 조건으로 형의 선고유예를 받은 사람, 형법 제62조의2에 따라 보호관찰을 조건으로 형의 집행유예를 받은 사람, 형법 제73조의2 또는 보호관찰법 제25조에 따라 보호관찰을 조건으로 가석방되거나 임시퇴원한 사람, 소년법 제32조제1항제4호 및 제5호의 보호처분을 받은 사람, 다른 법률에서 이 법에 따라 보호관찰을 받도록 규정된 사람 등으로 규정하고 있다. 동법 제3조제2항은 형법 제62조의2에 따라 사회봉사명령 또는 수강을 조건으로 형의 집행유예를 선고받은 사람, 소년법 제32조에 따라 사회봉사명령 또는 수강명령을 받은 사람을 사회봉사·수강명령 대상자로 규정하고 있고, 동법 제3조3항은 갱생보호대상자는 형사처분 또는 보호처분을 받은 사람으로서 자립갱생을 위한 숙식제공, 여비지급, 생업도구와 생업조성 금품의 지급 또는 대여, 직업훈련 및 취업알선 등 보호의 필요성이 인정되는 사람이라는 규정을 두고 있다.

동 법 제32조제2항은 보호관찰 대상자에게 부과되는 법정 준수사항으로 ① 주거지에 상주하고 생업에 종사할 것, ② 범죄로 이어지기 쉬운 나쁜 습관을 버리고 선행을 하며 범죄를 저지를 염려가 있는 사람들과 교제하거나 어울리지 말 것, ③ 보호관찰관의 지도·감독에 따르고 응할 것, ④ 주거이전 또는 1개월 이상 국내외 여행을 떠날 때는 반드시 사전에 보호관찰관에게 신고할 것 등을 규정하고 있다. 또한 동 법 제32

조3항은 보호관찰대상자에게 범죄의 내용과 종류 및 본인의 특성 등을 고려하여 법원 및 심사위원회는 보호관찰기간의 범위에서 기간을 정하여 특별히 지켜야 할 사항으로 ① 야간 등 재범의 기회나 충동을 줄 수 있는 특정 시간대의 외출제한, ② 재범의 기회나 충동을 줄 수 있는 특정 지역, 장소의 출입금지, ③ 피해자 등 재범의 대상이 될 우려가 있는 특정인에 대한 접근금지, ④ 범죄행위로 인한 손해를 회복하기 위하여 노력할 것, ⑤ 일정한 주거가 없는 자에 대한 거주장소 제한 등을 규정할 수 있다.

2) 실태

우리나라의 보호관찰제도는 유형적으로 영·미와 비슷한 구조라고 할 수 있다. 보호관찰부 집행유예, 선고유예, 보호처분, 가석방, 임시퇴원의 처분에 의해 보호관찰대상자가 되며, 재비행 방지를 위한 지도·감독을 중심으로 하는 보호관찰과 사회봉사, 수강명령, 갱생보호를 제도화하고 있다. 100여 년 이상의 역사를 가진 영·미에 비해서는 우리나라가 갖추어야 할 것이 많지만, 사회봉사명령·수강명령, 갱생보호, 판결전조사제도와 소년범에 대한 결정 전 조사제도의 도입으로 일본에 비해서는 발전된 제도라고 볼 수 있다. 우리나라는 2003년을 기준으로 연간 14만여 명의 보호관찰 대상자를 관리하고 있는 것으로 볼 때 이미 범죄자 처우의 중심수단으로 인정되고 있다고 볼 수 있다.

보호관찰의 가장 큰 효과는 범죄자를 사회와 단절시키는 대신 가정과 직장 등 기존 관계를 그대로 유지토록 함으로써 본인이나 가족이 겪는 심적·물적 고통을 줄인다는 데 있다. 또한 교도소나 소년원이 범죄 교습소로 불리는 만큼 재범을 줄이는 효과도 있다. 2003년 법무부 통계에 따르면, 전체 범죄자의 재범률은 64.3%에 달했으나 보호관찰 대상자 재범률은 7.1%에 그쳤다. 이 같은 수치에 대해서는 관찰소 내부에서도 이견이 나오지만 구금시설 출소자에 비해 상대적으로 낮은 건 사실이다.[62]

(3) 보호관찰(Probation)제도의 특징

보호관찰제도는 일반적으로 피고인에 대한 형의 선고 내지 집행을 유예할 때 그 조건으로 부과되는 보호관찰(probation)과 수형자를 가석방할 경우에 그 조건으로 부과

62) 최석윤, 보호관찰제도의 정비방안에 관한 일고찰, 형사정책연구 16권2호, 통권 62호, 한국형사정책 연구원, 2005, p.232. 이성칠, 앞의 책, p.141.

되는 보호관찰(parole)의 두 종류로 나눌 수 있으나 양자가 통합되어 사용되는 것이 보편적이다. 우리나라의 경우에 치료감호자의 가출소와 국공립병원에서의 가퇴원자 등도 보안관찰의 대상이 된다.

또한 보호관찰제도는 협의와 광의로 나누어볼 수도 있다. 협의의 보호관찰은 범죄인이나 비행소년에 대하여 실시되는 지도·감독 및 원호를 내용으로 하는 보호처분을 말하고, 광의의 보호관찰은 협의의 개념에 추가하여 이에 부수하거나 결합된 처분 즉, 사회봉사명령이나 수강명령 등과 같은 모든 사회내처우를 포함한다.

보호관찰은 범죄자가 보호관찰 기관의 감독아래 공동체에서 행동개선을 하겠다는 서약을 하고 형벌 집행을 유보하는 제도이다.[63] 이 기간 동안에 범죄자는 보호관찰 기관의 감시를 받는다. 다시 말해, 보호관찰제도는 유죄가 인정된 범죄자에 대하여 일정기간 동안 형의 집행을 유보하고, 범죄자가 보호관찰기관의 지도감독을 받으며, 자유롭게 사회에서 활동할 수 있는 기회를 주는 동안 법의 통제에 복종하며 사회복귀를 할 수 있도록 범죄인을 개선·교육하는 형사사법제도이다.[64] 이처럼 사회내처우의 대표적인 방법으로 시행중인 보호관찰제도는 시설내처우의 여러 가지 폐단을 감소시킬 수 있으며, 국가의 재정비용을 절감하고 범죄예방과 범죄자 처우에 관련 지역사회의 관심과 협력을 이끌어낼 수 있는 제도이다.

우리나라의 대법원도 보호관찰은 형벌이 아니라 보호처분의 성격을 갖는 것으로서, 과거 불법에 대한 책임에 기초하고 있는 제재가 아니라 장래의 위험성으로부터 행위자를 보호하고 사회를 방위하기 위한 합목적적인 조치라고 규정하고 있다.

(4) 보호관찰의 대상

보호관찰의 대상은 국가별로 차이를 보이지만, 대체로 선고유예, 집행유예, 가석방, 사회봉사명령과 수강명령 등으로 압축된다. 사회봉사명령과 수강명령은 독자적인 사회내처우로 활용되지만, 소년법에서는 보호관찰과 병과되고, 형법에서는 보호관찰과 병과 또는 독립처분형태로 운영되고 있다.

---

63) Ibid., p.558.
64) 김혜정, 성인범 보호관찰의 운영에 관한 조사연구, 한국형사정책연구원 연구보고서, 2001, p.31.

우리나라는 「보호관찰등에 관한 법률」에 의해 소년의료보호시설이나 병원・요양소 등에 위탁된 소년사범의 임시퇴원과 「치료감호법」에 의해 치료감호시설에 수용된 자의 가종료, 「가정폭력범죄의처벌등에관한특례법」에 의한 보호관찰처분, 법무부훈령에 의한 보호관찰관 선도 조건부 기소유예자에 대한 보호관찰처분 등도 보호관찰의 대상에 포함시키고 있다. 여기에서는 우리나라에서 채택하고 있는 가석방, 선고유예, 집행유예, 사회봉사명령과 수강명령, 그리고 갱생보호에 대해 살펴보기로 한다.

1) 가석방(parole)

가석방제도는 자유형의 집행 중에 있는 자가 개전의 정이 현저할 때에 형기가 만료되기 전에 임시로 석방하여 가석방 기간 동안 별다른 문제가 없으면 나머지 형기가 집행된 것과 같은 효과를 발생하는 행정처분이다. 가석방은 보호관찰의 대상으로서 형기 만료전 적절한 시기에 보호관찰 기관의 감독을 조건으로 석방하는 제도이다. 이는 범법자에 대한 사후관리 및 감독을 통하여 출소자의 사회복귀를 용이하게 하고 나아가 형사사법제도 운영상의 경제성 확보 및 범죄로부터 사회방위라는 목적을 지닌 제도이다. 즉, 가석방의 목적은 2가지 측면에서 논의된다. ① 대내적 효과로서 수형기간 중에 행동이 양호하고 개전의 정이 현저한 자에 대해 포상을 함으로써 타 수형자의 수형기간을 바르게 유도하여 교정교화의 효과를 극대화하기 위함이며, ② 대외적인 측면에서는 조건부로 잔형 기간 동안 사회 내에서 사회적응훈련을 쌓게 하여 재범을 방지하여 재사회화하기 위한 것이다.

선진 각 국에서는 주로 재사회화(resocialization)에 의한 재범 감소의 목적을 위해 가석방을 행하고 있다. 이것은 물론 완전한 석방이 아니고 가석방(parole)기간 중에는 개념상으로 법률상의 구속 상태에 있는 것이다. 가석방제도는 19세기 최대의 형사정책적 제도로서 1800년 영국의 유형지 오스트렐리아에서 「선행의 경우에 주는 가석방 허가서」에서 유래한 조건부 가석방제도로서, 뒤에 경찰감시가 보충되어졌다. 미국의 경우에 가석방은 구금시설과 지역사회를 연결시켜주는 교량의 역할을 하고 있는 중요한 사회내처우 방법으로 평가받고 있다. 모든 가석방자는 가석방 중에 일정한 행동규칙을 지켜야 하며, 만약 그 규칙을 위반한다면, 가석방은 취소되고 잔여형기를 교도소에서 마쳐야 한다.[65] 가석방은 법원의 형량 선고시에 결정된 최소수용기간을 경과한 재소자들을 대상으로 가석방위원회에서 심사하여 결정하게 된다. 가석방위원회는 판결전조사

65) Siegel, op.cit., p.463.

보고서, 교정기관의 수용성적에 관한 보고서를 참고하여 가석방 심사를 한다.

한국의 경우에 가석방은 성인 수형자와 소년수형자를 대상으로 하여 이루어지며, 보호관찰의 대상이 되는 경우도 있고 그렇지 않은 경우도 있다. 먼저 징역 또는 금고의 선고를 받은 성인 수형자는 교정성적이 양호하고 개전의 정이 현저한 때에는 무기의 경우 20년, 유기의 경우는 형기의 3분의1을 경과한 후에 가석방될 수 있다. 가석방은 교도소장의 요청에 의해 가석방 심사위원회의 심사를 거쳐 이루어지며, 그 기간은 무기형의 경우에 10년으로 하고, 유기형의 경우에는 남은 형기로 하되 그 기간은 무기형과의 형평성을 고려하여 10년을 초과할 수 없다(형법 제72조 및 73조의 2). 가석방된 자는 가석방 기간 동안 보호관찰을 받도록 되어 있으나 보호관찰의 필요성이 없다고 인정되는 때에는 보호관찰심사위원회의 결정에 의하여 보호관찰을 받지 않을 수 있다. 소년수형자의 경우에 징역 또는 금고를 선고받은 소년에 대하여 무기형은 5년, 15년의 유기형은 3년, 부정기형은 단기의 3분의 1을 경과하면 가석방이 허가될 수 있다(소년법 제65조). 소년범의 가석방 여부는 보호관찰심사위원회에서 하며 보호관찰 필요성 여부도 함께 심사하여 결정한다.

우리나라는 가석방과는 개념적으로 차이가 있지만, 아동복지시설이나 소년보호시설, 병원・요양소나 소년의료보호시설에 위탁된 소년범의 임시퇴원의 경우 퇴원일로부터 6개월~2년의 범위 내에서 보호관찰심사위원회에서 정한 기간 동안 보호관찰 처분을 받는다(보호관찰등에관한법률 제30조). 또한「치료감호법」에 의해 치료감호시설에서 보호(치료)감호 처분을 받다 가종료한 때, 치료감호시설 외에서 치료를 위하여 법정대리인 등에게 위탁한 때에는 3년의 기간 동안 보호관찰을 받게 된다(치료감호법 제32조).

2) 선고유예

선고유예란 범죄인의 정상을 참작하여 판결의 선고를 일정한 기간 동안 미루어 공소제기가 소멸되도록 하는 것으로 주로 1년 이하의 징역이나 금고, 자격정지 또는 벌금형과 같은 가벼운 범죄에 적용된다. 형법 제59조의 2는 형의 선고를 유예하는 경우에 재범방지를 위하여 지도 및 원호가 필요한 때에는 보호관찰을 명할 수 있으며, 그 기간은 1년으로 정하고 있다. 법원은 선고유예를 받은 보호관찰대상자가 보호관찰기간 중에 준수사항을 위반하고 그 정도가 무거운 때에는 유예한 형을 다시 선고할 수 있다.[66] 형의 선고유예제도는 19세기 중반 영국의 재판관행에서 시작되었다. 이러한 영국에

66) 한영수, 보호관찰, 사회봉사명령, 수강명령의 독립적 형벌화에 관한 연구, 한국보호관찰학회, 2003년

서의 재판관행이 미국에도 파급되어 보호관찰제도와 결합되었다.

3) 집행유예

집행유예(suspended sentence)란 법원이 유죄판결 선고를 했지만, 일정한 기간 동안 형의 집행을 유보하며, 그 기간을 무사히 넘기면 선고의 효력이 없어지게 하는 제도이다. 형의 집행유예제도는 주로 초범자에 대하여 일정한 기간을 정하여 형의 집행을 유예하는 제도인데 그 기간 중에 취소의 사유가 없으면 형을 집행하지 않는 재판상의 처분을 말한다. 유예의 기간이 경과되면 자동적으로 형의 선고가 실효 되는 조건부 유죄판결제도이다.

대륙법계에서의 집행유예제도는 처음에는 보호관찰제도와 별도로 시행되었으나 최근에는 두 제도가 결합되어 가는 경향이 있다. 우리나라는 3년 이하의 징역 또는 금고의 형을 선고할 경우에 그 정상에 참작할만한 사유가 있는 때에는 1년 이상 5년 이하의 기간 동안 형의 집행을 유예할 수 있다고 규정하고 있다. 다만, 금고 이상의 형을 선고할 판결이 확정된 때부터 그 집행을 종료하거나 면제된 후 3년까지의 기간에 범한 죄에 대하여 형을 선고하는 경우에는 그러하지 아니하다. 형의 집행을 유예하는 경우에는 보호관찰을 받을 것을 명하거나 사회봉사 또는 수강을 명할 수 있다(형법 제62조의2). 보호관찰기간은 원칙적으로 형의 집행유예기간과 일치하며, 보호관찰은 집행유예의 조건에 해당하므로 보호관찰을 받은 자가 준수사항이나 명령을 위반하고 그 정도가 무거운 때에는 집행유예의 선고를 취소할 수 있다.[67]

4) 사회봉사명령과 수강명령

① 사회봉사명령

사회봉사명령은 보편적인 개념이 정립되어 있다기보다는 채택한 국가의 형편에 따라 그 실정에 맞는 개념들을 개발하여 활용하고 있다. 우리나라에서도 1989년 7월 1일 보호관찰제도의 도입과 함께 사회봉사명령과

법무부 연구보고서, 2003, pp.21-22.
67) 앞의 책, p.22.

수강명령을 활용하고 있다. 우리나라의 경우에 사회봉사명령(community sirvice order)은 유죄나 비행성이 인정된 범죄자나 비행소년에 대해 독립한 형의 일종으로서 또는 형의 유예의 조건이나 보호처분의 조건으로서 일정한 기간 내에 특정한 기간 동안 무보수로 일정한 근로, 즉, 사회봉사에 종사하게 하는 제도로서 정의된다. 이는 수단에 있어 구금을 수반하지 않아 범죄자의 개인적, 또는 사회적 기능을 저해할 가능성이 적고 운용이 경제적인 것으로서 형벌, 배상, 사회적 재통합 등과 같은 여러 가지 상이한 요소가 결합된 자유형에 대한 대체수단이다. 사회봉사 명령의 기능은 ① 무보수로 봉사활동 의무를 명령한다는 점에서 처벌적인 요소를 부정할 수는 없으나 고된 육체적 노동이나 강한 노역이 수행된다는 관점에서가 아니라 자유시간의 박탈이라는 점에서 접근되어야 한다. ② 배상적 요소로서 상징적으로 범죄로 인한 사회적 피해에 대해 범죄자 스스로가 보상한다는 점이 중요시 되어야 한다. ③ 사회복귀적, 또는 재사회화 요소로서 봉사활동이 범죄자 자신에게 유익한 영향을 미쳐 그들의 사회복귀를 촉진시키는 요소가 된다는 점이다.

우리나라의 사회봉사명령 및 수강명령제도는 구금형과 교도소 수형자의 과밀현상을 해소할 수 있는 새로운 대안이 될 수 있고 형벌의 다양화와 양형의 합리화를 가져올 수 있다는 측면에서 대상자 수의 증가와 함께 범죄유형별로 적용영역의 확대가 이루어져 왔다. 사회봉사명령에 관한 대법원 공무예규에 의하면, 사회봉사명령은 원칙적으로 보호관찰을 명하는 모든 대상자에게 부과할 수 있으며, 수강명령에 적합한 경우라도 집행기관 및 교육프로그램의 여건과 내용 등을 고려하여 적절한 사회봉사명령을 부과할 수 있다.[68] 특히 대법원은 지난 1997년 성인범에 대한 보호관찰 등의 실시에 맞추어 '형사사건과 소년보호사건에서 보호관찰 및 사회봉사명령·수강명령 등과 관련한 사무처리지침을 제정하고 사회봉사 및 수강명령 대상자 및 부과시간 산정기준, 작업 및 강의의 구체적인 내용 등을 마련하여 사회봉사명령 등 사회내처우 제도를 적극 활용할 것을 천명했다.

보호관찰등에 관한 법률 제3조 제2항은 형법 제62조의2에 따라 사회봉사 또는 수강명령을 조건으로 형의 집행유예를 선고받은 사람과 소년법 제32조에 따라 사회봉사명령 또는 수강명령을 받은 사람을 대상으로 하고 있으며, 동 법제59조는 형법 제62조의2에 따른 사회봉사는 500시간, 수강명령은 200시간의 범위에서 그 기간을 정하고,

---

68) 우윤근, 보호관찰 집행상의 제 문제와 개선대책, 2005년도 국정감사 정책자료집(III), 국회법제사법위원회, 2005, p.20.

다만, 다른 법률에 특별한 규정이 있는 경우에는 그 법률에서 정하는 바에 따른다고 규정하고 있다.

② 수강명령

수강명령(attendance centre order) 역시 사회봉사명령과 마찬가지로 자유시간의 박탈이라는 점에서 볼 때 처벌적 측면이 있지만, 그 근본목표는 범죄자의 심성교정이라는 치료적·교육적·개선적인 측면에 그 본질을 두고 있다. 수강명령은 일정기간 동안 정신교육 및 준법교육 등 강의를 수강토록 하여 올바른 시민으로 육성시키고자 하는 것이다.[69]

우리나라는 수강명령을 법적으로 사회내처우의 일종으로 규정하고 있지만, 나라마다 제도적 차이를 나타내고 있다. 미국은 법적으로 수강명령을 규정하고 있지 않지만, 보호관찰관들이 대상자들을 상대로 사회복귀를 위한 다양한 치료 또는 교육프로그램을 활용하고 있다. 미국의 보호관찰관들은 보호관찰 대상자들을 정신병 치료와 약물남용치료, 그리고 가족 상담 치료를 위한 시설에 보낸다. 또한 포괄적인 교정 치료의 효과를 제공할 수 있는 민간수준의 치료프로그램이 급증하고 있다. 보호관찰관들은 범죄자들로 하여금 의무적으로 격주로 교화개선 강의에 출석하도록 하고, 봉사집단에 참여하라고 명령하며, 거짓말 탐지기 검사와 소변검사 결과 및 부과된 과제에 대한 보고서 제출을 명령한다.[70]

5) 갱생보호

갱생보호 제도는 형사처분 또는 보호처분을 받은 사람으로서 자립갱생을 위한 숙식제공, 여비지급, 생업도구와 생업조성 금품의 지급 또는 대여, 직업훈련 및 취업알선 등 보호의 필요성이 인정된 사람을 대상으로 한다(법 제3조3항). 갱생보호는 한국법무부보호복지공단 또는 법무부 장관에게서 갱생보호사업의 허가를 받은 자는 갱생보호

69) 최인섭, 진수명, 앞의 책, p.131-132.

70) Karpl Lucken, Privatizing discretion: 'Rehabilitating' treatment in community correction", Crime and Delinquency 43, 1997, pp.314-327.

활동을 위하여 갱생보호시설을 설치, 운영할 수 있다(법 제65조 제3항).

(5) 보호관찰 기관

한국의 보호관찰기관은 보호관찰심사위원회, 보호관찰소 및 지소, 보호관찰관, 보호선도위원회 등으로 구성되어 있다. 먼저 보호관찰 심사위원회는 법무부장관 소속으로 고등검찰청의 소재지를 비롯하여 대통령령이 정하는 지역에 설치되며, 보호관찰에 관한 일체의 사항을 심의·결정하는 기구이다.

보호관찰소는 법무부장관 소속의 조직으로 보호관찰 및 갱생보호의 실시에 관한 사무를 관장하며, 그 관할 구역 안에 보호관찰지소를 둘 수 있다. 그 관장 사무는 다음과 같다. ① 보호관찰 실시 및 사회명령, 수강명령의 집행, ② 갱생보호의 실시, ③ 검사가 보호관찰소의 선도를 조건으로 공소유예하고 위탁한 선도의 실시, ④ 보호선도위원에 대한 교육훈련 및 지도감독, ⑤ 범죄예방활동, ⑥ 기타 법령에 규정된 보호관찰소의 업무를 수행한다.

보호관찰관은 보호관찰소 및 지소에 근무하는 보호직 공무원으로서 보호관찰소의 업무를 실제로 수행하는 위치에 있다. 한편, 보호선도위원은 보호관찰소장의 추천으로 법무부장관이 위촉하는 지역의 신망 있는 민간인으로서 보호관찰관의 과다한 업무를 돕기 위해 보호관찰대상자에 대하여 지도 및 원호하는 역할을 수행한다.

(6) 판결전 조사제도

판결전조사 제도는 처음 미국에서 보호관찰과 관련하여 발달한 제도로서 현재는 대부분의 법원의 선고사건에 적용되고 있다. 또한 대륙의 여러 나라에서도 채택되고 있는 제도이다. 판결전 조사제도(presentence investigation)는 피고인에 대하여 유죄가 인정되고 보호관찰의 적정성이 있는 경우, 법원이 판결선고 전에 보호관찰관에게 대상피고인에 대한 환경, 전력, 전과, 성격, 가정환경, 범죄동기 등을 조사하여 제출하도록 하는 제도이다. 보호관찰 기관은 범죄자가 석방될 자격, 즉, 보호관찰의 자격이 있는지 여부를 이 사전조사 내용에 의해 판사에게 건의한다. 법원은 판결전조사자료를 기초로 피고인을 보호관찰 대상자로 결정하게 된다. 미국에서는 판결전조사 제도를 광범위하게 활용하고 있으며, 법원의 심리결과 성인피의자로서 보호관찰이 필요한 경우에는 예외없이 판결전조사제도를 활용하고 있다. 그러나 판사가 판결전조사 보고서의 내용에 완전히 구속되는 것은 아니다. 대부분의 판사들은 이 보고서에 의존하지만, 어떤 판사들은 이 보고서를 완전히 무시하거나 단지 부분적으로만 고려대상으로 하고 있다.[71] 한편, 판결전 사전조사내용은 보호관찰대상자에 대한 교화개선과 감시를 위한 기초자료가 된다는 점에서 의미를 가진다.

독일에서도 판결전조사에 대해 "형의 종류, 양형 또는 보안처분의 적용에 관하여 다른 방법에 의하여 수집할 수 없는 피고인의 인격 및 환경에 관한 자료를 수집하는 것"이라고 규정하여 보안관찰의 결정에 활용하고 있다.

우리나라의 경우에 보호관찰등에 관한 법률 제19조는 법원이 피고인에 대하여 형법 제59조의2 및 제62조의2에 따른 보호관찰, 사회봉사 또는 수강명령을 위해 필요하다고 인정하면 그 법원의 소재지 또는 피고인의 주거지를 관할하는 보호관찰소의 장에게 범행동기, 직업, 생활환경, 교우관계, 가족사항, 피해회복 여부 등 피고인에 관한 사항의 조사를 요구할 수 있다고 규정하고 있다. 동 법 제19조의2는 법원이 소년법 제12조에 따라 소년보호사건에 대한 조사 또는 심리를 위하여 필요하다고 인정하면 그 법원의 소재지 또는 소년의 주거지를 관할하는 보호관찰소의 장에게 소년의 품행, 경력, 가정상황 그 밖의 환경 등 필요한 사항에 관한 조사를 의뢰할 수 있다고 규정한 소년범에 대한 결정전 조사제도를 채택하고 있다.

(7) 민간봉사자의 활용

미국의 보호관찰제도는 시민의 참여를 전제로 출범한 제도라는 점이 그 특징이다. 민간자원 봉사자인 오거스터스(John Augustus)가 재판과정에서 범죄자에게 복지적인 접근을 시도하여 재범을 예방한데서 비롯된 보호관찰은 그 후의 발전과정을 보더라도 지역사회 민간차원의 인적·물적 자원의 동원활용이 필요적 조건임을 입증해주고 있다. 미국법원 민간봉사자 센터의 보고에 의하면, 보호관찰분야에서는 판결전조사, 레크레이션 활동, 직업훈련 보조, 행정사무 보조, 보호관찰관 보조활동, 자원상담, 기금모금 등 다양한 분야에서 활동하고 있다.[72] 이들의 활동에 소요되는 비용은 주정부

71) Siegel, op.cit., p.536.

예산, 연방교부금, 기부금으로 충당되고 있다

미국의 자원봉사자 활용은 지역에 따라서 차이가 있지만, 크게 두 가지 집단으로 나누어지며, 그 중 하나는 민간자원 봉사자 집단이고, 다른 하나는 전문보조원과 전과자 집단이다. 전자는 대체로 일정 수준 이상의 교육을 받은 중류층 또는 은퇴한 사람들로서 무보수로 업무를 수행하고 있으며, 후자의 경우는 보호관찰관보다는 낮은 보수를 받으면서 보호관찰관과 보호관찰대상자와의 거리를 좁혀주는 역할을 주로 담당한다.[73)]

2. 치료감호제도

(1) 의의

출처 : 열려있는 가정법률이야기, 핫이슈 (11)

「치료감호법」상 치료감호처분은 형행법상 유일한 자유박탈 보안처분으로서 ① 심신장애로 인하여 벌할 수 없거나 형이 감경되는 자로서 금고 이상의 형에 해당하는 죄를 지은 자, ② 마약・향정신성 의약품 기타 알코올 등을 섭취하는 습벽이 있거나 중독된 자로서 금고이상의 형에 해당하는 죄를 범한 자, ③ 소아성기호증, 성적가학증 등 성적 성벽이 있는 정신장애자로서 금고 이상의 형에 해당하는 성폭력범죄를 저지른 자에 대하여 치료의 필요와 재범의 위험성을 요건으로 독립하여 또는 형에 병과하여 치료감호를 부과하는 처분을 말한다. 즉, 치료감호는 심신장애, 약물중독, 정신성적 장애로 인하여 범죄를 범하였거나 범죄를 범할 위험성이 있는 자에 대하여 특수한 치료, 교육, 개선이 필요하다고 할 때 적절한 보호와 치료를 통하여 재범을 방지하고 사회복귀를 촉진하기 위한 제도이다.[74)]

치료감호는 심신장애자, 마약류 등과 알코올 중독자, 정신성적 장애자 등에 적용된다는 점에서 범죄와 관련된 물건의 몰수, 범죄행위에 이용된 시설 또는 영업소의 폐쇄 등의 처분인 대물적 보안처분과 구별되는 대인적 보안 처분이며, 또한 자유박탈적 보

72) 이성칠, 앞의 책, p.128.
73) 최인섭・진수명, 앞의 책, p.82.
74) 이상희, 현행 치료감호제도에 관한 연구, 성신여대 대학원 법학과 석사논문, 2011, pp.5-6.

안처분이기 때문에 정상적인 사회생활을 가능하게 하는 보호관찰이나 보안관찰과는 구분된다.

우리나라의 치료감호제도는 치료감호의 형이 병과된 경우 치료감호를 먼저 집행하고 이 경우 치료감호의 집행기관을 형기에 산입하는 소위 대체주의를 취하여 보안처분과 형벌의 대체성과 동질성을 취하는 점이 특징이다.

(2) 보안처분으로서의 치료감호제도

1) 필요성

현행 「치료감호법」은 치료감호 부과 요건으로 금고 이상의 형에 해당하는 범죄를 범한 심신상실자나 심신미약자, 마약류 복용자나 중독자, 소아성기호증이나 성적가학증을 가진 자가 치료의 필요성과 재범의 위험성을 요구하고 있다. 이전의 「사회보호법」은 치료감호의 요건으로 '재범의 위험성'만을 규정하였으나 「치료감호법」은 재범의 위험성에 '치료의 필요성'을 추가로 명문화 하여 치료감호의 선고요건을 강화하였다.

치료감호의 요건에 치료의 필요성을 추가하는 문제는 단지 요건을 강화하는 문제가 아니라 책임무능력을 전제로 치료감호를 선고하는 현 체제하에서는 반드시 필요한 것은 아니라는 견해도 있다. 그러나 책임능력은 형벌을 과하기 위한 요건에 불과하므로 보호와 치료의 필요성을 분리하여, 기존의 사회보호만을 중심으로 하여 치료의 필요성을 치료감호의 요건으로 추가한 것으로 해석할 수 있다. 따라서 치료의 필요성을 추가한 것은 치료감호처분 선고시 신중을 기하여 사회보호만이 아닌 정신질환자의 입장에서 치료와 재활 및 사회복귀 시스템으로 용이하게 진입시키려는 의도를 가진 것으로 보인다.

따라서 치료감호는 심신상실자나 심신미약자는 물론이고 마약 중독자, 소아성기호증이나 성적가학증 등의 성적 성벽이 있는 정신성적 장애자가 재범의 위험성이 있을 경우는 물론이고 없을 경우에도 의학적인 관점에서 의료적 처치가 필요하다고 인정될 때로 한정해야 할 것이다. 치료감호소에서의 감호를 전제로 하는 치료감호는 "치료감호시설에서의 치료 필요성"은 피감호청구인이 단순히 심신장애 상태나 정신성적 장애상태에 있다는 사정만으로는 부족하고, 피감호청구인이 일정한 기간 강제력을 수반하는 감호상태에서 치료를 받아야 할 명백한 사정이 있는 경우에 한하여 인정되어야 할 것이다.

2) 재범의 위험성

「치료감호법」 제2조제1항은 치료감호의 요건으로 '재범의 위험성'을 규정하고 있다. 또한 치료감호심의위원회의 종료결정 내지는 가종료 결정에 있어서 가장 중요시 되는 기준이 퇴소후의 재범의 위험성 유무이다.

재범의 위험성이란 피감호청구인이 장래에 다시 심신장애나 마약이나 알코올 상습복용이나 중독, 소아성기호증의 정신성적 장애자의 아동성폭력 범죄를 저지를 상당한 개연성이 있는 경우를 말한다. 그러나 「치료감호법」은 재범의 위험성에 대하여 구체적인 내용에 대해 규정하지 않고 법률상 재범의 종류에도 제한이 없으며, 전적으로 해석에 맡기고 있다. 재범의 위험성의 유무는 "피감호청구인에 대한 위험성의 하나의 징표가 되는 원인행위로서 당해 범행의 내용과 판결선고 당시의 피감호청구인의 심신장애의 정도, 심신장애의 원인이 될 질환의 성격과 치료의 난이도, 향후 치료를 계속 받을 수 있는 환경의 구비여부, 피감호청구인 자신의 재범예방의지의 유무 등 제반사정을 종합적으로 평가하여 객관적으로 판단하여야 한다." 재범의 위험성에 대한 판단은 과거의 사실에 대한 판단이 아니고 미래에 대한 가정적 판단이므로 그 위험성의 유무에 관한 판단은 당연히 행위시가 아니라 치료감호 청구사건에 대한 판결시를 기준으로 해야 될 것이다. 재범의 위험성은 법관이 하는 것이지만, 반드시 심리학, 의학, 정신분석학 등의 과학적인 전문 판단자료에 근거해야 할 것이다.

하지만, 현재의 의학이나 심리학, 정신분석학 등의 학문 수준으로 그 예측이 가능한지 의심스러우며, 비록 가능하다 하더라도 그 정확성을 담보하기는 어렵다고 보여진다. 그러나 예측의 불확실성에 대한 부담이 피고인에게 돌아가서는 안되기 때문에 '의심스러울 때에는 피고인의 이익으로'라는 원칙이 철저하게 지켜져야 한다.

3) 치료감호기간

「치료감호법」 제16조 제2항 제1호는 심신장애자와 정신성적 장애자는 "치료감호시설에서의 수용은 15년을 초과할 수 없다"고 규정하고 있으며, 동조 제2항 제2호는 약물중독의 피치료감호자를 "치료감호시설에서의 수용은 2년을 초과할 수 없다"고 규정하고 있다. 또한 치료감호의 집행을 개시한 후 1년을 경과하거나 형이 병과되어 형기 상당의 치료감호를 집행 받은 자에 대하여는 상당한 기간을 정하여 법정대리인에게 치료를 위탁할 수 있으며, 치료감호위원회는 피치료감호자에 대하여 그 집행을 개시한 후 6개월마다 집행의 종료 또는 가종료 여부를, 가종료 또는 치료위탁된 피치료감호자에 대하여는 가종료 또는 치료위탁 후 6개월 마다 종료 여부를 심사·결정하도록 하고 있다.

「사회보호법」에서는 감호기간에 제한을 두지 않았다. 그 이유는 치료감호가 정신장애범죄자의 범죄성을 제거하기 위한 치료·개선 처분이므로 치료에 필요한 기간을 미리 정할 수 있는 과학적·합리적 근거가 없고 보안의 면에 있어서 위험성이 있는 한 감호를 계속할 필요성이 있으므로 그 기간을 정하지 않는 것이 보안처분의 본질상 당연하다는 논리였다. 그러나 이와 같은 절대적 부정기형은 인간의 존엄성에 반하고 법치국가 원리, 특히 비례성의 원칙에 위배된다는 이유로 치료감호기간을 일정하게 정하여야 한다는 주장이 제기되어 왔다. 「치료감호법」의 제정과 함께 치료감호의 최고 기간을 15년으로 정함에 따라 치료감호기간에 대한 논란은 일단락 되었으나 15년의 상한선이 적정한지는 의심스럽다.

(3) 치료감호의 정당성과 한계

치료감호가 치료·개선을 목적으로 하는 제도이기는 하지만, 대상자의 자유를 제한하는 정도가 큰 자유박탈적 보안처분이라는 점에서 그 정당성이 인정되어야 한다. 이러한 치료감호의 정당성에 관련된 지도원리는 보안처분법정주의, 적법절차의 원칙, 의심스러울 때에는 피고인에 유리하게의 원칙, 비례성의 원칙 등을 들 수 있다.[75]

1) 보안처분법정주의

보안처분도 형벌과 같은 형사제재에 해당하므로 대상자의 인권과 자유도 보장되어야 하기 때문에 죄형법정주의의 원칙은 치료감호를 과하는 경우에도 적용되어야 한다. 이를 보안처분법정주의라고 한다. 따라서 죄형법정주의의 일반원칙인 성문법주의, 법률불소급의 원칙, 명확성의 원칙, 유추해석 금지의 원칙 등은 보안처분에서도 적용되어야 한다.

2) 적법절차의 원칙

치료감호 역시 공권력에 의한 국민의 생명, 자유, 재산의 침해와 관련된 권력작용이므로 반드시 합리적이고 정당한 법률에 의거해서 정당한 절차에 따라서 행사되어야 한다. 헌법 제12조제1항은 보안처분에 대한 적법절차를 규정하고 있다. 따라서 보안처분에 해당하는 치료감호처분은 합리적이고 정당한 법률의 존재와 적법절차에 따라야 한다. 적법절차란

75) 위의 책, pp.13-16.

절차의 적법성뿐만 아니라 절차의 적정성까지도 충족되어야 한다.

3) 의심스러울 때에는 피고인에 유리하게의 원칙

의심스러울 때에는 피고인에 유리하게의 원칙은 헌법이 보장하는 무죄추정의 원칙에서 도출되는 원칙이다. 이 원칙은 사실판단을 행하는 법관이 최종적 판단을 할 때 반드시 적용되어야 한다. 인간의 존엄성을 기본질서의 가치적인 핵으로 보장하고 있는 헌법질서에서 인정되고 있는 의심스러울 때에는 피고인에게 유리하게의 원칙은 치료감호를 비롯한 모든 자유박탈적 보안처분, 특히 치료감호처분은 부정기형으로서 자유를 크게 제한할 수 있다는 점에서 적용되어야 할 중요한 원칙이다.

4) 비례성의 원칙

비례성의 원칙이란 행위자에 의해 행하여진 범죄와 장래에 예상되는 범죄 및 재범 위험성의 정도를 종합적으로 고려하여 필요한 최소한도의 범위로 보안처분을 제한하여야 한다는 원칙이다. 즉, 필요 이상으로 치료감호처분을 하여서는 안 되며, 치료감호처분을 받는 자와 치료감호처분을 명령하는 국가사이의 이익이 비교형량되어야 한다. 말하자면, 치료감호처분을 하는 국가의 이익과 대상자의 불이익이 균형되어야 한다는 것이다. 비례성 원칙의 판단에는 행위자가 행한 범죄행위의 의미, 장래에 기대되는 범죄행위의 의미 그리고 행위자에 의해 재범이 자행될 위험의 정도 등이 고려되어야 한다.

(4) 치료감호제도의 문제점과 개선방안

치료감호법은 사회보호법의 대체입법으로 이전 사회보호법 시절의 논란이 되었던 절대적 부정기형과 처우문제 등 많은 규정들을 개선・보완하여 인권침해 등의 우려들을 일정부분 감소시킨 것으로 평가될 수 있으나 그럼에도 불구하고 여러 문제점들이 지적된다.[76)]

1) 치료감호 대상자의 애매모호성

치료감호대상자에 관하여 형법과 치료감호법은 단지 심신장애라는 포괄적인 개념으로 규정함으로써 어느 정도의 심신장애가 치료감호의 대상이 되는지 분명치가 않다. 판례의 경우에도 심신상실과 심신미약의 판단이 불명확하다. 이러한 문제의 해결을 위해서는 규

76) 위의 책, pp.93-106.

정에서 심신장애라는 포괄적 개념을 사용하는 것 보다는 책임능력에 관한 규정을 보다 구체화할 필요가 있다.

죄형법정주의와 나아가 실체적 법치국가의 이념의 구현을 위해서는 일반적이고 포괄적인 개념으로 규정하기보다 입법기술상 가능한 범위내에서 정신의학에 기초를 둔 구체적인 개념으로 규정하는 것이 타당할 것이다. 또한 심신상실과 심신미약을 지칭하는 심신장애라는 용어는 법률상의 용어이지만 심리학 및 정신의학에서 사용하고 있는 용어가 아니므로 정신장애라는 용어를 사용하는 것이 바람직하다. 이와 관련하여 독일 형법 제20조는 심신장애라는 포괄적 용어를 사용하지 않고 병적인 정신장애, 심한 의식장애 또는 정신박약, 기타 중대한 정신이상을 정신장애로 인한 책임무능력으로 규정하고 있다.

2) 치료의 필요성과 재범의 위험성 판단

① 치료의 필요성

치료의 필요성과 관련된 책임능력은 형벌을 가하기 위한 요건에 불과하므로 보호와 치료의 필요성을 요건으로 하는 치료감호는 가벌성의 요건과 분리하는 것이 바람직하다. 이와 관련하여 스위스 형법 제56조제1항b는 보안처분의 기본요건으로 "행위자에 대하여 치료의 필요성이 있는 경우"를 규정하고, 제59조제1항은 입원치료적 보안처분의 요건으로 행위자가 범한 중죄 또는 경죄가 자신의 정신장애와 연관이 있고, 입원치료를 통하여 그 자의 정신장애로 인한 재범의 위험을 방지할 수 있을 것으로 기대되는 경우라고 하여 치료의 필요성에 대해 구체적으로 규정하고 있다.

② 재범의 위험성

현행 치료감호법은 재범의 위험성이 무엇인지에 대한 판단기준이 내실있게 정해지지 않아서 비교적 법관의 재량이 개입될 여지가 높은 구조로 되어 있다. 따라서 이미 심신장애 상태이거나 약물중독 상태에서 죄를 범한 이상 재범의 위험성은 당연히 인정되기 쉽기 때문에 결국 치료감호의 실질적 요건에 대한 심사가 형식적으로 이루어질 위험성이 있다.

판례는 제반사정을 종합하여 객관적으로 판단한다는 입장이지만, 이러한 판단은 결국 법관의 주관적 경험 및 지식을 근거로 한 직관적 예측으로 끝나기 때문에 항상 오류의 가능성이 존재한다. 재범의 위험성 판단이 전적으로 법관의 주관적 판단에 의존하게 되는 것은 바람직한 현상이 아니며, 심신장애와 약물중독자, 정신성적 장애자를 동일한 요건에서 획일적으로 규정한 입법은 타당성이 결여된다. 입법적으로 이에 대한 기준을 치료감호대상자별로 구분하여 제시해 주는 것이 바람직하다.

참고로 독일 형법 제63조는 정신병원 수용과 관련하여 "책임무능력자 또는 한정책임능력의 상태에서 위법한 행위를 범한 경우에 행위자의 그러한 상태에 기인하여 상당히 위법한 행위가 예견되고 그로 인하여 일반시민에게 위험하다는 점이 행위자 및 행위의 종합평가에서 나타나는 경우에 법원은 정신병원 수용을 명한다고 규정하고 있다. 이처럼 독일형법은 행위자와 그의 행위에 대한 종합평가를 통해 그의 상태로 인해 현저히 위법한 행위가 예상되고 이로 인해 일반인에게 위험하다는 것이 나타나야 정신병원 수용이 가능하도록 하고 있다.

전문감정인에 의한 재범위험성 판단 역시 절대적인 것은 아니지만, 행위자의 정신장애로 인한 위험성의 판단은 당연히 행위자의 장애의 원인, 치료가능성 및 위험성의 정도 등에 따라 판단되어져야 한다. 따라서 재범의 위험성에 대한 판단은 그 예측이 비교적 정확한 가까운 장래를 기준으로 단기간의 일정한 기간을 정하여야 하며, 다만 그 기간은 만료시점에서 병력, 전과나 범죄에 이르지 않은 위험한 행동의 전력, 병상, 치료감호소 내에서의 태도, 본인의 치료의지, 보호자의 존재와 보호의지 등을 토대로 과학적인 위험성 판단방법을 통해 정확한 위험평가를 한 이후에 여전히 치료감호가 필요하다고 인정되는 경우에는 위험성을 예측이 가능한 기간을 토대로 그 기간을 연장하거나 석방을 결정해야 할 것이다.

3) 기간의 적정성 문제

현행 치료감호법은 선고단계에서 치료감호기간을 정하지 않기 때문에 부정기형에 해당한다. 다만, 집행단계에서는 심신장애자와 정신성적 장애자는 15년까지, 약물남용자는 2년까지로 최장수용기간을 정하고 있다. 그러나 심신장애의 경우 심신상실과 미약을 구분하지 않고 일률적으로 15년으로 규정한 것은 타당하지 않으며, 정신성적 장애자의 경우에도 15년으로 규정한 것은 합리적이지 못하다.

치료감호기간과 관련하여 외국의 입법례를 살펴보면, 먼저 독일의 경우 정신장애자에 대한 수용기간에 제한을 두고 있지 않다. 하지만, 입법론으로 비례성 원칙의 적용을 받아 치료감호의 기간을 적절히 제한하고자 하는 시도를 해 왔다. 바우어(Bauer)는 정신병원에의 수용기간을 제한하는 것은 체계상 모순이 아니며 그 상한선을 3년으로 제한하고 특별히 위험한 상태가 지속되는 경우에는 그보다 짧은 기간으로 또 다른 수용처분을 내릴 수 있다고 했다. 카이저(Kaiser)도 입법적으로 대략 5년의 상한기간을 제안하였다. 미국의 경우 모범형법전은 책임무능력을 이유로 무죄가 선고된 때에는 피고인을 보호와 치료에 적합한 시설에 수용해야 한다. 이처럼 책임무능력자에 대한 강제적 병원수용을 원칙으로 하고 있으면서도 그 수용기간은 원칙적으로 상한이 없는 부정기형이다. 정신장애 범죄자의 적정한 병원수용기간을 일정하게 정하기 위해서는 양형가이드라인을 참고로 양형의 최고형량을 정신장애 범죄자가 받을 최고형으로 그 상한을 한정하고자 한 것이다. 결과적으로 치료감호의 수용기간은 행위자가 완전한 책임능력자였을 경우 받았을 형벌의 상한선을 넘지 못하도록 치료감호기간을 적정화하자는 것이다.

범죄정신장애자의 정신장애를 판단하기는 어렵고 이들의 재범을 예측하여 적정치료기간을 결정하는 것에 대해서는 여전히 의학적, 심리학적, 과학적으로 접근해야 될 사안이다. 재범의 위험성에 대한 판단은 그 예측이 비교적 정확한 가까운 장래를 기준으로 하는 것이 바람직하며, 이는 치료감호의 기간과도 밀접한 관련이 있다. 따라서 치료감호 실무경험을 토대로 적정한 기간을 치료 상한기간으로 정하고 그 기간 동안의 성과를 검토하여 일정기간을 갱신할 수 있도록 명문화하는 것이 타당하다. 또한 치료가 필요하지만 처음부터 치료가 불가능하다고 판단되는 경우와 일정기간 치료처분 후 계속 치료해도 치유가 불가능하다고 판단되는 경우에는 감호시설에의 수용면제 내지 종료결정을 내리고 엄격한 보호관찰의 대상으로 하는 것도 생각해 볼 수 있다.

4) 비례성원칙의 명문화

치료감호는 자유박탈적 보안처분에 해당하기 때문에 헌법적 일반원칙인 비례성원칙에 의해 정당화될 수 있어야 한다. 독일 형법은 비례성원칙을 명문화하고 있으나 우리나라의 치료감호제도는 비례성 원칙을 규정하고 있지 않다. 물론 치료감호 기간의 상한이 정해져 있기 때문에 이미 비례성의 원칙을 별도로 규정할 필요성이 없다는 주장도 가능하다.

그러나 비례성의 원칙은 처분의 정도가 과잉으로 이르지 말아야 한다는 내용도 포함하고 있으며, 범죄정신장애자에 대한 치료처분이 불필요한 경우에는 치료감호를 명하지 말아야 한다는 내용도 포함하고 있다고 보아야 한다. 따라서 치료감호법에 비례성의 원칙에 관한 명문의 규정을 두지 않은 것은 치료감호법이 사회의 보호측면만을 강조하고 범죄인의 인권보장은 도외시 한다는 비판의 대상이 될 수 있다.

3. 전자감시 장치

(1) 개념

전자감시 장치(electronic monitoring)는 통제기관이 범죄자의 위치를 확인할 수 있도록 범죄자들의 팔목, 발목 또는 목에 부착된 장치를 말한다. 전자추적 장치는 능동적인 시스템과 수동적인 시스템으로 나뉜다.

첫째, 능동적인 시스템은 통제기관에 계속 신호를 송신하게 함으로써 범죄자의 위치를 추적한다. 만일 가택연금된 범죄자가 외출이 금지된 시간에 집을 나선다면, 신호는 끊어지고 신호실패가 기록된다. 어떤 프로그램에서는 통제기관의 담당자가 수신장치를 통해 자동적으로 위치를 확인한다. 둘째, 수동적 시스템은 보통 컴퓨터에서 발송되는 무작위 전화호출에 대해 범죄자가 정해진 시간(30초 이내)내에 응답하도록 하는 장치를 활용한다. 어떤 수동적 시스템은 범죄자가 전자추적장치를 검공기(檢孔機) 상자 안에 설치하도록 명령함으로써 신호가 통제 컴퓨터에 되돌아오도록 하는 기법을 사용한다. 범죄자가 반복적인 단어를 발음하게 함으로써 음성 확인장치에 의해서 추적이 가능하도록 하는 장치도 있다. 대부분의 전자추적 장치는 전화를 이용하지만, 어떤 시스템은 범죄자에 부착된 장치로부터 신호를 받아 그것을 컴퓨터 추적 시스템에 중계하는 무선 통신장치를 사용한다.

(2) 성폭력범죄자에 대한 전자감시

1) 외국

미국의 성폭력범죄자에 대한 전자감시는 아동성폭력 살해범으로부터 아동과 여성들을 보호하기 위해 제정된 「메건법(Megan's Law)」과 깊은 관련이 있다. 메건법은 1994년 뉴저지 주의 7세 소녀 메건(Megan Nicole Kanka)이 납치되어 성폭행을 당한 후 살해된 사건의 발생으로 제정된 법으로, 기소된 적이 있는 상습강간범, 성폭행범, 성도착자 등에 대해 10년간 주소지를 당국에 등록하게 하여 누구나 그 명단을 확인할 수 있게 하는 제도이다.

1996년 이후 미국의 50개 주에서 「메건법」을 채택하고 있으나 성폭력범죄자의 경우 큰 효과를 거두지 못하고 있다. 따라서 2002년부터 캘리포니아주 오렌지카운티에서 가석방된 성폭력범죄자에게 위성위치확인시스템(GPS)이 장착된 전자팔찌를 착용하게 하여 감시하는 제도를 도입했다. 또한 2005년에는 플로리다주에서 9세인 제시카 런스퍼드가 성범죄 전과자에 의해 납치되어 성폭력을 당한후 살해되는 사건이 발생한 것을 계기로 "12세 미만 아동에 대한 성폭력범죄자에게 25년형 또는 일정 기간 복역 뒤 가석방 된 자에 대해서는 GPS칩이 부착된 전자팔찌나 발찌를 평생동안 착용하여 24시간 내내 위치확인이 가능하게 하는 「제시카 런스퍼드 법안」을 2005년 5월 2일 주 의회에서 만장일치로 통과시켰다".77) 콜로라도주는 「평생감시법」을 제정하여 어린이를 성폭행 대상으로 하고 상습성과 폭력성이 인정되는 자로서 정신과의사 진단에 의해 재범위험성이 인정되는 경우 배심원의 결정에 의해 전자감시를 통한 평생감시가 가능하도록 했다.78)

영국은 2004년 9월 일명 '창살없는 감옥제도'를 도입하여 성폭력 범죄자와 절도 상습범 등을 대상으로 이들의 희망에 따라 대상자의 행위에 대하여 24시간 감시하는 인공위성 추적장치가 부착된 전자발찌를 채워 가석방했다. 프랑스는 2004년 말 성폭력 범죄자들이 교도소 출소 시 그들에게 전자팔찌를 착용하도록 의무화하는 법안을 하원에서 통과시켰다. 그 대상자는 성범죄로 5년 이상 복역한 자들로 전자팔찌 착용기간은 최고 20년 동안이었다. 호주는 빅토리아주에서 아동 성폭력범죄자들을 대상으로 평생감시체제를 도입하는 법안을 의회에 제출하여 하원에서 통과시켰으며, 또한 이들에게는 야간통행금지와 직업선택의 자유를 제한했다.79)

출처 : 연합뉴스

2) 한국

① 전자감시 시스템

전자감시 시스템은 전자팔찌(발찌), 휴대용추적장치와 가택감독장치, 그리고 중앙관제선터와 보호관찰관으로 구성된다. 전자팔찌는 휴대용 추적장

77) 한국일보, 2005.5.3. 연합뉴스, 2005.5,.3. 중앙일보 사설:실종된 아동성폭력 범죄대책, 2007.3.1.
78) 김혜정, 앞의 책, 2005, p.250.
79) 앞의 책, pp.250-251.

치와 가택감독장치에서 전자파를 발신하여 피부착자의 위치를 확인가능하게 한다. 휴대용 추적장치는 위성항법장치(GPS)와 이동통신망을 통해 피부착자의 위치정보를 서울 보호관찰소 중앙관제센터에 송신하는 기능을 한다.

피부착자는 전자팔찌를 계속 착용해야 하며, 가택 내에서는 일정 거치장소에 놓아둘 수 있다. 피부착자가 위치추적을 피하기 위해 장치를 고의로 신체에서 분리·손상하거나 전파방해 및 수신자료 변조 등의 범행을 저지르면 관제센터에 곧 바로 경고음이 울리고 관제센터는 담당 보호관찰관에게 사실을 확인한 후 적법 조치를 하도록 한다.

② 전자감시의 법적 성격

우리나라는 전자발찌 착용의 대상범죄를 특정범죄로 확대하였다. 특정범죄란 성폭력범죄, 미성년자 대상 유괴범죄와 살인범죄를 말한다. 전자발찌 착용은 특정 범죄자의 재범방지와 성행교정을 통한 재사회화를 위하여 범죄자의 행적을 추적하여 위치를 확인할 수 있는 전자장치를 신체에 부착하게 하는 국가적인 조치를 취함으로써 특정범죄로부터 국민을 보호함을 목적으로 한다(특정범죄자 전자장치 부착 등에 관한 법률 제1조).

위치추적 전자장치란 전자파를 발신하고 추적하는 원리를 이용하여 위치를 확인하거나 이동경로를 탐지하는 일련의 기계적 설비로서 휴대용 추적장치, 즉, 전자장치가 부착된 사람이 휴대하는 것으로서 위성위치확인시스템 및 이동통신망을 통하여 피부착자의 위치를 확인하는 장치, 재택감독 장치, 즉, 휴대용 추적장치를 보조하는 장치로서 피부착자의 주거지에 설치하여 피부착자의 위치를 확인하는 장치, 부착장치, 즉, 피부착자의 신체에 부착하여 휴대용 추적장치와 재택 감독장치에 전자파를 송신하는 장치로 구성된다(동 법 시행령 제2조).

법무부장관은 보호관찰소의 장 및 보호관찰관이 피부착자의 위치를 확인하고 이동경로를 탐지하며, 전자장치로부터 발신되는 전자파를 수신한 자료를 보존, 사용, 폐기하는 업무를 지원하기 위하여 위치추적 관제선터를 설치하여 운영할 수 있다.

③ 전자감시 대상자의 범위

검사는 다음 각 호에 해당하고 성폭력범죄를 다시 범할 위험성이 있다고 인정되는 자에 대하여 전자장치를 부착하도록 하는 명령을 법원에 청구할 수 있다. ① 성폭력범죄로 징역형을 선고받은 사람이 그 집행을 종료한 후 또는 집행이 면제된 후 10년 이내에 성폭력범죄를 저지른 때, ② 성폭력 범죄로 이 법에 따른 전자장치를 부착받은 전력이 있는 사람이 다시 성폭력범죄를 저지른 때, ③ 성폭력 범죄를 2회 이상 범하여

그 습벽이 인정된 때, ④ 16세 미만의 사람에 대하여 성폭력범죄를 저지른 때,

검사는 미성년자 대상 유괴범죄를 저지른 사람으로서 미성년자 대상 유괴범죄를 다시 범할 위험성이 있다고 인정되는 사람에 대해 부착명령을 법원에 청구할 수 있다. 다만, 유괴범죄로 징역형의 실형 이상의 형을 선고받아 그 집행이 종료 또는 면제된 후 다시 유괴범죄를 저지른 경우에는 부착명령을 청구하여야 한다.

검사는 살인범죄를 저지른 사람으로서 살인범죄를 다시 범할 위험성이 있다고 인정되는 사람에 대하여 부착명령을 법원에 청구할 수 있다. 다만, 살인범죄로 징역형의 실형 이상의 형을 선고받아 그 집행이 종료 또는 면제된 후 다시 살인범죄를 저지른 경우에는 부착명령을 청구하여야 한다.

위의 부착명령 청구는 공소가 제기된 특정범죄사건의 항소심 변론 종결 시까지 하여야 하며, 법원은 공소가 제기된 특정사건을 심리한 결과 부착명령을 선고할 필요가 있다고 인정하는 때에는 검사에게 부착명령의 청구를 요구할 수 있다. 또한 위의 특정범죄사건에 대하여 판결의 확정 없이 공소가 제기된 때부터 15년이 경과한 경우에는 부착명령을 청구할 수 없다.

전자장치 부착기간은 다음 각호와 같다. 다만, 13세 미만의 사람에 대하여 특정범죄를 저지른 경우에는 부착기간 하한을 각호의 부착기간 하한의 2배로 한다. 1) 법정형의 상한이 사형 또는 무기징역인 특정범죄는 10년 이상 30년 이하, 2) 법정형 중 징역형의 하한이 3년 이상의 유기징역인 특정범죄는 1년 이상 10년 이하, 3) 여러 개의 특정범죄에 대하여 동시에 부착명령을 선고할 때에는 법정형이 가장 중한 죄의 부착기간 상한의 2분의 1까지 가중하되, 각 죄의 부착기간의 상한을 합산한 기간을 초과할 수 없다. 다만, 하나의 행위가 여러 특정범죄에 해당하는 경우에는 가장 중한 죄의 부착기간을 부착기간으로 한다.

법원은 전자발찌 부착명령을 선고하는 경우 부착기간의 범위에서 준수기간을 정하여 다음 각 호의 준수사항 중 하나 이상을 부과할 수 있다. 다만 제4호의 준수사항은 500시간의 범위에서 그 기간을 정하여야 한다. 즉, 준수사항은 ① 야간 등 특정 시간대의 외출제한, ② 특정지역·장소에의 출입금지, ③ 주거지역의 제한, ④ 피해자 등 특정인에의 접근금지, ⑤ 특정범죄 치료프로그램의 이수, ⑥ 그 밖에 피부착명령자의 재범방지와 성행교정을 위하여 필요한 사항등이다.

동 법 제22조는 전자장치 부착명령 판결을 선고받지 아니한 특정범죄자로서 형의 집행 중 가석방되어 보호관찰을 받게 되는 자는 준수사항 이행여부 확인 등을 위하여 가석방기간 동안 전자장치를 부착해야 한다. 동법 제23조는 가종료 등과 전자장치 부

착을 규정하고 있는데, 「치료감호법」 제37조에 따른 치료감호심의위원회는 부착명령 판결을 선고받지 아니한 특정범죄자로서 치료감호의 집행 중 가종료 또는 치료위탁되는 피치료감호자에 대하여 준수사항 이행 여부 확인 등을 위하여 보호관찰기간의 범위 내에서 기간을 정하여 전자장치를 부착하게 할 수 있다. 또한 법원은 특정범죄를 범한 자에 대하여 형의 집행을 유예하면서 보호관찰을 받을 것을 명할 때에는 보호관찰기간의 범위 내에서 기간을 정하여 준수사항의 이행여부 확인 등을 위하여 전자장치를 부착할 것을 명할 수 있다(동 법 제28조).

피부착자가 의무를 위반하여 전자장치의 부착기간 중 전자장치를 신체에서 임의로 분리, 손상, 전파방해 또는 수신자료의 변조, 그 밖의 방법으로 그 효용을 해할 때에는 7년 이하의 징역 또는 2천 만원 이하의 벌금에 처한다. 또한 피부착자가 제9조의2에 해당하는 준수사항, 즉, 피해자 등 특정인에의 접근금지, 특정범죄 치료프로그램의 이수 등을 정당한 사유 없이 위반한 때에는 3년 이하의 징역 또는 1천 만원 이하의 벌금에 처한다. 나머지 특정시간대 외출제한, 특정지역·장소에의 출입금지, 주거지역의 제한, 그 밖에 재범방지와 성행교정을 위하여 필요한 사항을 정당한 사유 없이 위반한 경우에는 1천만원 이하의 벌금에 처한다(동 법 제39조 벌칙).

참고문헌 *(Reference)*

〈국내문헌〉

김상균, "스토킹범죄에 대한 형사사법적 대응", 법학연구, 한국법학회, 제5권, 2000. 6, pp.257-276.

김영옥, "사형제도에 관한 고찰", 호남대 사회교육(제3집), 1990, pp.61-62.

김정우, "사형과 인간의 존엄성 I", 대구카톨릭대 카톨릭사상(제 9권), 1993. 11, pp.56-64.

김형만, 이동원 공역, 범죄학개론, 서울: 청록출판사, 2001.146) 김형만, 이동원 공역, 범죄학개론, 청목출판사, 2001

남정희, "보호관찰제도의 개선방향." 서울대 석사학위논문, 1996, p.18

민경환, 성격심리학, 법문사, 2005, 77쪽

민수홍 등 공역, 범죄학이론, 경기: 나남출판, 2005.

박상기/손동권/이순래, 형사정책, 2003, p.286. 정규만, "사형제도에 관한 고찰", 입법조사월보(제182호), 1989. 9, pp.53-54.

박정근, "사형의 사적 경향과 그 장래", 중앙대 법정논총(제8집), 1959. 6, p.50.

백광훈, 사이버스토킹과 그 처벌법규 및 문제점, 동국대 대학원 신문 게재 글, 2001, pp.1-4.

신진규, 형사정책, 서울:법문사, 1990, p.30-35

신창언, "미국의 보호관찰제도", *해외판견검사연구논문집*, 법무부, 1979, p.106

유지영, "사형존폐론의 계보", 죽헌박양빈교수 화갑기념논문집, 법문사, 1996, pp.164-177

이건호, "스토킹 행위에 대한 형사법적 대응과 그 한계," 형사정책 16권 제2호, 한국정책학회, 2004, pp.121-163.

이만종, 범죄학개론, 학현사, 2002, pp.31-32

이무웅, *보호관찰제도론*, 풍남, 1992, p.19

이성칠, 한국보호관찰의 형황과 과제, 한국형사정책연구원, 2003, pp.141-175.

이상현, 범죄심리학, 박영사, 2004.

이선경, "거부하기 힘든 성욕이 부른 매춘, 그 끈질긴 역사," 월간중앙 347호, 2004. 10. 1

이형국, "베까리아의 형벌사상에 관한 소고", 권문택교수 화갑기념논문집, 1983, pp.175-176

장필화, 조형, 한국의 성문화: 남성 성문화를 중심으로, 한국 여성연구원 엮음, 여성학논집 제8집, 1991, pp.127-170.

정완, "스토킹범죄의 형사입법동향," 형사정책연구, 2000년 가을호, p.270 하.

조철옥, 상벌체계와 원인귀인에 관한 연구, 고려대학교 석사논문, 1985.
- 경찰행정학, 서울:대영문화사, 2000.
- 경찰윤리학, 서울:대영문화사, 2005.
- 포스트모더니즘 범죄론에 의한 동성애 합법화 연구, 한국공안행정학회보, 제27호, 2007, 204-239.
- 패러다임 전환의 관점에서 본 경찰의 범죄피해자 보호에 관한 연구, 경찰연구논집, 한국경찰이론과 실무학회, 창간호, 2007, 19-68.

지광준, 범죄학, 서울: 경인문화사, 2003.

진계호, 형사정책, 대왕사, 2002, pp.359-360

진수명, "보호관찰 프로그램으로서의 병영훈련," *형사정책연구소식*, 1997. 5.6월호, pp.21-24.

허일태, "사형의 대체형벌로서 절대적 종신형의 검토", 형사정책(제12권 제2호), 2000, pp.223-236.

국제앰네스티 한국지부, 사형 없는 세상을 향하여 II, 1996. 10. 25, pp.30-31

대한상공회의소, 최근 우리사회의 경제범죄 실태와 정책과제, 2005. 4.

〈외국문헌〉

Adams Henry A, Lester Wright, and Bethany Lohr, "Is Homophobia Associated with Homosexual Arousal?" *Journal of Abnormal Psychology 105*, 1996, pp.440-445.

Agnew Robert, Social Control Theory and Delinquency: A Longitudinal Test, Criminology 23, 1985, pp.47-61.

Baron R. A. The reduction of human aggression: A field study of the influence of incompatible reactions, Journal of Applied Social Psychology 6, 1976, pp.260-274

Bartol Curt R, & Anne M. Bartol, Crimial Behavior, Pearson Education, Inc., Upper Saddle River, New Jersey, 2008.

Becker, Howard, Outsiders: Studies in the Sociology of Deviance (New York:Free Press, 1963).

Berkowitz Leonard, Some determinants of impulsive aggression: The role of mediated associations with reinforcements for aggression, Psychological Bulletin81, 1974, pp.165-176.
- The concept of aggressive drives: Some Additional Considerations, Advances in Experimental Social Psychology, 2, 1965, p.303.

Bohm R.M, Radical Criminology: An Examination, Criminology 19, 1982, pp.565-589

Carey Gregory, "Twin Imitation for Antisocial Behavior: Implications for Genetic and Family Environment Research", *Journal of Abnormal Psychology vol.101*, 1992, pp.18-25.

Casey M, "Sex chromosomal abnormalities in two state hospitals for patients requiring special security," Nature 5, February, 1966, pp.152-153

Cernkovich Stephen, Peggy Giordano, and Jennifer Rudolph, Race, Crime, and the American Dream, Journal of Research in Crime and Delinquency 37, 2000, pp.131-170.

Cernkovich Stephen and Peggy Giordano, "Stability and Change in Antisocial Behavior: The Transition from Adolescence to Early Adulthood", *Criminology 39*, 2001, pp.371-410.

Champion Dean L., ***Probation, Parole, and Community Corrections***, 2nd ed. NJ: Prentice Hall, 1996, pp.139-141.

Chesney-Lind Meda, Girls Crime and Woman's Place:Toward a Feminist Model of Female Delinquency, Crime and Delinquency 35, 1989, pp.p.5-29.

Chilicos Theodore and Gordon Waldo, Socioeconomic Ststus and Criminal Sentencing: an Emperical Assessment of a Conflict Proposition, American Sociological Review 40, 1975, pp.753-772.

Cochran John, Mitchell Chamlin, and Mark Seth, "Deterrence or Brutalization? an Impact Assesment of Oklahoma's Return to Capital Punishment", *Crimlnology 32*, 1994, pp.107-134.

Cohen Albert, Delinquency Boys(New York: Free Press, 1955), pp.25-28.

Cohen Albert, The Sociology of the Deviant Act: Anomie Theory and Beyod, American Sociological Review 30, 1965, pp.5-14.

Cohen Lawrence and Richard Machalek, "A General Theory of Expropriative Crime : An Evolutionary Echological Approach," American Journal of Sociology 94, 1988, pp.465-501.

Cohen Lawrence and Marcus Felson, "Social Change and Crime Rate Trends: A Routine Activities Approach", ***American Sociological Review 44***, 1979, pp.588-608.

Corley Charles, Stephen Cernkovich, and Peggy Giordano, Sex and the Liklihood of Sanction, Journal of Criminal Law and Criminology 80, 1989, pp.540-553

Cornish Derek and Ronald Clarke, "Understanding Crime Displacement : An Application of Rational Choice Theory," *Criminology 25*, 1987, pp.933-947.

Cullen Francis, John Paul Wright, and Mitchell Chamlin, "Social Support and Social

Reform: A Progressive Crime Control Agenda", *Crime and Delinquency 45*, 1999, pp.188-207.

Cullen Francis, John Paul Wright, Shayna Brown, Melissa Moon, Michael Blankenship, and Brandon Applegate, "Public Support for Early Intervention Programs: Implications for a Progressive Policy Agenda", *Crime and Delinquency 44*, 1998, pp.87-204.

Dalgard S. O. and E. Kinglen, "A Norwegian twin study of criminality", Britush Journal of Criminology 16, 1976, pp.213-232.

Dalton Khatarina, The Premenstrual Syndrome(Springfield, Ill.: Chares C. Thomas, 1971, pp.12-150.

Daly Martin and Margo Wilson, Homicide (New York: Aldine de Gruyter, 1988), p.194.

Daly Kathleen, Neither Conflict nor Labeling nor Paternalism will suffice:Intersections of Race, Ethnity, Gender, and Family in Criminal Court Dicisions, *Crime and Delinquency 35*, 1989, pp.136-168.

Daly Kathleen, "Gender and Varieties of White-Collar Crime", *Criminology 27*, 1989, pp.769-793.

Dejong Christina, Survival Analysis and Specific Deterrence: Integrating Theoretical and Emperical Models of recidivism, *Criminology 35*, 1997, pp.561-576.

Denno Deborah, "Considering Lead Poisoning as a Criminal Defense", Fondham Urban Law Journal 20, 1993, pp.377-400.

- "Sociological and Human Developmental Explanations of Crime: Conflict or Consensus", *Criminology 23*, 1985, pp.711-741.

Dietz P. E., D. B. Mattew, D. A. Martel, T. M. Stewart, D. R. Hruda, J. Warren, "Threatening and Otherwise Inappropriate Letters to Members of the United States Congress", *Journal of Forensic Sciences, 36*, 1991, pp.1445-1468.

Dixon Jo, "The Organizational Context of Criminal Sentencing", *American Journal of Sociology 100*, 1995, pp.1157-1198.

Ebensen Finn-Aage and David Huizinga, Gangs, Drugs and Delinquency in a Survey of Urban Youth, *Criminology 31*, 1993, pp.565-587.

Ellis Lee, "The Evolution of Violent Criminal Behavior and Its Nonlegal Equivalent", Personal Differences 23, 1997, pp.105-115.

- "Monoamine Oxidise and Criminality: Identifying an apparent Biological Marker for Antisocial Behavior", *Journal of Research in Crime and Delinquency 28*, 1991, pp.227-251.

Ellis Lee and Anthony Walsh, "Gene based evolutionary theories in criminology",

Criminology 35, 1997, pp.229-275.

Farrington D. P, Gwen Gundry, and D. J. West, The Family Transmission of Criminality, in the family eds. Alan Lincoln and Murray Straus(Springfield, Ill.: Charles C, Thomas, 1985, p.195.

Farwell Lawrence and E. Donchin, "The Truth will out: Interrogative Polygraphy(Lie Detection) with Event-Related Brain Potentials", Psychophysiology 28, pp.531-547.

Feingold Alan, "Gender Differences in Personality: A Meta Analysis", *Psychological Bulletin 116*, 1994, pp.429-456.

Felson Richard and Steven Messner, "To kill or Not to Kill? Lethal Outcomes in Injurious Attacks", *Criminology 34*, 1996, pp.519-545.

Felson Richard, "Anger, Aggression, and Violence in Love Triangles", *Violence and Victimization 12*, 1997, pp.345-363.

Figert Anne E. "The three faces of PMS: The Professional, Gendered, and Scientific Structuring of a Psychiatric Disorder", *Social Problems 42*, 1995, pp.56-72.

Fishbein Diana, "Selected Studies on the Biology of Antisocial Behavior", in New Perspectives in Criminology, ed. John Conklin(Needham Heights, Mass.:Allyn and Bacon, 1996), pp.26-38.

Forgila Wanda, Perceptual Deterrence and the Mediating Effect of Internalized Norms among Inner-City Teen-agers, *Journal of Research in Crime and Delinquency 34*, 1997, pp.414-442.

Giordano Peggy, Stephen Cernkovich, and M.D. Puch, Friendships and Delinquency, *American Journal of Sociology 91*, 1986, pp.1170-1202.

Goldstein Paul, Henry Brownstein, and Patrick Ryan, "Drug related Homicide in New York: 1984-1988", Crime and Delinquency 39, 1993, pp.106-124.

Gottfredson Michael and Travis Hirschi, A General Theory of Crime, Palo Alto, CA: Stanford University Press, 1990, pp.47-63.

Gould Arthur, "The Criminalisation of Buying Sex: The Politics of Prostitution in Sweden", *Journal of Social Policy 30*, 2001, pp.437-438.

Gove Walter and Charles Wilmoth, Risk, "Crime, and Neurophisiologic Highs: A Consideration of Brain Processes That May Reinforce Delinquent and Criminal Behavior", in Crime in Biological Contexts, pp.261-293.

Green Russel Grand Michael B. Quanty, The Catharsis of Aggression: An Evaluative of a Hypothesis, Advances in Experimental Socialpsychology, 10, 1977, pp.1-37.

Greenberg David, The Incapacitative Effects of Imprisonment: Some Estimates, Law and

Society Review 9, 1975, pp.541-580.

Greenberg David and Nancy Larkin, The Incapaciation of Criminal Opirate Users, *Crime and Delinquency 44*, 1998, pp.205-228.

Grove Walter, "The Effect of Age and Gender on Deviant Behavior:A Bipopsycosocial Perspectives", in Gender and Life Course, ed., A.S. Rossi(New York:Aldine, 1985), pp.115-144.

Hagan John, Hans Merkens, and Klaus Boehnke, Delinquency and Disdain: Social Capital and Control of Right Wing Extremism among East and West Berlin Youth, *American Journal of sociology 100,* 1995, pp.1028-1052.

Haller Mark, "Illegal Enterprise: A Theoretical and Historical Interpretation", *Criminology 28*, 1990, pp.207-235.

Harden Phillip and Robert Pihl, "Cognitive Function, Cardiovascular Reactivity, and Behavior in Boys at High Risk for Alcholism", *Journal of Abnormal Psychology 104*, 1995, pp.94-103.

Harris Judith Rich, The Outcome of Parenting: What Do We Really Know? *Journal of Personality Vol. 68*, 2000, pp.625-637.

Harris Patricia, Rebecca Peterson, and Samanta Rapoza, "Between Probation and Revocation: A Study of Intermediate Sanctions Decision-Making", Journal of Criminal Justice 29, (2001), pp.307-318.

Hawley C and R. E. Buckley, "Food Dyes and Hyperkinetic Children", *Academy Therapy 10*, 1974, pp.27-32.

Hay Carter H, "Parenting, Self-control, and Delinquency: A test of Self-control theory", *Criminology 39*, 2001, pp.707-736.

Hemmens Craig and Katherine Bennett, "Juvinile Curfews and the Courts: Judicial Response to a Not-so-New Crime Control Strategy", *Crime and Delinquency 45*, 1999, pp.99-121.

Hirschi Travis and Michael Gottfredson, "Age and the Explanation of Crime", *American Jounal of Sociology 89*, 1983, pp.552-584.

Hirschi Travis and Michael J. Hindelang, "Intelligence and delinquency: A revisionist review, American Sociological Review42, 1977, pp.571-587.

Hooten Earnest A, Crime and the Man, Cambridge: Harvard University Press, p.392

Holmes R. M., "Stalking in America: Types and Methodes of Criminal Stalkers" *Journal of Contemporary Criminal Justice, 9*, 1993, pp.317-334.

Hutchings Barry and Saranoff A. Mednick, Criminology in adoptees and their adoptive and biological parents: A pilot study, in Saranoff A. Mednick and Karl O.

Christensen, (ed.), Biosocial Bases of Criminal Behavior, New York:Gardner, 1977, pp.127-142.

Hutchison Ira and J. David Hirschel, "The Effects of Children's Presence on Woman Abuse", *Violence and Victims16,* 2001, pp.3-17.

Jackson Charles Tittle, and Mary Jean Burke, Offense-Specific Models of the Differential Association Process, Social Problems 33, 1986, pp.335-356.

Jang Kerry, W. John Liversley, and Phillip Vernon, "Heritability of the Big Five Personality Demensions and Their Facets: A Twin Study", *Journal of Personality 64*, 1996, pp.577-589.

Jacobs P. A, M. Brunton, and M. M. Melvile, "Aggressive behavior, Mental subnormality and the XYY male", *Nature 208*: 1965, pp.1351-1352.

Jeffery C. Ray, *Crime Prevention Through Environmental Design* (Beverly Hills, and London: Sage Publications Inc. 1977), pp.51-234.

Jhonson R, Aggression in Man and Animals (Philadelphia:Saunders, 1972), p.79

Jolin Annette, "On the Backs of Working Prostitutes: Feminist Theory and Prostitution Policy", *Crime and Delinquency 40*, 1994, pp.60-83.

Jones Marshall and Donald R. Jones, "The contagious nature of antisocial behavior", *Criminology 38*, 2000, pp.25-46.

Kennedy Leslie W and David R. Forde, "Routine Activities and Crime: an Analysis of Victimization in Canada", *Criminology 28*, pp.137-152.

Kleck Gary and Marc Gertz, "Armed Resistence to Crime: The prevalence and Nature of Self-Defence with a Gun", *Journal of Criminal Law and Criminology 86*, 1995, pp.350-386.

Kosslyn Stephen, "Image and Brain:The Resolution of the Imagery Debate", *Contemporary Psychology 41*, no.3, 1996, pp.213-214

Krohn Marvin and James Messy, Social Control and Delinquency Behavior: An Examination of the Elinents of the Social Bond, *Sociological Quarterly 21*, 1980, pp.529-543.

LaGrange Landy and Helen Raskin White, Age Differences in Delinquency: A Test of theory, Criminology 23, 1985, pp.19-45.

Laub John and Robert Sampson, "Unravelling Famillies and Delinquency: A Reanalysis of the Glueck' Data", *Criminology 26*, 1988, p.370.

Leonardo Kimberly Kempf and Scott Decker, The Theory of Social Control: Does It Apply to the Very Young, *Journal of Criminal Justice 22*, 1994, pp.89-105.

Levrant Sharon, Francis Cullen, Betsy Fulton, and John wonzniak, "Reconsidering

Restorative Justice: The corruption of Benevolence Revisited", *Crime and Delinquency 45*, 1999, pp.3-27.

Loeber Rolf and Magda Stouthamer Loeber, "Development of Juvinile Aggression and Violence", *American Psychlogist 53*, 1998, pp.242-259.

Loeber Rolf and Dale Hay, "Key Issues in the Development of Aggression and Violence from Childhood to Early Adulthood", *Annual Review of Psychology 48*, 1997, pp.371-410.

Longshore Douglas, "Prevalence and Circumstances of Drug Injection at Los angeles Shooting Galleries", *Crime and Delinquency 42*, 1996, pp.21-35

Lorenz Konrad, On Aggression(New York:Harcourt Brace Jovanovich, 1966), pp.52-60.

Lykken David, "For Distinguished Contributions to Psychophysiology", *Psychophysiology,* vol.36, no 5, 1999, pp.537-542.

- "Psycopathy, Sociopathy, and Crime", *Society 34*, 1996, pp.29-38

Lynch Michael, Raymond Michalowski, and W. Byron Gloves, *The new primer in radical criminology: Critical perspectives on crime, power and identity*, 3rd ed.(Monsey, N.Y.: Criminal Justice Press, 2000)

Mackenzie Doris Laton and James Shaw, "The Impact of Shock Incarceration on Technical Violations and New Criminal Activities", *Justice Quarterly 10* (1993), pp.463-487.

Mackenzie Doris Layton, Robert Brame, David McDowall, and Claire Souryal, "Bootcamp Prisons and Recidivism in Eights States", *Criminology 33*, 1995, pp.327-357.

Marenin Otwin and Michael Resig, "A General theory of Crime and Patterns of Crime in Nigeria: An Exploration of Methodological Assumptions", *Journal of Criminal Justice 23*, 1995, pp.501-518.

Marquart James, Victoria Brewer, Janet Mullings, and Ben Crouch, The Implications of Crime Control Policy on HIV/AIDS-Related Risk among Women Prisoners, *Crime and Delinquency 45*, 1999, pp.82-98.

Marshall Paul, "Alergy and Depression: A Neurochemical Threshold Model of the Relation between the illness", *Psychological Bulletin 113*, 1993, pp.23-39.

Martinson Robert, "Whart Works?- Questions and Answers about Prison Reform", Public Interest 35, 1974, pp.22-54

Marvell Thomas and Carlisle Moody, The Impact of Prison Growth on Homicide, *Homicide Studies 1*, 1997, pp.205-233.

Marvell Thomas and Carlisle Moody, "Determinate Sentencing and Abolishing Parole :

The Long Term Impacts on Prisons and Crime", *Criminology 34*, 1996, pp.105-128.

Mawson A. R. and K.J. Jacobs, "Corn Consumption, Tryptophan, and Cross National Homicides Rates", Journal of Orthomolecular Psychiatry 7, 1978, pp.227-230.

Mazerolle Lorraine Green, Colleen Kadleck, and Jan Roehl "Controlling Drug and Disorder Problems: The Role of Place Managers", *Criminology 36*, 1998, pp.371-404.

Mazerolle Paul and Alex Piquero, Linking exposure to strain with anger: An investigation of deviant adaptations, Journal of Criminal Justice 26, 1998, pp.195-211.

Mednick Sarnoff and Jan Volavka, Biology and Crime, in Crime and Justice, eds. Norval Morris and Michael Tonry(Chicago:University of Chicago Press, 1980), p.93.

Menard Scott, A developmental Test of Mertonian Anomie Theory, Journal of esearch in *Crime and Delinquency 32*, 1995, pp.136-174.

Messner Steven F and Richard Rosenfield, Crime and American Dream, Third Edition, Belmont, CA: Wadsworth, 2001, p.60.

Messner Steven and Kenneth Tardiff, Economic Inequality and Level of Homicide: An Analysis of Urban Neighborhoods, *Criminology 24*, 1986, pp.297-317.

Messner Steven, Lawrence Raffalovich and Richard McMillan, "Economic Deprivation and Changes in Homicide Arrest Rates for White and Black Youths, 1967-1998: A National Time Series", *Criminology 39*, 2001, pp.591-614.

Moffitt Terri and Phil Silva, "Self-Reported Delinquency, Neuropsychological Deficit, and History of Attention Deficit Disorder", *Journal of Abnormal Child Psychology 16*, 1988, pp.553-569.

Moffit Territ, Donald Lyman, and Phil Silva, "Neuropsychological Tests Predicting Persistent Male Delinquency", *Criminology 32*, 1994, pp.227-300.

Mooney J, "Influence of Hormones on Psychosexual Differentiation", Medical Aspects of Nutrition 30, 1976, p.165.

Moran Kenneth and Charles Lindner, "Probation and Hi-Technology Revolution: Is Reconceptualization of the Traditional Probation Office Role Model Inevitable?" *Criminal Justice Review 3*, 1987, pp.25-32.

Moy Ernest, Lori Jackson, Robert Aaronson, Nicholas Restifo, Susan Serra, and Alexander Simos, "Biopsychosocial Characteristics of Children who Later Murder", *American Journal of Psychiatry 142,* 1985, pp.1161-1167.

Moyer Kenneth, "What is the potential for biological violence control?", in C.R. Jeffery, (ed.), Biology and Crime, CA: Sage, pp.19-46.

Mullen P, M Pathe, R. Purcell, ***Stalkers and Their Victims***, Cambridge University Press, 2000, p.44.

Mustine Elizabeth Ehrhardt and Richard Tewksbury, "Predicting Risks of Larceny Theft Victimization: A routine Activity Analysis Using Refined Lifestyles Measures", ***Criminology 36***, 1998, pp.829-858.

Nagin Daniel and Raymond Paternoster, Enduring Individual Differences and Rational Choice Theories of Crime, ***Law and Society Review 27***, 1993, pp.467-485.

Nagin Daniel S. and Raymond Paternoster, Preventative Effects of the Perceived Risk of Arrest: Testing an Expended Conception of Deterrence, ***Criminology 29***, 1991, pp.561-585.

Nagin Daniel S. and Greg Pogarsky, Integrating Celerity, Impulsivity, and Extralegal Sanction Threts into a Model of General Deterrence: Theory and Evidenc, ***Criminology 39***, pp.865-892

Nathelmann Ethan, "America's Drug Problem", ***Bulletin of the American Academy of Arts and Sciences 65***, 1991, pp.24-40.

Neisser Uric et al., "Intelligence: Knows and Unknowns", ***American Psychologist 51***, 1996, pp.77-101.

Newman Oscar, Defencible space: Crime prevention through urban design, New York: Collier, 1973, pp.8-9.

Pallone Nathaniel and James Hennessy, "Brain Dysfunction and Criminal Violence", ***Society 35***, 1998, p.25.

Parker Karen and Patricia McCall, "Structural Conditions and Racial Homicide Patterns: A Look at the Multiple Disadvantages in Urban Areas", ***Criminology 37***, 1999, pp.447-448.

Passas Nikos, "Structural Sources of International Crime: Policy Lessons from the BCCI Affair", ***Crime, Law and Social Change 19***, 1994, pp.223-231.

Patt Travis, "Race and Sentencing: A Meta-Analysis of Conflicting Emperical Research Results", ***Journal of Criminal Justice 26***, 1998, pp.513-525.

Patternoster Raymond, Assessment of Risk and Behavioral Experience: An Explanatory Study of Change, ***Criminology 23***, 1985, pp.417-436.

Patternoster Raymond and Alex Piquero, Reconceptulizing Deterrence: An Emperical Test of Personal and Vicarious Experiences, ***Journal of Research in Crime and Delinquency 32***, 1995, pp.251-258.

Patterson G. R., Barbara DeBaryshe, and Elizabeth Ramsey, "A Developmental

Perspective on Antisocial Behavior", *American Psychologist 44*, 1989, pp.329-335.

Peggy C, Toni J. Millhollin, Stephen A. Cernkovich, M.D. Pugh, and Jennifer L. Rudolph, Delinquency, Identity, and Women's Involvement in Relationship Violence, Criminology 37, 1999, pp.17-40.

Petraitis John, Brian Flay, and Todd Miller. "Reviewing Theories of Adolescent Substance Use: Organizing Pieces in the Puzzle", *Psychological Bulletin 117*, 1995, pp.67-86.

Phillips Lloyd and Harold Votey, "The Influence of Police Interventions and Alternative Income Sources on the Dynamic Process of Choosing Crime as a Career", *Journal of Quantitative Criminology 3*, 1987, pp.251-274.

Piquero Alex, Frequency, Specialization, and Violence in Offending Careers, Journal of Research in Crime and Delinquency 37, 2000, pp.392-418.

Piquero Alex and Timothy Brezina, "Testing Moffit's Account of Adolescent-Limited Deliquency", *Criminology 39*, 2001, pp.353-370.

Piquero Nicole Leeper Piquero and Miriam D. Sealock, Generalizing General Strain Theory: An Examination of an offending population, *Justice Quarterly 17*, 2000, pp.449-484.

Platt Jerome, "Vocational Rehabilitation of Drug Abusers", *Psychological Bulletin 117*, 1995, pp.416-433.

Ploeger Matew, Youth Employment and Delinquency: Reconsidering A Ploblematic Relationship, Criminology 35, 1997, pp.659-675.

Prasad Monica, "The Morality of Market Exchange: Love, Money, and Contractual Justice", *Sociological Perspectives 42*, 1999, pp.181-187.

Price W. H and P. B. Whatmore, "Behaviour disorders and pattern of crime among XYY males identified at a maximum security hospital," *British Medical Journal 1,* 1967, p.500.

Quinny Richard, "Occupational Structure and Criminal Behavior: Prescription Violation of Retail Pharmacists", *Social Problems 11*, 1963, pp.179-185.

Rafter Nichole Hahn, "Criminal Anthropology in the United States", *Cmiminology 30,* 1992, pp.525-547.

Raine Andrian, Monte Buchsbaum, and Lori LaCasse, "Brain Abnomalities in Murders Indicated by Positron Emission Tomography", *Biological Psychiatry 42*, 1997, pp.495-508.

Reckless Walter, Use of the Death Penalty, Crime and Delinquency 15, 1969, pp.43-51.

Reiss Albert and Jefferey Roth, Understanding and Preventing Violence, (Washington D.C.:National Academy Press, ed., 1993), p.118.

Reiss Albert, "The Social Integration of Queers and Peers", *Social Problems 9*, 1961, pp.102-120

Robinson Matthew, "Lifestyles, Routine Activities, and Residential Burglary Victimization", *Journal of Criminal Justice 22*, 1999, pp.27-52.

Rowe David and David Farrington, "The Familial Trasmissidn of Criminal Convictions", *Criminology 35*, 1997, pp.177-201.

Rowe David and D. Wayne Osgood, 'Heredity and Sociological Theories of Delinquency: A Reconsideration", *American Sociological Review 49*, 1984, pp.526-540.

Rowe David, The Limits of Family Influence: Genes, Experiences and Behavior(New York: Guilford Press, 1995), p.64.

Rowe David, "Sibling interaction and self-reported delinquent behavior: A study of 265 twin pairs", *Criminology 23*, 1985, pp.223-240.

- "Genetic and environmental components of antisocial behavior: A study of 265 twin pairs", *Criminology 24*, 1986, pp.513-532.

Rowe David and D Wayne Osgood, "Heredity and Sociological theories of delinquency: A reconsideration", *American Sociological Review 49*, 1984, p.526.

Rowe David, D. Wayne Osgood, and W. Alan Nicewander, "A Latent Trait Approach to Unifying Criminal Careers", *Criminology 28*, 1990, pp.237-270.

Rubin Robert, The Neuroendocrinology and Neuro-Chemistry of Antisocial Behavior, in The Causes of Crime, New Biological Approaches, ed., Sarnoff Mednick, Terri Moffitt, and Susan Stack(Cambridge: Cambridge University Press, 1987), pp.239-262.

Rule B.G and A.R. Nasdale, Emotional arousal and aggressive behavior, Psychological Bulletin, 83, 1976, pp.851-863.

Sarbin T. R. and I. E. Miller, "Demonism Revised: The Revised : The XYY Chromosome Anomaly", *Issues in Criminology 5*, 1970, pp.195-207.

Schauss Alexander, Diet, Crime and Delinquency(Berkeley, Calif.: Parker House, 1980, pp.150-170.

Schenthaler Stephen, Intelligence, Academic Performance, and Brain Function(California State University, Stanislaus, 2000), pp.170-188.

Shaushnessy Rita, "Psychopharmacotherapy of Neuropsychiatric Disorders", *Psychiatric Annals 25*, 1995, pp.634-640.

Sherman Lawrence W., Patrick R. Gartin and Michael d. Buerger, "Hot Spots of Predatory Crime: routine Activities and the Criminology of Place", *Criminology 27*, 1989, pp.27-56.

Siegel Larryy J. "Criminology", Wadsworth, a division of Thompson Learning, Inc., 2003, p.139.

Snortum John S, Drinking-Driving Compliance in Great Britain: The Role of Law as a Threat and as a Moral Eye-Opener, *Journal of Criminal Justice 18*, 1990, pp.479-499.

Sprott Jane, "Are Members of the Public tough on Crime?The Dimensions of Public Punitiveness", *Journal of Criminal Justice 27*, 1999, pp.467-474.

Stark Steven, Publicized Executions and Homicide, 1950-1980, *American Sociological Review 52*, 1987, pp.532-540.

Straus Murray, "Discipline and Deviance: Physical Punishment of Children and Violence and Other Crime in Adulthood", *Social Problems 38*, 1991, pp.101-123.

Steffensmeier Darrel and Emilie Allan, Gender and Crime: Toward a General Theory of Female Offending, Annual Review of Sociology 22, 1996, pp.459-487.

Sutherland Edwin and Donald Cressy, Principles of Criminology, 6th ed.(Philadelphia: J.B. Lippincott, 1960).

Sutherland Edward and Donald Cressy, Criminology, 8th ed.(Philadelphia: J.B. Lippincott, 1970).

Sykes Gresham and David Matza, Techniques of neutralization: A theory of delinquency, American Journal of Sociology 22, 1957, pp.664-670.

Sykes Gresham, The Rise of Critical Criminology, *Journal of Criminal Law and Criminology 65*, 1974, p.211.

Taylor Lawrencer, Born to Crime: The Genetic of Criminal Behavior, Westport: Greenwood Press, 1984, pp.250-275.

Taylor Ian, Paul Walton and Jock Young, The New Criminology, New York: Harper and Row, 1973, pp.45-46.

Terri Moffitt, Donald Lyman, and Phil Silva, "Neuropsychological Tests Predicting Persistent Male Delinquency", *Criminology 32*, 1994, pp.227-300.

Thistlewaite Amy T, John Wooldredge, and David Gibbs, "Severity of Dispositions and Domestic Violence Recidivism", *Crime and Delinquency 44*, 1998, pp.388-398.

Tittle Chrles and Alan Rowe, Certainty of Arrest and Crime Rates: A Further Test of the Detterrence Hypothesis, *Social Forces 52*, 1974, pp.455-462.

Toby Jackson, The New Criminology Is the Old Sentimentality, Criminology 16, 1979, pp.513-526.

Tonry Michael, "Parochialism in U.S. Sentencing Policy", *Crime and Delinquency 45*, 1999, pp.48-65.

Tremblay Pierre and Carlo Morselli, "Patterns in Criminal Achivement: Wilson and Abrhamse Revisited", *Criminology 38*, 2000, pp.633-660.

Udry Richard J. "Biological predisposition and social control in adolescent sexual behavior", *American Sociological Review 53*, 1988, pp.709-722.

Walsh Anthony, Bisocial Criminology: Introduction and Integration, Cincinatti, OH: Anderson, Publishing, 2002, p.192.

- "Behavior Genetics and Anomie/Strain Theory", *Criminology 38*, 2000, pp.1075-1108.

Walters Glenn, "A Meta-Analysis of the Gene-Crime Relationship", *Criminology 30*, 1992, pp.595-613.

Walters Glenn and Thomas White, "Heredity and Crime: Bad Genes or Bad Research", *Criminology 27*, 1989, p.478.

Warr Mark "Life-Course Transitions and Desistance from Crime", *Criminology 36*, 1998, pp.502-535.

West Donald J. Delinquency, Its Roots, Careers, and Prospects (Cambridge: Harvard University Press, 1982, p.114.

Walsh Anthony, "Behavior Genetics and Anomie/Strain Theory", *Criminology 38*, 2000, pp.1075-1108.

White Helene Raskin, "Early Problem Behavior and Later Drug Problems", *Journal of Research in Crime and Delinquency 29*, 1992, pp.412-429.

Williams, Katherine S, Textbook on Criminology, Oxfiord University Press, New York, 2004.

Williams Kirk R. and Richard Hawkins, The Meaning of Arrest for Wife Assault, *Criminology 27*, 1989, pp.163-181.

Wilson James Q. The Moral Sense, New York:Free Press, 1993, pp.25-35.

찾아보기 *(index)*

ㄱ

가계연구 ········· 69
가석방제도 ········· 598
가정구성원 ········· 305
가정폭력 ········· 302
가해의 부정 ········· 199
갈등이론 ········· 212
강간 외상후 증후군 ········· 323
강간범의 유형 ········· 329
강압 ········· 276
강제-합의 모델 ········· 220
갱생보호 제도 ········· 602
게이 ········· 439
격세유전 ········· 43
결정론적 인간관 ········· 38
계급투쟁과 범죄 ········· 213
고전주의 범죄학 ········· 31
고착적 소아성애자 ········· 340
공격대체 이론 ········· 148
공격성 ········· 139
공격적 · 가학적 소아성애자 ········· 342
공공질서 범죄 ········· 404
과대망상 ········· 109
관음증 ········· 434
구성주의 범죄이론 ········· 237
구조적 마르크스주의자 ········· 229
구조적 선택이론 ········· 264
권력-통제이론 ········· 248
귀납적 프로파일링 ········· 554
귀신론적 범죄관 ········· 29
그림자 ········· 100
글룩 부부 ········· 47
금전에 의한 석방 ········· 564
급진적인 범죄학 ········· 225
급진주의 범죄이론 ········· 224
기사도 가설 ········· 249
긴장이론 ········· 164, 165
깨진 유리창 이론 ········· 265
꿰뗄레 ········· 39

ㄴ

낙인이론 ········· 205, 206
남성호르몬 ········· 52
노동의 착취 ········· 315
노출증 ········· 432
뇌의 기능장애 ········· 61
뇌지문 탐지 ········· 64
뇌파 ········· 62

ㄷ

다레도르프 ········· 215
다중살인 ········· 294
단순집착형 ········· 379
대뇌의 불균형 ········· 132
대마 ········· 474
대마수지 ········· 475
대마초 ········· 475
도구적 공격 ········· 142
도구적 마르크스주의 ········· 227
도파민 ········· 68
동물행동학 ········· 144
동성애 공포증 ········· 443
동성애 ········· 435
동심원지대 모형 ········· 160
드크하임 ········· 39, 166
DNA데이터베이스 ········· 508

DNA지문 ······ 509
DNA 프로필 ······ 510

ㄹ

레즈비언 ······ 440
롬브로조 ······ 43
리비도 ······ 146

ㅁ

마르크스주의 페미니즘 ······ 245
마약 ······ 463
마약류 ······ 459
마약의 합법화 ······ 486
마음의 모형 ······ 90
망상 ······ 106
망상장애 ······ 109
망상활동 시스템 ······ 134
머튼 ······ 166
메신저 피싱 ······ 401
면식범 ······ 325
모노아민 산화효소 ······ 68
모르핀 ······ 465
무의식 ······ 92
문제행동 증후군 ······ 282
물리적 거세 ······ 489
미네랄과 범죄 ······ 55
미제사건 DB ······ 513
미토콘드리아 DNA ······ 511

ㅂ

반동형 ······ 169
반사회적 행동 ······ 23
발달범죄 이론 ······ 268
방어공간 이론 ······ 255
방임 ······ 315
방화 ······ 348
방화광 ······ 355
방화의 동기 ······ 352
범죄 ······ 17
범죄에 대한 일반이론 ······ 272
범죄자 ······ 23
범죄자 DB ······ 513
범죄자 프로파일링 ······ 549
범죄학 ······ 27
베카리아 ······ 31
벤담 ······ 32
보석 ······ 560
보이스 피싱 ······ 401
보호관찰제도 ······ 594
볼드 ······ 216
봉거 ······ 214
부신수질 호르몬 ······ 67
부정기형 ······ 582
비공식 통제 ······ 261
비난 자에 대한 부정 ······ 200
비타민과 범죄 ······ 57
비행자 발달이론 ······ 288
비행표류이론 ······ 201
비행하위문화의 유형 ······ 182
비행하위문화이론 ······ 180

ㅅ

사명의식 살인자 ······ 300
사이버 명예훼손행위 ······ 400
사이버 성범죄 ······ 401
사이버 스토킹 ······ 377
사이버 절도 ······ 400
사이버스토킹 ······ 402
사이버테러 ······ 397
사이범 범죄 ······ 393
사이코패스 ······ 123
사일로사이빈 ······ 471
사회과정이론 ······ 187
사회구조이론 ······ 157
사회반응이론 ······ 205
사회봉사명령 ······ 600
사회생물학 ······ 50
사회유대이론 ······ 202
사회적 현실이론 ······ 219

사회통제이론 ······ 196
사회학습이론 ······ 151, 187
사회학적 실증주의 ······ 39
사회해체이론 ······ 158
산후우울증 ······ 113
삼진아웃법 ······ 590
상호작용론적 범죄 개념 ······ 20
상황적 범죄예방 이론 ······ 253
상황적 소아 성애자 ······ 334
생물학적 결정주의 ······ 37
생아편 ······ 464
생애과정이론 ······ 279
생체시료 ······ 478
생화학적 요인 ······ 51
생활양식 ······ 260
생활양식이론 ······ 262
서약에 의한 석방 ······ 565
선고유예 ······ 599
선호적 소아 성애자 ······ 334
성도착증 환자 ······ 494
성매매 ······ 416
성인 공포증 ······ 316
성적 학대 ······ 315
성폭력범죄 ······ 321
세로토닌 ······ 67
셀던 ······ 46
소도미 ······ 445
소아 성애자 ······ 332
소아기호증 ······ 332
소아성애자 ······ 344
수강명령 ······ 602
수압식 모델 ······ 144
순응형 ······ 167
슈퍼남성증후군 ······ 77
스릴추구 살인자 ······ 299
스키마 ······ 153
스토킹 ······ 375
스팸메일 ······ 402
시카고 학파 ······ 40
신경전달물질 ······ 67
신념(belief) ······ 203
신범죄학 ······ 223
신체적 학대 ······ 314
실증주의 ······ 36
실질적 범죄개념 ······ 19
쌍생아 연구 ······ 72
CPTED ······ 257

ㅇ

아노미 ······ 164
아동포르노 ······ 409
아동학대 ······ 312
아들러 ······ 96
아미그달라 ······ 133
아이셍크 ······ 95
악의 극화 ······ 209
안드로전 ······ 67
알러지와 범죄 ······ 59
암수범죄 ······ 26
애정망상 ······ 109
애착(attachment) ······ 203
앰버경보 ······ 337
야바 ······ 472
약물 ······ 460
약물남용 ······ 460
양극성 기분장애 ······ 111
양육이론 ······ 81
양형 진실법 ······ 590
양형 ······ 581
양형구조 개혁 ······ 591
양형지침 ······ 586
억제이론 ······ 196
에너지 체계 ······ 90
에드워드 가계 ······ 70
XYY 성염색체 ······ 77
엑스터시 ······ 471
LSD ······ 470
여성 사이코패스 ······ 129
여성해방적 페미니즘 ······ 243
여성호르몬 ······ 54

연속살인 ······ 295
연쇄강간범 ······ 328
연쇄살인 ······ 296
연애망상형 ······ 381
연애집착형 ······ 380
연역적 프로파일링 ······ 556
열등감 ······ 96
외상후 스트레스 장애 ······ 120
유기적 사회유대 ······ 165
유전적 요인 ······ 132
유죄협상 ······ 578
융 ······ 98
은둔형 ······ 168
음란물 ······ 408
의무적인 양형제도 ······ 589
의식주의 ······ 168
의존성 ······ 462
이드 ······ 93
이론통합 ······ 267
이반 ······ 441
이원적 범죄경로 이론 ······ 284
2차적 사이코패스 ······ 125
이차적 문화갈등 ······ 178
이차적 일탈 ······ 210
인지 모델 ······ 152
인지적 스크립트 모델 ······ 153
인터넷 포르노그래피 ······ 411
일반긴장 이론 ······ 173
일상활동 이론 ······ 260
1차적 사이코패스 ······ 124
일차적 문화갈등 ······ 178
일차적 일탈 ······ 210
일탈행동 ······ 22
임의적 보석 ······ 568
입양아 연구 ······ 74

ㅈ

자기보고식 조사 ······ 26
자아 ······ 93
자연이론 ······ 80
잠재적 특질이론 ······ 269
저혈당과 범죄 ······ 58
적대적 공격 ······ 142
적대적 귀인 편파 ······ 154
전념(commitment) ······ 203
전두엽 기능장애 ······ 133
전의식 ······ 92
전이지역 ······ 161
전자감시 장치 ······ 613
전자발찌 ······ 615
정기형 ······ 584
정동장애 ······ 106
정서적 학대 ······ 314
정신병 ······ 103
정신분석 ······ 89
정신분열증 ······ 105
정신역학적 ······ 144
정신장애 ······ 102, 103
정크 DNA ······ 509
정화가설 ······ 149
제도적 아노미 이론 ······ 170
조건부 석방 ······ 566
조울증 ······ 111
좌절-공격 가설 ······ 146
좌절-분노-공격 가설 ······ 148
좌파현실주의 이론 ······ 230
주의력 결핍 과잉행동 장애 ······ 66
준거집단 ······ 191
중류계층의 잣대 ······ 182
중화기법 ······ 199
중화기술이론 ······ 198
쥬크 가계 ······ 69
증오범죄 ······ 357
지능 검사 ······ 86
지능과 범죄 ······ 79
지능지수 ······ 83
GHB ······ 473
지키기 쉬운 주거공간 ······ 256
집단갈등 이론 ······ 216
집단무의식 ······ 98

집행유예 ………… 600

ㅊ

차별교제 이론 ………… 188
차별적 강압이론 ………… 275
차별적 강화 ………… 195
차별적 기회 ………… 184
차별적 기회이론 ………… 184
차별적 범죄화 ………… 217
착취적 소아성애자 ………… 342
참여(involvement) ………… 203
책임의 부정 ………… 199
처벌의 신속성 ………… 35
처벌의 엄격성 ………… 34
처벌의 확실성 ………… 35
청소년 사이코패시 ………… 130
청소년 성범죄자 ………… 343
체형 ………… 46
초자아 ………… 93
치료감호제도 ………… 605

ㅋ

카리스포로돌 ………… 473
칼리카크 ………… 70
커밍아웃 ………… 442
컴퓨터 바이러스 ………… 398
코카인 ………… 466
퀴니 ………… 219
퀴어 ………… 441
크랙 ………… 468
크레취머 ………… 45
클라인펠터 증후군 ………… 76

ㅌ

타나토스 ………… 146
터크 ………… 220
통제 균형이론 ………… 277
통합이론 ………… 268
퇴행적 소아성애자 ………… 341
트랜스베스티트 ………… 442
트렌스젠더 ………… 442
트로이 목마 ………… 398

ㅍ

판결전 조사제도 ………… 588
페도필리어 ………… 332
페르조나 ………… 99
페미니스트 범죄이론 ………… 242
편의주의 살인자 ………… 300
평화주의 범죄학 ………… 239
포르노그래피 ………… 407
포스트모더니즘 범죄이론 ………… 237
포스트모더니즘 ………… 233
폭력 ………… 293
품행장애 ………… 23
프로이드 ………… 89
플리바게닝 ………… 577
피싱 ………… 400
PCL-R ………… 135
PCL 척도 ………… 135
PPI-R ………… 134
피해(자)의 부정 ………… 200
피해망상 ………… 109
피해자 없는 범죄 ………… 406
필로폰 ………… 469
필요적 보석 ………… 568

ㅎ

하워드 ………… 32
하위계층 문화이론 ………… 179
하위문화 ………… 177
하위문화 유형 ………… 185
합의론적 범죄 개념 ………… 21
해리성 정체성 장애 ………… 117
해쉬쉬 ………… 476
해어 ………… 124
핵 DNA ………… 510
향정신성의약품 ………… 469

허위피해 망상형 ······ 382
헤로인 ······ 466
혁신형 ······ 168
현대범죄학 ······ 41
현대적 갈등이론 ······ 215
형식적 범죄개념 ······ 18
호모 ······ 439
혼합망상 ······ 109
화학적 거세 ······ 488

〈저자소개〉 조철옥(曺鐵玉)

■ 학 력

- 부산수산대학교 어업학과 졸업
- 고려대학교 대학원 행정학과(석사 · 박사)

■ 경 력

- 경찰대학 경찰학과 교관
- 고려대학교 경상대학 행정학과 강사
- 합천 · 부산남부 · 거제 · 서울은평 · 김포경찰서장
- 경찰청 외사수사과장 · 경찰종합학교 교무과장
- 제주특별자치도 자치경찰채용시험 출제위원(수사1, 경찰학개론)
- 현: 탐라대학교 경찰행정학과 교수

■ 저서 및 논문

- 상벌체계와 원인귀인에 관한 연구(석사)
- 정부의 규제정책과 해운조직의 생존에 관한 연구(박사)
- 포스트모더니즘 범죄이론에 의한 동성애 합법화 연구(공안행정학회, 2007)
- 제주자치경찰 시스템의 실태와 발전모델에 관한 연구(경호경비학회 2007)
- 패러다임전환의 관점에서 본 경찰의 범죄피해자 보호에 관한 연구, 경찰이론과 실무학회, 2007.
- 아동성폭력 범죄자의 화학적 거세에 관한 고찰, 치안정책 연구, 2010.
- 범죄자 DNA데이터베이스 구축에 관한 고찰, 경찰학연구, 2010.
- 강력범죄자의 정신이상항변에 관한 연구, 치안정책 연구, 2011.
- 시스템다이내믹스모형에 의한 검경수사권 조정과정분석, 경찰학연구, 2011.
- 경찰윤리학, 대영문화사, 2005. 경찰학개론, 대영문화사, 2007.
- 범죄수사학총론, 21세기사, 2009, 범죄수사학각론, 21세기사, 2010.
- 새범죄심리학, 21세기사, 2010, 경찰학각론, 21세기사, 2011.
- 경찰행정법, 21세기사, 2011.

현대사회와 범죄

1판 1쇄 발행 2012년 02월 25일
1판 4쇄 발행 2023년 03월 15일
저　　자 조철옥
발 행 인 이범만
발 행 처 **21세기사** (제406-2004-00015호)
경기도 파주시 산남로 72-16 (10882)
Tel. 031-942-7861　　Fax. 031-942-7864
E-mail : 21cbook@naver.com
Home-page : www.21cbook.co.kr
ISBN 978-89-8468-426-3

정가 35,000원